제6판

교 육 행 정

Thomas J. Sergiovanni · Paul Kelleher · Martha M. McCarthy · Frances Fowler 공저

한유경 · 나민주 · 김이경 · 박상완 · 반상진 공역

PEARSON

아카데미프레스

Allyn & Bacon
is an imprint of

PEARSON

www.pearsonhighered.com

역자 서문

이 책은 교육행정가, 교육행정 전문가, 교사는 물론 교육행정 분야에 관한 사전 지식을 갖고 있지 않은 사람들까지 이해하기 쉽도록 교육지배구조와 교육행정을 소개하고 있다. 1980년 처음 출간된 이후 1987년, 1992년, 1999년, 2004년 그리고 2009년에 이르기까지 30여 년간 모두 6차례에 걸쳐 개정 출간되었고 교육행정 분야에서 베스트셀러이자 명저라 할 수 있다.

교육지배구조와 교육행정 관련 문제들은 서로 밀접하게 연관되어 있으며, 학교단위, 지역단위, 국가단위에서 역동적으로 상호작용하고 있다. 이 책은 여러 차례 개정작업을 거치면서 학교교육과 교육행정을 둘러싼 사회적인 변화의 흐름과 최근의 논의들까지 함께 다루고 있다. 이러한 맥락에서 이 책은 미국에서의 학교교육에 관한 맥락, 교육행정에 관한 소개, 학생, 교사, 학교장 그리고 교육감의 역할과 교육지배구조는 물론, 교육을 둘러싼 법적, 재정적인 측면까지 고려하고 있다. 이론 중심이라기보다는 아동낙오방지법(NCLB)을 둘러싼 논의를 포함하여 교육행정 분야의 사례와 쟁점을 중심으로 기술하고 있다. 이런 점에서 이 책은 일반대학원 및 교육대학원 학생들은 물론 학부생들의 교재로 활용될 수 있을 것이다.

이 책의 번역은 역자들의 학문적 관심과 그간의 연구 경험 등을 고려하여 전체의 장을 다음과 같이 나누어 작업하였다. 제1장부터 제3장은 한유경 교수가, 제4장부터 제6장은 나민주 교수가, 제7장부터 제10장은 김이경 교수가, 제11장부터 제14장은 박상완 교수가, 제15장부터 제17장은 반상진 교수가 각각 책임 번역하였다. 역자들은 가능한 한 원전의 내용을 충실하게 번역하려고 노력하였으나 교육현실에서 우리나라의 맥락을 감안하는 과정에서 번역의 오류 가능성을 완전히 배제할 수는 없다. 이로 인해 발생하는 문제는 전적으로 번역진의 과오라는 것을 밝히고 싶다. 마지막으로 이 책을 통해 역자들이 갖는 소망은 교육행정

분야의 탐구자들이 우리 학교 현실에 대한 반성과 아울러 새로운 교육지배구조와 교육행정에 대한 관점을 가질 수 있는 계기가 되었으면 하는 것이다.

번역자를 대표하여

한유경

저자 소개

Thomas J. Sergiovanni는 미국 트리니티 대학에서 교수로 재직하고 있으며, 교육리더십 센터 수석연구위원이다. 그는 컬럼비아 대학에서 석사학위를 받았으며, 로체스터 대학에서 박사학위를 받았다. 활동적인 교사, 작가, 편집자로서의 그의 광범위한 경험이 학교개선을 위한 다수의 저서에서 드러나고 있다. 그의 최근 저서는 다음과 같다. *도덕적 리더십, 학교에서의 공동체 건설, 학교를 위한 리더십, 리더십의 세계, 학교장 리더십: 반성적 실천(6판), 리더십: 학교를 위해 무엇을 포함하는가?, 장학론: 재정의(7판), Rethinking Leadership(2판).*

Paul Kelleher는 미국 트리니티 대학에서 교수로 재직하고 있으며, 교육학과장과 리더십 센터장이다. 그는 하버드 대학에서 석사학위를 받았으며, 컬럼비아 대학에서 박사학위를 받았다. 스칼스데일 고등학교의 학교장과 베드포드 지역의 장학사 등 지난 30년간 학교장과 장학사를 역임했다. 미국 학교교육행정가 연합, 컬럼비아 대학 장학사 훈련기관, 교육학회 등에서 활동하고 있으며, 학교리더십과 교육행정 분야에서 다수의 저서와 논문 등을 집필하였다.

Martha M. McCarthy는 인디애나 대학의 교육법과 교육정책 분야의 교수로 재직하고 있다. 인디애나 교육정책센터의 교육리더십 프로그램 책임자와 인디애나 대학 학부장을 역임하였다. 또한 그녀는 공립학교 교사와 중앙 행정공무원으로도 재직했다. 교육법협회 회장직과 미국 교육연구협회의 대학협의회 부회장을 맡았다. *공립학교 법: 교사와 학생의 권리(5판)* 등 여러 책을 공동집필하였으며, 교사와 학생의 권리, 교회와 주 정부의 관계, 형평성 문제, 학교 민영화, 리더십 준비 프로그램과 교육개혁을 위한 노력 등을 다룬 논문을 200편 이상 저술하였다.

Frances Fowler는 마이애미 대학의 교수로 재직하고 있으며, 교육정치학, 교육정책, 학교재정, 학교법 강의를 담당하고 있다. 학교 선택 정책과 교육정책 비교에 관심을 갖고 있으며, 교육행정학술지, 교육정책, 교육평가 및 교육정책 분석 등 학술지에 게재하였다. *교육 지도자를 위한 정책 연구: 입문을 저술*하였으며, 3판 작업이 진행 중에 있다.

미국에서의 학교교육에 관한 맥락

요구, 제약, 선택이 항상 교육행정 의사결정의 특징을 형성해왔다. 단지 요구, 제약, 선택의 내용이 시간과 함께 변화할 뿐이다. 이 책의 제1장과 2장에서는 오늘날 미국의 학교교육을 둘러싼 환경에 대해 검토한다. 형평성, 능률성, 선택, 수월성과 같은 공공가치들의 존속이 학교정책에서의 역사적, 현대적 주요 영향으로서 검토될 것이다. 2001년 아동낙오방지법(No Child Left Behind Act of 2001, NCLB) 조치를 오늘날 앞서 언급한 네 가지 가치와 그것들 간의 갈등을 나타내주는 핵심적인 것으로 간주한다. NCLB가 보여주듯이, 각각의 가치에 관하여 시간이 지남에 따라 정치적 강조점이 변하지만, 가치 그 자체는 훌륭하여 안정적이다. 게다가 네 가지 가치들 간의 갈등은 미국 학교들의 적합성과 학교를 증진시키기 위해 필요한 개혁들을 둘러싼 현재의 논쟁에 대해 많은 부분을 설명해준다. 이 책 제1장과 2장에서는 NCLB에 대해서 학교자치와 정부 감시 대중기관과 전문기관의 균형 그리고 변화에 관한 서로 다른 이론들을 이해하는 것과 함께, 행정 업무에 영향을 주는 몇몇의 다른 주제와 관련된 맥락 내부의 가치를 검토한다.

21세기의 첫 10년을 마감하면서 NCLB의 재허가, 주에 권한이 위임된 기준들, 그리고 고부담 평가는 학교에 관한 논의의 대부분을 차지한다. 그 기준이 무엇이 되어야 하고 그것은 어떻게 평가되어야 하는지를 결정하는 데 있어서 연방, 주, 지역 정부 당국들이 어떠한 역할을 해야 하는지와 기준을 설정하고 다른 교육 정책에 영향을 주는 데 있어서 법인이 어떠한 역할을 해야 하는지 그리고 학교증진을 구체화하는 데 있어서 교사들과 학부모들이 어떠한 역할을 해야 하는지에 대한 논쟁이 논의의 중심에 있다. 제2장은 바우처(vocher)와 헌장학교(charter) 형태로서의 학교 선택을 지역 당국의 문제들을 해결하는 데 있어 시장을 활용한 접근으로 간주하고 있다. 제1, 2장의 주안점은 학교행정가들이 관련된 교육의 정치적 문제로서의 쟁점에 대해 균형과 근거를 갖도록 하는 것이다.

교육행정에 관한 소개

제3징부터 6장에서는 교육행정을 전문 직종으로서 그리고 학문의 한 분야로서 독자들에게 소개한다. 이 장들의 목적은 독자에게 교육행정 분야의 출현과 전문적, 지적 근거에 대한 관점을 제공해주는 것이다. 여전히 떠오르고 있는 직종으로서, 그동안의 성과뿐만 아니라 문제점들 또한 교육행정 분야의 발전을 규정하기 때문에 평가는 때때로 비판적이다. 제4장에서는 현재 이 분야로 입문하는 사람들이 소유하는 지식, 기술 그리고 기질에 대하여 직종 내부와 외부로부터 서로 다른 관점을 제공하면서 교육행정가 입문 교육에 대한 현재의 논란을 검토한다. 이 장들을 통해서 교육행정에 있어 문화적 관점은 특별한 주목을 받는다. 문화적 관점과 학교 문화 설립 내부에 있어서의 리더십은 학교 조직과 기능수행의 전통적인 관료제적, 인간관계적, 정치적 관점들과 함께 논의된다.

이 장들은 행정의 본질적인 관점을 독자들에게 소개한다. 이론적인 관점에서부터 실물 중심의 관점까지 사용하면서, 행정이론의 이해와 이것이 행정업무에 대한 식견을 어떻게 제공하는지를 강조한다. 또한, 교육 행정가들이 달성해야 하는 업무에 시간을 실제로 어떻게 소비하는지를 강조한다. 이러한 기술적인(descriptive) 분석은 조직적, 행정적, 관리적 리더십에 관한 문헌들에서 나타나는 처방적인 관점에서 검증된다. 이와 같은 정밀함은 독자들이 "그들이 현존하는 방식"을 결정하고, 이를 "그들이 지향하여야 하는 방식"과 대조하게끔 도와준다.

2004년 이 책의 마지막 판 출간 이후로 지도자들의 지도자와 교육지도자로서의 행정가의 역할은 행정가 임용준비, 행정가로서의 성장과정 검토 그리고 그들의 업무를 평가 기준에 대하여 증가된 관심과 라이벌을 이루며, 학교리더십에 대한 논의의 중심을 차지하게 되었다. 예를 들어 제4장과 부록 4.1은 국가 교육행정정책 위원회(the National Policy Board for Educational Administration)에 의해 개발된 행정가들에 대한 표준을 제공한다.

학생, 교사, 교장 그리고 교육감

제7장부터 10장은 학생, 교사, 교장 그리고 교육감이 오늘날 학교에서 수행하는 역할과 그들 사이에 존재하는 상호의존성을 검토한다. 이에 관한 비유는 학교증진 전문가들에 의해 전형적으로 소외되었던 관계인 학교라는 무대 위의 다양한 배우들 간의 맞물린 관계에 대한 것이라고 할 수 있겠다. 분석의 틀은 사회적인 것과 문화적인 것에서부터 관리적인 것, 교육적인 것에 이르기까지 다양하다. 교사의 자질과 수행의 중요성이 핵심으로 여겨진다.

이 장에서는 NCLB가 널리 미치는 영향과 교육자들의 역할과 직무 그리고 그들의 직장에 관한 그 외의 요소들을 검토한다. 또한 전형적인 인구통계의 윤곽이 학생들과 더욱더 달라진 교육가들 사이의 문화적 대응성에 대한 증가된 필요와 변화하는 학생 인구통계를 검증한다. 교사, 교장, 교육감의 역할이 지난 150년 동안 어떻게 진화하고 변화했으며 이 역할들이 학교, 학교의 목표, 효율성에 어떻게 영향을 주었는지는 특별한 관심거리가 되고 있다. 모든 점에서, 이 장들에서는 교육 지도자들의 진화를 전도사에서부터 영웅으로, 변화의 협력자와 지도자까지 그 근원을 찾아나간다.

교육 지배구조로의 입문

제11장부터 14장에서는 독자들에게 교육의 지배구조 체계와 쟁점을 소개한다. 이 장들은 지역학구, 교육에 대한 주, 그리고 연방의 영향력과 미국 학교 관련 광범위한 정책입안 구조에 대한 논의들을 포함한다. 제11장은 공공교육이 비정치적이 될 수 있고 되어야 한다는 신화를 일소하고 정책입안 절차의 모델을 제공한다. 제12장부터 14장에서는 법적 틀, 주요 정책 관계자, 권한의 범위를 묘사하며 지역, 주, 연방정부의 개관을 제공한다. 각각의 장은 교육정치와 그 수준에서의 정책입안과 연관된 특별 이슈들을 검토한다.

지난 10년 동안 국가는 학교정책을 수립하는 데 있어서뿐만 아니라 매일의 학교 운영에 있어서 지배적인 존재로 부상했다. 2002년 이래로 NCLB는 연방의 영향력을 상당히 증가시켰다. 제14장은 교육에 있어서의 연방 개입의 역사를 제공하고, 교육정책의 교육에 있어서 연방 개입의 효과를 토의하며, NCLB의 규정과 중요성을 탐지한다.

50개의 학구들과 함께 국가 교육체제를 향해 미국은 움직이고 있는가? 이것이 가시화시켜야 할 사건의 결과들은 무엇인가? 50개의 학구들을 하나의 체제로 움직이는 것이 그 다음의 논리적인 단계인가? 동시에, 단위 학교 책임 경영, 지역화 그리고 학교 운영의 시장 개념 도입과 같은 주제들에서는 전례 없는 흥미가 일고 있다. 학교 지배구조의 변화와 관련하여 어떠한 방향으로 바람이 불지 예측하는 것은 어려운 일이지만, 분명히 고대중국의 저주인 "흥미로운 시대에 살지니"는 오늘날의 교육 현장에 들어맞는다.

법적, 재정적 고려

법과 재정은 학교 운영의 대부분 측면에 영향을 주기 때문에, 학교 지도자들이 법적, 재정적 원칙에 대해 알고 있으며, 두 분야에 영향을 준 법적 결정에 대한 최신 정보를 알아야 한다. 제15장과 16장에서는 법적 요구의 근원, 행정기관에 대한 권한 위임, 그리고 헌법과 법정 지령을 해석하는 데 있어서 법원의 역할을 포함한 공교육의 법적 틀뿐만 아니라 최근 사례들과 그들의 영향력에 대한 개관을 제공한다.

공교육에 대한 적정 지출수준을 결정하는 것은 끊임없는 정치적 문제일 뿐만 아니라 근본적인 정책 현안이다. 제17장에서는 공교육을 지탱해주고 교육자금이 어떻게 분배되는지를 입증해주는 수입원을 개관한다. 또한 이 장에서는 시장중심 전달체제, 국가 자금 지원 시스템(state funding system)에 있어서 불공정성과 부적정성을 제기하는 소송, 그리고 학생 성과 수단들로 학교 지원금을 연결시키는 데 있어서 학교장들과 정책입안자들이 직면하는 도전에 대해 조사하고 있다.

갱신 시기

이 책의 초판이 출판된 이후로 학교교육과 학교행정의 과정을 이해하는 데 많은 성과들이 이루어졌다. 다수의 조사들은 성공적인 학교가 무엇이고 행정가들이 학교증진을 가져오기 위해 어떻게 일할 수 있는지에 관한 매우 정제되면서도 실용적인 이미지를 제공해 주었다. 문화적 관점은 국가적 차원에 있어서 유망한 학교정책을 전개해 나가는 데 있어서 실용적이라고 증명된 새롭고 풍부한 식견을, 그리고 지역적 차원에 있어서는 더 효과적인 통치 관행을 제공해 주었다. 학교를 학습, 돌봄, 탐구 공동체로 바라보는 관심은 학교들이 어떻게 조직되고 이끌어져야 하는지에 대해 또 다른 정의를 내리도록 해준다. 이번 판은 직면할 어려움뿐만 아니라 교육행정이 교수와 학습, 더 나은 학교의 설립, 더 나은 사회의 건설을 위해 헌신하는 직종으로서 갱신하기를 추구하면서 오늘날 나타나고 있는 사건들 또한 지속적으로 기록하고 있다.

새로운 작가들

이 책의 이전 판들을 사용해 온 독자들은 제6판에서 새로운 작가 진용을 발견했을 것이다. 교육정책과 운영에 있어서 저명한 전문가인 Frances Fowler는 이번에 우리들의 팀에 합류하였다. Paul Kelleher와 Martha McCarthy는 제5판에 함께하였다. '저자 소개' 에서 우리들에 대해 더 자세히 알 수 있을 것이고, 연구의 근간과 교육행정의 실무과정을 제공하는 주제들의 관련 의견에 우리들과 함께하면서 더 많은 것을 알게 될 것이다.

감사

편집, 조정, 그 외 세부사항 관리에 있어서 능숙한 조력을 제공한 Ruby Dehls를 포함하여 많은 사람들이 이번 판의 준비에 도움을 주었다. 이 책의 검열자들이 제공한 유용한 비평과 제안에 감사를 표한다: Larry Brooks, Shenandoah University; John Daresh, University of Texas, El Paso; Saul Grossman, Temple University; Russel A. Jackson, Howard University; and Judy Zimmerman, Bowling Green State University.

차례

제1부 미국 학교교육의 맥락

저자 서문

학교리더십과 학교증진이 복잡한 세상 속에서 성공적으로 이루어지기 위해서는 교사, 행정가 그리고 심지어 학부모들까지 정치, 정책 그리고 실제에서 있어서 모두 일관된 방식을 추구할 것을 요구한다. 이러한 분야들은 오늘날의 학교리더십과 학교개선이 어느 위치에 있는지 이해하고, 우리가 어디로 가야 할지를 결정하며, 그를 위해 어떤 전략을 정교화하는 데 있어서 필요한 역사적인 배경과 실제적인 맥락을 제공한다. 결국, 이러한 분야들은 새로운 이미지와 정책과정, 경영 그리고 학교장 리더십의 업무를 정교하게 만드는 데 필요한 뼈대와 바탕을 제공하게 된다.

이 책은 교육의 지배구조와 교육행정을 독자들에게 소개한다. 이 책의 주요 독자는 교육행정가와 관리자가 되길 열망하는 사람들이며, 이 책은 그들에게 교육행정 분야에 대한 개관과 이후 전문가로서의 삶에서 직면하게 될 훨씬 더 전문화된 과정과 경험에 대한 미리보기를 제공할 것이다. 게다가 이 책은 행정직 희망자들이 교육행정 경력과 관련된 그들의 능력과 기질, 흥미의 적절성을 평가할 것이다. 그 밖의 독자로는 교육행정과 지배구조의 특성과 구조에 대해 더 많은 것을 알고 싶어하는 비전문가, 국회의원과 그들의 보좌관, 교사와 교사협회 지도자를 포함한다. 이 책에서 독자들은 교육행정 분야에 관한 사전지식을 갖고 있지 않은 것으로 가정한다.

우리는 교육의 지배구조와 교육행정 관련 문제들이 서로 연결되어 있다고 보는 것이 가장 타당하다고 생각한다. 교육행정은 학교행정과정과 연관되어 있을 뿐만 아니라 교육 조직에 있어서의 공공문제 및 행정기능 수행, 교육조직의 지도 · 통제 · 관리 그리고 교육적 목표를 성취하기 위한 수단을 신중하게 사용하는 것과도 연관되어 있다. 교육지배구조는 연방기관, 주정부 부서 그리고 지역 학구로 하여금 권한을 이행하고 기능을 수행하도록 해주는 조직 및 기관과 관계가 있다. 실제로, 위의 두 가지는 역동적이고 상호의존적이다.

제2부 교육행정의 개관

제1부

미국 학교교육의 맥락

제1장

공공가치들과 학교정책
갈등의 근원

학교들을 형성하는 공공 정책은 사회적 가치들을 지속하려고 일어나는 갈등을 해결하기 위한 정책입안자들의 노력으로부터 출발한다. 이러한 맥락에서, 정책은 지역 학교들에 영향을 미치기 위해 형성된 것으로 지역, 주 혹은 연방 교육 관료들에 의한 독립적 결정 혹은 행동을 뜻한다. 이 책의 제1부(제1장과 2장)에서는 그들의 안건을 지배하는 이슈들과 분쟁하면서 정책입안자들의 관심을 얻기 위해 경쟁하는 미국 교육의 근저에 깔린 기본 가치들과 교육 정책 사이에 존재하는 긴장감을 검토한다. 이러한 쟁점들이 어떻게 해결되고 경쟁하는 가치들 사이에서 어떻게 균형을 잡는지는 몇 십 년 후 미국 교육의 미래를 결정할 것이다. 학교들이 누구에게 봉사하고, 누가 그것을 결정할 것인지와 관련된 교육의 질의 위기, 교실에서의 법제화된 학습과 서서히 진행되는 관료제, 교사들과 학생들의 의무적 시험평가, 학교증진을 위한 새로운 책무들, 그리고 모든 미국인들에 대한 학교교육의 법적 규정에 있어서의 형평성이 문제들로 고려되고 있다. 형평성, 능률성, 수월성 그리고 선택의 4가지 경쟁가치들은 문제들에 대한 논쟁의 숨겨진 의도를 의미한다. 관념의 변화 흐름에 대한 개념은 공공 신뢰를 유지하기 위한 학교들의 맥락에서 검토된다.

4가지 경쟁가치들의 논의에 앞서, 이 장은 학교 행정가들이 정책을 이행하면서 그들의 선택을 제한하는 요구와 압박의 틀을 묘사하고 있다. 그 후에 지역, 주 그리고 연방당국들 사이의 통제의 이동을 불러일으킨 쟁점과 영향, 그리고 학교교육의 역사적 맥락을 개관한다. 정책입안자들에 의해 사용된 4가지 종류의 도구들이 묘사되고, 충돌하는 사회가치들의 저의가 정책들에 어떻게 영향을 주는지에 관한 논의가 잇달아 설명된다. 마지막으로, 이 장은 가치 갈등을 해결하는 데 있어서 노력의 표현과 정책의 도구로서 아동낙오방지법(No Child Left Behind)을 분석한다.

요구, 제약, 그리고 선택

만약 학교 행정과 관리 업무의 본질을 묘사하는 것이 3가지 단어들로 제한된다면, Rosemary Stewart(1982)는 '*요구*', '*제약*' 그리고 '*선택*'을 고를 것이다. 그녀는 관리직종이 요구라는 내적 핵심, 제약이라는 외부 경계, 그리고 선택이라는 내부영역을 포함한다고 주장한다. *요구*는 학교 행정가들이 무시할 수 없는, 궁극적으로 그들의 직업을 위태롭게 할 수 있는 그들의 학교에 대한 제재를 피하기 위해 그들이 만족시켜야 할 힘들, 압력들로부터 출현한다. *제약*은 학교 행정가들이 할 수 있는 것이 무엇인지를 제한하는 학교에 대한 내 · 외적 요소들이다. 때때로 요구와 제약은 법적 명령과 요구, 예산 측면의 제한, 사회 압력, 학교 성과 내역 그리고 학교 위원회 구성원들, 사업 공동체의 멤버들 그리고 학부모들과 같은 중요한 사람들의 역할 기대에 의해 외부적으로 강제된다. 때때로 요구와 압박은 근무규칙, 교사의 기대, 학교의 조직 배치, 조합계약, 그리고 학교의 문화를 반영하는 규범, 사회적 관행, 불문법 그리고 전형적 운영 절차의 형태로 학교 내부에서부터 도래하게 된다.

*선택*은 *요구*와 *제약* 사이에 존재한다. 선택은 학교 행정가들이 유사한 직업 내에서 해야 할 다른 일들이나 혹은 같은 일을 다른 방식으로 할 수 있는 기회를 의미한다. 성공적인 학교 행정가의 특징 중의 하나는 능숙하게 *요구*와 *제약*을 다루면서 *선택*의 범위를 넓히는 능력이다.

최근 몇 년 동안 요구와 제약의 *형태*는 극적인 변화를 겪어 왔다. NCLB하에 포함된 것들까지 더하여, 증가된 연방, 주, 지역 위임들은 제약을 증가시켰다. 동시에, 학교의 인구통계가 훨씬 더 다양해지자 학부모, 교사 그리고 지역 이해 집단들은 그들의 요구에 있어서 더욱 큰 목소리를 냈다. 오늘날 미국에서의 학교 교육은 학교를 조직하고 운영하기 위한 기본 운영 구조에 있어서의 근본적 이동과 교육에 있어서의 새로운 정치에 의해 특징지어진다. 일어난 일들의 대다수가 현재는 단지 분류되고 있을 뿐이며, 향후 수십 년 동안 이루어져야 할 행정 직무들의 예상되는 결과가 이제 막 이해되기 시작하고 있다.

맥락의 정의

미국 학교교육에 대한 맥락을 정의하는 일반적 패턴은 이 국가의 초기에 정치적으로 설정되었다. 미국의 헌법이 교육을 언급하지 않았기 때문에, 이것은 주의 책임이 되었다. 전통적으로, 이것의 책임은 지역 관할로 넘겨졌다. 1957년 소련의 스푸트니크호 발사는 학교교육 문제에 관한 지역 통제에 대하여 처음으로 심각한 도전을 취한 것이었다. 미국은 소련이 우주경쟁에서 선두로 치고 나오자 위기의 상태에 놓인 것처럼 보였다. 학교들은 잘못하고 있다고 판단되었고, 제안된 해결책은 연방정부가 학교들이 어떻게 운영되고 행정되는지에 있어서 거대한 변화를 기록하며, 거대한 개혁을 시작하고 이에 대한 지불을 함으로써 대중의 이익을 보호하는 것이었다. 연방의 개입은 주들의 중요성을 증진시켰다. 예를 들어, 연방의 자금과 프로그램들은 주들을 통해 여과되었으며 주정부의 교육부서에 의해 검토되었다. 이러한 증진된 책임은 지역 학교들이 무엇을 할지와 계속 추진해야 할 것이 무엇인지를 처방한다고 할 수 있을 정도로 정책을 개발하고 규칙을 만드는 데 주의 권력을 강화했다.

일부는 기껏해야 지역 통제가 초기의 낭만적이고 비효율적인 자취라고 주장하면서 변화를 환영했다. 결국, 초기 공화국의 크기와 규모는 이것의 현재 상태와 닮은 점이 거의 없었다.

> 우선 숫자에 관한 사항을 고려해 보라. 여전히 미국사회를 지도하는 헌법이 비준되었을 때, 연방의 13개 주에 400만 명보다도 적은 인구가 있었다는 것은 놀라운 일이다. 이들 중 75만 명이 사회 외부로부터 온 흑인 노예들이었다. 당시는 매우 젊은 층의 인구였다—평균 연령이 단지 16세였다. 그리고 당시에 80만 명 이하의 남성들만이 투표 연령에 도달했다. 조지 워싱턴이 미국 초대대통령으로 취임했을 때, 당시의 수도였던 뉴욕 시의 인구는 단지 33,000명에 불과했다 (Bell, 1973, pp.69-70).

당시 국가는 농경사회로 간주되었다. 2,500명이나 그 이상의 사람들을 보유한다고 정의된 도시들은 거의 없었다. 고도로 분권화된 학교 제도는 시대에 더할 나위 없이 적합하였다. 오늘날의 삶은 훨씬 더 복잡해졌고, 학교들의 지배구조와 행정은 이러한 복잡성을 반영한다.

*위기에 처한 국가(A nation at risk)*에 따르면, 일본과 한국이 앞장서기 시작하면서, 스푸트니크호가 발사된 지 대략 25년 후에 미국은 다시 한 번 위기에 처해졌다고 판단되었다(National Commission on Excellence in Education, 1983). 주들이 책무성, 학교 재정 개혁, 절대적 프로그램들(categorical programs), 학교증진시도, 최소 역량 평가 그리고 민권규제와 같은 문제에 연관되기 시작한 때인 1970년대에 주의 통제에 대한 안정적 성장을 정리하면서, 주들이 지역교육 기관들의 권위에 도전하기 위해 전면에 나서면서, 새로운 개혁들이 이에 대한 해법으로 출현했다(Kirst, 1989, p.65). *위기에 처한 국가*는 주정부들이 거대한 규모로 개혁을 단행하도록 하기 위해 지역기관들로부터 그들의 권위를 전례 없는 방법으로 끌어들이는 데 도전했다. 보고서의 어조는 주정부들이 그 메시지를 감히 무시할 수 없을 정도로 강력하였다.

> 이전에 한 번도 도전받은 적 없던 상업, 공업, 과학 그리고 기술혁신 분야에서의 우위성이 전 세계의 경쟁 국가들에 의해 추월당하고 있다. 만약 비우호적 세력이 오늘날처럼, 열등한 교육성과를 이용하려고 하였다면, 우리는 이것을 일종의 전쟁행위로 간주하였을 것이다. 현 상황에서, 우리는 이러한 일이 우리들에게 발생하도록 하였다. 우리는 스푸트니크호의 도전으로부터 각성하여 얻은 학생성과를 함부로 허비했다. 게다가, 우리는 그러한 이익을 가능하도록 도와준 필수 보조시스템들을 폐지시켰다. 사실상, 우리는 경솔하면서도 일방적인 교육적 무장해제를 수행해온 것이다(National Commission on Excellence in Education, 1983, p.5).

개혁의 정치적 도구들과 효과

정책도구들이 변화를 일으키기 위해 어떻게 작용하는지와 서로 다른 도구들을 사용하는 데 따른 결과들을 잘 아는 것은 교육정책을 이해하는 핵심열쇠이다. McDonnel과 Elmore(1987)는 정책수단들을 4가지 범주로 분류했다: *역할규정*,

유인, *능력기반 전략* 그리고 *체제변화 전략*. *역할규정*은 교육자들과 학교들의 선택과 행동을 직접 지배하는 규칙과 규정이다. *유인*은 훌륭한 선택과 행동의 대가로 교육자들과 학교들에 대한 자금, 지위 그리고 이외의 다른 특혜로의 교환이다. *능력기반 전략*은 교육자들이 바람직한 방향으로 선택하고 행동하게끔 그들의 역량을 수립하도록 인적 자원에 대한 자금, 지위, 그리고 다른 혜택에 대한 투자이다. 그리고 *체제변화*는 "학교교육 과정에 포함된 인력들 사이의 권력과 권위의 재할당"을 통해 바람직한 선택과 행동을 하게끔 하는 것이다(p.134). 각각의 정책도구들은 표 1.1에 요약된 것처럼, 각기 다른 가정에 기초되어 있고, 교육체제

표 1.1 역할의 규정

	가정	결과
역할규정	역량에 상관없이 요구되는 행동; 그것의 권리 내에서 적합한 것, 바람직한 것	강제가 요구됨
	규칙 없이 행동은 바람직한 빈도성 혹은 지속성과 함께 일어나지 않을 것이다.	동질성 창조, 다양성 축소 정책은 수락에 필요한 정보를 포함한다. 주창자들과 목표들 사이의 역전적 관계들 최소 표준들
유인	추가적 자금의 부재에서 바람직한 빈도 혹은 지속성과 함께 가치 있는 상품이 생산되지 않을 것이다.	역량이 존재; 이를 동원하기 위한 자금
	개인들과 기관들은 생산역량에 있어서 다양하다; 돈이 성과를 이끌어낸다.	다양성의 인내할 만한 범위가 축소되면서 감독비용 증가
능력기반 전략	미래가치를 생산하기 위한 지식, 기술 역량; 혹은 그것만의 권리에서 정당화되거나 다른 목적들에 수단적인 역량	역량이 존재하지 않는다, 이를 동원하기 위해 투자가 필요함
체제변화 전략	현존하는 기관들, 현존하는 인센티 브들은 바람직한 결과를 생산할 수없다.	제도적 요소들은 행동을 부추긴다; 방어적 반응을 불러일으킨다.
	권한의 분배변화는 생산되는 대상을 변화시킨다.	새로운 제도들은 역할규정, 유인, 역량 관련 새로운 문제를 야기한다.

출처: L. M. McDonnell & R. Elmore, "Getting the Job Done: Alternative Policy Instruments," *Educational Evaluation and Policy Analysis, 9*(2), 1987. p.141. Copyright 1987 by the American Educational Research Association. Reprinted by permission.

에 대한 서로 다른 결과들을 가져온다.

1979년에는 국가의 역사상 처음으로, 학교에 대한 주의 연방자금지원이 지역 재원들로부터 모아진 액수를 초과하였다. 몇 년 후, *위기에 처한 국가*는 증진을 위해 자금 지원된 역할규정들[최소역량평가, 교사들에 대한 직위(career ladder), 강화된 교육과정 요구사항들, 그리고 학교성과 감사와 같은]로써, 주들로 하여금 그들의 기여를 더 오랫동안 증진시키도록 했다. 1980년대의 개혁에 대한 첫 번째 물결을 위해 선호된 정책은 역할규정과 유인이었다.

1986년, 개혁의 시도들은 능력기반 전략과 체제변화 전략에 대한 더 많은 강조화 함께, 다른 선호를 취하기 시작했다. 몇몇의 영향력 있는 보고서들이 두 번째 물결을 구성했다: 몇몇의 사업조직들에 의해 지원받은 출판물인 *Tomorrow's Teachers*, by thee Holmes Group; *A Nation Prepared: Teachers for the 21st Century*, by the Carnegie Forum on Education and the Economy; *What Next? More Leverage for Teachers*, by the Education Commisiion of the States; *What Matters Most: Teaching for America's Future*, by the National Commission on Teaching; *Investing in Teaching: A Common Agenda*(Koppich, 2001), 그리고 *Teacher Quality and the Future of Learning in San Antonio*, by the Center for Educational Leadership at Trinity University.

이 보고서들은 교사들의 질, 그들의 근무환경, 그리고 준비를 증진시키는 것을 주로 다루었다. The Holmes Group은 교사 준비의 인문학적 기초(교양교육)를 강화시키고, 교직의 입문 수준을 높이며, 교육부와 교육대학원 그리고 공립학교들의 연계를 강화시킬 것을 강조했다. 미국 교육위원회는 개혁들이 교사들 사이에 존재하는 전문지식에 좀 더 잘 호응해야 한다고 주장했다. 서문에서, 당시의 뉴저지 주지사와 위원회 의장인 H. Kean은 다음과 같이 진술했다.

> 이 책에 보고된 대화는 우리가 초기에 했던 일들을 기반으로 하여 확장하면서도 많은 새로운 주제들을 불러들이는, 교사개혁의 두 번째 장의 경계선에 우리가 위치한다는 우리의 신념을 지지해 준다. 예를 들어, 우리의 친구들은 우리가 교수에 대해 규정하는 것과 관련해 좀 더 조심스러워져야 한다고 주장한다. 우리가 기대하는 결과들에 대해 견고하면서 명백한 기준을 세우려면, 교육자들이 이 기준들을 어떻게 충족시킬지를 결정하는 데 있어서 더 많은 자유를 가지

> 도록 해야 한다. 교실에서 우리가 원하는 부류의 사람들은 (이러한 종류의) 전문적 책임 없이는 결코 머무르지는 않을 것이라고 주장한다. 또한 그들은 우리에게 학교가 조직된 방식에 따라 참여하며, 학교교육에 있어서 이미 관료적인 특성에 추가되는 주의 제재를 피해야 한다고 경고한다. 그들은 더 높은 전문 기준을 위해 우리가 시작한 싸움을 교사들 역시 스스로 시작해야 한다고 주장한다 (Green, 1986, inside cover).

유사하게도, 카네기 포럼의 보고서들은 교사들의 준비와 교수를 향상시키는 것과 교사들에게 더 많은 자치권을 부여하는 것을 강조하는 한편, 다른 편에서는 교사들이 더 책임감을 가지도록 하는 것의 중요성을 강조하고 있다. 예를 들어, a National Board for Professional Teaching Standards를 전문적 교사 기준을 위한 국가위원회를 마련하는 것, 교사들의 교양교육의 질을 높이는 것, 학교범위의 성과와 관련된 교사들에게 인센티브를 제공하는 것, 그리고 의사결정에 있어서 교사들에게 더 큰 접근성을 부여하도록 교수와 행정적 역할을 재조정하는 것을 주장하였다. 비록 강조점이 교수법에 있더라도, 학력수준과 성과로 학교재단을 강력하게 연결하면서도 수단을 약하게 연결하는 기본공식이 도래되기 시작하였다. 더 최근에는 교사학습(Darling-Hammond, 1977)과 표준 중심의 교수(Carr & Harris, 2001; "Quality Counts 2001," 2001; Resnick & Hall, 1998)에 대한 강조가 학교개혁을 둘러싼 논쟁의 중심에 좀 더 가까이 다가가게 했다.

1990년대에는 학교 개혁의 세 번째 물결이 정책도구들을 이행하기 위한 표준과 책무성 체제를 개발하는 정책들에 집중되었다. 이러한 정책들이 진화하자, 역할규정과 체제변화 전략에 대한 강조가 커졌다. 이 세 번째 물결은 알칸사스 주지사 빌 클린턴을 포함하여, 조지 부시 대통령이 주와 국가 지도자들의 교육 정상회담을 소집했을 때 시작되었다. 이 집단은 학교체제들이 다음과 같은 사항들을 충족시키기 위해 급진적으로 변화하길 독려하며, *Goals 2000*이라고 제목이 붙여진 보고서에서 앞으로의 10년에 대한 야심찬 일군의 목표들을 제공했다: 모든 학생들이 학습이 준비된 상태로 학교를 시작하며, 고교 졸업률을 최소 90%로 증가시키며, 모든 학생들이 어려운 교과문제를 해결할 수 있는 역량을 입증하면서 4, 8, 12학년을 수료하며, 그리고 미국의 학생들이 과학과 수학에서 세계적 우위를 성취하는 것. 1994년, 클린턴 정부는 지역 학교체제들이 매년 학생들을 평가하고,

주에서 개발된 능력 표준에 따라 학생들을 측정하는 책무성 체제를 개발하도록 의회를 설득하였다(Peterson & West, 2003, p.7).

클린턴 정부의 발의는 NCLB의 토대를 마련하였지만 한편 그 이행을 강화시키기 위해 필요한 도구들은 부족했다. 책무성 제도의 개발은 실패한 주들에 대한 어떠한 제재도 함축하지 못했다. "비록 48개의 주가 표준평가를 2000년에 준비해 놓았지만, 단지 13개주만이 3학년과 8학년 사이에서 독해와 수학에 대한 평가를 실시하였다"(McGuinn, 2006, p.7). 의회에서의 표준과 책무성에 대한 광범위한 민간 지원 그리고 의회에서의 양당적 지원과 함께 NCLB의 고부담 역할규정에 대한 무대가 설치되었다.

개혁의 세 가지 물결들은 정책 입안자들이 변화를 추구하는 방향에 따라 특징지어질 수 있다. 첫 번째 물결은 역할규정과 유인을 강조하였다. 두 번째 물결은 능력기반 전략과 체제변화 전략에 대해 더 많은 강조를 하였다. 이후에 묘사된 것처럼, 비록 NCLB가 모든 4가지 정책도구들의 요소를 포함할지라도, 세 번째 물결은 역할규정과 체제변화를 강조하였다.

하지만 개혁의 물결이 전진하고 후퇴하면서, 그들은 혼합된 숨은 의미를 창조할 수 있었다. 예를 들어, 최근 개혁의 두 번째 물결이 첫 번째 물결을 대체하지 못했으며, 마찬가지로 세 번째 물결 또한 두 번째 물결을 대체하지 못했다는 것 또한 명백하다. 대신에, 그 물결들이 학교로 밀려들면서, 충돌하고 모순되는 기대들의 숨은 의미를 만들어낸다. 예를 들어, 학생성과의 단기적 증진을 도출해내지만, 성취의 격차를 제거하라는 장기적 NCLB 목표에 도달하기 위해 필요한 교사들의 능력을 손상시키는 교수 프로그램들로 학교를 움직이게 하고 있다.

특정한 개혁제안의 의도와 선호되는 정책이행 수단의 선택은 학교 행정가들에게 직면하는 요구와 제약들의 혼합물과 행위하면서 유효한 선택들을 결정하게 해주는 결과를 가져오게 된다. 의도와 도구들은 요구와 제약이 그러하듯이, 가치진술을 의미한다. 이러한 의미에서, 행정가들이 선택을 찾고 확장하는 것을 추구하면서, 학교 정부와 행정의 세계는 가치에 대한 투쟁을 의미한다.

공공가치들과 학교정책

비록 형평성, 능률성, 선택 그리고 수월성의 가치들이 국가의 전통에 새겨져 있다고 하더라도, 그들은 지속적인 긴장 상태에 놓이게 되어서, 그중 어느 하나에 대한 지나친 강조는 다른 세 가지 가치들 각각에 대한 표출을 방해한다. 미국 역사의 다양한 시기에서, 이 가치들 중 한 가지 혹은 그 이상이 예측 가능한 결과들과 함께 지나치게 강조되곤 하였다. 예를 들어 형평성의 가치를 강조한 Lyndon Johnson의 임기 중 큰 정부시기(Great Society)* 동안 지역 교육기관들의 재량권을 규정한 1965년의 초중등교육법령(ESEA)을 포함하며, 연방정부는 관련법들을 통과시켰고 몇몇의 학교 프로그램들을 개시하였다. 지역통제 대신에 주의 권력을 증가시킨 연방 발안들은 학교의 인종차별을 불법화시킨 Brown 사례에서의 역사적 연방 대법원 결정이 내려진 후 10년이 지나서조차도, 학교들이 대부분 남부지방에서 인종차별을 하고 있었다. Johnson 대통령의 정부는 연방의 개입이 동등한 교육기회를 확증해주는 데 필요하다고 믿었다. 중등교육법령은 빈곤 학생들의 치료프로그램에 대한 추가적 기금을 제공하면서, 동등한 기회의 법과 규정들의 수락도 요구하였다. 차별시정조치 법률은 연방기금을 받는 데 자격이 없지 않은 한 따라야 할 할당과 특정선별절차들을 학구에 제공하면서 형평성을 강조하였다. 연방요구들에 대한 학교예산에 중요한 연방 기금들을 연결함으로써 개정된 연방 통제와 함께, 이해집단들은 그들의 형평성 문제가 보호를 요하는 위기상황에 놓인 학생들 집단을 확장하기 위해 의회에게 몇 년동안 로비했다. 1972년에 의회에서 통과된 Title IX는 모든 교육프로그램에서의 여성들에게 연방기금을 받은 학교들이 동등한 권리를 제공해줄 것을 요구했다. 1975년 공법 94-142는 정신적 혹은 신체적 장애를 가진 모든 학생들에게 무료로 적정교육을 보장해 주었다.

많은 연구자들은 1960년대와 1970년대의 연방 형평성 발의안들이 학교교육에 있어서 수월성의 가치를 심각하게 저하시키며 교육을 희석시켰다고 느꼈다. 1980년에는 확장된 연방의 역할과 증가된 지출이 학생의 성과를 증진시켰다는 어떠한 근거도 나타나지 않았다. 거의 모든 사람들이 Great Society 교육프로그램의 총비용이 능률성의 가치를 위협한다는 것에 동의했다. 연방교육관료제와 이의 지출은 매우 크게 확장되었다. 지미 카터 대통령은 1979년에 내각 수준의 미국 교육부(USDOE)를 설립했다. 1980년 미국 교육부는 500가지의 서로 다른 연

* Great Society: 교육, 의료 증진과 빈곤퇴치를 내세운 Johnson 행정부의 정책(역주)

방 교육프로그램들을 감독했다(McGuinn, 2006, p.39).

일부가 주장하기를, 1908년대 개혁의 첫 번째 물결은 1970년대의 반동을 의미했다. 1980년대에는 형평성, 능률성 그리고 선택을 대신해서 수월성에 강조점이 놓이기 시작하였다. 기초실력 지향적인 동질화된 표준과 정형화된 평가, 엄격한 "통과하지 못하면 놀 수 없다(no pass, no play)" 법칙, 교사들에 대한 역량평가, 교과 과정의 세부사항에 대한 정형화와 단일 교수법, 평가체제의 부정적 효과들은 소수자들 사이에 불균형을 느끼게 하였다. 더 나아가 개혁은 붙잡기 어려운 학생 성취와 학교 증진에서의 혜택들과 함께 값비싼 것이었다. 정책도구들로서의 역할규정과 유인의 우선적인 사용은 개개인의 학구, 학교들, 교사들 그리고 행정가들의 선택을 심히 위태롭게 하였다. 지역의 학교위원회들과 학부모들도 마찬가지로 압도되었다.

개혁의 물결들과 그들에게 영향을 준 아이디어들을 더 잘 이해하기 위해, 형평성, 능률성, 선택 그리고 수월성은 학교정책에 대한 그들의 영향력과 함께 계속해서 고려된다.

형평성

형평성은 학교교육에 유효한 자원을 공유하는 데 있어서의 공평성을 뜻한다. 이 교육적 가치는 페어플레이와 동등한 기회를 신봉하는 보편적 가치와 상응한다. 형평성은 모든 교육프로그램에 대한 동일한 접근을 제공하는 것 혹은 학교에게 동일한 재원을 제공하는 것을 뜻한다. 때때로 동일한 수단들은 불공정하다고 간주된다. 예를 들어, 골프시합에서 어떤 선수들은 더 재능 있는 선수들에 대하여 그들의 기회를 동등화하기 위해 어드밴티지, 핸디캡 등을 적용받는다. 명백하게도, 공정한 핸디캡을 구성하는 것이 무엇인지를 확인하는 것은 조금 어려운 일이지만, 목표는 각각의 골프선수들에게 이길 수 있는 동등한 기회를 주는 것이다. 학습 준비가 되어 학교로 오는 것에 관하여 불이익을 가지는 학생들 혹은 특별한 요구를 필요로 하는 학생들은 모든 학생들을 위한 학습 환경을 균등하게 하려는 시도에 있어서 더 자주 많은 재원을 받게 되는 학생들의 사례이다.

NCLB와 주 책무성 제도하에서, 형평성은 수월성 때문에 피해를 입는다. 증진된 자치 혹은 금전적 보상 혹은 둘 다에 있어서, 인센티브들은 학교들이 수월성을 위해 투쟁하도록 동기부여해주는 경향이 있다. 높은 시험성적을 내는 학교들이 이러한 보상들을 받게 된다. 주와 연방의 통제하에서, 대조적으로 낮은 성과의 학교들은 자치권을 잃게 되고 지역신문에 학교의 순위들이 게시되면서 공공으로부터의 수치를 감내하게 된다. NCLB 체제 5년 이후로, 실패하고 있는 학교들의 대다수가 도시에 있었고 불이익을 받는 소수자를 대상으로 교육하고 있었다. 자원의 이러한 재분배 안에서, 가장 가난하고 궁핍한 학교들은 형평성을 희생하면서 더 적은 자원을 받게 되고, 최고의 학교들은 수월성을 증진시키기 위해 더 많은 자원을 받게 된다.

형평성은 수월성, 능률성 그리고 선택의 가치들과 자주 충돌한다. 공식에 의한 자원할당의 통제와 외부적 통제를 통한 통제의 강화는 학구의 자유를 제한하고, 그들의 기본적 자유를 훼손시켜서 지역통제에 대한 위협을 취할 수 있다. 지역 통제가 훼손되면서, 논쟁은 지속되고, 학구들은 수월성을 위해 투쟁하게 해주는 인센티브들이 결핍되게 된다. 더 나아가, 외부적 통제는 결과적으로 지역의 자율적 창의를 억누르고 책임감 있는 학교교육을 제공하는 지역 교육기관들의 능력을 축소시키면서 표준화와 균일성을 가져온다.

능률성

절약과 금전에 대해 합당한 가치를 얻는 것에 대한 벤자민 프랭클린의 교훈은 미국의 문화적 유산의 일부가 되었다. 미국인들은 공공의 지출에 관하여 그들의 돈에 대한 가치를 얻으려는 역사적 경향을 가지고 있으며, 이와 관련된 소비가 가정에 가까워질수록 그들의 관심은 더욱더 커져 간다. 지역 통제와 지역 세금 보조에 대한 우리의 제도는 학비가 지속적으로 오르면서 문제점을 만들었다. 학교들은 노동집약적이었다. 기술 진보에 의해 제공된 잠재성에도 불구하고, 기술은 엄청난 비용절감을 가져오지 못했다. 크라이슬러가 로봇을 이용함으로써 비용을 절감할 수 있었던 반면에, 학교들은 인간인 교사들과 이외의 전문가들에게 의존해야 하며, 그들의 봉급은 모든 학교예산에서 가장 큰 부분을 차지하였다. 최근 몇 년 동안, 비평가들은 비록 봉급이 극적으로 증가했을지라도, 학생의 성과는 그리 상승하지 않았다고 주장했다. Hanushek에 따르면, 교육에 대한 지출은 지난 50년 동안 5배가량 증가했지만, 국가적, 국제적 평가에 있어서의 학생성과는 기껏해야 제자리였으며 평범했다.

또 다른 논쟁의 여지가 있는 능률성 관련 사안은 학교를 운영하는 데 대한 행정비용의 명확한 증가를 포함한다. 1980년대에 전 교육부장관인 William J. Bennet은 학교들이 행정에 지나치게 많은 비용을 지출하는 것에 관하여 비판했다.

> 학생 일인당 교육지출이 1960년과 1980년 사이에 64% 이상 증가하는 동안 행정과 다른 비교육적 문제들에 대한 지출은 107% 상승했다. 학교에서의 비교과 교육직원의 수는 1960년과 1984년 사이에 400% 상승했다. 그리고 그 기간 동안, 교사봉급에 지출된 비용은 총 초등 · 중등 교육 지출에 있어서 56% 이상에서 41%로 하락했다. 지나치게 많은 돈이 교실에서 다른 부문으로 전환되었다; 최근 미국의 역사상 어느 때보다도 학교지출 중 가장 적은 몫이 교실에서의 학생 교육에 쓰이고 있다. 행정의 불필요한 팽창에 관한 이러한 경향을 되돌리고 우리들의 학교 재원을 고갈시키는 관료주의적 오점의 크기를 줄이는 것이 교육 개혁운동의 기본 목표가 되어야 한다(Bennett, 1988, p.46).

낭비적인 행정적 오점에 대한 Bennett의 도발적 주장은 학교 예산에서의 교실비용에 대비한 행정비용을 분석하는 일에 전문가들이 집중하도록 하게끔 주도하였다. 일부 주들에서는 국회의원들이 행정비용에 대한 법적 제한을 설정할 것을 요청했다.

많은 정책 분석가들과 교육행정가들은 Bennett의 주장에 대해 논쟁하였다. 예를 들어, Berliner와 Biddle(1995)은 국가 전역에서 공립 학구의 직원고용에 있어서 중앙부서 직원들이 단 10%를 차지한다는 것을 지적했다. Berlner와 Biddle이 설명하기를 국가의 모든 중앙부서 직원들을 퇴출시키는 것이 학생 한 명의 크기로 학급크기를 줄이는 것을 가능하게 한다고 하였다. 더 나아가, 그들은 사업과 비 학교 공공행정의 세계에서, 직원들에 대한 행정가들의 평균비율이 7.1 대 1.0이라고 언급하였다. 학교에서 이 수치는 14.5:1이다. 이 논쟁에서 누가 옳든지 간에 학교행정에 대한 비능률성에 관한 대중적 개념은 여전히 강하다.

능률성 가치는 성과평가(학생들), 프로그램예산(목적들), 그리고 체제분석 경영계획안의 차용(운영에 있어서의 능률성 강조)의 형태로 명시된 책무성과 관련된 국가적 관심사의 숨은 의도이다. 효용성 가치의 정치적 명시화는 재정적 제약에 대한 우려이며, 옹호자들은 전반에 걸친 세금 감축을 옹호하면서 정부지출을 제한하고 균형 잡힌 예산을 추진하고자 한다.

때때로 효율적인 학교들을 추진하기 위한 노력은 역효과를 낳는다. 예를 들어, 커리큘럼을 정형화하는 것과 학생평가 프로그램과 정형화된 교사평가 체제를 도입함으로써 책무성 제도를 규정하는 것은 주의 교육부서들과 학구 부처에서의 더 많은 관료적 오점을 야기할 수 있는 행정적 그리고 직원들에 대한 감시의 증가를 가져올 수 있다.

최근의 조사는 비록 정형화된 교수와 평가가 학생성과에 기본적인 증진을 가져오는 데 더 능률적일진 몰라도, 더 높은 수준의 학생성과를 획득하는 데에는 덜 효과적이고, 그렇기 때문에 덜 능률적이라는 것을 확인시켜 준다(Elmore, 1995; Newmann, Marks, & Gamoran, 1995). 고부담 시험의 집단행정에 있어서 효율성에 관한 적은 관심은 학생들의 장기적 동기부여와 학습에 있어서 이 프로그램의 효과들을 국회의원들이 무시하도록 하였다(Stiggins, 2007). *Tough Choice for Times*라는 2007년 보고서에서 the New Commission on the Skills of the American Workforce는 고부담 시험이 "창조성과 혁신" 혹은 "아이디어와 추상화를 사용할 수 있는 재능"을 촉진하지 않는다고 주장했다(Hagreaves & Shirley, 2007에 인용된 것처럼).

능률성에 대한 지나친 관심은 지역관할, 지역공동체 그리고 전문교육기업이 할 수 있는 일을 심각하게 억압함으로써 선택가치를 훼손시킨다. 대체적으로 이용 가능한 자원들을 축소시킴으로써 형평성의 목적을 달성하기 어렵게 만들며, 또한 수월성의 가치를 훼손시킨다. 어떤 사람들은 교육에 대한 엘리트주의 접근법을 옹호함으로써 능률성과 수월성을 추구하고자 한다. 그들은 비록 선택과 형평성의 가치들을 훼손시킨다 할지라도, 최고이며 명석한 학생들에게 훨씬 더 많이 지출하고, 나머지 학생들에게 훨씬 더 적게 지출하고자 한다.

선택

미국 전역에 주민총회가 존재하고, 잭소니안 민주주의*의 긴장관계가 우리들의 인식 속에 스며들어 있다. 일부는 그러한 이미지들이 한편으로는 낭만적인 이상

* 미국 최초의 평민 출신 대통령(역주)

향을 보존하고자 하는 갈망 그리고 다른 한편으로는 관료제와 비인간적인 시대에 있어서 통치의 일부 외관을 유지하는 필요성에 의해 영속되는, 현실보다는 신화에 가까운 것이라고 주장한다. 이러한 이미지들이 상징적이건 현실적이건, 학교들은 주민총회와 지역세금 총선거의 전통에 있어서 지역 통제의 흔적들을 대표하기 때문에, 선택의 가치를 유지하는 데 있어서 학교들은 특히 중요하다.

최근에는 지역 통제가 주와 연방의 지역통제에 조금씩 스며들고 있었다. 학교교육의 능률성은 지역적으로 학생들에게 최선인 것을 해줄 수 있는 지역 당국의 권리를 종종 위태롭게 하는 인종의 동질성을 차별하는 규정들에서 명시된 중앙 집권화를 가져오는, 정부의 좀 더 상위적이며 간접적인 단계의 수준에서 결정들이 이루어지기를 요구하였다. 심지어 수월성의 개념은 표준화된 평가점수의 결과에 따라 그것을 정의하는 주들과 함께 훨씬 더 협소해지고 동일해졌다. 학교 교육에 있어서 국가전통의 일정 정도의 부분인 지역사회가 학교들에 있어서 가치 있다고 여기는 것들이, 그것이 음악, 미술, 드라마 혹은 그 외의 다른 것들이건 간에, 그것이 무엇인지를 정의하는 수월성의 표준은 이러한 주 그리고 심지어 연방들에게 항복했다.

중앙집권주의자들은 학교의 만연한 부정이 지역 교육기관에 너무 많은 선택권이 주어진 것에 기인한다고 믿고 있다. "그들은 기회를 가졌었다. 하지만 결과는 어떠했는가?"가 자주 들리는 한탄이다. 부모들과 교사들이 가장 잘 알고 있으며 최선의 교육은 이 집단들에게 결정할 권한을 부여하는 것으로부터 야기된다는 것이 또 다른 극단에 위치하는 것이다. 심지어 지역 학구 내에서의 중앙부서 통제에 대해서도 의심하게 되면서, 그들은 학교중심 자율경영, 강력한 학부모위원회 그리고 개개 학교에 대한 교육과정의 자치뿐만 아니라 재정적 자치 또한 옹호한다. 이러한 주장을 펴는 다수의 사람들은 사립학교에서 이러한 이상들이 더 쉽게 실현된다고 느끼며, 공립학교체제를 떠나는 것을 선택한다. 다른 사람들은 자녀들을 홈스쿨링하고자 한다.

시장선택을 옹호하는 사람들과 민주적 선택을 옹호하는 사람들 사이의 긴장감이 이 논란 안에 깊이 자리 잡고 있다. 시장선택이 리더십에 있어서 관료주의적 체제 혹은 대규모의 투자를 요구하지 않으면서 확실히 더 효율적이다. 핵심동기 부여요소는 개인적 자기이익이다. 대표적으로, 민주적 선택은 쟁점들이 논의되고 결정이 내려짐에 따라 오래 걸리고, 복잡하며 종종 전투적인 절차들을 포함한다. 민주적 선택의 옹호자들은 사회의 일부 쟁점들을 시장의 변덕에 맡기기에는 너무나도 중요한 것들이라고 믿는다. 그들이 지적하기를, 시장의 선택은 개개인이 자신의 이익을 극대화시킬 수 있는 결정을 한다는 경향에 기초한다. 대조적으로, 민주선택은 공공의 선을 위해 개인의 이익이 희생될 것을 요구한다. 이 주제에 대해서는 제2장에서 더 탐구될 것이다.

수월성

이들 가치 중 수월성을 정의하기가 가장 어렵다. 이러한 어려움은 다른 가치들 중 한 가지를 선호하는 특별한 이익 집단들에 의해 수월성이라는 단어가 사용되는 정치적 미사여구 일부로부터 기인한다. 예를 들어, 형평성의 옹호자들은 그들이 중요하게 생각하는 공평한 접근성과 기회의 쟁점들에 응하는 교육프로그램의 능력이라는 면에서 수월성을 신속하게 정의 내린다. 유사하게도, 수월성의 독특한 정의는 자유와 능률성에 대한 옹호자들의 수사법으로부터 출현한다. 수월한 프로그램들은 독특한 지역적 요구에 대한 응답으로 지역적으로 결정되거나, 더 높은 시험성적으로 귀결하는 프로그램들이다.

대부분의 사람들은 수월성이 질 높은 방법으로 그것의 목적을 성취하는 학교의 능력과 관계가 있다고 생각한다. 한편에서는, 학생들이 좋은 성과의 기준에 도달하도록 해주는 학교의 능력을 언급하지만 저명한 평가 전문가 Robert Steak (1985)가 지적하듯이, "작은 일들에 있어서의 훌륭한 성과는 수월성이 아니다" (p.3). 이러한 관찰은 정의적 문제에 또 다른 측면을 더해준다. 성과평가 성적을 강조함으로써 수월성을 달성하려는 사람들은 Steak가 제시한 기준을 충족시키지 못할 것이다. 그가 주장하는 바에 따르면, 수월성이란 학생들이 예리한 이해력을 가지고 제대로 수행하는 능력을 가지는 것이다. 수월한 수행이란 상기, 추론, 문제해결 그리고 판단을 포함하는 것이다(p.3).

Hagreaves와 Shirley(2007)는 Stake와 동의한다. 그들은 수월성에 대한 후기 표준화 관점을 제기한다. 미국을 핀란드와 비교하면서, 핀란드가 표준화된 평가나 내부적 자료를 거의 가지고 있지 않지만 대부분의 국가평가에서 1위로 평가되는 고성과의 학교체제를 가지고 있다고 주장했다. 대조적으로, 미국은 광범위한 평가, 많은 자료 그리고 국제적 척도에서 상당히 저조한 성과를 보유하고 있다.

핀란드가 좁고 정형화된 교육과정보다 "넓고 풍부한 교과과정"을, 종이시험 수준을 강조하기보다는 더 높은 기준을 충족시키기 위한 교사들의 역량개발 그리고 "부과된 표준화와 민영화를 인간관계망과 동년배에 의한 증진"으로 대체하면서 수월성을 성취한다(p.4).

수월성은 형평성과 충돌하는가? Hagreaves와 Shrieley는 가치충돌이 불가피하지 않다고 주장한다. 다시 한 번 그들은 "학생 복지순위"에서 거의 최고수준을 기록하고 "혜택받은 소수를 독려하기보다는 다수를 끌어올림으로써" 수준을 높였던 핀란드를 인용한다(p.2).

수월성은 능률성과 충돌하는가? 그에 대한 답변은 사용된 수월성의 정의에 따라 다를 것이다. 수월한 학교교육을 위한 합리적인 대용물로써 시험결과를 정의하는 표준화된 평가의 옹호자들은 수월성과 능률성 간의 충돌을 보지 못할 것이다. 표준화된 시험에 의해 충분히 측정될 수 없는 성장과 학습이라는 면에 있어서 수월한 학교교육을 정의하는 사람들은 반대할 것이다.

학교교육의 경쟁적 가치들과 이미지들

비록 네 가지 가치들 중 어떤 것도 단독으로 학교개혁을 시작하게 해주는 충분히 강력한 표제를 대표하지 못하지만, 가치의 조합은 이 목적에 대해서 충분한 확실성과 힘을 가진다. 특히 강력한 것은 그림 1.1에 묘사된 것처럼 수월성 혹은 형평성과 함께 다른 가치들 중 하나를 혼합하는 조합이다.

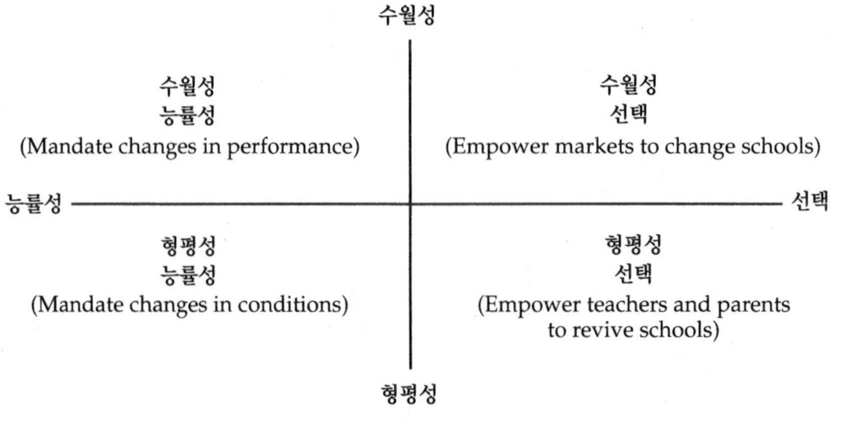

그림 1.1 가치와 학교를 둘러싼 아이디어들의 대립

능률성의 가치와 합쳐진 형평성의 가치는, 예를 들어 Johnson 대통령의 Great Society 프로그램들을 수반한 교육개념에 대한 거대한 추진을 적절히 포착한다. 학생들을 위한 학습공간의 수준을 높이는 데 목적이 있는 사회프로그램들을 감시하고 평가하기 위한 규제들의 관료주의적인 복잡함 제공과 동시에 이들을 재정적으로 지원하면서 형평성과 능률성 모두를 추구하였다. 하지만, 회의론자들은 비록 규제들이 능률성을 증가시키려고 했을지라도, 실제 결과는 비능률적이었고 낭비였다고 주장한다.

선택과 혼합된 능률성의 가치는 국가의 교육대학원들에게 교과과정을 알려주고 많은 자유 단체들에게 철학적 기초를 제공해주면서 교육기관에 의해 많이 선호되는 학교교육에 대한 끊임없는 사고방식을 제공해주었다. 자치경영을 통해 학부모들과 교사들에게 권한을 부여하고 그렇지 않으면 전문단체를 조직함으로써, 옹호자들은 미국의 문화유산 중 상당한 부분인 평등주의적 이상을 대표하는 형평성과 선택을 혼합하기를 추구한다.

능률성과 혼합된 수월성은 1980년대 중반 학교개혁운동의 추진취지의 특징을 나타내는 듯하며 오늘날에도 여전히 존재한다. *위기에 처한 국가*는 학교들이 더 강해져서, 학생들이 더 강한 표준에 충족되거나 혹은 떠나도록 하고, 국가의 경쟁력을 유지하는데 더 많은 강조점이 놓여야 하며, 그리고 가장 우수하며 현명한 학생들이 확인되고 양성되어야 한다는 관점을 예시로 제시하였다. Johnson 대통령의 연방 중앙집권화 시대와는 달리, 주들은 표준을 정하고, 규정을 제공하며 학교들이 이 표준들에 책임지도록 하려고 하였다. 각각의 주를 하나씩 고려해보면, 수월성과 능률성의 이러한 혼합이 더 능률적인 것처럼 보인다. 하지만 모든 주들을 종합적으로 고려했을 때는 이러한 전략이 비능률적일지도 모른다. 학교정책의 문제에 있어서 주의 우위성은 주 교육 관료제의 성장, 주 교육 입법의 증가 그리고 50개 주의 수도들에 대한 교육 사업의 추가적 비용을 초래했다. 주의 차원에서 권력의 합병과 함께 증가했다.

선택과 함께 혼합된 수월성은 운명에 대한 통제를 포기할 의지가 없는 엘리트주의 사고방식을 가진 사람들의 가치들을 묘사한다. 무엇이 교수되어야 하며, 누가 교수되며, 어떻게 학교교육이 투자되는지는 그들이 전혀 양도할 생각이 없는 결정들이었다. 그들이 선택하는 대안은 사립학교를 위해 공립학교를 떠나거나, 공립학교를 사립학교의 형태로 바꾸는 것이다. 이 두 사례에서 형평성의 가치는 수월성을 위한 투쟁에 개입하기 때문에 부차적인 것이다.

많은 정책 전문가들은 학교들에 대한 개혁을 추구하면서 학부모와 학교의 선택이라는 바구니에 그들의 모든 달걀들을 담는다. 구역 혹은 주 안에 있는 학교들 사이에서 학부모들이 선택할 수 있도록 해주는 것은 옹호자들이 나쁜 것을 몰아내고 수월한 것을 고취시켜 줄 것이라고 믿는 시장의 힘을 도입시키게끔 한다(수월성). 시장의 힘이 작용하기 위해서는, 그들이 지적하기를, 학교들은 진실한 선택들을 제공해 주어야 한다. 이러한 종류의 다양성은 학교 행정가들과 교사들이 학교의 규제완화를 요하는 학교교육과 관련된 문제들을 결정하는 데 있어서 넓은 재량권을 부여받는 것을 요구한다. 고비용의 행정 감시를 수반하는 값비싼 평가 시스템들을 더 이상 필요로 하지 않을 것이다. 학부모들은 그들의 자녀를 일하지 않는 학교들에서부터 일하는 학교들로 이동시키는 곳으로 발 벗고 나서 투표할 것이다. 그들이 주장하기를 규제완화는 관료주의적 오점을 약화시키고 더 능률적인 학교교육을 창설시킨다.

하지만, 비평가들은 지식을 많이 가지고 있으며, 한 학교에서 다른 학교로 쉽게 자녀들을 옮길 수 있는 부모들이 혜택을 받기가 가장 쉽다고 주장한다. 중상층의 사회경제적 지위(SES)를 지닌 가족들은 이 집단에서 너무 많이 나타날 것이며, 그 이하의 집단들은 너무 적다고 나타날 것이다. 비평가들이 주장하기를, 이러한 불균형은 형평성의 가치를 위태롭게 한다. 제안자들은 정보 프로그램들과 다른 수단들을 통해 사회경제적 저소득층을 학교들이 채용하도록 독려할 수 있는 인센티브 제도가 개발되어야 한가고 주장한다. 예를 들어, 학교들은 그들이 채용하는 각각의 사회경제적 하위계층 학생들에 대한 보너스 자금을 지급받게 끔 해주는 것이다. 또한 제안자들은 교외에서보다는 도시 내부에서 이러한 움직임에 대한 지원이 더 강력하다는 것을 보여주면서, 학교실적에 있어서 도시에 사는 하위계층 가족들이 학교선택에 있어서 가장 많은 관심을 표명한다고 주장한다.

교육행정가들이, 말하자면, 백지상태같이, 근무하기에 안정적이고 예측 가능한 학교환경을 발전시켰다면 모든 것이 단순했을 것이다. 그렇다면 그들이 해야 할 모든 일은 목적에 대한 필수적 근거와 의미를 제공하는 일일 것이며, 그렇게 하면 나머지는 조화로운 행복 속에서 따라올 것이다. 하지만 학교 지배구조와 행정의 세계는 거칠고 복잡하다. 학교정책에 대한 저의를 제공하는 4가지 주요 가치들의 강력한 끌어당김은 가치들이 교묘하게 다뤄지고 균형이 잡히면서 학교행정직을 줄타기 줄 위의 저글러로 비유한다. 목적에 대한 이유와 의미는, 특히 특정한 열정과 혼합될 때, 또한 중요하다. 예를 들어, 교육 지도자들은 동기, 균형, 목적 그리고 열정이 그들의 리더십 안에 포함되었기 때문에 교수와 학습이 이루어지도록 해주는 핵심 경쟁가치들 사이의 충분한 균형을 자주 제공해 줄 수 있다.

형평성과 수월성에 대한 부가가치적 접근

많은 NCLB 비평가들은 연간 시험에서의 "컷 점수"를 넘을 수 있는 학교들의 능력에 기초하여 학교들을 평가하는 것에 관한 불공정성에 대하여 불평한다. 이 점수 이상의 점수들은 통과라고 간주된다. 그 이하는 실패라고 간주된다. 대부분의 책무성 제도는 시험 성적에 있어서 대다수의 성적이 컷 점수보다 상당히 높은지 낮은지를 고려하지 않는 컷 점수 방법론을 사용한다. 단지 점수가 컷 이상인지 이하인지만이 중요하다.

수월성의 기준으로서 컷 점수를 설정하는 것은 학교가 만들어 낸 중요한 성과들을 인식하지 못하도록 만들었다. 예를 들어, 학년 수행 수준에 훨씬 못 미치는 많은 학생들과 한 해를 시작하는 빈곤한 도시 학교들은 인상적인 성과를 거둘지도 모르지만, 전체적으로 학생들을 컷 점수 이상으로 만들 수는 없을 것이다. 대조적으로, 부유한 교외의 학교는 학년 수준을 갖춘 대부분의 학생들과 한 해를 시작하고 매우 작은 성과를 거두지만, '컷 점수' 방식에 의해서는 성공적이라고 판단된다.

형평성과 수월성에 관한 관심을 균형 잡아주는 한 가지 처방은 책무성에 대한 부가가치적 접근을 차용하는 것이며, 이는 기준이 정해지지 않은 능률성 성과에 대한 인식을 제공한다. 대신에, 표준의 설정은 학교별 기준으로 개별적으로 행해진다. 실제로, 학교들이 서로 경쟁하는 대신에, 그들은 자신들의 이전성과수준과 경쟁하는 것이다. 현 시점에서의 의회의 고려하에서 NCLB를 재인가하려는 제안들은 부가가치적 접근을 포함한다. 하지만, 수월성의 제안자들은 법의 책무성 조항을 약화시킨다고 우려하며 이 변화에 반대한다.

부가가치적 접근은 고성과 학교들과 부가가치적 학교들이 항상 동일하지는 않다고 가정한다. Knightsbridge 지역사회 학구를 예로 들어보자. Knightsbridge는 주요 남부도시의 교외지역이다. 지역신문의 최근 판에 나타난 광고에 따르면, Knightsbridge의 학생들은 주에서 가장 좋은 고등학교들 중 하나를 다니고 있는 것이다. 책무성 평가에서 학생들의 성적은 모든 지역관할 학생들의 성적을 뛰어넘거나 그들과 동등하다. 대학통계들은 요동치고 있다. 고등학생 중 96%가 대학에 진학하려고 한다. 고등학교는 Knightsbridge의 학생들이 향유하는 수월한 교육의 단 한 가지 사례일 뿐이다. Knightsbridge의 공립초등학교, 유치원, 몬테소리 학교, 교회부설학교, 그리고 주간탁아시설들 역시 훌륭한 학습 환경을 제공한다.

말할 필요도 없이, Knightsbridge 지역사회에 봉사하는 학교들은 주의 책무성 제도에 의해 우호적인 평가를 받는다. 모든 Knightsbridge의 학교들은 NCLB하에서 요구된 연간 성과(AYP) 목표를 달성하고 성공적이었다고 판단된다. 학생들이 학교에 다녀야 한다고 주장하는 학부모들 덕분에 출석률은 높다. 학생들이 학교에 머무르기를 종용하는 학부모들 때문에, Knightsbridge의 학교들로부터 매우 적은 수의 학생들이 중도하차한다. 더 나아가, Knightsbridge에서의 학교에 다닐 연령이 된 아이들을 가진 가족들의 대략 90%가 가정에서 부모님들 두 분이 다 계시며 실제로 모든 가족들이 중상의 소득을 가지고 있다고 간주된다. 이러한 통계들은 더 낮은 중도탈락률, 더 낮은 불량 집단 활동, 그리고 더 높은 학생성과와 연결된다. Knightsbridge의 학교들에 입학하는 대부분의 학생들은 영어를 유창하게 구사하며, 이미 읽기 능력을 많이 갖추고 글자와 그에 따른 음들을 알고 있으며, 책과 컴퓨터들로 가득한 가정의 출신이며, 그들의 요구에 봉사해 줄 지역사회 기관들을 보유하고 있으며, 여름캠프에 가고; 피아노, 댄스, 무도 등등의 수업을 받으며; 정기적으로 의사진료를 받으며; 잘 먹는다. Knightsbridge의 학생들은 학교의 경쟁적 환경에 우호적으로 응하며, 조용히 앉아있고, 학구적이며 아니면 전형적인 학교의 가치들에 순응하도록 집에서 길러진다.

만약 Knightsbridge의 점수들이 교사들과 교장들이 하는 일보다도 이러한 요소들에 연결되었다면, 이 학교들이 그들 학생들의 교육에 얼마만큼의 가치를 더해 주냐에 관한 질문이 제기될 것이다. 만약 현직 교장들과 교사들이 다른 사람들로 대체된다면, 주정부의 척도에 근거하여 비슷한 성과를 거둘 것인가? 만약 많은 학생들이 주의 제도에 의해 "저성과"라고 명시된 학교로 전학 가거나, 사립학교 아니면 갑자지 홈스쿨링을 하게 된다면 어떤 일이 일어나겠는가? 그들이 이전처럼 잘 할 수 있을까? 만약 그렇게 된다면, 단지 작은 인과관계만이 Knightsbridge의 교사들과 교장들이 하는 일과 학생들의 점수, 자퇴율, 그리고 출석 통계 사이에 존재한다. 우리는 심지어 책무성 지표에서 큰 변화를 보지 않고도 주의 책무성 제도에서 하위부류로 등급된 학교들로부터의 교장들과 교사들 중의 아무 표본과도 Knightsbridge의 교장들과 교사들을 교환할 수 있을 것이다. 학교들이 하는 일과 주의 효율성 지표에 있어서 학생들이 보여주는 것 사이에 단지 작은 인간관계만이 존재하기 때문에, Knightsbridge의 학교들은 고성과로 간주될 수 있지만, 부가가치적이진 못하다.

Knightsbridge와 유사한 지역사회에서 봉사하는 많은 학교들은 학생들이 이미 가지고 온 이점들에 대하여 가치들을 그럭저럭 충족시킨다. 결과적으로, 그들의 학생들의 성과는 표준에 부합하는 것뿐만 아니라 비범하다. 이 학교들은 고성과적이며 또한 부가가치적이다. 불행히도, 대부분의 주들에서 책무성 제도는 고성과를 거두지만 부가가치적이지 못한 Knightsbridge와 고성과적인 동시에 부가가치적인 학교들을 구분하지 못한다. 또한 책무성 제도는 Knightsbridge보다 성적이 낮은 학교들 중 어떤 학교가 부가가치적인지 아닌지를 분간해내지 못한다. 이러한 부가가치적 학교들의 성적은 절대적 크기에서는 어느 정도 남아있을지 모르지만, 여전히 학생 학업성취에 있어서는 상당한 성과를 나타낸다. 이러한 방법으로 가치를 부가하는 학교는 훌륭한 학교이며 저성과로 명시되기보다는 축하받아야 한다.

아동낙오방지법

2001년의 아동낙오방지법(The No Child Left Behind Act, NCLB)은 연방정부와 교육정책 그리고 실무에 영향을 주는 가장 최근의 그리고 아마도 가장 방해받는 시도이다. 1965년에 최초 통과된 초등과 중등교육조항(ESEA)의 개정판인 NCLB는 미국의 학교교육 전체에 거대한 획을 긋는 역할규정들을 제공한다. NCLB는 이전의 어떤 연방법보다 더 상당히 교실에서의 일상생활에 영향을 준다.

공공정책으로서, NCLB는 우리가 이 장에서 4가지 뿌리 깊은 사회가치들로 고려한 수월성, 형평성, 능률성 그리고 선택 사이의 가치 선호를 반영한다. 아마도 NCLB에 관련하여 가장 주목할 만한 것은 수월성에 대한 헌신일 것이다. 원래의 ESEA에 있어서의 형평성에 대한 강조와는 대조적으로, NCLB의 우선적 목표는 높은 자질을 갖춘 교사들에게 모든 학생들이 배워야 하고 2014년까지 독해와 수학에서 숙련된 상태가 되어야 한다는 것이다. 이것은 유복한 백인 학생들과 불리한 소수 학생들 간의 만성적 성과 차이를 제거할 것이다. 이 법은 학구들에서 3학년에서 8학년 동안 독해와 수학에서 학생들을 매 해 평가하고 학교의 인구 안에서 사회경제적 그리고 인종적 소수집단에 의한 평가점수들을 분할하고 공적으로 매년 보고할 것을 요구한다. 이 기능은 한쪽은 백인, 부유, 교외지역의 고성과적인, 다른 한쪽은 대다수가 소수 인종이며, 빈곤, 도시의, 저성과적인 학생들로 구성된 이중적 학교체제를 가지고 있다는 사실과 "성과 차이"에 대하여 국가적 관심을 이끌게 하였다.

아동낙오방지법과 형평성

NCLB는 형평성을 강조하지 않는다－적어도 하위계층의 학생들에 대해 접근과 기회를 제공하는 전통적 의미에서는. 원래의 ESEA 조항의 중심 초점은 전체적으로 불이익을 가지고 있는 학생들에게 학습을 강화하기 위한 자금을 제공하면서 형평성을 강화하는 것이었던 반면에, NCLB의 중심 초점은 지출된 비용을 동일화시키는 것이 아니라 모두를 위한 교육의 질을 강화시키는 것이다. 만약 교육 성과가 동일화되면 즉, 모든 자녀들이 능숙해진다면 수월성과 공평성이 모두 획득되는 것이다. 원래의 ESEA 안에서 연방기금을 제공하는 데 있어서의 형평성의 강조인 투입요소들에 대한 집중에서부터 NCLB에서의 수월성 강조인 성과로의 이동은 연방정책의 거대한 변화를 의미한다.

NCLB의 비평가들은 NCLB의 고상한 목적에도 불구하고, NCLB가 궁핍한 학생들에게 봉사하는 학교들을 징계하면서, NCLB의 이행이 오히려 의도하지 않은 역행적 결과를 가져오게 한다고 주장한다. 첫째로, 그들은 수월성 목표를 획득하는 것이 불가능하다고 주장한다. Rothstein, Jacobsen 그리고 Wilder(2006)는 모두가 능숙해지는 것은 "모순 어법"이라고 주장한다(p.2). 전체적 성과 분배에 있어서 목표가 모든 학생들에게 도전 가능하며 획득 가능하다는 것은 불가능하다. 우리들이 사용할 수 있는 평가 도구들과 함께 어떠한 행정을 평가하는 데 있어서도, 아무리 모든 학생들이 받게 되는 지도사항들이 좋을지라도, 일부 학생들은 능숙도(시험면제단계)를 넘어서게 되고 일부는 그것들을 충족시키는 데 실패하게 된다.

주들이 2014년의 목표에 도달하기 위해 연간 능숙도 목표를 상향하면서, 더 많은 학생들과 학교들이 실패로 판명되기 쉬워졌다. NCLB의 최근 판은 경제적으로 불이익을 받는 인종소수자들과 그리하여 이미 취약한 학생들과 그들에게 봉사하는 학교들에게 무슨 일이 일어나는지에 대한 질문을 미결상태로 남겨둔다. NCLB 체제하에서, 연속된 4년 동안의 적정 연간 향상도(AYP) 목표들을 충족시키는 데 실패한 학교들은 직원 교체, 새로운 교과채용 혹은 재조정과 같은 수정적 조치를 취해야만 한다. 5년의 연속적인 실패 후에는 학교가 재구조 조정되거나, 헌장학교(charter school)로서의 재개방, 혹은 주로 소유권을 넘겨야 한다. 지역 관할들과 주들은 이러한 제재들을 효과적으로 모든 실패 학교들에게 적용할 재원이 없을 것이라고 예측했다.

또 다른 형평성에 관한 우려는 NCLB가 어떻게 이러한 거친 제재들을 실패학교들에 대해 적용하는지에서부터 도래한다. 더 많은 불우한 소수자에게 봉사하는 학교는 "다양성 징계"를 받는다. NCLB하에서 학교들은 학교의 모든 소집단들에 대해 AYP를 매년 달성해야 한다. 다양한 도시의 학교들은 동질적인 교외 학교들보다 더 많은 소집단을 가지기 때문에, 그들은 상대적으로 작은 집단의 학생들이 능숙도 목표를 달성하지 못하는 실패에 더 상처받기 쉽다. 언급된 것처럼, 이 "실패학교"는 실제로 재원을 잃게 된다. NCLB 이행 4년 후에, 2006년의 증거는 "다양성 징계"의 효과를 보여준다. 증진이 필요하다고 확인된 학교들 중 도시의 학교들이 지나치게 많다(Center on Education Policy, 2006).

성공의 유일한 기준으로서 매년 한 번씩 순간사진들을 제공하는 표준화된 시험의 사용을 지시하는 NCLB로부터 형평성관련 문제가 야기된다. 조사와 경험은 사회경제적 지위와 대부분의 표준화된 평가의 결과 간의 높은 상관관계를 지속적으로 입증해 주었다. 규범에 기초한 성과지표들은 불가피하게 비교적 부유한 학교들을 포상하고, 비교적 빈곤한 학교들을 벌주게 된다.

마지막 우려는 NCLB가 학생들을 밖으로 몰아내는 학교들을 포상한다는 또 다른 의도되지 않은 결과를 내포한다는 것이다. 명백하게도, 학교가 평가결과를 증진시키기 위한 가장 좋은 방법은 출석부에서 저성과자들을 제명하는 것이다. 성적에 대해서보다는 보존과 졸업률 책무성에 대해 훨씬 덜 엄격하기 때문에, NCLB가 이러한 전략을 허락하고 장려할 수 있다. 법은 주들이 졸업률 표준을 세우도록 요구하지만, 어떠한 소집단 자료의 구성요소 분석도 요구하지 않는다. 결과적으로, 많은 주들은 최소표준을 가지게 된다. 예를 들어, 텍사스 주는 고등학교들이 통과하기 위해서 매년 졸업률에서 0.1%의 증진을 요구한다. 일부 측정에 따르면 50%에 맴도는 졸업률을 가진 많은 도시 구역들에서 70%의 주의 목표에 도달하기 위해서는 200년이 걸릴 것이다.

높은 자퇴율은 사회에 대한 그들의 엄청난 비용 때문에 또 다른 능률성 관련 우려사항이다. 수감자 중 절반이상이 기능적으로 문맹인 것과 함께, 자퇴생들은 감옥인구에서 지나치게 많은 인구를 차지한다. 수감 인구는 1980년대 이후 3배가량 증가했으며, 감옥의 비용은 동일 시간동안 600%로 증가했다(Darling-Hammond, 2004, p.23).

아동낙오방지법과 능률성

NCLB는 재원들로부터 최대의 가치를 취하는 것인 능률성의 가치를 강조한다. 주와 연방 수준에서의 교육 의사결정의 중앙집권화는 오랫동안 연방관료들과 국회의원들을 혼란스럽게 만든 연방정책의 이행에서 지역적 다양성의 비효율성을 극복하도록 의도되었다.

비평가들에게, 실행에 있어서의 NCLB의 이론은 형평성에 우선하여 능률성을 강조하는 듯하다. 법을 만드는 데 있어서 국회의원들은 학교들이 가지고 있는 재원들을 이용하여 더 많은 일을 할 수 있다고 명백하게 가정하고 있다. 연간 시험결과들을 공표하고 실패에 대한 엄격한 제재를 제공함에 따라, 법은 빈곤하고 많은 요구들을 나타내는 지역의 학교들이 단지 더 열심히 노력하길 원한다면 학생 시험 점수를 올리고 높은 자질을 갖춘 교사들을 고용할 것이라고 가정했다. NCLB는 공공의 인식과 수치심에 의해 그들을 자극시키고자 한다. 현재 명시된 것처럼, 법은 학교들 간의 재원의 불공정한 분배를 무시하고 충분한 추가적 재원을 제공하지 않는다. 다시 한 번, 능률성의 메시지를 강조하는 것이다.

비평가들은 또한 NCLB가 독해와 수학이라는 두 과목에 대한 제한적 초점에 있어서 수월성보다는 능률성을 우선시한다고 주장한다. 성공에 대한 유일한 가치척도로서, 아마도 이 두 과목들은 개개인과 사회 경제적 성공에 있어서 가장 핵심적인 것처럼 보이기 때문이다(능률성). 독해와 수학의 성공에 결부된 고부담은 평가되지 않은 과목들의 교수시간의 축소 혹은 심지어 제거와 함께 교과 과정의 축소를 가져온다. 잃게 되는 것은 학습기회에 있어서의 폭넓음, 풍부함 그리고 다양성이다(수월성).

모든 학급에서 우수한 자질의 교사를 보유하고자 하는 NCLB의 목표는 수월성의 가치를 반영한다. 하지만, 법은 투입요소척도라는 관점에서 "높은 자질"을 중시한다–석사학위와 증명서류라는 수월성에 대한 가치보다 능률성의 가치를 강조하면서, 값싸면서도 측정하기 쉬운 하위 자격 기준을 설정하는. 비평가들은 만약 NCLB가 교수에 있어서의 수월성을 진실로 포괄하고자 한다면, 실재로 교수가 일어나는 성과의 척도인 교실에서 나타난 능률성에 집중하는 높은 자질을 갖춘 교사들에 대한 정의를 제공할 것이다. 일찍부터 논의된 학생성과를 평가하는 부가가치적 성장모델은 학생들로 하여금 교사들이 부가한 가치를 따르도록 허락하는 것이다.

NCLB의 또 다른 의도치 않은 결과는 NCLB가 높은 요구를 보이는 학교들로 하여금 높은 자질을 갖춘 교사들을 끌어들이고 보유하는 것을 더욱 어렵게 만드는 걱정스러운 징후이다. 비평가들은 학교에 꼬리표를 붙이는 것이 궁핍한 학교들에게 오명을 씌우며 훌륭한 교사들에게 그들을 덜 매력적으로 만든다는 것을 지적하였다. 주의 책무성 제도하에서 D 혹은 F등급을 받은 학교들로부터 자질을 갖춘 교사들이 이전한다는 플로리다의 사례가 그 증거이다. 그곳의 교장이 말했듯이, "이미 실패라고 명시된 학교에 누가 자신의 삶을 바치길 원하겠는가"(Darling-Hammond, 2004, p.13). Sunderman 등(2004)은 NCLB의 제재들이 교사들로 하여금 실패하는 학교들로부터 이전하도록 할 것이라고 교사들이 얘기하고 있다고 보도했다(p.3).

수월성과 능률성에 대한 강조에 덧붙여서, NCLB는 선택의 가치를 반영한다. NCLB의 제재들안에서 NCLB는 2년 동안 적정 연간 향상도 목표를 충족하는 데 실패한 학교 학생들의 학부모에게 지역에서의 또 다른 학교를 선택할 권리를 허락한다. 이러한 조항은 이전에 설명된 선택과 경쟁에 기초한 학교증진의 시장이론에 내포된 것처럼 보인다. 실패한 학교들의 학부모들은 더 나은 학교를 선택한 것이다. 경쟁에 직면하면서, 빈곤한 학교들은 더 나아지거나 파산한다.

NCLB의 선택 관련 조항은 여태까지 구상된 것처럼 작동되지는 않았다. 대부분의 추정들에 의하면, 선택에 적당한 단 1~2%만이 참여했다. 설명은 다양하지만, 조사결과들은 새로운 학교로의 통학시간, 현재학교에 대한 만족도, 그리고 이웃동네에 있는 학교에 머무르는 것에 대한 갈망이 학교 선택권을 부모들이 실행하는 것을 거절한 이유였다고 주장한다. 게다가, 소규모 혹은 시골의 구역들은 같은 학년을 제공하는 다른 학교들을 보유하고 있지 않기 때문에 선택권을 제공할 수 없다.

NCLB가 학생의 성과를 증진시켰는가?

NCLB 그리고 표준과 책무성 움직임의 영향을 좀 더 보편적으로 평가하는 데 있어서 핵심질문은 NCLB가 모두를 위한 능숙도의 목표를 향한 향상을 도출했는가

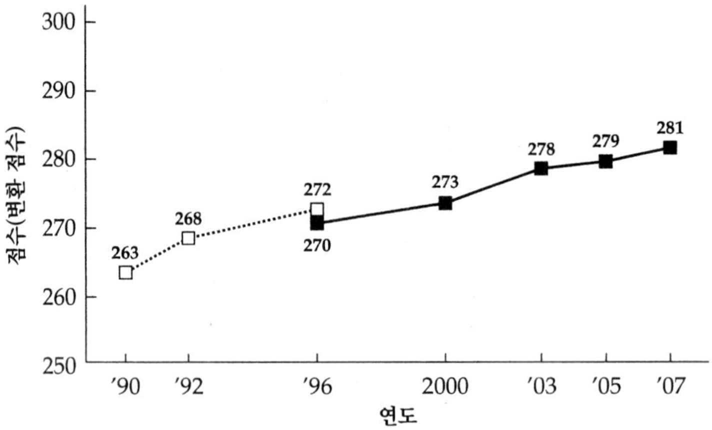

그림 1.2 4학년 수학 평균 점수

출처: National Center for Education Statistics, *The Nation's Report Card, 2007* (2007a).

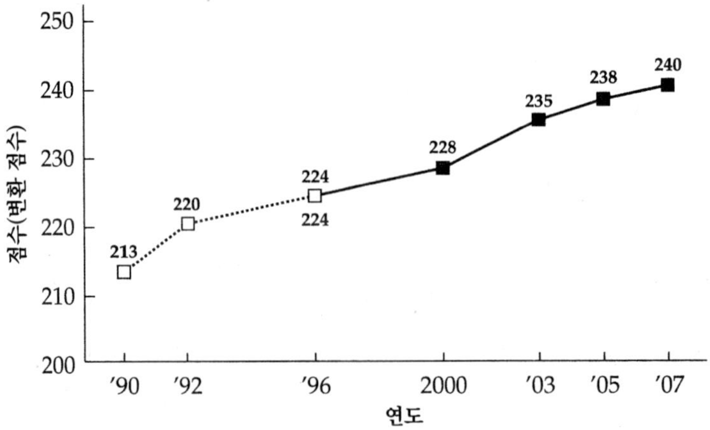

그림 1.3 8학년 수학 평균 점수

출처: National Center for Education Statistics, *The Nation's Report Card, 2007* (2007a).

이다. 향상에 대한 한 가지 지표는 교육성과에 대한 우리의 유일하고도 장기적인 그리고 국가적인 척도인 교육성과에 대한 국가적 평가(NAEP)가 될 수 있다. NAEP는 미국교육부에 의해 국가 전역으로부터 학생들의 표본들에 대하여 운영된다. 교육문제들이 얼마나 정치화됐는지에 관한 지표는 NAEP의 결과가 얼마나 빨리 정치적 논의에 들어왔는가이다. 예를 들면, 2007 NAEP 결과가 발표되었을 때, 4학년과 8학년의 평균 수학점수가 올랐다는 것을 나타내주었다(그림 1.2와 그림 1.3 참조). 교육부장관 Spellings와 Bush 대통령은 즉각 이러한 성취들에 대해 포상해주었다. 정치적 비평가들은 NCLB가 거의 아무런 영향력을 가질 수 없었던 첫 해인 2003년 이전에 발생한 대부분의 성과들로 1990년 이래 수학점수들

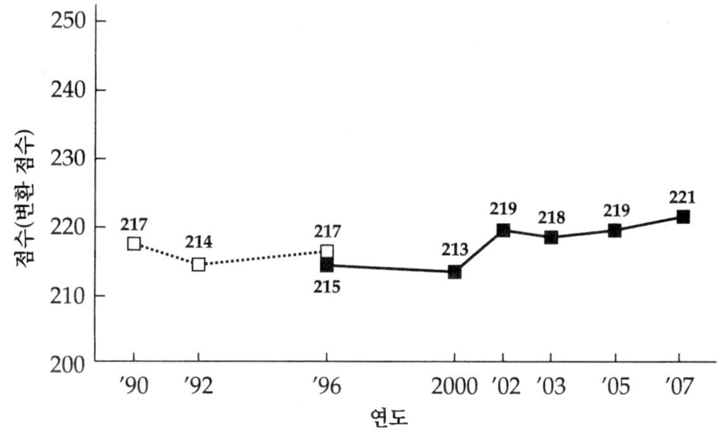

그림 1.4 4학년 독해 평균 점수

출처: National Center for Education Statistics, *The Nation's Report Card, 2007* (2007b).

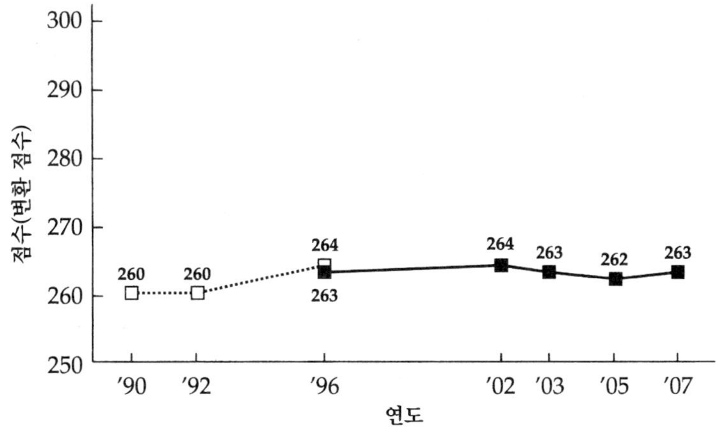

그림 1.5 8학년 독해 평균 점수

출처: National Center for Education Statistics, *The Nation's Report Card, 2007* (2007b).

이 점진적으로 상승해 왔다는 것을 지적했다. NCLB의 성공에 대한 주장의 비평가들이 또한 바로 지적했듯이, 4학년과 8학년의 독해점수는 훨씬 부진했다(그림 1.4와 1.5 참조).

주별 학생 학습에 대한 NCLB의 영향력을 학습하는 데 있어서, 교육 정책기구로부터의 2007년 보고서는 "3년 혹은 그 이상의 비교 가능한 평가 자료를 가진 대부분의 주들에서, 독해와 수학에 있어서의 학생성과는 NCLB가 적용된 2002년 이후로 상승했다."고 결론지었다(p.1). 하지만 CED 보고서는 점수 향상의 원인을 NCLB로 돌리는 것은 어렵다고 말했다, 불가능한 것은 아니지만, 왜냐하면 성과를 올리기 위해, "동시적으로 이행된 … 서로 연결된 정책들 때문에" (p.1).

심지어 더 나은 시험성적들의 근거가 존재하는 곳에서조차 더 많은 학습이 일어나지 않았는지도 모른다는 전문가들 사이의 상당한 의심이 존재한다. 만약 교사들, 행정가들 그리고 정치인들이 시험성적의 결과로서 혜택받거나 무엇인가를 상실하게 되는 입장에 있다면, 그들은 점수를 올리기 위해 요구되는 것을 무엇이든지 하여 제도에 책략을 쓴다. 지름길은 속임수를 포함할지도 모른다(실제로 한 분야에 국한된 것이 아니다). 좀 더 있을 법한 지름길은 예상된 시험내용에 학생들을 끼워 맞추는 일인 시험을 향한 교수를 내포한다.

결론

이 장에서는 지속되는 사회가치들이 교육의 공공정책에 어떻게 영향을 주고 어떤 방법으로 이를 형성하는지 고려해 보았다. 우리는 우선 관리 직무를 특징짓는 요구, 제약, 선택권을 설명했다. 그 다음 4가지 정책 도구－역할규정, 유인, 능력기반 전략, 체제변화 전략－들을 설명했으며 그것들이 지난 25년 동안 수행된 학교 개혁의 세 가지 물결들에서 어떻게 서로 다르게 사용되었는지 대조해 보았다. 그 다음 4가지 지속적 사회 가치들을 논의했다－능률성, 형평성, 수월성, 선택. 그리고 학교 개혁의 다른 시대들 동안 정책을 개발하는 데 있어서의 서로 다른 강조점들과 함께 어떻게 혼합되는지 정의하였다. 마지막으로, 이 장에서는 이러한 사회가치들의 표현으로서의 NCLB를 검토해 보았다.

참고문헌

Bell, D. (1973). *The coming of post-industrial society.* New York: Basic Books.

Bennett, W. J. (1988). *American education: Making it work.* Washington, DC: U.S. Government Printing Office.

Berliner, D. C., & Biddle, B. J. (1995). *The manufactured crisis: Myths, fraud and the attack on America's public schools.* Reading, MA: Addison-Wesley.

Carnegie Forum on Education and the Economy. (1986). *A nation prepared: Teachers for the 21st century.* New York: Carnegie.

Carr, J. F., & Harris, D. E. (2001). *Succeeding with linking curriculum assessments, and action planning.* Alexandria, VA: Association for Supervision and Curriculum Development.

Center for Educational Leadership. (2000). *Teacher quality and the future of learning in San Antonio.* San Antonio, TX: Trinity University.

Center on Education Policy. (2006). *From the capital to the classroom: Year four of the No Child Left Behind Act.* Online: www.cep-dc.org/index.

Center on Education Policy. (2007). *Answering the question that matters most: Has student achievement increased since No Child Left Behind?* Online: www.cep-dc.org/index.

Darling-Hammond, L. (1997). *The right to learn: A blueprint for creating schools that work.* San Francisco: Jossey-Bass.

Darling-Hammond, L. (2004). From "Separate but Equal" to "No Child Left Behind": The collision of new standards and old inequalities. In D. Meier & G. Wood (Eds.), *Many Children Left Behind* (pp. 3-32). Boston: Beacon Press.

Elmore, R. (1995). Structural reform and educational practice. *Educational Researcher, 24*(9), 23-26.

Green, J. (Ed.). (1986). *What next? More leverage for teachers.* Denver, CO: Education Commission of the States.

Hanushek, E. (2001). Spending on Schools. In T. Moe (Ed.), *A primer on American education* (pp. 69-88). Palo Alto, CA: Hoover Press.

Hargreaves, A., & Shirley, D. (2007, December 17). The Coming Age of Post-Standardization. *Education Week.* Online: www.edweek.org/ew/articles/2007/12/21/lThargreavesweb.h27.html.

The Holmes Group. (1986). *Tomorrow's teachers: A report of the Holmes Group.* East Lansing, MI: Author.

Kirst, M. W. (1989). Who should control the schools? Reassessing current policies. In T. J. Sergiovanni & J. H. Moore (Eds.), *Schooling for tomorrow: Directing reforms to issues that count.* Boston: Allyn and Bacon.

Koppich, J. E. (2001). *Investing in teaching: A common agenda.* Washington, DC: National Alliance of Business.

McDonnell, L. M., & Elmore, R. F. (1987). Getting the job done: Alternative policy instruments. *Educational Evaluation and Policy Analysis, 9*(2), 133-152.

McGuinn, P. (2006). *No Child Left Behind and the transformation of federal education policy, 1965-2005.* Lawrence: The University Press of Kansas.

National Center for Education Statistics. (2007a). *The nation's report card: 2007.* Online: http://nationsreportcard.gov/matlu2007/m0002.asp.

National Center for Education Statistics. (200Th). *The nation's report card: 2007.* Online: http://nationsreportcard.gov/reading2007/r0002.asp.

National Commission on Excellence in Education. (1983). *A nation at risk.* Washington, DC: U.S. Government Printing Office.

National Commission on Teaching and America's Future. (1996). *What matters most: Teaching for America's future.* New York: Author.

Newmann, F., Marks, H., & Gamoran, A. (1995). Authentic pedagogy: Standards that boost student performance. *Issues in Restructuring School* (Report no.8, Spring). Madison: Center onOrganization and Restructuring of Schools, University of Wisconsin.

Peterson, P., & West, M. (2003). *No child left behind? The politics and practice of school accountability.* Washington, DC: Brookings Institution.

"Quality counts 2001—A better balance: Standards, tests, and the tools to succeed." (2001, January 11). *Education Week, 20*(17).

Resnick, L. B., & Hall, M. W. (1998). Learning organizations for sustainable educational reform. *Daedalus, 127*(4), 89-118.

Rothstein, R., Jacobsen, R., & Wilder T. (2006). Proficiency for all?An oxymoron. Paper prepared for the Symposium, "Examining America's Commitment to Closing Achievement Gaps and Its Alternatives," sponsored by the Campaign for Educational Equity, Teachers College, Columbia University, November 13-14, 2006.

Stake, R. (1985). *The essential individualization of excellence and equity.* Unpublished manuscript.

Stewart, R. (1982). The relevance to some studies of managerial work and behavior to leadership research. In J. G. Hunt, U. Sekaran, & C. A. Schriesheim (Eds.), *Leadership beyond establishment views.* Carbondale: Southern Illinois University Press.

Stiggins, R. (2007, October 17). Five assessment myths and their consequences. *Education Week.* Online: http://edweek.org/ew/articles/2007/10/17/O8stiggins.h27.html.

Sunderman, G. L., Tracey, C. A., Kim, J., & Orfield, G. (2004). *Listening to teachers: Classroom realities and No Child Left Behind.* Cambridge, MA: The Civil Rights Project at Harvard University.

제2장

학교정책과 행정을 형성하는 쟁점들

학교정책들과 수월성, 형평성, 능률성 그리고 선택의 공공 가치들은 시간을 거쳐 지속되는 학교교육의 과정과 정치에 깊게 내포되어 있다. 1960년대와 1970년대 동안, 이러한 추진은 개인들과 집단들 사이의 불공평성을 줄이고, 지식과 기술에 대한 국가적 공급을 늘림으로써 경제적 기회를 향상시키며, 역량과 기술, 창조적 에너지를 개발시킴으로써 개인적 성취를 위한 역량을 확대하며, 국가의 문화적 삶을 향상시키며, 다양한 그룹들 사이의 접촉을 촉진하여 편견과 오해를 줄이고 시민과 정치의 질을 증진시키기 위한, 더 많은 사람들을 위한 그리고 더 많은 교육을 위한 것이었다(Ravitch, 1985, p.32). 이것은 국가적 안건이었고, 연방정부는 재정적인 인센티브와 법적 위임을 제공받음으로써 지역교육기관들로 하여금 변화하도록 추진하는 데 중요한 역할을 하였다. 형평성과 능률성의 가치들은 교육정책입안에 대한 기초로서 매우 중요하게 여겨졌다.

대조적으로 1980년대 이후의 교육정책입안은 직접적이고 매우 규제적인 책임을 가정하는 주 및 연방정부와 함께 능률성과 수월성에 대한 요구의 영향을 받았다. 1990년대 동안, 선택은 학교 개혁에 있어서 중요한 요소인 능률성과 수월성에 더해졌다. 예를 들어, 많은 주들이 헌장학교와 함께 실험하기 시작했다. 또한, 학교 안의 마그넷 스쿨(특정 교과목 중점 학교)과 소규모의 학교들은 많은 지역 학구들에서 인기를 누리고 있으며, 새로운 세기인 지난 10년 동안 여전히 성장하고 있는 추세이다.

이러한 맥락으로부터, 미국 학교들의 현재와 미래의 지배구조와 행정을 형성하는 쟁점들이 발생한다. 두 가지는 학교정책과 기본공공 가치들 사이의 상호작용을 설명하기 위해 선택된다: 학교자치 대 정부통제 그리고 민주주의와 전문적 권위 사이의 투쟁. 21세기에 들어서면서 표준과 책무성은 학교 증진 대화의 대다수를 차지하게 되었다. 논란되는 가치들이 무엇이건 간에, 그들은 책무성에 대한 압박의 영향을 받는다. 학교교육의 미래는 NCLB와 주 책무성 제도에 포함된 논쟁의 소지가 있는 소재들이 어떻게 형성되고 해결되는지에 의해 결정되는 것이다. 이 과정 동안, 학교 행정가들은 그들의 구성원과 대중 다수의 신뢰를 유지할 필요가 있다. 대중들에게 있어서 그들이 소통하는 이미지의 흐름은 그러한 신념이 유지될 것인지의 여부를 결정한다.

학교자치와 정부 통제

주와 연방 수준에서의 권력과 권위의 통합의 증가는 되돌릴 수 있는 경향인가? 헌법상, 주들은 학교교육의 책임의 대부분을 차지하지만 이 책임은 지역관할에게 위임하였다. 연방 역할규정의 원조와 함께 지난 35년 동안, 지역의 권위에 대한 많은 부분이 되찾아졌다. 학교재정 개혁으로부터 증가된 학교재정 지원의 주 할당량이 지역학교들로부터 더 책무성을 추출하기 위한 주의 노력들과 동반되었다. 다양한 종류의 개별보조 프로그램들은 주 및 연방의제들과 상응한 자금을 교환하였다. 민간권리조항들 또한 지역학교행정에 대한 요구와 제약을 증가시키고 그리하여 선택권을 제한함으로써 지역당국을 침식시키는 데 도움을 주었다. 1983년의 *위기에 처한 국가*의 출발은 세계경제에서 감지된 공교육의 하락과 미국의 경쟁적 장점의 손실에 상당한 대중적 주의를 끌어주었다. 이에 대응하여, 표준과 책무성 운동은 전진할 수 있었다. McGuinn(2006)이 지적하기를 2000년까지 48개 주가 정착된 표준을 가졌던 1980년대와 1990년대 동안 "주들에서의 표준과 책무성의 널리 퍼진 채용"은 광활한 민간지원을 수립하여 그들을 합법화했다(p.7). Kirst(1989)는 중앙집권화를 향한 추세는 학교위원회, 지역교육감들 그리고 지역중앙 행정부의 감소하는 영향력과 연방과 주정부들, 법원, 민간 기업들과 재단 그리고 교사협회들의 증가하는 영향력과 함께 1950년쯤 시작하였다고 보고 있다. 개혁의 물결이 왜 이토록 중앙집권화된 경로를 취했냐는 질문에, Kirst(1989)는 "기본적으로, 주정부들은 지역당국들이 교육과정, 교사평가 그리고 학업 기준에 충분한 주의를 기울인다고 믿지 않는다."라고 답했다. NCLB를 설명하는 데 있어서 McGuinn(2006)은 "NCLB는 근본적으로 상당한 지출과 개혁 활동에도 불구하고 하위 수준의 정부에서 감지된 실패에 대한 학생성과를 증진시키기 위한 대응이다"라고 주장한다(p.196).

주의 연방수준에서의 권력의 강화가 되돌릴 수 없는 것인지에 대한 질문에, McGuinn(2006)은 "NCLB의 혁명적 측면들을 평가절하하지 말라"고 경고한다(p.201). 형평성의 초점으로부터 책무성의 중점으로의 연방정책의 근본적 이동으로써, NCLB는 민주당과 공화당 국회의원들 모두에게 동질적으로 근본적인 정치적 이동을 초래하였다. 민주당 당원들은 NCLB가 대표하는 어려운 책무성에 대한 지속적 반대는 그들이 역사적으로 지탱했던 선거관련 이점의 손실을 감수해야 한다는 것을 깨닫기 시작했다. 공화당 당원들은 연방의 적극적인 역할에 대해 반대하는 그들의 역사적 입장이 학교증진에 헌신하는 유권자들에 대한 정치적 손실을 가지고 올 것이라는 것을 깨닫기 시작했다.

표준과 책무성

21세기로 들어서면서 표준과 책무성에 집중한 개혁의 세 번째 물결이 학교에 대한 대화를 지배하게 되었다는 것을 우리는 앞서 인지했다. 이 대화의 중심에는 기준에 대한 논란이 있었다—무엇이 선택되어야 하고, 누가 그것들을 선정하고, 중앙과 지역 당국 사이의 지배는 어떻게 균형 잡혀야 하며, 어떠한 평가 방법이 사용되어야 하며, 이들을 충족시키지 못한 것에 대한 결과는 무엇이 되어야 하는지. 주와 연방정부들에 의해 박차가 가해지고 기업들에 의해 고무되면서, 이 물결의 초점은 학생들에게 도전적인 기준을 정의하고 요구하는 것이었다. 한번 정의되면서, 표준들은 표준에 도달한 정도를 측정하기 위한 표준화된 시험들을 사용하는 책무성 시스템과 NCLB를 위한 본질이 되었다.

1996년 국가의 주지사들과 기업 경영자들은, New York, Palisades에서 개최되고 IBM에 의해 주도된 교육회담은 1990년대의 표준과 책무성 움직임의 발자취를 따라가는 데 좋은 표준을 제공한다. 정부와 기업경영자들의 연합은 주와 연방교육정책에 대한 영향력을 이미 가지고 있었다—예를 들어, 많은 책무성들을 내포하며 1989년의 첫 번째 정상회담에서 *Goals 2000*의 개발을 통해 그리고

1994년의 ESEA의 재허가를 통해. 1996년의 회담은 기업과 일하는 정부가 표준과 책무성 움직임에서 계속해서 적극적일 것이며 교육정책들을 개발하는 데 핵심적인 역할을 할 것이라는 명백한 신호탄이 되었다. 미국의 학교들은 실패하고 있고, 그들을 살리기 위해 결정적 행동이 요구된다. 1996년 회담의 주제는 1983년의 *위기에 처한 국가*로 추적될 수 있다(National Commission on Excellencein Education, 1983). 회담에 따르면,

> 이러한 장점들에 접근하기 위해 신속한 행동이 취해져야 한다. 우리가 지도력을 행사하는 주들과 학구들에게 학생성과를 증진시키도록 명령하는 동안, 우리는 더 큰 성과를 요구하고, 다른 이들에게 더 많은 노력을 요구한다. 우리는 표준들이 학부모, 고용주, 교육자 그리고 사회구성원들이 아이들은 배워야 하고 능력이 있어야 한다고 생각하는 것을 대표할 때만 효과적일 수 있다고 믿는다. 하지만, 최근의 변화 속도는 가속되어야 하며, 어떠한 과정과 연대표도 우리를 결과로부터 방해해서는 안 된다(National Education Summit, March 1996, cited in Good, 1996, p.5).

1990년대에 표준과 책무성에 대한 발전은 주 수준에서 거듭 발전했다. 변화에 대한 압력은 2001년 NCLB가 통과될 때에 정점에 이르면서 국가 수준에서 계속적으로 이루어졌다.

NCLB 이후 5년 동안, 주들은 연방 제도를 이행하는 것뿐만 아니라 그들만의 표준과 책무성 제도를 지속적으로 개발했다. 2007년에는 "Quality Count"라는 *Education Week*의 연간 출판물에 따르면, 모든 50개 주가 영어, 수학, 과학 과목의 표준을 가지게 되었고 48개 주는 역사 과목의 표준을 가지게 되었다. 또한 주들은 기존 표준 프로그램들의 강화를 시작했다 — 예를 들어, 내용 규정에 따라 주의 평가들을 정렬하고, 학년 간 대조를 허락하는 평가들에 대한 일반적 등급을 개발함으로써. 44개 주들은 표준에 기초하거나 준거 지향적인 평가를 사용한다. 22개 주들은 영어/언어 기술시험을 보유하고 있으며, 21개 주는 일반 등급과 함께 있는 수학시험을 치른다.

NCLB의 요구하에서 모든 주는 학생들이 얼마나 잘 알고 있는지를 알아내기 위해 학생들을 평가한다. 하지만, 연방법하에서 단지 Title I 학교들이 경제적으로 불이익을 받는 학생들의 높은 비율과 함께 AYP 목표들이 충족되지 않는 경우 결

과들로부터 피해를 입는다. 하지만 많은 주들이 NCLB하에서 지시된 것들에 더하여 그들만의 포상과 제재를 수행하고 있다. 35개 주들은 성과에 대하여 책임이 있는 Title I과 Title I이 아닌 모든 학교들을 보유하고 있다. NCLB에 의해 지시된 표준들과는 다른 표준에 기초하여 모든 학교들에게 등급을 할당한다. 33개의 주들이 저성과 학교들에게 제재를 가하고, 17개의 학교들이 고성과로 인식된 학교들을 포상한다("QualityCounts," 2007, pp.88-93). 이 표준들과 책무성 움직임은 지역학구들 대신에 더 많은 업무를 주들에게 부여하면서, 학교 교사에서부터 주의회 의사당까지 교육정책을 형성하면서 영향력을 확대하고 주와 연방수준에서 계속적으로 성장하고 있다.

표준과 책무성에 대한 두 가지 연구

연구자들은 교사들과 학생들 모두에게 표준과 책무성 제도의 긍정적, 부정적 영향을 확인시켜 주었다. 긍정적 측면에서, "From the Capital to the Classroom" 이라는 2006년 Center on EduationPolicy(CEP) 연구는 50개 주 전역의 299학구들을 조사했으며 "행정가들과 교사들이 교과과정과 학업 수준 그리고 평가와 관계되는 강의를 향해 합심한 노력을 행사했다는 것"을 발견했다(p.1). 하버드 인권 프로젝트 연구에서 Sunderman 등(2004)이 캘리포니아의 Fresno와 버지니아의 Richmond라는 두 개의 거대 도시의 교사들을 조사한 결과, 교사들은 그들 학교의 교과과정이 질이 높으면 학업성취 달성에 유리하다고 믿는 것으로 나타났다(p.3).

부정적 측면에서, 이 연구들은 교과과정의 협소화를 확실히 한다. CEP 연구는 학구의 71%가 더 많은 독해와 수학 시험을 제공하기 위해 다른 과목의 강의시간을 줄였다고 보고했다. 하버드 연구는 또한 평가되지 않는 교육과정의 중요한 부분들을 무시하는 교사들을 발견하였다. 그들은 교사들이 교과과정의 중요한 부분을 무시하고 평가되지 않는 부분들을 덜 강조하거나 경시했으며, 평가되는 주체들에 대해서는 지나치게 집중했다고 보고했다(p.4).

이 두 가지 연구들은 모두 공공 책무성에 대한 증가된 압박이 교사의 사기에 영향을 줄지 모른다고 주장했다. CEP 연구는 "시험성적을 올리라는 지속적인 압박은 때때로 교사들에게 심각한 스트레스를 야기했으며, AYP 목표를 달성하지 못함에 따라 붙는 낙인은 일부 학교들의 사기에 부정적인 효과를 낳는다"고 주장했다(p.4). 하버드 연구는 "NCLB 제재들이 불공평하게 교사들을 포상하고 징벌한 것이라고 교사들이 강력히 믿고 있다"는 것을 발견했다(p.4). 그들의 연구는 높은 요구의, 저성과 학교들에서 교사들의 높은 이직률과 낮은 재직률을 예측하였다(p.5).

연구들은 이러한 뜻밖의 결과들을 중성화시키는 데 도움을 주기 위해 몇 가지 추천안을 제공한다. 하버드 연구는 책무성 제도가 개정되고 표준화된 평가가 학교의 성과를 평가하는 데 유일한 요소가 될 것을 추천한다. 많은 평가전문가들이 모든 책무성 제도의 일부분으로서 학생성과의 복수적 수단들을 사용하는 것을 추천하는 데 동의한다. 이것은 특히 부담이 클 때 중요한 요소이다(예를 들어, 학생이 졸업을 하느냐 마느냐를 결정하는 문제). 그들이 주장하기를 한 시점에서 주어진 한 개의 시험은 고부담 결정을 내리는 데 신뢰롭고 교육학적으로 건전하며 올바른 방법으로 고부담 결정을 내리는 데 필요한 정보를 제공할 수 없다.

하버드 연구는 책무성 제도들이 1장에서 논의된 부가가치적 접근법처럼 학습 수준뿐만 아니라 학습 이득들을 평가하는 것 또한 추천한다(Harris, 2007). 높은 요구 수준의 저성과 학교들은 낮은 수준에 있는 학생들과 함께 시작한다. 만약 그들이 상당한 성과를 거두지만 주의 능숙도에 도달하지 못할지라도 학교들은 그들이 만든 증진에 대한 보상을 받아야 한다.

CEP 연구는 교육과정의 협소화 쟁점에 대한 대응에서 "사회 과목, 과학, 미술, 그리고 다른 과목들이 여전히 균형 잡힌 교육과정의 중요한 부분이라는 것을 알리기 위해 공표권을 사용해야 한다"고 미 교육부 장관에게 제안한다(p.10). 2007년의 잇따른 연구에서는 CEP는 주들의 표준과 책무성 제도에 대해서 미술과 음악에 대한 충분한 강조를 부여하도록 또한 고무시킨다(p.2).

이러한 향상들과 그 이외의 것들은 이치에 맞는 것처럼 보인다. 하지만 다른 요소들은 새로운 책무성 제도를 주들이 만들려고 하면서 작동하기 시작한다. 표준화된 시험들은,(복수선지문제들과 다른 단순 척도 수단들에 의존하는 것들은 특히,) 예를 들어, 그리 비싸지 않으며, 이러한 것은 주로 학교들을 이끄는 중요한 인센티브이다.

표준에 대한 계속되는 토론

표준 움직임에 대한 많은 비평가들(예를 들어, Kohn, 2000; Meier, 2000; Ohanian, 1999)은 표준을 설정하고, 교육과정에 대한 결정을 내리고, 학생들이 아는 것이 무엇인지를 평가하는 것에 대한 천편일률적인 접근이 학생의 요구에 응하지 않는 학교체제를 만들어 내면서 학생들의 발달수준, 학습등급, 주제 관련 흥미 그리고 학습스타일에서 차별받는다는 사실을 무시한다고 주장한다. 더 나아가, 비평가들은 기술 저해 요소들에 대해 관심을 갖는다(Darling-Hammond, 1997; McNeil, 1986). 촘촘하게 배열된 제도에서, 그들이 주장하기를, 교사들은 교수에 대한 협소한 결정을 내리는 데 필요한 자유재량을 가지고 있지 않아서 더 적은 수의 기술을 사용함으로써 교수법을 단순화시킨다. 동일한 표준들과 일렬화된 평가들로부터 출현한 대본화된 교육과정 형식들은 그들이 주장하기를 대본화된 교수를 가져온다. 게다가, 주들이 교육과정과 교육정책입안을 지배하게 되면서, 지역기관들의 역할은 학교 교과과정과 위험에 처한 교육과정(Wise, 1979)을 가르치는 데 필요한 교육학에도 앞서서 지역자치를 우선시하고 지역학구의 존재를 위협하며, 축소된다(Cantor, 1980).

모든 사람들이 주 수준에서 정책입안과 지배구조 기능을 중앙집권화시키는 것이 지역 학구들의 권한을 줄일 수 있다는 것에 동의하는 것은 아니다. Spillane (1994)은 이 분야에서의 연구를 검토한 후에, 많은 연구자들의 입장이 조직의 어떠한 단계에서 "중앙집권화된 교육 지배구조로 정책입안이 다른 수준에서의 교육 지배구조와 정책입안 활동에 수반되는 축소를 초래하지 않는다."는 것을 알아냈다(p.168). 그는 Cohen을 다음과 같이 인용한다: 다른 것을 잃어가며 하나의 위치에서 성장하기보다는 권력과 조직은 자주 함께 성장해왔다(Cohen, 1982, p.476, Spillane에서 인용, 1994, p.168).

다른 사람들은 실용적인 것으로 물러서며, 민주사회에서의 표준을 설정하는 데 책임이 있는 사람이 누구인지에 대한 토론을 피한다. 예를 들어, Gandal과 Vranek은 다음과 같은 방법으로 이 점에 대해 논의한다.

> 5년 전에 교과과정에 대한 지역 통제에 따라서 표준들을 애매한 상태로 남겨뒀을 것이다. 주가 넓은 목표를 설정하게 하라. 하지만 지역학교들과 행정가들에게 교육과정은 맡겨둬라. 그러나 이것은 매우 실용적이지 않다고 판명이 났

> 다. 학교들과 학생들이 결과들에 대해 책임이 있다고 간주되기 시작하면서, 교육가들은 더 전문적인 지도와 교수를 요구해 왔으며, 여태까지의 요구는 공급을 추월했다(Gandal & Vranek, 2001, p.9).

Grandel과 Vranek은 표준, 평가 그리고 책무성에 대한 올바른 정책들과 프로그램들을 주들이 발전시키도록 도움을 주기 위해 주지사들과 사업 지도자들에 의해 창설된 독립적이고 초당파적인 조직인 Achieve에 합병되었다. Achieve와 유사조직들은 미국에 직면하는 가장 큰 위험은 군사적 그리고 산업적 복합체의 영향과 힘의 증가라고 아이젠하워 대통령에 알려진 경고의 새로운 버전의 좋은 예들이라고 주장할 수 있다. 하지만 이번에는 이 위험이 주정부와 기업체의 복합체로부터 출현한다. Achieve는 그들의 조직과 자신들과 유사한 다른 조직들이 일반학교에 헌신하며 모든 젊은이들에게 동등한 학습 기회를 제공해주길 원하며, 그리고 이러한 일은 주정부와 기업의 복합체보다는 협정체로 보는 것이라며 이러한 주장을 맞받아칠 것이다.

최근에 주-기업 복합체는 표준과 평가공식을 적용함으로써 미국학교들을 개혁하기 위한 가차없는 추진을 지속해 왔다. 4번째 국가 교육 정상회담은 2001년 10월에 개최되었다. 지난주의 정상회담에서처럼, IBM 위원장이자 CEO인 Louis Gerstner와 미시건 주지사 John Engler는 회담에 참여했다. *위기에 처한 국가*에서의 언어와 유사한 용어를 사용하며, 정상회담은 자신의 업무를 교육의 오점에 대한 선전포고라고 언급하며, 저성과 학교들을 증진시키기 위한 자신들의 정책을 강화하겠다고 약속했다. 교사라는 직업을 더 매력적인 직업으로 만드는 것과 학생성과를 이끌어내는 방법의 향상이 이 안건에 추가되었다. Gerstner와 Engler는 다음에 모두 동의했다: "이것은 국가적인 문제이다. 이것은 모든 국민이 해결책에 참여하도록 요구한다"(Henry, 2001에서 인용). 교육 회담과 동시에, NCLB에 대한 초당적 지원이 의회에서 설립되고 있었다.

그럼에도 불구하고, 한 개의 정치적 파워 그룹은 제외되었다. 미국교사연합회 회장 산드라 펠드만은 정상회담에서의 그녀의 보고에서 자신들의 회원 275,000명에 대한 협회조사에서 지시된 학업기준에 기초한 학교 증진안들을 위해 줄어드는 지원을 발견했다고 주지사들과 기업 지도자들에게 경고했다. 펠드먼 회장은 "작년 73%의 교사들이 표준에 기초한 개혁을 지지했지만, 올해에는 이 백분율이 55%로 떨어졌다. 교사들의 핵심 불만은 너무 많은 평가들이 행해지면, 교과과정에 기초한 것은 거의 없다는 것이다. 또한 그들은 시험성적들이 개선되어야 할 문제점들을 정확히 지적하기보다는 학교들, 교사들 그리고 학생들을 처벌하는 데 주로 사용된다는 것이다. 그리고 그녀가 말하기를, 교사들은 주로 시험을 위해 가르치도록 요구받는다(Henry, 2001, p.9D).

2007년 NCLB를 재인가하기 위한 노력을 둘러싼 토론에서, 표준과 책무성에 대한 서로 다른 많은 관점들이 명백해졌다. 진보당과 자유당의 비판가는 모두 NCLB를 공격했다. 수월성 가치의 방어에 있어서, 보수당 Fordham Foundation의 2007보고서 "The Proficiency Illusion"은 주들 간의 능숙도에서 광범위한 차이를 찾아냈고 성공에 대한 환영을 만들어내기 위해 숙련도 컷점수를 낮추는 것을 비판했다(Cronin et al., 2007). Ravitch(2007)은 NCLB가 근본적으로 면밀히 조사되어야 한다고 주장했다. 그녀는 의회가 국가의 학교들을 개선시키는 방법을 모르며 주들에게 그 일을 맡겨야 한다고 주장했다. 진보적 비평은 공평성 관련 쟁점들에 대한 법적 무관심에 접근한다. NCLB는 성과들과 그것에 도달하지 못한 것에 대한 처벌을 강조하지만 이러한 성과들을 획득할 수 있게끔 만드는 데 필요한 재원의 균등한 분배와 빈곤의 접근에 대한 문제에 대해선 침묵한다. 공동 성명에서, 교육적 책무성에 대한 공개토론회, 140개의 교육, 민권, 종교, 학생, 장애 그리고 민간단체들의 연합은 재인가된 NCLB가 학생들과 교사들을 향하여 덜 처벌적이고 시험점수를 올리는 데 실패하는 것에 대하여 학교들과 구역들에 대한 제재를 적용하기보다는 학생들의 학습을 증진시키기 위한 역량을 설립하는 데 주와 지역들이 책임감을 갖도록 하는 데 중점을 맞추고 있다(Forum, 2007).

주와 연방정부 사이에서 교육 통제에 대한 권력의 균형이 어떻게 이뤄져야하는지에 대해서, 재인가 토론에 포함된 또 다른 쟁점은 국가적 동의 혹은 숙련도 기준이 있어야 하는지이다. 발전된 능숙도 다양성에 대응하여, 포드햄 기업은 "안전하고 믿을 만하며 축적적이고 비교 가능한 교육성과에 대한 일정형태의 국가 표준"을 추구한다(Cronin et al., 2007, p.4). 일부 이해집단들은 확실히 덜 열정적이다. 2007년 8월 회의에서, NCLB의 지속적 비판자인 국가입법협의회(the National Conference of State Legilatures, NCSL)는 심지어 자발적인 표준들조차까지도 국가표준에 반대한 결의문을 압도적으로 찬성하였다.

아마도 표준에 대한 서로 다른 관점들에 대응하는 한 가지 방법은 주들이 단독으로 기준을 결정할 것인지 혹은 계층적 접근을 사용해야 하는지를 물어보는 것일 것이다. 계층적 접근방법에서, 지역학교들은 표준을 설정하고 평가들도 개발한다. 더 나아가, 이 지역 표준들과 평가들은 주의 책무성 제도 안에서 주에 의해 설정된 표준들과 함께 핵심적인 역할을 한다. 비록 표준화된 시험들이 주에 의해 설정된 일반기준을 평가하는 데 적합할지 모르지만, 다른 형태의 평가(예를 들어,학교의 질 조사)는 지역적으로 설정된 기준에 더 적합한 것이다. 부록 2.1은 계층적 표준에 대한 논쟁을 더욱 전개한다.

만약 당신이 표준과 책무성에 대한 주제에 관하여 사설을 쓰도록 요청받았다면, 뭐라고 쓰겠는가? 표준화된 평가에 대한 대중의 지지가 약해지고 있다는 것을 명심해라. 39번째 연간 파이 델타 카파 여론조사(Rose & Gallup, 2007)는 응답자들에게 물어보았다.

> 당신은 지역사회 공립학교의 시험성과에 대한 강조가 지나치다고 생각하십니까? 불충분하다고 생각하십니까? 아니면 적당하다고 생각하십니까?

표 2.1은 다음과 같은 결과를 나타낸다. 이 결과들에 대한 PDK Gallup의 분석은 주장한다: "평가가 너무 지나치게 강조되고 있다고 응답한 사람들의 비율에 있어서 2002년 이후의 증가는, 특히 학부모들 사이의 20% 증가는 정형화된 평가에 대한 대중의 견해가 점점 더 비우호적이 되고 있다는 것을 나타낸다" (p.37).

표 2.1 공립학교의 성과 평가에 대한 강조의 정도에 대해 공공의견을 조사한 파이 델타 카파 여론조사(Phi Delta Kappa/Gallup Poll)의 응답

	국가적 합계					취학 자녀 없음					공립학교 학부모들				
	'07	'06	'05	'04	'02	'07	'06	'05	'04	'02	'07	'06	'05	'04	'02
너무 지나치다	43	39	36	32	31	41	36	35	30	30	52	45	39	36	32
불충분하다	15	25	17	22	19	15	28	17	23	20	10	17	17	20	14
대략 적당하다	40	33	40	40	40	42	32	39	40	46	38	37	43	43	54
모르겠다	2	3	7	6	3	2	4	9	7	4	*	1	1	1	*

*는 0.5% 이하

출처: *39th Annual Phi Delta Kappa/Gallup Poll*. Phi Delta Kappa, September, 2007. Reprinted by permission.

균형 잡힌 평가 포트폴리오

당신의 논평을 계획하면서, 균형 잡힌 포트폴리오의 재정적 비유를 고려한 것이다. "당신의 재무 포트폴리오가 주식, 채권 그리고 단기투자는 3가지 자산 부류들로 적절히 구성되었다는 것을 확실히 하라. 이것이 재무설계사들이 고객에게 주는 정형화된 충고이며, 미국기업과 다른 회사들에 의해 일상적으로 승인된 충고이다. 이 충고를 무시하고 주식에만 투자하는 것은 자본시장이 실패할 수밖에 없는 대 파괴를 가져온다. 채권과 단기 투자에만 투자하는 것은 기회의 상실을 가져온다. 주식시장은 오를지 모르지만, 당신이 시장 안에 있지 않으면 자산 포트폴리오를 키울 수 없다.

하지만 평가 포트폴리오에 관해서 우리는 불균형이라는 실수를 범한다. 규칙은 정형화된 시험, 개인의 마음을 잘 사용하는 것을 강조하는 믿을 만한 척도 그리고 대학, 직업과 다른 인생 설계를 포함하는 개인의 인생목표의 평가, 이 세 가지 부류들 사이에서 평가 포트폴리오가 적절히 균형 잡혔다는 것을 확실히 하는 것이다. 교육에서의 평가 포트폴리오들은 불균형적이다. 대부분에서, 다른 부류들로부터의 평가 선택안을 사용하는 것이 더 적절할 때조차도, 단지 정형화된 평가들만이 사용된다. 어떠한 사업가도 개인 재무 포트폴리오나 사업 재무 포트폴리오에 대해서 얘기할 때 그러한 실수를 범하지 않을 것이다.

지역자치

지역 당국에 있어서 주들에 의해 널리 퍼진 자신감의 상실이 나타난 것처럼 보일지라도, 일부 모순적 결함들은 명백하다. 예를 들어, 학교 증진 시도들을 연구하는 많은 전문가들은 연방과 주의 시도의 중요성에도 불구하고, 수월성을 위한 투쟁이 학교별로 이루어진다는 것을 확신한다. 이러한 현실은 지역학구들뿐만 아니라 그 학구들 안의 학교들에 요구된 책임 있는 행동이 일어나기 위해 충분히 자치적일 수 있다는 것이다(Goodlad, 1984; Sizer, 1985). 이 전문가들은 학교증진 아이디어의 채용이 지시될지라도, 변화에 대한 지속적인 이행과 제도화가 학교자치를 기초로 이뤄져야 한다는 것을 확신한다. 예를 들어, John Goodlad는 "학교가 교육적 변화를 위한 핵심요소가 되기 위해서는 지금 존재하는 것과는 학구 수준에서 근본적으로 다른 자세가 요구된다" 고 주장한다(Quinby, 1985, p.17에서 인용). 그는 너무 자주 학교증진 시도들이 구역수준에서 구성되며 동시에 구역의 모든 학교들에 의해 동일하게 실행된다고 주장한다. Goodlad는 조사 결과로서 구역들이 개개의 학교들로 하여금 학교문제들에 대한 자신만의 분석에 기초한 계획을 개발하도록 독려해야 한다고 한다. 그가 주장하기를 학교증진은 구역의 지원과 스폰서를 요하지만, 그 성공은 개개의 학교에 연관된 교장, 교사들, 학생들 그리고 학부모들이 문제점들을 고민하고 그들만의 학교 증진지도들을 구성하는 데 참여하는 정도에 의존한다.

학교교육에 관한 증진된 중앙집권화를 향한 경향에도 불구하고, 자치운영(SBM)을 향한 광범위한 움직임이 전개되었다. 예를 들어, 학교 구역의 각 교장들은 자신의 학교 지역사회를 대표하며 교육감에게 개별 학교 증진계획을 제안할 것이다. 교장과 교육감 모두 계획된 변화를 세부적으로 설명하고 특정시기로 계획들을 연결하며, 교육감과 중앙 부처가 학교와 함께 성공하도록 돕기 위해 무엇을 할 것인지를 명확히 하는 학교증진계획을 수립할 것이다. 완벽히 이행되었을 때, 자치 운영은 효과적인 학교증진을 위한 학교의 중요성 그리고 교장의 운영과 리더십이 그 학교에 얼마나 중요한지 인식할 것이다. 교장은 교사, 직원, 학생들 그리고 학부모들과 함께 학교의 목표와 교육프로그램을 결정하는 데 함께 일해야 할 책임이 있다.

학교에 위임된 책임은 학교와 지역사회에 의해 결정된 요구에 적합한 교육프로그램의 개발, 감시 그리고 평가; 학교에 할당된 모든 직원의 선발, 오리엔테이션, 감독 그리고 지속적인 전문적 개발; 진로와 상담서비스의 개발, 감독 그리고 평가훈육규칙, 그리고 학업성과의 기록보관보고를 포함하는 규율; 학교정책을 결정하는데 있어서 학교장 및 운영진과 긴밀히 일하는 학부모 자문회의 설립; 그리고 건물과 지대의 전반적 관리를 포함한다.

자치운영은 학교들이 어느 정도 재정적 독립이 주어졌을 때 최선의 성과를 거두는 것처럼 보인다. 예를 들어, 개개의 학교들은 공식에 의해 결정되지만, 학교에 있는 학생들의 수와 연관된 일시불을 받는다. 재정지원을 받으면, 교장과 운영진은 학부모 자문 집단과 상의하여 의사 결정자의 자신의 문제점과 요구에 대한 인식과 학교가 추구하는 목표들과 목적들에 기초한 학교만의 예산안을 개발할 것이다. 많은 점에서, 개개의 학교는 학구처럼 기능한다.

실제 자치운영은 중앙집권화된 정책과 규율이 정교하며 세분화된 학구들에서는 가능하지 않다. Waters와 Marzano(2006)에 의한 메타분석은 "정의된 자치"라고 명명되는 교육감와 교장 사이의 권한의 지역적 할당을 향한 균형적 접근의 효과성을 확인했다. 메타분석은 복수의 연구들의 발견들을 대조하는 통계적 기술들을 활용한다. Waters와 Marzano는 2800개의 학구들과 300만 명 이상의 학생들을 포함한 1970년 이후 행해진 27개의 연구들을 포함시켰다. "정의된 자치"라고 특징지어진 학교와 학구 사이의 관계에서, 교장들과 직원들이 강력한 학교 수준의 리더십을 행사하며 "구역의 목표들에 의해 정의된 영역 안에서의 학교 성공에 대한 책임"을 진다(p.13). Waters와 Marzano는 증진된 학생성과와 긍정적으로 서로 연관된 정의적 가치를 발견하였다. 협상이 가능한 구역의 목표들에 대한 제한은 "정의된 자치"와, 위에서 묘사된 학교증진협의 모델에서 허용된 더 큰 지역 자치의 결정적 차이점이다.

미래의 불균형이 한편으로는 교육에 대한 더 큰 주의 영향력과 다른 한편으로는 학교 자치운영을 향한 움직임 사이에서 어떻게 이뤄질 수 있는가? 두 개의 움직임 모두 호소력이 있다. 미국 전통의 한 부분은 법과 사회적 규범에 표현된 보편적 사회적 관행과 규칙에만 종속되기 쉬우며, 개인은 스스로 운영되어야 한다는 것을 오랫동안 주장했다. 이러한 기본가치는 진보당, 보수당, 중도파들에 의해 유지되었다(Shirley, 1984). 하지만 개인과 학교자치 그리고 정부지배 사이에서의 적합한 운영을 정의하는 것은 그리 쉽게 이뤄지지 않는다. 개인들에 대한 존중과 함께 권리장전, 독립선언문, 그리고 헌법은 공식적 · 비공식적으로 적합한 보호를 정의한다. Shirley는 자유와 책임에 대한 지침을 제공하는 학교와 같은 기관들을 위한 권리장전이 또한 필요하다고 주장한다. 이러한 권리장전에 의해 기관들에게 보증되는 자유에는 다음이 포함된다.

- 기관의 임무, 목표 그리고 전략을 정의하는 보편적 지침 내에서의 자유
- 단 두 가지 한도들에만 종속되기 쉬운 내부적 재정문제들을 관리하기 위한 자유: 주에 의해 충당된 총자금 내에서의 지출 그리고 업무예산과 자본예산 사이의 자금이동을 삼가는 것
- 조직적 협의와 개인적 업무량을 선택하며 직원을 고용하고 승진시킬 자유

Shirley는 많은 주들의 학교와 같은 공립기관들에게 이 세 가지 자유들이 부정

되고 있다는 것을 주장하는 데 다른 관찰자들과 함께한다. 학교들의 직무를 정의하는 데 있어서 학교들을 도와주기 위한 보편지침이었던 것은 계획들이 특정한 방법들로 이행되는 것을 확인하기 위한 통제 장치들과 함께, 완벽하며 공평히 세분화된 종합 기본계획이 되고 있다. 정형화된 시험과 주에서 지시된 기준이 한 가지 예이다.

Shirley에 의해 제시된 제도적 권리장전은 공공과 주정부들에게 기관들이 가지는 책임을 부담시키며, 이 책임은 공공의 감시견으로써 적합한 역할을 한다. 목표와 우선사항들이 성취되는 정도와 공공기금이 책임적으로 운영되는 정도를 보고하는 것이 이러한 책임의 하나이다. Harold Howe II(1983) 전 미 교육국장은 효과적 학교들에 대한 연구에 대한 검토와 미국 학교교육의 질을 검토하는 보도들과 12개 위원회들에 관한 분석의 결과로써, "만약 중앙사무와 학교위원회 관리자들이 개개인의 학교들로 하여금 그들만의 수월성의 정의를 추구하도록 해준다면 학교들은 더 나은 방향으로 변화할 것이다. … 개개 학교의 의견 발의안들은 각 학교에게 인증의 기준을 제공하고 직원들로 하여금 그것을 어떻게 쓸 것인지 결정하도록 해준다면 강력하게 고무될 수 있다"고 결론짓는다(p.170).

앞서 살펴본 것들은 정부의 단계들 사이의 관계는 보조성과 상호의존성의 원칙에 의해 안내되어야 한다.

- 보조성의 원칙은 모든 사회의 모든 구성원과 사회의 모든 기관이 주 혹은 다른 더 큰 기관에 의한 지나친 개입, 경계 혹은 규제로부터 자유로워야 한다는 것을 의미한다. 이 원칙은 학교와 사회 생활세계의 보호자로서 지역 권리와 창의에 신뢰와 책임을 부여하는 것이다.
- 상호관계의 원칙은 사람들 사이, 서로 다른 기관들 사이 그리고 정부의 서로 다른 단계들 사이에서 특징적인 상호 호혜적 연합의 형태로 상호의존성의 관계를 특징지어야 한다고 주장한다(Sergiovanni, 2000, p.xii).

학구의 행정가들, 학교위원회와 구성원들, 교사들, 당신이 경기장에서 만나는 수많은 학부모들 그리고 한두 명의 주 국회의원들과 이 원칙들을 공부한다고 가정해보자. 각각의 그룹이 어떻게 반응할 것이라고 상상하는가? 가장 지지적인 집단은 어느 집단이겠는가? 현 시점에서는 더 큰 중앙집권화 경향이 증진되고 있는 것처럼 보인다. 능률성과 선택 사이 그리고 수월성과 능률성 사이의 균형이 점점 더 엇나가면서, 지역 학교자치를 향한 강력하고 널리 퍼진 움직임이 있게 된 것은 가능하다. 하지만 이 움직임은 고성과 이론이 국회의원들에게 의사결정체계로 남아있는 한 종속되지 않은 채로 남을 것이다. 고성과 이론은 대안 학교들과 그들의 사회에 방법에 대한 자치를 부여하지만 목적에 대해서가 아니라, 과정에 대해서 부여하고 본질에 대해서 부여하진 않으며, 운영관련문제들에 대해서 부여하지만 정책관련에 대해서는 부여하지 않는다.

민주적, 전문적 권한의 균형

학교 교육의 문제에 있어서 증가된 전문 권한에 대한 주요 대변인인 Wise(1988)는 언급한다.

> 심오한 의미에서, 미국의 민주적 자유 기업 전통에 있어서 시민의 권리와 의무는 모든 젊은 시민이 실행하는 준비가 완벽히 되어 있으며, 누가 교육을 통제하는지는 중요하지 않다. 누가 교육을 통제해야 하는가의 문제는 실제적인 것이다. 중앙정부의 세 가지 분류들과 단계에서 권력의 이양을 의미하기에 한탄스러운 것이 아니다. 오히려 중앙통제는 학교를 운영하는 데 현재 사용가능한 기술로, 이것은 그들의 고객에게 학교의 책임성을 감소시키면서 또한 고용의 질을 축소시키기 때문이다(p.331).

학교의 통제에 있어서 전문적 권한의 증가에 대한 옹호자들은 미리 프로그램되거나 아니면 법률화될 수 없는 결정들이 열심히 훈련된 교사들에 의한 즉각적인 결정을 질 높은 교수가 요구한다는 전제를 중심으로 그들의 사례를 형성한다. 전문적 권한을 위한 사례는 다음과 같이 요약될 수 있다: "전문적 기술은 특정직의 구성원들이 특수한 지식과 그 직을 수행하기 위한 역량이 있다고 판단되기에 그들의 개개 고객에게 어떻게 최선으로 봉사할지 결정하는 데 자유로워야 한다. 다른 말로 하면, 책무성은 동료들에 의해 종합적으로 정의되고 시행된 규범들의 표준에 기초되어야 한다"(McDonnell, 1989, p.iv).

비록 전문 권한의 옹호자들이 이것의 합법성에 대해 설득력 있는 주장을 펼칠지라도, 또 다른 형태의 권한은 동등하게 합법적인 것처럼 보인다—민주적 혹은 대중적 통제의 권한. McDonnell(1989)에 따르면, "대중적 혹은 민주적 통제는 공공기관으로서의 학교와 시민들이 그의 채택된 대표자들에게 책임져야 한다고 요구한다. 이러한 형태의 책임은 공공관료들이 학교들과 그곳의 직원들에게 더 큰 사회의 규범과 기대들이 일치하는 일련의 성과기준들을 부과할 권리가 있다고 가정한다" (p.iv). 민주권한의 옹호자들은 교육기관이 두 가지 합법적 가치에 직면한다는 결론을 가져오는 설득력 있는 주장을 한다. 민주와 전문권한 모두 미국사회에서 중요하며 학교정책에 반영되어야 한다. 그들은 표 2.2에 대조되어 있다.

이 갈등의 중심에는 어떻게 학교들이 조직되고 운영되어야 하는지, 교사들이 어떻게 준비되고 고용되어야 하는지, 행정가들이 어떠한 기능을 해야 하는지, 교사들과 학생들이 어떻게 평가되어야 하는지, 무엇이 가르쳐질지에 관한 결정은 지역학교 의회를 통해 직접적으로 혹은 선거과정을 통해 간접적으로 아니면 전문교육자들의 경험과 전문지식에 기초하여 그들을 통해 다수의 신호에 기초하여 비전문가에 의해 내려져야 한다. 우리들의 정부체제가 주어지면서, 대중은 정책을 설정하고 학교가 정책과 상응하는 정도를 평가하는 특권을 누린다. 하지만 모든 전문 단체는 그들만의 특권을 누린다. 교육에서, 이 특권들은 표준 선정, 교수업무의 성질 결정 그리고 학업적 자유와 자치적 가치들의 존중을 포함한다.

만약 민주적 권위와 전문권한의 가치들이 합법적이라면, 이 두 가지는 대중이

표 2.2 공립교육 지배구조에 대한 두가지 접근법

	대중적 통제	전문적 통제
전문가들의 책임	유권자와 대표자들	전문적 규범들, 그리고, 그것들을 통해, 고객들과 대중들에게
공헌된 이익단체들	유권자들 정치적 정당들 조직된 조직들 정치적 이데올로기에 의해 정의된 대중이익 사적 개인	전문적 규범들과 표준들에 의해 정의된 고객 복지 사적 개인
권한의 기초	피지배층의 동의	전문지식과 판단
실행메커니즘	선거 행정적, 사법적 정책결정 법원 공공 관료제	훈련과 허가 전문적 협회 학교의 예산, 인사, 그리고 교육과정 결정들에의 교사 개입

출처: *Lorraine M. McDonnell, The Dilemma of Teacher Policy*. Joint report issued by The Center for Policy Research in Education and the Center for the Study of the Teaching Profession (Santa Monica, CA: The RAND Corporation, 1989), p.8

학교 질에 대하여 갖길 원하는 통제와 전문직이 그 질을 제공하기 위해 자유재량을 갖게 되는 그러한 방법으로 어떻게 균형 잡히게 되는가? 한 가지 접근방법은 책무성을 위한 지시들을 통해 일련의 전문적 과정과 성과결과 표준들로 학교들을 단단히 연결한 다음 지역자치에 대한 승인을 통해 이러한 표준들을 달성하기 위한 수단들로 느슨하게 연결하는 것이다. 전문적 기준은 교사들이 준비, 지도 그리고 허가하는 것에 대한 요구를 포함하며, 성과 표준은 학교로부터 질적으로 요구되는 것이 무엇인지를 정확히 한다. 양쪽 사례에서, 표준은 교장들, 교사들 그리고 학교들에게 그들의 전문적 직무에 대한 자유재량을 허용해 줄 정도로 총체적이어야 하지만, 재량과 책임을 제공하기 위해 충분히 명확해야 한다.

학교선택

전문적, 민주적 권한의 균형을 잡는 두 번째 접근은 교육 선택체제에 들어오는 시장세력에 의존하는 것이다. 학부모들과 연계된 전문기관은 각각의 개개인 학교에 대한 성적과 기능에 대하여 상당한 정도의 가치관이 주어진 것이다. 이러한 접근법의 옹호자들은 정체성과 목표를 달성하고자 하는 방법에 있어서 학교들이 다르다면 전문적 가치는 실제적이어야 한다고 주장한다. 부모들은 시장 세력에 종속되며, 일하고 있다고 생각하는 학교에 자녀들을 보낼 것이다. 따라서 결론은 민주적, 전문적 권한이 선택안들이 개발되면서 선택의 메커니즘을 통해 획득될 것이라는 것이다.

많은 정책 전문가들(예를 들어, Chubb과 Moe, 1989)은 선택권이 민주적 권한 대 전문적 권한의 딜레마를 해결하는 유일한 해답일 뿐만 아니라 수월성, 형평성, 능률성 간에 균형을 잡는 비밀일지도 모른다고 주장한다. 그들의 추론은 다양한 교수와 학습 기회들을 제공하는 학교 선택 계획이 현존하는 관료주의의 근본적인 규제철폐를 요구한다는 것이다(능률성). 선택에 있어서 고유한 시장선택들은 나쁜 학교들을 몰아내고 좋은 학교들을 촉진할 것이다(수월성). 학교교육에 대해서 더 많은 지식을 갖고 있는 경제적으로 특혜받는 가족들이 가장 이익이 많을 것이라고 걱정하는 비평에 끄떡없이, 옹호자들은 결국 학교들이 더 나아질 것이라고 믿는다(형평성).

가장 명확하면서도 논쟁거리가 되는 두 가지 선택 프로그램은 *헌장학교(char-*

ter school)와 *바우처*(*voucher*) 프로그램이다. 헌장학교는 주 혹은 지역 구역의 계약 혹은 헌장에 의해 지배되는 공공의 지원을 받는다. 차터는 학교들을 일부 규정과 규제들로부터 면제시킨다. 헌장학교들은 지역구역으로부터 주로 학생 1인당 기초로 자금을 받지만, 지역 지배에 종속되지 않는다. 바우처 프로그램은 서비스를 공급하기 위해 정부에 의해 승인된 학교에서의 학생들을 위한 교육서비스를 획득하는 데 부모들이 사용하는 정부에 의해 반영된 인증서 혹은 쿠폰을 공급한다. 학생을 받아들이는 학교는 지불을 위해 바우처를 현금으로 바꾼다. 바우처 프로그램은 공립학교에 제한되거나, 사립 혹은 종교학교에도 포함될 수 있다.

헌장학교와 바우처 프로그램은 잘 확립된 것처럼 보이지만 미국 전역의 학교개혁에 있어서 비교적 작은 요소들이다. 오랫동안, 지속적으로 공공 지원된 바우처 프로그램은 Milwaukee와 Cleveland에서 존재한다. 민간 박애주의 기업에 의해 10년간 지원받은 프로그램은 San Antonio에서 지속되고 있다. 최근에는 Washington DC에서 프로그램이 시작했다. 미국의 고등법원은 2002년 *Zelman* 사례에서 Cleveland Program 개정 헌법 1의 종교설립 등의 자유구절을 침해하지 않았다고 판결을 내리면서 바우처 옹호자들을 지지했다. 특히, 보수주의자들 사이에서의 바우처에 대한 지지는 지속적으로 강했다. 2002년과 2006년 사이에, "대략 1,200개의 정치적 보수단체들이 비영리조직들과 다른 국가적 기관들에게 3억 8천만 달러를 기부했다" (*Education Week*, 2007a). 학교선택과 바우처를 지지하는 의회의 공화당원들은 NCLB의 한 부분으로서 국가 바우처 프로그램을 지속적으로 옹호했다.

헌장학교들은 1990년대 초 이후로 존재해왔고 바우처보다 국가 전역에 더 널리 퍼졌다. 2007년의 연구에서는 국가 헌장학교 조사 프로젝트를 "공립교육에서의 탄력적이고 지속적인 구조조정"이라고 일컫는다(Lake, 2007, p.xi). 2006~2007년에는 국가에 3,800개 이상의 헌장학교들이 있었다.

헌장학교뿐만 아니라, 바우처 프로그램도 미국의 PreK-12 교육프로그램의 많은 부분을 차지하는 것 같지는 않다. 공립학교 학생 중 단지 작은 일부분—대략 2%가—이 헌장학교에 참여한다. 1990년대 후반 동안 연율 10%부터 2005년과 2007년 사이 4%로 국가 전역에 걸쳐 차터스쿨 성장률은 상당히 낮아졌다(*Education Week*, 2007b). 바우처 프로그램의 성장 또한 제한적인 것처럼 보인다. 현존하는 프로그램들은 예산한도에 의해서 등록 상한선에 영향을 받는다. 주의 헌법들은 종교적 기관들에게 공공의 표준을 제공하는 데 있어서 "Blaine Amendament"라고 주로 불리는 명확한 금지 조항들을 포함했다. 2006년, 플로리다 고등법원은 합법적으로 승인된 바우처 계획이 주의 헌법을 어겼다는 것을 발견했다. 바우처에 대한 또 다른 제한적 요소는 학부모의 흥미도가 낮다는 것이다. 샌안토니오에서 가난한 학구의 모든 거주자들이 10년 동안 바우처에 접근할 수 있었지만 10%보다 적은 수가 이에 참여했다. 이웃 공립학교에 대한 만족과 교통문제가 주로 인용된 두 가지 원인이다.

바우처에 대한 대중적 지지는 실제로 감퇴하는 것처럼 보인다. 2007년에, 보수적 공화당주인 유타의 주민들은 공공 국민투표에서 국가의 최초 통합 바우처법을 폐지했다. 2007년의 파이 델타 카파 여론조사(Phi Delta Kappa/Gallup Poll)는 교육비에 대한 정부의 지원과 함께 자녀들을 공립, 사립 혹은 종교학교들에 부모들이 보낼 수 있도록 해주는 것으로 정의된 학교선택에 대한 지지가 떨어졌다는 것을 확인했다. 2002년에 선택에 대한 지지는 52%로 정점을 쳤지만 그 이후로 2007년 41%까지 내려갔다. 한편 공교육의 한 형태라고 정의된 차터에 대한 지지는 2000년의 42%로부터 2007년의 60%까지 안정적으로 성장하고 있는 것처럼 보였다(p.38).

선택 프로그램들은 학생의 성과를 증진시키는가? 헌장학교과 바우처프로그램에 대한 연구조사는 학생성과에 대한 긍정적, 부정적 역할 모두를 주장하는 서로 다른 연구들과 함께 논쟁의 여지가 있었다. 문제의 한 부분은 학습 단위와 관련이 있었다. 예를 들어, 헌장학교의 사례에서, 학교를 유지하고 시작하는 데 있어서 현존하는 도전들을 마주치는 데 있어서, 그들은 매우 다양하다. 불가능한 것은 아니지만, 조사자들이 변수와 효과를 격리시키는 것이 어렵게 된다. 또 다른 문제는 학교선택을 지지하는 경험이 있는 보수단체 혹은 선택을 반대하는 교사 연합들과 같은 진보집단들과 같은 당파적 집단에 의해 대부분의 연구가 자금을 지원반는다는 것이다. 이러한 패턴의 자금 지원은 연구와 관련된 편견에 대한 의혹을 남긴다. 마지막 문제는 어떻게 조사가 이루어졌는가이다. 예를 들어, 차터 혹은 바우처 프로그램에 의해 수용되거나 아니면 이것들에 관심이 있는 학생들이 지배집단들의 복권추첨 방식에 의해 할당되는 방식인 임의적 지배 시도들인 연구의 "골드스탠다드"를 채용할 수 있던 연구들은 매우 적었다.

Belfield와 Levin(2004)은 학교 선택의 문제가 양적인 연구결과들로부터의 능률성에 대한 근거에 의해 해결되지 않을 것이라고 주장한다. 선택에 대한 문제와 혼합된 결과들에 대한 한껏 고조된 공공 토론은 여태까지 "한쪽 혹은 다른 쪽에 사전 서약을 하지 않은 사람들이 만족할 정도로 문제를 해결한 적이 거의 없다는 것" 을 보여주었다(p.3). Levin의 통찰력은 어떻게 사회적 가치들이 공공 정책을 결정하는지에 관한 주제로 회귀한다. 당파적 집단들은 그들이 이미 이데올로기 관련 이유들을 취한 집단들을 지지하기 위한 증거를 찾아 나선다. 뿌리 깊게 지탱된 가치들이 이 입장들을 결정한다. Levin의 분석에서 학교 선택에 대한 사람들의 입장에 영향을 주는, 때때로 충돌적인 4가지 주요 사회적 목표들이 있다. 이 중 세 가지가 이 책에서 논의하고 있는 4가지 가치들과 유사하다: *선택의 자유*, *생산적 능률성* 그리고 *형평성*. Levin의 분석적 구성체제에 있어서 네 번째 목표는 *사회적 결합*이다—민주적 사회에서의 참여가 요구하는 민간의 이해에 대한 일방상식과 언어. Levin의 구성체제를 적용하면, *선택의 자유*와 *생산적 능률성*에 우위적 강조점을 두는 사람들은 학교교육을 개인적 가치들과 목표들에 의해 주로 지도받는 경험이라고 간주한다는 것을 알 수 있다. *형평성*과 *사회적 결합*에 우선적 강조점을 두는 사람들은 학교교육을 "사회적 목표들에 접근하는 것을 통하여 시민들과 사회를 형성하기 위해 디자인된 경험" 이라고 본다(p.11). 그들은 학교선택을 반대한다.

공공신뢰의 유지

근본적 가치들에 대한 쉬운 해결책들이 일어날 수가 없고 의사결정의 단순하며 합리적인 개념으로부터는 어떠한 해답도 생길 수 없다는 것은 이 논의로부터 명백해진다. 학교들의 운명은 각 다른 사람에 대한 우위를 추구하며 서로 다른 사회 가치들에게 우선권을 주는 다양한 이해집단들의 손에 있게 된 것이다. 비록 주와 지역 교육기관들, 학교의 전문가들, 정치가들, 그리고 일반인들이 (학교교육의 수월성, 교수와 학습증진 등)과 같은 수사법에 호소한다 하더라도, 학교교육의 실제세계는 이러한 이익들이 이해 집단들에 의해 어떻게 해석되고 이러한 의미들이 정치적인 과정이 펼쳐지면서 어떻게 변하느냐의 산물이다. 단순히 말해서, 학생들, 교사들 그리고 학교들에게 가장 최선인 것은 서로 다른 그룹들에 의해 서로 다르게 인지된다.

과정 전체를 통해, 학교 행정가들은 학교가 충분히 잘 기능하도록 하는지 지역수준에서 충분한 정도의 대중신뢰를 유지해야 한다. 이러한 신뢰 없이는 필요한 물질적, 정치적, 도덕적 지원이 가까이 다가오지 않을 것이다. Carol과 Cunningham(1984)은 신뢰를 "학교 혹은 학교제도를 방어할 믿음, 신뢰, 이해, 지원할 의지, 자존심, 충성" 으로 정의한다(p.111).

정의는 학교교육의 기관에서 보다 특정한 학교에서의 신뢰를 언급한다는 의미에서 중요하다. 연간 학교교육에 대한 대중 의견에 대한 파이 델타 카파 여론조사는 예를 들어, 전형적으로 대중이 전반적인 학교교육과 그들이 친숙한 학교들을 차별화한다는 것을 나타냈다. 2007년 설문조사에서, 예를 들어, 응답자들의 45%가 그들의 지역학교에게 A 혹은 B의 성적을 주었다. 하지만 전체 국가의 학교들에 성적을 매긴다고 했을 때, 단 10%가 A 혹은 B를 주었다. 응답자들의 대략 3/4이 그들에게 C 혹은 D를 주었다(p.40). 알고 있는 학교들에 비교하여 전반적으로 학교교육이 어떻게 평가되는지의 차이는 대중의 지원이 지역 학교관료들에 유지될 수 있다는 것을 제안한다.

그림 2.1은 *Education Week*에 발표된 파이 델타 카파 여론조사의 자료와 이 자료에 대한 해석을 사용하여 지난 5년 동안의 학교들에 대한 대중의 지원을 추적

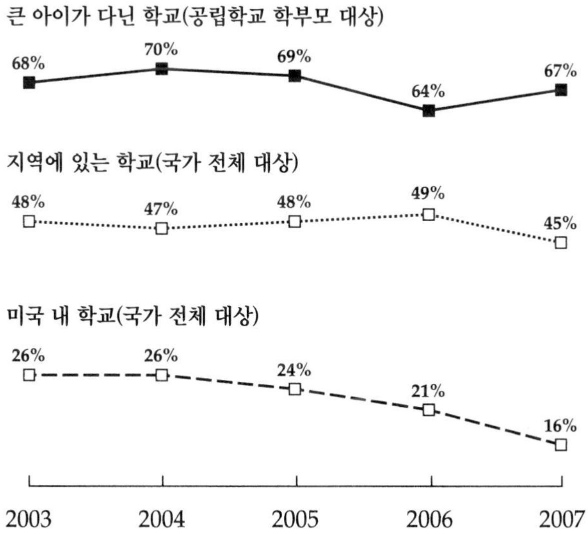

그림 2.1 공립학교를 A 또는 B로 등급 매긴 비율

출처: *39th Annual Phi Delta Kappa/Gallup Poll*. Phi Delta Kappa. September, 2007. Reprinted by permmission.

한다. 지역학교들에 대한 전체적 사회지원에 대해 학부모 지원이 훨씬 높았다. 유사하게도, 국가의 학교들에 대한 지원보다 지역학교들에 대한 지원이 지속적으로 훨씬 더 높아왔으며, 이는 지난 5년 동안 상당히 하락했다. 이 경향들에 대해 어떻게 설명할 것인가? 당신 지역사회의 설문조사도 유사한 자료를 보여주는가?

공교육 네트워크와 *Education Week*(2001)는 1000명 이상이 등록된 투표자들에게 학교에 대한 다양한 질문들을 했으며 그들의 발견점을 "Action for All: The Public's Responsibility for Public Education"에 보고했다. 특히 한 가지 질문은 신뢰를 쌓는 것에 대한 것과 지역 수준에서의 학교에 대한 지원과 관련된 주제를 다루었다. 응답자들은 지역사회에서 전형적으로 발견되는 일련의 조직들을 읽게 되었다. 그 다음 그들은 그들이 지역 학교들을 도와주는 것에 관한 좋은 정보를 주는 데 있어서 서로 얼마나 믿는지에 대한 질문을 받았다. 응답 선택항들은 "아주 많이 신뢰" "많이 신뢰" "어느 정도" "약간" 혹은 "전혀" 였다. 백분율로 주어진 응답기록은 표 2.3에 나타나 있다.

교사들, 교장들, 학부모들 그리고 학부모교사연합회(PTA)는 응답자들에게 가장 믿을 수 있는 정보원이고 원조자들로 비춰졌다. 대조적으로, 사업지도자들과 선출된 관료들은 그리 대접받지 못했다. 응답자들은 사업지도자들과 선출된 관

표 2.3 미국인들은 누구를 신뢰하는가 (단위: %)

사람 혹은 조직	매우 많이 혹은 많이	조금 혹은 전혀
교사	59	39
학부모	57	41
학부모교사연합회(PTA)	56	41
학교장	51	47
학교 교육감	47	50
학교 운영위원회	46	51
지역사회 조직	44	53
이웃	41	58
학생	41	57
지역신문	32	65
기업 지도자	26	69
선출된 관료	25	73

출처: From data summarized in Public Education Network/*Education Week*, April 2001, "Action for All: The Public's Responsibility for Public Education," p.34. Online: www.publiceducation.org/download/actionforall.pdf.

료들을 각각 69%와 73%의 비율에서 "약간" 혹은 "전혀" 정도로 신뢰했다. 이러한 발견은 이전에 묘사된 주-기업체의 성장과 영향에 대해 걱정하는 사람들을 분명히 기쁘게 할 것이다. 당신은 기업 지도자들과 선출된 관료들의 이러한 저조한 성적에 대해 어떻게 설명할 수 있겠는가? 만약 이 조사가 당신의 지역사회에서 행해졌다면, 결과들은 유사했겠는가?

학교에 대한 인상 혹은 느낌이 중요하다. 표현은 학교들에 대한 시원을 얻는데 도움을 줄 뿐만 아니라, 합법성을 증가시킨다. 학교는 가치 있는 사회자산으로 여겨지며, 그곳의 행정가들이 내리는 결정들은 권위가 있으며 신뢰할 만하다고 여겨진다. 대중의 지각이 증가하면서, 학교들은 주에 의해 더 많은 재량이 허락된다. 더 나아가, 주와 지역 자원들로부터의 자금지원을 얻기는 훨씬 더 쉬워진다. 학교에 대한 인상 혹은 느낌은 제대로 관리되어야 한다.

Laswell(1971)은 조직들이 대중에게 의사소통하며 표현의 형성으로 귀결하는 인식들의 총체를 언급하는 데 "이미지의 흐름"이라는 용어를 사용한다. 이러한 표현은 "대중이 학교들 혹은 학생들과의 직접적인 접촉을 통해 사적으로 얻어지거나, 매체를 통해 학습되거나 혹은 이웃들로부터 들리거나 아니면 학교에서 일하는 절친한 사람으로부터 얻은 작은 개인적 경험을" 대중이 경험하면서 시간을 거치면서 형성된다(Carol & Cunningham, 1984, p.114). 이 문제는 학교들이 많은 대중에게 봉사하고 모순적인 이미지의 흐름이 자주 의사소통되어야 한다는 현실에 의해 복잡하다.

대중의 신뢰유지

대중의 신뢰유지는 다양한 선거인들에게 소통된 이미지들의 흐름을 능숙하게 조절하는 것을 뜻한다. 선거인들의 필요, 요구 그리고 이해가 다르기 때문에, 이미지 흐름들은 서로 다르며 자주 서로 모순된다. 모순적 흐름들은 학교교육을 특징짓는 느슨한 구조화 혹은 짝지음 때문에 가능하다. 예를 들어, 학교의 목표들과 목적을 그리고 교과과정 사이의 강력한 지지를 창출하기 위한 주들의 노력에도 불구하고, 교과과정과 교수 사이에서, 그리고 과정에 대한 통제를 확실하게 하기 위한 교수와 평가 사이에서, 이러한 지지는 역사적으로 성취하기 어려웠다. 1983년, Cusick은 대부분의 학교들에서, 각각의 교실이 개별의 학교인 것처럼 다른 모든 교실들과 독립적으로 운영된다는 사실을 지적했다. 위에서 논의된 것처럼, NCLB의 고부담의 어려운 책무성이 학교들의 획일화를 최근에 강화했다는 일부 증거가 존재한다. 그럼에도 불구하고, 교사자치의 뿌리 깊은 문화적 규범들과 학업적 자유는 여전히 우세하다.

만약 Cusick의 관찰이 대부분 사실이라면, 대중의 신뢰는 가정과 유사하게 이미지들의 흐름에 주의를 함에 따라 유지된다. 이것이 학교 행정가들이 실제로 하는 일을 형상화하는 것처럼 보인다. 그들은 전형적으로 학교교육과 관련한 대중 토론에 건전한 관심사를 표현하며 이 토론들에 참석한다. 하지만 그들은 학교에서 의사소통된 이미지의 흐름에 대해 훨씬 더 관심이 있다.

Carol과 Cunningham(1984)은 증가된 대중신뢰를 가져온 인지된 학교 특징들을 확인하기 위한 시도로 학부모들을 조사했다. 이 목록에서 특수교육 그리고 과외의 프로그램과 함께, 최우선순위에서 동률을 거두며 헌신적이고 역량 있는 교사들이 1등을 차지했다는 것을 발견한 것은 그리 놀라운 일이 아니다. 이 조사자들이 말하길, "특수프로그램들의 유효성이 또한 중요성을 가졌다. 이러한 프로그램들은 장애학생들, 학습장애를 가진 학생들, 혹은 전문가들을 필요로 하는 학생들의 요구들에 초점을 맞출 것이며, 우수한 음악 수업, 야외수업과 여행을 제공할 것이다. 다른 과외 프로그램들(특히 스포츠 프로그램들과 함께) 특별한 프로그램들의 포함은 학교에 대한 신뢰에 상당히 기여했다" (Carol & Cunningham, 1984, p.115).

다음 순위는 학교가 건물과 부지에 긍지를 가지고 효과적으로 행정 되었다는 인식이다. 응답자들은 학교 행정가들이 교사 집단의 리더가 되고 학부모들과 학생들을 대표하여 그들의 역량에 있어서 문제해결사가 되는 것의 중요성을 언급했다. 학교가 복지적이고 학생중심의 분위기를 가지며 학생들과 직원들에 대해 긍정적인 태도를 가진다고 인지되었을 때, 대중의 신뢰는 강화되었다. 이 두 가지 자질은 5위와 6위를 차지했다. 학생훈육, 교육과정 그리고 성과는 각각 명시된 25개 항목 중 7, 8, 9위를 기록했다. 이 순위들은 표 2.4에 요약되었다. 이 연구로부터의 발견점은 왜 학교 행정가들이 자주 신뢰와 능률성, 긍지 그리고 환경의 이미지들을 계획하는 데 표 2.4에 포함된 교육과정, 학생성과 그리고 다른 특징들에 더 많은 시간을 소비하는지에 대한 근거를 제공해준다. 더 나아가 이러한 발견은 국가적 안건들을 특징짓는 공공토론과 강력한 정책 심의에도 불구하고 학교

표 2.4 학교설립 수준에서 신뢰를 가져오는 응답들의 순위

순위	이유	응답자의 수
1.5	헌신적이고 역량 있는 교사들	75
1.5	특별 교육 그리고 교과외 프로그램들	75
3.5	행정가의 효과성	61
3.5	건물과 부지	61
5	학생 중심의 돌보는 분위기	51
6	학생/직원의 긍정적 분위기	40
7	학생훈육	38
8	교과과정	36
9	학생 학업성취	30
10	학부모 참여	28
11	학부모들과의 소통	22
12	대중적 이미지	22
13.5	높은 표준, 목표, 기대	15
13.5	위원회/감독자관계,정책, 결정	15
15	행정가/직원지역사회 서비스	13
16	정중한 사무직원	12
17	다른 기관들, 부문들과의 연결	11
18	성공적인 졸업생들	10
19.33	학생 포상, 명예	9
19.33	평가, 진로 그리고 상담 프로그램	9
19.33	학교에 대한 지역사회 개입	9
22	충분한 자금지원	5
23	교복	4
24.5	형평성	3
24.5	지역사회 교육	3

출처: L. N. Carol & L. L. Cunningham, "Views of Public Confidence in Education," *Issues in Education, 2*(2), 118, 1984. Copyright 1984 by the American Educational Research Association. Reprinted by permission of the publisher.

행정가들이 그들의 부지에 일어나는 교육관련 일들에 주로 집중한다는 것을 더 나아가 알려준다.

이것이 당신의 학구에서 일어나는 사례인가? 학생성과에 대한 오늘날의 강조가 주어지면서, 이 결과들이 철회할 것인가? 예를 들어, 당신의 학교에 있는 혹은 다른 구역의 학교들에 존재하는 행정가들이 학생성과로 명확히 향한 교육적 리더십에 얼마나 많은 시간을 소비하는가? 오늘날의 부모들은 표 2.4에 표기된 원인을 어떻게 순위매기겠는가? 당신의 지역사회에 있는 학부모들에게 물어봐서 대중의 신뢰를 얻는 데 있어서의 중요성 관련한 원인들의 순위를 매기도록 하여 알아보라.

결론

스탠포드 대학교수이자 장학관인 Larry Cuban은 성공적인 학교들이 서로 다른 다양한 형태의 스타일을 가진다고 한다. 일부는 전통적이고, 일부는 진보적이며, 나머지는 그 중간이다. 하지만 그들의 형태와 상관없이, 성공적인 학교들은 세 가지 특징을 공유한다: 학부모들, 교사들 그리고 학생들이 그들에게 만족한다; 그들만의 목표와 목적을 달성하는 데 성공적이다; 그들의 졸업자들은 민주적 가치, 태도와 행동을 보여준다.

학부모들, 교사들 그리고 학생들이 학교에게 주는 독특한 집중과 지원이 핵심적이다. 성공적인 학교들은 특징이 있다. 지역적 결정, 지역적 신념, 지역적 참여 그리고 지역적 지지는 그들의 능률성에 있어서 중요하다. 우리가 표준과 평가를 개발하는 데 있어서 현재의 과정을 다시 한 번 생각해보지 않는 한 이러한 지역주의의 미덕을 양성하는 것은 매우 어렵다. 이러한 재평가는, 내가 생각하기에, 학교 지도력과 학교 성공의 미래에 대한 핵심이다.

참고문헌

Belfield, C. R., & Levin, H. (2004). *Vouchers and public policy: When ideology trumps evidence.* New York: National Center for the Study of Privatization in Education, Teachers College, Columbia University. Online: www.ncspe.org/readrel.php?set=pub&cat=101.

Cantor, L. (1980). The growing role of states in American education. *Comparative Education, 16*(1), 24-31.

Carol, L. N., & Cunningham, L. L. (1984). Views of public confidence in education. *Issues in Education, 11*(2), 110-126.

Centeron Education Policy. (2006). *From the capital to the classroom: Year 4 of the No Child Left Behind act.* Online: www.cep-dc.org/index.

Center on Education Policy. (2007). *Choices, changes, and challenges: Curriculum and instruction in the NCLB era.* Online: www.cep-dc.org/index.

Chubb, J. E., & Moe, T. M. (1989). *Educational choice: A report to the people of*

Connecticut. Norwalk, CT: The Yankee Institute.

Cohen, D. (1982). Policy and organization: The impact of state and federal educational policy in school governance. *Harvard Educational Review, 54*(3), 474-499.

Cronin, J., Dahlin, M., Adkins, D., & Kingsbury, G. (2007). *The proficiency illusion.* Washington, DC: The Thomas B. Fordham Institute.

Cusick, P. A. (1983). *The egalitarian ideal and the American high school.* New York: Longman.

Darling-Hammond, L. (1997). *The right to learn: A blueprint for creating schools that work.* San Francisco: Jossey-Bass.

Education Week. (2007a, December 5). Grantmaking and school choice. Report roundup. Online:www.edweek.org/ew/articles/2007/12/05/l4report-4.h27.html.

Education Week. (2007b, December 12). Charter Schools: Hopes, fears, and reality: A balanced look at American charter schools in 2007. Online: www.edweek.org/ew/articles/2007/12/12/l5report-2.h27.html.

Forum on Educational Accountability. (2007). Joint organizational statement on No Child Left Behind Act. Online: www.edaccountability.org/ Joint_Statement.html.

Gandal, M., & Vranek, J. (2001). Standards: Here today, here tomorrow. *Educational Leadership, 59*(1), 7-13.

Good, T. (1996). Educational researchers comment on the education summit and other policy proclamations from 1983-1996. *Educational Researcher, 25*(8), 4-6.

Goodlad, J. I. (1984). *A place called school.* New York: McGraw-Hill.

Harris, D. (2007). High flying schools, student disadvantage, and the logic of NCLB. *American Journal of Education, 113*(3), 367-394.

Henry, T. (2001, October11). Governors stand onprinciples: Education summit vows to help low-performing public schools. *USA Today,* 9D.

Howe, H., II. (1983). Education moves to centerstage: An overview of recent studies. *Phi Delta Kappan, 65*(3), 167-172.

Kirst, M. (1989). Who should control the schools? Reassessing current policies. In T. J. Sergiovanni & J. H. Moore (Eds.), *Schooling for tomorrow: Directing reforms to issues that count.* Boston: Allyn and Bacon.

Kohn, A. (2000). *The case against standardized testing: Raising the scores, ruining the schools.* Portsmouth, NH: Heinemann.

Lake, R. (Ed.). (2007). *Hopes, fears, and reality: A balanced look at American charter schools in 2007.* National Charter School Research Project, Center on Reinventing Public Education, Daniel J. Evans School of Public Affairs, University of Washington.

Laswell, H. D. (1971). *A pre-view of policy sciences.* New York: American Elsevier.

McDonnell, L. M. (1989). *The dilemma of teacher policy.* Center for the Study of the Teaching Profession. Santa Monica, CA: Rand Corporation.

McGuinn, P. (2006). *No child left behind and the transformation of federal education policy, 1965-2005.* Lawrence: The University Press of Kansas.

McNeil, L. (1986). *Contradictions of control: School structure and school knowledge.* New York: Roufledge.

McNeil, M. (2007). Legislators oppose national standards. *Education Week,* August 15. Online: www.edweek.org/ew/articles/2007/08/15/45ncslside.h26.html.

Meier, D. (2000). *Will standards save public education?* Boston: Beacon Press.

National Commission on Excellence in Education. (1983). *A nation at risk.* Washington, DC: U.S. Government Printing Office.

Ohanian, S. (1999). *One size fits few: The folly of educational standards.* Portsmouth, NH: Heinemann.

Public Education Network and *Education Week* (2001, April). Action for all: The public's responsibility for public education. Online: www.publiceducation.org/pdf/Publications/National_Poll/ApriL200LAction for_All.pdf.

Quality counts 2007–From cradle to career: Connecting American education from birth through adulthood. *Education Week* (2007, January 4). 26(17).

Quinby, N. (1985). Improving the place called school: A conversation with John Goodlad. *Educational Leadership, 42*(6), 16-19.

Ravitch, D. (1985). *The schools we deserve.* New York: Basic Books.

Ravitch, D. (2007). Get Congress out of the classroom. *New York Times,* October 3,2007. Online: www.nytimes.com/2007/10/03/opinion/03ravitch.html.

Rose, L. C., & Gallup, A. M. (2007). The 39th annual Phi Delta Kappa/Gallup poll of the public's attitude toward the public schools. Online: www.pdkintl.org/kappan/kpollpdf.htm.

Sergiovanni. T. J. (2000). *The lifeworld of leadership: Creating culture, community, and personal meaning in our schools.* San Francisco: Jossey-Bass.

Shirley, R. C. (1984). Institutional autonomy and government control. *Educational Forum, 48*(2), 217-222.

Sizer, T. R. (1985). Common sense. *Educational Leadership, 42*(6), 21-22.

Spillane, J. P. (1994). How districts mediate between state policy and teachers' practice. In R. El-more & S. Fuhrman (Eds.), *The governance of curriculum 1994 yearbook of the Association for Supervision and Curriculum Development.* Alexandria, VA: ASCD.

Sunderman, G. L., Tracey, C. A., Kim, J., & Orfield, G. (2004). *Listening to teachers: Classroom realities and No Child Left Behind.* Cambridge, MA: The Civil Rights Project at Harvard University.

Waters, J. T., & Marzano, R. J. (2006). *School district leadership that works: The effect of superintendent leadership on student achievement.* Working paper. Denver, CO: Mid-Continent Research of Education and Learning (McRel).

Wise, A. E. (1979). *Legislated learning: The bureaucratization of the American classroom.* Berkeley: University of California Press.

Wise, A. E. (1988). Legislated learning revisited. *Phi Delta Kappan, 69*(5), 329-332.

부록 2.1

계층화된 기준들

Thomas J. Sergiovanni

나는 우리가 기준에 대한 계층화된 접근과 성적 책임에 대한 공유된 접근 방법을 강력한 지역 구성요소와 함께 채용할 의지가 되어 있다면, 시험과 다른 평가 방법을 포괄하는 엄격한 책무성의 책임감 있는 시스템과 결과들의 대중적 공개를 만들 수 있다고 생각한다. 이러한 방향으로 움직이는 것은 학교들이 학교의 목적이 무엇인지를 알리고, 성취하고자 희망하는 것에 대해 대중에게 약속하고, 약속이 지켜졌다는 것을 확실하게 하기 위한 엄격한 조사에 임하면, 그들의 의도, 행동 결과에 대한 대중적 정밀조사를 초청하는 것을 요구한다.

어떤 표준과 평가의 계층적 제도가 특징화하는 데 있어서 나타나는지, 다음의 주장들과 함께 정리해 보자.

- 주들은 학교들에 대한 표준을 설정하는 데 참여한다.
- 지역학교의 학교위원회들, 학부모들, 교사들 그리고 심지어 학생들까지 표준 설립에 참여해야 한다.
- 표준과 평가가 주에 의해서만 설정되었을 때, 결과적으로 학교들이 더욱더 유사해짐에 따라 표준화는 나타나기 쉽다.
- 학교 지역 수준에서의 학교위원회들, 학부모들, 교사들 그리고 학생들이 표준과 평가의 설정에 참여할 때, 학교들은 일부 지역에서 표준화되지만 대부분의 다른 곳에서는 다양하다.
- 학부모들로 하여금 지역의 학교를 선택하도록 해주는 일은 학생들, 학부모

들 그리고 교사들이 선택할 수 있는 실제 선택안들을 제공받았을 때만 의미가 있다.

- 주들은 독해, 작문, 수학 그리고 아마도 공민 윤리의 분야에서 모든 학교들에 대한 기준과 평가를 개발해야 할 책임이 있다.
- 지역수준에서, 학부모들, 교사들 그리고 학생들은 교과과정이 다른 모든 분야들에서의 표준과 평가를 개발해야 하는 책임을 공유한다.
- 학구들과 학구 안의 학교들이 서로 다르기 때문에, 한 학생이 학구로부터 다른 학구로 그리고 동일 학구 내의 학교에서 다른 학교로 옮기면서 많은 기준들이 차이가 있을 것이라고 예상된다.
- 주는 학교들이 표준을 설정하고 평가를 개발하는 데 도움을 주기 위한 기술적 원조와 전문적인 개발을 제공하는 데 책임이 있다.
- 주는 지역당국들이 필요하다고 여기는 중앙집권화된 표준을 제공하는 데 책임이 있다.
- 학생들은 자신들에 대한 표준을 설정하고 그들만이 성과를 평가함으로써 참여해야 한다.
- 학생평가는 학교를 평가하는 데 이어서 주, 학구, 지역 학교평가를 함께 고려해야 한다.
- 지역적으로 설정된 표준과 지역적으로 개발된 평가는 정당하며 신뢰할 수 있다. 표준에 대한 표준과 평가에 대한 표준을 개발하는 것이 도움이 될 것이다.
- 어떠한 일련의 표준과 어떠한 평가제도도 서로 다른 것을 지배해서는 안 된다.

위의 주장에 대해 어느 정도 동의하는가? 다른 것들보다 더 중요한 주장이 있는가? 중요한 주장이 간과되었는가?

제2부

교육행정의 개관

제3장

교육행정

제1장과 2장에서는 사회적 가치들과 공공정책 그리고 학교들에 대한 그들의 영향력을 광범위하게 논의했다. 제3장에서는 초점을 학교행정으로 협소화시키고 행정활동을 묘사하는 *실행 중인 정책*이라는 개념과 함께, 우리 사회의 복합적 기관들의 학교 행정의 중요성과 필요성에 대한 개관을 우선 제공한다. 그리고 감독자, 정치가 그리고 지도자라는 세 가지 행정적 역할들뿐만 아니라 행정적 과정과 기술들을 이해하는 데 필요한 행정적 책임과 구성체계의 중요한 부분을 묘사한다. 이것은 지도자 역할의 우선성에 대한 사례를 마침내 만든 것이고 교육에 있어서 지도력의 질과 본질을 세부적 사항에서 묘사한다.

개관

누가 학교행정가들인가? 그들의 책임은 무엇인가? 권한을 어떻게 취득하고 행사하는가? 그들은 실제로 필요한가? 이들 없이도 학교들은 성공적으로 기능할 수 있는가? 일반 대중의 구성원들이 그러는 것처럼, 학부모들과 교사들은 자주 이러한 질문들을 물어본다. 때때로, 회의적인 질문을 한다. 행정가들은 우호적인 관점에서 항상 묘사되지 않는다. 하지만 비공식적 행정 제도에 단지 의존함으로써 해결하기 어려운 난해한 문제들을 가진 복합사회라는 것은 아무도 부정하지 않을 것이다.

예를 들어, Tead(1951)는 행정의 기술에 대한 그의 고전적 저서에서 미국 사회의 기관과 행정의 복합성을 설명하기 위해 고안된 신화적 여행에 그와 함께 여행하도록 독자들을 초대한다. 오늘날 쓰인 글에서는 건전하고 능력 있는 행정가들이 학교들이 더 효율적일 수 있도록 도와줄 때, 중요하다는 것을 확인시키며 의심의 여지 없이 더 많은 복잡성을 보여준다.

> 비행기를 타고 뉴욕 위를 난다고 상상해 보아라. 그리고 당신의 상상의 눈으로 성공적인 건물들로부터 지붕들을 훑어보아라. 무엇을 볼 수 있는가? 당신은 몇 만 명의 사람들이 일하고 있는 모습을 보게 될 것이다. 최근 중역들이 조용한 사무실에서 그들 회사가 공장을 보유하고 있는 멀리 떨어진 지역들에서 그곳 사람들에 영향력을 주는 지시들에 대한 생각하고, 계획하고, 회의하며 발표하고 있다. 당신은 Akron, Detroit, Pittsburgh에서 더 많은 혹은 더 적은 고용을 뜻할지도 모르는 정책들을 채택하고 보고를 듣고 있는 감독위원회를 볼 수 있다. 상거래 매니저들과 회의하는 백화점장들을 볼 수 있다. 보험회사들, 은행들, 투자자들, 도매시설들의 사무책임자들이 많은 사람들의 노동을 촉진하는 것을 볼 수 있다. 의사들, 간호사들 그리고 보조직원들이 건강을 회복시키기 위해 일하는 거대 병원들을 볼 수 있다. 행정가들과 교사들이 고용을 제공하고 있는 대학들, 단과 대학들 그리고 학교들을 볼 수 있다. 사회복지의 일면이 수행되는, 연방, 주 그리고 시의 정부 사무국들을 볼 수 있다. 모든 주에는 관리하는 사람들과 관리받는 사람들이 있다. 사회복지는 크고 작은 조직들에서 그리고 모든 궁극의 목적들을 위해 일어난다(p.1).

교육의 지배구조와 행정은 우리 사회의 행정활동의 본성과 중요성의 좋은 사례를 제공한다. 교육기관은 공립 사립업체들 중 가장 큰 업체들 사이에 위치한다. 350만 명 이상의 교사들과 5,500만 명 정도의 학생들이 국가전역의 수천 개의 공립과 사립학교들에 매일 다닌다(U.S. Department of Education, 2006). 어떠한 학교 수업이건 1/5의 미국인은 학교 건물 안에 있다. 교육부와 몇몇 연방정부 부서들의 50개 주의 많은 사적 그리고 공적 기관 조직들뿐만 아니라, 분석과 이러한 거대한 기업을 안내하기 위한 넓은 정책의 개발에 대한 책임을 가정한다. 수천 개의 학교위원회들과 수만 명의 행정가들은 학교의 일상적인 업무를 운영하는 정책들의 개발과 행정에서 기능한다.

미국은 지역 단과대학을 통한 몇몇 지역에서 그리고 고등학교를 통해 종합교육에 헌신한다. 목표를 향해 많은 증진이 이뤄져 왔지만, 더 많은 것들이 이뤄져야 한다. 과거의 성과와 미래의 성공은 지역학교에 가능한 교육적 리더십과 지배구조의 질에 의존한 것이며, 앞으로도 지속해서 의존적일 것이다. 관리자에서부터 부 이사, 팀 리더까지 교육행정가들은 동등수준에서 양질의 교육을 설립하는 과정에서 핵심 역할을 맡는다. 주와 연방수준에서 건전한 교육정책을 실행하는 것의 중요성을 부정할 사람은 아무도 없지만, 진정한 정책 그 자체로서는 학교문제들과 쟁점에 대한 해답이 될 수 없다. 더 우위적인 교수와 학습 혹은 양질의 교육이 다른 측면들을 법제화하거나 지시할 수 없다. 이것은 매일 학생들과 일하는 역량 있고 혁신적인 전문가들의 노력, 지역사회로부터 학교가 향유하는 기여와 지원 그리고 교육 리더십과 행정의 중요영역을 차지하는 과정인 학교에 제공되는 이외의 조직적, 계획적 지원으로부터 야기된다.

명시화된 정책과 실행 중인 정책

일부 전문가들은 교육 정책 발전과정에 너무 많은 강조점이 부여됐으며 학교 업무로의 행정설계 및 정책의 구조와 구상으로의 명확화는 충분하지 않다고 주장한다. 그외 사람들은 반대의 입장을 취한다. 양 측은 모두 정책과 행정이 별개라고 가정한다. 행정과 공공 정책에 관한 전통적 논문, 예를 들어(강령, 지침, 전반적 규제 그리고 지시들을 설립하는 것과 같은) 정책 개발과정과 행정 규제 그리고 전문적 업무에 대한 정책의 명확화 사이에 있어서 꽤 명백한 구분을 만든다. 정책과 행정 간의 최초의 구분은 1990년에 출판된 Frank. J. Goodnow의 *Politics and Administration*에 나타난다.

Woodrow Wilson(1887)에 의해 만들어진 최근의 구분은 "행정의 연구": "공공 행정은 공법의 세분화되고 제도적인 집행이다. 보편법의 모든 특정한 적용은 행정 행위이다—정부적 행동에 대한 광범위한 계획은 행정적이지 않다. 행정은 정치의 적정 분야 밖에 놓여 있다. 행정 관련 질문은 정치적 질문이 아니다" (p.97)에서 형성됐다. 대략 100년 전에 *Federalist*에서 기술했다: "*정부의 행정*은 광의에서 정치적 통일체의 모든 작업을 이해한다. 하지만 이것의 가장 유효하면서도 아마도 가장 정확한 의미에 있어서, 이것은 실무적 세부사항에 제안되며, 경영부의 지역에 있어서 독특하게 놓인다." (Rossiter, 1961, p.435). Goodnow(1905)는 후기 저서에서 "정치는 주의 의지에 관한 정책 및 표현과 관련이 있다. 행정은 이러한 정책들의 집행과 관련이 있다." (p.15)고 다시 한 번 강조한다.

정책입안자들은 정책을 만들며, 전문인들은 정책을 실제로 명확히 한다. 정책입안자들은 결정하고 전문가들은 실행한다. 이 유서 깊은 구별은 매력이 있지만 현실적이지 못하다. 이 두 가지를 구분하는 것은 이상적일지 모르지만, 업무에 있어서는 현실보다 신화에 더 가깝다.

실무에 있어서 정책과정에 대한 좀 더 현실적인 관점은 *명시화된 정책*과 *실행 중인 정책*을 구분한다. *실행 중인 정책*은 지침이 해석되고, 지시된 특징이 비중을 차지하며, 차등적인 우선순위가 할당되며, 행동이론이 적용되며, 그리고 결정과 전문적 업무를 수행하는 형태에 있어서 아이디어들은 실제화된다. 실행 중인 정책은 학교고용이 실행되면서 학생들과 교사들이 느끼는 정책이다. 이러한 이유들로, 정책과 행정 업무 사이의 선은 실제세계에서 희미해진다. *실행 중인 정책*의 사례는 음성학과 "총체적인 언어" 접근을 균형 잡아주는 교육프로그램에 대한 교육 정책 성명의 새로운 위원회를 수행하는 데 있어서 행정적 중앙부처의 행정적 행동과 지시사항이다. *실행 중인 정책*으로서 행정적 행동과 지시사항은 교육자료, 직원개발, 교육적 접근과 이외의 수행 쟁점에 대한 결론을 포함한다.

정책개발과 사용되는 정책창조에 관한 조사의 역할은 중요하다. 하지만 연구는 명시된 정책에 관한 개발을 거의 알려주지 않는다. 제2장에서 학교선택에 관하여 논의된 것처럼, 전형적인 정치인들은 객관적인 연구결과의 산물을 고려하여 행동하지 않는다. 그들은 선호와 신뢰를 대표하여 움직인다. 정책의 명시는 그 열망이 중요하다고 여겨지며 특정 가치들과 목표들을 극대화하고자 하는 주관적 과정이다. 이 가치들이 다양한 집단들에 의해 동일한 방법으로 자주 공유되지 않기 때문에, 특별한 이해들이 그들이 지탱하는 믿음에 따라 이들을 극대화하고자 하면서 만들어진다. 비록 연구가 정책 집단의 정치적 과정에서 중요한 역할을 할지라도 연구결과들은 정책입안자들에 의해 특혜받았다고 거의 생각되지 않는다. 행정가들은 주로 이러한 상황을 한탄한다. "소규모 학교들과 연령통합교실들이 타당하다는 것을 보여준다. 왜 학교위원회는 이 연구에 주의를 기울이지 않는가?" 라고 그들은 추론하며 질문한다. 하지만 행정가들 또한 연구결과보다 가치와 관점에 더 기초하여 결정을 내리는 경향이 있다. 정책입안자들 혹은 행정가들이 만드는 결정들로 대체하기보다는 연구결과들이 이 결정들을 알려준다는 것이 해답인 것이다. 이 방법으로 명시된 정책이 합리적이고 분별력 있게 실행이 된다.

정의된 행정

학교행정은 학교의 목표들을 효과적, 효용적으로 외적 자원과 혹은 그들을 통해 달성하는 과정으로 정의된다. 행정부에 대한 대부분의 정의들은 수행 측면에서 질이 있으며 재원이 제한되어 있고 이러한 재원을 어떻게 할당할지에 관하여 결정들이 내려져야 하기 때문에, 능률성은 추가적 자질이 된다. 행정과 지도력 사이에는 자주 차이가 나타난다. 예를 들어, 학교장의 직무는 목적들을 정의, 성과를 평가, 조직 재원을 공급, 지지적인 심리적 환경의 조성, 부모들의 개입 운영, 계획, 스케줄, 부기, 교사 갈등의 해결, 학생문제 조율, 중앙부처 회유, 그리고 다른 경우에는 사무실의 운영보조를 함으로써 다른 이들의 업무를 조정하고, 감독하며 원조하는 것이다. 많은 전문가들이 이것을 리더십 활동이라기보다는 행정이라고 생각할 것이다. 이러한 견해에 따르면 행정은 한 개인의 업무와 관련된 보통 행위를 언급한다. Hemphill(1958), Lipham(1964), Kotter(1990)과 Zaleznik(1977)에게 이 두 가지 차이점은 새로운 구조, 절차목표를 제시하는 지도자들의 행동에서 나타날 수 있다. 그들이 주장하기를, 리더십은 새로움과 변화를 강조한다. 예를 들어, Zaleznik은 다음과 같이 지도자들을 묘사한다.

> 그들은 반응적이기보다 적극적이고, 아이디어에 응답하기보다는 아이디어를 조직한다. 지도자들은 목표들에 대한 개별적이고 적극적인 태도를 채용한다. 분위기를 변화시키고, 이미지와 기대를 불러일으키고 특정한 의도와 목적을 설립하는 데 있어서 지도자가 행사하는 영향력은 그 업무가 가고자 하는 방향을 결정한다. 이러한 영향력의 최종 결과는 무엇이 바람직하고 가능하며 필요한지에 대해 사람들이 생각하는 방식을 변화시킨다(p.1).

비록 행정과 리더십 사이의 차이가 학문적으로 널리 수용되고 많은 이점을 가질지라도, 부정적인 결과들은 균형에 있어서 지배적이다. 학교장 리더십은 우위적이라고 평가되는 반면, 행정을 더 중요한 것처럼 평가하게 된다. 더 나아가, 리더십의 매력은 보증되기보다는 학문에서 많은 집중을 받는 것이다. 결과적으로,

행정은 리더십을 매력적으로 만들면서 일상의, 세부적인 그리고 아마도 기계적인 개념으로서 비춰지게 된다.

이러한 구분은 현실과 관련하여 비정상적인 상태로의 표현을 가져온다. 이 묘사는 그들 사이에 열등감, 걱정 그리고 죄의식을 야기하고 행정가들이 실제로 할 수 있는 일의 비현실적인 이미지를 대중에게 제공하면서 행정가들에 의한 변화에 대해 비합리적인 기대를 고취시킨다. 예를 들어, 비록 행정가들이 중요할지라도, 학교들의 운명은 리더십에 대한 책임을 공유하는 교사들과 다른 사람들에게 의존하게 된다. 어떠한 의미에서, 리더십은 일종의 사회적 자산이다. 이 자산들이 더 많이 공유될수록, 더 새로운 리더십이 생성된다.

우리가 바라보는 것처럼, 선택은 리더십 혹은 행정도 아니며 둘 사이의 더 나은 균형과 가능성에 관련된 더 현실적인 관점이다. 교과과정이 교수, 학습 그리고 평가의 문제점들과 쟁점에 직접적으로 치중하는 교육 리더십의 중요성과 교육관련 쟁점들 또한 중요하다. 우리는 교육 리더십의 역할이 전반적인 리더십 및 행정과 유사하지만 서로 여전히 거리가 먼 일련의 개념들로 간주되어야 한다고 주장한다.

만약 우리가 규칙을 갖게 되면, 교육의 사건들에 관한 우리 질문의 중심에 교육관련 문제들이 있을 것이다. 교육지도자들은 학교증진의 학문과 실무 모든 면에서 특권적 위치를 향유해야 한다. 불행히도, 오늘날 교육의 장을 지배하는 것은 리더십이 아닌 경영이다. 예를 들어, Larry Cuban(1988)은 다음과 같이 주장한다.

> 현재와 같이 운영된 학교들은 지도보다는 운영을 향해 앞으로 될 수 있는 무엇보다도 현 상태의 유지를 향해 교사들, 교장들 그리고 교육감들을 억누른다. 학교교육의 구조와 그 안에서 버려진 인센티브들은 경영적 의무를 생산한다. 교수, 교장직무 그리고 감독에 있어서 지배적인 이미지들, 역할들과 업무들은 지난 1세기 반 동안 공립학교들이 구성된 방법의 대부분을 형성하면서, 리더십에 대한 한계를 더욱 축소시킨다(p.xxi).

학교의 리더십이 부각되고 학교에서 번영하도록 하기 위해서는 교사들과 교장들이, 강력한 중앙통제의 이 NCLB 시대에서 특히 현재상태보다 더 많은 선택권을 가져야 한다. Cuban이 설명하기를 "자치는 선택으로부터 발생한다. 자치는 리더십이 발생하기 위한 충분조건이다. 선택 없이는, 자치도 없다. 자치 없이는,

리더십도 없다" (p.xx).

비즈니스와 다른 분야에서 *경영*과 *경영행위*라는 용어는 행정을 언급하기 위해 사용되고 때로는 행정과 리더십 둘 다를 언급하는 데 사용된다. 이 책의 많은 참고문헌들이 제안하는 것처럼, 대다수의 경영 학문이 교육행정에 적합하다[예를 들어, Sergiovanni(1990)을 보라]. 많은 관점에서, 교육행정은 공공행정과 사촌 관계라 할 수 있으며, 비슷한 전통을 갖고 있다. 그 분야에서 *행정*이라는 용어가 인시된 정책과의 행정의 뒤섞임 때문에 경영 혹은 *관리*보다 선호된다.

이 장의 나머지 부분에서는 교육행정의 기본적 개관, 정의, 목적의 명시 그리고 구상을 제공하는 시도에 있어서 행정가들의 중요한 책임, 보편적으로 용인된 행정적 과정들 그리고 필요한 행정 기술들을 검토해본다. 그 후에는 학교 지역사회에 교육적 리더십을 제공하는 데 있어서의 학교행정가의 책임에 더 특별한 주의가 기울여진다.

행정가의 중요한 책임

모든 학교들은 살아남기 위해 목표달성, 내부적으로 자신들을 유지, 적응하며, 그들의 문화에 부합하는 것에 관계가 있어야 한다. 이러한 중요한 책임은 교장들, 참여자들 그리고 다른 행정가들이 학교가 잘 기능하도록 성공적으로 취해져야 한다. Argyris(1964)와 Parsons(1951, 1960) 밑에 개괄된 것처럼 조직의 핵심활동들로서 이들을 바라본다(괄호 안은 목적).

- 규범(문화패턴의 유지)
- 목표(목표달성)
- 변화(외부적 적응)
- 도덕, 통합(내부적 통합)

Parsons(1951, 1960)에게 이 4가지 활동들은 집단들, 조직들, 지역사회들 그리고 사회들과 같은 사회제도들의 생존에 필요한 요구사항들을 정의한다. 이 핵심활동들은 이 중 어느 한 가지라도 태만히 하면 학교의 생존을 위협할 수 있기 때문에 조직적 명령들을 뜻한다. 학교행정가들은 그들의 역할을 정의한 이 중요한 책임들을 다루는 데 있어서 특정 수준의 성공을 경험해야 한다.

문화적 패턴의 유지

문화적 패턴의 유지는 학교를 보호하고 양성하는 것과 지역사회 전통 및 문화규범과 관계가 있다. 학교행정가들과 학교 위원회 구성원들은 시간을 거슬러 지역사회에 존재하는 현재의 동기 유발적이고 문화적인 패턴에 민감해야 한다. 학교 전통들이 출현하고, 이미지들이 제조되어 향상되며, 작업의 승인된 방법들은 두드러지는 특징과 주어진 학교 혹은 학교 구성사회에 제공하는 성문과 불문 규범들의 제도로서 설립된다. 졸업식, 미식 축구경기 휴일 프로그램, 신문과 공공관계 프로그램, 학생의 행동코드, 정책지침과 다른 공공시도들이 학생들의 행동을 통제하듯이 문화적 패턴이미지들을 제공하고 유지하는 훨씬 더 현명한 방법들 중 일부이다. 자주, 문화패턴의 성장은 실제 환경보다 더 중요하다. 일부 학교들은 운동적 무용으로 알려져 있고, 다른 학교들은 엘리트 학업이미지를 조장하며 여전히 다른 학교들은 이상적 학생이 평균B를 받으며, 치어리더 혹은 운동선수가 되어, 졸업앨범에서 적극적인 역할을 맡고, 댄스파티왕 혹은 여왕이 되는 것 그리고 지역의 주 대학교에 미래에 다니는 것으로 간주되는 곳인 균형 잡힌 전통적 학교들로 여겨진다. 학교 행정가들에 대한 가장 주요한 시기 중 일부는 인구이동, 인종차별 철폐지시, 혹은 학교 지역사회의 규범적 쟁점에 대한 이외의 방해에 대한 결과로서 문화적 패턴의 요구들이 전환할 때 일어난다. 많은 전문가들이 학교에서 중요하게 여겨지는 변화들을 만드는 것이 현존하는 문화패턴을 바꾸는 것을 필요로 한다고 믿는다(Fullan, 1999).

문화적 패턴은 기대, 규범, 가정 그리고 신념이 교사들, 학생들, 행정가들 그리고 다른 사람들에게 제공하는 공식적 성문 그리고 비성문 규칙들 혹은 코드들에 의해 표현된다. 그들은 학교와 지역사회의 삶의 바람직한 방식을 정의하고 이들의 삶에 의미를 부여한다.

목표의 달성

목표의 달성은 직접적이며 잘 이해되는 행정적 책임과 학교운영위원회 책임을 제안한다—목표들을 정의하고 그것들을 달성하기 위해 재원을 동원하면서. 이것의 신명함 때문에, 목적의 달성은 현실에서는 비록 비효율성의 판단들이 학교의 문화를 유지하는 것과 같은, 다른 책임성 지역들에서의 결핍들로부터 가장 자주 야기될지라도, 목표달성은 행정가들과 위원회 구성원들을 고용하고 평가하는 데 대중적 안건이 된다.

Peshkin(1977)의 Mansfield에서의 새로운 학교 감독관을 고용하는 것에 대한 설명은 학교위원회에 의한 목표달성의 대중적 인식을 묘사한다. 하지만 위원회의 실제 관심사는 학교 지역사회의 문화패턴을 유지하는 것이고 이러한 관심사는 고용 결정에서 반영된다. 몇 명의 후보자 인터뷰 후에 Mansfield의 학교위원회 토론에서 발췌한 다음 글을 고려해보라.

> 우리가 Hagedorn를 왜 원하지 않는지를 알기 위해 꼭 그에 대해서 이야기해야 하는가?
>
> 좋다. 그가 위원회 구성원이라 생각해보자. 나는 우리에게 더 나은 사람이 있다고 믿는다. 비록 자질 면에서는 아니지만, 그는 질문과 P. R.(Public Relations)을 다룰 수 있다. 나는 그가 우리가 찾는 유형의 사람이 아닌 것 같다.
>
> 이렇게 얘기하기 싫지만, 그의 외관은 그에게 불리하다. 당신은 자기 생각을 숨김없이 말해야 한다.
>
> 그는 다른 사람처럼 안정적이지 못하다.
>
> 나는 그가 뒷담화의 주요 대상이 될 것이라고 생각한다.
>
> 그는 너무 뚱뚱하다. 심장에 압박을 준다.
>
> 그는 너무 지쳐 있었다. 그런 육중한 몸집의 사람은 육체적으로 피곤하다. 우리는 자신을 속여서는 안 된다. 이미지는 매우 중요하다. 그의 크기는 그에게 불리하다.
>
> 다음 사람은 Dargan이다.
>
> 나는 감명받았지만, 그는 우리의 도시와 학교에 비해 너무 크다. 그의 아이디어는 도시, 더 큰 학교들을 위한 것이다. 우리는 그 모든 것들에 준비되어 있지 않다.
>
> 나는 그가 우리가 준비되어 있는지 모르는 많은 일들을 매우 열망할지도 모른다는 것을 느꼈다. 그는 학년제가 없는 제도에 분명히 찬성한다. 그는 천천히 시작할 것이라고 말했지만, 그것을 매우 갈망했다. 벽을 철거하는 것은 당신을 약간 무섭게 한다.

나는 감명받았지만, 우리에게는 뒤에 더 많은 사람들이 있다. 우리는 무학년제에 대한 아이디어를 배웠다. 그는 추진자가 될 것이라고 나는 확신한다.

그에게는 시작하려고 하는 너무 많은 아이디어들이 있었다. 당신은 일단 뛰어 들어가기 전에 학교가 무엇을 가지고 있는지를 봐야 한다.

나는 그가 훈육문제에 대해서 약간 느리다고 생각한다.

나는 그가 얘기할 때 내 머리에서 달러사인들이 돌고 있는 걸 느꼈다. 그는 이 지역에 비해 너무 똑똑한 것 같다. 그는 지역사회의 장들에게 얘기할지도 모른다.

또 다른 점. 그는 4주 방학에 대해 매우 강조했다.

급료에 있어서 그가 가장 많은 요구를 했다.

이 Dargan이라는 사람은 작은 지역사회로 오고 싶다고 말했다. 나는 그가 그와 함께 도시로부터 너무 많은 아이디어를 가져오길 원하는 것 같다. 그는 우리가 원하는 것을 넘어설지도 모른다.

Morgan에 대해서는 어떤 점이 좋았는가? 다음 세 명은 어려운 선택이다. 대중 그리고 아이들과 잘 지낼 수 있는 좋은 인상을 남겼다고 나는 생각한다. 이것이 다른 것보다 더 나를 감동시켰다. 그는 나에게 보편적인 상황을 말했다.

그는 멋진 목소리를 가졌다. 그는 젊다.

긴장이 풀렸을 때 그의 목소리는 매우 콧소리였다.

그는 여기 안 있을 거야.

나는 그가 효과적인 개인이 될 것이라고 생각한다.

다른 사람, Rogers를 보라. 나는 그에게 이런 느낌을 가졌다.

그는 말했다 : "만약 당신들이 나를 고용하다면 나는 이를 수용하겠다."

나는 그가 이 일을 그리 갈망하는 것 같지 않다.

나는 그가 왜 부동산 판매 일을 추천받았는지 알겠다. 그의 목소리엔 힘이 있었다. 아마도 그는 당신의 이름을 줄에 새겨 놓았을 것이다. 나는 그가 대부분의 상황 밖으로 그 자신을 말로써 탈출시킬 것이라고 믿는다. 심도 있는 논의를 하면서, 그는 보편적인 사항을 얘기했다. 그는 교육에 있어서 새로운 사항에 대해 너무 많이 모른다는 것을 인정했다. 우리는 더 명확한 답변이 필요하다.

마지막으로, 이제 Vitano가 남는다.

그가 일등이다.

> 나는 상위 3가지 중 아무도 마음에 들지 않는다. Vitano와 Rogers 모두 둘 다 시간이 없다고 말했다. 그들은 청부로 일한다. Vitano는 고학으로 대학을 마쳤다.
>
> 그는 봉급에 있어서 바닥이다.
>
> 그리고 그는 시골 출신이다(pp.187-188).*

비록 위원회가 목표달성이라는 주제에 대한 공공 선택 표준을 확립했지만, 이것의 실제 표준은 문화패턴 주위에서 선회한다. 예를 들어, 위원회는 Dargan이 자격표준을 초과하고 너무 도시적이라고 간주하였다. 비록 그의 목표달성 자격을 인정했을지라도. 목표달성 자격에도 불구하고, Hagedorn은 위원회에게 적당한 외모가 아니었다. 그는 좋은 관리자 이미지에 부합하지 않았다. Morgan과 Rogers는 비슷한 이유로 거절되었다. Peshkin(1977)의 주장에 따르면, "아마도 위원회는 시골 지배적, 전통 근원학교에 적합한 사항을 설명하기 위한 위원회의 축약 용어로서 시골 출신이 아닌 사람은 Mansfield에서의 학교의 감독관으로 선택될 수 없다는 것은 자명해 보인다"(p.188). Vitano가 Mansfield의 문화적 패턴에 가장 적합한 후보이다.

NCLB의 대중적 책무성 제도조차도 행정가를 고용, 평가 유지하는 데 있어서 지속적 문화 패턴의 우위들을 바꾸지 못했다. 목표달성(예를 들어, 주 책무성 제도에서 높은 성과와 AYP 목표를 달성하는 것)은 의심의 여지 없이 높은 중요성을 가진다. 하지만, Kelleher와 Vander Bogert(2006)은 목표달성의 자명성에도 불구하고 문화패턴을 이해하고 유지하는 데 있어서의 중요한 실수들은 최근 감독관들의 파멸을 가져왔다는 사례연구를 제공했다. 역으로, 문화패턴을 확인하고 강화하는 데 있어서의 초기성공은 낮은 평가 점수들에 대하여 행정가들에게 일종의 보호를 제공해준 것처럼 보였다.

외부환경에의 적응

학교 행정가들에 대한 중요한 책임의 세 번째 부분은 학교와 지역사회들이 그들의 외부적 환경에 적응해야 할 필요성을 반영한다. 기술의 진보와 정치과정의 진

---

* A Peshkin, "Whom Shall the Schools Serve? Some Dilemmas of Local Control in a Rural School District," *Curriculum Inquiry*, *6*(3), 186-188. Copyright 1977. Reprinted by permission.

화는 학교들에게 거대한 압박을 가한다. 등록의 엄청난 증가 혹은 감소의 결과로서 변화에 대한 환경적 수요에 대응하는 것은, 예를 들어, 재정공식, 일상정책, 조직구조, 시설사용, 구역 경계선, 교사 연합위원회 계약과 교육프로그램 구성에서의 근본적인 변화를 요구한다. 학교행정가들과 위원회에 대한 도전은 일정한 의미의 내부적 정체성, 지속성 그리고 균형을 보존하는 형태로 외적으로 적응하는 것이다. 빠르게 발전하는 교외에서 각 해마다 새로운 학교들을 개교하는 데 빠르게 성장하는 학교체제는 똑같은 건물에서 교사들이 수년 동안 가르쳤고 모든 자녀들의 이름과 가족들을 알고 있을 때 이전에 존재했던 지역사회에 대한 소규모 마을의 느낌을 어떻게 유지할 수 있을까? 장치와 공공정책, 사회학급혁신의 정치학, 그리고 변화에 대한 사회심리학의 관점으로부터 학교들의 적응 문제들을 더 많은 학문들이 다룬다(예를 들어, Hargreaves & Lieberman, 1998).

내부적 통합의 유지

내부적 통합을 유지하는 것은 단위들; 부서들 그리고 학교들의 통일체로서의 일치와 통합을 요구한다. 심리학적으로, 내부적 유지는 교사들과 학생들 사이의 학교에 대한 정체성과 충성심의 확립, 만족감의 제공과 회수에 있어서 안정을 뜻한다. 일부이론가들은 능률성이 개인적, 조직적 요구들의 통합체라고 주장하면서 내부적 유지 주제를 둘러싼 행정적 능률성을 정의했다. 실제로, 이 사회적 제도들의 주제는 1950년대와 1960년대 동안 교육행정의 학문을 지배했다(예를 들어 Getzels, Lipham, & Campbell, 1968). 더욱 최근에, 성공적인 학교들에 대한 연구들은 교사들을 공통적인 목적으로 한데 묶고 직무에 있어서 의미를 찾는 것에 대한 증진된 기회를 제공하는 강력한 문화의 존재를 드러낸다(예를 들어, Sergiovanni, 1984, 2001을 보라). 이 학교들은 문화적 패턴에 대한 경향과 내부적 통합의 유지에 있어서 매우 성과가 있었다.

핵심적 분야들의 균형 잡기

서로 다른 학교들과 학구들은 그들의 독특한 상황적 특징에 응하여 핵심 행동들의 서로 다른 패턴들을 강조하도록 기대되지만, 앞서 살펴본 4가지 분야는 모든 학교들과 학구들에 의해 어느 정도 제공되어야 한다. Parsons, Bales 그리고 Shils(1953)와 Deutsch(1963), Mills(1967)에 따르면, 생존의 환경아래 핵심활동 패턴들은 성장의 환경아래의 그것과는 다르다고 주장한다. 생존패턴은 다음과 같이 보일 것이다.*

1. *적응*: 외부적 재원들이 단절되었을 때, 집단은 새로운 것을 찾을 수 있어야 한다; 현재의 기술들이 쓸모없게 되거나 비효과적이 될 때, 새로운 것들을 발명해야 한다.
2. *목표달성*: 목표에 앞서 장애물들이 발생할 때, 그것들을 우회할 수 있어야 한다; 구성원들이 혼동되거나 혼란되거나 심란해졌을 때, 그들을 새로운 환경에 적응시키고 그들의 재원을 재결집시킬 수 있어야 한다.
3. *결합*: 집단의 일부분이 다른 부분들을 파괴하도록 위협할 때, 집단은 그들을 확인, 보호 그리고 일치시킬 수 있어야 한다. 강자와 약자, 역량 있는 자와 역량 없는 자, 능동적인 사람과 수동적인 사람, 사람들 간의 차이를 극복해야 한다; 하위부분들을 통합하는 집합적 단위로서 자신에 대한 개념들 혹은 상징들을 창설해야 한다.
4. *패턴 유지*: 반대 압력에 직면하면서, 집단은 기존 절차들을 유지하고 구성원들의 기분과 정치적인 관계를 강화하고 규정을 집행하고, 신뢰를 확인하며 이것의 가치들을 확인할 수 있어야 한다. 예를 들어, 한 가지 회의에서부터 다음까지 집단의 관습을 기억할 수 있어야 한다.

대조적으로, 성장패턴은 다음과 같다(Mills, 1967, p.17).

1. *적응*
   a. 개방의 증가—주, 외부세계로부터의 정보의 흡입통로들의 능률성, 다양성, 그리고 범위의 증가를 뜻한다(Deutsch, 1963, p.140).
   b. 현재의 경계선을 넘어선 집단의 접촉과 의무에 대한 범위를 확장시킬 수 있는 역량
   c. 새로운 정보와 접촉을 수용하기 위한 집단의 관습, 규정, 기술 등을 변화

---

* 두 가지 패턴의 출처는 Theodore M. Mills, *The Sociology of Small Groups*(1967), pp.17, 21. Reprinted by permission of Prentice Hall, Inc., Englewood Cliffs, New Jersey.

시키기 위한 능력

2. 목표달성
   a. 대안적 목표들이 고려되는 동안 유보된 상태로 목표축구 노력을 지속시키는 역량
   b. 새로운 목표로의 이동 혹은 이를 첨가할 수 있는 능력

3. 결합
   a. 집합체를 유지하는 동안 하위부분들을 구분하는 역량
   b. 궁핍해지지 않고 재원들을 수출하며 충성심을 잃지 않으면서 특사들을 파견할 수 있는 능력

4. 패턴 유지와 확장
   a. 새로운 구성원들을 받고 그들에게 집단의 문화와 능력을 전송하는 역량
   b. 지속적인 형태로 집단의 경험과 학습을 발전시키고 다른 집단들과 후대에 그것들을 전달하는 능력(Mills, 1967, p.21)

한 분야에서의 지나친 강조가 다른 분야를 위험에 빠뜨릴 수 있다는 인식과 함께 문제는 복잡해진다. 예를 들어, 내적 유지에 대한 지나친 강조는 목표달성을 실제로 위험에 빠뜨릴 수 있다. 교사에게 충분한 책임감, 평가적 조사와 다른 성과 결과들을 제공하는 것(목표달성)을 희생하여(내적 유지) 교사들 간의 좋은 인간관계와 높은 사기의 고취를 강조하는 교사감독과 평가의 정책에 동의하는 학교를 생각해보자. 반대의 전략을 채용하는 것 또한 문제가 있다. 학교가 생각하는 효과적인 교사들에 대한 효과적 감독과 그들의 사기를 해치는 평가들과 함께 있는 학교를 상상해보라.

또 다른 사례는 문화적 패턴의 유지를 침해하는 외부적 적응에 대한 지나친 강조이다. 개인화된 교육과 학생들의 대안들로 특징화된 교육프로그램을 이행함으로써 사회적 요구의 개념에 응하자면(외부적 적응) 그렇게 함으로써 학교교육의 좀 더 전통적인 개념과 함께 지역사회에 대한 기강해이와 무정부의 이미지를 방출하는(지역사회 문화 패턴의 유지) 학교를 고려해보라. 여기서, 총체적으로 사회의 지각된 요구들에 적응하는 것은 지역사회의 우세한 가치제도와 부조화스럽다.

교육행정의 간략한 연구조차 드러내는 것처럼, 성과는 느리고 점층적이다. 행정 활동은 시간 계획과 함께 이루어진다. 전형적으로, 행정가들은 결정을 내리거나 이행하기 전에 모든 것이 완벽해질 때까지 기다릴 수 없다. 타협은 주로 더 규칙에 가깝다. 현재 환경들 아래 동의할 수 있는 만족적인 해결책들은 현재 가능하지 않는 더 나은 혹은 이상적인 해결책을 위하여 수용된다. 그러므로 각각의 4가지 조직적 핵심행위들은 늘임과 줄임을 가능하게 하는 탄력성을 가진 것처럼 더 잘 보인다. 이러한 탄력성을 활용하여, 행정가들은 학교의 생존이 위협받는 것까지 어떠한 방식으로 강제하거나 다른 것을 태만히 하는 것 없이 다른 분야에 대비하여 한 가지 주요 책임성 분야를 균형 잡고자 한다.

행정가들의 평가

4가지 주요 책임 분야들은 학교행정가들을 평가하는 기초를 제공한다. 감독자들은 비록 목표달성이 대중적 표준이고 다른 분야가 좀 더 함축적으로 고려될지라도, 모든 4가지 영역에서 그들의 성과의 개념에 기초하여 학교위원회들과 지역사회에 의해 평가된다. 감독자들은 원칙들을 유사하게 평가한다(Peterson, 1984). 교장들은 결국 교사들을 평가하기 위해 비슷한 보편적 패턴을 사용한다(Cusick, 1983).

일례로써, 교장들은 목표달성 표준을 기초하여 평가된다고 추정된다. 특히 평가 성적향상 목표들로, 많은 주의가 교육적 목표나 목적에 기울여졌으며, 교수와 학습의 결과 학생 학습 성과에 수반되는 개념들을 평가하고 추구할 것으로 기대된다. 성공적인 학생학습과 다른 목표달성 지표들의 다양한 측면들로 교장의 업무를 연결시키는 것이 의도이다. 하지만, Peterson(1984)은 문화패턴, 내부적 동맹의 유지 그리고 외부적 환경으로부터 발생하는 표준에 목표달성을 2차적이라고 보편적으로 인지한다는 것을 발견했다. 예를 들어, 그는 연구된 120명의 교장들 중 절반이 중앙부처가 평가 정보의 근원으로서 지역사회와 부모들의 일상에 매우 의존한다고 믿고 있었다고 규정했다. 실제로, "대중들의 반응, 부모들이 행복하고, 불평불만이 없으며 그리고 공공관계들" 이 언급된 207개 요소들의 원인이 되었다. 대조적으로 "학생 성과와 향상: 시험점수, 학업적 성과" 와 "교육 프로그램들: 혁신, 좋은 프로그램들, 교육적 리더십" 은 각각 9%와 8%에 기인했다

(Peterson, 1984, p.593). 교장들에게 인지된 평가표준의 완전한 배열은 표 3.1에 명시되었다. 표 3.1의 다섯 번째 항목은 각각의 표준과 가장 밀접하게 연관된 주요 책임사항이 무엇인지 보여준다. 미사여구에도 불구하고, 목표달성만이 학교행정가들의 전형적 안건을 구성하는 너무나도 단순한 지표라는 것을 보여준다.

만약 원칙들을 인지하고 있는 것이 좋은 지표라면, NCLB는 그들의 성과를 평가하는 표준으로써 목표달성을 증진시켜 왔을 것이다. 2006년의 대중안건보고서 "현실 파악"은 상당히 더 많은 교장들(55%)이 학생성과에 책임을 지도록 하는 것이 좋은 생각이라고 한다—2001년에 그런 것보다(34%). 하지만 최근의 증거는 또 다른 표준이 교장의 평가에서 지속적으로 중요하게 여겨지고 있다고 말한다. 2003년 공공 의안 보고서 "Rolling up the sleeves"는 더 높은 표준, 책무성 압박, 혹은 다른 요인—정치가 분야로부터 교장들을 움직일 수 있는 가장 그럴듯한 요소라고 나타냈다(Farkas, p.16). 조사결과들은 교장들을 평가하는 것에 대한 표준에 감독자들과 교장들 사이의 상당한 불일치를 보여주었다. 예를 들어, 78%의 감독관들은 교사의 질을 향상시키는 것은 평가적 표준이라고 명시했으며 이에 57%의 교장들이 동의했다(p.21). 73%의 감독관들이 교장들이 학생점수를 향상시키는 데 책임이 있다고 여겨져야 된다고 생가하는 반면에 이에는 교장들의 41%만 동의했다(p.38).

연구가 학교의 효과에 대하여 나타내는 것은 무엇인가?

행정가들을 평가하는 데 사용된 표준과 그들이 준수해야 할 4가지 주요책임 분야들은 시험점수에 집중하는 학교 능률성의 단순한 정의에도 불구하고, 복합적 요소들이 학생의 성과에 영향을 준다고 주장한다. 학교의 성과에 영향을 주는 변수들은 각각 중요하면서도 서로 다른 효과를 지닌 세 가지 분야로 묶인다. 학교수준의 변수, 교실수준의 변수 그리고 학생수준의 변수. Robert J. Marzano(2000)는 미국 내와 국외 모두로부터의 학교 능률성 연구에 대한 철저한 연구 후에 다음과 같은 결론에 도달했다.

- 학습 기회, 학습에 소비된 시간, 학생학습 감독, 성취를 위한 합리적 압력의 제공, 학교 환경, 리더십 그리고 협동을 포함하는 학교수준의 변수들은

표 3.1 중앙부처가 교장들을 평가할 때 중요하다고 인식하는 기준

기준	응답자들에 의해 언급된 횟수 범주 (N=360)	항목을 나열하는 응답자들의 백분율(N=112)	언급된 모든 항목들의 백분율	중요 책임 영역
1. 공공 관계: 학부모들이 행복함, 불평 없음, 공공 관계	72	64	30	CP, EA
2. 교사의 반응: 교상의 사기, 불만 없음, 교사-교장의 관계	54	48	15	II
3. 구역 규정들과 절차들에 응하는 교장과 교사들; 출석과 문서업무를 포함	44	39	12	CP, II
4. 파장들을 일으키지 않음: 부드럽게 운영, 중앙부서로 오게 되는 문제들이 거의 없음, 교육감이 항상 알고 있으며, 어려운 문제들을 야기하지 않음	37	33	10	CP, EA, II
5. 학생성과와 향상: 시험 성적들, 학업적 성과	31	28	9	GA
6. 교육적 프로그램; 혁신, 양질의 프로그램, 교육적 리더십	29	26	8	GA
7. 전체적 학교 운영: 분위기와 환경 포함.	21	19	6	II
8. 학생들, 학생들의 순종 그리고 훈육과의 관계	14	12	4	CP
9. 중앙부처와의 좋은 근무 관계	7	6	2	CP, EA
10. 잡무 1: 교정 관리, 리더십 스타일, 동료관계	25	22	7	
11. 잡무 2; 모든 단일 항목들	26	23	7	

중요 책임영역 문화적 패턴(CP)
외부적 적응(EA)
내부적 결합의 유지(II)
목표달성(GA)

출처: Adapted from "Mechanisms of Administrative Control Over Managers in Educational Organizations" by K. D. Peterson, 1984. published in *Administrative Science Quartery*, 9(4), p.593 by permission of *Administrative Science Quarterly*, Copyright © 1984 by Cornell University.

주: The critical responsibility areas are added to Peterson's table.

학생성과에 대한 효과의 대략 7%를 차지한다.

- 교수의 종류와 질; 교과과정 구성, 그리고 교실운영을 포함하는 교실수준 변수들은 학생성과에 대한 효과의 13%를 차지한다.
- 가정환경, 학습에 대한 학생들의 선행지식, 재능 그리고 교수되는 주제에 대한 학생들의 흥미를 포함하는 학생수준의 변수는 학생성과에 대한 효과의 대략 80%를 차지한다(p.85).

수영시합 마지막 랩의 마지막 인치에서 일어나는 일에 의거하여 이길 수도 질 수도 있다. 당신은 미식축구에 엔드존으로의 마지막 야드를 지나지 않고서는 터치다운을 기록할 수 없다. 학교의 변수들이 학생 학습에 막대한 영향력을 가진 것처럼 보여도, 그들은 학생의 성과를 구체화할 정도로 충분히 강력하지 않다. 학생과 교사수준의 효과 또한 중요하다. 실재로, 그것들 없이 당신은 이길 수 없다. 학교 행정의 대부분의 주의는 학교와 교사들에게 집중한다. 이 패턴에 우리는 어떻게 학생수준의 효과들을 첨가하는가? 예를 들어, 교과과정을 개발하고, 기준을 설정하고 가르치면서 학생의 흥미가 얼마만큼 높은 우선수위를 갖는가? 가르치게 될 과목 문제들과 적용될 기준들과 관련한 결정을 내리면서 우리들은 학생의 선행지식을 중요하게 여기는가, 아니면 천편일률적인 전략이 사용되는가? 지금 이 순간에는 우리가 가르치는 것과 가르치는 방법은 지시된 동일 표준과 평가에 의해 거의 독점적으로 추진되고 있다. 우리는 학생 성과 차이의 80%를 차지하는 학생수준의 효과를 태만히 함으로써 학생 성과를 극대화시킬 수 있는가?

사회경제적 지위는 학생수준의 효과를 구성하는 많은 변수들을 요약하기 위해 사용된다. Marzano(2000)는 학생성과에 대한 사회경제적 지위(SES) 효과의 대략 1/3이 가정환경에 기인할 수 있다고 보고한다(p.69). 학생들의 가정환경을 증진시키기 위해 일하는 데 주의를 기울이는 학교들은 거의 없다.

학교 효율성의 여러 측면과 척도

학생 성과를 넘어서, 학생 능률성의 많은 측면들 또한 존재한다. 예를 들어, 학교들은 교수와 학습목표들을 달성해야 할 뿐만 아니라, 효율적으로 직원의 사기를 높이고, 학교의 질서를 지키며 지역사회의 문화를 지키는 방식으로 그와 같은 일을 해야 한다. 이러한 현실의 관점에서, 조직의 능률성을 연구하는 데 전문적인 학교측정과 평가 전문가들 그리고 조직적 사회학자들은 연구를 이행해 나가고 그들의 재산법을 만들면서 많은 측면들에 집중한다(Goodman & Associates, 1977). 대부분의 전문가들은 학교의 능률성이 복합적 측면이라는 것에 동의한다. 표 3.2는 학교의 효율성을 결정하는 데 사용된 일부 표준과 척도들을 묘사한다. 단 24개의 척도들 중 7개만이 목표달성에 분류된다는 것을 인지하라(GA).

주요 행정과정

기능으로서의 행정

행정은 조직의 목표를 성취하고 이외의 3가지 주요책임들(문화적 패턴유지, 내부적 결합, 외부적 적응)을 능률적, 효과적으로 성공적으로 달성하기 위하여 다른 사람과 그리고 다른 사람을 통해 일하는 과정으로서 정의된다. *계획*, *조직*, *지도* 그리고 *통제*는 전문적으로 가장 자주 언급되는 4가지 기준들이다(예를 들어, Gulick & Urwick, 1937; Koontz & O' Donnell, 1972; Sears, 1950).

*계획*은 학교 내 구역에 대한 목표와 목적을 설정하고 그것들의 이행을 위한 청사진과 전략을 개발하는 것을 포함한다. *조직*은 목표를 달성하기 위한 가장 효과적인 방법으로 인간적, 재정적, 물리적 자원을 함께 가져오는 것을 포함한다. *지도*는 아랫사람을 지도하고 관리하는 것과 관련 있다. 조직들의 계획은 사람들에게 이행되며, 사람들은 동기부여되고, 기대들은 정의되며, 의사소통 채널들은 유지되어야 한다. *통제*는 행정가의 평가 기능을 뜻하며 성과의 검토 규제와 조정, 피드백 제공, 그리고 목표달성의 표준과 외부 적응에 대한 정의와 함께 행정부의 내부적 유지 책임에 대한 이바지를 포함한다. 학교의 문화적 패턴 책임을 유지하는 것은 행정 과정에 대해 논문을 집필하는 사람들에게 전형적으로 태만하게 다뤄진다. 이러한 기능들은 일반적이며 다양한 설정에서의 행정 직무에 적용된다. 학교에 적용될 때, 이 4가지 기능들은 교수와 학습을 정의하고 학습하는 방향으로 이상적으로 이끌어진다.

표 3.2 학교 효율성의 여러 측면과 척도

측면	척도	중요 책임영역
1. 생산성	학생들, 교사들, 집단들 그리고 학교들이 의도된 성과들과 서비스들을 성취하는 정도 생산성은 많은 측면들을 포함하지만 주로 학생평가 성적들을 검토함으로써 측정된다.	GA
2. 능률성	성과에 개입된 비용들로의 개인적 그리고 학교성과의 비율. 비용은 시간과 돈의 기준에서뿐만 아니라 태만히 다뤄진 목적들과 성과들에서도 계산되어서 다른 목적들과 성과들이 강조되거나 달성되도록 한다. 예를 들어, 소규모 학교들은 작업하는 데 약간 더 비쌀지도 모르지만, 만약 학생들이 상당히 더 많이 배운다면 대규모의 학교들보다 비용 면에서 더 효율적일 수 있다. 가장 중요한 것은 봉사된 학생들의 수가 아니라 주어진 비용에서 학교들이 얻게 되는 학습의 총량이다.	II
3. 자질	학교와 개인들의 성취, 성과, 수행 그리고 서비스의 수준과 질. 예를 들어, 일부 교육전문가들은 학생성과의 발휘가 시험점수들보다 학생성과의 더 높은 질의 지표들이라고 믿는다.	GA
4. 성장	학교의 현재 상태가 과거 상태와 비교될 때, 응답 그리고 혁신성의 질과 재능 그리고 총체적 역량의 증진	GA
5. 장기결석	교사들, 학생들 그리고 그 이외 학교 근로자들의 결석 횟수와 빈도	II
6. 이직	학생들, 직원 그리고 그 이외 근로자들의 자발적 이직과 삭제의 수	II
7. 교사 직업 만족	교사들이 받게 되는 다양한 직업 성과와 관련하여 교사들이 기뻐하는 정도	II
8. 학생 만족	학생들이 받게 되는 학습과 돌봄 그리고 전체 학교 경험에 만족하는 정도	II
9. 동기	교사들, 학생들 그리고 그 이외 학교 근로자들이 높은 수준에서 그리고 감독이 거의 없는 상태에서 학교의 일에 참여하게 되는 의지와 추진력	II
10. 사기	교사들, 학부모들 그리고 다른 사람들이 학교, 전통 그리고 목표들에 대해 갖는 전체적인 좋은 감정과 학교의 일원으로서 행복한 정도	CP
11. 결속	학생들과 교수들이 서로 좋아하고, 함께 잘 일하며, 완벽하고 개방적으로 의사소통하며 그들의 노력을 조화시키고 지역사회의 관계가 가까워지는 것	CP
12. 유연성/적응	지역사회와 다른 환경적 변화에 대응하여 작업방식과 절차들을 바꾸는 학교의 노력	EA

표 3.2 학교 효율성의 여러 측면과 척도 (계속)

측면	척도	중요 책임영역
13. 계획과 목표 설정	구성원들이 미래의 단계들을 계획하고 목표 설정 행동에 참여하는 정도	GA
14. 목표 동의 내재화	학교에 동일한 목표가 존재한다고 공동체 구성원들, 학부모들 그리고 학생들이 동의하는 정도.	CP
15. 조직 목표들의 기술	학교의 목표들이 올바르고 적합하다는 학부모들, 교사들 그리고 학생들에 의한 믿음과 학교의 목표들에 대한 수용	CP
16. 리더십/관리	교장들, 관리자들 그리고 다른 지도자들이 학교 중심적 업무들을 수행하면서 그들의 능력에 대한 전체적 수준	GA
17. 정보 관리와 의사소통	교사, 학부모들 그리고 크게는 지역사회를 포함하는 이해관계 정당들에 의한 학교의 효율성에 중요하다고 여겨지는 정보의 정확성, 정보보급의 능률성과 완전성	II
18. 준비성	학교가 특정한 업무를 성공적으로 수행하거나 만약 그러한 일을 의뢰받았을 때 일부 특정한 목표를 달성할 가능성	EA
19. 환경의 활용	학교가 지역사회 그리고 환경내의 다른 계열들과 상호작용하고 효율적으로 기능하기 위해 필요한 재원과 지지를 습득하는 정도	EA
20. 외부적 존재들에 의한 평가	지역사회와 지역사회가 상호 작용하는 총체적인 환경에서의 개인들, 조직들 그리고 집단들에 의한 학교의 우호적 평가	EA
21. 안정성	시간을 거슬러 특히 긴장의 시기 동안 특정구조, 기능 그리고 재원을 유지하는 학교의 능력	CP
22. 공유된 영향력 강조	학교의 개인들이 그들에게 직접적으로 영향을 주는 결정을 내리는 데 참여하는 정도	II
23. 훈련과 개발	교사들과 다른 학교 근로자들의 재능을 개발하는 데 학교가 바치는 노력과 재원의 양	GA
24. 성취 강조	현존하는 목표들과 새로운 목표들을 달성하는 데 학교가 높은 가치를 부여하는 정도	GA
중요 책임영역	문화적 패턴(CP) 외부적 적응(EA) 내부적 결합(II) 목표달성(GA)	

출처: Adapted from J. P. Campbell et al., *The Measurement of Organizational Effectiveness: A Review of Relevant Research and Opinion*. Final Report, Navy Personnel Research and Development Center Contract N00022-73-C-0023. (Minneapolis: Personnel Decisions, 1974), pp.38-133.

기술로서의 행정

여전히 행정이 검증될 수 있는 또 다른 방법은 행정적 과정을 이행하는 데 필요한 역량과 기술 분야를 확인하는 것이다. Katz(1955)는 성공적인 행정에 의존한다는 3가지 기본적 기술을 확인했다–*기술적*, *인간적*, *개념적*.

*기술적 기술*은 방법론, 과정들, 절차들의 이해와 숙련도 그리고 교과과정과 평가를 가정한다. 비교육적 기술적 기술은 재정, 회계, 계획, 구매, 건설 그리고 유지에서의 지식을 요구한다. 교육의 기술적 기술은 학교의 계층구조에서 더 낮은 행정적, 감독적 역할에 있어서 더 중요하다. 정형적으로 부서의 학과장 혹은 학년수준의 감독관은 특정분야의 교수 및 학습과 교장보다 훨씬 더 기술적인 기술을 구사하는 것을 필요로 한다. 기업의 감독관들은 관리자보다 회계절차나 컴퓨터 사용에 대한 더 기술적인 구사능력을 요한다.

*인간적 기술*은 일대일 기초와 집단 환경에서 다른 사람들과 능률적, 효과적으로 일할 수 있는 학교행정가의 능력을 뜻한다. 이 기술은 다른 사람들에 대한 평가, 감정이입과 고려뿐만 아니라 상당한 자기 이해와 수용을 요구한다. 이것의 지식기반은 리더십에 대한 이해와 능력, 성인 동기부여, 태도의 개발, 집단 역동성, 인간요구, 사기, 갈등 경영 그리고 인간재원의 개발에 대한 것을 포함한다. 인간기술은 학교 계층 전체에서 행정적, 감독적 역할에 동등하게 중요한 것처럼 보인다. 위치와 상관없이, 모든 행정가들은 다른 사람을 통해 일한다. 즉, 그들은 목표를 달성하기 위해 인간 기술을 사용한다.

*개념적 기술*은 학교, 구역 그리고 교육프로그램을 전체적으로 바라볼 수 있는 교육행정가의 기능으로서 학교의 각 부분들에 대한 상호의존성의 효율적인 계획을 포함한다. 개념적 기술의 개발은 행정적 이론의 균형 잡힌 강조, 조직적, 인간적 활동에 관한 지식, 교육철학 그리고 교수의 학습에 관한 지식에 크게 의존한다. 개념적 기술은 조직의 계층구조를 일으켜 세우는 역할에 더 중요하다고 여겨진다. 예를 들어, 관리자는 학습장애가 있는 학생이 지식을 습득하도록 가르치는 것에 대한 기술적 관점에 대해서 많이 모를 수도 있지만, 이 퍼즐의 공식이 어떻게 맞춰지고 학구를 운영하는 다른 관점들과 어떻게 상호 작용하는지 알아야 한다.

교육적 리더십 역할의 우선성

교육행정을 고려해보는 또 다른 방법은 행정가들이 취하는 세 가지 역할을 검사해보는 것이다—*관리자*, *정치인*, 그리고 *교육 지도자*. 앞서서 우리는 점차적으로 교육행정가들이 운영자들로 묘사되고 있다고 주장했다. 국가수준에서 정책입안자들은 생산적 노동자로의 졸업 혹은 미국의 국제역량증진이라는 정치적 목적을 학교들에 정의했다. 지역수준에서, 학교위원회들과 지역사회의 대중들을 효과적 행정의 사업적 모델로 고려해봤다. 실제로, 비용-효율성, 책무성, 재정적 통합, 능률성, 임금 행정 그리고 인사정책은 교육의 주요 뉴스들의 대다수를 더욱더 차지하고 있다. 예를 들어, 지역 현장에서 지역공동체들은 더욱 다양하고, 재원에 대한 기대와 요구들은 더 모호하고 강경하며, 권력과 권위는 더욱 퍼져 있으며 학교의 일에 있어서 공공참여는 더욱 심하다. 더 넓은 수준에서, 주 교육부서들의 강화된 역할—지시된 입법행위 연방정부와 법원을 통한—은 그리고 연방과 주 수준에서 더 큰 책임을 두는 학교 자원금 패턴의 이동은 교육행정가들에 대한 정치인 이미지를 더욱더 강화한다. 교육 리더십은 학교교육의 다른 문제들이 긴급성과 복잡성에 의해 자주 우선순위에서 밀려난다.

비록 많은 사람들이 교육행정에서 관리적, 정치적 역할의 위급성을 떨어뜨릴지 몰라도, 근대 교육행정직의 벗어날 수 없는 현실은 행정가들이 이 역할을 이해하고 명확히 할 것을 요구한다. 행정의 비유를 빌리자면, 교육행정의 근저에 있는 교육적 리더십이 존재한다. 그러므로 경영의 역할은 중요하다고 할지라도, 중심은 아니다. 마찬가지로 교육의 지배구조 역량에 대한 보조수단이자 지원수단이다. 리더십과 지배구조 역할은 모두 더 나은 미래를 위해 존재한다는 것을 예견한다. 그들은 이러한 재량하에서 집단과 조직적 에너지에 대한 바람직하면서 좋고 결정인 것의 비전을 제시한다. 좋은 운영과 정치는 현존하는 것과 그것을 잘 유지하는 방법을 바라보게 하는 경향이 있다. 하지만 리더들은 좋은 운영과 정치가 충분하지 않다는 것을 동시에 인식하는 동안 이러한 관리적, 정치적 역할들을 태만히 할 수 없다.

아마도 학교행정의 교육 지도자 관점에 대한 세부사항이 집중하는 안건들을 좋은 운영과 대조하면서 이점이 최선으로 만들어질 수 있다. 예를 들어, Levitt (1976)은 다음과 같이 운영 혹은 관리를 묘사한다.

> 관리는 상황에 대한 합리적 평가와 목표와 목적들의 제도적 선택을 포함한다. (무엇이 이뤄져야 하는가?) 이러한 목표들을 성취하기 위한 전략들의 제도적 개발, 요구될 재원의 모델링, 합리적 구성, 조직, 영향 그리고 선택된 목표들을 달성하는 데 요구되는 활동들의 통제. 마지막으로, 사람들이 일을 하도록 하는 동기부여와 보상이다(p.73).

이러한 관점에 따르면, 관리자로서의 행정가란 무엇이 성취되어야 하는가와 같은 질문들과 관계된다. 그리고 어떻게 최선의 결과들이 성취되는가? 분명히 학교들과 학구들의 효과적 운영에 있어서 이것들은 중요한 고려사항이다. 한편 Zaleznik(1977)이 지적하듯이, "관리자가 되기 위해 천재성이나 영웅성이 필요한 것은 아니지만, 오히려 지속성, 강한 마음, 근면한 업무, 명석함, 분석력과 아마도 가장 중요한 것으로 참을성과 탁월한 의지가 필요하다" (p.68).

대조적으로, 교육적 리더십은 학교와 사회에 대한 목적들의 가치와 그들의 행정직에 관한 관심을 포함한다. 관리자로서 행정가는 실질적인 자질을 제안한다. (주어진 목표들을 달성하기 위한 최선의 수단은 무엇인가?) 교육적 리더십은 규범적인 자질을 제안한다. (목표들 그 자체들로는 얼마나 충분한가?) 목적들의 가치와 학교의 전체적 임무에 대한 관심을 넘어서, 지도력은 그들의 열정, 헌신 그리고 근무습관에서의 평범한 사항을 넘어선 개인들과 조직을 움직이는 활력과 매력의 자질을 불러일으킨다.

초기에, 우리는 관리와 리더십에 대해 얕잡아보아서 얻은 것은 없고 많이 잃었다. 두 가지 사이의 균형을 추구하는 데 있어서, Starratt(1990)은 두 가지 배역을 이행할 수 있는 배우로서 교육행정가들을 바라보는 것이 도움이 될 것이라고 주장한다. 각각의 배역, 교육 지도자와 관리자는 서로 매우 다른 대본과 함께 출현한다. 관리자적 대본을 따라갈 때, 행정가는 관료제의 가치와 상응하여 명확해진 도구적인 부분 그리고 자질 문제와 관련된다.

> (a) 학생들과 교사들은 동질적으로 다뤄져야 한다. (b) 모든 세부적 사례들에 대해 규칙들이 균등하게 적용되어야 한다. (c) 부족한 자원 때문에, 학교는 능률성에 집중하면서 모든 달러들로부터 대부분의 가치를 얻어야 한다. (d)학교 차원의 결과들이 중요한 것이다(시험점수 향상, 전체적 무단결석과 예술문화 파괴의 하락, 전체적 예산 균형 달성); (e) 전체적 결과를 평가하기 위해서, 포괄

적인 기록, 정보은행과 보도들을 유지할 필요가 있다. (f) 개개인 혹은 집단들보다 학교에 대한 충성심이 중요하다; (g) 개인의 권위는 자금운영위원회를 끌어내며, 조직의 차터와 규칙에 의존한다(p.47).

대조적으로, 교육 지도자의 대본을 따를 때, 행정가들은 올바른 일이 무엇인지를 확인하기 위한 투쟁과 학생의 목표를 증진시키고 다른 학습 목표들을 성취하기 위해 학교들이 일하는 것을 돕는 구상들과 통로들을 창조하면서 목적과 근본의 문제에 관심을 갖는다. 행정가는 교육적으로 이치에 맞고 도덕적으로 옳은 것을 기초로 하여 일종의 합리성을 우선적으로 가져오기 위해 노력한다. 예를 들어, 학생들과 교사들을 다르게 다루고, 그들에게 직면하는 상황의 관점에서 알려진 결정을 그들이 만들 수 있게 해주도록 재량권을 교사들에게 주는 행위는 타당하다. 배우 이야기와 관련하여, 때때로 전문 행정가들은 이 대본들을 조화롭게 할 수 있다. 다른 때에는 그것들을 서로 다투어 종종 옳지 않은 것이 지배적이 된다.

리더십에 대한 질적인 관점

교육 리더십이 좋은 운영을 요구하지만 그러한 좋은 운영이 충분한 것이 아니라는 것이 증명되면서, 리더십의 본질이 더 자세하게 검토될 것이다. 예를 들어, Starratt(1977)은 운영 기술에 더하여, 지도자가 비전, 강력함 그리고 창조성의 추가적인 자질을 지도자의 일에 가져온다. 지도자들은 그들에게 무엇이 가능하고 바람직한지, 성취해야 할 이외의 것들과 그들이 현재하고 있는 일의 중요성에 대한 전망에 관심이 있다. 지도자는 많은 에너지와 함께 조직 활동에 관여하고 다른 사람들과 그들을 구분하는 열망, 헌신 그리고 활동성의 강렬함을 업무에 가져온다. 지도자는 생각의 특정한 신선함, 새로운 아이디어에 대한 헌신과 창조적 변화의 믿음을 조직과 직무에 가져온다. 전망, 강렬함과 창조성의 자질에 집중하면서, Starratt(1977)은 지도자들이 다음과 같이 다른 사람들과 구분될 수 있다고 믿는다.

1. 지도자들은 더 깊은 의미와 가치를 추구하면서 사건과 활동의 표면아래에서 일한다. 그들은 학교에서의 일상생활의 조류에 있어서 의미의 뿌리를 확인할 수 있으며, 결과적으로 매우 보통과 일상적인 것들 위의 중요

성, 비전 그리고 목적과 함께 학생들, 교사들 그리고 사회 구성원들에게 제공할 수 있다.

2. 지도자들은 매일의 활동을 자주 특징짓는 둔탁한 일상 위의 표면에 개인을 허락하는 인간 삶의 극적 느낌을 가져다준다. 그들은 대부분의 상황들의 고유한 조직 가능성에 대한 느낌을 가지고 있으며 일상을 벗어나도록 사람들에게 주장하며, 틀에서 벗어나 좀 더 생동감 있고 강력한 것으로 가도록 할 수 있다.
3. 지도자들은 언어와 사례들을 통해 느낌을 의사소통할 수 있다. 그들은 쉽게 이해되면서 일종의 재미, 독창성과 신선함을 소통해 주는 언어와 상징을 사용한다.
4. 지도자들은 비전과 목적을 다른 사람들이 경험할 수 있도록 기회를 제공하여 다른 사람들이 주인의식을 공유하도록 한다.
5. 학교를 위한 목표, 구조 그리고 절차도 특유한 그리고 개인적 의미들로부터 그들의 비전, 강력함과 창조성을 변환시킬 수 있다. 실제로, 지도자는 조직으로서 학교의 특성들로 지도자의 자질들을 변환시킬 수 있다(p.5).

Bennis(1984)는 설득력 있는 비전이 그가 연구한 매우 성공적인 조직 지도자의 리더십에 있어서 핵심요소라고 주장한다. 비전은 조직에 일하는 사람들 사이에 헌신을 유도하는 바람직한 일의 상태에 관한 관점을 형성하고 소통하는 역량을 뜻한다. 비전은 리더십의 상징적 측면들을 강조하며 의사소통의 근본이 된다. Lieberman과 Miller(1984)는 도덕적 권위의 힘이라고 언급한다. 학교 행정가는 자신의 행동, 전술 그리고 공적에 의해 상징적인 진술을 한다. 학생차별 사건을 포함하는 사례연구들로부터 이러한 권력을 묘사하는데 있어서, 그들은 진술한다.

> 교장들은 항상 그래왔던 것처럼 중립성을 지키고 사안들이 향상하도록 해준다. 심지어 그것이 도덕 진술이라도, 아니면 그들은 직원들의 가정을 위협하고 학교를 더 나은 혹은 더욱 퇴보된 방향으로 움직이면서 적극적인 입장을 취할지도 모른다. 교장들은 특정 행동과 태도를 용서하거나 비판한다; 교장들이 그들의 일을 계속하면서 그들은 도덕적 수칙들을 본떠서 따라한다. Albion의 행정가가 런치룸 라디오 사건에서 소수학생의 편을 들었을 때, 그들은 인종에 의한 차별은 용납될 수 없다는 것이라는 메시지를 직원들에게 주었다. 강력한 메시지가

전송되었다. 행정적 무관심이 있었다면, 동등한 강력한 관점이 만들어졌을 것이다(p.76).

교장들과 다른 행정가들은 그들이 의도하건 하지 않건 그리고 그들이 좋아하건 하지 않건 간에 강력한 상징적 진술이 될 수 있다.

Bennis(1986, p.64)와 Bennis와 Nanus(1985, p.17)는 리더십을 의도를 현실로 전환하고 그것을 지속시키는 개인의 역량을 대표한 형태의 권력으로서 바라본다. 이것은 Burn의 독창적인 *Leadership*에 묘사된 전환적 리더십의 아이디어이다(1978). 이것은 또한 Follett(1941)이 "가장 성공적인 모든 리더는 아직 현실화되지 않은 또 다른 그림을 보는 사람이다. 그는 현재 그림에 속하는 것들을 보지만, 속하지 않는 것도 본다. "무엇보다도, 그는 성취하려고 하는 것이 그 목적이 아니라, 집단의 갈망과 활동을 포함한 공통의 목적이라는 것을 함께하는 근로자들이 보도록 만들어야 한다."라고 이야기했다(pp.143-144).

매우 성공적이고 효과적인 학교들의 리더십에 대한 연구는 비전의 중요성과 리더십의 다른 질적인 관점들에 대한 지지를 제공한다. Edmonds(1979) 및 Brookover와 Lezotte(1999)의 연구는 효과적인 학교들이 목표들과 직원 간의 높은 동의에 의해 특징지어진다고 나타낸다. 유사하게, Bossert(1982)와 동료들에 의한 연구들과 Greenfield(1982)는 교장들에 의한 목표지도와 학교목적들의 명확화와 모델화가 중요한 특성들이라는 것을 나타낸다. Blumberg와 Greenfield(1980)에 관한 조사는 효과적인 학교장들이 학교가 무엇인지에 대한 관점을 세우고 명확히 하는 데 있어서 적극적이며 직접적인 행동들을 보여준다. Lipsitz(1984)는 성공적인 중학교들에 대한 사례연구에서 다음과 같이 관찰한다.

> 학교들은 그들의 목적에 대해서 글과 실무 모두에서 강력한 진술을 하였다. 그들 사이의 불일치는 거의 없으며 그들이 하고 있다고 말하는 일과 그들이 실제로 하는 일 사이에는 어떠한 불일치도 없다. 결과적으로 모든 사람은 학교가 의미하는 것을 명확히 할 수 있다(pp.172, 174).

각각의 4개 학교들은 누가 어떻게 일들이 처리되는지뿐만 아니라 왜 일이 이뤄지는지에 강력한 강조점을 두며, 결정을 고취시키고 의미와 함께 실행을 누가 하는지에 대한 운명적 비전을 가진 교장을 가졌거나 가지고 있다.

요컨대, 지도자들은 겉보기에 공통적인 사건들의 깊은 의미와 가치를 완전히 이해하고, "이것들은 그적인 의미의 목적과 비전으로 전환시키고, 설득력 있게 다른 사람들에게 의미와 목적을 소통하며, 그들의 헌신과 동료의식을 얻으며, 조직적 목표, 구조 프로그램들로 이 성질들을 연결시킬 수 있다. 관리적 기술들은 왜냐하면 프로그램들이 정의되었을 때, 그것들은 효율적으로 그리고 능률적으로 명시될 필요가 있기 때문이다.

리더십을 정의하는 것은 사람들이 생각하는 것보다는 조금 더 복잡할 것이다. 리더십에는 많은 의미가 있다. 그들 중 일부는 그림 3.1에 요약되어 있다. 항상 다른 모든 관점들을 제압하는 리더십에 대한 단일한 관점을 확인하는 것은 쉬운 일이다. 아마도 리더십에 대한 각각의 의미들이 수행하는 역할들이 있다. 의미들을 검토하면서, 중요하다고 생각하는 정도에 따라 다섯 개에 20포인트를 분배해보라. 다섯 개 중 당신의 교장에 대한 리더십 접근법을 가장 잘 설명하는 것은 무엇인가? 다른 사람들과 당신의 분배관점을 공유해보고 그들의 반응을 찾아라.

간접적 대 직접적 교육 리더십

최근에 교장의 역할에 대한 규정적 특징으로서 교육적 지도자로서 행동하는 교장들에게 더욱더 많은 강조점이 주어졌다.

하지만 만약 교장들이 강한 교육적 지도자들이라면, 교사들은 어떠한 역할을 하는가? 교사들이 강력한 교육적 지도자들이 될 수 있는 역량을 건설하고 투자하고 교장들은 지도자들의 지도자로서 강조하는 것이 더 나을까?

이 질문에 대해 생각해보는 한 가지 방법은 *간접적*이건 *직접적*이건 교육적 리더십을 구분하는 것이다. *간접적 리더십*은 건전한 환경 창조, 학습공동체 구성, 자원 제공 그리고 다른 그러한 활동들에 의해 교수와 학습을 지지하기 위해 교장이 하는 일을 묘사한다. *직접적 리더십*은 교수와 학습을 증진시키기 위해 교사들 그리고 학생들 다 함께 교장의 직무를 묘사한다.

(지도자들의 지도자 접근법은) *간접적 리더십*이 교장들이 그들의 결단을 이행하는 가장 일반적인 방식일지도 모른다는 것을 일부 근거로 주장한다. 예를 들어, 그림 3.1을 다시 한 번 검토해보라. 중앙 사무국이 교장들을 평가할 때 교장들이 중요하다고 인지하는 첫 번째 아홉 가지 기준을 고려해보라. 각각의 기준을 세 범

그림 3.1 리더십의 다양한 의미

- 리더십은 리더의 비전을 따르도록 학부모들, 교사들 그리고 학생들에게 영향을 주는 것을 뜻한다. (예를 들어, 학습과 문제 해결 리더십에 관해서 Heifetz, 1994를보라)
- 리더십은 학부모들, 교사들 그리고 학생들의 요구를 존중하는 유용한 목표들을 추구하는 것뿐만 아니라 더 큰 도덕적 단계로 그들을 상승하게 해주는 목표들은 뜻한다. (예를 들어, 변한적 리더십에 대한 Burns, 1978을 보라)
- 리더십은 공유된 아이디어들과 이상을 위해 일함으로써 학부모들, 교사들 그리고 아이들이 경험하는 목적, 의미 그리고 중요성의 강화를 뜻한다. (예를 들어 도덕적 리더십에 관한 Sergiovanni, 1992를 보라)
- 리더십은 학교들의 약하게 연결되고 더러우며 전체적으로 비선형적인 특징을 중요시하는 목적들을 달성하기 위한 수단들을 선택함으로써 현실적이 되는 것을 뜻한다. (예를 들어, 조직된 무정부 상태로서의 교육 조직들에 관한 Cohen과 March, 1974를 보라)

출처: T. J. Sergiovanni. (2001). *Leadership: What's in it for schools?* London: Routledge Falmer, p.76. © TJS.

주 중 하나로 분류하라.

교육적 리더십: 교장들이 교수와 학습, 학생성과 증진의 중요성, 교육과정과 평가, 그리고 증진된 교육 프로그램들의 개발에 직접적으로 집중하는 정도

학교 리더십: 교장들이 교사들, 학부모들, 그리고 학생들이 학업적, 사회적으로 최선을 다하여 지원이 가능하도록 환경, 기회, 역량 건설 자원들과 지원을 제공하는 정도

관리자: 교장들이 문제들을 피하기 위해 절차, 방향과 규정의 설립과 따름을 강조하거나 다른 경우에는 학교의 안정성과 원활한 흐름을 방해하는 정도.

아마도 당신은 기준 1, 2, 7, 8, 9를 학교장 리더십 범주에 넣었을 것이다. 그리고 5와 6은 교육 리더십 범주; 3과 4는 감독자 범주에 넣었을 것이다. 만약 이것이 맞다면, 제공된 모든 기준의 총 57%에 기인하며, 168번 언급되었다. 대조적으로, 학교장 리더십 기준은 17%를 구성하며 60번 언급되었고, 관리자는 22%를 차지하며 81번 언급되었다. 교육적 리더십과 학교장 리더십 모두 학생성과 증진과 관련 있지만, 서로 다른 방식이다. 교육적 리더십은 직접적인 방법의 교수와 학습을 접근하고, 학교장 리더십은 교수와 학습을 간접적인 방법으로 접근한다. 이 정보는 교수와 학습에 대한 지지로서 교장들이 제공하는 *간접적 리더십*의 역할을 지

배한다고 주장한다. Hallinger와 Heck(1996a, 1996b, 1999)에 의해 출판된 일련의 권위지들은 학생의 성과를 증진시키는 데 있어서 교장의 *간접적 리더십*의 견고한 지지를 제공한다. 그들의 결론은 교장들의 행위가 학교의 효율성 혹은 학생성과에 측정가능한 직접적 효과는 제공하지 않지만 측정가능한 간접적 효과를 제공한다는 것이다. 아마도 직접 VS 간접 질문보다 중요한 것은 학교장 리더십의 내용과 초점일 것이다. 고등학교 교장들과 그들이 시간을 어떻게 보내는지에 대한 조사와 비록 수사법이 맞을지라도, 교장들이 하기 원하는 일과 해야 할 일 그리고 결국 하게 될 일에는 차이가 존재한다는 것이다. National Association of Secondary School Principals(NASSP) 보고서에 따르면,

> 비록 고등학교 교장들이 근면하며, 매우 헌신적이어서 교수와 학습의 세계에 헌신적일지라도 그들은 학생학습, 효과적 교수 혹은 양쪽 모두에게 도움이 되는 환경을 조성하는 것과 거의 관계없는 기능들을 이행하는 데 시간과 에너지의 다수를 쓴다고 보고한다. 이전에 구성되었듯이, 교장의 역할은 조사응답자들에 의해 긴급활동들에 대부분 연관된 관리자의 역할이라고 보도된다. 교장들은 하루 13시간 정규적으로 근무하는 날 동안 지속적으로 불타오르는 불을 끄는 데 도움이 필요하다(NASSP, 2001, p.31).

NASSP는 다음과 같이 지도적 리더십을 정의함으로써 간접적, 직접적 리더십을 혼합한다.

> 교육적 지도자가 되는 것은 중요한 일을 수행하는 데 상당한 시간을 소비하는 교장들의 목적의식이 있고 계획적인 행동을 요하지만, 주로 위급한 일은 아니다; 계획, 팀 설립, 교사 발전 그리고 관계설립. 교장들이 관리자로서의 시간을 축소하고 지도적 리더십의 시간을 증진시키려면 다음 사항이 가능해야 한다: 적절한 준비와 예비 그리고 현직 전문적 개발; 학교의 직무들을 보조할 조직구조와 인사와 직원전문개발을 지원하는 자원; 지역사회의 지원뿐만 아니라 경험, 기술. 교장의 의지에 따라 리더십은 학교마다 다른 것이다. 하지만 모든 고등학교의 지도자가 이 초점을 학생 학습과 지도에 맞추어야 한다(NASSP, 2001, p.31).

여러 가지 어려움에도 불구하고, 교장들이 교사학습에 대한 환경과 수단을 제공할 때 학생성과가 향상된다는 것은 명백하다(Darling- Hammond, 1997). 교장

들이 학교 내부에서의 교사들에 대한 효과적 학습과 돌봄 공동체의 설립을 강조하면, 결과적으로 교사학습은 증진하고, 학생성과는 혜택을 본다(Sergiovanni, 1994). 교장들이 학생을 위해 안전하고, 정중하며, 돌보는 환경을 제공하기 위해 일할 때, 학생성과는 증진된다(Sebring et al., 1995, 1996). 학생문화는 중요하며, 강력하고 효과적인 문화들을 설립하기 위해 교장들이 투여하는 노력은 학생학습에 대한 투자이다.

Resnick(2001/2002)은 효과적 교수와 학습에 대해 우리가 아는 것이 무엇인지 제시하면서, 교장들은 현재 상황보다 더 큰 정도와 깊이로 교수에 대한 사항에 알게 되고 참여한다. 다른 말로 하면, 좀 더 직접적인 리더십이 요구된다. 그녀는 교육적 지도자인 교장들이 전문적으로 할 일의 사례로서 다음을 제안한다.

- 사회경제적 지위, 인종, 민족 그리고 학습집단에 의해 각 교실의 평가 자료를 분석하면서 직원들을 이끌어라.
- 주 혹은 구역의 기준을 충족하는 가치척도 업무와 관련하여 그들의 교실로부터 학생들의 업무 사례들을 분석함으로써 교사의 학년수준 집단을 이끌어라.
- 표준에 적합한 교과서 혹은 다른 교수 자료들을 배열하며 직원위원회를 이끌어라.
- 좋은 교육에 대한 기준의 묘사를 교사들과 함께 개발한 후에 교수를 관찰하기 위해 교실을 매일 방문하라.
- 교실관찰, 학생자료 그리고 채용된 교육프로그램의 성격에 기초하여 전문적 개발계획을 세워라.
- 학교 내에서의 교사들과 일할 수 있는 자발적인 코치들 그리고 멘토들과 함께 전문적 개발 활동의 세부사항을 계획하라(Resnick, 2001/2002, p.2).

결론

이 장에서는 행정적 책임, 과정, 기술 그리고 역할들을 묘사했다. 하지만 다른 행정적 활동들과 리더십을 구별하는 것이 무엇인지에 집중했다. 리더십의 일부 특징은 모든 유형의 조직에 보편적이다. 병원, 기업, 군대, 정부 그리고 교육행정 지도자들은 예를 들어 비전, 강렬함, 창조성의 일반적 자질을 각각의 조직들에 가지고 온다. 반면에, 리더십의 근본적 관점들은 특정조직의 업무의 독특하고 중앙적인맥락과 관련 있다. 교육 프로그램, 교육과정과 지도, 교실의 학습, 그리고 관리와 평가는 학교들의 중심적 관심사 이해, 이것들은 교육적 리더십의 근본을 구성한다.

교육행정가들이 더욱 관리적이고 정치적 역할을 취하도록 하는 최근 경향의 문제점은 이 역할들이 교육적 역할을 해제하면서 중심적이 되었다는 것이다. Goodlad(1978)는 다음과 같이 이 문제를 설명한다.

> 최근의 시간들은 학교행정가들에게 비참한 것이었다. 우리들은 재정과 인사관리, 공공 관계, 집합적 거래와 정치적 과정에 전문가가 되는 것에 대한 압박과 유혹에 순응했다. 다시 한 번 중앙에 올바른 일들을 위치시킬 시간이 왔다. 그리고 올바른 일은 우리의 관할하에 있는 각각의 그리고 모든 학교의 이해적, 질적 교육프로그램들을 확신시키는 일과 관련 있다(p.322).

계속해서, Goodlad(1978)는 엄격한 조치들이 이러한 추세를 역행하기 위해 취해져야 한다고 느낀다.

> 한 가지 조치는 우리의 업무에 무엇이 중심적인지와 관련하여 우리의 현재 관점을 활용하는 것이다. 만약, 그렇게 함에 있어서 집합적 계약, 예산의 균형과 대중에게의 공지가 핵심적인 것이라면, 무엇인가가 잘못된 것이다. 이것들은 우리의 직업을 둘러싸고, 복잡하게 하며, 위험하게 하는 것이다. 우리는 그것들을 우리들의 위험에서 무시해야 한다; 우리들은 쟁점들과 그들을 다루는 우리들의 역할과 쟁점에서 완벽히 따라잡기 위해서 특별기관들과의 워크숍에 참석하도록 조언 받는다. 하지만 주로 생존과 편의라는 이해할 만한 이유들로, 이 문제들을 중앙에 놓는 것은 교육과 개인의 경력에 부정적인 영향을 궁극적으로 가져다주는 근본적인 오류를 범하게 될 것이다. 우리가 책임져야 하는 우리의 업무는 학생들을 위한 교육의 포괄적인 교육프로그램들을 유지, 정의 그리고 명확히 하는 것이다(p.326).

분명히 Goodlad의 주장은 설득력이 있지만, 개인의 역할에 있어서 교육 프로그램의 문제들을 중앙으로 놓는 것은 쉬운 일이 아니다. 감독적, 정치적 역할은 교육 리더십에 중요한 것뿐만 아니라 그들 스스로에서의 목표로서 바라보면서, 교육적 리더십에 대한 헌신을 이행해야 한다.

개인이 교육적 리더십에 대한 헌신을 형성하는 것으로부터 기대할 수 있는 것은 무엇인가? 이러한 헌신이 효과적이고 비효과적인 교육행정가들의 명확한 사이의 중심에 있다는 일부 증거가 존재한다. Goldhammer와 동료들(1971)에 의해 이행된 효과적, 비효과적 초등학교 교장들에 대한 연구에 의하면 효과적인 학교들의 교장들은 공통적으로 다음의 특징을 가졌다.

1. 대부분의 사람들은 교장이 되려고 하지 않았다. 대부분은 가르치려고 했지만, 상급자들에 의해 교장이 되도록 동기부여를 받았다.
2. 대부분은 학생에 대한 진지한 믿음을 표현했다. 아이들은 학습 실패 혹은 행동적 장애를 가진 것에 대해 비판받지 않았다. 교장들은 이것들이 학교가 바로잡아야 할 문제점이라고 느꼈다. 그리하여 행정가들은 학생들의 문제에 대한 해결책을 향하여 그들의 책임을 강조했다.
3. 그들은 사람들과 효과적으로 일하고 협력을 보안할 능력을 가지고 있었다. 그들은 교사들을 자랑스럽게 여겼고 그들을 전문적으로 헌신적이면서도 유능한 인재라고 인정했다. 그들은 자신감을 불러일으켰고 열정을 개발했다. 교사들은 집단과정을 효과적으로 사용했고, 학부모들, 교사들 그리고 학생들의 얘기를 잘 들었으며, 구성원에 대한 직관과 감정이입을 가진 것처럼 보였다.
4. 그들은 학교의 요구를 인식하는 것을 확실히 하는 데 공격적이었다. 그들은 중앙부처에 의해 부과된 제한과 불충분한 재원에 주로 비판적이었다. 그들은 관료제의 속박 안에서 살아가는 것이 어렵다고 느꼈다; 그들은 궁극적으로 유용한 모든 재원들로부터 문제점에 대한 장점을 추구하면서, 명령의 사슬을 자주 위반했다.
5. 그들은 교장으로서 열정적이었으며 직업으로보다는 사명으로 책임을 받아들였다. 그들은 현재 사회문제 안에서 그들의 역할을 인식했다. 그들과 그들의 일을 둘러싼 모호성은 그들이 중요하다고 여긴 성취해야 할 목표들보다 덜 중요했다. 결과적으로, 그들은 그들 지위의 모호성과 함께 살아가는 것이 가능하다고 여겼다.

6. 그들은 교육에 헌신적이었으며 장기와 단기 목표들을 구분할 수 있었다. 결과적으로 그들은 교육의 역할에 대한 철학과 그것 안에서의 그들의 관계를 확립했다.
7. 그들은 융통성이 있었다. 어떤 일이 작동하지 않는다는 것을 발견하면, 필요한 변화를 만들고 새로운 방법으로 조심스럽게 착수했다.
8. 그들은 능력 있는 전략가들이었다. 그들은 목적들을 확인하고 그것들을 성취하기 위한 수단을 계획할 수 있었다. 그들은 변화가 보완될 수 있는 가장 적합한 과정의 확인에 대하여 관심을 표현했다(p.233).

이러한 특징들은 효과적인 교장들이 좋은 운영과 정치에 분명히 관심이 있지만, 명백히, 교육적 리더십이 그들의 최상의 관심사라는 것을 보여준다. 이러한 관찰은 효과적, 성공적 학교들에 대한 다수의 연구들에 의해 지지받는다. 이 책의 저변에 깔려 있는 근본적인 가정은 아무리 중요할지라도 관리적, 정치적 역할은 그들이 행정에 관한 교육적 리더십 열망에 얼마나 헌신하는지에 기초하여 판단되어야 한다는 것이다. 실제로, 이것은 법, 재정, 시설, 정치, 조직행위와 이외의 주제들과 같은 분야에 있어서 더 심도 깊은 행정적 연구의 유용성과 적절성을 평가하는 척도이다.

참고문헌

Argyris, C. (1964). *Integrating the individual and the organization.* New York: John Wiley.

Bennis, W. (1984). Transformative power and leadership. In T. J. Sergiovanni & J. E. Corbally (Eds.), *Leadership and organizational culture* (pp. 64-71). Urbana: University of Illinois Press.

Bennis, W., & Nanus, B. (1985). *Leaders: The strategies for taking charge.* New York: Harper & Row.

Blumberg, A., & Greenfield, W. (1980). *The effective principal: Perspectives on school leadership.* Boston: Allyn and Bacon.

Bossert, S. T., Dwyer, D., Rowan, B., & Lee, G. (1982). The instructional management role of the principal. *Educational Administration Quarterly, 3*(18), 34-64.

Brookover, W. B., & Lezotte, L. W. (1979). *Changes in school characteristics coincident with changes in school achievement.* East Lansing: Institute for Research on Teaching, Michigan State University.

Bums, J. M. (1978). *Leadership.* New York: Harper & Row.

Cohen, M. D., & March, J. G. (1974). *Leadership and ambiguity: The American college president.* New York: McGraw-Hill.

Cuban, L. (1988). *The managerial imperative and the practice of leadership in schools.* Albany, NY: SUNY Press.

Cusick, P. A. (1983). *The egalitarian ideal and the American high school.* New York: Longman

Darling-Hammond, L. (1997). *The right to learn: A blueprint for creating schools that work.* San Francisco: Jossey-Bass.

Deutsch, K. W. (1963). *The nerves of government.* New York: The Free Press of Glencoe.

Edmonds, R. (1979). Some schools work and more can. *Social Policy, 9*(2), 28-32.

Farkas, S., Johnson, J., & Duffett, A. (2003). *Rolling up their sleeves: Superintendents and principals talk about what's needed to fix public schools.* New York: Public Agenda.

Follett, M. P. (1941). *Dynamic administration.* New York: Harper & Row.

Fullan, M. (1999). *Change forces: The sequel.* London: Falmer Press.

Getzels, J. W., Lipham, J., & Campbell, R. (1968). *Educational administration: A social process.* New York: Harper & Row.

Goldhammer, K., Becker, G., Withycombe, R., Doget, F., Miller, E., Morgan, C., DeLoretto, L., & Aldridge, B. (1971). *Elementary school principals and their schools.* Eugene: University of Oregon, Center for the Advanced Study of Educational Administration.

Goodlad, J. I. (1978). Educational leadership: Toward the third era. *Educational Leadership, 35*(4), 319-323.

Goodman, P. S., & Associates. (1977). *New perspectives on organizational effectiveness.* San Francisco: Jossey-Bass.

Goodnow, F. J. (1900). *Politics and administration.* New York: Macmillan.

Goodnow, F. J. (1905). *The principles of administrative law in the United States.* New York: G.P. Putnam.

Greenfield, W. (1982). *A synopsis of research on school principals.* Washington, DC: National Institute of Education.

Gulick, L., & Urwick, L. (Eds.). (1937). *Papers on the science of administration.* New York: Institute for Public Administration.

Hallinger, P., & Heck, R. (1996a). Reassessing the principal's role in school effectiveness: A review of empirical research 1980-1995. *Educational Administration Quarterly, 32*(1), 5-44.

Hallinger, P., & Heck, R. (1996b). The principal's role in school effectiveness: A review of methodological issues, 1980-1995. In K. Leithwood et al. (Eds.), *The international handbook of research in educational administration.* New York: Kluwer.

Hallinger, P., & Heck, R. (1999). Can leadership enhance school effectiveness? In T. Bush, L. Bell, R. Bolan, R. Glatter, and P. Ribbens (Eds.), *Educational manage-*

ment: Redefining theory, policy and practice. London: Paul Chapman.

Hargreaves, A., & Lieberman, A. (Eds.) (1998). *International handbook of educational change* (Vol. 5). Boston: Kluwer Academic.

Heifetz, R. A. (1994). *Leadership without easy answers.* Cambridge, MA: Harvard University Press.

Hemphill, J. K. (1958). Administration as problemsolving. In A. Halpin (Ed.), *Administrative theory in education.* Chicago: Midwest Administrahon Center, University of Chicago.

Katz, R. L. (1955). Skills of an effective administrator. *Harvard Business Review, 33*(1), 33-42.

Kelleher, P., & Van der Bogert, R. (Eds.). (2006). *Voices for democracy: Struggles and celebrations of transformational leaders.* The 105th Yearbook of the National Society for the Study of Education. Chicago: NSSE.

Koontz, H., & O'Donnell, C. (1972). *Principles of management* (5th ed.). New York: McGraw-Hill.

Kotter, J. P. (1990). *A force for change: How leadership differs from management.* New York: Free Press.

Levitt, T. (1976). Management and the post industrial society. *The Public Interest,* Summer.

Lieberman, A., & Miller, L. (1984). *Teachers, their world and their work.* Arlington, VA: Association for Supervision and Curriculum Development.

Lipham, J. (1964). Leadership and administration. In National Society for the Study of Education yearbook, *Behavioral science and educational administration* (pp. 119-141). Chicago: University of Chicago Press.

Lipsitz, J. (1984). *Successful schools for young adolescents.* New Brunswick, NJ: Transaction Books.

Marzano, R. J. (2000). *A new era of school reform: Going where the research takes us.* Aurora, CO: Mid-Continent Research for Educational Learning.

Mills, T. M. (1967). *The sociology of small groups.* Englewood Cliffs, NJ: Prentice-Hall.

National Association of Secondary School Principals. (2001). *Priorities and barriers in high school leadership: A survey of principals.* Reston, VA: Author.

Parsons, T. (1951). *Toward a general theory of social action.* Cambridge, MA: Harvard University.

Parsons, T. (1960). *Structure and process in modern society.* Glencoe, IL: The Free Press.

Parsons, T., Bales, R. F., & Shils, E. A. (1953). *Working papers in the theory of action.* New York: The Free Press of Glencoe.

Peshkin, A. (1977). Whom shall the schools serve? Some dilemmas of local control in a rural school district. *Curriculum Inquiry, 6*(3), 181-204.

Peterson, K. D. (1984). Mechanisms of administrative control over managers in educational or-ganizations. *Administration Science Quarterly, 29*(4), 573-597.

Public Agenda. (2006). *Reality Check: The insiders: How principals and superintendents see public education today* (Issue 4). New York: Author.

Resnick, L. (2001/2002, Fall/Winter). Learning leadership on the job. *Wallace-Readers Digest Funds Leaders Count Report, 1*(2), 1-2.

Rossiter, C. (Ed.). (1961). *The federalist papers: Alexander Hamilton, James Madison, and John Jay.* New York: New American Library.

Sears, J. B. (1950). *The nature of administrative process.* New York: McGraw-Hill.

Sebring, P. B., Bryk, A. S., Easton, J. Q., Luppescu, S., Thum, Y. M., Lopez, W., & Smith, B. (1995). *Charting reform: Chicago teachers take stock.* Chicago: Consortium on Chicago School Research.

Sebring, P. B., Bryk, A. S., Roderick, M., Camburn, E., Luppescu, S., Thum, Y. M., Smith, B., & Kahne, J. (1996). *Charting reform in Chicago: The students speak.* Chicago: Consortium on Chicago School Research.

Sergiovanni, T. J. (1984). Leadership and excellence in schooling. *Educational Leadership, 45*(5), 4-13.

Sergiovanni, T. J. (1990). *Value-added leadership: How to get extraordinary performance in schools.* San Diego, CA: Harcourt Brace Jovanovich.

Sergiovanni, T. J. (1992). *Moral leadership: Getting to the heart of school improvement.* San Francisco: Jossey-Bass.

Sergiovanni, T. J. (1994). *Building community in schools.* San Francisco: Jossey-Bass.

Sergiovanni. T. J. (2001). *Leadership: What's in it for schools?* London: Routledge-Falmer.

Starratt, R. J. (1977, June). *Apostolic leadership.* San Jose, CA: Jesuit Commission on Research and Development Workshop.

Starratt, R. J. (1990). *The drama of schooling, the schooling of drama.* Bristol, PA: Falmer Press.

Tead, O. (1951). *The art of administration.* New York: McGraw-Hill.

U.S. Department of Education, National Center for Education Statistics. (2006, Sept.). *Projection of education statistics to 2015.* Online: http: //nces.ed.gov/pubsearch/pubsinfo.asp?pubid=2006084.

Wilson, W. (1887). The study of administration. *Political Science Quarterly,* 2.

Zaleznik, A. (1977). Managers and leaders: Are they different? *Harvard Business Review, 55*(3), 67-78.

제4장

교육행정직의 전문화

제3장에서 살펴보았듯이 지난 10년 동안 교육행정은 교육적 지도성과 학생의 학업 성취도 향상을, 특히 시험 등을 통해 측정되는 학생의 학업 성취도 향상을 강조하는 방향으로 급선회하였다. 또한 직접적 지도성과 간접적 지도성을 대비하여 강조하는 경향이 새롭게 대두되고 있다. 이 장에서는 전문직으로서 교육행정의 발달과 위상을 검토하면서 이러한 변화들을 시간순으로 고찰하기로 한다.

최근 몇 년간 교육행정은 교장들이 수업 지도성 역량을 갖추어야 한다는 새로운 기대감과 더불어 이전에 비해 훨씬 더 교수-학습을 기반으로 하는 전문직으로 자리매김하기 위하여 노력하고 있다. 이 장에서 자세히 살펴보겠지만, 국가교육행정정책위원회(NPBEA)에서 제정한 교장의 직무에 관한 새로운 표준은 이렇게 변화된 기대들을 반영하고 있다. 이 쟁점들에 관해 곧바로 논의하기에 앞서 현재의 패러다임으로 이어진 사건들을 자세히 검토할 필요가 있다.

몇 가지 배경

지난 10년 동안 전문직으로서의 지위를 확고하게 하기 위한 교육행정계의 노력과 성과는 과거 50년에 비해 훨씬 가속화되었다. 이 같은 성공의 대부분은 표준(standards), 즉 성공적인 학교행정가가 되기 위해서 필요한 역량을 평가하고 그것을 개발하기 위한 대학의 양성 프로그램의 준비도를 평가하기 위한 표준의 개발 및 활용 덕분이라 할 수 있다.

이러한 교육행정의 발전과 경향을 인정하더라도, 교육행정의 전문화에는 많은 장애요인이 있다는 사실에 주목해야 한다. 먼저 1986년 대학교육행정협회(UCEA)에 의해 교육행정의 수월성에 관한 국가위원회(NCEE)가 창설된 것부터 살펴보자. 이 위원회는 Danforth, Ford, MacArthur가 포함된 몇몇 재단에서 재정을 지원받았고, 동 위원회의 27명의 위원 가운데는 그 당시 아칸소 주지사였던 Bill Clinton, 아틀랜타의 교육감 Alonzo Crim, 캘리포니아 주립 대학 총장 W. Anne Reynolds, 미시간주 교육국장 Judy Lanier 등이 포함되어 있었다. AFT의 대표인 Albert Shanker도 구성원이었다. 27명의 위원 가운데, 12명은 교육행정학계를 대표하였고, 3명은 교육감이었고, 4명은 학교행정가 전문직 단체 대표들이었으며, 나머지 8명 중 오직 Shanker만이 교사를 대표하고 있었다. 위원회 의장은 뉴욕 대학교의 교육학부 학장직을 역임했고 교육행정학계에서 매우 존경받는 교수였던 Daniel E. Griffiths였다.

이 위원회는 1987년 3월 학교행정가의 채용, 양성, 규제 및 평가에 관한 포괄적인 변화를 요청하는 *미래의 학교를 위한 지도자(Leaders for Tomorrow's Schools)*라는 60쪽 분량의 보고서를 발간하였다. Griffiths(UCEA, 1987)는 다음과 같이 설명하고 있다.

> 본 위원회는 미국의 교육 지도성의 질적 수준을 검토할 것을 요청받았고, 나는 우리 연구 결과의 전반적인 영역에서 다음 사항을 포함하는 문제점들이 발견되었다는 것을 밝힌다: 훌륭한 교육 지도성에 관한 개념의 부재; 지도자 충원 프로그램의 부족; 교육청과 대학 간의 협력 부족; 학교 행정 분야에서 소수자와 여성 인력의 부족 현상; 학교행정가의 전문성 개발 부족; 양성 프로그램에서 우수한 지원자의 부족; 학교행정가의 직무 요건에 부합되는 양성 프로그램의 미비; 교육행정가 양성 과정의 체계성, 참신성, 임상 실습의 미흡; 수월성을 촉진하는 자격 제도의 미비; 학교 지도자 양성을 위한 국가 수준의 협력 의식 부재(p.1).

동 위원회는 8개의 주요 권고 사항을 정하였다.

1. 교육 지도성은 재정의되어야 한다.
2. 교육행정직에 관한 국가정책위원회를 설립하여야 한다.
3. 행정직 양성 프로그램은 다른 전문 대학원의 프로그램을 모델로 해야 한다.

4. 적어도 300개 대학은 교육행정가 양성 교육을 폐지해야 한다.
5. 소수 인종과 여성을 위한 충원 및 배치를 위한 프로그램이 대학, 교육 위원회, 주정부, 연방정부, 기업과 산업체에 의해 시작되어야 한다.
6. 공립학교가 학교행정가 양성 교육에 있어서 공식적인 협력자가 되어야 한다.
7. 전문성 개발 활동이 대학 교수 및 신규 행정가의 필수 이력 요소로 중시되어야 한다.
8. 자격 프로그램들이 근본적으로 개혁되어야 한다(UCEA, 1987, p.1).

이 보고서는 교육행정계로부터 열렬한 환영을 받았지만, 일부 반대하는 목소리도 있었다. 위원회 위원인 Shanker와 Lanier는 동 보고서가 학교행정가와 교사의 역할을 재구조화하거나 학교의 조직과 운영을 개혁하기에는 충분하지 않다고 주장하면서 보고서에 서명하는 것을 거부하였다.

일부 학자들은 동 보고서가 새로운 곤경에 처해 있는 기성 교육행정계의 생존을 보장하기 위해서 행정가에 대한 전통적인 개념들을 재포장한 것에 불과하다고 우려하였다. Gibboney(1987)의 견해는 이러한 의심을 반영하고 있다.

> 이 보고서는 경영 및 행정 분야에서 지난 수십 년간 가르쳐왔던 것과 똑같은 진부한 교육 과정들을 부활시키고 그것을 토대로 하고 있으면서도 어떻게 개혁에 관해 심각하게 말할 수 있단 말인가? … 동 위원회는 … 관리 강박증(management obsession)을 드러냈는데, 가령 "기술(skills)"에 대한 관심을 예로 들 수 있다. "기술"이라는 단어는 동 보고서에 넘쳐나는 반면에, 지도성의 활력 요소인 "아이디어"라는 단어는 찾아보기 어렵다. 동 위원회는 예비 학교장과 신임 행정가들의 기술을 판정하고 향상시키기 위해서 교육구들에게 "평가 센터(assessment center)"를 설치할 것을 역설하였다. 그렇다면 "아이디어-평가 센터(idea-assessment center)"도 설치하자고 했어야 하지 않았을까? … 바람직한 관리에 관한 이미지가 이미 고착된 상태에서 개혁을 논의하는 사람들에게 그러한 질문이 생각나지 않았다는 것은 우연이 아니다. 왜냐하면 관리적 기술(managerial skill)은 그 속성상 교육의 본질과 관련된 핵심문제들을 다룰 수 없기 때문이다(p.28).

Gibboney는 동 보고서가 교육의 목적과 본질을 희생시키면서 학교행정가 양성 교육에서 관리 과정과 관리 기술을 강조하고 있다고 믿었다.

NCEE의 권고에 따라 1988년 대학교육행정위원회(UCEA)는 국가교육행정정책위원회(NPBEA) 설립을 주도하였다. 교육행정 분야의 저명한 교수이자 인디애나 대학교의 사범대 학장을 역임한 David Clark이 이 위원회의 초대 위원장이었다. 참여 단체로는 미국교사교육대학협의회(AACTE), 미국학교행정가협회(AASA), 장학 및 교육과정개발협회(ASCD), 주교육감협의회(CCSSO), 전국중등교장협회(NASSP), 전국교육행정교수협의회(NCPEA), 전국학교위원회협회(NSBA) 그리고 대학교육행정협의회(UCEA)가 포함되었다. Danforth 재단이 재정 후원 조직으로 합류했다.

1989년 국가교육행정정책위원회(NPBEA)는 *학교행정가 양성 과정 개선하기(Improving the Preparation of School Administrators: Agenda for Reform)*라는 보고서를 발간하였다. 이 보고서는 학교행정가 양성 과정의 현안 문제를 상세히 분석하고, 변화를 위한 대담한 청사진을 제시하였다. 동 보고서는 양성 프로그램이 학자 양성을 위한 일반대학원을 모방하거나, 일시적이고 체계가 없는 직원 개발 워크숍 모형을 닮으려고 하는 것보다는 전문 대학원 모델(professional studies model)을 따를 것을 권고하였다.

동 의원회의 많은 권고 사항들은 상당한 논란을 불러일으켰다. 교육행정 전공 교수 최소 5명 확보, 석사 학위 과정 완전 폐지, 국가 자격증 취득시 교육행정 박사 학위 필수 요건화, 계선 행정가에 대한 주정부 자격증 발급 등과 같은 권고 사항들은 수백 개의 행정가 양성 프로그램을 폐지시키는 결과를 야기할 가능성이 있었다. 특히 소규모 교양 중심 대학들이 영향을 받게 될 가능성이 높았고, 많은 주립 단과 대학들도 마찬가지였다. 종합해 볼 때 그 보고서는 대학들이 치열한 경쟁이 벌어지고 있는 정치적 현실 속에서 교육행정직 지원자들을 상대해야만 하는 상황을 반영하기에는 현실성이 떨어지는 것으로 간주되었다.

1989년 11월, NPBEA는 독립 조직으로 법인화되었다. NASSP의 상임 이사를 역임했던 Scott D. Thompson은 Clark의 후임으로 1990년 1월에 신임 위원장이 되었다. 이 위원회는 새로운 보고서인 *학교행정가의 준비(The Preparation of School Administrators: A Statement of Purpose)*를 1990년 3월에 발표하였다. 비록 첫 번째 보고서에 포함되었던 지식기반 권고사항들(knowledge base recommendations)을 반복했지만, 이 보고서는 전일제 수학, 석사 학위 폐지, 교육행정 전공 교수 수에 관한 권고들을 완화하였다. 보고서는 다음과 같은 두 단계의 자격증을 제안하였다. "초급 자격(entry level)을 취득하기 위해서는 교직이나 전공 교과 영역에서 석사 학위 소지, 임상 실습이 포함된 학교 지도성 과정 30단위 이수, 그리고 능력 시험이 요구된다. 고급 자격(advanced level)을 취득하기 위해서는 초급 자격 소지자에게 한 학년도의 전일제 수학과 성공적인 현장실습이 포함된 박사학위가 요구되고, 능력평가를 통과해야 한다" (NPBEA, 1990).

1990년 보고서 발간 이후부터 UCEA, NPBEA, 그리고 다양한 학교행정가 전문직 단체들은, 교수-학습을 더욱 강조하고 학교행정가들이 지도자의 지도자가 되어야 한다는 관점을 발전시킴으로써, 일반 경영 및 지시적 지도성으로부터 탈피하는 방향으로 학교행정가 양성 프로그램의 강조점을 변화시키기 위해서 함께 노력해 왔다. 이러한 변화들은 모두 교직의 전문화에서 나타나고 있는 발전 양상을 반영한 것이다.

교육행정계는 그들의 미래를 결정하게 될 두 가지 쟁점—학교 행정가 양성을 위한 최선의 방법과 교육행정학의 지식 기반의 정의—에 관한 연구 · 조사 · 토론을 계속하고 있다. 교육행정 공동체에 속한 다양한 집단들이 교장, 교육감, 기타 행정가의 직무 수행을 평가하고 행정가 양성 및 자격 프로그램의 효과성을 평가하기 위한 표준의 개발 및 활용에 점점 많은 관심을 갖게 되면서 이 쟁점들은 서로 연결되게 되었다.

초점의 변화

교육행정 분야의 공식 훈련의 효과성에 관한 최근 연구들은 교육행정직 양성 프로그램의 현재와 미래의 방향에 관해 중요한 문제들을 제기한다. 예컨대, Zheng(1996)은 훈련과 효과성이 반비례한다는 사실을 발견했다. 그의 연구에서 표집된 12,000명의 행정가들은 교육행정직 양성 교육을 더 많이 받을수록 오히려 덜 효과적인 것으로 해당 학교의 교사들에 의해 인식되었다. 그는 다음과 같이 언급하고 있다.

> 대부분의 주에서는 교장 자격을 취득하려면 교육행정 학위 취득을 요구하고 있다. 그러나 이 연구의 통계적 증거들은 이러한 요구 조건의 논리를 뒷받침하

> 지 못하고 있다. 사립학교 교장의 경우 교육행정 학위 소지 여부에 따라 그들의 수업 지도성 효과에 관한 인식 정도에 차이가 없었고, 공립 학교의 경우 학위 소지시 교장 평가 점수가 낮은 것으로 나타났다. 다른 요인들이 동일할 때, 교육행정 학위가 있는 공립 학교 교장들은 다른 교장들보다 0.101점($p<0.001$)이 낮았다(p.19).

공식적인 교육행정 양성 과정과 연관된 문제가 행정 경력의 유용성이다. Zheng(1996)은 좀 더 많은 경력을 가진 교장들이 사실상 효과성은 낮은 것으로 인식되고 있다는 사실을 밝혀냈다: "학교 행정직에 더 오랫동안 근무한 교장일수록 교사들은 교장을 더욱 부정적으로 인식하고 있다" (p.20).

Brent(1998)는 행정가 양성 및 효과성에 관한 문헌들을 검토한 후에 다음과 같이 언급했다. "요약하면, 우리의 분석 결과는 교육행정 대학원 교육이 학교 효과성에 유의미한 영향을 주지 못한다는 것을 시사한다. … 일반적으로, 평균적으로 볼 때, 효과적인 학교에는 능력 있는 교장이 있을 가능성이 높고, 만약 교육행정 분야의 대학원 교육이 능력을 향상시킨다면, 평균적으로 볼 때 효과적인 학교의 교장들은 덜 효과적인 학교의 교장들에 비해 좀 더 교육을 많이 받았을 것이라고 주장하곤 한다. (그러나) 이것은 우리가 발견한 것과 거리가 있다." Brent는 이러한 결과가 나온 데는 아마 많은 이유들이 있을 것이라고 주의를 환기시킨다. 그 문제의 근원은 양성 교육의 양 자체가 아니라 행정가 양성 프로그램의 맥락과 내용일 수도 있다.

우리는 교육행정에서 행정적 실천은 좀 더 아이디어 기반적(idea-based)이어야 하고 덜 기술 기반적(skill-based)이어야 한다고 단언한다. 학교행정가가 전달하는 아이디어와 이야기는 설득하고 관리하고 단결시키고 정당화하는 데 기여한다.*

학교 행정가들이 현장에서 표현하는 이러한 아이디어와 이야기는 다른 사람들이 그것을 구현해야 한다는 의무감을 느끼도록 설득할 수 있다. 아이디어와 이야기는 그들이 아이디어를 어디까지 구현하고 있는지, 그리고 학교가 그러한 아이디어를 어디까지 구현하고 있는지를 평가하는 데 사용할 수 있는 공적 비교 준거를 제공할 수 있다. 우리가 얼마나 잘하고 있을까? 다양한 구성 집단들은 그들

---

* 아이디어에 관한 이러한 논의는 T. J. Sergiovanni, *The Principalship: A Reflective Practice Perspective* (5th ed.). Boston: Allyn and Bacon, 2006, pp.219-220에 기초하고 있다.

의 약속을 기준으로 자신들의 행동을 평가해봄으로써 이 질문에 대답할 수 있다. 공적 약속(public commitment) 이후 구성 집단들은 이러한 아이디어를 현장에서 실천해야 한다는 의무감을 느낄 것이다. 따라서 아이디어 그 자체가 무엇을 해야만 하는지 또는 하지 않아야 하는지에 대한 지침이 될 뿐만 아니라 책무성의 도구가 된다.

아마도 가장 중요한 것은, 아이디어는 사람들을 하나로 묶는 데 기여한다는 점일 것이다. 공유된 아이디어는 개인 간 관계를 변화시킨다. 이러한 관계는 아이디어를 공유하는 사람들 사이에 의무적 관계를 형성하는 도덕적 속성을 갖고 있다. 마지막으로 아이디어는 사람들이 하는 일에 정당성을 부여한다. 아이디어는 우리가 어떤 행동을 할 때 권위의 원천이 된다. 물론 교사나 다른 사람들이 보상받기 위해서 또는 체벌을 피하기 위해서와 같은 다양한 이유 때문에 자신에게 부여된 과업을 수행한다는 것은 분명한 사실이다. 그러나 당연히 해야 할 옳은 일이기 때문에 또는 그것을 하는 것이 자신의 의무라고 느끼기 때문에 책임을 지는 것과 비교하면, 이러한 전략들은 허약하기 짝이 없다. 결정적인 순간에 가장 중요한 것은 인성 기반적(personality-based) 지도성이나 관료적 지도성이 아니라, 아이디어 기반적(idea-based) 지도성이다.

교육행정 분야 양성 교육의 부정적 효과를 지적하는 연구들이 많지만, 몇 가지 긍정적인 측면들도 분명히 나타나고 있다. 1980년대 중반부터, 학교행정가들 특히 학교장들에게 수업 지도성 과업들을 강조하고 그들 자신을 수석 교사(principal-teacher)로 바라보려는 경향이 지속되고 있다. 실제로 많은 학교에서 (비록 시간제이기는 하지만) 행정가들이 수업을 하는 것이 다시 유행이다. 학교문화의 형성, 동료 지향성 및 권한 부여의 강화, 그리고 참여적 의사 결정의 중요성을 강조하는 최근의 분위기는 두 전문직이 다시 하나로 합쳐지고 있다는 것을 암시한다. 실제로 낙관론자들은 한편으로는 교육행정직과 교사직이 교수-학습에 관한 헌신의 공유를 통해 하나의 전문직으로 통합되게 되면서도, 다른 한편으로는 차별화된 역할을 인정하게 될 것으로 전망하고 있다. 두 전문직의 핵심 기술을 재정의하려는 시도들이 이러한 전망에 힘을 실어주고 있다. 예컨대 1986년 처음 발간된 전국 초등 교장 협회(NAESP)의 보고서인 *교장의 능숙성: 유치원부터 8학년까지(Proficiencies for Principals: Kindergarten through Eighth Grade)*는 유능한 교사에게 요구되는 것과 놀랄 만큼 유사한 네 가지 원리들을 확인하였다.*

> 종합하면, 효과적인 K-8 교장들을 특징짓는 수많은 특성과 기술, 능숙성 가운데 다음 4가지 영역이 기본이다.
>
> 아동 성장 및 발달: 교장은 교장직에 들어올 때 아이들의 성장과 발달 영역에 대한 전문 지식을 갖춰야 하고, 아동 교육에 관한 광범위한 실천 경험을 바탕으로 하면 더욱 좋다. 그리고 교육 과정이 타당하고 적당히 도전해볼 만하다는 확신을 가지도록 교직원들을 지도할 수 있어야 한다.
>
> 교수-학습 과정: 마찬가지로 교장은 교수-학습 과정에 관한 튼튼한 기초가 있어야 하고, 현대적 수업과 전통적 수업의 여러 유형들과 효과적인 수업 기술 및 전략들을 잘 알고 있어야 한다.
>
> 일반 지식: 교장은 교장직에 들어올 때 기본 교육 과정 내용을 확실히 이해하는 데 도움이 되는 기본적인 교양 지식이 있어야 하고, 지식의 체계와 초 · 중등학교 교육 과정 사이의 연계성을 이해하고 있어야 한다.
>
> 학교 풍토: 교장은 상호 신뢰와 존중을 기반으로 하고, 구성원의 사기를 높일 수 있으며, 아동의 사회적, 학문적 발달을 강조하는 학교 풍토 또는 "문화"를 조성하는 방법을 아는 다정다감한 사람이어야 한다(NAESP, 1986, pp.3-4).

AASA에서 1993년 발간한 *교육장의 전문성 기준(Professional Standards for Superintendents)*, 1996년 발간된 NASSP 보고서 *서열 파괴(Breaking Ranks: Changing an American Institution)*, 그 후속편으로 2004년 발간된 *서열 파괴 II (Breaking Ranks II: Strategies for Leading High School Reform)*에서도 더욱 전문화되어 가는 교직 인력에 적합하고 아이디어 기반적인, 새로운 종류의 지도성에 관한 유사한 제안들이 제시되었다. 예컨대 *서열 파괴*에서는 교수 및 학습에 관한 강조, 그리고 교장직의 핵심 초점으로서 교수 및 학습을 제고하는 조건들에 대한 강조가 두드러졌다. 보고서는 "무엇보다도 고등 학교는 학습 공동체여야 하고, 각 학교는 모든 학생들이 국가 수준의 시험을 통과할 수 있는 표준에 부합하는 학업 성취 수준에 도달하도록 기대하면서 전심전력을 다해야 한다"(p.2)라고

---

* NAESP, *Proficiencies for Principals: Kindergarten through Eighth Grade*. Alexandria, VA: Author, 1986, pp.3-4. 허락을 받아 전재함.

주장하면서 다음과 같이 제안하였다: "모든 학생들에게 개별적으로 성인 후원자를 둔다; 카네기 (이수)단위*는 대체되거나 재정의되어야 한다; 학생들의 익명성은 사라져야 한다; 교사들은 하루에 90명 이상의 학생들을 면담할 수 없다; 모든 학생들은 개별적인 성취도 향상 계획(Personal Plan of Progress)을 가져야 한다; 매일의 일정은 창의적이고 유연하게 시간표로 작성되어야 한다; 모든 교장과 교사들은 개별적인 학습 계획(Personal Learning Plan)을 갖고 있어야 한다." (p.vi).

표준 기반 접근(A Standards-based Approach)

교장이나 여타 행정가들이 해야 할 일들을 정의하고 기술하려는 가장 최근의 시도는 표준의 사용이다. 표준은 위협적일 수 있다. 표준은 객관성과 과학적 타당성을 갖춘 "금본위제(gold standard)"의 이미지를 연상시키면서 오류가 없는 듯이 보인다. 그러나 무엇을 해야만 하는가에 대한 대부분의 규정들이 그러하듯이 표준은 객관적이지 않다. 그것은 전문가, 정책 결정가 등으로 구성된 위원회의 판단을 나타낼 뿐이다. 이러한 판단은 아마도 연구 논문들로부터 정보를 얻었거나 영향을 받았을 것이지만, 여전히 본질적으로는 주관적인 것이다. 이것이 서로 다른 위원회에서 종종 다른 표준을 내놓는 이유다. 그럼에도 불구하고 교육행정에 있어서 표준화 운동은 (전부는 아니고 일부이기는 하지만) 효과적인 학교를 만들기 위한 교장의 행위를 밝히려는 연구 전통에 기반을 두고 있는 것으로 보인다. 이것이 표준화 운동이 가볍게 취급되어서는 안 되는 이유이다(Sergiovanni, 2006). CCSO는 1996년에 ISLLC가 제시한 학교 지도자들을 위한 표준 목록을 채택하였다. 교육행정계에서 존경받는 교수인 Joseph Murphy는 표준이 개발되는 동안에 ISLLC의 의장을 맡았다. 평가 전문가인 Neil Shipman이 그를 지원하였고, 두 사람은 직무 수행 표준 개발을 위한 2년간의 노력을 다음과 같이 설명하였다.

> 이 작업은 생산적인 교육 지도성에 관한 연구와 동료들의 지혜를 바탕으로 하여 서서히 진전되어 갔다. 24개 주 교육 기관에서 온 인사들과 다양한 전문직

---

* 카네기 (이수)단위(Carnegie Unit): 미국에서 대학 입학을 위해 중등 학교에서 필수로 이수해야 하는 기준 수업 단위(역주)

> 단체의 대표자들에 의해 직무 수행 표준 초안이 만들어졌다. 이 표준은 지도성이 생산적인 학교와 교육 성과 제고에 더욱 강력하게 연계될 수 있도록 도와줄 지식, 성향, 직무수행의 핵심 내용을 제시하고 있다. 이 직무 수행 표준은, 개발 목적이 달랐음에도 불구하고, 미래의 학교를 위한 지도성 혁신에 관한 주요 국가 보고서들은 물론 학교 행정에 관한 NCATE 새로운 교육 과정 지침과도 호환될 수 있도록 고안되었다. 이 표준은 그 자체가 학교 지도성의 기술을 강화하고 지도성을 효과적인 과정 및 가치 있는 결과와 연결시키려는, 일관된 노력의 한 부분을 대표하고 있다(Council of Chief State School Officers, 1996, p.3).

평가 인증을 받으려는 여러 대학들의 교육행정가 양성 프로그램을 평가하기 위해 설계된 NCATE의 2003년 새 표준은 ISLLC 표준의 개정판이라 할 수 있다. NCATE의 표준이 평가 인증을 목적으로 사용되면서 각 대학은 적절한 내용을 다루고 있는지뿐만 아니라 그들의 학생들이 각각의 표준 영역들에서 요구되는 수준의 수행 능력이 있다는 것을 증명할 수 있는 분명한 증거들도 제시해야만 한다.

새로운 지도성 표준

2003년 이래로 NCATE 표준은 평가 인증을 받으려는 대학의 양성 프로그램 평가에 사용되어 왔다. 부록 4.1에서 보듯이, 이것은 7개의 표준과 각 표준 내 하위 표준들로 구성되어 있다. 이전에 사용된 표준과 대부분 같은 내용 영역을 포함하고 있지만, 새로운 표준은 성과 중심적(performance-based)이라는 점이 다르다. 새 표준은, 프로그램이 제공하는 자원이나 활용되는 절차가 아니라 학생의 성취 결과에 관해 진술하고 있다. 부록 4.1에 있는 모든 표준들을 살펴보라. 각 사례에서 문장의 주어는 "지원자(candidate)" 이고, 동사는 "증명하다" "개발하다" "추구하다" "사용하다" "적용하다" 등과 같은 행동 단어다.

NACATE의 표준은 이 장에서 논의하고 있는 새로운 아이디어 기반적(idea-based), 그리고 가치 기반적(value-based) 지도성의 강조점들을 반영하고 있다. 7개의 표준 가운데 세 개－비전(표준 1), 수업 지도성(표준 2), 그리고 광범한 맥락(표준 6)－는 명백히 아이디어 기반 지도성에 초점을 맞추고 있다. 표준 6은 학교 수준을 넘어선 "큰 그림" 에 관련된 쟁점과 아이디어에 초점을 두고 있고, 학교에 대한 광범위한 사회적, 정치적, 문화적, 경제적 영향들에 관한 학교행정가의 이해와 의사소통의 중요성을 반영하고 있다. 아이디어 기반적 기대는 표준 4를 포함하여 다른 표준들의 하위 표준들에도 포함되어 있다.

윤리, 통합, 형평성은 표준 5의 가치 기반과 관련된 핵심내용들이다. 표준 4는 공동체의 가치와, 학교와 가정 및 지역 사회 사이의 굳건한 양방향 관계의 발전에서 행정가의 중요성을 강조하고 있다. 다른 하위 표준들에도 가치 기반적 기대들이 내포되어 있다. 표준 3만이 관리(management)와 관련된 쟁점들을 다루고 있다.

마지막으로 표준 7은 행정가의 양성 교육에서 현장 경험의 중요성을 확인하고 있다. 예컨대 현장 경험을 위한 구체적인 실습 기간을 규정하였다. 실질적인 현장 경험에 대한 기대는 다른 표준들에서도 함축적으로 또는 명백하게 표현돼 있다. 많은 하위 표준들은 후보자들에게, 대학 강의실에서가 아니라 대체로 현장 상황에서 적용할 수 있는 지식 또는 기술, 활동을 "보여줄" 것을 요구한다.

교장과 교육청 행정가의 비교

교육청 행정가들과 교장들을 위한 직무 수행 표준이 동일할지라도, 교육청 행정가들에게는 더 높은 수준에서 그 표준에 도달할 것으로 기대된다는 점에 주목하라. 이것은 몇 가지 중요한 문제를 제기한다. 위계 조직에서 더 높은 지위에 있는 사람들은 교수-학습, 그리고 다른 표준들에 관해 자신보다 하위직에 있는 사람들보다 더 많이 알고 있어야 한다고 가정해야만 할까? 이러한 위계적 능력관을 교사에게도 마찬가지로 적용할 수 있을까? 교장들이 몇 가지 표준 영역에 대해서는 좀 더 많이 알고 있어야 한다고 가정하는 것이 안전하다 할지라도, 교장이 교수-학습에 대해 교사보다 더 많이 알아야 한다고 가정해야만 할까? 이에 대한 답변이 '그렇다' 인 것은 당연하다. 그러나 만약 그렇다면, 교장은 다른 광범위한 표준 영역들에도 관심을 가져야 하기 때문에, 교사들에게 뒤떨어지지 않기 위해서 교장직에는 많은 양의 지속적인 전문성 개발 활동이 요구되어야 한다.

또 다른 질문은 교장의 직무에 교육청 행정가나 교육감의 직무와 완전히 동일한 능력이 요구되는지 여부이다. 교육 과정 개발 전문가, 연구 책임자, 전문성 개발 담당 부교육감은 교장과 같은 종류의 능력을, 비록 더 높은 수준이기는 하지만, 보여주어야 하는가? 만약 그 답변이 '그렇지 않다'라면, 모든 행정직에 적용될 것으로 가정된 일반적인 목록보다는 두 종류 이상의 표준 목록을 개발 · 사용하는 것이 더 타당할 것이다.

오래전부터 교육행정을 전문화하기 위한 현재의 노력을 재고해야 하고 방향을 재설정해야 할지도 모른다는 주장이 있었다. 지금 상태로서는 수학 기간 연장, 자격 취득 요건 강화, 자격 심사 위원회, 상위 학위 취득과 같은 형태로 이루어지는 전문성 강화가 교육행정에서 관리지향적인 주제들을 편향되게 강조하는 핵심 기술을 창출하는 것은 당연한 일이다.

우리가 제안하는 해결책은 좀 더 제한적이고 위계가 적은 전문 행정직, 즉 교사들과 교육적 전문성을 공유하는 것을 기반으로 하되, 관리 및 조직에 관한 전문적 지식은 다소 제한적인 전문 행정직을 만들자는 것이다. NAESP, NASSP, NPBEA는 NCATE와 협력을 통한 교육행정을 위한 표준 개발에서 이러한 방향으로 움직이고 있는 것처럼 보인다. 이 표준은 전문직화된 교수 인력에 더욱 적합한, 교수-학습을 교장의 핵심 직무로 규정하는 새로운 종류의 지도성의 출현을 인정하고 있다. 그러나 표준 기반적인 학교행정가의 양성 교육과 평가 인증, 학교행정가 평가를 향한 최근의 급격한 변화는, 만약 그것이 선택 폭의 축소와 실습범위에 관한 융통성 없는 제약으로 이어진다면, 아무런 도움이 되지 않을 수도 있다. 예컨대, 이런 접근법은 너무나도 빈번하게 획일적 표준 혹은 천편일률적 접근으로 이어졌다. 아무데나 쓸 수 있는 만병통치약을 찾으려는 사고 방식은 교육행정 양성 교육에 대한 오늘날의 비전보다는 과거의 비전과 더 잘 어울린다.

행정가 양성 교육에 관한 그 외 관점들

예비 행정가의 결과 수행 표준(outcome performance standards)을 규정하려는 UCEA/NPBEA의 접근법이나 대학에 그러한 책임을 지우려는 노력이 행정가 양성의 문제들을 해결할 것이라고 모든 사람들이 동의하는 것은 아니다. 이 절에서는 다른 두 가지 관점을 살펴본다. 하나는 컬럼비아 사범 대학의 학장이었던 Arthur Levine이 제시한 행정가 양성 교육에 관한 교육행정 내부의 관점이고, 다른 하나는 외부적 관점으로, Broad 재단과 Fordham 재단에서 개발한 공동 "선언(manifesto)"이다.

Levine(2005)은 교장과 교육감을 더 이상 "일차적으로 감독자라고 볼 수 없다. 그들은 자신의 학교와 학교체제의 재설계를 이끌도록 요청받고 있다"(p.12)고 지적했다. 그는 팽팽한 긴장감이 도는 언어로, 양성 교육에 관한 연구 결과가 "매우 실망스럽다고 기술했다. 전체적으로 볼 때, 교육행정 프로그램은 미국의 전문 대학원 프로그램 가운데 가장 취약하다"(p.13). 그는 그 프로그램들의 질적 범위는 "부적절한 것에서부터 소름끼치는 것까지 있다"(p.23)고 진술하였다. 그는 대부분의 프로그램들이 "바닥으로 치닫는 경쟁"(p.23)을 하고 있다고 밝혔다. 이러한 프로그램들은 학생들을 유인하기 위하여 상호 연관성이 없는 부직합한 교육 과정을 제공하고, 질 낮은 교외 프로그램에 의존하고, 입학 기준을 낮추고, 프로그램의 강도를 약화시키며, 수준 낮은 교수들이 가르치는 "졸속" 학위 수여에 의존한다는 것을 발견했다(p.24). 이러한 질 저하의 악순환 결과, "가능한 한 가장 쉬운 방법으로 학점을 취득하기 원하는, 전혀 동기화되지 않은 학생 집단을 낳게 되었다"(p.24).

Levine은 행정가 양성 프로그램의 수월성에 관한 9가지의 준거를 제시하고 있다.

> *목적:* 프로그램 목적은 분명해야 한다. 프로그램의 성공 여부는 학생의 학습과 관련이 있어야 한다.
>
> *교육과정 일관성:* 교육 과정은 목적을 반영한다. 그것은 엄격하고 일관되며 조직화되어 있다.
>
> *교육과정의 균형:* 교육 과정은 이론과 실제를 통합해야 한다. 대학에서의 이론적인 학습과 성공적인 실무자들과 함께 하는 현장 실습이 조화를 이루어야 한다.
>
> *교수진 구성:* 교수진은 학자와 실무자를 포함하되, 그들은 자기 분야의 최신 경향을 알고, 지적으로 생산적이며, 대학과 학교 모두에 든든하게 뿌리내리고 있어야 한다.
>
> *입학:* 성공적인 지도자가 될 수 있는 역량과 동기를 가진 학생들을 충원할 수 있는 기준이 개발되어야 한다.
>
> *학위:* 표준이 높고, 수여되는 학위는 교육행정직에 적합해야 한다.
>
> *연구:* 연구는 질적으로 높은 수준을 유지하고 실무자들과 정책 결정자들에게 유용하여야 한다.

> *재정:* 자원은 양성 프로그램을 지원하기에 적정해야 한다.
>
> *평가:* 양성 프로그램은 계속적인 자기 평가 및 수행 개선을 위해 노력해야 한다(p.13).

Levine은 이러한 준거를 현행 프로그램에 적용한 결과, 전국에서 단지 세 개의 "유력한(strong)" 프로그램을 찾아냈을 뿐이라고 주장한다. 어느 프로그램도 9개의 준거를 모두 충족하지는 못했기 때문에 그는 모범적인 프로그램을 발견하지 못했다(p.14). 그가 "장래성 있는(promising)" 모델로 제시한 것은 영국의 National College for School Leadership이었다. 이것은 1998년부터 시작되었기 때문에, 그는 그 프로그램에 대한 긍정적인 평가는 "성취 결과보다는 포부"에 기반을 둔 것임을 인정하였다(pp.53-57).

Levine은 보고서의 결론으로 6가지 권고사항을 제시하였다.

> 교육구는 취득 학점 혹은 학위 수에 따라 보상하는 보수 체제를 없애야만 한다. 왜냐하면 이러한 것들은 행정가 교육을 받으려는 동기가 없었을 학생들에게 인센티브를 제공하기 때문이다.
>
> 대학들은 행정가 양성 프로그램을 "현금 장사(cash cow)"로 취급하는 것을 그만두어야 한다. 이러한 관행이 질 낮은 프로그램들의 양산을 조장하기 때문이다.
>
> 질 낮은 프로그램들은 없애거나 질을 강화시켜야 한다.
>
> 프로그램들을 새롭게 설계해야 한다. 교육학과 경영학의 과목들을 포함하는 새로운 교육행정 석사 학위를 만들어야 한다.
>
> 교육학 박사(Ed.D.) 학위를 없애야 한다. 교육행정 후보자들에게 학위에 대한 요구가 예비 행정가로서의 능력 개발보다 더욱 중요한 것으로 되었기 때문이다.
>
> 박사(Ph.D.) 학위는 오직 연구자들에게만 수여되어야 한다(pp.61-69).

Levine의 연구와 보고서는 교육계에 상당한 반향을 불러일으켰다. 몇몇 사람들은 연구 결과를 설명하기 위해 선택한 화려하고 자극적인 언어와 권고 사항들이 부정적인 편견을 드러내고 있고, 복잡한 실재를 공정하게 포착하기 위해 필요한 뉘앙스가 부족하다고 느꼈다.

Young, Crow, Orr, Ogawa, Creighton(2005)은 *UCEA Review* 지에 실린 글을 통해 Levine의 연구에 이의를 제기하였다. 첫째, 그들은 보고서가 지도성 프로그

램을 개선하기 위한 "적극적이고 주목할 만한" 노력을 무시하고 있다고 느꼈다. 그들의 견해에 따르면, Levine의 부정적인 평가는 "시대착오적"이다. 보고서는 새로운 표준을 개발하기까지 전문직 단체, 주 기관, 대학들이 함께 한 장기간에 걸친 협동적 노력을 고려하지 못했다. 게다가 Levine의 연구는 NCATE를 통해 평가 인증을 받으려는 양성 프로그램들에 현재 요구되고 있는, 실질적인 자기 평가와 자기 개선 노력을 무시하였다. 셋째, 보고서는 모든 프로그램들을 싸잡아 비난함으로써 질적 차이를 무시하고 있다. 모든 프로그램들을 부적합 혹은 불량으로 비난하는 것은 그 보고서 자체의 타당성을 위협한다. 마지막으로, 이들은 Levine의 연구 방법에 관해 몇 가지 의문을 제기한다. 예컨대, 그는 적합한 자료 제시 없이 증명되지 않는 주장을 하였고, 자신의 자료에 포함된 긍정적 측면을 무시했으며, 천편일률적으로 부정적인 측면에서만 결과를 제시하였다고 비난하였다(pp.1-3).

우리가 논의하고 있는 맥락에서 보면, 몇 가지 다른 비평들도 살펴볼 필요가 있다. Levine의 9가지 준거는 학생의 수행 결과 표준을 반영하지 않았다. 처음 세 항목은 학생 교육에 대해 언급하고 있지만, 단지 투입 측면—목적과 교육 과정—만을 평가하고 있다. 또한, Levine의 준거 중에 어느 것도 UCEA가 그렇게 중요하다고 느끼기 시작한, 가치 기반적, 도덕적 지도성에 관해 인식하지 못했다. 마지막으로, Levine이 제안한 새로운 석사 학위를 위한 교육 과정은 관리 능력을 지나치게 강조하고 있다.

그렇지만, UCEA 비평자들도 인정한 것처럼, Levine의 연구는 행정가 양성 프로그램의 지속적인 발전을 위한 핵심 문제들에 주의를 돌리게 하였다: 높은 수준의 표준, 그러한 표준의 제정을 위한 재정적 지원, 프로그램에 관한 철저한 평가, 취약 프로그램의 폐지, 행정가 양성의 일부로서 좀 더 확고한 현장 경험의 필요성 등이 그것이다(p.1).

2003년 Broad 및 Fordham 재단의 성명서인 *미국 학교를 위한 보다 우수한 지도자(Better Leaders for America's Schools)*는 행정가 교육에 대한 대안적인 경로를 주장하였다. 그 성명서는 전통적인 양성 프로그램들은 "과목 메뉴"(p.33)와 기타 경험들이 부적절하다고 비난하였다. 프로그램에서 제공하는 과목과 경험이 오늘날 학교행정가들이 직면하고 있는 현실 세계의 지도성에 대한 도전에 대응하는 데는 적합지 않다는 것이다. 성명서는 (서문에서부터) "공식적 훈련 및 자격증"의 강화를 개선을 위한 답으로 보는, 이른바 "전통적 지혜(conventional wisdom)"를 비판한다. 그 성명서는 행정가 지망생이 뛰어넘어야 하는 전통적인 장애물은 단지 행정직에 지원자격이 있는지를 가려낼 뿐이고, 후보자의 자질을 향상시키지는 못한다고 주장한다. 그 성명서는 우리의 현행 시스템은 자격증과 같은 신임장의 소유를 지도할 능력의 소유로 간주하는 실수를 범하고 있다고 주장한다(p.31).

성명서에 제안된 해결책은 교직이 아닌 다른 전문직으로부터 지도력 기술과 경험을 구비한 인사들이 들어올 수 있도록 자격증 장벽을 낮추는 것이다. 예컨대 학사 학위 소지자도 교장이나 교육장이 될 수 있도록 한다. 교육청은 "필수적인 기술 및 자질"을 갖고 있는 인사들을 적극적으로 충원해야 하고, 따라서 학교체제에는 그러한 새로운 지도자가 성공하기 위해서 어떤 전문적 훈련과 지원이 있어야 하는지를 결정할 수 있는 책임과 권한이 부여되어야 한다고 권고하고 있다. 마지막으로, 그 성명서는 "새 학교를 위한 새로운 지도자(New Leaders for New Schools), 지식은 힘이다 프로그램(KIPP), 도시 교육 지도자 연수(Broad Residency in Urban Education)와 같이, 다양한 분야의 사람들이 학교 및 학교체제의 지도자로 봉사할 수 있도록 훈련시키는, 영감 있는 지도성 프로그램들을 칭송하고 있다"(p.34).

현재 많은 주들은 교육감 및 교장들을 위한 자격증을 대신하는 대안적인 경로들을 마련하고 있다. 최근 몇 년간, 우리의 가장 큰 도시 교육구들 중 일부가 비교육자들을 채용하여 학교 시스템을 운영하도록 하였다. 이러한 발전에 주목하면서 Levine(2005)은 다음과 같은 의견을 밝혔다. "여러 측면에서 볼 때, 새로운 공급자들은 전문 대학원이라는 양(陽)에 대한 음(陰)이라 할 수 있다. 두 가지 접근방법 모두 완전하지 않다. 새로운 공급자들의 프로그램들은 장기간의 실습과 단기간의 이론 교육으로 구성되어 있고, 대학 기반 프로그램들은 정확히 그 반대다"(p.52). 학교 행정에 대한 대안적인 경로들에 대해 어떻게 생각하는가? 학교 지도성에서 교수와 학습에 대한 심화된 지식이 중요한가? 다른 분야에서 훈련받은 사람들은 지식과 가치에 근거한 지도성에 어떤 영향을 끼칠 것인가?

결론

이 장에서 우리는 전문직으로서 교육행정의 발달과 현재 위상을 살펴보았다. 우리는 교육행정가의 역할에 관한 갈등하는 관점들, 국가교육행정정책위원회(NPBEA)의 설립, 그리고 새로운 표준의 개발, 즉 교수-학습을 강조하는, 그리고 행정가들이 지도자 중의 지도자가 되어야 한다는 점을 강조하는 새로운 표준의 개발에 관해 논의하였다. NCATE 표준은 지도성에 관한 아이디어 기반적이고 가치 기반적 개념을 반영하는 것으로 경험이 많고 노련한 행정가뿐만 아니라 열정적으로 포부를 가지고 있는 행정가를 위한 결과물(outcomes)을 규정하고 있다. 새로운 표준과 학교 지도성에 관한 이러한 관점에 관한 합의에도 불구하고, 반대의 목소리도 있다. 그 예로 이 장의 말미에서는 전통적인 행정가 양성 프로그램들에 대한 Arthur Levine(2005)의 신랄한 비판과 구조적 변화를 위한 그의 제안, 그리고 행정가 자격증에 대한 비전통적 경로를 개발해야 한다는 Broad 재단과 Fordham 재단의 요구(2003)를 검토하였다. 사회가 변화하고 공립학교가 계속 진화함에 따라 학교행정가의 역할도 역동적으로 변화할 것이라는 것은 분명한 사실이다.

참고문헌

American Association of School Administrators. (1993). *Professional standards for superintendents.* Arlington, VA: Author.

Brent, B. (1998). Should graduate training in educational administration be required for principal certification? Existing evidence suggests the answer is no. *Teaching in Educational Administration, 5*(2).

Broad Foundation and Thomas B. Fordham Institute. (2003). *Better Leaders for Better Schools.* Washington, DC: The Thomas B. Fordham Institute. Online: www.edexcellence.net/institute/publication/publication.cfm?id=1.

Council of Chief State School Officers. (1996). *Interstate School Leaders Licensure Consortium: Standards for school leaders.* Washington, DC: Author.

Gibboney, R. A. (1987, April 15). Education of administrators: "An American tragedy." *Education Week,* p. 28.

Levine, A. (2005). *Educating school leaders.* Washington, DC: The Education Schools Project.

National Association of Elementary School Principals. (1986). *Proficiencies for principals.* Alexandria, VA: Author.

National Association of Secondary School Principals. (1996). *Breaking ranks: Changing an American institution.* Reston, VA: Author.

National Association of Secondary School Principals. (2004). *Breaking ranks II: Strategies for leading high school reform.* Reston, VA: Author.

National Policy Board for Educational Administration. (1989). *Improving the preparation of school administrators: An agenda for reform.* Charlottesville, VA: Author.

National Policy Board for Educational Administration. (1990). *The preparation of school administrators: A statement of purpose.* Fairfax, VA: Author.

Sergiovanni, T. J. (2006). *The principalship: A reflective practice perspective* (5th ed). Boston: Allyn and Bacon.

University Council for Educational Administration. (1987, Spring). National Commission report released. *UCEA Review, 28*(3), 1-2.

Young, M., Crow, G., Orr, M. T., Ogawa, R., & Creighton, T. (2005). An educative look at "Educating School Leaders." *University Councilfor Education Administration (UCEA) Review, 46*(2), Spring.

Zheng, H. P. Y. (1996). *School context, principal characteristics and instructional leadership effectiveness: A statistical analysis.* Paper presented at the annual meeting of the American Educational Research Association, New York, April 8-12.

국가교육행정정책위원회(NPBEA)에서 ELCC (Educational Leadership Constituent Council)를 위해 마련한

교육 지도자 고급과정을 위한 새로운 표준

표준 1.0

프로그램을 이수한 지원자(candidate)는 학교 공동체의 지지를 받는, 학교 혹은 교육구의 학습 비전의 개발, 상세화, 실행, 봉사를 촉진함으로써 모든 학생의 성공을 증진시킬 수 있는 지식과 능력을 갖춘 교육 지도자다.

요소	학교장의 지도성 표준
1.1 비전 개발	(a) 지원자는 모든 학생의 성공을 증진하는 학교의 학습 비전을 개발한다 (b) 지원자는 이 비전이 다원적 사회에서의 학습 목표, 학습자와 학습자 요구의 다양성, 상호 작용하는 사회적, 문화적 체제로서의 학교, 그리고 사회적, 조직적 변화를 포함하는, 그러나 그것에 한정되지 않은, 적합한 지식과 이론에 바탕을 두도록 한다.
1.2 비전 상세화	(a) 지원자는 학교 비전의 구성 요소를 상세화하고, 이 비전을 실천하고 지원하는 데 필요한 지도성 과정을 상세화할 수 있는 능력을 보여준다. (b) 지원자는 학생 평가 결과, 학생 및 가정의 인구학적 자료, 지역 사회 요구 분석과 같은 적합한 정보를 바탕으로, 그 비전 개발에 필요한 학생 학습 정보에 초점을 맞춘 자료에 근거하여 자료 기반적 연구 전략과 전략적 기획 과정을 활용할 수 있는 능력을 보여준다. (c) 지원자는 상징, 의식, 이야기, 기타 활동을 통하여 교직원, 학부모, 학생, 지역 사회 구성원과 비전에 관하여 의사소통할 수 있는 능력을 보여준다.
1.3 비전의 실행	(a) 지원자는 학교 비전을 달성하기 위하여 교직원, 학생, 가정을 동기유발시키는 데 필요한 주도력을 발휘할 수 있다.

요소	학교장의 지도성 표준
	(b) 지원자는 비전 실행에 필요한 계획과 과정을 개발할 수 있다(예, 비전 및 관련 목표의 상세화, 도전적 표준의 장려, 동료 의식과 팀워크의 촉진, 의미 있는 중요한 작업의 구조화, 학생 평가의 적절한 활용의 보장, 자율성 보장, 혁신 지원, 책임의 위임, 다른 사람의 지도성 개발, 필요한 자원의 확보 등).
1.4 비전을 위한 봉사	(a) 지원자는 비전을 위하여 공유적 헌신을 하는 데 중요한 역할을 하는 효과적인 의사소통 기술을 이해하고 있다는 것을 보여준다. (b) 지원자는 비전을 규칙적으로 확인하고, 평가하고, 수정하기 위하여 자료 기반 연구 전략을 활용하기 위한 체제를 설계하거나 채택한다. (c) 지원자는 다양한 방법으로 비전을 위해 봉사한다.
1.5 지역 사회의 비전 참여 촉진	(a) 지원자는 비전 실현과 관련된 학교 개선을 위한 노력에 지역 사회 구성원을 참여시킬 수 있는 능력을 보여준다. (b) 지원자는 비전 실행과 이해관계가 있는 모든 사람들과 효과적으로 의사소통하는 데 필요한 기술을 습득하고 이를 보여준다.

출처: National Policy Board for Educational Administration on behalf of the Educational Leadership Constituent Council, reprinted by permission. The standards presented here are those for school building level administrators only.

표준 2.0

프로그램을 이수한 지원자는 긍정적인 학교 문화를 증진시키고, 효과적인 교수 프로그램을 제공하고, 학생 학습에 최선의 실천을 적용하고, 교직원을 위한 종합적인 전문성 성장을 위한 계획을 설계함으로써 모든 학생의 성공을 증진시킬 수 있는 지식과 능력을 갖춘 교육 지도자다.

요소	학교장의 지도성 표준
2.1 긍정적인 학교 문화의 증진	(a) 지원자는 학교 프로그램과 문화를 개선하기 위하여 복합적 방법을 활용하여 학교 문화를 평가하고, 학교 공동체의 다양성(예, 인구 · 언어 · 장애 · 성 · 인종 · 사회경제적 지위 등)을 고려하는 상황 적합 전략을 실행한다.
2.2 효과적인 수업 프로그램의 제공	(a) 지원자는 수업의 실제와 교육 과정 자료를 개선하기 위하여 효과적인 수업 원리를 적용하는 활동을 촉진하는 능력을 보여준다. (b) 지원자는 학습자의 다양한 요구를 완전히 수용하는 교육 과정의 설계, 실천, 평가에 관해 권고할 수 있는 능력을 보여준다. (c) 지원자는 교육 과정과 수업을 풍부하게 하고, 수업 실제를 모니터링할 수 있는 기술 및 정보 체제를 활용하고 촉진하는 능력을 보여주고, 교직원에게 개선에 필요한 조력을 제공한다.
2.3 학생의 학습에 최선의 실천 적용	(a) 지원자는 학생 학습을 위한 최선의 실천을 이해하고 적용하도록 교직원들을 도와줄 수 있는 능력을 보여준다.

요소	학교장의 지도성 표준
	(b) 지원자는 인간 발달 이론과 검증된 학습 및 동기 이론을 적용하고, 학습 과정의 다양성에 관심을 보인다. (c) 지원자는 학생의 성취 향상을 위한 환경을 조성하기 위하여, 학생의 성취를 기록하고 학생집단별 차이를 분석할 수 있는 적절한 연구전략을 사용하는 방법을 이해하고 있다는 것을 보여준다.
2.4 종합적인 전문성 성장을 위한 계획의 설계	(a) 지원자는 학교 비전 및 목표에 일치하는 학생 학습에 관한 반성적 실천과 연구에 근거하여 잘 계획되고 상황에 적합한 전문성 개발 계획 프로그램을 설계하고 실천할 수 있는 능력을 보여준다. (b) 지원자는 교사 및 기타 직원과 함께 종합적 전문성 성장 계획을 수립하기 위하여 수업 관찰, 협동적 반성, 성인 학습 전략 등과 같은 전략을 활용할 수 있는 능력을 보여준다. (c) 지원자는 평생 학습에 대한 헌신을 반영하는 개인적인 전문성 성장 계획을 개발하고 실천한다.

표준 3.0

프로그램을 이수한 지원자는 안전하고 효율적이며 효과적인 학습 환경을 조성할 수 있는 방식으로 조직, 운영, 자원을 관리함으로써 모든 학생의 성공을 증진시킬 수 있는 지식과 능력을 갖춘 교육 지도자다.

요소	학교장의 지도성 표준
3.1 조직 관리	(a) 지원자는 형평성, 효과성, 효율성 지표들에 초점을 맞추어 연구와 자료에 근거한 의사결정을 포함하는, 조직 발전 및 관리에 관한 적절한 모델과 원칙을 적용함으로써 모든 학생의 학습 환경을 최적화하는 능력을 보여준다. (b) 지원자는 학생 학습, 안전, 교육 과정, 수업에 최우선순위를 두고 재정적, 인적, 물적 자원의 효과적인 조직과 관리에 초점을 맞춘 활동 계획을 개발한다. (c) 지원자는 학생의 학업 성취를 증진할 수 있는 방향으로 시간을 효과적으로 관리하고, 재정적, 인적 자원을 배분하는 능력을 보여준다.
3.2 운영 관리	(a) 지원자는 조직 비전에 맞게 자원을 배분하기 위하여, 적절하고 효과적인 요구 분석, 연구에 근거한 자료, 집단 역동 과정(group process) 기술을 활용하여 합의를 도출하고 의사소통하며 갈등을 해소함으로써 교직원을 조직 운영 및 우선순위 설정에 참여시키는 능력을 보여준다. (b) 지원자는 교직원이 가정과 지역사회와 협동하는 기술을 개발할 수 있는 기회를 갖게 하는 등 교직원을 위한 의사소통 계획을 개발한다.

요소	학교장의 지도성 표준
	(c) 지원자는 교육의 형평성을 증진하고, 안전하고 효과적이며 효율적인 시설을 제공하기 위한 법적 원칙들을 적용하는 방법에 대한 이해력을 보여준다.
3.3 자원 관리	(a) 지원자는 교수–학습에 초점을 맞춰 효과적이고 합법적이며 형평성 있게 재정적, 인적, 물적 자원을 배분하고 배정하기 위하여 문제 해결 기술과 전략적이고 장기적인 운영 계획(공학기술 활용 포함)에 관한 지식을 활용한다. (b) 지원자는 학습을 촉진하기 위한 새로운 자원을 창의적으로 탐색한다. (c) 지원자는 학교 관리, 업무 처리 절차, 시간표 작성을 위하여 최근의 공학기술을 적용하고 평가한다.

표준 4.0

프로그램을 이수한 지원자는 다양한 지역사회의 이익과 요구를 반영하고 가정 및 기타 지역사회 구성원과 협동하며, 지역사회의 자원을 활용함으로써 모든 학생의 성공을 증진시킬 수 있는 지식과 능력을 갖춘 교육 지도자다.

요소	학교장의 지도성 표준
4.1 가족 및 지역사회 구성원과의 협동	(a) 지원자는 가정과 지역사회의 자원을 학생의 학습에 긍정적으로 영향을 주도록 결합시키는 능력을 보여준다. (b) 지원자는 가정이 자녀의 이익을 최우선시해야 한다는 신념을 바탕으로 자녀교육에 참여하도록 하는 능력을 보여준다. (c) 지원자는 가정 및 지역사회 구성원과 협력하기 위하여 최근의 쟁점과 동향에 관한 공공 정보와 연구기반 지식을 활용하는 능력을 보여준다. (d) 지원자는 지역 사회 관계 모형, 마케팅 전략 및 과정, 자료 근거 의사 결정, 의사 소통 이론에 대한 이해력을 학교, 가정, 기업체, 지역 사회, 정부, 고등교육과 파트너의 틀을 형성하는 데 적용한다. (e) 지원자는 기업체, 종교계, 정치 조직, 봉사 조직을 목표로 하는 다양한 대외 봉사 방법을 개발한다. (f) 학교는 광범한 지역 사회에 통합된 일부라는 이해를 반영하여 가정과 다른 이해 당사자를 학교의 의사결정과정에 참여시키는 능력을 보여준다. (g) 지원자는 보건, 사회 복지, 기타 봉사 기능을 통합하기 위하여 지역사회 기관들과 협동하는 능력을 보여준다. (h) 지원자는 지역사회 관계 및 효과적인 대중 매체와 관계를 위한 종합적 프로그램을 개발한다.

요소	학교장의 지도성 표준
4.2 지역사회의 이익과 요구의 반영	(a) 지원자는 갈등적인 관점을 가진 개인이나 집단과의 상호작용을 포함하여 지역사회에 적극적으로 참여하는 것을 보여준다. (b) 지원자는 학교 및 지역사회의 다양한 조건과 역동성을 이해하고 수용하기 위하여 적절한 분석전략과 연구방법을 활용하는 능력을 보여준다. (c) 지원자는 특별하고 예외적인 요구를 가진 학생들을 위한 프로그램에 대한 지도력을 발휘한다. (d) 지원자는 학교 프로그램을 개선하고 모든 학생의 다양한 요구를 충족시키기 위하여 학교 공동체의 다양성(문화, 민족, 인종, 경제 및 기타 특수 이익 집단)을 활용하는 능력을 보여준다.
4.3 지역사회 자원의 활용	(a) 지원자는 학생의 학업 성취를 지원하고, 학교의 문제를 해결하며 학교목표를 달성하기 위하여 지역사회 청소년 지원사업 등 지역사회의 자원을 파악하고 이를 활용하는 능력을 보여준다. (b) 지원자는 지역 사회에 봉사하기 위하여 학교의 자원과 사회 봉사 기관을 활용하는 방법을 보여준다. (c) 지원자는 지역 사회로 하여금 새롭게 대두되는 학생 문제에 대처하기 위하여 새로운 자원을 제공하도록 촉구하기 위하여 공공재원 및 자금을 적절하고 효과적으로 활용하는 방법을 이해하고 있는 것을 보여준다.

표준 5.0

프로그램을 이수한 지원자는 정직하고 공정하며 윤리적으로 행동함으로써 모든 학생의 성공을 증진시킬 수 있는 지식과 능력을 갖춘 교육 지도자다.

요소	학교장의 지도성 표준
5.1 정직한 행동	(a) 지원사는 비빌 보상 및 존엄성의 관점에서 다른 사람을 존중하는 것을 보여주고, 정직하게 상호 작용한다.
5.2 공정한 행동	(a) 지원자는 타인과의 상호작용에서 공정성, 학생의 다양성에 대한 민감성, 그리고 윤리적 배려를 통합하는 능력을 보여준다.
5.3 윤리적 행동	(a) 지원자는 윤리적, 합법적 원칙에 입각하여 의사결정을 하고 이를 설명한다.

표준 6.0

프로그램을 이수한 지원자는 보다 광범한 정치적, 사회적, 경제적, 법률적, 문화적 상황에 대한 대응 방법과 영향력 행사 방법을 이해함으로써 모든 학생의 성공을 증진시킬 수 있는 지식과 능력을 갖춘 교육 지도자다.

요소	학교장의 지도성 표준
6.1 광범한 상황의 인식	(a) 지원자는 학교 상황에 알맞은 교육 이론 및 개념을 충분히 이해하며 행동하고, 자신의 학교 상황에 알맞은 적절한 연구 방법을 활용하는 능력을 보여준다. (b) 지원자는 특정 학교의 학생 및 가정에서 활용 가능한 기회뿐만 아니라 법적 체제와 정치적 체제, 학교의 제도적 틀이 학교와 지역 사회의 모습을 어떻게 형성해 왔는지를 설명할 수 있는 능력을 보여준다. (c) 지원자는 빈곤 및 기타 불리한 여건을 유발하는 복합적 원인과 그것이 가정, 지역사회, 학생, 학습에 미친 영향을 분석할 수 있는 능력을 보여준다. (d) 지원자는 학교에 영향을 주는, 특히 교육적 기회와 사회적 기회를 개선해 줄 수 있는 지역, 주, 연방 당국이 제정하는 정책, 법률, 규정을 이해하고 있다는 것을 보여준다. (e) 지원자는 지역사회에 영향을 주는 경제적 요인과 경제적 요인이 학교에 미치는 영향을 기술하는 능력을 보여준다. (f) 지원자는 학교 공동체의 문화적 다양성을 분석하고 기술하는 능력을 보여준다. (g) 지원자는 지역 사회의 규범과 가치, 그리고 이들 규범과 가치가 사회 정의의 실현을 위한 학교의 역할과 어떻게 관련되는지를 기술할 수 있다. (h) 지원자는 다양한 변화 이론과 갈등 해소 이론에 관하여, 그리고 이들 이론 모델을 특정 지역사회에 적절하게 적용하는 방법에 관하여 설명할 수 있는 능력을 보여준다.
6.2 광범한 상황에 대한 반응	(a) 지원자는 다양한 지역사회 집단의 대표자와 지속적으로 대화하는 것을 포함하여, 학교가 운영되고 있는 환경의 동향, 쟁점, 변화 가능성에 관하여 학교 공동체 구성원들과 의사소통할 수 있는 능력을 보여준다.
6.3 광범한 상황에 대한 영향	(a) 지원자는 학생, 학부모, 다른 지역사회 구성원으로 하여금 더 나은 정책과 법률의 채택을 지지하도록 하는 능력을 보여준다. (b) 지원자는 학생과 가정에게 유리한 활동과 정책을 개발하기 위하여 광범한 정치적, 사회적, 경제적, 법적, 문화적 상황에 관한 이해를 활용한다. (c) 지원자는 사회경제적 배경이나 인종, 성, 장애, 기타 개인적 특성에 상관없이 모든 학생에게 평등한 학습 기회를 제공하고 성공으로 이끌 수 있는 정책과 프로그램을 지지한다.

표준 7.0

인턴십: 인턴십은 지원자들이, 졸업 학점을 위해 대학과 교육구 인사들이 협동적으로 계획하여 지도하는, 실제 상황에서의 실질적이고 지속적이며 표준에 근거한 업무 경험을 통해 지식과 실제를 통합·적용하고, 표준 1에서부터 표준 6을 통해 확인된 기술을 발전시킬 수 있는 의미 있는 기회를 제공한다.

요소	학교장의 지도성 표준
7.1 실질성	(a) 지원자는 지도, 촉진, 그리고 교육 지도자가 결정해야 하는 전형적인 의사결정에 대한 진정한 책임감을 수용할 수 있는 능력을 보여준다. (b) 모든 지원자는 최소한 6개월간(혹은 그에 상당하는, 주 참조)의 전일제 인턴십 경험을 가져야만 한다.
7.2 지속성	(a) 지원자는 교육 프로그램의 전체 과정을 이수하는 동안 계획된 인턴활동에 참여한다. 여기에는 프로그램 수료 직전에 전일제로 지원자에게 지식 및 기술의 적용을 위해 허용된 연장 기간도 포함한다.
7.3 표준 근거성	(a) 지원자는 교육 지도자에 대한 주와 지방의 표준뿐만 아니라 이 표준들 안에 포함된 지식과 기술들을 적용한다. (b) 실무 경험은 지원자의 개인적인 요구를 반영하여 설계한다.
7.4 실제 상황성	(a) 지원자의 실습은 광범위하고 적합한 지식과 기술을 보여줄 수 있는 복합적 상황에서 이루어진다. (b) 지원자의 실습은 사회 봉사 집단, 지역 기업체와 같은 적절한 지역 사회 조직과 함께 수행하는 업무를 포함한다.
7.5 협동적인 계획 및 지도	(a) 지원자의 실습은 개인, 현장 감독자, 대학 인사들에 의해 협동적으로 계획되어 표준에 포함된 기술, 지식, 연구를 적용할 수 있는 적절한 기회를 통합하도록 한다. 세 사람은 후보자와 프로그램의 필요를 충족시키기 위해 협력한다. (b) 멘토들에게는 인턴 실습 기간 동안 지원자를 안내할 수 있는 훈련이 제공된다.
7.6 학점	(a) 지원자들은 그들의 인턴실습을 통해 졸업 학점을 취득한다.

주: 실습기간 인정: 6개월의 인턴십 실습이 계속적이어야 하는 것은 아니고 다양한 기간의 실습기간을 포함할 수 있다. 그러나 모든 인턴십은 지원자들이 자신의 기술과 지식을 실습하고 개선시킬 수 있는 기회를 극대화할 수 있는 장기간의 캡스톤(capstone) 실습을 포함해야 한다. 이 현장 실습은 연속되지 않은 3개월짜리 실습 2회, 4개월 인턴십과 각각 1개월짜리 2회의 현장실습 과목, 혹은 기타 적합한 조합으로도 가능하다. 전일제 실습이란 연방 재정지원을 받는, 전일제 학생에게 요구되는 주당 시간수로 정의된다(일반적으로 주당 9시간에서 12시간).

제5장

교육행정 사상의 발달

제3장과 4장에서는 교육행정에 관해 전반적으로 개관하였다. 개관한 내용에는 행정에 관한 여러 정의들; 행정과 연관된 중요한 책임범위, 절차 및 과업에 관한 고찰; 전문적 실천 영역으로서의 교육행정에 관한 분석이 포함되었다. 특히, 교육적 지도성 역할의 중요성을 관심 있게 다루었다. 제5장에서는 교육행정의 지적 전통과 관련된 내용을 다루고자 한다. 행정가나 다른 전문직 종사자들은 특정 관점 또는 일반적으로 용인되는 운영방식을 기반으로 자신들의 기예(art)를 실행한다. 이러한 관점과 방식은 각 분야의 이론적인 발달과정과 직접 관련되어 있다. 그러므로 어느 분야를 막론하고 전문직을 더 제대로 이해하려면 그 분야의 지적 유산을 검토할 필요가 있다.

행정적 실제에 관한 모형들

전문직에는 무엇이 효과가 있을지 없을지, 그리고 어떤 것이 진실인지 아닌지를 판단할 수 있는 준거틀을 제시해주는 표준, 절차, 특성 등을 포함하는 실제에 관한 모형들(models of practice)이 있다. 일반적으로 모형은 행정가들에 의해 암묵적으로 지지되고 자신도 모르게 구체화된다. 모형에 의해 어떤 문제가 중요한지가 결정되고, 모형은 행정가들에게 그러한 문제를 이해하고 처리하기 위한 이론적인 준거틀을 제공한다. 예를 들어 특수교육행정에 내재된 모형들은 장애의 예방보다는 교정을 더 강조하는 경향이 있다. 따라서 특수교육행정가들은 도심지역 임산부의 영양 결핍보다는 도심지역 청소년들의 학습장애를, 전자가 후자의 원인이 되는 것으로 보이는 데에도 불구하고, 핵심문제로 보고 더 관심을 기울이기 쉽다.

또한 모형은 어떤 실제가 다른 것에 비해 더 타당한지를, 그리고 효과성을 판단하는 데 필요한 검증기준이 무엇인지를 제시해준다. 예를 들면, 인간관계 모형에 근거하여 학교를 운영하는 교장은 대인관계를 중요한 행정적 우선순위로 고려할 것이다. 그는 구성원들과의 관계를 개선하기 위하여 의사결정시 구성원들의 참여를 격려하기, 혹은 과업완수에 대한 관심보다는 구성원들에 대한 관심을 우선시하기와 같은 기법들을 사용할 것이고, 교직원 사기의 긍정적 변화를 기준으로 자신의 효과성을 판단할 것이다. 같은 학교를 책무성 모형에 근거하는 행정가가 운영할 경우, 그는 증가된 학업성취 향상을 핵심사항으로 고려하여, 학업성취도 향상을 위하여 '목표에 의한 관리' 나 '목표에 의한 수업' 과 같은 기법을 사용할 것이고, 달성된 경영 목표의 수치나 학생들의 시험 점수에 의해 자신의 효과성을 평가하며, 인간에 대한 관심보다는 과업 완수를 우선시할 것이다. 각각의 행정가들이 취하는 행동이나 태도는 그들이 사용하는 모형의 지배를 받는다.

어떤 전문직에서 그 분야의 사고를 특징짓는 모형이 다른 모형으로 전환되면 전문적 실제에서도 변화가 발생한다. 이러한 점을 논의함에 있어서, Kuhn(1962)은 과학은 지식의 단편적인 축적의 결과로써 변화하는 것이 아니고, 기존 모형 안에서의 변화로 인해 나타나는, 그 분야의 지적 준거틀의 근본적 전환을 가져오는 "개념적 혁명(conceptual revolutions)" 의 결과라고 주장하였다. 이 장에서는 현대 행정에서의 지적 준거틀의 발달을 검토하고, 교육행정직을 뒷받침하는 주요 모형들과 패러다임들, 그리고 전문적 실제의 변화를 설명하는 데 도움을 줄 지적 준거틀의 전환에 관해 논의하고자 한다. 먼저 학교 지도성에 관한 사고방식이 19세기의 기독교적 윤리를 강화하려는 입장으로부터 20세기에 들어서는 효율적 기업 관리의 관점으로 전환된 것을 설명하기로 한다. 다음으로 *효율성(efficiency)*, *인간(person)*, *정치(politics)* 그리고 *문화(culture)*로 구별되는 행정 모형의 네 가지 주요한 흐름을 검토할 것이다.

교육 전도자 대 전문 관리자

한 시대의 시작은 정해져 있고 다음 시대의 시작과 동시에 그 시대는 마감된다고 보는 것이 일반적인 생각이다. (그러나) 교육행정에서 사상의 발달은, 실제 관찰된 바에 의하면, 새로운 사상이 기존의 사상에 추가된다고 보는 것이 좀 더 현실적이다. 예를 들자면, 1820년부터 1880년 사이에 보통학교(common school)를 만들고자 노력했던 개혁자들을 지배했던 도덕적 풍조는 아직도 살아있고, 공유된 가치와 비전을 주제로 학교 문화를 형성하려는 최근의 노력 속에 잘 나타나있다; 1890년에서 1930년 사이에 과학적 관리론에서 주장한 최선의 효율적 처방은 아직도 살아있고, 교육과정, 교수 및 평가 전략의 긴밀한 연계, 그리고 그러한 전략들이 제대로 수행되고 있는지를 확인하기 위한 모니터링 체제를 도입하여 학교 생산성을 높이려 하는 최근의 노력 속에 잘 나타나있다. 1930년대부터 1945년까지의 인간의 사회적 욕구에 대한 관심, 그리고 1950년에서부터 1980년대까지의 고차원의 욕구(higher-order needs)에 대한 관심은 지금도 살아있고, 대인 관계가 충족된 학교 풍토의 조성, 교사에 대한 권한 위양, 그리고 공유된 의사결정에 대한 현재의 강조 속에 잘 나타나 있다.

오늘날의 교육행정가들은 학교 문화의 형성에 점점 더 많은 관심을 보이고 있고, 문화적 규범에 의존하여 학생과 교사를 학교 및 업무와 더 잘 연계하려고 노력하고 있다. 이러한 실제는 1960년부터 1975년까지의 정치와 의사결정의 시대 동안 두드러졌던 느슨한 구조와 비합리적인 조직 기능에 관한 문헌들에 의해 정당화되고 있다. 교육행정에서 지식의 발전은 정책결정자와 학교행정가에 대해 경합적인 주장을 표명하는 서로 다른 관점들과 더불어 누적되는 경향이 있다. 일부 견해들이 주목을 받다가 사라지고, 다른 견해가 그 다음에 다시 주목을 얻고 또 사라진다. 그러나 어떤 견해도 완전히 사라지지는 않는다.

두 가지 실제모형—*보통학교 시대의 교육적 전도자(educational evangelist)*와 진보주의 시대의 *전문적 관리자(professional manager)*—을 대조함으로써 이러한 사상의 발달에 관해 본격적으로 분석하기로 한다. 20세기 초 교육행정은 교직(teaching)과 연결된 그러나 여전히 분리된 그리고 위계적으로는 상위직인 하나의 차별화된 관리 전문직을 향한 험난한 여정을 시작했다. 1820년에서 1880년의 기간 동안 새로운 탐색, 즉 미국에서 보통학교의 설립이 시작되었다. 보통학교는 미국인이 가져야 할 가치를 받아들이도록 젊은이들을 사회화, 사실은 동질화함으로써 하나의 국가를 건설하는 데 목적이 있었다. Tyack와 Hansot(1982)은 다음과 같이 설명하고 있다.

> 19세기 중엽의 보통학교 개혁가들의 중요한 도전 과제는 사람들이 공교육을 지원하도록 결집시켜서 하나의 교육제도를 구축하는 것이었다. 그들은 전형적인 농업국가에서 일했다. 주 교육부는 소규모였고 힘이 약했으며, 연방정부는 공립학교들에 대해 거의 영향력을 발휘하지 못했다. 학교교육은 대체로 비관료적이고 비전문적이었다. … 대체로 종교적으로는 개신교, 인종적으로는 앵글로색슨의 배경을 가졌던 그들은 기독교 국가의 형성에서 공교육의 역할에 관한 공통된 종교적, 정치적 생각을 공유하고 있었다. … 학교 후원자들은 자신들이 보편적인 도덕적 진정성과 시민적 행동주의에 의해 서로 연결되어 있다고 여기는 경향이 있었다(p.5).

1890년대부터 1950년대까지는 강조점이 상당히 달랐다. Tyack와 Hansot(1982)에 의하면, 이 시기는 보통학교를 위한 개혁 운동가인 시간제 "교육 전도사"로서의 학교행정가로부터 새로운 종류의 전문적 관리자 "행정적인 진보주의자(administrative progressives)"로 교육행정의 수비대가 바뀌는 것을 목격한 시기였다. 이 새로운 종류의 관리자들은 기업적 효율성과 과학적 전문기술을 이용하여 학교를 변혁하기 위해 노력하였다. 그들 이전의 교육개혁론자들과 마찬가지로 새로운 종류의 행정가들은 자신들의 책임—정치와 교육을 분리함으로써 학교들을 무지한 대중의 참여와 무질서한 정치로부터 구해야 한다는 필요—을 신성하게 여겼다. 이 목표를 달성하기 위한 수단은 과학적 지식을 기반으로 하는 교육행정 전문직을 만드는 것이었다. 행정적 진보주의자들은 이러한 과학적 지식이 일반인이나 정치가로부터 존중을 받을 수 있고, 그리하여 학교행정가가 학교운영에 있어 더 많은 자율권을 제공받게 될 것이라고 믿었다. Tyack과 Hansot(1982)이 설명한 대로 이 시기의 교육 지도자들은

> 원활하게 잘 짜여진 공동 사회를 만들고자 노력하는 사회적 공학자들(social engineers)이었다. … 그들의 과업은 공립학교체제를 창조하는 것이 아니라 새롭게 재구성하는 것이었다. 또한 교육에 대한 공공 참여를 자극하는 것이 아니

라 그것을 자제시키는 것이었고, 교육에서 공동 요소를 찾기 위해서 노력하는 것보다는 복잡한 사회의 요구(자신들이 이러한 요구를 해석한 바에 따라)에 부합하도록 차별화하는 것이었다. 이러한 지도자들의 대부분은 평생을 교육에 헌신한 교육행정 전문화의 선구자들이었다. 그들은 국가가 교육을 변화시키는 데 적극적인 역할을 수행해주기를 원하였다(p.6).

그들은 다음과 같이 더 설명한다.

"교육 연대(educational trust)"(때로 행정적 진보주의자들은 그렇게 불렸음)의 구성원들은 기업에서 개발된 새로운 관리 모형을 받아들였다. … 그들은 사람에 대한 복종을 통한 혹은 정책결정에 대한 광범위한 대중 참여를 통한 정당성보다는 전문성을 통한 정당성을 추구하였다. 그들은 자신들이 선호하는 정책들을 하나의 표준적인 개혁모형으로 만들었고, 자신들의 학교 설문조사와 입법 제안서를 통해 주마다 그리고 교육구마다 차례차례로 그것을 적용하였다. 그들은 의사결정의 구조를 성공적으로 변화시켰고, 학교가 "정치로부터 초연"할 수 있음을 확신하면서 정치적 쟁점들을 행정적 결정의 문제들로 전환시켰다(p.7).

다양한 교육행정의 모형들이 성쇠하면서 교육행정직의 본질을 결정하는 잠재적 주제도 변화한다. 19세기 보통학교 개혁론자들은 자신들을 "인격의 귀족(aristocracy of character)"의 일원으로 생각했다. 이와는 대조적으로, 20세기의 학교 지도자들은 자신들을 전문적 훈련을 통해 자격을 얻는 전문가로 간주했다. 그들은 미국교육행정가협회(AASA)와 같은 배타적인 전문직 단체를 결성하여 자신들이 소속되었고, 동료 전문가들을 후원하고 후원받았으며, 법적·관료적 규칙들을 정교화하였고, '과학'과 '기업'을 새로운 선문식을 위한 권위의 원천으로 삼았다(Tyack & Hansot, 1982). 전문직화를 위한 이러한 여정은 20세기 내내 계속되었고, 1988년 국가교육행정정책위원회(NPBEA)가 설립되고 동 위원회의 노력이 전국교사교육인증협회(NCATE)와 연계되면서 최근 몇 년 동안 최고조에 달하게 되었다.

Horace Mann, Henry Barnard와 같은 초기 보통학교 개혁가들은 정치가, 학교 관계자, 일반시민 등의 지원을 적극적으로 얻어내어 보통학교를 만들기 위해 노력했다. 보통학교 시대에 학교는 민주적 권위에 의해 통치되는 정치적 기업으로 여겨졌다. 풀뿌리 참여는 절대규범이 되었다. 그 결과, 교사와 행정가의 채용 및 해고, 교과과정 승인, 그리고 지금은 전문직의 영역으로 간주되는 기타 업무에 대한 권한과 책임도 종종 맡는 강력한 교육위원회들이 생겨났다. 교육감이나 기타 학교행정가들은 이러한 정치적 권력과 논쟁하고 경쟁해야만 했다. (그러나) 결국에 이기는 것은 학교관계자가 아닌 일반인들의 의지였다. 행정적 진보주의자들은 이러한 상황을 교육행정의 전문화에 의해 바로잡아야 할 필요가 있다고 느꼈다.

이 기간 동안의 교육행정 전문화 운동을 이끈 지도자에는 스탠퍼드 대학의 Ellwood P. Cubberly, 컬럼비아 대학교 사범대학의 Geroge Strayer, 위스콘신 대학교의 Edward C. Elliott, 예일 대학의 Frank Spaulding, 시카고 대학의 Franklin Bobbit 등이 포함되어 있었다. 컬럼비아 대학의 사범대학과 스탠퍼드 대학교가 특히 영향력이 컸다. 두 기관은 효율성의 복음과 과학적 관리론을 전파하고, 새로운 교육행정 전문직 창립 멤버가 된 대부분의 교수 및 교육감들을 양성하였다.

Tyack와 Hansot(1982, pp.122-128)이 언급한 것처럼, Cubberly 이야기는 특히 의미심장하다. Cubberly는 물리전공 학자로서 초등 및 중등 교육에 대한 아무런 배경 없이 1896년에 샌디에이고 지역의 교육감으로 임명되었을 때, 그는 교육위원회가 정치의 수렁에 빠져있고, 자신이 보기에 교육감의 영역이라고 생각되는 의사결정에까지도 그들이 매우 깊숙이 관여하고 있다는 것을 발견했다. 그는 교육위원회가 정치적이어서는 안 되고, 전문가들, 즉 자신의 업무를 잘 알고 있는 전문적 행정가들에 의해 교육구가 운영되어야만 한다고 확신하게 되었다. 이러한 견해가 오늘날에도 여전히 학교행정가들에게 널리 공유되고 있기는 하지만, 최근에 정책결정자들과 시민들은 학교경영에 전문가가 필수적이라는 가정에 이의를 제기하기 시작하였다. 제4장에서 우리는 이러한 문제 제기가 반영된 대안적인 자격 프로그램의 성장에 관해 기술하였다.

Cubberly는 1888년 스탠퍼드 대학교의 교육학부 교수로 임명되었을 때 전문적인 학교행정가들을 준비시킬 수 있는 기회를 환영하였다. 그는 학교 행정, 학교의 제반 문제들, 학교조직, 학교 통계, 중등 학교, 교육의 역사, 그리고 교육에 대한 무지와 범죄와의 관계 등의 과목들을 개설하고 가르쳤다(Sears & Henderson, Tyack & Hansot, 1982, p.124에서 재인용). 그 당시에 Cubberly와 다른 교수들은 교육행정 영역에 존재하는 소수의 문헌들, 학교행정가로서 자신들의 경험, 그리고 대부분은 기업경영 분야의 새로운 문헌들—가장 널리 알려진 Frederick Taylor의 과학적 관리에 관한 연구들, 그리고 나중에는 Fayol, Gulick, Urwick과 같은 경영 전문가들의 연구들—에 의존하였다. 예를 들면, Cubberly는 과학적 관리와 계층제에 관한 관료제적 개념을 옹호하였다. 그에게 있어서 교육감이란 권위, 명령, 심지어 영감까지도 그에게 흘러가야 하고 또한 그에게서 흘러와야만 하는 존재였다. 그는 학교 정책 결정에 교사의 참여를 지지하지 않았고, 학교는 모든 사람들이 평등하다는 아이디어를 포기해야만 한다고 생각했다(Tyack & Hansot, 1982, p.128).

같은 시기에 또 다른 영향력을 발휘한 사람은 George Strayer였다. 그는 컬럼비아 대학교 사범대학의 저명한 교수였고, 표준 통계 회계, 학교재정 배분공식, 표준화된 학교건물 설계 분야의 전문가였다. 그는 하나의 종합적이고 표준화된 기본양식, 즉 학교를 어떻게 효율적으로 조직하고, 교직원을 배치하고, 운영해야 하는지, 그리고 학교와 학교구가 이 최선의 표준에 어느 정도 도달했는지를 평가하기 위한 양식을 개발했던 학교 조사 운동(school survey movement)에서 탁월한 연구자였다. Strayer(1914)는 "조직, 행정, 장학, 비용, 설비, 수업과목, 교사, 교수방법, 학생, 그리고 그 안에서 교육받았거나 교육받는 중인 사람들의 성취를 측정한 결과"에 대한 기록을 제공하기 위하여 학교 조사를 고안하였다(p.302). 이 조사는 매우 인기가 있었다. 왜냐하면 그 결과는 연구(research)의 형태로 제공되어 교육감들에게 전문적 권위의 원천을 부여해주었기 때문이었다. 교육감들은 그러한 권위를 통해서, 바람직한 학교에 관한 다른 비전을 갖고 있을지도 모르는 교육위원회 위원들의 민주적 권위 혹은 교사들의 전문적 권위보다 우위에 설 수 있었다. 결국, 중요한 것은 교사들의 의견과 위원회의 선호인가, 아니면 조사연구에 의해 뒷받침되는 전문가의 지식인가의 문제였다.

Strayer는 1905년부터 1930년에 걸친 도시 학교의 진보는 대부분 과학적 관리론의 적용, 그리고 학교행정가의 전문적인 훈련 때문이라고 믿고 있었다. Strayer가 생각하는 진보란 다음과 같았다.

분명한 계선 및 참모 조직의 발달

개인 및 집단의 능력과 요구에 따라 교육할 수 있도록 하기 위한 전통적이고 획일화된 초등학교와 중등학교(고등학교 포함)의 재조직

"지능이 떨어지고 태만하며 신체적 장애가 있는 학생", 직업 교육, 보건과 체육 같은 과목의 수업을 위한 특별학급의 신설

교육 · 자격증 · 정년보장의 표준, 업무의 전문화, 장학을 통한 교직 및 행정직의 전문화

"공공 회계" 방법의 표준화 및 준수 의무화

예산편성, 기획, 관리 및 재정에서 "건전한 기업 행정"의 도입

Cubberly, Strayer와 기타 행정적 진보주의자들은 여러 가지 측면에서 기업 관리를 전문화하고 국가기관을 관료화하며 미국을 기업형 국가로 변형시키려고 했던 더욱 광범위한 운동의 작은 부분이었다. 이런 이유로 인해 전반적인 경영 사상의 발달을 살펴보지 않고는 교육행정 사상의 발달을 이해할 수 없다. 이하의 분석은 두 측면 모두에 주의를 기울이고 있다. 즉, 일반행정에서 진화되어 온 사상의 중요한 흐름을 살펴보고, 그러한 아이디어가 학교의 조직 · 관리 · 운영방법의 과거와 현재에 어떻게 영향을 주었는지를 설명하기로 한다.

행정 사상의 중요한 흐름들

간단히 요약하면, 행정에 관한 최근의 지적 발달은 행정 사상의 네 가지 주요한 흐름으로 구분할 수 있을 것이다. 이들 각각은 행정을 바라보는 상당히 다른 모형들을 제시하고 있다. 이 모형들은 *효율(efficiency)*, *인간(person)*, *정치(politics)*, 그리고 *문화(culture)*와 관련되어 있다.

이러한 행정 사상의 네 흐름은 지난 100년에 걸쳐 있다. 효율성 시기는 1900년대 초에 시작하여 1930년대까지 인기를 끌었다. 인간에 대한 관심을 강조하는 조직 및 행정 모형들은 1930년경부터 1960년 중반까지 우위를 차지하고 있었고, 오늘날에도 학교행정에 관한 문헌들과 실무자들 사이에서는 여전한 인기를 누리고 있다.

제2차 세계대전 말부터 현재까지의 기간에 걸쳐 있는 정치적 관점은 많은 사람들에 의해 교육행정에서 현재의 사고를 지배하고 있는 것으로 여겨지고 있다. 효율성 모형과 인간 모형도 완전히 교체되었다고 볼 수 없다. 두 모형 모두 학문 공동체와 실무 전문가들로부터 지지를 받고 있다. 실제로 그 모형들이 제시하는

것들의 대부분은 여전히 적절하고, 정치적 및 의사결정 관점으로 통합될 수 있다. 정치적 및 의사결정 관점 역시 현재는 인기가 있지만, 이 분야의 지식 확장의 자연적 진보의 일부로서 다른 관점으로 대체될 것이다. 교육행정 분야에서 새롭게 등장하고 있는 하나의 관점은 조직 구조, 업무 설계, 조직 행동의 분석에서 문화에 대한 높은 관심을 반영하고 있다. 문화는, 효율성, 인간, 정치의 경우에서와 마찬가지로, 조직 생활에 관해 사람들이 구체적으로 사고할 수 있도록 도와주기 위하여 사용되는 하나의 은유이다.

대부분의 경험 많은 행정가들은 모든 관점들로부터 장점을 추구하면서 중용적이고 관대한 태도를 취한다. 그들은 이론 및 연구로부터 얻은 지식을 직접적으로 실무에 적용하는 것이 아니라, 간접적으로 실무에서 의사결정을 하는 과정에서 자신의 직관적 판단에 필요한 정보로 활용하는 반성적인 실행 태도를 취한다(Schon, 1983; Sergiovanni, 1987). 그들은 활용 가능한 행정모형들로부터 수집된 지식을 도구적으로보다는 개념적으로 활용한다(Kennedy, 1984). 이상적으로 보면, 모형들은 학교행정가가 전문적 문제들에 관해 사고할 수 있도록 도움을 주기 위해서 활용되어야 하고, 그들이 무엇을 해야 할지를 (직접적으로) 알려주거나 다른 모형들에 관해 아무런 관심을 두지 않도록 사용되어서는 안 된다.

불행하게도 행정모형들은 때때로 행정가들에게 마음속 전경(mindscapes)이 된다. 이 경우, 그들의 사고와 행동은 특정한 방식으로 프로그램화되고, 그들은 다른 관점들을 무시하거나 의심하게 된다. 따라서 여기서 설명하는 주요한 사상의 흐름들을 개관할 때, 각 흐름은 전문적 실행의 특정 측면에 대해서는 적합하나, 다른 측면에 대해서는 그렇지 않다는 점을 명심해야 한다. 이에 더하여 그 관점 중 어느 것도, 배타적으로 사용될 경우에는 완전히 충분히 종합적이지도 사실적이지도 않다. 예컨대 효율성 모형은 고등학교 일정표를 편성하거나 또는 일련의 출석 혹은 구매 관리 정책을 개발하는 데 효과적일 수 있다. 그러나 이 모형을 교사의 동기 부여, 장학, 평가와 관련된 문제들에 적용하는 것은 관료적인 교수방법, 엄격한 학습, 그리고 심각한 교직원 사기문제를 지속적으로 야기할 가능성이 있다. 사상의 흐름들과 추론된 모형들을 논의하고 비교할 때에는 전문적 실제에서 각 모형을 활용할 때 수반되는 비용과 혜택을 모두 유념할 필요가 있다. 이러한 분석은 사람들이 모형들을 여러 대안 가운데 하나로 활용하도록 도움을 주어야 한다. 각 모형들은 실제의 서로 다른 측면들에 적합하다. 어느 전문직에서나 이것이 반성적 실제(reflective practice)의 본질이다.

이 논의에서 중요한 제한점은 모든 것을 속속들이 분석하지는 않았다는 것이다. 이 개관의 의도는 모형들의 핵심을 제시하고 모형들의 차이점을 강조하는 것이다.

효율성에 대한 관심

여러 측면에서 오늘날의 학교는 기존에 확립된 성공적인 경영의 원칙들에 따라 조직·운영되고 있다. 교수업무와 조정업무는 특정 역할에 배정됨으로써 직무의 분화가 존재한다. 역할은 직무 명세서에 따라 정의된다. 직무 명세서는 학교가 달성해야 할 것에 대한 전반적인 개념과 분명하게 연결되어 있다. 통제 범위, 학생/교사 비율에 관한 지침들은 교사가 얼마나 필요한지, 그들이 어떻게 배정되어야 하는지를 결정할 때 도움이 되는 것으로 여겨져 왔다. 업무는 세분화되고, 특별한 기능을 수행하기 위해 전문가가 고용된다. 역할에는 위계가 있고, 어떤 역할은 다른 역할에 비해 더 많은 권위와 특권을 누린다. 위계의 발달은 계층제에서 더 낮은 계급을 가진 사람들이 직무 기대 및 목표와 일관성을 갖고 기능하는 것을 보장하는 데 도움을 준다. 일상적인 의사결정은 정책 및 규칙 체계의 수립 및 모니터링을 통해서 정형화되고 통제된다. 이것들은 다시 조직의 목표를 위한 더 신뢰할 만한 행동들을 보증한다. 분쟁 조정, 자원 배분, 직원 평가를 위한 적절한 의사소통 채널이 수립되고 객관적인 기제들이 개발된다.

과학적 관리와 효율성 모형 오늘날 좋은 관리 방법이라고 당연시되는 것들의 대부분은 *과학적 관리론*이라 불리는 행정의 발달 시대에 연원을 두고 있다. Frederick Winslow Taylor는 과학적 관리 운동을 창안한 아버지라 할 수 있다. 교육에서의 조직과 관리에 끼친 그의 영향력은 이제 명약관화한 사실이므로(Callahan, 1962), 여기에서는 간단하게 언급하기로 한다.

1911년 발간된 *과학적 관리의 원리(Principles of Scientific Management)*에서 Taylor는 업무 및 조직에 관한 자신의 과학을 위한 네 가지 중요한 원칙을 제안했다. 첫 번째는 직관적인 조직업무 수행방식을 최적의 비용-편익 비율을 얻기 위한 관찰 및 분석을 기반으로 하는 과학적 방법으로 대체하는 것이다. 그는 모든 과업마다 최선의 방법이 결정되어야 한다고 생각했다. 두 번째 원칙은 그 직무에 가장 적합한 사람을 과학적으로 선발하고, 그 사람에게 수행해야 할 과업 및 절차를 철저하게 훈련시키는 것이다. 세 번째 원칙은 설정된 표준과 절차에 따라 과업이 실행될 수 있도록 모니터링, 엄격한 감독, 유인 체제를 통하여 "그 사람들과 철저하게 협동하기"이다. 네 번째 원칙은 관리자와 종업원의 직무를 구분함으로써 관리자가 직무의 기획 및 준비 그리고 감독에 관한 책임을 맡도록 하는 것이다. Taylor는 종업원이 하는 일은, 한편으로는 자료 수집에 초점을 둔 모니터링 체제를 통해서, 그리고 다른 한편으로는 엄격한 직접적인 감독을 통해서 관리에 긴밀하게 연계되어야 한다고 믿었다.

Taylor의 아이디어는 교육행정의 연구와 실제 속으로 빠르게 확산되었다. 이 시기의 교육자이자 과학적 관리론의 지지자인 Franklin Bobbitt는 다음과 같이 진술하였다.

> 어느 조직에서나 관리자와 감독자는 조직이 추구하는 목표들을 분명하게 정의하여야만 한다. 그들은 이 목표 달성을 위해 모든 종업원들을 조정해야 한다. 그들은 최선의 작업 방법을 찾고, 그 방법을 종업원들이 사용하게 해야 한다. 그들은 종업원들에게 필요한 자격조건들을 결정하고, 가능하다면 모든 종업원들이 자격 표준에 도달하는지 확인해야 한다. 불가능한 경우에는 그가 조직으로부터 분리되어 있는지를 확인해야 한다. 이것은 직무수행 전에는 종업원을 사전교육하고, 직무수행중에는 표준자격을 계속 유지할 수 있도록 해야 하는 직접적, 간접적 책임을 요구한다. 관리자와 감독자는 종업원에게 수행해야 할 직무, 도달해야 할 표준, 채택할 수 있는 방법들, 그리고 사용해야 할 자원 및 설비에 관하여 지속적으로 자세히 지시해야 한다. 그들은 바람직한 노력을 자극하기 위해 종업원들에게 인센티브를 제시하여야 한다. 조직의 목적 또는 본질이 무엇이든지 간에, 효과적인 조직이 되기 위해서는, 이러한 일들은 언제나 지시자 그리고 감독자의 과업이다(Bobbitt, 1913).

조직과 관리에 대한 Taylor의 이론들은 효율성 원리들을 주제로 한 교육 및 교육행정에 관한 하나의 학문을 창조하는 수단이 되었다. Cubberly는 이것이 행정가들을 위한 새로운 전문직 모형을 대표하는 학문이라고 믿었다. Cubberly는 다음과 같이 설명하였다(Callahan, 1962에서 재인용).

> 학교체제를 조사하고 평가하려는 최근의 시도들, 그리고 과학적 노선을 따라 교수 효율성을 판정하려는 최근의 시도들은 행정적 문제들을 해결하기 위한 과학적 방법의 발전에 공헌해왔다. 이 과학적 방법은 머지않아 우리로 하여금 교육적 진보를 측정하는 그리고 교육적 효율성을 판정하는 이러한 새로운 단위와 척도의 관점에서 우리 학교행정의 역사를 완전히 새롭게 써야 할 것으로 예상된다. 이런 모든 전개양상들은 명백히, 한편으로는 교수(teaching) 직무와 구별되면서 다른 한편으로 정치와도 구분되는 새로운 학교행정 전문직의 발달 방향을 가리키고 있다(p.217).

과학적 관리는 행정 및 조직 이론 자체가 아니라, 행정가들이 따라야 할 일련의 원칙과 간명한 지침을 제공한다. 1910년경과 1950년경 사이에, 유럽과 미국의 많은 저자들은 효율성 모형에 관한 기본 개념과 전략을 행정 및 조직 설계에 관련된 광범위한 현안들에 적용시켰다. 프랑스 이론가 Henri Fayol(1949)은 바람직한 관리 원칙에 관한 일반 목록을 제안하였고, 그 목록은 큰 인기를 얻었다. 여기에는 직무의 분화, 권위, 책무, 규율, 명령의 통일, 지시의 통일 등이 포함되어 있었다. Gulick과 Urwick(1937)은 명령의 통일, 통솔의 범위, 조직구조와 인간의 조화에 관한 원리들을 제안하였다. 그들은 목적에 의한 직무의 분화뿐만 아니라 과정, 인간, 장소에 따른 직무의 분화를 지지하였다. 효율성은 목표와 결과에 관한 명확한 규정, 직무의 분화를 통한 과업의 전문화, 그리고—일단 최선의 방법이 밝혀지면—종업원들의 과업에 대한 통일성과 신뢰성을 확보하고 생산의 표준화를 보장할 수 있는 통제 체제의 도입을 통해서 극대화될 수 있었다.

다음에서 제시되는 Fayol(1949)의 관리 원칙들은 경영대학에서 사용하는 행정에 대한 효율성 문헌들의 실례들로서 오늘날에도 다양한 학위과정에서 여전히 사용되고 있다.

1. *직무의 분화(division of work)*: 과업 전문화에 기반을 둔 분업의 원칙을 실행해야 한다. 업무를 작은 단위들로 나누고, 각 개인은 제한된 수의 업무만을 담당하는 방식으로 집단을 구성한다.
2. *권위(authority)*: 권위는 명확하게 서술되어야 한다. 그리하여 종업원들이 자신의 책임을 알 수 있어야 하고, 위계상 다른 종업원들과의 상, 하, 좌, 우 관계가 분명히 설정되어야 한다.

3. *규율(discipline)*: 상급자(가령, 교육행정가 또는 교사)가 하급자로부터 복종과 존경을 기대할 권리를 가지도록 규율이 있어야 한다.
4. *명령의 통일(unity of command)*: 권위 관계를 분명히 서술하기 위한 하나의 기제로서 명령의 통일이 실행되어야 한다. Fayol은 종업원은 오직 한 사람의 상급자에게만 지시를 받고 그에게만 책임을 다해야 한다고 믿었다. (팀 티칭 계획에 반대하여 종종 인용되는 주장 가운데 하나는 교사와 학생 간의 전통적인 권위구조가 애매해져서 학생들이 누구에게 속해 있는지가 확실하지 않다는 것이다.)
5. *지시의 통일(unity of direction)*: 각각의 목표에는 그것을 달성할 책임이 있는 특정한 집단의 성취에 관한 구체적인 계획이 수반되어야 한다.
6. *개인적 이익의 종속(subordination of individual interest)*: 개인적 이익이 조직의 이익에, 그리고 과업 집단의 이익에 종속되도록 장려해야 한다.
7. *보상(remuneration)*: 비합리적으로 과다하게 지급되는 것을 피하기 위해 보상은 공정하게 그러나 정례적으로 이루어져야 한다. 예를 들면, 표준 보수표가 성과급보다 더 나은 것으로 여겨진다.
8. *집권화(centralization)*: 적절한 조정을 위해서는 필요할 경우 적절한 통제가 수반된 신중한 분권화와 더불어 의사결정의 집권화가 실행되어야 한다.
9. *계층 조직(scalar chain)*: 최고위직으로부터 최하위직까지 명령이 전달될 수 있는 의사소통의 계통을 규정하기 위한 기제로서 계층 조직이 있어야 한다.
10. *질서(order)*: 물질적, 사회적 질서를 위해 모든 사물과 사람이 적절한 자리에 존재하는 것을 보장하기 위한 규칙이 있어야 한다.
11. *공정성(equity)*: 정의가 행정적 활동을 지배한다는 의미에서의 공정성이 실천되어야 한다.
12. *안정성(stability)*: 직원의 정년보장의 안정성은 바람직하므로 이를 위해 지속적으로 노력한다.
13. *자발성(initiative)*: 조직의 모든 계층에서 자발성이 장려되어야 한다.
14. *단결(esprit)*: 종업원들의 조화와 단결은 장려되어야 한다.

일부에서는 Fayol의 원리 가운데 처음 10개의 원리들이 나중에 언급된 4개의 원리와 상호모순을 빚는다고 주장한다. 공정성, 안정성, 자발성, 단결의 원리는 관리 및 조직에서의 유연성과 조직내 권위의 분권화가 부족할 경우에는 훼손될 가능성이 있다.

효율성 원리는 오늘날까지도 교육과정 개발, 교육자료 선택, 교수체제 개발, 그리고 기타 교육행정의 여러 측면에서 중요한 고려사항으로 지켜지고 있다. 과학적 관리론은 지난 세기의 3/4의 기간 동안 부침을 겪어왔고, 오늘날에는 다시 조명을 받고 있다. 사회적으로 정치적 보수주의가 득세하고 책무성에 대한 요구가 거세지면서, 교육의 경제적 목표에 대한 정책결정자들의 새로운 공약에 의해, 그리고 관리기법들(예, 경영과학, 체제분석, 컴퓨터 시스템)의 진보와 더불어 초기의 과학적 관리론은 새로워지고 한층 더 정교한 형태로 다시 등장하고 있다.

교육에서 이러한 신과학적 또는 현대적 과학적 관리론은 성과 계약, 행동 목표, 주 및 연방수준의 평가, 비용-편익분석, 목표 관리, 전략적 기획, 경영정보 시스템과 같은 효율성에 관한 아이디어를 제공하고 있고, 이들 각각은 비용을 절감하면서도 교육의 신뢰성과 생산성을 극대화할 수 있는 방법들을 처방하고 있다.

1980년대 초에 시작한 학교 개혁 운동은 정책도구로서 명령(mandate) 및 유인(incentive)을 강조하였다(McDonnel & Elmore, 1987). 이 운동은 관리에서 효율성에 관한 높은 관심을 반영하였고, 과학적 관리론의 많은 원리들을 구체화하였다. 측정가능한 목표와 교육과정 간의 긴밀한 연계, 구체적인 교수 형식을 동반한 교육과정, 엄격한 감독과 평가체제를 동반한 교수, 그리고 그외 시험을 거쳐야 하는 모든 것이 그 예들이다. 일반적으로 이러한 개혁운동에서 질적 통제는 표준화된 평가체제와 시험 프로그램과 같은 외부 통제 기제들을 설계함으로써 해결될 수 있는 관리상의 문제로 간주되었다. 대부분의 주에서 학교개혁운동은 학교교육을 제공하기 위한 한 가지 최선의 방법을 찾는 방향으로 편향되어 있었다.

NCLB, 그리고 그와 관련된 주의 책무성 체제들 역시 과학적 관리론의 특성들을 구현하고 있다. 학교에는 교육의 방법을 결정할 수 있는 제한적인 권력이 부여되나, 목표에 관해서는 그렇지 않다. 학교는 주와 연방 수준에서 결정된 획일적인 표준에 도달해야 할 책임이 있다. 어쨌든 그 주어진 표준은 교육방법의 결정에도 제약요소로 작용하고 있다. 이러한 비공식적인 그러나 학교현장에 실질적으로 영향을 미치는 지침을 통해서 과학적 관리론은 지속되고 있다.

그러나 신과학적 관리론에서는 면대면 감독과 같은 전통적인 과학적 관리론의 통제기제들이 좀 더 비개인적이고 기술적인 혹은 합리적인 통제기제들로 대체된다. 면대면 감독을 피할 수 없을 때조차도, 직접적인 대면이 중요하지 않도록 통제기제는 비개인적이고 프로그램화되게 된다. 평가자가 고려해야 할 사항을 규정하고 이러한 고려사항을 준수하는 규칙을 제공하는 측정지향적 체제와 교사평가체제가 그러한 사례들이다. 평가체제는 그 자체가 의사결정자로서 기능하고 사람들로부터는 최소한의 도움만 받으면서 명령을 내린다. 어떤 의미에서 이러한 평가체제는 탈교사적(teacher-proof)이면서도 탈평가자적(evaluator-proof)이다. 신과학적 관리체제에서는 다음과 같이 가정한다. 수행, 목표 또는 능력에 관한 분명한 표준들이 확인되고 측정될 수 있게 되면, 교사 및 학생들이 그러한 표준에 대해 책임을 다하도록 함으로써 그들의 과업을 더 잘 통제할 수 있고, 따라서 수행에서 더 많은 신뢰성, 효과성, 효율성을 확보할 수 있게 된다.

종업원들의 동기부여 문제도 이와 유사하게 다루어진다. 과학적 관리론에서는 사람들이 일차적으로 경제적인, 그리고 기타 외적인 인센티브에 의해 동기화되고, 자신들에게 최대의 외적 소득을 가져다주는 일을 할 것이라고 가정한다. 이러한 인센티브들을 조정함으로써 종업원들을 통제할 수 있다. 오늘날 정책결정자들 사이에서 인기를 끌고 있는 교사들을 위한 성과급제나, 더 나아가 성적에 따라 학생에게 금전적 보상을 제공하는 제도는 신과학적 사고의 실례들이다.

과학적 관리 사고의 적용 사례는 아마도 학급의 조직과 수업에서 손쉽게 발견할 수 있을 것이다. 수업 목표, 과제, 활동, 학생 통제 등에 관한 의사결정은 일반적으로 교사들에 의해 이루어진다. 수업 목표를 기준으로 학생들은 평가를 받고 있고, 점수는 학생들에게 제공되는 일차적인 유인기가 된다. 만약 교육과정이 충분하게 세부적으로 프로그램화되었다면, 교사들은 이 과정에서 미미한 역할—지시를 따르거나 내리는—을 수행하게 되고, 그들 자신은 과학적 관리의 원리에 따라 행정가들로부터 감독받고 평가받게 된다. 학생 시험 성적을 활용한 교사 평가 혹은 사전에 치밀하게 규정되고 표준화된 평가체제에 의한 교사 평가가 그 사례들이다. 1916년 Cubberly는 공장 및 생산의 은유를 사용하여 학교를 설명하였다.

> 한 가지 표준화된 제품을 생산하거나 일련의 제품들을 생산하는 어느 제조업 공장이든지 효율성 전문가 집단을 보유하여 작업처리 방법을 연구하고 그 작

> 업의 산출물을 측정하고 시험하도록 하고 있다. 그 전문가들은 공정 및 절차를 개선하고 종업원들이 더 많고 더 나은 산출물을 생산하도록 훈련시킴으로써 궁극적으로 그 공장에 커다란 이익을 가져다준다. 어떤 의미에서 보면 우리 학교들도 공장이라고 할 수 있다. 학교에서는 원자재(아이들)를 성형하고 가공하여 삶의 다양한 요구들을 충족시킬 수 있는 제품으로 만든다. 이러한 제조활동을 위한 설계서들은 20세기 문명의 요구들로부터 오고, 학교의 업무는 규정된 설계서에 따라 학생들을 만드는 것이다. 이것은 좋은 도구, 전문화된 기계, 설계서를 따르고 있는지를 보기 위한 생산에 대한 지속적인 측정, 제조과정에서 낭비요소의 제거, 그리고 산출에서 커다란 다양성 등을 요구한다(p.388).

위 글에서 공장과 생산의 은유는 학교교육에 대한 논의에서 여전히 매우 보편적으로 사용되고 있다. 교육자들은 여전히 학생을 원자재로, 교사를 종업원으로, 교장을 감독자로, 교육과정을 생산과정 명세서로, 그리고 수업은 가공과정, 즉 학생들을 원재료로부터 미리 정해진 설계서의 내용을 충족시키는 완성품으로 바꾸는 가공과정 자체로 생각하곤 한다. 신과학적 사고는 아직도 학교 현장에 강하게 남아있다.

관료제 이론과 효율성 모형 관료제적 사고는 과학적 관리론의 특징인 합리성과 확실성의 규범들을 더욱 정련하였다. 조직의 모든 측면—조직의 목표, 기술적인 요구조건 및 업무 흐름에서부터 그 조직구조의 세부적인 사항들에 이르기까지—은 정의될 수 있고, 하나의 영속적이며 매우 합리적인 대설계(grand design) 속에 편성될 수 있다고 가정하고 있다. 이제 남은 일은 이러한 설계에 프로그램화될 수 있는 사람들을 찾는 것이었다. Weber(1946)에 따르면,

> 충분히 발달한 관료제를 다른 조직과 비교하자면, 기계를 비기계적인 생산방식과 비교하는 것과 마찬가지이다. 정확성, 속도, 확실성, 지속성, 결정성, 통일성 … 이러한 것들은 엄격한 관료적 행정 안에서 최적의 지점까지 끌어올려질 수 있다. 개별적인 관료는 그가 속한 기계장치 밖으로 버둥거리며 나올 수 없다. … 대부분의 경우, 그는 늘 움직이고 있는 기제 안에서 단지 하나의 톱니바퀴일 뿐이다. 그 기제는 그를 궁극적으로 정해진 길을 따라 행진하도록 만든다(pp.34-37).

관료제론은 사람들이 일차적으로 경제적인(또는 다른 외적) 이익에 의하여 동기가 부여되고 자신의 경제적인 이익을 극대화하기 위해 일을 한다는 가정을 과학적 관리론과 공유한다. 그런데 경제적인 이익이 조직의 통제하에 있기 때문에 개인은 조직에 의해 관리되고 통제될 수 있다. 과학적 관리론에서 개인의 합리성은 표준적인 운영절차, 공식적인 조직도, 직무 명세서, 정책 매뉴얼, 기타 조직의 규정에 따라 정의되는 조직적 합리성으로 대체된다. 이러한 조직적 합리성의 비개인적 속성은 사람들이 관료제론을 언급할 때 *기계(mechanistic)*의 은유를 연상하게 한다.

대부분의 교육조직에서 관료제의 이미지는 부분적으로 남아있고, 그 옹호자들은 질서와 확실성의 원리들을 통합하기 위하여 부지런히 일하고 있다. 이러한 효율성 모형과 연관된 인간성에 대한 상대적으로 가혹한 관념은 교사와 행정가들 사이에 일반적으로 존재하는 관계성의 특징을 충분히 설명하지 못할지도 모른다. 그러나 이러한 관념은 학생들에게는 여전히 보편적으로 적용되고 있다. 사실 관료제적 사고에 의하면 다음과 같이 예상하는 것은 당연하다. 조직 위계에서 낮은 계층에 있는 사람일수록 효율성 모형의 인간적 특성에 관한 기본가정은 그에게 더욱 적합한 것으로 받아들여질 것이다.

학교 안의 관료제는 지속되고 있다. 왜냐하면 그것은 대중들에게 질서, 합리성, 책무성, 그리고 안정성을 보증하고 있기 때문이다. 학교행정가들은 종종 관료제의 가장 열광하는 팬들 중의 하나가 된다. 권위에 대한 분명한 경계와 기능의 전문화는 한편으로는 전문적인 관리를 위한 확실한 정당성을 제공하고, 다른 한편으로는 관리적 역할을 증대시킨다(Parkinson, 1958).

Morgan(1986)은 효율성의 관점이 실제에서 지닌 강점과 제한점에 관해 다음과 같이 요약하고 있다.

> 강점들은 매우 간단하다. 조직에 대한 기계론적 접근은 오직 기계들이 잘 작동되는 조건 아래서만 잘 작용한다.
>
> (a) 수행해야 할 분명한 과업이 있을 때
>
> (b) 산출된 생산물들이 적합한 것임을 보증할 수 있을 정도로 환경이 충분히 안정적일 때
>
> (c) 정확하게 동일한 제품을 계속해서 생산하기를 희망할 때

(d) 정확성이 가장 중요할 때
(e) "인간 기계" 부품들이 고분고분하고 설계된 대로 행동할 때

그러나 이러한 성취에도 불구하고, 조직에 대한 기계론적 접근은 종종 심각한 제한점을 가지고 있다. 특히 이러한 방법은

(a) 변화하는 환경에 적응하는 데에 큰 어려움을 겪는 조직의 형태를 만들 수 있다.
(b) 무관심하고 의심하지 않는 관료주의를 낳을 수 있다.
(c) 종업원들이 자신의 이익을 조직에서 달성하도록 설계된 목표들보다 우선시할 때에는 전혀 예측하지 못했던 그리고 바람직하지 않은 결과를 가져올 수 있다.
(d) 고용인들, 특히 조직 위계상의 낮은 계급에 있는 사람들이 비인간화되는 결과를 야기할 수 있다(p.35).

인간에 대한 관심

1930년대를 지나서 기업의 인간적인 측면을 대표하는 효과적인 대항세력이 나타나기 시작했다. 이 세력은 후에 행정에 대한 독특한 사고의 유형—*인간 모형(person model)*으로 명명된—으로 진화하였다. 인간 모형의 관점들은 인간관계(human relations)와 인간자원(human resources)의 두 가지 국면으로 분화되는데, 후자는 전자의 진보적인 발달형태라 할 수 있다. *유기체적(organic)*이라는 단어는 인간모형에 관한 인간자원적 해석을 묘사하는 데 종종 사용된다. 이 유사성이 의미하는 바는 생물학적 유기체는 느낄 수 있고 성장할 수 있으나, 만약에 적절하게 양육되지 않는다면 건강을 잃을 수 있다는 것이다. 인간 조직의 유지 및 육성은 인간모형을 기반으로 경영하는 행정가에게는 중요한 관심사이다. 조직건강의 기본 구성요소는 개인 및 그들의 욕구, 그리고 개인들이 모인 집단이다. 이 관점에 따르면, 이상적인 학교는 높게 동기화되어 자신들이 내적 만족을 느끼고 있는 학교 목표들에 헌신하는 개인들이 특징인 학교이다. 이러한 개인들은 서로 연계되어 매우 효과적인 작업집단을 구성한다. 그 작업집단은 공통적인 학교 목표에 대한 헌신, 집단에 대한 충성, 구성원 간 상호지원 등을 특징으로 한다.

과학적 관리론과 관료제는 *과업의* 전문화(task specialization)를 강조하는 반면에, 인간모형의 인간자원 관점에서는 *인간의* 전문화(person specialization)를 강조한다. 과업 전문화는 권위자들에 의한 직무의 신중한 구획화, 분화, 배정을 요구한다. 인간 전문화는 개인들이 전문가로서 기능하도록 허용함으로써 그들이 자유재량적 특권을 누리고, 세부적으로 설명된 의무보다는 고객의 필요와 그들 자신의 전문적인 능력의 영향을 더 많이 받도록 한다.

이미 1909년 초 시카고의 교육감인 Ella Flag Young은 다음과 같이 언급했다.

> 공장-혁명과 공장-관리를 지향하는 경향이 지속되면서 교사들은 기계 앞에 서있는 어린이들처럼 단지 무엇무엇을 해야만 하는지에 대해 전달받고 있다. 교사들은 우리 민주사회의 힘과 효율성에 공헌할 수 있는 방법으로 인간의 정신력을 교육하고 개발시킴으로써 위대한 원동력이 될 수 있음에도 불구하고, 단조로운 일을 반복하는 단순한 노동자가 되는 경향이 있다. 그러나 그들은 학교에서 가르칠 자격이 있는 사람들의 마음과 삶에서 인간정신과 자유에 대한 사랑을 궤멸시키는 것이 어렵다는 것을 이 나라 전역에서 보여주고 있다. 결과적으로 그들은 연합체를 조직하여 함께 모여서 아이들의 삶과 교사들의 삶 속에 대단히 중요한 문제들에 관해 논의하려 한다—만약 당신이 자신이 하고 있는 일에 관해 알고 있다면, 아동들의 삶과 교사의 삶을 분리할 수 없을 것이다(Tyack & Hansot, 1982, p.181에서 재인용).

Young은 대도시 학교구의 교육감이 된 최초의 여성이었고, 전국교육협회(NEA) 회장이 된 최초의 여성이었다. 그녀는 과학적 관리에 대해 목소리를 높인 비평가였고, 교사 간 민주적 기획과 민주적인 학교행정을 지지한 선구자였으며, 교직과 학교행정에서 여성의 권리를 강변한 인사였다.

사회 철학자인 Mary Parker Follett 역시 조직과 행정에 관한, 엄격한 기계적 관점에 대해 반대의견을 거리낌 없이 얘기한 최초의 사람 중 한 명이었다. 1920년대 논문에서 그녀는 조직 설계 및 운영에 관한 과학적 관리 및 효율성 원리들과 개인 심리학 및 작업집단 심리학의 통찰력을 통합할 것을 요구하였다. 그녀의 견해에 따르면, 전문적인 행정은 한편으로는 과학을 기반으로, 다른 한편으로는 봉사의 동기를 기반으로 해야 했다(Metcalf & Urwick, 1940). Follet은 계속해서 말하기를, 이를 위하여 행정은 삼위일체적 가치들을 기반으로 해야 한다: 기예적 실천, 과학적 이해, 그리고 윤리적 배려. 이러한 "가치의 삼위일체"는 학교 지도성에 관한 오늘날의 문헌을 읽는 사람에게도 놀라울 만큼 현대적으로 보일 것이다. 이 세 가지 가치 중 어느 하나가 지나치게 강조된다면, 나머지 두 개는 무시될 가능성이 있다. Follett(1924)은 저서 *창조적 경험(Creative Experience)*에서 행정의 역동적인 본질과 이러한 본질에 대한 인간관계 및 조화로운 집단풍토의 중요성으로 관심을 돌리고 있다. Follett과 Young의 사고는 그 당시로는 상당히 진보적인 것이었고, 특히 인간자원 관점으로 진화할 때 인간에 대한 관심을 강조하는 행정적, 조직적 이론화를 위한 철학적 기반을 제공하였다.

인간관계론(Human Relations) 행정에서 *인간관계* 운동이 시작된 기점으로 가장 빈번하게 언급되는 기준은 1922년부터 1932년에 Illinois의 Cicero에 있는 Western Electric Company의 Hawthorne 공장에서 수행된 연구이다. Elton Mayo와 Fritz Roethlisberger가 이끌었던 이 연구팀은 당초 종업원의 성과향상에 영향을 미치는 물리적인 요인들, 가령 작업장 조명도, 휴식시간, 일과시간 등의 관련성을 밝히려고 노력하였다(Roethlisberger & Dickson, 1939). 연구자들은 조명도, 휴식시간, 일과시간과 같은 물리적인 조건이 증가하거나 감소하는 변화와 상관없이 생산량은 계속 증가한다는 것을 발견하였다. 마침내 연구자들은 물리적 작업조건의 변화는 생산성 증가를 유발하지 못하고, 생산량의 증가는 오히려 종업원의 사회적 조건의 변화로부터 오는 것이라고 결론을 내렸다. 종업원의 동기 및 만족도의 변화가 생산량의 증가를 가져온 것으로 여겨졌다. 또한 이러한 것들은 실험기간동안 연구자들과 다른 사람들이 사용한 민주적 유형의 감독과 더욱 관련되어 있는 것처럼 보였다. 기존 작업조건과 비교했을 때, 종업원들은 연구자들로부터 전례가 없던 관심을 받았고, 다른 종업원들과 쉽게 사회화될 수 있었으며, 작업조건 결정에 관해서도 발언할 수 있었다. 이러한 조건들은 차례로 동기와 헌신에 관한 수준을 더 높이고, 작업에 더 많은 노력을 기울이게 하였으며, 호손 실험에 참여한 사람들이 더 높은 생산량을 기록하도록 한 것이다.

이러한 운동의 발달에 있어 Mayo(1945)의 연구는 특히 중요하다. Western Electric에서의 그의 광범위한 인터뷰 연구는 더 효율지향적인 관리하에 있는 종업원들일수록 소외와 정체성의 상실을 더 겪고 있다는 사실을 밝혔다. 연구결과를 바탕으로 Mayo는 효율성 관리하에 있는 사람들과는 상당히 다른 특성들을 지닌 사람들에 관한 일련의 가설을 제안하였다. 그는 사람들이 일차적으로 사회적 필요에 의해 동기부여가 되고, 다른 사람들과의 관계로부터 기본적인 만족을 얻는다고 제안하였다. 그는 관리가 일의 의미를 빼앗아갔기 때문에 일에 관련된 사회적 관계 속에서 의미가 제공되어야 한다고 주장하였다. 그의 인터뷰에 기초하여 Mayo는 사람들이 외적 유인가나 관리 통제보다는 동료집단의 사회적인 힘에 더욱 반응을 보인다고 결론지었다. 마지막으로 Mayo는 관리와 조직에 대한 인간의 정체성 및 충성심은 자기사회적 욕구(상호작용과 수용)를 충족시킬 수 있는 자신의 능력에 달려있다고 주장하였다. 사회집단, 종업원의 사회적 욕구 만족, 그리고 상담을 통한 종업원의 심리적 조작을 고려하는 지도성 원리들은 역사적인 호손 연구에서 발전된 관리의 사례들이다.

인간관계 사고는 종종 성취와 책임감에 대한 욕구를 희생하면서 인간의 사회적인 욕구를 지나치게 강조한다는 비판을 받는다. 종종 개인의 사회적 욕구가 조직의 업무와 더 직접적으로 연관된 다른 문제들과는 분리된 것으로 간주되고 있다. 종업원이 행복하고 안락함을 느끼는 한, 자신의 일에 영향을 미치는 정책결정에는 거의 관심을 보이지 않는다고 가정하고 있다.

인간자원론(Human Resources) 인간관계론은 Kurt Lewin(1951)의 연구와 더불어 성숙하기 시작하였다. 그는 인간의 행동을 역할기대 및 조직풍토와 같은 환경적인 요인들에 좀 더 긴밀하게 연결하려는 연구를 수행하고 있었다. 조직내 인간에 관한 그의 사회체제적 관점은 현실에 관한 좀 더 완벽한 그림을 제공하였다. Abraham Maslow, Douglas McGreger, Chris Argyris, Warren Bennis, 그리고 Rensis Likert의 저서들은 인적관계론적 사고가 성숙되면서 새로운 신조가 되었다. 이러한 이론가들은 사회심리학 또는 그 당시로는 새로운 학제간 영역이었던 조직심리학 분야에서 학문적 신뢰를 받고 있었다.* 몇몇 저자들은 이러한 인간관

---

* 예를 들어 McGregor(1960)와 Rensis Likert, *The Human Organization*(NY: McGraw-Hill, 1967)을 보라. 교육행정분야의 이 시대 저서들의 예로는 Jacob Getzels, James Lipham, and Roald Campbell, *Administration as a Social Process*(NY: Harper & Row, 1968); Thomas Sergiovanni and Fred D. Carver, *The New Social Executive: A Theory of Administation*(NY: Dodd Mead, 1973)을 보라.

계론의 성장을 인간자원론으로 명명하고, 그 강조점이 작업하는 개인들의 사회적 욕구로부터, 조직적 책무성의 증대에서 오는 그리고 조직목표의 성취로부터 오는 좀 더 내적인 만족에 관한 욕구로 변화되었음을 시사하였다(Miles, 1965; Sergiovanni & Starratt, 1979).

인적자원론 이론가들은 일반적으로 효율성 모형의 적용이 직무에서 의미상실을 초래한다고 하는 초기 인간관계론자들의 의견에 동의한다. 그러나 이러한 상실은 개인의 사회적 욕구가 무시된 탓이라기보다는 그들이 자신의 재능을 충분히 사용할 능력이 없었기 때문에 발생한 것이라고 본다. 사회적 욕구가 중요한 것은 분명하지만, 인적자원론 이론가들로부터 가장 큰 관심을 받은 욕구는 성장과 도전을 위한 개인의 역량이었다.

X이론과 Y이론에 관한 Douglas McGregor(1960)의 유명한 분석과 비교는 인적자원론 사고의 대표적인 사례이다. McGregor는 X이론과 Y이론 관리자들이 관리에 대한 매우 다른 두 가지 이론을 내면화하고 있기 때문에 그들은 서로 다르게 행동한다고 믿었다. X이론은 대체로 행정의 효율성 관점과 연관된 가정과 명제로 구성된다. 반면에 Y이론은 인간의 가치와 잠재력에 더 높은 관심을 갖는다. X이론과 Y이론의 가정과 명제는 다음과 같다.*

X이론

1. 보통의 인간은 일을 선천적으로 싫어하고 가능하면 하지 않으려고 한다.
2. 일을 싫어하는 인간의 특성 때문에, 조직목표의 달성을 위해 사람들의 적절한 노력을 유도하기 위해서는 대부분의 사람들에게 강제, 통제, 지시 그리고 징계에 대한 위협이 있어야 한다.
3. 보통의 인간은 지시받기를 선호하고, 책임을 회피하기를 바라고, 상대적으로 열정이 없으며, 무엇보다도 안전을 원한다.

Y이론

1. 업무수행을 위한 신체적, 정신적 노력을 하는 것은 놀이나 휴식만큼이나 자연스러운 것이다. 보통의 인간은 선천적으로 일을 싫어하는 것이 아니

---

* D. McGregor의 *The Human Side of Enterprise*, pp.33-34, 47-48, Copyright©1960 McGraw-Hill, McGraw-Hill Book Company의 허락을 받아서 사용하였음.

다. 통제가능한 조건에 따라, 일은 만족의 원천이 될 수 있고(그리고 자발적으로 수행될 수 있으며), 징계의 원천이 될 수도 있다(그리고 가능하다면 회피될 것이다).

2. 외부의 통제와 징계의 위협이 조직목표를 향한 노력을 불러일으키는 유일한 수단은 아니다. 사람들은 자신이 헌신하는 목표를 위해서 자기주도적이고 자기통제적으로 된다.
3. 목표에 대한 헌신은 목표 성취와 보상의 함수이다. 가장 중요한 보상들(예, 자기 만족 또는 자아실현 욕구의 충족)은 조직목표달성을 위한 노력의 직접적인 산출물이 될 수 있다.
4. 보통의 인간은 적절한 조건하에서 단지 책임을 수용할 뿐만 아니라 추구하는 것도 배운다. 책임 회피, 포부 결여, 안전 강조는 인간의 선천적 특성이 아니라 일반적으로 경험의 산물이다.
5. 조직의 문제 해결을 위한, 상상력 · 독창성 · 창의력과 관련된 상대적으로 높은 수준의 역량은 사람들 가운데 일부가 아니라 널리 분포되어 있다.
6. 현대 산업사회의 조건하에서는 보통 인간의 지적 잠재력이 단지 부분적으로만 활용되고 있다(McGregor, 1960, pp.33-34, 47-48).

개인의 성격과 조직 사이에 발생하는 상호작용의 본질은 연구의 또 다른 초점이다(Argyris, 1957; Getzels & Guba, 1957). 인간관계론 이론가들은 개인의 성격과 조직을 절망적으로 갈등적인 관계에 있는 것으로 보았고, 개인의 성격 편을 들었다. 효율성 이론가들은 이러한 갈등에 관한 관점은 공유하였으나, 조직의 편을 들었다. 인간자원론 이론가들도 개인의 성격과 조직 간의 갈등을 인정하였으나, 이를 고유한 것으로 보았다. 이러한 관점에 의하면, 종업원이 직무의 성취를 통해 최대의 만족과 풍요를 얻고, 그에 따라 종업원이 조직의 목표에 헌신하게 되고 이로 인해 과업이 새로운 수준의 효과성에 도달하게 됨으로써, 그 둘은 통합될 수 있다.

인적자원론 이론가들은 공유적 의사결정, 공동 기획, 공통의 목표, 책임의 증대, 자율성 확대 등이 교육행정가들이 활용하는 권력균등화 전략이 되어야 한다고 주장했다. 과업은 흥미롭고 도전적인 것이어야 하기 때문에 동기는 내재적인 것이어야 한다. 직무 풍요화(job enrichment)는 교사와 학생에게 성취 경험의 기회, 인정, 향상, 성장의 기회, 그리고 능력 향상을 위한 기회를 증가시키는 하나의 수단으로서 지지를 받았다. 인간자원론 이론가들은 사람에 대한 이해뿐만 아니라 그들의 잠재력에 관한 새로운 관심을 반영하고 있다. 예를 들어 교사들은 전문가로서 이러한 진보적이고 최적화된 아이디어들에 잘 반응할 것으로 간주되어야 했다. 교육에서 팀 티칭, 패밀리 그룹핑,* 열린 공간, 학교 안의 학교, 벽 없는 교실(open corridor), 통합수업의 날(integrated day), 복합 단위(multiunits)와 같은 조직적 개념들은 종종 인간자원론의 개념에 기반을 두고 있다. 표 5.1에서는 인간관계론과 인간자원론 관점의 기본적인 가정들을 요약하고 비교하였다.

행정에 관한 인간 관점, 특히 인간자원론의 관점은 자율성, 내적 지향, 업무수행에서 자기개발을 극대화하려는 욕구를 매우 강조하고 있다. 이러한 조건들이 한 단계에서는 교사를 위해서, 다른 단계에서는 학생을 위해서 유지되는 한, 이 관점들의 최적화된 특징들은 제대로 작동할 가능성이 있다. 그러나 자아실현 욕구의 보편성 그리고 개인의 삶에서 직무 환경의 중요성에 관해서는 논쟁의 여지가 있다. 이 쟁점에 관해 Dubin(1959)은 다음과 같이 언급했다.

> 직무는, 아마도 대부분의 종업원들에게, 그리고 관리직에 있는 사람들에게도, 그들의 삶에서 핵심적 관심사가 아닌 제도적 환경을 의미할 수 있다. 그 결과는 직무에 참여하면서도 무관심과 냉담한 태도가 일반적으로 널리 퍼져 있는 것이다. … 따라서 산업체 종업원들은 조직, 회사, 또는 노동조합의 횡포에 의해 강요당하고 있다는 것을 느끼지 못한다(p.161).

Strauss(1963)는 다음과 같이 경고한다.

1. 비록 많은 개인들이 업무에서 상대적으로 만족을 거의 느끼지 못하고 있으나, 가설들이 제시하는 것만큼의 결핍은 아닐 수 있다. 왜냐하면 이러한 개인들의 다수가 그들의 삶의 중심에서 일을 몰아내고, 공동체나 가정 안에서 대부분의 만족을 찾기 때문이다. 이러한 사람들에게 권력 균등화는 크게 효과를 발휘하지 못할 것이다.

* 패밀리 그룹핑(family grouping): 연령이 다른 아동을 하나의 학습 그룹에 편성하는 방식

표 5.1 인간관계론과 인간자원론의 관점 비교

인간관계론 모형	인간자원론 모형
인간에 대한 태도	
1. 우리 문화권에 있는 사람들은, 그 가운데 지도자들은, 소속되고 사랑받고 존경받으려는 일련의 보편적인 욕구를 공유한다.	1. 소속감, 존경에 대한 보편적인 욕구를 공유하는 것에 더해, 우리 문화권에 있는 대부분의 사람들 그중에서도 교사들은 가치로운 목표를 달성하기 위해 효과적이고 창의적으로 공헌하기를 소망한다.
2. 교사들은 개인적 인정을 바라지만, 더 중요한 것은 그들이 학교나 자신의 과업집단에 유용하다고 느끼기를 원한다.	2. 대부분의 교사들은 현재 업무나 작업환경이 요구하거나 허용하는 것보다 주도성, 책임감, 창의성을 훨씬 더 많이 행사할 수 있는 역량이 있다.
3. 교사들은 이러한 중요한 욕구들이 충족될 때 학교목표에 자발적으로 협력하고 순응하는 경향이 있다.	3. 이러한 역량들은 미개발된 자원을 대표하나, 현재 낭비되고 있다.
참여의 종류와 규모	
1. 행정가의 기본적인 임무는 각각의 교사들이 그들이 해당 팀에서 유용하고 중요하다고 믿도록 만드는 것이다.	1. 행정가의 기본적인 임무는 부하직원이 그들의 능력을 학교의 목표를 성취하는 데 최대한 사용할 수 있는 환경을 만들어주는 것이다. 그들의 과업은 부하직원들의 창의적인 자원을 발견하는 것이다.
2. 행정가는 기꺼이 결정사항을 설명하고 그 계획안에 대한 부하직원의 반대에 관해 토론한다. 그들은 일상적인 문제에 관해서는 부하직원들이 기획하고 결정하도록 격려한다.	2. 행정가들은 일상적인 결정뿐만 아니라 중요한 사항에 대해서도 교사들의 참여를 허용하고 격려한다. 사실 학교에 대한 의사결정이 중요할수록, 행정가들은 교사 자원을 개발하기 위해서 더욱 노력한다.
3. 교사 집단 혹은 개인 교사들은 좁은 범위내의 계획 실행에서만 자기결정 및 자기통제력을 행사하도록 허용되어야 한다.	3. 행정가들은 교사들이 더 나은 통찰력과 능력을 개발하고 보여주는 한 그들이 자기결정 및 자기통제력을 행사할 수 있는 영역을 지속적으로 확장해나가야 한다.
기대	
1. 교사들과 정보를 공유하고 그들을 의사결정에 참여시키는 것은 소속감 및 개인적 인정에 관한 그들의 기본적 욕구들을 만족시키는 데 도움이 될 것이나.	1. 의사결정과 수행의 전반적인 질은 행정가와 교사들이 그들 학교의 경험, 통찰, 창의성을 최대한 활용할 때 향상될 것이다.
2. 이러한 필요를 충족시키는 것은 교사들의 사기를 증진시키고, 공식적 권위에 대한 저항을 감소시킬 것이다.	2. 교사들은 자신들이 이해하고 설정시 도움을 주었던 가치 있는 목표를 성취하는 데 있어서 책임감 있는 자기결정과 자기통제력을 행사할 것이다.
3. 교사의 높은 사기와 공식적 권위에 대한 저항 감소는 학교 성과의 증진으로 이어질 수 있다. 이는 적어도 마찰을 줄이고 행정가의 직무를 좀 더 편하게 만들 것이다.	3. 교사의 만족은 수행의 향상과 이에 창의적으로 기여할 수 있는 기회의 부산물로서 증가할 것이다.

출처: R. E. Miles, "Human Relations or Human Resources?" *Harvard Business Review, 43*(4), 1965, p.151. 허락하에 수정하였음.

2. 개인들은 단지 자율성, 자아실현 등을 성취하기 위해 동기화되지 않는다. 강조점들이 다양하기는 하지만, 개인들은 또한 안전을, 그리고 자신들에게 기대하는 것이 무엇인지 알기를 원한다. 권력 균등화가 그것을 위해 아직 준비되지 않은 사람들 사이에서 많은 불안감을 불러일으킬 수 있다는 것은 분명하다. 적어도 일부 개인들은 자신에게 부여되는 책임의 수용을 꺼려할 수 있다.
3. 권력 균등화 기법들은 과업이 고도로 프로그램화되어 있어서 산출의 "적정" 수준에 관한 관리만 필요할 때에는 크게 의미가 없다. 그러한 상황하에서는 직무 설계와 감독 기법의 수정에 따르는 비용이 직무 동기의 증진을 통해 얻을 수 있는 이익보다 더 클 수도 있다.

인간 관점(person views)에 대한 또 다른 비판은 효율성 이론에도 마찬가지로 적용되는데 조직내부에 관한 강조이다. 개인적 및 집단적 쟁점에만 거의 배타적으로 초점을 맞춤으로써, 교육행정의 더 큰 사회적, 정치적, 법적 맥락들이 덜 강조되고 종종 무시되기도 한다. 이 문제는 다음에 등장하는 행정의 정치적, 문화적 모형들에 관한 논의에서 좀 더 본격적으로 논의된다.

정치에 관한 관심

정치적인 사고는 교육행정에 관한 문헌에서 새롭고 중요한 발전을 대표한다. 여러 측면에서 이 관점은 조직과 행정에 관한 사고의 중요한 변화—중요한 패러다임의 전환—를 의미한다. 정치적 관점이 효율성 혹은 인간을 강조하는 관점들과 구분되는 네 가지 중요한 강조점은 다음과 같다.

1. *다른 이론들의 관점은 일차적으로 조직으로서 학교에 대한 내부적인 힘, 사건, 활동에 관심을 가진 데 반하여, 정치적인 관점은 그 조직을 둘러싼 외부환경의 영향력과 조직과의 역동적인 상호작용에 관심을 가진다.* 예를 들면 학교를 폐쇄적인 조직보다는 개방적인 조직으로, 환경으로부터 고립되어 있는 자주적 독립체라기보다는 더 큰 환경 속에 통합된 일부로 본다. 하나의 조직으로서 학교는 투입을 받아서 그것들을 처리하고 자신의 환경에 산출물을 돌려준다. 일반적으로 투입은 다양하고(예, 능력이 서로 다른 학생들), 산출물에 대한 요구들은 상호

모순적(학교는 학생들을 엄격하게 통제해야 하지만, 동시에 그들에게 자기책임과 주도성을 길러주어야 한다)이기 때문에, 학교와 환경 사이에는 끊임없는 상호작용이 존재한다. 이러한 상호작용의 본질은 정치적이다. 왜냐하면 쟁점들은 해결되고 협상은 타결되며 합의에 도달되기 때문이다. 내부적으로 학교는 상호의존적인 하위단위 및 집단으로 구성되어 있고, 서로 경쟁하는 이해관계를 갖고 있다. 이러한 각각의 하위단위들은 다른 것들이 영향을 받는 것과 마찬가지로 영향을 받고, 이 단위들은 함께 하나의 작은 개방체제를 구성하고 있다. 이 작은 개방체제는 학교의 더 큰 조직적-환경적 상호작용을 특징짓는 정치적 행동과 동일한 법칙들의 영향을 받는다.

2. *다른 이론적 관점들이 정책 결정에 관한 행정을 강조하는 데 반하여, 정치적 관점에서 강조하는 것은 정책 개발에 관한 것이다.* 정치적 관점은 목표가 주어진 것으로 생각하지 않는다. 목표들은 매우 불안정하고 지속적으로 변화한다. 따라서 목표 합의 도출과정에서의 협상절차를 이해하는 것과 그러한 합의의 외부세력에 대한 민감도를 이해하는 것을 중시한다. 더 나아가 교육행정가들은 대개 이러한 세력들을 거의 통제하지 못하고 기껏해야 목표 합의가 이루어질 때 중개역할을 할 뿐이라는 것이 주된 생각이다. 이러한 이유들로 인해, 정치적 사고에서는 단순한 집행이 아니라 목표 개발의 분석과, 목표를 지지하는 충분한 세력을 모으고 결집시키기 위한 연합전략의 구축이 더 중요하다.

3. *갈등에 대해 다른 이론들은 갈등을 억압하고 계획하고 은근슬쩍 넘기고 또는 해결해야 할 대상으로 여기는 반면, 정치적 관점에서는 갈등을 본질적이면서도 필수적인 것으로 여긴다.* 인간모형을 근거로 하는 이론가와 현장실무자들은 갈등해결이 중요한 관심사이다. 실제로, 그들은 갈등을 병리학적인 것으로 생각한다. 단일한 최선책의 발견 및 활용이 합리적 모형과 기계적 모형의 특성이기 때문에, 효율성을 지지하는 사람들은 또한 갈등을 교정해야 할 일탈행위로 간주한다. 이러한 갈등의 이미지들을 Baldridge(1971)의 개념과 비교하면 다음과 같다.

> 갈등은 본질적인 것이고 역동적인 조직 내에서 예견될 수 있는 것이다. 갈등은 비정상적인 것이 아니고, 조직 공동체의 붕괴를 예고하는 필연적인 증상도 아니다.
>
> 조직은 많은 권력동맹들과 이익집단들로 분열되어 있고, 자신들의 가치와

목표가 가장 중요하게 고려될 수 있도록 그들이 정책에 영향력을 행사하는 것은 당연하다.

모든 조직들에서 소규모의 정치적 엘리트 집단들이 대부분의 중요한 결정을 좌우한다. 그러나 이것이 하나의 엘리트 집단이 모든 것을 좌우한다는 의미는 아니다; 의사결정은 분할되어 있어서 서로 다른 의사결정에는 그것을 좌우하는 서로 다른 엘리트 집단이 있다.

공식적인 권위는, 관료제에 의해 규정된 것처럼, 그에 대항하여 힘을 발휘하는 집단들의 정치적 압력과 협상 전략들에 의해 엄격하게 제한을 받는다. 의사결정은 단순히 관료주의적 명령이 아니고, 경쟁하는 집단들 사이에서 협상된 타협이다. 관리들이 단순하게 결정사항을 마음대로 지시할 수 있는 것이 아니다; 오히려 그들은 권력동맹들 사이에 가능한 타협이 이루어지기를 바라면서 이익집단들 사이에서 조정 작업을 해야만 한다.

외부의 이익단체들은 조직에 대해 커다란 영향력을 가지고 있고, 내부집단들은 진공상태에서 정책을 만들 수 있는 힘을 가지고 있지 않다(p.14).

4. *다른 모형들은 의사결정에서 합리성의 규범들을 가정하고 있는 반면, 정치적 이론들은 그러한 기준들을 기반으로 하지 않는다. 정치적 모형*은 목표와 헌신에 관한 결정은 주어진 것이 아니고 조직 내의 그리고 조직과 그를 둘러싼 환경 사이의 협상을 통해서 절충되는 것으로 가정한다. 이와 대조적으로, *효율성 모형*은 분명한 목표를 수립하고 이어서 목표달성을 극대화할 수 있도록 개인적, 조직적 행동을 계획하기 위한 하나의 합리적 모범(방법)을 가정하고 있다. 인간 모형 역시 종업원들 사이의 공통가치와 헌신의 핵심내용을 구축할 수 있는 하나의 합리적 모범을 가정한다. 정치적 관점에서는 가치와 헌신에 대한 합의에 관해 이상적 · 합리적 이미지를 갖고 있지는 않다. 예컨대, 학교행정가들은 자신들이 직면한 문제들에 대해 마음대로 선택가능한 해결책을 찾는 것이 아니라, 다양한 요구를 충족시킬 해결책을 찾는다. 만족화 이미지를 추구하는 행정가들은 아이들에게 가장 좋은 읽기 프로그램이 아니라, 교사들이 가르치기 쉽고 비용이 덜 드는 프로그램을 선택할 가능성이 더 많다.

합리적 그리고 비합리적 관점들 정치적 관점은 정치학과 의사결정론에 의거한 학자들이 조직과 행정에 관한 문제를 체계적으로 연구하기 시작한 1950년대 후반부터 행정가들로부터 주목을 받기 시작했다. 다른 모형들이 그러했던 것처럼, 이 학자집단은 처음에는 기업조직과 기업행정에 관심 있던 사람들 사이에서 적극적으로 받아들여졌고, 나중에는 교육행정사상의 지배적인 흐름이 되었다. 오늘날 고전적 저서가 된 Herbert Simon의 *행정 행위(Administrative Behavior: A Study of Decision-Making Processes in Administrative Organizations)*는 1945년에 처음 출판되었고, 많은 사람들에 의해 이러한 움직임의 선구자로 여겨지고 있다. Simon(1945)에 의하면, 합리성의 한계점은

> 관련된 가치, 지식, 행동의 모든 측면들을 고려한 단일한 결정을 생각할 수 있는 정신 능력이 인간에게는 없다는 것에서 비롯되는 것으로 생각되어 왔다. 인간의 선택 패턴은 종종 대안들 중의 선택이라기보다는 자극-반응의 유형에 가까운 경우가 많다. 이 경우 인간의 합리성은 심리적 환경의 제약 속에서 작동된다. 이러한 환경은 개인이 의사결정시 근거로 해야 하는 요소들의 선택을 "이미 주어진 것들"로 받아들일 것을 강요한다. 그러나 의사결정의 자극들 자체가 광범위한 목적에 도움이 되도록 통제될 수 있고, 일련의 개별적인 결정들은 하나의 치밀한 계획 안에 통합될 수 있다(pp.108-109).

나중에 Herbert Simon과 James G. March는 조직의 효율성 모형에 대한 권위 있는 비평에서 개인적인 합리성의 인지적, 정서적 한계점들뿐만 아니라 관료제 이론의 세분화된 조직사회 설계의 특징 속에 함축된 합리성의 제한점들에 대해서도 논의하고 있다(March & Simon, 1958).

March는 Richard M. Cyert와의 공동연구에서 조직운영에 관한 의사결정 관점의 기본신조들을 규정하였다(Cyert & March, 1963). 이 관점에서 조직들은, 서로 다른 이해관계를 갖고 있는 다양한 집단들과 부서들로 구성되어 있다. 의사결정은 사람들의 무능력에 의해 제약을 받는데, 인간은 최적조건하에서 최선의 결정을 내리는 데 필요한 모든 가용정보를 고려하고 활용할 능력이 없다. 내부적인 조정과 통제를 유지하고 경쟁집단 사이에서 평화를 유지하기 위한 필요에 의해서도 제약을 받는다. 또한 대단히 불안정하고 불확실한 외부환경에 의해서 의사결정이 제약을 받는다. 이러한 조건들 때문에, 조직들은 단단하게 연결되고 적절하게 배치된 건물블록으로 이루어진 깔끔하고 합리적인 피라미드 구조라기보다는

다양한 목표 간 연합들이 교체되는 혼잡한 경기장이라고 보는 것이 더 낫다. 행정가가 해야 할 임무는, 기본원리를 찾기 위해서 그리고 합리적이고 지지받는 행동이 나타나도록 충분한 지원을 함으로써 이러한 혼잡한 상황을 이치에 닿도록 만드는 것이다.

이러한 조건하에서 의사결정을 할 때 갈등은 피할 수 없는 부분이다. 비록 모호하기는 하지만, 조직의 전반적인 목적에 대한 합의가 이루어진 상황에서도 심지어 갈등이 발생한다. 왜냐하면 목적들을 행동이 수반되는 실행목표들로 구체화하는 과정에서 합의는 사라지는 것이 일반적이기 때문이다. 행정가들은 국지적인 합리성을 강조함으로써 갈등을 처리한다. 이렇게 되면, 다른 이해관계들에 대한 고려 없이 특정한 이해관계에 의해 규정되는 하나의 문제에만 관심이 집중된다. 따라서 Cusick(1983)이 지적한 것처럼, 고등학교 교실에서의 질서 유지와 교사와 학생 사이에 평화를 유지하는 문제는 학업성취의 문제와는 별개로 다루어진다. 그의 연구는 교장들은 심지어 그것이 학업목표를 희생하는 것을 의미한다 할지라도, 학생들과 잘 지내고 학급에서 그들을 잘 지도하도록 교사들에게 압력을 넣는다고 밝히고 있다. 예를 들면, 그는 "학생들에게 무언가를 가르치고 그것을 학습하는 것을 살펴보는 것보다는 학교와 교실에서 학생들을 질서정연하게 유지시키는 것이 더욱 중요하다." (Cusick, 1983, p.39)고 언급했다. 합리성의 표준은 단순하게 유지되고, 가까이 있는 즉각적인 문제에 초점이 맞추어져 있다. 그 문제가 변화하면 합리성의 표준도 변화하고, 이것이 갈등의 "유사해결" (quasi-resolution)을 가능하게 한다(Cyert & March, 1963).

또한 이러한 유사해결은 수용가능한 수준의 의사결정 규칙들을 채택함으로써 성취된다. 만약 모든 목표들을 완벽하게 성취해야 한다면, 목표들 사이의 갈등은 강화될 것이다. 그러나 그 중 하나가 수용가능한 수준의 성취를 기꺼이 받아들인다면, 여러 가지 갈등하는 목표들을 만족스러운 방법으로 추구하는 것이 가능하다. 목표에 대한 순차적인 관심도 갈등의 유사해결에 사용될 수 있다. 학교는 이 목표 또는 저 목표(학문적 성취 또는 학생 만족도) 중 하나의 목표에 완전히 헌신하거나 두 개의 목표를 하나로 통합하기보다는 마치 그것이 유일한 목표인 것처럼 우선 하나의 목표에 전념하고 그 다음에는 다른 목표가 유일한 것처럼 그 목표에 관심을 기울인다.

1970년대에 March와 그의 동료들은 교육조직에 대한 분석으로 관심을 전환했다. "조직화된 무정부(organized anarchies)"로 교육조직의 특성을 설명하고, 무정부라는 명칭을 정당화할 것으로 보이는, 그러한 조직의 독특하고 중요한 그리고 까다로운 세 가지 특징을 확인하였다.

첫째, 조직의 목표가 모호하다. 일관성 있는 일련의 목표들을 구체화하기가 어렵다. 오히려 조직의 목표들은 시간이 흐름에 따라 전환되고, 학교의 부분부분에 따라 목표도 달라지며, 행동으로 옮겨지기 어려운 용어로 진술되어 있는 것처럼 보인다. 목표에 대한 갈등이 존재하고, 그 갈등은 쉽게 해결되지 않는다. 때로 관찰된 행동에 의해 목표를 조직에 귀속시키는 것도 가능하지만, 그러한 귀속은 종종 불안정하거나 혹은 조직의 모든 참여자들이 수용할 수 없는 목표를 규정한 것으로 드러나곤 한다. 이러한 의사결정과정은 목표들에 어떤 영향력이 발휘되는 과정이라기보다는 단지 목표들이 발견되는 일련의 행동들을 반영하는 것으로 보인다. 다른 말로 하면, 목표가 행동을 이끌기(합리적 과정)보다는 행동이 먼저 있고 그 행동을 통하여 목표가 규정된다(비합리적 과정). 그러한 상황에서 목표에 관한 말들은 행정적으로는 쓸모가 없는 상투어들을 표현할 수 있을 뿐이다.

둘째, 조직의 기술이 불명확하다. 우리는 교육기관을 만들고 직원을 채용하고 교육프로그램을 구체화하는 방법을 알고 있으나, 교육기관이 작동하는 과정에 대해서는 많은 것을 알지 못한다. 그것은 적어도 어떤 의미에서는 작동하고 있다. 학생들은 변화하는 것처럼 보인다. 게다가 우리는 우리의 결과를 반복 생산할 수 있다. 만약 우리가 새로운 학교에서 그 절차를 다시 적용하면, 그것들은 거의 동일한 결과를 가져올 것이다. 그러나 우리는 그 시스템에서 계획된 변화를 가져올 수 있는 역량을 거의 갖고 있지 못하다. 일반적으로 우리는 우리가 변화를 꾀할 때, 그 다음에 무슨 일이 발생할지 모른다. 또 일반적으로 비표준화된 학생이나 환경에 표준화된 시스템을 적응시키는 방법을 모른다. 학교 안에서나 실험실 안에서나, 새로운 상황에 처하게 되면 또 일련의 새로운 시행착오 과정을 겪게 된다.

셋째, 조직 내의 참여가 유동적이다. 참여자들은 고정적이지 않다. 학생들, 교사들, 행정가들은 들어오고 나간다. 심지어 다른 참여자들 또는 잠재적인 참여자들 안에도 더 많은 이동이 발생한다. 학부모들은, 개인적으로든 집단적으로든 그들의 참여 여부에 변덕을 부린다. 지역사회 지도자들은 때로는 학교를 무시하고, 때로는 상당한 시간을 학교에 헌신한다. 정부기관들은 능동적이었다가 수동적이 되기도 한다. 조직 내의 모든 잠재적인 행위자들은 학교에 대한 관심뿐 아니라,

그들의 주의를 끌기 위해서 학교와 경쟁하고 있는 다른 관심사도 갖고 있다. 따라서 그들이 학교에 참여할지 여부는 관련된 교육조직의 특성뿐만 아니라 자신들의 대안들의 변화하는 특성에 따라 결정된다(Cohen, March, & Olsen, 1972).

학교에 관한 이러한 설명은 행정과 조직에 관한 좀 더 전통적인 이론에 내재된 개념들에 이의를 제기한다. March(1962)는 조직은 정치적 연합으로, 그리고 행정가는 정치적 중재자로 보아야 한다고 제안하였다. 하나의 정치적 연합으로서 학교의 사명과 목표뿐만 아니라 학교의 형태, 모양, 구조도 협상된다. 더 나아가 그는 조직 내부에서 개인들은 빈번하게 하위 연합체에 자주 가담하곤 한다고 언급하고 있다. 학교체제에 있는 연합체의 구성원으로는 교사, 부장, 장학사, 행정가, 관리인, 학생, 학교위원회, 학부모-교사협의회, 교원노조, 교육청 관료, 자원봉사자, 이익집단들, 규제기구, 지방자치단체의 부서들이 포함된다.

모범으로서의 기획 및 의사결정 정치에 관한 관심을 조직 내 의사결정에 적용해 보면, 조직생활이 사람들이 좋아할 만큼 합리적이지 않고, 행정적인 행위는 행정가 개인의 인간적 특성, 그리고 행정가의 업무 환경을 규정하는 정치적, 재정적, 기타 제약조건에 의해 제한을 받는다는 것을 알 수 있다. 이러한 관점에 따라, Cohen, March, Olsen(1972)은 조직에서의 의사결정을 쓰레기통에 비유한다. 학교의 다양한 문제들과 해결책들은 이 쓰레기통 안에 놓여있고, 일반적으로 해결책들은 단지 느슨하게 문제들과 연관되어 있다. 쓰레기통 비유에 따라, March와 그의 동료들은 기획 및 의사결정에 관해 우리가 좋은 이미지를 갖고 있는 것은 문제들과 들어맞는 해결책들이 반드시 존재한다고 가정하고 있기 때문일 것이라고 주장한다. 예를 들면, 우리는 종종 다음과 같이 생각하곤 한다: 전통적인 학문적 프로그램과 함께 예술과목의 통합수업과 같은 교수 프로그램(해결책)을 채택한 교사집단은 교육과정에서 예술과목의 경시와 같은 문제에 대응하기 위해서 그렇게 한 것이다(합리적). 그러나 실제로는 교사의 선호도, 훈련, 신념에 기반을 둔 해결책을 위해서 문제가 만들어진 것일지도 모른다(비합리적).

Charles Lindblom(1959)은 그의 중요한 논문 "그럭저럭 해나가기론(The Science of Muddling Through)"에서 이론적으로 기술된 합리-선형적(rational-linear) 기획 및 의사결정과, 행정 실제에서 발견되는 좀 더 현실적이고 실제적인 기획 사이의 중요한 차이점을 밝히고 있다. Lindblom은 행정가와 정책결정가들이 상당히 익숙한 대안들에 관한, 소규모의 점진적이고 연속적이며 제한적인 비교를 기반으로 의사결정을 함으로써 분산된 점진주의를 실행한다고 주장하였다. 활용할 수 있는 모든 가능성을 찾는 합리성 대신에, 해결책 탐색은 매우 제한적으로 이루어진다. 종종 신호되는 해결책이 문제와 전혀 맞지 않는 경우가 발생하고, 따라서 그 해결책에 맞게 문제가 변형되게 된다. 각 요소들이 다른 것과 양립할 수 있는 방식으로 정보는 종종 수정되고 재해석되며, 해결책들은 재설계되고, 목표는 변화된다.

분산된 점진주의는 관리 가능한 규모로 문제를 축소하고, 수집된 정보의 양을 제한하며, 선택지를 한정하며, 시야를 좁힌다. 왜냐하면 이 모든 것들이 의사결정의 과정을 더욱 관리하기 쉽고 실용적으로 만들기 때문이다. 그 최종 결론은 그럭저럭 해나가기를 특징으로 하는 의사결정론이다. Lindblom의 "그럭저럭 해나가기론(science of muddling through)"은 Simon의 주장과 잘 일치한다. 그는 행정가는 건초더미에서 가장 좋은 바늘을 찾는 것이 아니라 맨 처음으로 찾은 바늘 즉, 일을 해결할 것으로 판명된 최초의 대안을 받아들이는 것이라고 주장했다. 이 이론은 의사결정의 특징을 기술한 Cohen, March, Olsen(1972)의 쓰레기통 모형과도 잘 어울린다.

조직내 갈등의 건설적 활용에 관해서, 그리고 학교행정가의 협상 역할에 관해서는 배워야 할 것들이 많이 남아있다. 우선 갈등이 학교를 위해 건설적인 결과를 낳을 수 있다고 인식하도록 한 것 자체가 학교에 관한 정치적이고 비합리적인 의사결정적 관점의 중요한 공헌이다. 사실 학교를 정치체제로 보는 것은 학교가 실제로 어떻게 운영되고 있는지를 여러 차원에서 풍부하게 이해할 수 있도록 도와준다. 그러나 현실세계에 대한 이해가 높아지는 만큼 주의해야 할 점들도 있다. 정치적인 그리고 비합리적인 관점들과 조직의 의사결정에 대한 관점들의 적용은 주로 기술적이고, 처방적이지 않다는 것이다. 그 관점들은 무엇을 해야 하는가보다는 무엇이 실제로 일어나고 있는가를 기술하고 이해하려고 시도한다.

그러나 학교행정가들은 사건들이 있는 그대로 존재하므로 가장 중요한 점은 오로지 규칙을 받아들이고 규칙대로 경기하는 것이라고 가정해서는 안 된다. 규칙은 그 자체가 논쟁점이고, 학생들은 그 규칙으로부터 배우기 때문에 반드시 평가되어야 한다. 관리와 조직은 학교의 숨겨진 교과과정의 한 부분이다. 교사와 학생들은 공식적인 교육 프로그램으로부터 학습하는 것과 마찬가지로, 학교 내에서 학교행정가가 어떻게 조직하고 행동하는가로부터도 동일하게 배운다. 조직이 어떤 방식으로 작동하고 어른들이 어떻게 행동하는 경향이 있는가 하는 것은 학생들에게 중요한 교훈을 준다. 학교의 정치적이고 비합리적인 특성들을 이해하는 것은 행정가들이 이러한 패턴들을 부분적으로나마 통제할 수 있도록 하고, 그 안에 내포된 암묵적이지만 강력한 메시지에 영향력을 행사하도록 도와준다.

문화에 대한 관심

최근 몇 년 동안 문화적 관점에 대한 관심이 급속히 퍼져 왔다. 학교문화, 학교문화의 변화, 문화적 리더십과 같은 개념들이 학술대회, 워크숍, 학술지 논문, 서적 속에서 일상적으로 논의되고 있다. 인류학자들은 문화란 상징 및 기타 표현에 의하여 조직된 의미의 망이라고 한다(Geertz, 1973). 상징은 문화적 의미를 이해하는 핵심요소다. 예컨대, Smircich(1985)는 조직문화를 이해하려면 문화가 아닌 상징에 초점을 맞추어야 한다고 주장한다. "문화는 상호작용을 하고 있는 사람들로부터 분리되어 존재하지 않는다. 사람들은 머릿속에 문화를 갖고 있지만, 우리는 그들의 머릿속에 무엇이 있는지를 실제로 알 수는 없다. 우리가 볼 수 있거나 알 수 있는 전부는 표현 또는 상징이다" (p.67). Louis(1980)는 집단 문화의 특징을 다음과 같이 기술하였다. "일련의 공감 또는 의미는 한 집단의 사람들 사이에서 공유된다. 그 의미들은 주로 암묵적으로 구성원들 사이에 존재하고, 특정한 집단과 분명하게 관련되어 있으며, 그 집단에게는 특별하다. 의미들은 새로운 구성원들에게 전달된다" (p.16). Hofstede(1980, p.13)는 문화를 한 집단의 구성원들을 다른 집단으로부터 구분하는 정신(mind)의 집단적인 프로그래밍으로 묘사하였다.

문화적 관점의 근저에는 공동체에 관한 관심, 그리고 공유된 의미, 공유된 가치의 중요성이 있다. 종종 센터의 개념이 핵심으로 받아들여진다. 조직적이고 사회적인 센터들은 인간집단을 함께 결속시키는 문화적 유대를 제공하는 가치·정서·신념의 핵심장소를 대표한다(Shils, 1961, p.119).

문화적 관점에서의 지도성 성공적인 학교에 관한 많은 연구들(Deal, 1987; Hill, Foster & Gendler, 1990; Lipsitz, 1984; Sergiovanni, 1994)에 의하면, 그 학교들은

신성한 속성을 지닌 신념들과 가치들로 구성된 중심영역(central zone)을 가지고 있다고 한다. 사실상 그것은 공식 종교와 같아서 의미를 부여하고 바람직한 행동을 유도한다고 생각하는 것이 유용할 것이다. 중심영역은 가치의 저장소로서, 교사와 학생에게 정체성의 근원이 되고, 그것으로부터 그들의 학교생활은 의미를 갖게 된다. 따라서 문화적 관점에서 지도성의 핵심은 이러한 중심영역의 유형들을 개발하고 육성하여 그것들이 학교내 활동들에 대한 규범적 기반을 제공하도록 하는 것이다.

문화적 관점과 연관된 지도성 활동들은 다음 사항들을 포함한다: 학교의 목적과 사명을 분명히 표현하기; 새로운 구성원들의 학교에 대한 사회화; 이야기를 전달하고, 신화와 전통, 신념을 유지하고 강화하기; "여기에서 사물이 작동하는 방식"을 설명하기; 상징체계를 개발하고 표현하기; 학교문화를 반영하는 사람들 보상하기. 이러한 관점에 따르면, 그러한 지도성은 학생, 교사 등이 다 함께 신도로서 학교 일에 단결하도록 고안된다. 학교와 그 목적은 숭배되게 되고, 어떤 측면에서는 성스러운 사명에 헌신하는 이데올로기 체계와 유사하다. 사람들이 이런 강하고 결속력 있는 문화의 구성원이 되면, 그들에게 개인적인 중요성 및 유의미성이라는 특별한 느낌을 즐길 수 있는 기회가 제공되는 것으로 알려져 있다. 그들의 일과 삶은 새로운 중요성을 갖게 되고, 더욱 풍부한 의미를 지니게 되고, 정체감을 확장하고, 그리고 무엇인가 특별한 것에 소속되었다는 감정을 낳는다. 이 모든 것들은 높은 수준의 동기유발 조건들로 알려져 있다(Peters & Waterman, 1982).

학교문화에는 학부모, 학생, 교사, 그리고 한 집단 또는 공동체로 간주되는 그 밖의 사람들의 가치, 상징, 신념, 공유된 의미 등이 포함된다. 문화는 이러한 집단에게 가치로운 것이 무엇인지 그리고 구성원들이 어떻게 생각하고 느끼고 행동해야만 하는지를 결정한다. 문화의 내용에는 학교의 관습과 전통; 역사적인 설명과 비공식적 합의; 습관, 규범, 기대감; 그리고 공통의 의미와 공유된 가정이 포함된다. 학교문화가 더 많이 이해되고 수용되며 단단할수록, 그것이 추구하고자 하는 목표와 갖고 있는 이상을 위해서 더욱 잘 협력할 수 있다. 문화적 관점에 의하면, 문화는 공동의 방향으로 사람들을 이끌어주는 나침반의 역할을 하고, 사람들이 무엇을, 어떻게 달성해야 하는지를 규정하는 일련의 규범을 공급하며, 교사, 학생, 행정가 등이 일을 하는 동안 그 의미와 중요성의 근원을 제공한다는 것이다.

학교 안에 이러한 강력한 문화가 한번 수립 · 형성되면, 문화는 사고에 관한 강력한 사회화 도구로서 그리고 행동의 프로그래머로서 기능한다. 그러나 문화의 형성과 수립이 저절로 되는 것은 아니다. 오히려 그것은 학교 구성원들의 공유된 의향(sentiment)에 관한 협상의 결과물이다. 종종 학교 안에는 경쟁적인 관점들과 이데올로기들이 존재하고, 어떤 것이 중요한지를 결정하기 위해서는 다소간의 싸움이 필요하다. 행정가들은 이 싸움의 결과에 강하게 영향을 미칠 수 있는 유리한 위치를 점하고 있다. 예를 들면, 그들은 학교의 의사소통 체계를 통제하고 있어서 누구와 어떤 정보를 공유할 것인가를 결정할 수 있다. 나아가 그들은 자원분배를 통제하고, 바람직한 행동에 대해 보상하고 그렇지 못한 행동에 대해 제재를 가할 수 있다. Bates(1981)는 학교문화의 형성에서 교장의 영향력을 상세히 설명하고 있다: “따라서 한 학교의 문화는 상황의 규정에 관한 갈등과 협상의 산물이다. 학교 언어, 은유, 신화 및 의식에 미치는 행정적 영향력은 문화를 결정하는 주요한 요소 중의 하나이다. 이러한 문화는 재생산되고, 또한 교사와 학생의 의식에 영향을 미친다”(p.43).

학교문화의 형성 문화 형성을 위해서 학교 지도자들은 학교생활의 비형식적이고 포착하기 힘든 그리고 상징적인 측면에 관심을 가져야 한다. 교사, 학부모, 학생은 다음과 같은 질문에 답변할 필요가 있다고 가정된다: 이 학교는 무엇을 하는 곳인가? 여기에서 중요한 것은 무엇인가? 우리가 믿는 것은 무엇인가? 왜 우리는 우리가 하고 있는 방법으로 활동하고 있는가? 우리는 얼마나 독특한가? 어떻게 하면 나는 이 세상의 이치와 조화를 이룰 것인가? 이러한 종류의 질문에 대한 답변은 목표의식과 풍부한 의미를 부여하여 학교생활에 질서를 제공한다. Greenfield(1973)의 진술에 의하면, “많은 사람들이 학교로부터 원하는 것으로 보이는 것은 학교가 자신들의 삶에서 핵심적이고 의미 있는 가치를 반영하는 것이다. 만약 이러한 관점이 옳다면, 학교는 사람들이 그들 자신의 이미지를 형성하기 위해 투쟁하는 문화적인 인공물이다. 오직 그러한 형식 안에서 그들은 학교를 믿을 수 있고, 오직 그러한 형식 안에서만 그들은 학교에 편안하게 참여할 수 있다”(p.570). Greenfield(1984)는 지도성의 과업은 “그들 주위에 있는 사람들과 [지도자들을] 결속시켜 주는 도덕적인 질서를 창조하는 것”(p.159)이라고 믿었다.

문화 형성을 위한 지도성은 새로운 아이디어가 아니고, 지도성에 관한 문헌들에 일관성 있게 내포되어 있으며 성공적인 학교 지도자에게는 익숙한 개념이다. 예컨대 1957년에 Selznick은 다음과 같이 기술하였다.

> 창조적인 지도자의 기술이란 제도 형성의 기술이고, 인간과 기술적 요소들을 재가공하여 새롭고 지속적인 가치를 구현하는 하나의 유기체를 만들어내는 일이다. … 제도화한다는 것은 당면 과업에 관한 기술적인 요구조건을 넘어서서 그 이상의 가치를 불어넣는 것이다. 개인들이 기술자보다는 인간으로서 조직에 혹은 일하는 방법에 애착을 느끼게 될 때마다 그 도구 자체가 포상이 되는 결과를 낳는다. 헌신적인 개인의 관점에서 볼 때, 조직은 소모성 도구로부터 개인적 만족을 주는 가치로운 원천으로 변화된다. … 따라서 제도적 지도자란 일차적으로 가치를 장려하고 보호하는 전문가이다(p.28).

문화적 관점 안에서 성공적인 지도자들은 목적에 의한 지도성을 강조한다. Vaill(1984)은 목표설정을 "조직의 기본목적에 관한 명쾌함, 합의, 헌신을 이끌 수 있는 조직의 공식적 지도성에 의한 행동들의 연속"(p.91)으로 정의한다. Bennis(1984)는 목표설정을 "소망하는 상태에 관한 강제적인 비전으로서 … 현재의 상황을 정리하고 미래에 대한 헌신을 유인하는 것"(p.66)으로 정의한다. 이러한 연구자들에 의하면, 목적설정의 영향력은 업무를 수행하는 개인의 욕구, 즉 중요한 것이 무엇이며 무엇이 가치 있는 것인가에 관한 신호를 갖고자 하는 욕구로부터 유래된다.

문화적 지도성은 도구적인 측면에 매우 편향되어 있다는 점에서 효율성, 사람, 그리고 정치적 지도성과 핵심적인 내용을 공유한다. 모든 지도성에서 행정가들이 학교의 목표와 목적을 달성하기 위해 어떻게 더 많은 통제력을 얻어낼 수 있는지, 그리고 그러한 목적을 위해 노력하도록 교사들을 충분히 동기화하고 조정하기 위하여 교사들로부터 더 많은 순종을 얻어내는 방법이 무엇인지가 강조된다. 이러한 노력을 위하여, 문화적 관점을 기반으로 하는 학교행정가들은 관리적 통제, 대인관계 심리학, 정치적 협상에 대해서는 관심을 줄이는 반면, 학교 인공물, 관점, 가치, 가정을 이해하고 활용하며 필요한 경우 재구성하는 데에 더 많은 관심을 기울인다. Lundberg(1985)는 이것들이 조직문화의 네 차원을 구성한다(Dyer, 1982)고 다음과 같이 기술한다.

1. 인공물(artifacts): 이것은 조직 구성원들에 의해 공유되는 문화의 유형적인 측면들로서 언어, 이야기, 신화, 의례, 행사, 그리고 상징적 가치를 가진다고 여겨지는 시각적인 제작물들을 포함한다.
2. 관점(perspectives): 이것은 사회적으로 공유되는 규칙과 규범으로서 조직 구성원들이 부딪히는 공통문제들에 대한 해결책과, 그들이 직면한 상황을 해석하고 정의하는 그리고 용인되는 행동의 범위를 결정해주는 지침을 제공한다.
3. 가치(values): 이것은 조직구성원들이 상황, 행동, 사물, 사람을 판단하기 위해 사용하는 평가근거를 제공한다. 가치는 조직의 중요한 목표, 이상, 표준과 더불어 금기사항을 나타내고, 종종 조직의 철학 또는 사명에 관한 진술에 표현되어 있다.
4. 가정(assumptions): 이것은 구성원들 자신 혹은 타인들에 관해 갖고 있는 암묵적 신념들로 구성된다. 이 신념들은 구성원 간의 관계를 지배하고, 자신이 속한 조직에 대한 관련성의 본질을 규정해준다. 관점이나 가치와 달리 가정은 일반적으로 진술되지 않고 실제로는 의식되지 않을 수도 있다(p.171).

과연 학교행정가들이 필요한 공동체 의식, 공유된 의미, 그리고 말 그대로 신성한 문화를 형성하도록 자기 학교의 인공물, 관점, 가치, 가정을 실제로 재구성하여 매우 성공적인 학교가 되도록 할 수 있을까? Lipsitz(1984), Greenfield(1985), Firestone과 Wilson(1985)과 같은 일부 교육연구자들은 학교행정가들이 이러한 일을 할 수 있다는 몇 가지 증거를 제시하였다. 기업문화 분야의 선도적 연구자들인 Ouchi(1981), Pascale과 Athos(1981), Peters와 Waterman(1982), Deal과 Kennedy(1982), 그리고 Bennis와 Nanus(1985) 등도 이러한 견해를 지지하는 것처럼 보인다. 그러나 많은 전문가들은 문화적 지도성이 신성한 새 문화를 창조하지 않고, 오히려 조직 내부에서 나타나는 문화를 표현하고 합법화한다고 생각하고 있다. 그들은, 문화적 지도성을 선도한 최초의 견해가 조직에 너무 많은 동질성을 부여하고 조직이 획일적이고 지배적인 문화를 가지고 있는 것으로 파악하고 있다고 주장할 수도 있다. 그들의 사고방식에 따르면, 좀 더 정확한 관점은 조직을 이질성 및 합의 결여의 관점에서, 그리고 중복되고 포개진 하부문화들로 구성된 것으로 묘사할 것이다(Martin, Sitkin, & Boehm, 1985, p.102). 이 관점에 의하면, "문화를 창조하는 것은 파도타기와 같다. 여러분은 파도를 만들 수 없다. 할 수 있는 일은 오직 적당한 파도가 오기를 기다리는 것, 그 다음에 그 파도를 최대한 이용해서 서핑을 하는 것이다"(Martin, Sitkin & Boehm, 1985, p.105). 이러한 관점들 중 어느 것이 현실을 가장 잘 설명하고 있는지는 여전히 풀어야 할 숙제다.

문화적 관점과 관련된 한 가지 성가신 질문은 행정가들이 강력한 문화를 만들기 위한 노력의 일환으로 자기 학교의 인공물, 관점, 가치, 가정을 실제로 재구성해야만 하는가이다. 몇몇 이론가들은 만일 강력한 문화를 구축하는 것이 학생과 교사들의 행동과 사고에 대한 행정가의 통제를 강화시키는 결과를 낳게 된다면, 문화적 관점은 조작의 기술 및 과학을 한층 더 발전시키는 것과 거의 같은 결과를 가져올 것이라고 주장할 것이다(Bates, 1984). 조작에 대한 이와 유사한 비난은 인간 관점 및 효율성 관점에 대한 비판에서도 비슷한 수준으로 제기되었다. 예를 들면, 교사를 동기화시키기 위한 노력의 일환으로서 교사의 업무 욕구에 대한 관심은 조작의 한 가지 형태에 불과한 것(Foster, 1984)은 아닌가? 비평가들이 제기하는 질문은 어떤 형태이든지 사회공학(social engineering)이 적절하다고 할 수 있는가이다. 그러나 쟁점은 학교행정가들이 영향을 끼치려고 해야 하는가보다는 그러한 영향력을 안내할 수 있는 윤리적 지침들을 설정할 수 있는가라고 할 수 있다(Sergiovanni, 1980).

교육행정에서의 문화적 관점에 관한 연구는 1990년대에 새로운 급진전을 이루었다. 일반적인 문화적 특징이 발현된 한 형태로서 학교문화를 강조하는 대신에, 학교를 공동체(community)라는 하나의 독특한 사회조직의 형태로 이해하는 것으로 초점이 변화되었다. Sergiovanni(1994)에 따르면, 공동체는 공동의 사명·생각·가치를 공유하고 있기 때문에 함께 연결된 사람들의 집합체이다. 그는 학교는 다음과 같이 이해될 수 있다고 제안했다.

1. 학습(learning): 공동체로서 학생뿐만이 아니라 학교공동체의 모든 구성원들이 사고하고 성장하고 탐구하는 것에 전념하고 있다. 여기에서 학습은 하나의 활동이면서 태도이고 삶의 과정이면서 삶의 방법이다.
2. 동료(collegial): 공동체로서 구성원들이 상호이익을 위하여, 그리고 상호

의존감과 상호책임에 의해 공동목표를 추구한다.

3. 돌봄(caring): 공동체로서 이타적인 사랑으로 동기부여된 구성원들이 서로에게 전적으로 헌신하고, 그들의 관계를 규정하는 특성들은 말 그대로 도덕적이다.
4. 통합적(inclusive): 공통체로서 경제, 종교, 문화, 윤리, 가정, 기타의 차이들이 서로 융화되어 상호존중하는 하나의 전체를 이룬다.
5. 탐구(inquiring): 공동체로서 교장과 교사들은 자신의 실제를 반성하고, 당면 문제의 해결책을 탐색하는 과정에서 집단적 탐구정신에 전념한다.

학교가 어느 정도로 공동체가 되었는지를 판단하는 데는 세 가지 특징들이 중요하다: 구성원들이 공동의 대인관계적 유대를 공유하는 범위; 구성원들이 공동의 장소에 대해 부여하는 정체성(예를 들어 나의 학급, 나의 공간, 나의 학교)을 공유하는 범위; 그리고 구성원들이 가치, 규범, 신념에 대한 헌신을 공유하는 범위. 강한 학교 공동체 속에서는 구성원들이 관계의 공동체, 장소의 공동체, 그리고 정신의 공동체를 공유한다. 공동체 지지자들은 학교 내의 연계들이 강화되면, 도덕적 의미가 있는 의무의 망들(webs of obligations)이 만들어진다고 주장한다. 학교는 교훈적 표현으로 구성원들에게 의도를 전달하기 시작하고, 이것은 공동체의 목적과 규범에 순응할 것을 강요한다(예, Etzioni, 1993).

전문적 학습공동체 최근 몇 년 동안 학교를 전문적 학습공동체(professional learning communities)로 보는 관점에 대해 많은 관심이 표명되어 왔다(Dufour and Eaker, 1998). 전문적 학습공동체는 공동의 실천방안들을 만들고 유지하기 위해서 함께 노력하는 행동지향적 교사집단이다. 공동의 실천방안에는 공동의 목표 및 목적에 대한 헌신; 수업, 단원, 교수전략 등의 개발; 그리고 평가의 개발 및 활용이 포함되어 있다. 전문적 학습공동체는 학생의 학습 진단의 중요성을 유념하고 있다. 그들은 교실내 교수-학습에 대한 다른 인공물들에도 관심이 있고, 이러한 정보를 학생들의 성공적인 학습경험을 더 잘 이해하고 더 효과적으로 만드는 데 활용한다. Dufour와 그의 동료들은 전문적 학습공동체를 다음을 위한 배경으로 보고 있다.

> 교육자들은 자신들이 가르치는 학생들이 더 나은 결과를 성취하도록 하기

> 위해서 집단탐구 및 현장연구(action research)를 진행하는 과정에서 공동작업에 헌신한다. 전문적 학습공동체는 학생들의 학습을 향상시키는 열쇠는 교육자들의 지속적인 업무관련 학습이라는 가정하에서 작동한다(Dufour, Dufour, Eaker, and Many, 2006, p.217).

전문적 학습공동체 운동은 놀랍도록 강력하고, 그 운동은 스스로 자리를 잡고 유지하기 위해 노력하고 있으므로 앞으로 지켜볼 가치가 있다.

응용학문으로서 교육행정

March(1974)는 기업의 조직 및 행정에 관련된 통찰, 이론, 실제에 크게 의존하고 있는 교육행정의 경향성을 거론하면서 교육행정을 "관리적으로 기생적(managerially parasitic)"이라고 정확하게 지적하였다. 기업조직에 관한 연구에 월등하게 많은 자금이 지원되고 수요가 많아지면서 학자들의 관심을 불러일으켰고, 조직과 행정에 관한 대부분의 문헌들은 이러한 형태의 조직을 염두에 두고 개발되어 왔다. 이 절에서는 교육 및 다른 공공조직에서의 관리와 기업조직에서의 관리의 차이점에 관해 논의하고자 한다. 이러한 차이점들은 다른 부문에서 사용되는 관리 실제를 학교에 적용할 때에는 반드시 주의가 요청된다는 점을 시사한다.

분석의 차원에서 보면 '관리는 관리다'라는 점을 쉽게 수긍할 수 있다. 비록 공공조직과 사조직이 많은 특징들을 공유한다 하여도 차이점은 명백하다. 저명한 경영학 교수인 Wallace Sayre는 "기업 및 정부 행정은 서로 같다. 모든 사소한 측면에서는"(Bower, 1977, p.140에서 재인용)이라고 말했다. 하버드 경영대학원의 Joseph Bower(1977)는 "미국의 기업은 공공관리에 관해 논의하고 평가하는 데는 부적절하다. 공공부문에서는 목적, 조직, 사람이 기업과는 다른 의미와 중요성을 갖고 있다"(p.140)고 언급하였다.

다음은 공공조직의 일종으로서의 학교와 민간조직 간의 몇 가지 중요한 차이점들이다.

1. 돈, 조직, 직원에 대한 권력이 관리자에게 있다기보다는 법률, 학교법규, 지역 교육위원회의 수중에 있다.
2. 목표를 향한 진보를 판단하는 척도(측정방법)를 고안하기가 어렵다. 예를

들면, 좋은 시민, 지적인 풍요, 문제해결 능력, 독립적 사고, 학습에 대한 욕구, 경제적 효율성, 효과적인 가정생활을 측정할 수 있는 학교의 척도는 무엇인가? 이러한 것들은 이해하기 쉽고 계량화할 수 있는 민간조직의 경제적인 목표들과 대조된다. 이러한 측정문제에 대한 하나의 답은 학교를 위해 쉽게 계량화할 수 있는 목표를 선정하는 것이다. NCLB는 이러한 경향성을 보여주는 좋은 예이다. 정책결정자들은 훨씬 복합적인 학습을 대신하는, 수용가능한 대리물로서 표준화된 시험결과를 선택하였다.

3. 학교가 준수해야 하는 공공회계는 현재의 지출을 통제하기 위해 설계된 것으로 기업회계와는 대조된다. 기업회계는 미래의 기획, 연구, 개발을 지원하려는 경향이 있다.
4. 정년보장법과 공무원법은 교육노동자를 행정가와 감독자의 통제로부터 보호하는 경향이 있다.
5. 학교의 목적 그리고 그러한 목적을 달성하기 위해 고안된 조직 과정들은 직접적(관리적 과정)보다는 개인 및 집단을 통해 간접적으로(정치적 과정) 행정가들의 영향을 받는다.
6. 목적 및 목표는 종종 불분명하고 모순적이다. 예컨대 학교의 잠재적인 보호관리 기능—학생들이 질서를 지키게 하기 위해 사회적 질서를 수용하고 복종하도록 교육하는 것은 목표달성 기능—은 그들의 독립적인 활동을 허용하고 질문하도록 가르치는 것과 상호배치된다.
7. 효과성을 결정할 수 있는 시장이 존재하지 않는다. 예를 들면, 비용이 많이 드는 특수교육 프로그램들은, 비록 그 프로그램들이 시장경제에 종속되어 있고 일반 소비자의 관심이 그런 프로그램들을 지지할 만큼 충분하지 않다고 하더라도, 도덕적, 정치적, 법적 이유들로 인해 지속된다. 반면, 회사의 생산라인은 시장경제에 의해 선별된다.
8. 자원은 성과보다는 배분공식과 형평성에 기초하여 배분된다. 예를 들면, 역사적으로 볼 때 이른바 높은 성과를 보이는 학교에 더 많은 자원을 배분하는 것이 적절하다고 받아들여진 적이 없다.
9. 행정가들은 관리 통제 범위 밖에서 경력을 갖고 있는 다수의 사람들과 함께 일한다.
10. 수단과 결과 사이에 긴밀한 연계가 존재한다. 분명한 진행과정은 규정되

고 합의된 산출물을 만들어낼 것이다. (그러나) 학교교육에서 학습의 절차는 종종 학생에 따라 다양하고, 모든 학생에게 적용되는 합의된 일련의 목표들은 없다.

11. 기업과는 대조적으로 제한된 자원으로 많은 목표들을 추구한다. 기업은 적은—실제로 더 제한적인—목표들에 더 많은 자원을 할당한다.

아마도 학교와 다른 조직의 가장 중요한 차이점은 학교가 과업의 속성상 인간 집약적이라는 점일 것이다. 학교의 생산품은 인간이고 작업과정에서 인간의 사회화를 요구한다는 의미에서 학교는 인간조직이다. 게다가 기계와 기술에 의존하는 대부분의 조직과는 달리, 학교는 노동집약적이다. 교육을 위해 사용되는 자금의 70% 이상이 교육노동력—대략 3백5십만 명의 교사에게 지급된다.

교육조직의 이러한 인간집약성은 학교교육에서 가치의 역할을 매우 중요하게 만든다. Broudy(1965)는 다음과 같이 언급하였다.

> 그러나 교육가는 다름 아닌 가치들—가치 잠재력의 군집이자 집합체인 인간들을 다룬다. 사실 어떤 인간적인 것도 교육사업과 맞지 않는 것은 없고, 따라서 근본적인 가치 갈등을 회피하는 교육행정가들에게는 모순적인 무언가가 있다. … 대중들은 다른 공무원들이 누리는 도덕적 재량권을 교육행정가들에게는 절대로 허용하지 않을 것이다. 사람들은 자신들의 생명과 운명을 정치가와 군인들에게 위탁하지만, 학교에는 인간성 자체에 관한 제한적인 영향력만을 위탁한다(p.52).

이러한 이유들 때문에 많은 전문가들은 교육행정을 별개의 구별되는 응용학문으로 보는 것이 유용하다는 것을 발견하였다. 이 응용학문은 다양한 학문분야들로부터 그리고 일반 조직 및 행정 연구로부터 개념, 통찰, 실제를 크게 차용하고 있으나, 그러한 아이디어들이 교육조직의 독특한 가치구조에 적합한지를 평가한다. 이 과정에서 일부 아이디어는 기각되고, 일부는 수용된다. 응용학문은 목적뿐만 아니라 수단에 관심이 있고, 목표 성취의 질적 측면뿐만 아니라 과정의 질적 측면에도 초점을 둔다. 또한 교육행정은 좋은 혹은 더 나은 과정, 좋은 혹은 더 나은 수단, 좋은 혹은 더 나은 목적에 관심을 갖는 하나의 윤리학이고, 그 자체가 가치, 선호, 생각, 염원, 희망 속에 철저하게 잠겨있는 학문이다.

반성적 실제의 관점

응용학문 개념의 유용성과 도덕적 고려의 중요성에도 불구하고, 많은 이론가들은 그러한 관점이 전문적인 실제의 본질을 여전히 충분히 포착하지 못한다고 느낀다. 그들은 응용학문이란, 전문적 실제 문제를 세분화하여 그 문제에 적합한 해답을 찾아서 짜맞추는 상당히 기계적인 과정이 포함되는 것으로 가정하는(Mintzberg, 1979), 지식에 관한 대단히 도구적인 관점을 묘사한다고 주장한다(Kennedy, 1984). Schon(1983)은 전문적 실제의 유형들이 실제로는 대부분 불확실성, 불안정성, 복잡성, 다양성을 특징으로 한다고 말한다. 가치 갈등 그리고 독특한 사례들은 교육행정의 (본질적) 측면으로 받아들여진다. Schon(1983, p.14)에 의하면, 이러한 특징들은 의학, 공학, 경영, 교육 등을 포함하는 모든 주요 전문직의 전문적 실제 세계에서는 보편적인 것들이다. 그는 "전문적 지식이 실제 상황의 변화에 제대로 대응하지 못하고 있다"(p.14)고 결론을 내렸다. 이러한 관점을 지지하면서 Ralph Tyler는 연구자들이 교육에서의 전문적 실제의 본질을 완전히 이해하지 못하고 있다고 주장하였다.

> 연구자들과 많은 학자들 역시 교육적 실제에 대해 잘못 이해하고 있다. 모든 전문직의 실제는 비형식적으로 전개된다. 전문적인 업무절차들은 연구결과에 기반한 체계적인 설계로부터 일반적으로 도출되는 것이 아니다. 전문적인 실제는 대개 시행착오와 직관을 통해 개발되어 왔다. 수년에 걸쳐 실행가들은 효과가 있는 것으로 드러난 절차들과 실패한 절차들을 발견한다. 법학, 의학, 신학과 마찬가지로 교수에 관한 전문적 실제도 대개는 실행가들, 특히 보통 사람에 비해 더 창의적이고 독창적이며 주의 깊은 실행가들의 경험의 산물이다(Hosford, 1984, p.9에서 재인용).

Tyler에 의하면, 과학은 "현상을 설명하나 실제(실행방법)를 생산하지는 않는다"(Hosford, 1984, p.10에서 재인용). 전문가들은 그들이 사용할 지식을 만들어 낼 때 정보에 입각한 직관에 크게 의존한다. 직관은 한편으로는 이론적 지식에 의해, 다른 한편으로는 실제 상황과의 상호작용을 통해 정보를 얻는다. 행정가들이 정보에 입각한 직관을 사용할 때, 그들은 반성적 실천(reflective practice)을 하는 것이다.

교육행정 안에서의 응용학문은 *인공적인(artificial)* 전문적 지능체를 확립하려고 한다. 그것을 여러분의 책장에 놓여있는 일련의 책들 또는 바인더들로 생각해 보라. 과학적 지식은 그러한 지능의 핵심측면이 될 것이고, 따라서 새로운 지식이 만들어지면 여러분의 바인더들도 갱신된다. 학교행정가들은 그들이 직면하는 문제들을 진단하고 그 지능으로부터 적용할 수 있는 표준적인 처치방법을 고르기만 하면 될 것이다. 적합한 바인더를 끄집어내서 적절한 해결책을 찾아내라. 이러한 처치방법은 확실한 윤리적 요구조건들을 충족하고 있는지를 확인하기 위해 검열을 받을 것이다.

이와 대조적으로, 반성적 실제는 *확장된* 전문적 지성을 확립하기 위해 노력한다. 여기에서 교육행정가는 이러한 지성의 핵심 측면이 된다. 왜냐하면 그 지성은 이론적 지식의 추상체로 홀로 존재하지 않을 것이기 때문이다. 그것은 교육행정가 자신들과, 그들이 일하고 있는 상황 안에 자리잡을 것이다. 증가된 전문적 지성은 교육행정가들이 직무를 수행할 때 그들의 직관에 정보를 전달한다. 이러한 실제들이 실행됨에 따라, 독특한 처치방법들이 개발, 적용, 정련, 공유되면서 실제적 지식이 만들어진다. 과학적 지식을 도구적으로 사용하는—응용학문의 경우가 그러하듯이 여러분의 책장에서 한 권의 책 또는 한 바인더 안에서 특정한 해결책을 찾는—대신에, 이러한 지식은 행정가가 의사결정할 때 그의 판단에 정보를 제공하기 위해 개념적으로 사용된다. 반성적 실제의 개념은 상대적으로 새로운 것이고, 교육행정 분야에서의 발전 및 활용을 위해서는 훨씬 더 많은 논의가 필요하다.

도덕적 기예로서 교육행정

Blumberg(1989)는 *기예(craft)*라는 은유를 사용하여 행정적 업무의 본질에 관한 하나의 관점, 즉 성공적인 행정가들의 마음과 경험 속에 알려진 것과 그들이 직면하는 실제 상황 간에 오랫동안 잃어버리고 있었던 다리를 놓아줄 관점을 제시했다. 어떤 사람들에게 *기예*라는 단어는 낮은 수준의, 심지어는 단조로운 작업을 의미한다. 그러나 Blumberg는 기예를 아마추어의 작업과는 확실하게 구분되는 완성도가 높고 가치 있는 장인의 작업으로 해석한다. 아마추어 솜씨와 장인 정신의 이러한 구별은 기예 은유의 사용을 촉진하였다. 왜냐하면 학교행정가들이 관리 및 지도성에 관해 독점권을 행사하지는 못하지만, 그들의 실제는 그 역할들을 공유하는 다른 사람들보다는 질적으로 우월해야만 하기 때문이다.

Blumberg는 "진흙"과 더불어 작업하는 "도자기" 장인의 마음과 정신과 손이 유용한 물건을 만들기 위해서 어떻게 합력하는가를 묘사함으로써 기예 은유를 탐구한다. 이와 비슷하게 학교행정가의 기예는 "학교나 학교체제에 있는 것들을 '사람들이 기대하는 모습으로 보이도록' 만들기 위한 목적에서 실제적 지혜를 자신의 방식으로 발휘하는 것이다"(Blumberg, 1989, p.46). Blumberg는 어떤 기예든지 특정한 기술이 있다는 점을 인정했지만, 단지 이러한 기술들을 사용할 수 있는 것을 넘어서는 실제적 지식(know-how)에 초점을 맞추었다. 평범한 아마추어와 장인(평범한 물건과 특별한 작품)을 차별화하는 것은 바로 이 실제적 지식이다.

장인정신은 헌신, 경험, 재료에 대한 개인적 지식 및 세부적 기술의 숙달, 조화 감각, 통합, 상세한 이해, 그리고 지혜와 관련되어 있다(Mintzberg, 1987). Blumberg(1989)에 따르면, 장인들은 특별한 종류의 실제적 지식을 개발한다. 그 지식은 사물에 대한 세련된 직감, 어떤 특수한 문제상황에서도 수용가능한 결과를 만들어내는 후각, 자신이 작업하는 재료들의 본질에 대한 이해, 기예의 기반이 되는 기초기술의 숙달, 이 기술을 효과적인 방법으로 활용할 줄 아는 기술, 그리고 가장 중요한 것은 해야 할 일이 무엇인지 그리고 그것을 언제 해야 할지를 아는 것이다. 학교행정가들은 실용적이고 도덕적인 의사결정을 하고, 어떤 상황에서 일을 하든지 발생하는 일들의 의미를 진단하고 해석할 수 있어야 한다.

요약하면, 반성적인 학교행정가들은 장인들처럼 일한다. 그들은 관련기법에 관한 심오한 지식과, 시도된 그리고 사실로 밝혀진 "경험법칙(rule of thumb)"—즉 실제에 관한 "후각(nose)"과 그 실제를 반성하기 위한 기호를 동반한 경험법칙의 적절한 적용을 통합함으로써 실제적 유용성이 있는 무엇인가를 만들어낸다. 이러한 노력과정에서 기예적 지식은 정보와 통찰의 원천이 된다. 기예적 지식은 이론적 지식과 같고, 때로는 더 우월하다; 기예와 이론적 지식은 함께 어우러져 한 사람의 실제에 관한 이론(theory of practice)을 이룬다. 이 이론은 학교행정가들에게 충고하는 것이 아니라, 전문적 실제에 정보를 주기 위해 설계된다. 장인의 징표는 실제를 반성할 수 있는 능력이다.

그러나 학교를 경영한다는 것은, Blumberg가 제시한 것처럼, 평범한 기예가 아니다. 대신에 그것은 도덕적 기예이고, 교수(Tom, 1984) 및 장학(Sergiovanni & Starratt, 1993)과 공유되어야 하는 운명이다. 학교행정업무에서의 도덕적 책무가 부각되는 이유는 다음과 같다(Sergiovanni, 1995, pp.309-311에서 요약).

1. 학교행정가의 업무는 학교를 객관적인 결과들을 추구하는 기술적인 기능들로 구성된 조직으로부터 제도로 변환시키는 것이다. 조직(organization)은 목표를 달성하기 위한 기술적 도구에 불과하다. 기술적 도구로서 조직은 "옳은 일을 하는 것" 보다는 "일을 제대로 하는 것"에 더 많은 관심을 기울임으로써 효과성과 효율성의 가치를 찬양한다. 반면에 제도(institution)는 효과적이고 효율적일 뿐만 아니라 그 이상이다. 제도는 반응적이고 적응적인 기업으로서 단지 특정 직무를 완수하기 위해서만이 아니라 그들 자신의 그리고 그들 안에 있는 독립적 실재로서 존재한다. Selznick(1957)이 지적한 것처럼, 조직은 그들이 당면 과업에 필요한 기술적 요구조건들을 초월할 때 제도가 된다. 그는 다음과 같이 언급한다. "제도화는 하나의 과정이다. 그것은 시간이 지나면서 조직에서 발생하는 일들로서, 조직 자신의 독특한 역사, 그 안의 사람들, 그 안에 형성된 집단들, 그들이 만들어온 기득권층, 환경에 대한 적응방식 등을 반영한다" (Selznick, 1957, p.16). 조직은 가치가 부여될 때, 즉 단지 도구로서만이 아니라 개인 만족의 직접적 원천 그리고 집단통합의 수단으로 존중받게 될 때 제도가 된다. 이러한 가치 부여는 조직에 독특한 정체성을 제공한다. 제도화가 잘 진전되는 곳은 독특한 외관, 습관, 기타 의무가 통일되어 조직 생활의 모든 측면을 채색하며, 공식적인 조정과 명령을 훨씬 넘어서는 사회적 통합을 제공한다. Selznick의 제도화 개념은 익숙한 개념인 학습공동체로서의 학교 개념과 유사하다. 둘 중 어느 것이 되기 위해서는 학교가 목표와 역할에 관한 관심을 넘어서서, 학교의 구소 속에 목표를 구축하고 학교가 하는 모든 일을 통해 목표를 구현하는 과업을 담당해야 한다. 이렇게 되면, 학교구성원은 중립적인 참여자가 아니라 헌신적인 추종자로 변화된다. 목표의 구현과 추종성(followership)의 개발은 불가피하게 도덕적이다.

2. 학교의 업무는 지식과 기술 제공을 통해서뿐만 아니라, 성격의 형성과 덕성의 도야를 통해서 학생들을 변화시키는 것이다. Cuban(1988)이 지적한 것처럼, 교수와 행정에서는 기술적 이미지와 도덕적 이미지가 모두 나타난다. "기술적인 이미지에는 축적된 지식, 효율성, 질서정연, 생산성, 사회적 유용성을 높이 평가

하는 가치들이 내포되어 있다. 도덕적 이미지는 그러한 가치들을 무시하지 않지만, 성격의 도야, 태도의 형성, 그리고 덕이 있고 사려 깊은 인간의 육성을 지향하는 가치들을 중시한다"(p.xvii). 실제에서는 행정의 기술적인 이미지와 도덕적인 이미지가 분리될 수 없다. 모든 기술적 결정에는 도덕적 함의가 있다. 예컨대 질서를 강조하는 것은 학생을 위한 근면성 수업을 손상시킬 수 있고, 교사들에게는 관료적 가치들을 훼손시키면서까지 전문적 목표를 추구할 수는 없다는 하나의 암시가 될 수 있다.

3. 덕성에 관한 관심이든 또는 효율성에 관한 관심이든 표준을 채택해야 한다. 이 상황에서는 무엇이 효율적인가? 어떻게 덕성이 결정될 수 있는가? 효과적인 교수활동을 위한 기준의 결정, 무엇이 좋은 훈육정책인지의 결정, 또는 승진기준 표준과의 정면대응 등은 모두가 가치판단을 요구한다. '어떻게' 그리고 '무엇을'에 관한 질문에 대한 대답은, 마치 그것이 사실적 주장이지만 규범적 주장으로 취급해야만 하는 것처럼, 객관적으로 해결될 수 없다. 그것은 우리가 그래야 한다고 결정했기 때문에 진리이다. "우리는 무엇이 사실이어야 하는지를 결정해야 한다. 사실이 무엇인지를 조사한다고 하더라도 그것으로부터 무엇이 사실이어야 하는지를 발견할 수는 없다"(Taylor, 1961). 규범적 주장은 도덕적 진술이다.

4. 권한위임과 공유적 의사결정에 대한 공약에도 불구하고 학교행정가와 그의 학교에서 일하는 사람들 간의 관계는 본질적으로 평등하지 않다. 학교행정가가 원하는지 아닌지의 여부가 종종 경시되기도 하고 무시되기도 하지만, 그들은 일반적으로 교사, 학생, 학부모 등에 비해 더 많은 권력을 가지고 있다. 부분적으로 이러한 권력은 법적 측면에서 그들의 위계적 지위로부터 도출되지만, 대부분은 사실상 자신의 지위가 허용하는, 정보 및 사람에 대한 더 큰 접근권 덕분이다. 이러한 접근권은 그들이 어떤 정보를 다른 사람들과 공유해야 할지, 어떤 정보를 보류할지, 그리고 종종 어떤 정보가 망각될지를 결정할 수 있게 한다. 교사와 학교내 사람들은 종종 학교행정가를 "조정기제"로, 즉 자신들이 하는 일과 다른 사람이 하는 일을 연계해주는 기제로 의존하고 있다. 교육활동은 대부분 비가시적인 것이어서 조정기능은 강력한 것이다. 나아가 교장이 축적한 정보의 대부분은 비밀이다. 정보는 권력의 원천이고, 권력의 축적은 도덕적 결과를 야기한다. 더구나 두 사람 사이에서의 권력의 배분이 평등하지 않은 경우, 그 관계는 도덕적인

것이 된다. 행정가가 의도했든 혹은 의도하지 않았든 간에 그가 행사하는 지도성에는 부하들을 통제하기 위한 시도가 포함되어 있다. 부하들은 통제가 남용되지 않을 것이라는 전제하에서 이 시도를 받아들인다. 이러한 상황하에서 도덕적 지도성의 시금석은 통제를 받아들인 결과로 부하의 능력 · 복지 · 독립성이 제고되었는지와 학교에 이로운지의 여부이다.

5. 행정을 위한 상황은 놀랄 만큼 느슨하고 혼란스럽고 모호하다. 따라서 학교행정가의 세계를 제한하는 요구 및 제약조건에도 불구하고, 사실상 그 업무에는 재량권이 있고, 이 재량권은 도덕적 함축성을 가지고 있다.

학교행정의 도덕적 책무를 이해하는 데 핵심이 되는 것은 규범적 합리성과 기술적 합리성 간의 차이점을 이해하는 것이다. 규범적 합리성은 우리가 좋다고 믿는 혹은 그렇게 생각하는 것에 기반을 두고 있다. 이와 대조적으로 기술적 합리성은 효과적인 것과 효율적인 것에 기반을 두고 있다. 다행스럽게도, 두 가지는 서로 상호 배타적이지 않다. 학교행정가들은 그들 학교를 위해 좋은 것과 효과적인 것을 둘 다 원하고 있다. 그러나 두 개가 갈등을 일으킬 때, 도덕적 선택은 전자를 후자보다 더 높게 평가한다. 규범적 합리성은 도덕적 지도성의 기반을 제공한다. 단지 순응을 강제하기 위하여 관료적 권위에, 또는 순응을 조종하기 위해 심리적 권위에 의존하는 대신에 지도성은 사상 · 목적 · 가치에 기반을 두고 실행된다.

도덕적 기예로서의 행정에 관한 본격적인 논의에서 끈질기게 괴롭히는 질문은 교육연구에 의해 확인된 전문성의 형태를 띤 과학적 권위의 위상을 다루는 것이다. 연구는 우리가 이것을 혹은 저것을 해야 한다고 말한다라는 것만으로는 불충분한 것이 아닌가? 물론 연구는 중요하고, 이러한 종류의 지식으로부터 얻은 통찰력은 행정가에게 종종 매우 가치가 있다. 그러나 이러한 지식이 행동을 위한 권위의 원천—도덕적 권위를 대체하는—을 의미할 수는 없다. Smith와 Blase (1987)는 다음과 같이 설명한다.

> 도덕적 측면에서 볼 때 지도자는 우리가 정확히 예측하고 교육과정을 완전히 이해할 수 있는 능력이 없다는, 우리의 심각한 한계를 충분히 이해하는 사람이다. 더 나아가 그러한 지도자는 다른 사람들이 이러한 제한점들을 충분히 이해하도록 격려해야만 한다. 이러한 인식에 기반을 두고, 도덕적 지도자는 주요한 교육적 쟁점에 관한 논의들이 그 연구가 증명한 것으로 추측되는 것에 의해

> 좌우되는 것을 허용하지 않는다. … 그렇게 하는 것은 실제로는 갖지 못한 종류의 지식을 우리가 가졌다는 허구를 영속시키게 될 것이다. 오히려, 어떻게 그리고 무엇을 가르칠 것인가에 관한 불일치점에 대해서는 합리적인 담론의 관점에서 반드시 끝까지 논의되어야 한다. 교육적 탐구(결과)의 일반화는 그 담론의 일부가 될 수 있으나, 인식론적으로 면책특권을 갖지는 못한다. 그것 역시 개인적 경험, 다른 사람들의 경험에 대한 술회, 그리고 철학적 및 사회학적 고려사항 등과 함께 그 무대를 공유해야만 한다(p.39).

결론

이 장은 교육행정의 지적 유산에 초점을 맞추었다. 행정가들은 교육행정분야의 사상의 발달과 관련된 특정 관점들 혹은 일련의 경향들을 기반으로 자신의 기예를 실행한다. 행정 실제에 영향을 끼친 사상의 주요 흐름들을 설명하고 요약하기 위해 효율성, 인간, 정치적, 그리고 문화적 모형들이 사용되었다. 이 모형들은 개념들의 객관적인 축적물로 존재하지만, 그 모형들 사이에 존재하는 이데올로기적 차이와 가치들의 차이는 교육행정분야에 풍성함과 함께 논쟁거리들을 더해 주고 있다.

특별히 정치적 및 비합리적 의사결정, 그리고 문화적 이론들을 주목하였는데, 그것은 이들이 교육행정분야에서 가장 최근의 논의를 대표하기 때문이다. 다음으로 교육행정은 가치 그리고 학교와 관련된 독특한 특징들을 다루는 응용학문으로 간주되었다. 또 교육행정은 행정학에서 온 개념들의, 그리고 실제 현실세계에서 나온 시도된 그리고 사실로 밝혀진 개념들의 적합성을 평가하는 표준으로 간주되었다. 이러한 분석에는 공공 및 민간 조직의 행정 사이의 차이점에 관한 대조가 포함되었다. 응용학문에 대한 하나의 가능한 대안으로서 반성적 실제의 개념이 논의되었다. 반성적 실제는 학교행정을 도덕적 기예로 이해하는 기반을 형성한다고 논의되었다. 이러한 관점은 1920년대 Mary Parker Follett의 견해와 놀랍도록 유사하다. Follett은 행정은 기예적 실천, 과학적 이해, 윤리적 고려를 포함하는 삼위일체적 가치를 기반으로 구축되어야 한다고 제안하였다(Follett, 1924; Metcalf & Urwick, 1940).

참고문헌

Argyris, C. (1957). *Personality and organization.* New York: Harper & Row.

Baldridge, J. V. (1971). *The analysis of organizational change: A human relations strategy versus a political systems strategy* (R&D memo 75). Stanford, CA: Stanford Center for R&D in Teaching, Stanford University.

Bates, R. (1981). Management and the culture of the school. In R. Bates & Course Team (Eds.), *Management of resources in schools. Study Guide I.* Victoria, Australia: Deakin University.

Bates, R. (1984). Toward a critical practice of educational administration. In T. J. Sergiovanni & J. E. Corbally (Eds.), *Leadership and organizational culture* (pp. 260-274). Urbana: University of Illinois Press.

Bennis, W. (1984). Transformation power and leadership. mT. J. Sergiovanni &J. E. Corbally (Eds.), *Leadership and organizational culture* (pp. 64-71). Urbana: University of Illinois Press.

Bennis, W., & Nanus, B. (1985). *Leaders.* New York: Harper & Row.

Blumberg, A. (1989). *School administration as craft.* Boston: All and Bacon.

Bobbitt, F. (1913). The supervision of city schools: Some general principles of management applied to the problems of city school systems. *Twelfth Yearbook of the National Society for the Study of Education.* Bloomington, IL: NSSE.

Bower, J. (1977, March-April). Effective public management: It isn't the same as effective business management. *Harvard Business Review*, 131-140.

Broudy, H. S. (1965). Conflict in values. In R. Ohm & W. Monohan (Eds.), *Educational administration: Philosophy in action* (pp. 42-54). Norman: University of Oklahoma, College of Education.

Callahan, R. E. (1962). *Education and the cult of efficiency: A study of the social forces that have shaped the administration of the public schools.* Chicago: University of Chicago Press.

Cohen, D. M., March, J. G., & Olsen, J. P. (1972). A garbage can model of organizational choice. *Administrative Science Quarterly, 17*(1), 1-25.

Cuban, L. (1988). *The managerial imperative in the practice of leadership in schools.* Albany, NY: SUNY Press.

Cubberly, E. P. (1916). *Public administration.* Boston: Houghton Mifflin.

Cusick, P. A. (1983). *The egalitarian ideal and the American high school.* New York: Longman.

Cyert, R. M., & March, J. G. (1963). *A behavioral theory of the firm.* Englewood Cliffs, NJ: Prentice Hall.

Deal, T. (1987). The culture of school. In L. T. Scheive & M. B. Schoenheit (Eds.), *Leadership examining the elusive.* 1987 Yearbook of the Association for Supervision and Curriculum Development. Alexandria, VA: ASCD.

Deal, T. E., & Kennedy, A. (1982). *Corporate cultures.* Reading, MA: Addison-Wesley.

Dubin, R. (1959). Industrial research and the discipline of sociology. *Proceedings of the 11th Annual Meeting, Industrial Relations Research Association*, Madison, WI (p. 161). [As quoted in Strauss, C. (1963). Some notes on power equalization. In H. J. Leavitt (Ed.), *The social science of organization* (p.48). Englewood Cliffs, NJ: Prentice Hall.]

Dufour, R., Dufour, R., Eaker, R., & Many, T. (2006). *Learning by doing: A handbook for professional learning communities at work.* Bloomington, IN: Solution Tree.

Dufour, R., & Eaker, R. (1998). *Professional learning communities at work: Best practices for enhancing student achievement.* Bloomington, IN: Solution Tree.

Dyer, W. G., Jr. (1982). *Patterns and assumptions: The keys to understanding organizational culture.* Office of Naval Research, Technical Report TRONR-7. Washington, DC: U.S. Government Printing Office.

Etzioni, A. (1993). *The spirit of community rights, responsibilities, and the communitarian agenda.* New York: Crown.

Fayol, H. (1949). *General and industrial management* (C. Storrs, Trans.). London: Pitman.

Firestone, W. A., & Wilson., B. L. (1985). Using bureaucratic and cultural linkages to improve instruction: The principal's contribution. *Educational Administrator Quarterly, 21*(2), 7-30.

Follett, M. P. (1924). *Creative experience.* New York: Longmans, Green.

Foster, W. P. (1984). Toward a critical theory of educational administration. In T. J. Sergiovanni & J. E. Corbally (Eds.), *Leadership and organizational culture* (pp. 240-259). Urbana: University of Illinois Press.

Geertz, C. (1973). *The interpretation of cultures.* New York: Basic Books.

Getzels, J. W., & Guba, E. (1957). Social behavior and administrative process. *The School Review*, Winter, pp. 413-441.

Greenfield, T. B. (1973). Organizations as social inventions: Rethinking assumptions about change. *Journal of Applied Behavioral Science, 9*(5), 551-574.

Greenfield, T. B. (1984). Leaders and schools: Willfulness and non-natural order in organization. In T. J. Sergiovanni & J. E. Corbally (Eds.), *Leadership and organizational culture* (pp. 142-169). Urbana: University of Illinois Press.

Greenfield, W. (1985). *Instructional leadership: Muddles, puzzles and promises.* The Doyne M. Smith Lecture, University of Georgia, Athens, June 29.

Gulick, L., & Urwick, L. (Eds.). (1937). *Papers on the science of administration.* New York: Institute of Public Administration.

Hill, P. T., Foster, G. E., & Gendler, T. (1990). *High schools with chracter.* Santa Monica, CA: Rand.

Hofstede, G. (1980). *Cultural consequences.* Beverly Hills, CA: Sage.

Hosford, P. (Ed.). (1984). *Using what we know about teaching.* 1984 Yearbook of the Association for Supervision and Curriculum Development. Alexandria, VA: ASCD.

Kennedy, M. (1984). How evidence alters understanding and decisions. *Educational Evaluation and Policy Analysis, 6*(3), 207-226.

Kuhn, T. (1962). *The structure of scientific revolution.* Chicago: University of Chicago Press.

Lewin, K. (1951). *Field theory in social science.* New York: Harper & Row.

Lindblom, C. E. (1959). The science of muddling through. *Public Administration Review,* 19, 79-88.

Lipsitz, J. (1984). *Successful schools for young adolescents.* New Brunswick, NJ: Transaction.

Louis, M. R. (1980). Organizations as culture-bearing milieux. In L. R. Pondy et al. (Eds.), *Organizational symbolism* (pp. 157-166). Greenwich, CT: JAI Press.

Lundberg, C. C. (1985). On the feasibility of cultural intervention in organizations. In P. Frost et al. (Eds.), *Organizational culture* (pp. 169-185). Beverly Hills, CA: Sage.

March, J. G. (1962). The business firm as a political coalition. *Journal of Politics,* 24.

March, J. G. (1974). Analytical skills and the university training of educational administrators. *Journal of Educational Administration, 12*(1), 43.

March, J., & Simon, H. (1958). *Organizations.* New York: John Wiley.

Martin, J., Sitkin, S. B., & Boehm, M. (1985). Founders and the elusiveness of a cultural legacy. In P. Frost et al. (Eds.), *Organizational culture* (pp. 99-124). Beverly Hills, CA: Sage.

Mayo, E. (1945). *The social problems of an industrial civilization.* Boston: Harvard Graduate School of Business.

McDonnell, L. M., & Elmore, R. F. (1987). Getting the job done: Alternative policy instruments. *Educational Evaluation and Policy Analysis,* 2, 133-152.

McGregor, D. (1960). *The human side of enterprise.* New York: McGraw-Hill.

Metcalf, H. C., & Urwick, L. (Eds.). (1940). *Dynamic administration: The collected papers of Mary Parker Follett.* New York: Harper.

Miles, R. E. (1965). Human relations or human resources? *Harvard Business Review, 43*(4), 148-163.

Mintzberg, H. (1979). *The structuring of organizations.* Englewood Cliffs, NJ: Prentice Hall.

Mintzberg, H. (1987, July-August). Crafting strategy. *Harvard Business Review,* 66-75.

Morgan, G. (1986). *Images of organization.* Beverly Hills, CA: Sage.

Ouchi, W. (1981). *Theory Z.* Reading, MA: Addison-Wesley.

Parkinson, C. N. (1958). *Parkinson's laws and other studies of administration.* London: Murray.

Pascale, R. T., & Athos, A. G. (1981). *The art of Japanese management.* New York: Simon & Schuster.

Peters, T. J., & Waterman, R. H., Jr. (1982). *In search of excellence.* New York:

Harper & Row.

Roethlisberger, F., & Dickson, W. (1939). *Management and the worker.* Cambridge, MA: Harvard University Press.

Schon, D. A. (1983). *The reflective practitioner: How professionals think in action.* New York: Basic Books.

Selznick, P. (1957). *Leadership in administration: A sociological interpretation.* New York: Harper & Row. (California paperback edition, 1984. Berkeley: University of California Press.)

Sergiovanni, T. J. (1980). A social humanities view of educational policy and administration. *Educational Administration Quarterly, 16*(1), 1-20.

Sergiovanni, T. J. (1987). *The principalship: A reflective practice perspective.* Boston: Allyn & Bacon.

Sergiovanni, T. (1994). *Building community in schools.* San Francisco: Jossey-Bass.

Sergiovarini, T. 1. (1995). *The principalship: A reflective practice perspective* (3rd ed). Boston: Allyn and Bacon.

Sergiovanni, T. J., & Starratt, R. J. (1979). *Supervision: Human perspectives* (2nd ed). New York: McGraw-Hill.

Sergiovanni, T. J., & Starratt, R. J. (1993). *Supervision: A redefinition* (5th ed). New York: McGraw-Hill.

Shils, E. (1961). Centre and periphery. In *The logic of personal knowledge: Essays presented to Michael Polanyi* (pp. 117-131). London: Routledge and Kegan Paul.

Simon, H. A. (1945). *Administrative behavior.* New York: Macmillan.

Smircich, L. (1985). Is the concept of culture a paradigm for understanding organizations and ourselves? In P Frost et al. (Eds.), *Organizational culture* (pp. 55-72). Beverly Hills, CA: Sage.

Smith, J. K., & Blase, J. (1987). *Educational leadership as a moral concept.* Washington, DC: American Educational Research Association.

Strauss, G. (1963). Some notes on power equalization. In H. J. Leavitt (Ed.), *The social science of organization* (p. 48). Englewood Cliffs, NJ: Prentice Hall.

Strayer, G. (1914). Report of the Committee on Tests and Standards of Efficiency in Schools and School Systems. In *Addresses and proceedings of the National Education Association.* Washington, DC: Bureau of Education.

Strayer, G. (1930). Progress in city school administration during the past twenty-five years. *School and Society,* 30, 375-378.

Taylor, F. W. (1911). *Principles of scientific management.* New York: Harper & Row.

Taylor, P. W. (1961). *Normative discourse.* Englewood Cliffs, NJ: Prentice Hall.

Tom, A. (1984). *Teaching as a moral craft.* New York: Longman.

Tyack, D., & Hansot, E. (1982). *Managers of virtue: Public school leadership in America, 1820-1980.* New York: Basic Books.

Vaill, P. B. (1984). The purposing of high performing systems. In T. J. Sergiovanni

& J. E. Corbally (Eds.), *Leadership and organizational culture* (pp. 85-104). Urbana: University of Illinois Press.

Weber, M. (1946). Bureaucracy. In M. Weber, *Essays in sociology.* H. H. Gerth & C. W. Mills (Eds. and Trans.). London: Oxford University Press. [Reprinted in Litterer, J. (1969). *Organizations: Structure and behavior.* New York: John Wiley.]

제6장

행정적 업무, 역할, 그리고 과업

학교에서 행정적 직무란 실제로 어떤 것일까? 어떤 역할, 과업, 그리고 핵심적 책무가 실제로 행정가의 직무를 구성하고 있는가? 이러한 책무 수행에는 어떠한 행정적 절차와 기술이 사용되고 있는가? 이 질문들에 대한 대답은 교육분야 행정적 업무의 다양한 차원들을 전체적으로 조망하도록 도와준다. 이 장은 아래에서 살펴볼 직무-활동 연구를 활용한 현실-세계 묘사기법(real-world mapping)을 통해 확인된 학교행정가들이 실제로 수행하는 역할과 과업뿐만 아니라, 행정적 업무의 실제 맥락과 본질에도 초점을 맞추고 있다.

직무-활동 연구(work-activity research)

행정가의 역량 및 공통 과업에 관한 목록들은 일반적으로 행정가가 하는 일, 특히 성공적인 행정가들이 수행하는 일에 관한 연구에서, 그리고 전문가의 판단과 이론에서 도출된 추론들에 비중을 두고 작성된다. 이것은 연역적 접근으로서 일반 원리로부터 결론을 추론하는 방법이다. 그 원리들 자체가 (다른) 가정이나 전제에 기반을 두고 있다. 연역적 접근방법은 다음과 같은 절차를 거친다: 가정이나 전제로부터 시작하여; 이론화하고; 명제를 추출하고; 가설을 진술하고 검증하며; 결과를 분석하고; 결론을 이끌어내고; 전제들을 재평가하고; 그리고 이론을 재정의하며, 이와 같은 과정을 계속 반복한다.

이와는 대조적으로 직무-활동 학파는 귀납적 추론에 의지한다. 이들은 행정가들의 실제 활동들을 체계적으로 연구한다. 관리자의 실제 업무와 그들의 시간 배분을 기록하는 일지법(diary method), 연구자들이 무작위 간격으로 행정가들을 직접 관찰한 것을 기록하는 활동표집법(activity sampling), 그리고 행정가를 대상으로 하는 장기간의 구조화된 관찰법(structured observation) 등이 일반적으로 사용되는 연구기법들이다. 직무-활동 연구에서는 경험적 증거가 있을 때 결론을 도출하고 이론적 진술을 추론할 수 있다.

직무-활동 연구는 행정적 업무의 특성 및 내용에 관한 적확한 명세서를 개발하기 위해 노력한다. 이러한 명세서들은 행정가들이 어디에서 일하는지, 얼마나 오랫동안 일하는지, 그들이 의사소통을 위해 사용하는 방법은 무엇인지, 우편과 이메일은 어떻게 관리하고 전달하는지, 그리고 일일단위 그리고 주단위로는 어떠한 직무유형들이 존재하는지 등에 관련된 직무정보를 얻도록 도와준다. 또한 이러한 명세서들은 행정가들이 실제로 무슨 일을 하는지, 그들은 어떤 활동을 수행하고 있으며 또 그것을 왜 하고 있는지에 관한 역할 정보도 제공해준다. 이러한 실제 역할들은 행정가들이 완수해야만 하는 역할들을 규정한, 전문가들의 이론들과는 종종 뚜렷한 대조를 보이기도 한다.

관리적 업무의 본질: Mintzberg의 연구

역할이란 특정 직위와 관련되어 있는 일련의 통합된 행동들로 정의할 수 있다. 직무-활동 연구자들의 사고에 따르면, 행정적 역할을 결정하려면 (실제로) 행정가들이 그들의 시간을 어떻게 사용하고, 어떤 행동유형을 활용하는지에 관해서 정확한 그림을 가지고 있어야 한다. 요약하면, 행정가가 실제로 하고 있는 것이 그들의 실제 행정적 역할을 결정한다.

Mintzberg(1973)가 수행한 다섯 명의 관리자들(그 가운데 한 명은 교육감)에 관한 광범위한 구조적 관찰연구는 행정적 업무의 내용을 기술하고자 하였다. 이를 위해서 핵심적인 행정적 역할들, Mintzberg가 제안한 바에 의하면 관리적 업무의 본질적 특징을 묘사하는 행정적 역할들을 추론해내기 위해서 직무-내용 기술법이 사용되었다.

Mintzberg는 10개의 행정적 역할들을 밝혀냈는데, 이들은 3가지 주요 범주로 분류될 수 있다: (1) *대인관계(interpersonal)*: 대표자(figurehead), 지도자, 연락자 역할; *(2) 정보(informational)*: 모니터(monitor), 전파자(dissemination), 대변인 역할; *(3) 의사결정(decisional)*: 기업가, 분쟁조정자, 자원배분가, 협상가 역할. 이러한 역할들은 표 6.1에 자세하게 기술되어 있고, 교육행정의 맥락 안에서 검토 및 논의되고 있다.

역할 분석에는 직무행위들의 실제 내용이 무엇인지에 관한 분석이 빠져 있다. 예를 들어, 두 명의 교장이 *자원배분자*와 *상징적 대표자*의 역할을 수행한다고 가정해보자(표 6.1 참조). 한 교장은 교사, 학생, 학부모를 동기화하여 교수와 학습에 관한 주제들로 관심을 집중하게 하기 위한 노력의 일환으로 이러한 역할을 지속적으로 수행한다. 반면 다른 교장은 *동일한* 역할을 통해 스포츠 경기를 주제로 하여 응집된 학교문화를 구축하려고 노력한다. 그 교장에게 중요한 것은 학교 대표팀의 승리이고, 이것이 학생과 교사들 모두를 스포츠 팀의 팬으로 만들어 공동체를 형성할 것이라고 믿는다. 따라서 비록 두 교장이 같은 역할을 수행한다고 할지라도, 그 역할의 맥락과 행동의 실질적인 주제는 각자의 학교에 상당히 다른 결과를 가져올 수 있다.

대인관계적 역할(Interpersonal Roles)

대인관계적 역할은 학교행정가가 직접적으로 혹은 간접적으로 타인의 행동에 간여할 것을 요구한다. 그 역할 중 일부는, *대표자*의 경우처럼 상징적이다. 다른 역할들은 *연락자*의 경우처럼, 본질상 좀 더 정치적이다. 그렇지만 그외 다른 역할들은, *지도자*의 경우와 같이, 학교업무에 좀 더 직접적으로 관련되어 있다. 비록 이러한 일련의 역할들이 많은 시간을 소비하고 학교행정의 핵심적인 업무와는 별로 관계가 없는 것처럼 보일지라도, 이 모든 역할들은 행정가의 성공과 학교의 복지에 매우 중요하다. 게다가, 이 모든 역할들은 매우 가시적인 것들로서 학생, 교사, 학부모, 다른 행정가, 위원회 위원, 그리고 공동체의 다양한 구성원들에 의해서 손쉽게 그리고 아마도 피상적으로 평가될 가능성이 있는 역할들이다.

가장 기본적이고 단순한 행정적 역할은 *대표자(figurehead)*이다. 이 역할은 행정가의 공식적 권위와 높은 지위 때문에 그들에게 다수의 의무를 수행하도록 요구하고 있는데, 그 의무의 대부분은 표면적으로는 학교에 관한 정보처리 및 의사결정 업무와는 직접적인 관련성이 적은 것처럼 보인다. 그러나 이러한 역할들

표 6.1 행정적 역할과 활동에 관한 요약

역할	설명	최고행정가 연구로부터 밝혀진 활동들
대인관계(interpersonal)		
대표자 (figurehead)	상징적 대표; 법적, 사회적 성격의 수많은 일상적 의무의 수행	행사, 직위에 따른 요청, 승인
지도자	타인(교사, 학생, 학부모)의 동기화, 역량 구축, 활동증진에 대한 책임; 인사, 훈련, 기타 관련 의무에 대한 책임	실질적으로 모든, 타인과 관련된 관리 활동
연락자 (liaison)	조력과 정보를 제공하는 외부정보원 및 외부연결 네트워크의 유지	우편물 승인; 외부 위원회 업무; 외부와 관련된 기타 활동들
정보(informational)		
모니터	조직과 환경에 관한 철저한 이해증진을 위한 광범위하고 다양한 특수 정보(최신 정보)의 탐색 및 수합; 조직의 내부 및 외부 정보의 중추센터로 부상	주로 정보 수신(예, 정기적인 뉴스, 현장시찰)과 연관된 것으로 분류된 모든 우편물 및 연락사항의 처리
전파자	외부인이나 조직의 다른 구성원으로부터 얻은 정보의 전달; 일부는 사실에 입각한 정보, 일부는 조직내 영향세력의 다양한 가치 관점에 관한 해석 및 통합에 관련된 정보	정보목적에 따라 조직내로 메일 전달, 타인에 대한 정보전달을 포함하는 구두 접촉(예, 검토회의, 즉각적인 의사소통 흐름)
대변인	조직의 계획, 정책, 활동, 결과 등에 관한 정보를 외부에 전달; 교육과 학교운영의 문제에 관한 전문가로 활동	위원회 회의; 외부로의 정보 전달과 관련된 연락 및 우편 관리
의사결정(decisional)		
기업가	기회를 얻기 위해 조직 및 그 환경 탐색, 변화를 위해 "개선 사업" 주도; 특정한 프로젝트의 설계 지휘	개선 프로젝트의 설계 및 착수와 관련된 전략 및 검토 회의
분쟁조정자	조직이 직면한 중요하고 예상치 못한 분쟁의 조정 행동에 대한 책임	분쟁, 위기와 관련된 전략 및 검토 회의
자원배분자	모든 종류의 조직 자원의 배당에 책임 · 사실상 조직의 모든 중요한 사항의 결정 및 승인	일정 결정; 승인 요청; 예산배정 및 부하의 업무계획과 관련된 모든 활동
협상가	주요 협상에서 조직을 대표할 책임	협상

출처: Henry Mintzberg, *The Nature of Managerial Work*(pp.92–93). Copyright©1973 by Henry Mintzberg. Pearson Education, Inc.의 허락을 받아 인용함.

은 중요하다. 어느 교육행정가들이라도 이를 입증할 것이다.

고등학교 교장이 농구경기, 권기대회, 졸업 무도회, 학교 연극, 소풍, 영예학생단체(honor society) 의식 등의 행사들에 참여하기 위해 소비하는 시간을 생각해보라. 여기에다가 손님 접대, 학교투어 인솔, 학교/지역사회모임 참석, 사회행사 주최와 같은 잡다한 일들을 더해보라. *최고* 인사가 접대하지 않으면 절대로 만족하지 않을 것 같은 요구와 불평을 퍼붓는 학부모, 기타 지역사회 구성원과의 만남은 말할 것도 없다. 또한 문서, 편지, 그리고 학교대표로서 교장의 일반적인 승인을 요청하는 직원들이 제출한 보고서에 대한 결재와 같은 책임을 고려해보면, 여러분들은 대표자 역할의 특징을 깨닫기 시작할 것이다. 비록 대표자로서 역할의 특징이 피상성이라고 할지라도, 그 역할은 행정가가 그 행사에 부여하는 지위와 위엄에 걸맞게 성실하게 수행된다. 교육감은 친절하게 그리고 공감하면서 교사에 대한 학부모의 불만 전화를 받고서, 해당 교장에게는 그 불평사항을 은밀하게 전달하기만 한다. 교육감은, 비록 해당 학생들을 방금 만났고 또한 진로상담가(guidance counselor)가 준비한 자료의 일부를 읽는 것이기는 하지만, 수상식에 참석한 학생들을 위한 자상하고 인간적인 추천장들을 학부모들에게 읽어준다.

최근 들어 교육행정의 문화적 관점에 대한 관심이 높아지기 전까지 대표자의 역할은 행정학계에서 거의 관심을 받지 못하였었으나, 이제는 훨씬 더 중요한 역할로 여겨지고 있다. *지도자* 역할은 가장 많은 관심을 받고 있다. 지도자로서, 행정가는 학교의 풍토나 분위기를 형성한다. 이 역할의 초점은 지도자와 그 휘하에 있는 직원들 간의 대인관계에 있다. 예를 들면, 행정가는 교사의 요구와 학교목표를 더욱 통합시키기 위하여, 부하직원들에 대해 지시, 안내, 능력개발, 동기부여, 평가, 교정, 보상과 같은 지도성 활동을 활용하여 자신의 공식적인 권위를 사용한다. 또 이 역할은 직원의 모집, 선발, 훈련, 승진, 해고와 같은 행정적 과업에서 명백하게 드러난다.

지도자 역할은 행정가와 다른 사람들의 수직적 관계에 초점을 두지만, *연락자* 역할은 수평적 관계에 초점을 둔다. 학교행정과 관련된 문헌들에서 제대로 관심을 받지 못하던 대표자 역할처럼, 연락자 역할은 교육행정가가 학교 외부의 개인이나 단체와 유지하는 관계망을 포함하고 있다. Homans(1950, p.186)가 지적한 것처럼 개인이 한 단체나 조직 내에서 더 높은 사회적 지위에 오를수록 그는 집단 혹은 조직 외부의 사람들과 더 빈번하게 상호작용한다. 따라서 연락자 역할은 부서장이나 학년담당 장학사의 행정적 활동보다는 교육감의 행정적 활동에서 더 가시적으로 나타날 가능성이 있다.

연락자 활동의 성과인 유대관계망은 중요한 지역사회단체 가입, 사회활동 참여, 학술회의 참가를 통해서 형성된다. 주요 인사들과의 지속적 접촉, 영향력 있는 단체와 유대관계 구축, 필요한 사람들과의 접촉, 그리고 학교에 영향을 미칠 수 있는 모든 사람들과 연락망 유지 등은 행정가가 추구하는 편익들이다. 이러한 외부와의 연계체제는 정보의 원천인 동시에 정치적 지원의 원천이 될 수도 있다.

정보적 역할(Informational Roles)

Minztberg(1973)는 정보적 역할 수행에서 행정가는, 은유적으로 표현하자면, 하나의 중추신경으로 볼 수 있다고 제안하였다. 행정가는 수많은 정보원으로부터 다양한 종류의 정보를 받아들이고; 이를 거부하거나 변경하고 또는 승인함으로써 정보를 처리하고; 그리고 이 정보를 조직 내의 사람들에게 보급한다. 중추신경 은유는 정보의 수용 및 이동에서 행정가가 차지하는 핵심적 위치를 암시한다. 조직의 중추신경에서 이러한 영향력 있고 유리한 입장은 외부 정보에 대한 독특한 접근성(예, 연락자 역할)과 공식적 권위에 의한 내부 정보에 대한 접근성(예, 지도자 역할)에 기인한다. Minztberg에 의해 확인된 세 가지 정보적 역할은 이러한 중추신경의 위치와 연관된 행정적 활동의 특징을 설명해준다: *모니터* 역할을 통해 행정가는 학교와 그 환경에 관한 정보를 제공받고, *전파자*와 *대변인* 역할을 통해 행정가는 조직 내부와 외부의 사람들에게 정보를 전달한다.

*모니터*로서 행정가는 타인에게서 정보를 구하는 동시에 타인으로부터 오는, 학교와 학교의 환경을 이해하는 데 도움을 주는 무수한 정보들에 휩싸인다. 1973년 논문에서 Mintzberg는 행정가가 받는 정보를 5개의 범주로 나누었다.

1. 보고서, 회의, 비형식적 대화, 기관 시찰로부터 수집한 *내부적인 운영* 및 사건의 진행상황에 관한 정보
2. 학부모 및 기타 지역사회단체; 다른 학교; 정치단체, 시민단체 그리고 정부기관; 교육의 새로운 동향 등에 관련된 *외부적인 사건*에 관한 정보
3. 계획된 혹은 우연한 자료수집출처를 통해 다양하게 수집된 다양한 쟁점들에 관한 *분석 보고서*로부터 도출된 정보. 주 교육부 혹은 연방정부의 내부

보고서, 정책 회보, 주립대학이나 전문가단체의 연구보고서, 또는 무한한 기타 자료원

4. 학술회의, 공식적 및 비공식적 회의, 그리고 행정가가 자신의 조직을 둘러싼 환경으로부터 중요한 *아이디어와 경향*을 더 잘 이해할 수 있도록 도와주는 그 외의 출처로부터 수집된 정보
5. 다양한 정보출처에서 오는 *압력*과 요구의 형태를 띤, 혹은 결과적으로 그렇게 되는, 행정가에게 전달되는 정보

오늘날의 학교에서 행정가는 정보의 대부분을 이메일이나 다른 온라인 출처로부터 얻는다. 그러나 모니터 역할을 통해 얻어지고 처리되는 정보의 대부분은 단순히 조직 안으로 전달되거나 조직 외부의 사람들에게 넘겨진다.

전파자 역할에서 행정가는 사실(발생한 일)과 가치(해야 할 일)에 입각한 정보를 조직에 제공한다. 정확하게 어떠한 정보를, 얼마만큼 구체적으로, 누구에게, 얼마나 자주 전달할 것인가는 행정가에게 중대한 문제들을 부과할 수 있다. 감지된 요구조건들에 맞게 정보를 처리한 후 그것을 구두나 이메일로 배포하는 일은 어느 정도 시간이 걸리는 과정일 수 있다. 따라서 시간제약 때문에 모든 적절한 정보들이 부하직원들에게 전달되는 것은 아니고, 이러한 현상들이 이번에는 행정가의 업무의 본질과 특성에 영향을 미친다.

행정가는 종업원들이 그들의 표준을 잘 충족시키도록 하기 위하여 배포되는 정보의 양과 종류를 증가시킬 수 있으나, 이 경우 그의 역할이 과부화될 위험이 있다. Mintztberg는 이러한 딜레마를 다음과 같이 특징지었다. "따라서 관리자는 그 자신의 정보체제에 의해 과로한 삶을 살거나 좌절의 삶을 겪게 된다. 첫 번째 경우에, 그는 스스로 너무 많은 일을 하거나 구두로 정보를 배포하는 일에 너무 많은 시간을 소비한다; 두 번째 경우에 그는 자신의 기준으로 볼 때 제대로 정보를 받지 못함으로써, 위임된 과제들이 부적절하게 수행되고 있는지를 주시해야만 한다" (1973, p.75). 행정의 규범적 관점에서는 정보의 최대 흐름을 강조하고 행정가가 최고의 직무를 수행하도록 요구하지만, 실제 세계로부터 얻어진 증거들을 보면, 필연적으로, 모든 이용가능한 정보가 배분되는 것이 아니고 행정가들이 최선보다 못한 직무수행을 받아들이고 있다는 것을 시사한다.

행정가가 하는 대변인의 역할은 학교에 관한 정보를 외부에 전달하는 것이다. 예를 들어, 행정가는 조직을 대표하여 입장을 발표하고, 조직을 위해 로비활동을

하며, 홍보담당자로 봉사하고, 전문가로서 조직을 대표하는 것이 요구된다. 정보는 다음의 두 집단들에게 지속적으로 전달되어야 한다: 합법적인 권위에 의해 규정된 조직의 핵심적인 영향세력들, 그리고 정치적 절차를 통해 학교에 영향력을 발휘하는 일련의 대중들. 예를 들면, 첫 번째 집단의 경우, 교육청 부서장은 교장에게 부서활동에 관한 정보를 계속 제공할 의무가 있고, 이와 유사하게 교육감도 교육위원회에 정보를 계속 제공할 의무가 있다. 대변인이 상대하는 두 번째 집단은 광범위하고 비정형적이지만, 일반적으로 학부모, 기업체 집단, 교사단체, 주정부 대표들, 공급자, 언론사 기자들, 졸업예정자들의 잠재적인 고용주들을 포함한다.

행정가는 대변인 역할을 수행하기 위해서 조직 및 그 환경에 관한 정확한 그리고 시시각각 최신의 정보를 취득해야 한다. 이에 더하여, 정보는 품위 있고 신용 있는 방식으로 배포되어야 한다. 그러므로 행정가는 조직내 사건들에 관해 전문가가 되어야 하고, 그림 6.1에 요약 설명된 것처럼 이러한 전문지식을 관록 있고 설득력 있는 방식으로 적용할 수 있어야 한다.

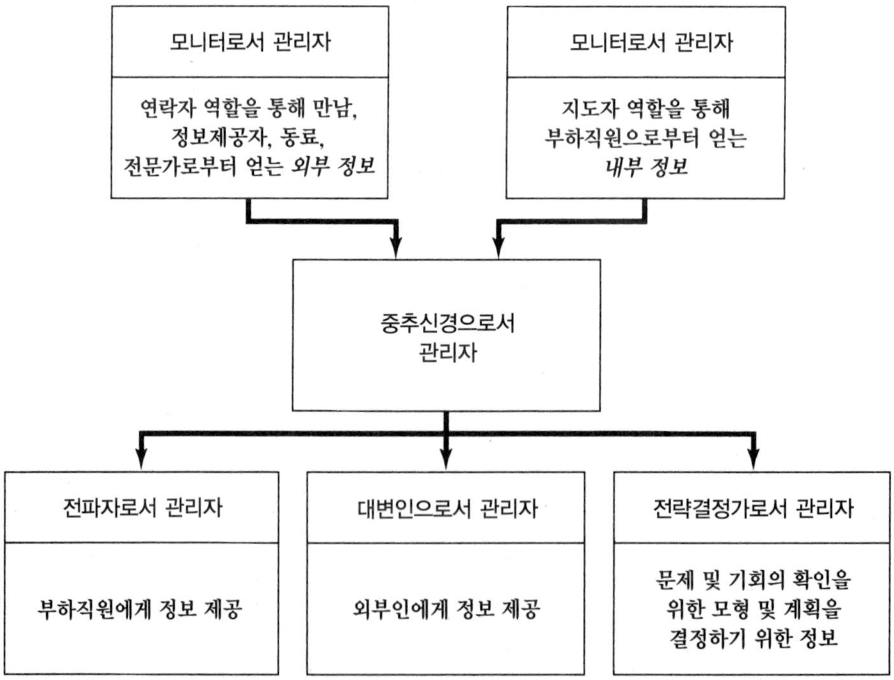

그림 6.1 정보처리체제로서의 관리자

출처: Henry Mintzberg, *The Nature of Managerial Work*(pp.92-93). Copyright©1973 by Henry Mintzberg. Pearson Education, Inc.의 허락을 받아 인용함.

의사결정적 역할(Decisional Roles)

Mintzberg에 의해 확인된 행정적 활동의 세 번째 유형은 중요한 의사결정 행위를 포함한다. 의사결정적 역할은 일반적으로 행정적 업무의 핵심으로 간주되고, 행정가의 의사결정권을 정당화하는 권력의 중요한 원천인, 행정가의 공식적 권위의 그리고 강력한 정보접근권의 자연스러운 표출수단으로 간주된다. 전자(공식적 권위)가 도전받게 되는 경우, 후자(정보접근권)는 이러한 의사결정특권을 충분히 보장할 수 있을 만큼 강하다. 비록 규범적인 논문들은 종종 공유된 의사결정이나 참여적 의사결정의 가치에 관해 언급하고 있지만, Mintzberg는 그의 연구대상인 관리자들이 의사결정과정을 지휘하는 범위에서 깊은 인상을 받았다. 그들은 조직내의 모든 중요한 의사결정에 실질적으로 간여하고 있었다. 더 나아가 그는, 합리적이며 목표달성을 극대화하는 의사결정을 요구하는 규범적 관점과 달리, 그가 연구한 행정가들은 "만족화(satisfice)" (Simon, 1957, p.204)를 추구하는 경향이 있다고 주장하였다. 제5장에서 논의한 것처럼, 그들은 최선책보다는 "만족할 만한(good enough)" 실행과정을 수용하는 경향이 있다. 실제로 의사결정은 합리적 과학이라기보다는 "그럭저럭 해나가기론(science of muddling through)" 으로 보는 것이 더 나을 수 있다(Lindblom, 1959).

Minztberg는 의사결정적 역할을 네 가지로 분석하였다: *기업가*, *분쟁조정자*, *자원배분자*, *협상가*. 행정가는 *기업가(entrepreneur)*의 역할을 수행하면서 조직을 개선하기 위한 프로그램을 주도하고 설계한다. 이를 위해서 행정가는 지속적으로 조직을 살피고 문제에 관심을 기울인다. 문제가 확인되면 그 상황을 완화시키기 위한 프로그램이 실행될 수 있는데, 이때 행정가가 직접 더 많이 개입하거나 다른 사람에게 더 많은 권한위임을 요구하기도 한다. 후자가 더 일반적이다. 이 프로그램이 실행되는 과정에서 행정가는 지속적으로 부하직원들의 활동을 승인하거나 인가해야 한다. 행정가는 계속 관리감독하면서 그 프로그램과 관련된 모든 계획결정에 대한 책임을 진다.

기업가로서 행정가는 자신의 행동을 선택할 수 있지만, *분쟁조정자(disturbance handler)*로서 행정가는 자신의 통제 범위를 넘어서는 상황에 내몰리게 된다. 교사 파업, 구내식당 투쟁(cafeteria fight), 학생 폭동, 혹은 잘못 작동된 화재경보 등이 행정가가 대응해야만 하는 혼란의 실례들이다. 그러나 다른 많은 사례들은 덜 극적이고, 더 장기적인 관심이 필요하다. 초등학교 간 혹은 고등학교 담당부서들 간 부족한 자원에 대한 경쟁 조정하기, 어느 학교를 폐교시킬지 결정하기, 예산감축에 따른 직원감원정책 결정, 인종차별폐지 의무를 충족시키기 위한 노력의 일환으로 학생들을 지속적으로 재할당하기, 직원들 사이의 성격적 대립 해결하기 등이 아마도 그 사례가 될 것이다.

분쟁조정자 역할은 종종 다른 행정적 역할보다 더 많은 주목을 받는데, 이는 갑작스럽게 나타나는 분쟁의 경향성, 관련된 사람들이 감수해야 할 높은 위험부담의 가능성, 감정적 함축성, 그리고 사건들이 해결되어야만 한다고 느끼는 보편적인 위기감 때문이다. 그러므로 다른 역할들과 관련된 활동들이 좀 더 중요하다고 하더라도, 행정가에게 분쟁조정자 역할이 몰려들면 그러한 역할들은 뒷자리로 물러나게 된다.

어느 조직에서나 시간, 자금, 재료, 장비, 인간의 재능과 같은 자원들이 배분되어야 한다. 주요 조직자원들에 관한 의사결정에 관여하는 행정가가 *자원배분자(resource allocator)*이다. Minztberg의 연구에서 이 역할은 세 개의 필수적인 방식—일정 계획, 업무 계획, 다른 사람의 결정사항 승인—을 통해서 증명되었다. 행정가의 일정계획은 무엇이 중요한지 혹은 중요하지 않은지를 다른 사람에게 전달한다. 예컨대 우선순위가 낮은 쟁점들은 행정가의 시간을 많이 차지할 수 없다. 업무 계획을 통해서 행정가는 다른 사람의 시간을 통제하고 계획한다. 실제로, 그는 누구에 의해서, 어떤 조건하에서 수행될 것인지를 결정하고, 가장 우선순위가 높은 쟁점들이 제대로 수행될 수 있도록 한다. 인적 자원은 중요하다고 인식되는 목표들에 할당된다. 행동을 승인함으로써, 행정가는 부하직원들에 의해 내려진 중요한 의사결정에 대한 통제를 유지하고, 시간과 에너지가 적합한 방식으로 사용되는지를 다시 한 번 확인한다. 물론, 예산관리는 행정가의 자원배분 역할의 또 다른 측면이다. 행정가가 조직 자원배분의 통제에 함축된 권력을 인식하고 있다는 것은 의심의 여지가 없다. 더욱이, 행정가는 조금도 주저하지 않고 이러한 권력을 행사해야 한다.

*협상가(negotiator)*로서의 행정가는 Minztberg가 확인한 마지막 의사결정적 역할로서, 행정가는 조직 안의 다른 부서(한 부서와 다른 부서, 한 학교와 다른 학교)와 협상할 때, 조직과 관련된 분명한 하위집단(교원노조)과 협상할 때, 조직의 외부기관들(평가인증 방문팀, 공원관리국, 시장실)과 협상할 때, 자신의 집단이

나 조직을 대표한다. 이러한 역할은 위임하기 어려운데, 그 이유는 일반적으로 협상 파트너들은 조직의 최고 행정가와의 협상을 요구하면서 종종 대리인과의 협상을 거부하기 때문이다.

행정가 업무의 다양성

행정가의 역할에 관한 지금까지의 설명과 분류가 어느 정도 적절한가? 제시된 행정가의 모습이 오늘의 상황에도 적합한가? 행정 분야의 문헌들은 역할 활동들이 서로 다른 종류의 조직들에서나 동일 조직 내에서나 행정적 업무 전반에 걸쳐서 다르게 나타나기보다는 유사하게 나타난다고 주장한다. 지금까지 논의된 10개의 역할들은 각각 정도의 차이는 있으나 사실상 모든 행정적 직위에서 나타날 가능성이 높다. 그러므로 차이점은 그 종류보다는 강조점이 될 것이다. 예컨대 초등학교 교장과 중등학교 교장의 활동에서 모든 역할들이 확인될 수 있으나, 각각에 대해 강조되는 역할들의 조합은 서로 다를 수 있다.

행정가의 유형

또한 조직내 위계상 직급이 실제 관찰되는 역할의 조합 및 강조점에 영향을 주는 것으로 보인다. 위원장, 학교장, 교육감은 10개 역할을 모두 수행하고 있지만, 직급 수준에 따라 어느 것이 다른 것보다 더 강조된다. 위원장에게는 지도자의 역할이 두드러질 수 있고, 교장에게는 자원배분가의 역할이, 교육청의 교육감에게는 대변인의 역할이 지배적일 것이다. 학교 규모, 교육 프로그램의 복잡성, 교사와 지역사회의 기대, 그리고 행정가 개인의 인간적 특징 역시 각 역할의 활동에 부여되는 강조 정도에 영향을 미칠 것으로 예상된다.

Mintzberg는 그가 연구한 교육감의 활동 및 업무조건이 교육조직이 아닌 곳의 행정가들과 다소 차이가 있다는 것을 특별히 언급했다(1973, pp.262-264). 예를 들면, 교육감의 업무는 더 강한 형식성과 더 많은 정기적 회의를 특징으로 하는데, 이 업무들은 종종 저녁시간에 이루어졌다. 교육감은 다른 사람들보다 교육위원들을 좀 더 빈번하게 만났고, 특히 학부모들과 빈번하게 만났다. 또한 그는 더 공식적인 권위 요구를 경험했고, 서면 보고서 형태의 분석에 더 의존하였다. 정부

기관으로부터 혹은 정부기관으로의 많은 정보의 유통이 또 다른 중요한 차이점이었다.

남성 학교행정가들과 여성 학교행정가들은 어떠할까? 성별에 따라 각각 다른 역할 유형이 있을까? 역할 안에서 강조된 내용에 관하여는 아마도 '그렇다' 일 것이나, Minztberg가 확인한 실제 역할에 대해서는 아마도 '아니다' 일 것이다. 그 역할들이 남성과 여성 모두에게 동일하다고 하더라도, 그것들이 이해되고 가치가 부여되며 실행되는 방법들은 다르다. 그리고 이러한 차이들은 여성이 학교를 관리하거나 이끌어갈 때, 그들에게 도움이 되는 것처럼 보인다.

예컨대 Helgeson(1990)은 그녀의 저서 *여성의 이점(The Female Advantage)* 에서 여성들의 사회화 때문에 그들은 학교에서 지도자로서 이점이 있다고 주장하였다. Minztberg는 남성만을 연구한 것을 언급하면서, Curry(2000)는 Helgesen의 연구결과를 Minztberg의 연구결과와 표 6.2와 같이 비교하였다.

표 6.2 남성과 여성 행정가의 비교

Mintzberg의 남성 행정가에 관한 연구결과	Helgesen의 여성 행정가에 관한 연구결과
1. 일과 중 꾸준한 속도로, 휴식 없이 일한다.	1. 꾸준한 속도로 일하지만, 일과 전반에 걸쳐 정해진 시간에 약간씩 휴식을 취한다.
2. 그들의 일과는 중단, 불연속성, 분열을 특징으로 한다.	2. 계획되지 않은 과업이나 만남도 방해물로 여기지 않는다.
3. 업무와 직접적으로 관련되지 않은 활동에는 시간을 거의 남겨두지 않는다.	3. 업무와 직접 관련되지 않은 활동을 위해서도 시간을 할애한다.
4. (얼굴을 직접 보는) 실제 만남을 선호한다.	4. 실제 만남을 선호하나, 메일을 살펴볼 시간을 할당한다.
5. 조직 외부의 사람들과 복잡한 관계망을 유지한다.	5. 조직 외부의 사람들과 복잡한 관계망을 유지한다.
6. 회사를 계속 운영하기 위해 필요한 일상적인 요구들에 전념하므로 성찰 시간이 부족하다.	6. 지도성의 생태학에 초점을 맞춘다.
7. 직업과 자신을 동일시한다.	7. 정체성을 복잡하고 다면적인 것으로 본다.
8. 정보 공유에 어려움을 겪는다.	8. 정보 공유를 위한 시간을 책정한다.

출처: S. Helgesen, *The Female Advantage: Women's Ways of Leadership*(1990). NY: Doubleday Currency, pp.10-14 그리고 19-28을 요약한 Barbara Curry에서 재인용. B. Curry, *Women in Power*(NY: Teachers College Press, © 2000 by Teachers College, Columbia University. 판권 소유), pp.15-16.

8가지 유형

다양한 교육행정적 업무 및 환경을 대표하는 구체적인 역할 명세서를 정확하게 표시하기 위해서는 후속연구가 필요하다. 하지만 우리는 일반적인 의미에서 유형들과, 그것이 나타내는 행정적 유형에 관해 언급할 수 있다. Minztberg(1973, p.127)는 아래에 요약된 것과 같이 8가지 유형을 제시했고, 각 유형은 특정 핵심적 역할의 조합을 강조하고 있다.*

행정적 유형	핵심적 역할
대인접촉자	연락자, 대표자
정치적 행정가	대변인, 협상가
기업가	기업가, 협상가
내부 행정가	자원배분자, 지도자
실시간 행정가	분쟁조정자
팀 행정가	지도자
전문가형 행정가	모니터, 대변인
신임 행정가	연락자, 모니터

- *대인접촉형 행정가(contact person administrator)*는 예컨대, 조직 외부에서 상당한 시간을 보내고, 연락자와 대표자 역할을 주로 수행한다. 이 유형을 특징짓는 활동들은 다른 이들의 부탁 들어주기, 그 반대급부로 도움 얻어내기, 자기 조직을 지지하는 우호적인 조직망 형성하기, 연설하기, 다양한 행사에 참여하기 등이다. 홍보를 강조하고, 영향력 있는 조직 외부의 개인 및 집단과 우호적인 관계를 형성하는 것이 그 의도이다.
- *정치적 행정가(political administrator)* 역시 조직 외부의 집단이나 개인들과 더불어 많은 시간과 에너지를 사용하나, 피상적, 정치적 이유나 행사 때문에 그러는 것은 아니다. 이 유형의 행정가는 종종 복잡한 논쟁 속에 붙잡혀서 학교에 영향을 주는 갈등하는 세력들을 화해시키려는 의도에서 조직

* Henry Minztberg, *The Nature of Managerial Work*(1973). NY: Harper & Row, p.127. Copyright©1973 by Henry Mintzberg. Pearson Education, Inc.의 허락을 받아 수정함.

외부의 활동무대로 들어가고, 가장 직접적으로는 대변인과 협상가 역할을 한다.

- *기업가형 행정가*(entrepreneur administrator)는 변화를 위한 기회, 그리고 학교에 프로그램을 도입할 기회를 찾고, 이 유형을 실행하기 위해서 기업가와 협상가 역할을 하는 것이 특징이다.
- *내부 행정가*(insider administrator)는 원활한 학교운영을 위한 경영 및 유지에 주로 관심을 갖는다. 주로 자원배분자와 지도자 역할을 담당하면서, 행정가는 학교운영의 감독, 내부 프로그램의 육성 및 발전, 직원 감독에 집중한다. 때때로 내부 행정가는 학교나 교육청 운영을 담당하는 부대표로서, 교육장이나 교장이 외부 업무에 전념하도록 하거나, 점차 늘어나고 있듯이 그들이 교수-학습에 관련된 쟁점들에 집중할 수 있도록 한다.
- *실시간 행정가*(real-time administrator)는 또 다른 종류의 내부 행정가이다. 그는 일차적으로 조직내부 유지에 관심을 갖고 있고, 매일매일 발생하는 문제들에 초점을 맞추고 있다. 실시간 행정가는 끊임없이 "급한 불끄기"로 바쁘고, "무슨 일에나 손대기(finger in every pie)"하는 것처럼 보인다. 분쟁조정자가 주된 역할이다. 규율 문제가 심각하고, 학교 안전이 불안하거나, 혹은 다른 지속적 위기가 존재하는 학교에서는 아마도 행정가가 이런 유형이 될 수밖에 없을 것이다.
- *팀 행정가*(team administrator)도 역시 내부 지향적이지만, 교사 간 높은 사기와 상호지원을 특징으로 하는 매우 효과적이고 응집성 있는 직무집단을 형성하는 데 관심이 있다. 비교하면, 팀 행정가는 지도자 역할에 높은 관심을 두는 반면, 다른 역할들은 중요하게 부각되지 않는다.
- *전문가형 행정가*(expert administrator)는 행정적 책임에 더해서 학교의 전문적 업무에 계속적으로 참여하는 사람이다. 특수 교육 및 예술 장학사, 교수활동을 하는 교장, 부서장, 그리고 수업적 지도성에 헌신하며 능력을 갖춘 교장 등이 그 예들이다. 주요 역할은 모니터와 대변인이다.
- *신임 행정가*(new administrator)는 일반적으로 사회적 접촉망이 부족하고, 업무를 잘 수행하기 위한 충분한 정보를 가지고 있지 않다. 그는 종종 연락자와 모니터 역할을 강조함으로써 부족한 능력을 보완한다. 연결망이 구축되고 정보의 이용가능성이 점차 높아지면서, 신임 행정가는 업무에 더 익

숙해지고 다른 역할을 맡을 준비를 하게 된다.

8가지 기본 능력

시간은 희소자원이다. 미래에 배분되는 시간이 현재 진행중인 활동에 배분된 양만큼은 줄어들기 때문이다. 더욱이, 동시에 할 수 있는 활동들은 제한적이기 때문에 하나의 활동에 쓰인 시간은 다른 활동을 도외시하는 결과를 낳는다. 그러나 시간 배분은 경제적 개념이면서 동시에 사회적/심리학적인 개념이다. 상징적으로 볼 때, 행정가가 시간을 어떻게 사용하는가는 학교 안의 다른 사람들에게 의미를 전달하는 행정적 관심(administrative attention)의 한 형태이다. 행정가는 자신이 가치롭게 여기는 사선이나 활농에 주의를 기울이기 마련이다. 대인관계 형성하기, 교육적 프로그램 목표 개발하기, 혹은 학교 및 프로그램에 대한 학생들의 정체성 형성하기 등에 많은 시간을 투입하는 것은 이런 종류의 활동들이 행정가나 학교에 가치 있다는 것을 교사와 학생들에게 전달한다. 다른 사람들이 어떤 활동에 관한 이런 관점을 학습하게 되면, 그들 역시 그 활동에 주의를 기울일 가능성이 높다. 따라서 행정적 관심은 학교에서 근무하는 사람들을 위한 모델링의 한 형태로도 볼 수 있다. 이를 통해서 교장은 학교의 분위기나 풍토의 형성에 공헌하고, 가장 우선순위가 높은 목표나 활동이 무엇인지를 사람들에게 전달한다.

행정가가 하나의 혹은 여러 개가 조합된 관리적 역할을 수행할 때, 이에 대한 지도성이나 효과성에 관해서는 거의 밝혀진 바가 없다. 역할에만 관심을 두는 것은 마치 음악 그 자체가 아니라 악보에 표시된 음들에만 집중하는 것과 같다. 같은 음표들이라도, 그것들이 어떻게 연주되는가에 따라 다른 음악을 만들어 낼 수 있다. 뛰어난 음악가들은 위대한 음악이 음표들 사이에서 발견된다는 것을 잘 안다. 이와 비슷하게, 비록 똑같은 행정적 역할이라 할지라도 그 역할을 수행하는 방법과 전달하려는 의도에 따라 전혀 다른 결과가 나올 수 있다. 행정가는 8가지 기본적인 능력을 숙달했을 때 좀 더 효과적으로 지도성을 행사할 가능성이 높다: 관심 관리, 의미 관리, 신뢰 관리, 자아 관리, 역설 관리, 효과성 관리, 후속 관리, 책임 관리. 이 8가지 기본능력은 다음에 요약되어 있다.*

---

* T. J. Sergiovanni, *Leadership: What' s in It for Schools?*(2001). London: Routledge/Falmer, pp.51-54. © TJS에서 발췌함.

- *관심 관리(management of attention)*는 사람들을 단결시키고 학교에서 일어나는 일에 대해 정당화 근거나 권위의 원천을 제공하는 가치, 아이디어, 목표, 목적에 다른 사람들의 관심을 집중시키는 능력이다. 지도자는 그가 하는 말, 보상하는 것, 시간을 보내는 방법, 강조하는 행동, 그리고 의사결정시 그 이유 등을 통해 관심을 관리한다.
- *의미 관리(management of meaning)*는 교사, 학부모, 학생들을 그들의 삶이 유용하고 의미 있으며 가치 있다는 것을 발견하게 할 수 있는 방식으로 학교에 연결시키는 능력이다. 심지어 겉으로는 일상적인 것으로 보이는 학교의 활동들도 더 큰 목적과 의미, 즉 사람들이 누구인지, 왜 그들이 학교에 존재하는지, 학교가 왜 그들을 필요로 하는지, 왜 그들의 학교 참여가 가치 있는지를 규정하는 목적 및 의미에 연계되어 가치가 부여된다.
- *신뢰 관리(management of trust)*는 정당 · 정직 · 신뢰할 만하게 보일 수 있는 능력이다. 지도자는 의사결정을 하는 것만으로는 충분하지 않고, 그 결정을 설명해야 하고 그것이 학교의 마음과 영혼에 어떻게 관련되는지를 보여주어야 한다.
- *자아 관리(management of self)*는 자신이 누구이고, 무엇을 믿으며, 자신이 하고 있는 일을 하는 이유가 무엇인지를 이해하는 지도자의 능력이다. 적어도 다른 사람들이 지도자를 이해하고 존경함으로써 지도자의 행동을 옹호할 수 있을 때, 자기인식이 제대로 이루어진 것이다.
- *역설 관리(management of paradox)*는 서로 불화하는 것으로 보이는 아이디어들을 화합시키는 능력이다. 표준화를 강요하거나 지역의 재량권을 훼손하지 않으면서도 동시에 엄격한 표준을 강조할 때; 학교안에서 필요한 질서가 유지되는 안전한 피난처를 제공하면서도 동시에 자율성에 대한 청소년들의 요구를 수용할 때; 다양성을 존중하고 혁신을 장려하면서도 동시에 모든 사람들을 일치하여 공유된 가치를 공동으로 추구하도록 화합시킬 때, 지도자는 역설을 관리하는 것이다. 지도자가 하고 있는 일에 대한(정당화) 근거를 아이디어에 의존할 때, 그리고 지도자가 어떤 것을 성취하기 위한 권력과 그것을 장악하는 권력 사이의 차이점을 알고 있을 때, 역설적 상황은 관리하기가 훨씬 쉬워진다. 그들은 권력의 목적이 다른 사람들을 통제하는 것이 아니라, 목표를 달성하는 것이라는 점을 이해하면서 권력을

광범위하게 분배한다.

- *효과성 관리(management of effectiveness)*는 학교의 역량을 개발하여 지속적으로 성과를 향상시킬 수 있도록 하는 능력이다. 효과성이 잘 관리되면, 학교는 더 좋은 결실을 맺게 된다. 성공(success)에는 관계를 학습하고 촉진하기, 교사 역량 구축하기, 성공을 향한 더 나은 경로 알아내기, 교사들이 실천의 공동체로서 단결하도록 필요한 지원 제공하기 등이 포함된다. 경제학적 용어로, 효과성 관리는 학교에서 지적 자본뿐만 아니라 사회적 자본을 개발함으로써 인적 자본의 증대에 집중하는 것을 말한다.
- *후속 관리(management of follow-up)*는 이곳에서 다른 곳으로 우리를 옮겨줄 조치들을 강조한다. 먼저 신뢰를 강조하고, 다음은 비전을 강조한다. 그 다음으로 전략이 오고, 실행계획이 뒤따른다. 그러나 성공하기 위해서 우리는 다음 단계로 더 나아가야 한다. 누가 무엇을 언제 누구와 함께 할 것인가? 성공하기 위해서 어떤 훈련이 필요한가? 무슨 일이 벌어지고 있는지를 모니터링하기 위한, 그리고 수업중 혹은 필요시 언제든지 활용할 수 있는, 전문성 개발을 지원하기 위한 적절한 장학체제가 있는가? 교사들은 도움이 필요할 때 즉시 도움을 받을 수 있는가? 언제 그 도움이 필요한가? 어떤 종류의 평가가 필요한가? 모든 일상적인 세부사항들에 대한 책임을 누가 질 것인가? 다른 말로 하면, 지도자가 지도성 목표를 성취하기 위해서는 후속업무를 유능하게 관리할 필요가 있다.
- *책임 관리(management of responsibility)*는 사람들이 책임을 다하도록 하는 목적과 가치를 내면화시키는 것이다. 전문가는 사람을 동기화하는 데 있어 외적 보상의 힘과 내적 보상의 힘을 이해한다. 그것은 보편적으로 인정되고 있는 두 가지 동기화 규칙으로 구성된다: *보상받는 일은 수행된다(what is rewarded gets done)*, 그리고 *보상을 주는 일은 수행된다(what is rewarding gets done)*. 그러나 고려될 필요가 있는 세 번째 동기 규칙이 있다: *사람들이 그것을 하는 것이 의무나 책임이라고 느끼는 일은 수행된다(what one feels a duty or obligation to do gets done)*. 사람들은 무엇인가를 해야 할 의무가 있다고 느낄 때, 그 일이 힘든 과업일지라도 해낸다. 그들은 그것이 즐거운 일이든 아니든, 원하든 원하지 않든 해낸다. 이 동기 규칙은 중요하다. 왜냐하면 의무와 책임은 다른 동기화 규칙보다 강력하

고, 시간이 지나도 스스로 지속되기 때문이다.

관리적 역할 및 지도성 능력—제3장에서 논의한 행정적 절차상 요구되는 지식, 핵심적인 책무 영역, 행정적 기술에 더해지는—의 수는, 지도성에서 내용 개발의 중요성은 물론이거니와, 행정적 업무를 맡을 때 직면하게 되는 복잡성을 보여준다. Minztberg(1973)는 자기성찰의 과정을 통해서 이러한 복잡성을 이해할 수 있다고 믿는다. 그의 말을 따르면, "*행정가의 효과성은 자신의 일에 대한 통찰력에 의해 크게 영향받는다.* 그의 성과는 그가 자신의 직무에 대한 압력과 딜레마를 얼마나 잘 이해하고 대처하는지에 달려있다. 따라서 자신의 일에 대해 자기반성할 수 있는 관리자는 일을 효과적으로 수행할 수 있다." 이와 같은 맥락에서 자료 6.1에는 행정가가 자신의 업무를 특징짓는 환경을 정리하도록 도와주고, 합리적인 행정적 활동을 시작하기 위한 더 견고한 기반을 제시해주는, Minztberg가 제시한 자기성찰 질문들이 제시되어 있다.

자료 6.1 행정가를 위한 자기성찰 질문

1. 나는 어디서 어떤 방법으로 정보를 얻는가? 정보를 얻기 위해 나의 대인접촉능력을 충분히 활용할 수 있는가? 다른 사람들이 내가 해야 할 조사의 일부를 해 줄 수 있는가? 내가 가장 취약한 지식 분야는 무엇이고, 어떠한 방법으로 다른 사람들에게 필요한 정보를 얻을 수 있을 것인가? 나는 조직과 조직 환경 안에서 내가 필수적으로 이해하고 있어야만 하는 일들에 대해 충분히 효능 있는 지적 모형들을 가지고 있는가? 어떤 방법으로 더욱 효과적인 모형을 개발할 수 있는가?

2. 어떤 정보를 조직 내에 배포해야 하는가? 내가 가진 정보를 전달받는 것이 부하직원들에게 얼마나 중요한가? 정보를 배분하는 것이 시간낭비이거나 불편하다고 해서 내가 너무 많은 정보를 전달하지 않은 채 가지고 있는 것은 아닌가? 다른 사람들이 더 나은 의사결정을 하도록 도움을 주려면 내가 어떤 방법으로 그들에게 더 많은 정보를 제공해야 할까?

3. 나는 정보 수집과 행동 실행 간에 균형을 맞추고 있는가? 충분한 정보를 수집하기 전에 조급하게 실행으로 옮기는 경향이 있는가? 혹은 모든 정보를 다 수집하려고 너무 오래 기다리느라 기회를 놓쳐버려 내가 조직의 병목이 되고 있는 것은 아닌가?

4. 나는 어느 정도의 변화까지 허용하라고 조직에 요구하고 있는가? 이러한 변화는, 우리의 조직운영이 지나치게 활기가 없거나 과도하게 혼란을 겪지 않도록 균형이 잡혀 있는가? 이러한 변화가 우리 조직의 미래에 미칠 영향이 충분히 분석되고 있는가?

5. 부하직원의 제안을 판단하는 데 충분한 정보가 나에게 있는가? 제안들 중 일부에 대한 최종 승인권을 부하직원에게 위임하는 것이 가능한가? 사실상 부하직원이 지금 너무 많은 결정을 독자적으로 내리고 있기 때문에 발생하는 조정의 문제는 없는가?

6. 조직이 나아갈 방향에 대한 나의 비전은 무엇인가? 그러한 "계획들"이 막연한 형태로 주로 내 마음속에만 있는 것은 아닌가? 조직 내 다른 사람들의 결정을 더 잘 인도하기 위해 계획

자료 6.1 행정가를 위한 자기성찰 질문 (계속)

들이 좀 더 명백하게 만들어져야 하는가? 아니면 그것을 필요에 따라 변화시키기 위한 유연성이 필요한가?

7. 우리 조직이 너무 많은 혼란을 경험하고 있는가? 만약 우리가 변화의 속도를 늦춘다면 그런 혼란들이 줄어들까? 이 혼란은 문제에 대한 늑장 대응 때문에 발생했는가? 우리가 혼란을 덜 경험하는 것은 조직이 침체되어 있기 때문인가? 나는 어떠한 방식으로 이러한 혼란들을 처리하는가? 우리는 혼란의 일부를 예측하고 그에 대한 상황에 따른 대처 방법들을 개발할 수 있는가?

8. 나는 어떤 유형의 지도자인가? 부하직원들이 나의 관리 스타일에 어떻게 반응하는가? 나는 그들의 업무를 얼마나 잘 이해하는가? 나는 나의 행동에 대한 그들의 반응에 충분히 민감한가? 나는 격려와 압력 간에 적절한 균형을 찾고 있는가? 나는 그들의 주도적인 업무수행을 막고 있지 않는가?

9. 조직 외부와 어떤 종류의 관계를, 어떻게 유지하고 있는가? 내가 더 잘 알아야 하는 특정 유형의 사람들이 있는가? 나는 이런 관계 유지를 위해 너무 많은 시간을 사용하는 것은 아닌가?

10. 내 시간을 계획하는 시스템을 가지고 있는가, 아니면 순간적인 압력에 단순히 반응하고 있는 것은 아닌가? 수행하는 활동들이 적절하게 조화를 이루고 있는가, 아니면 단지 내가 관심 있어 하는 특정한 기능이나 한 유형의 문제에만 집중하는 경향이 있는가? 나는 하루 혹은 일주일의 특정 시간에 특정 유형의 업무를 수행할 때 좀 더 효율적인가, 그리고 나의 스케줄이 이것을 반영하는가? 내 비서 이외에도 다른 사람들이 나의 많은 일정을 조정하고 있는가, 아니면 일정 조정이 좀 더 체계적으로 이루어지고 있는가?

11. 나는 과로하지 않는가? 나의 업무부담이 효율성에 어떤 영향을 미치는가? 나는 내 스스로 억지로 휴식을 취하도록 해야 하는가 혹은 일의 속도를 줄여야 하는가?

12. 나는 내가 하는 일에 너무 피상적인가? 나는 실제로 내 업무의 유형이 요구하는 만큼 빠르고 빈번하게 기분을 변화시킬 수 있는가? 내 업무가 파편화되고 방해받는 것을 줄여야 하는가?

13. 나는 현재 벌어지고 있는, 구체적인 활동에만 너무 집중하고 있지 않은가? 나는 업무의 실행과 자극에 노예가 되어 쟁점들에 대해서는 더 이상 집중하지 못하는 건 아닌가? 핵심 문제들이 충분한 관심을 받고 있는가? 특정 쟁점들에 대해 충분히 탐구하고 파악하는 데 더 많은 시간을 사용하는가? 나는 좀 더 반성적이어야 하는가?

14. 나는 다른 미디어들을 적절하게 활용하는가? 서면에 의한 의사소통을 최대한 활용하는 방법을 알고 있는가? 나는 면대면 의사소통에 과도하게 의존하여 부하직원 중 몇몇을 제외한 모두에게 정보의 불이익을 주고 있지 않는가? 나는 규칙적으로 필요한 만큼 회의를 계획하는가? 나는 업무활동을 직접 관찰하기 위해 조직을 순회하는 데 충분한 시간을 사용하는가? 나는 조직 활동의 핵심으로부터 너무 분리되어서, 조직의 업무활동을 오직 추상적인 방법으로만 보고 있지 않은가?

15. 나의 권리와 의무를 어떻게 융화시키는가? 나의 의무가 모든 시간을 소비하는가? 내가 원하는 방향으로 가도록 조직을 운영해야 한다는 의무감으로부터 어떻게 나 자신을 충분히 자유롭게 할 수 있는가? 어떻게 나는 나의 의무감을 장점으로 바꿀 수 있는가?

출처: Henry Mintzberg, *The Nature of Managerial Work*. Copyright©1973 by Henry Mintzberg. Pearson Education, Inc.의 허락을 받아 인용함.

결론

이 장에서는 독자들에게 행정업무의 실제 현실에 관한 개관을 제공하고자 하였다. Minztberg의 연구에 의존하여, 대부분의 행정적 직무에서 특징적으로 나타나는 10가지 행정적 역할을 확인하고, 이를 *대인관계적*, *정보적*, *의사결정적* 역할의 세 가지 주된 범주로 구분하였다. 대부분의 행정적 직무에서 10개 역할이 모두 나타나고 있으나, 수행하는 직무가 다르면 역할에 대한 강조점이 달라진다. 여덟 개의 행정적 스타일들이 확인되었고, 각각은 독특한 역할 강조점들의 조합을 갖고 있다. 이 장의 초점은 이상보다는 실제에 있고, "당위(ought)" 보다는 "현실(is)" 에 있다. 행정가가 여러 가지 제약을 받아들여야만 한다는 이러한 서술적 측면에 대한 강조(descriptive emphasis)는 행정가가 목표를 최대화하도록 행동해야 한다고 가정하는 행정에 대한 좀 더 처방적인 관점(prescriptive view)과 대조를 이룬다.

선행문헌들은 처방적 관점을 분명하게 선호하고 있고, 앞으로 서술적인 문헌들이 더 풍부해져야 할 필요가 있지만, 단서조항이 필요하다. 행정가들이 서술적 연구에 이끌려 사건들을 있는 그대로 수용하고, 그것을 따라해서는 안 된다. 이러한 입장은 지도성 개념을 중대하게 왜곡시킬 수 있다. 그렇다고 해서 행정가가 현실세계를 무시할 수는 없다. 그것은 미숙하고 효과적이지 못한 지도성 실제를 초래할 것이다. 지금 필요한 것은 교육행정분야의 연구와 발달 노력이 지향해야 할 전도유망한 방향을 제시하면서 두 가지 관점의 더 나은 균형과 통합을 이루는 것이다.

참고문헌

Curry, B. (2000). *Women in power: Pathways to leadership in education.* New York: Teachers College Press.

Helgesen, S. (1990) *The female advantage; Women's ways of leadership.* New York: Doubleday/Currency.

Homans, G. C. (1950). *The human group.* New York: Harcourt Barce Jovanovich.

Lindblom, C. E. (1959). The science of mudding through. *Public Administrator Review, 19*(2), 79-88.

Mintzberg, H. (1973). *The nature of managerial work.* New York: Harper & Row.

Simon, H. A. (1957). *Models of man.* New York: John Wiley.

제3부

학생, 교사, 교장, 교육장

제7장

오늘날의 학생

제3부에는 네 개 장이 포함되어 있는데 여기에서는 오늘날 학생, 교사, 교장, 그리고 교육장 등이 수행하는 역할 및 그들 간의 상호작용을 고찰하고자 한다. 학교라는 무대 위에는 다양한 연기자들이 있다. 교육개혁의 성공 여부는 교육개혁 담당자들이 연기자들 간의 역동적인 관계를 제대로 인식하고 이에 응답할 수 있는 능력이 있는가의 여부에 달려있다. 여러 집단들 가운데 어느 한 집단이라도 소홀히 한다면 교육개혁의 성공을 담보할 수 없다. 예를 들어, 학생들이 교사 및 학교와 어떤 방식으로 관계를 맺는가의 문제는 학교 변화에 영향을 미치므로 학생을 무시할 수 없다.

학생 인구 동향

최근 학생 인구에 있어서 극적인 변화가 지속되고 있다. 지난 20년간 공립학교 취학률은 약 24% 증가하였고(NCES, 2006, p.1), 향후 10년간도 증가율은 다소 둔화되겠지만 계속 증가할 전망이다(CEP, 2006, p.5). 그동안 공립학교가 안고 있는 문제점에 대한 매스컴의 지속적인 보도가 있었고, 그 해결책으로서 민영화 등이 제시되었음에도 불구하고 학령 아동 가운데 공립학교에 취학하는 아동의 비율(88%)은 거의 변하지 않았다.

학생 인구는 수적으로 증가하고 있을 뿐만 아니라 그들의 학습 요구, 인종 및 민족 구성 등도 점점 다양해지고 있다. 『장애인교육법(IDEA)』에 의거하여 특수

교육을 받는 아동의 수는 1990~1991년과 2003~2004년 사이에 29%나 증가하였다(NCES, 2005, 표 50). 장애로 인정되는 범위도 늘어나는 추세이다. 가령, 1990~1991년에는 자폐증이나 발달지체를 가진 아동은『장애인교육법』이 제공하는 혜택을 받지 못했다. 그러나 2004~2005년에 이 두 가지 장애를 가진 학령 아동은 거의 500,000명에 달하는 것으로 집계되었으며, 이는 전체 아동의 7%나 된다(NCES, 2005, 표 50).

극적인 변화 가운데 또 하나는 공립학교 아동의 인구 구성이다. 1993년과 2004년 사이, 공립학교에 재학중인 백인 아동의 비율은 66%에서 57%로 감소한 반면(CEP, 2006, p.9; NCES, 2005, 표 38), 유색인종 아동의 비율은 34%에서 42%로 증가하였고, 인구학자들은 이러한 동향이 당분간 지속될 것으로 전망한다. 가장 규모가 큰 주에 속하는 캘리포니아 주와 텍사스 주를 포함한 여섯 개 남부 및 서부 주에서, 그리고 도심에 위치한 교육구 가운데 상당수에서 유색인종 아동은 이미 공립학교의 주류를 형성하고 있다.

공립학교 재학 아동 가운데 다섯 명 중 한 명은 이민자의 자녀이다(CEP, 2006, p.12). 공립학교 재학 아동 가운데 영어가 모국어가 아닌 학습자의 수는 1990년대에 두 배 이상 증가했고, 이러한 추세는 앞으로도 계속될 것이다(Banks et al., 2005, p.232). 근래에는 전체 아동의 거의 10%에 달하는 아동이 영어 학습자인데, 이는 1990년대 초와 비교할 때 65%나 증가한 것이다(CEP, 2006, p.11).

오늘날 공립학교 학생의 특징 가운데 한 가지 더 주목할 사항은 빈곤 수준이다. Rank(2004)는 오늘날 미국 아동을 "미국에서 빈곤의 위험 수위가 가장 높은 집단"으로 묘사하였다. 17%에 달하는 아동이 빈곤 상태에서 생활하고 있으며, 이는 모든 연령대의 국가 평균 빈곤율 12%를 훨씬 상회하는 수준이다(Rank, p.31). 특히, 흑인과 히스패닉 아동의 빈곤율은 40%를 상회할 정도로 더 높다. Rank는 미국의 유년기 빈곤 수준이 타 선진국에 비해 훨씬 심각한 것과 관련하여 "사회 정책의 실패"라고 단정지었다. 빈곤은 인종과 밀접하게 연관되어 있으므로, 흑인 및 히스패닉 아동은 백인 아동에 비해 고도의 빈곤 상태에서 학교에 다닐 가능성이 훨씬 높다(그림 7.1 참조). 백인 아동 가운데 지역 내 빈곤 학생 비율이 75%가 넘는 지역에서 학교에 다니는 학생은 5%에 불과하다. 이와 대조적으로 그러한 빈곤 집중 지역에 살면서 학교에 다니는 흑인과 히스패닉 학생은 50%나 된다.

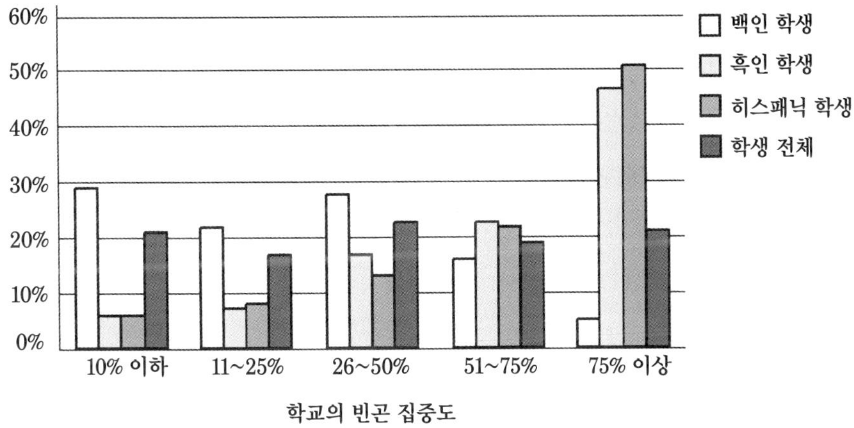

그림 7.1 재학중인 공립학교의 인종 및 빈곤도에 따른 4학년 아동의 분포

출처: The Center for Education Policy. *A Public Education Primer*.(Washington DC: CEP), p.7. 허락하에 삽입함.

Rank(2004)는 아동이 빈곤 상태에서 성장할 경우, 빈곤이 학습 능력이나 학교에서의 성공에 미치는 부정적 영향은 치명적이라고 보고, 다음과 같은 요인을 밝혀내었다. 첫째, 이러한 아동은 상당 기간동안 영양결핍 상태에 방치될 가능성이 높다. 또한 상대적으로 부유한 아동과 비교할 때, 예방접종이나 정기적 건강진단 및 치과 검진을 받지 못한다. 또한 빈곤 가정의 30%는 의료보험이 없으며, 이로 인하여 빈곤 아동은 만성 질환, 심지어는 조기 사망의 위험에 노출된다(pp.38-40).

둘째, Rank에 따르면, 음식물이나 기타 생존에 필요한 생필품의 부족은 빈곤 아동의 스트레스뿐만 아니라 가족간 갈등의 소지를 증가시킨다. 이러한 상태에서 가계를 어렵게 꾸려 가야 하는 부모들, 특히 엄마는 그들이 겪는 긴장, 피로, 좌절로 인하여 자녀에게 교육적 자극을 줄 수 있는 환경을 제대로 제공하지 못한다. 이러한 환경은 아동이 건강하고 건전한 유년기를 보냄으로써 향후 학교에 대비하도록 하는 데 필수적인 것이다.

마지막으로, 빈곤이 초래하는 힘든 상황은 종종 아동의 성장을 저해한다. 연구 결과에 따르면, 빈곤은 아동의 IQ 점수를 6~9점 낮추고, 이는 성취도 점수의 저하로 이어진다. 빈곤은 신체적, 지적 발달뿐만 아니라 정서적 건강에도 영향을 미친다는 점에서 문제이다. 빈곤 아동은 중산층이나 상류층 아동에 비해 우울증에 걸릴 확률이 높다. 아동이 만약 계속해서 빈곤 속에서 생활하게 된다면, 빈곤이 주는 불이익은 해를 거듭할수록 증가하게 된다. 백인이 주류를 이루는 부유층 아동들은 상대적으로 유리한 상황에서 학교에 다니게 되며, 또래들이 학교로 가져오는 사회적, 인적 자본의 혜택을 누리게 된다. 또한, 보충 교육이나 사회적 경험, 가령 여름 캠프나 음악 및 댄스 수업 등과 같은 기회를 갖게 되며 이는 그들의 학습을 한층 고양시킨다. 유색인종이 주류를 이루는 빈곤 아동들은 취약계층의 빈곤 아동들과 더불어 학교에 다니게 된다. 그들은 사회적, 인적 자본을 보유한 또래 집단의 혜택을 누리지 못하고, 추가적인 교육 활동 기회는 극도로 제약을 받게 된다.

여기에서 우리를 괴롭히는 것은 인종과 사회적 계층차별 간, 그리고 인종과 고등학교를 졸업하기 전의 중도탈락률 간의 상관관계가 학교에도 존재한다는 것이다. Orfield 등(2004)에 따르면, 소수인종 학생의 비율이 90%를 넘는 지역의 경우 1학년 학생이 12학년까지 다니는 비율은 42%에 불과하였다(p.6). 이 보고서는 인종 차별이 "졸업률 저하에 영향을 미치는 가능 요인"이라고 결론지었다(p.6). 중도탈락자 가운데는 유색인종 자녀가 많다. 백인 학생의 졸업률은 75%이지만, 제때 졸업하는 흑인, 히스패닉, 아메리칸 인디언 학생은 대략 50% 정도다. 사실, 흑인과 히스패닉 남학생의 졸업률은 그보다도 더 낮다.

중도탈락이 초래하는 사회적 비용은 상당하다. 중도탈락자는 고등학교 졸업자와 비교할 때 "취직을 하지 못하거나, 감옥에 가거나, 빈곤하게 생활할" 확률이 훨씬 높다(p.1). 2001년도 25세 이상 중도탈락자의 실업률은 7.3%로 고등학교 졸업자의 실업률 4.2%보다 거의 75%나 더 높다. 모든 주정부 감옥 수감자의 3분의 2 정도가 고등학교를 마치지 못했고, 수감자의 절반 이상이 기능적 문맹이다. 수감자의 수는 1980년대 이래 세 배가 증가했고, 이에 따라 감옥의 신축 및 관리에 소요되는 비용은 600%나 증가했다(Darling-Hammond, 2004, p.23).

학생의 역할

그동안 수립된 교육개혁안을 보면 학생들이 교육 수월성을 증진시키기 위한 노력에 영향을 미친다는 사실을 간과한 경향이 있었다(Ericson & Ellett, 2002). 이는 매우 안타까운 일이다. 왜냐하면, 학생들은 교수-학습 개혁안에 관여하는 핵심 참여자로서 그리한 노력의 성공을 담보하는 데 지대한 영향을 미치기 때문이다. 학생들의 동기가 유발되지 않고 그들이 학습 활동에 전념하지 않는다면, 다른 요인들이 아무리 잘 구상되고 의도한 대로 전개된다 해도 교육개혁은 결코 성공하지 못한다. 대부분의 개혁안은 학생들의 동기를 유발시키고 학습에 전념하도록 하는 것이 교사나 학교의 책임이라고 가정한다. 사람들은 훌륭한 선생님이 언제나 학생들의 동기를 유발시키고 학습에 전념하게 하며, 성취도를 향상시킨다고 믿어왔나. 예를 들면, 고부담 시험의 경우에도 학생의 시험 점수에 대한 책임을 교사와 학교행정가들에게 부과하였다. 교육제도를 못마땅하게 여기는 비판가들은 암묵적으로 혹은 명시적으로 저조한 학생 성취도가 교사의 자질부족이나 교사의 노력부족 탓이라고 비난하곤 했다(Ericson & Ellett, 2002, p.3).

그러나 일부 전문가들은 학생의 학습 관련 책임을 모두 교사나 학교에 전가하는 가정에 대하여 의문을 제기하였다. 한 예로서, Fenstermacher와 Richardson (2005)은 학생들의 학습이 교사에 의해 전적으로 좌우될 경우 학생들은 수동적 수용자가 되고 만다고 주장하였다. 즉, 성공적인 교수란 교사들이 수행하는 질 높은 활동 이상의 것을 요구한다는 것이다. 학생들은 텅 빈 상태로 교실에 들어오는 것이 아니라, 학습의 가능성 및 범주에 영향을 미치는 인성적 특징, 문화적 배경, 특유의 관심사와 재능 등을 이미 가진 상태에서 들어온다는 것이다. 연구자들은 교수의 성공에 영향을 미치는 조건을 다음과 같이 제시하였다.

1. 학습자의 자발성과 노력
2. 교수-학습을 지원하는 사회적 환경
3. 가르치고 배우는 기회
4. 훌륭한 교수

Fenstermacher와 Richardson에 따르면, "사회적 환경"이란 학습에 영향을 미치는 가족, 또래집단 혹은 지역사회의 지원을 말한다. "가르치고 배울 기회"란 학습을 지원하고 향상시킬 수 있는 시설, 돈, 시간, 기타 자원을 의미한다. 교수의 질은 학습에 영향을 미치는 네 가지 조건 가운데 하나일 뿐이다. 나머지 세 가지는 교사의 통제 범위를 훨씬 벗어나는 것들이다.

학생의 학습 가능성에 영향을 미치는 조건에 대하여 검토한 다른 연구결과도 있다. 예를 들어, Ericson과 Ellett(2002)는 이 문제와 관련하여 학생중심적 접근법을 취하면서 교육 개혁에 관한 다음과 같은 자극적 질문을 제기하였다: 교육개혁 내에 학생들을 위한 것이라면 있기나 한 것인가? 그들은 교육제도의 구조가 학생들에게 제공하는 유인책이 개혁의 의도를 약화시킬 수 있다고 주장한다. 역사적으로 볼 때, 미국인은 교육의 사회·경제적 능률성을 신봉하였다. 17세기에 공교육이 태동되었을 때에도 사람들은 이를 사회·경제적 진보를 위한 수단으로 간주하였다. 사회·경제적 혜택이 소수 엘리트에게 국한되지 않고 모든 이들에게 돌아간다고 믿는 능력주의 본위의 민주적 신념을 유지하기 위해서는 그러한 혜택에 접근할 수 있도록 해주는 교육제도가 있어야 한다. 보다 최근에는, 지난 20년간 교육개혁 운동을 촉발시켰던 *위기에 처한 국가(A Nation At Risk)* 보고서에서도 교육을 강화시켜야 하는 근거로 미국의 경제적 경쟁력이 다른 국가보다 약화되고 있다는 점을 인용하였다. Ericson과 Ellett에 따르면, 미국은 과거부터 줄곧 교육의 목적을 개인 차원의 사회·경제적 진보는 물론, 국가 전체적인 경제적 진보를 위한 엔진을 제공하는 데 두었다.

Ericson과 Ellett는 대다수의 학생들 또한 이러한 구조와 목적에 상응하여 교육을 통하여 지식을 추구하기보다는 사회적 지위와 부를 추구한다는 점을 지적하였다. 이러한 과정을 능률적으로 진행시키기 위하여 미국 사회는 학점, 성적표, 학위, 자격증 등과 같은 이른바 "교환 수단"을 만들어 냈는데, 학생들은 이를 사회적, 경제적 권리를 얻는 데 사용한다. 그러나 이러한 유인책은 외재적인 것이다. 학생들이 교육이 줄 수 있는 외재적 혜택이 아닌, 교육 자체가 지닌 내재적 가치를 중요시할 수 있도록 하는 보상책은 거의 없다. 젊은 세대가 교육에 대한 도구적 관점을 갖도록 하는 교육제도를 만들어 온 것은 다름아닌 미국 사회이다. 따라서 Ericson과 Ellett는 이러한 맥락에서 볼 때, 학생들이 사회에서 성공하기에 적절한 성적 따기에 치중하고, 심지어는 그들이 원하는 성적증명서를 받기 위한 "지름길이나 비법"을 추구하는 등 자신의 이해관계에 따라 행동하는 것은 지극히 "합리적"이라고 주장하였다(2002, p.17). 학문적 수월성을 안겨 줄 학자적 학습 습관이나 기술 개발에 주력하는 것이 반드시 "합리적" 학생들의 관심사는 아니라는 것이다.

개혁가들은 교육의 사회·경제적 목적을 재강조함으로써 자신들이 경주하는 노력을 결과적으로는 약화시켰다. 아동낙오방지법(NCLB)이나 기타 책무성 강화 정책의 입안자들은 미국 노동력의 국제 경쟁력을 강화하기 위하여 정교한 학업성취 개선안을 제안함으로써 오히려 대다수의 학생들에게 교육이 도구에 불과하다는 생각을 강화한 꼴이 되었다. 보다 광범위한 성취 대신 표준화된 시험 점수를 채택함으로써, 개혁가들은 학생들이 보다 야심적인 지적 목표를 달성하고자 하는 동기를 약화시켰다. 이에, 학생들은 보다 정교한 학문 추구에 전념하기보다는 앞으로 나아가는 데 필요한 최소한의 것을 수행한다. Ericson과 Ellett는 이와 같이 학문적 수월성보다는 "성적표가 붙은 교육적 성취"에 주력하는 것이야말로 "최소한의 교육적 성취에 매달리게 하고, 진정한 의미의 교육 개혁에는 저항하도록 한다"(2002, p.17)고 믿었다.

Ericson과 Ellett는 모든 학생들이 예외 없이 교육이 제공하는 사회·경제적 혜택에만 관심 있다고 주장한 것은 아니며, 학생들을 몇 개의 유형으로 구분하였다. 맨 꼭대기에 있는 유형은 이상적(ideal) 학생으로, 지식 자체가 지닌 내재적 가치를 추구하는 어린 학자라고 할 수 있는데, 이러한 유형의 학생은 미국이 만든 교육제도에서는 아주 드물다. 좀 더 자주 발견되는 유형은 전문적(professional) 학생인데, 이들의 동기는 지적인 학문 자체에서 내재적으로 발생한다기보다는 의학이나 법학 공부에 전념하는 학생처럼 전문직이나 경력 추구 등과 같은 외재적 가치에서 출발한다. 세 번째 유형은 지위 및 부 추구형(status or wealth seeker)으로, 이들은 합리적인 사리사욕을 추구한다. 그들은 사회적 지위나 돈과 같이 외재적 야망에 의해 강한 동기가 유발된다. 치유나 돌봄에는 전혀 관심이 없고 의학이 멋진 삶을 제공해 줄 것이라는 믿음을 가진 의대생은 좋은 사례이다. 우리 교육제도의 구조가 지위 및 부 추구형을 조장하므로, 이들은 다른 유형에 비해 훨씬 더 많이 발견된다. 네 번째 유형은 무관심/적대형으로, 교육 자체의 가치나 이로 인한 사회·경제적 혜택을 거부한다. 이 유형의 학생들은 종종 고등학교를 졸업하는 데 그친다. 왜냐하면 더 일찍 중도탈락하는 경우에는 사회·경제적 처벌이 너무 가혹하기 때문이다.

Steinberg(1996)는 Ericson과 Ellett가 학생들이 학습에 전념하지 않는 것이 우리 교육제도의 문제라고 밝힌 주장을 뒷받침할 수 있는 강력한 증거를 제시한다. 그는 캘리포니아 주와 위스콘신 주 소재 9개 고등학교에 재학 중인 10대 청소년 가운데 인구의 다양성을 대표하는 20,000명을 표집하고 그들을 4년에 걸쳐 연구하였다. 그는 학생들의 학교 공부에 대한 헌신 부족이 널리 만연해 있다는 것을 발견하였다: 거의 40%에 달하는 학생이 "학교 활동을 단지 거쳐 지나갈 뿐"이라고 응답하였다(p.67). 대다수의 학생이 학업을 심각하게 여기지 않았는데, 예를 들면, 응답자의 3분의 2가 시험을 치를 때 부정행위를 한 적이 있고, 90%는 다른 학생의 숙제를 베낀 적이 있다고 답하였다. 학교활동 외에 학구적인 과목을 놓고 경쟁한다. 이때 학생의 3분의 1은 성적이 나쁘게 나오지 않도록 쉬운 과목을 수강한다고 말했다. 방과후 활동에 참여하는 학생 가운데 40%정도는 공부를 할 수 없어서 그런 활동이 매우 피곤하다고 말했다. 또래집단 문화는 "학업에 있어서의 성공을 폄하하고, 학교에서 열심히 노력하는 학생을 비웃는다." 학업적 성공에 가치를 부여하는 친구를 가진 학생은 20%도 안 된다. 또한, 친구들이 자신을 어떻게 생각할까 두려워 공부에 최선을 다하지 않는다고 말한 학생들도 20%나 된다(pp.18-19).

또래집단 문화의 강력한 영향력

선행연구들은 학교에 청소년 또래집단 문화가 있고 영향력을 행사한다는 점을 확인하고 있는데, 또래집단 문화가 중시하는 가치는 학업의 수월성과 배치된다. Allen(1986)은 고등학교 학생들이 교실에서 어떻게 행동해야 하는지를 납득하는 과정에 대하여 질문을 제기하였다. 학생들은 일종의 의제를 가지고 교실에 들어오는가? 학생들은 교실에 일단 익숙해지면 교실을 자신이 원하는 모습으로 만들려고 한다. 교실에서 발생하는 사건들은 학생들의 의제를 어떻게 형성시킬까? 아마도 교사들이 추구하는 것, 자신에게 부과된 과제나 일, 다른 학생들의 특성 등과 같은 다양한 요인들이 의제형성에 영향을 미칠 것이다. Allen은 특히 학생들의 의제와 교실의 사건이 학생들에게 "그들의 교실을 이해하고, 자신의 행동에 대한 의미 부여에" 미치는 영향에 관심이 있었다(p.438). 그는 선행연구들이 학생들 스스로가 교실 안으로 들여오는 의제보다는 교실 내에서 교사가 설정한 의제에 대해 학생들이 보이는 반응에만 주목하였다고 생각했다.

Allen은 이 문제를 연구하기 위해 남부 캘리포니아 소재 고등학교 가운데 학생 수가 600명인 학교 9학년 학생의 전형적인 일과표를 검토하였다. 그는 학생 100명과 농업, 스페인어, 체육, 영어(2개 단기코스) 등 5과목에 배정된 교사 4명을 집중적으로 연구하였는데, 약 16주에 걸친 수업 관찰에 이어 학생과 교사를 면담하였다.

Allen은 학생들이 교실과 관련된 의제를 가지고 있었지만, 특정 교실의 상황이 그 의제에 영향을 미친다는 점을 발견하였다. 학생들의 의제에는 다른 학생들과의 친교 및 과목의 통과라는 두 개의 목적이 포함되어 있었다. 이러한 목적을 달성하기 위해 학생들은 수업이 시작된 후 며칠간은 교사를 파악하는 데 시간을 보냈다. 즉, 교사가 용인할 수 있는 친교의 양과 자신들이 달성해야 하는 과제의 양을 가늠하고자 했던 것이다. 학생들은 행동 규칙과 과제의 양, 그리고 이러한 규칙이 어느 정도나 융통성이 있고 어길 수 있는지를 의식적으로 파악하고자 했다.

이러한 초기가 지나면 교실 내의 사건은 점점 일상화된다. 학생들은 다른 학생과 대화하거나 교실에서 돌아다니며 놀거나 유머 등을 즐기면서 친교의 목적을 달성하고자 한다. 또한 교사가 원하는 숙제를 제출함으로써 과목을 통과하는 목적을 달성하고자 노력한다. 학생들은 과제물을 완성하고 교실의 사건에 참여한다. 또한 과목을 통과하는 데 필요한 작업량을 줄이면서 친교에 보낼 수 있는 시간을 늘리고자 노력했다. 그들은 교사의 과제물 요구에 도전하거나 친구들의 숙제를 베꼈다.

교사의 의제가 학생의 의제와 갈등을 빚을 때 심각한 사건이 발생했다. 과목을 통과하기 위한 교사의 의제가 너무 쉽거나 어려울 때, 학생들은 지겹게 느끼고 다른 학생들과 친교하려는 행동을 증가시켰다. 지루함을 감소시키려는 학생들의 노력은 단순히 즐겁게 지내려는 일상적 노력과 대조를 보였다. 즉 교사의 의제를 바꾸려고 하다 보니 반항적이거나 공격적인 행동으로 나타났다. 반면에, 학생들의 친교로 교실이 지나치게 소란스러워지고 교사가 이를 통제하려고 하면, 학생들은 자신의 행동을 조정하고 잡담하거나 돌아다니며 노는 일을 멈춤으로써 문제를 일으키지 않으려고 노력했다.

교사는 학생들의 이러한 의제에 영향을 미쳤다. 예를 들어, 농업 수업의 경우, 과목을 통과하기 위해서는 교실 안에서의 학구적 활동보다는 교실 밖에서의 활동이 상대적으로 더 중요했다. 교사 또한 친교 기회를 증대시키면서 학생들과의 비공식 관계를 강조했다. 그러나 스페인어 과목의 경우, 교실 내의 학습이 구조화되었고, 학문적 기대도 높았다. 교실 규칙은 엄격하게 적용되었고, 교사는 공식적 관계를 강조하였다. 대다수의 학생들은 과목을 통과하기 위해서 교사가 원하는 과제를 제출했고, 수업 종료 직전의 자투리 몇 분간만 친교를 했다. 체육 과목의 경우, 과목에서 요구하는 것은 많았지만 비교적 쉬웠다. 친교에는 제한이 있었지만 융통성도 있었고, 교사는 학생들과의 공감대 형성 및 협력을 강조했다. 교사는 체육 교실 안팎 모두에서 학생들에게 진정한 관심을 보였다. 학생들이 자신들의 의제를 충족시키려고 하는 과정에서 각각의 교실이 제공하는 상호 다른 맥락에 따라 그들의 행동 양식도 달라졌다.

Allen이 관찰한 학생들의 의제는 Steinberg가 묘사한 학생들이 학업에 전념하지 않는 태도, 그리고 Ericson과 Ellett가 제시한 지위 및 부 추구 유형 및 무관심/적대적 유형으로 분류된 학생들과 일맥상통한다. 분명한 것은 학업 기회를 최대로 활용하려는 것이 학생들의 의제에 포함되지 않았다는 점이다.

학교 내 10대 학생 집단에 대해 연구한 Canaan(1987) 역시 또래집단 문화가 학생들이 학문적 수월성을 중시하지 못하도록 방해한다는 증거를 제시한다. Canaan의 연구대상은 6~8학년 학생 정원이 634명인 중학교와 9~12학년 학생 정원이 1,053명인 고등학교였다. 학교는 중상류층이 주류를 이류는 교외 지역에 소재하고 있었고 따라서 학생 1인당 교육비도 높았다. Canaan은 중학교와 고등학교에 3개의 등급으로 구분된 집단이 있음을 발견했다. 중학생 집단 가운데 최상위 집단은 "체육 특기와 사회성"을 갖춘 소년 소녀로 구성된 소위 "쿨(cool)" 집단으로, 이들은 일련의 규칙을 준수하며 살아간다. 규칙에는 학교를 좋아하거나 우수한 성적 받는 데 연연하지 말 것이 포함된다. 중간에 위치한 집단은 "교사 및 부모, 쿨 집단의 기대에"에 부응하고자 한다. 이들 중간 집단의 구성원들은 공부를 너무 열심히 하거나 어른들이 만든 규칙을 따른다는 이유로 쿨 집단 구성원들의 비난을 받을 수도 있다. 최하위 집단은 사회적으로 부적절한 행동을 하는 집단이다. 고등학교의 경우, 최상위 집단은 운동짱(Jocks)과 괴짜(Freaks)라고 하는 두 개의 하위 집단으로 구분된다. 운동짱들(Jocks)은 방과후 체육 활동이나 복장 등에서 뛰어나며 자신감을 가지고 행동한다. 주중에 그들은 코치의 명령에 따르지만 주말에는 파티에 참석하는 등 명령을 어긴다. 괴짜들(Freaks)은 학교 안팎에서 어른들의 가치를 경멸한다. 이 두 집단 모두 상대 집단 구성원의 행동을 의식하고 있다. 중간 집단은 다양한 하위 집단으로 구성되는데, Jocks나 Freaks처럼 쿨하지도 않고 최하위 집단처럼 이상하지도 않다. 중간 집단에 속한 대다수 구성원은 최상위 집단 학생들을 모방하고자 한다. 최하위 집단은 소집단으로 구성되며 "그들의 행위는 적절한 사회적 행위와는 거리가 멀다."

중학교와 고등학교 모두에서 가장 눈에 띠는 집단은 최상위 집단이다. 그들은 10대들의 모델로 존재하며, 쿨한 것(10대들의 가치에 적절한 것)이 무엇인가, 그들이 학교 및 어른들과 어떤 관계를 맺어야 하는가(어른의 가치관을 수용하거나 거부하기에 적절한 시간과 장소)에 대한 정의를 내린다.

Antes와 Grorge(1990)는 교사들의 인식을 분석한 결과 학생들에게 학업 성취에 반하는 하위 문화가 있음을 확인하였다. 87개 지역에 소재한 276개 학교 교사들에 대한 설문조사를 통해서 그들은 "학생들의 학년이 올라갈수록 과제물 완료, 학교에 대한 태도, 교실에서의 훈육 등과 관련된 문제가 증가한다는 점"을 발견하였다. 학생들의 학교에 대한 태도가 심각한 문제라고 답한 교사는 초등 교사의 21.1%, 중학교 교사의 39.8%, 그리고 중등 교사의 45.6%를 차지했다(Antes & Grorge, 1990).

종합하건대, 이러한 연구들은 학생들의 또래집단 문화 및 하위문화가 존재하고 있고, 학생 문화의 영향력은 학생들의 학년이 높아질수록 커진다는 점을 확인해 준다. 또래집단 문화가 지지하는 가치는 종종 교사나 학부모 등 어른 세계의 가치와 반대된다. 10대들은 교실에서 무엇을 해야만 하는가의 문제에 있어서 교사와 견해가 다를 수 있으며, 올바른 행동이 무엇인가에 대하여 부모들의 견해와 다를 수 있다. 교사들은 학생의 본분에 대한 기대에 있어서 학생과 부딪치고, 부모들은 적절한 행동에 대한 기대에 있어서 자녀들과 부딪친다. 학생들의 하위문화가 지지하는 규범을 용납하지 못하는 교사와 학부모는 어려움에 봉착한다.

결론

학교는 일종의 문화체제로서 아동을 사회로 안내하기 위해 만들어졌다. 그러나 아동이라고 해서 무기력한 것만은 아니다. 그들은 자신의 발명품을 만들어냄으로써 어른들의 발명품에 응답한다. 그들은 제도 내에서 발명품을 고안할 줄 알며, 자신들이 목적을 위해서 제도를 활용할 줄도 안다. 또래집단 문화가 추구하는 목적이 어른들의 세계와 종종 갈등을 빚는 것처럼 보이더라도, Ericson과 Ellett가 제안한 것처럼, 아동의 가치와 행동은 교육 목적에 관한 사회적 메시지와 일맥상통한다. 학생에 관한 연구들, 특히 상급 학년 학생들에 관한 연구는 학생들이 그저 학년을 마치거나, 과목을 통과하거나 교사를 기쁘게 하는 데 필요한 사람으로 묘사된다. 이를 Ericson과 Ellett의 용어를 빌어 말하자면, 학생들은 우리 사회가 우수한 학업 성취보다는 점수, 성적, 졸업장 등과 같은 자격증 획득을 더 중시한다는 것을 알고 있다.

마지막으로, 이러한 연구결과가 학교 개혁 노력에 시사하는 바는 무엇인가? 첫째, 학생 학습에 영향을 미치는 학교와 교사의 즉각적 통제범위를 넘어서는 강력한 힘이 있다는 것을 개혁가들은 인식해야만 한다. 여기에는 또래집단 문화, 가족, 공동체 등이 포함되며, 인적, 사회적, 재정적 자본과 같은 자원도 포함된다. 둘째, 개혁가들은 학생들이 학교에서 발생하는 사건들을 형성하는 강력한 주체들임을 인식해야 한다. Ericson과 Ellett가 물었던 질문, 즉 "교육개혁에 학생들을 위한 것이 있다면 그것은 무엇인가?" 라는 질문은 개혁안 입안 시 반드시 고려되어야 한다. Steinberg는 고등학생이 학업에 몰두하도록 하기 위해서는 먼저 적절한 시간과 활력을 제공해야 한다고 주장하였다. 그는 고등학교 학생들의 주당 학습 시간을 제한하고, 졸업자격 기준을 강화해야 한다고 제안하였다. Ericson과 Ellett에 따르면, 사회가 학교를 대체할 수 있는 대안적 경로를 만들어내고 있는데, 이 대안은 실용적이고, 조작적이며, 경험적 학습 내용을 담고 있다. 따라서 직업을 구하는 데 필요한 지식과 기술 연마에만 관심이 있는 무관심하고/적대적인 학생들을 위한 것이라고 하였다(2002, p.22). 이러한 새로운 경로는 그런 유형의 학생들이 학교에 남아있어야 하는 필요성은 제거하되, 고등학교 졸업장이 제공하는 자격증만 따도록 할 것이다.

참고문헌

Allen, J. D. (1986). Classroom management: Students, perspectives, goals, and strategies. *American Educational Research Journal*, 19, 437-459.

Antes, R. L., & George, G. (1990, April). *Teacher perception of students at risk.* Paper presented at the annual conference of the American Educational Research Association, Boston, MA.

Banks, J., Cochran-Smith, M., Moll, L., Richert, A., Zeichner, K., LePage, P., Darling-Hammond, L., & Duffy, H. (2005). Teaching diverse learners. In L. Darling-Hammond & J. Bransford (Eds.), *Preparing teachers for a changing world: What teachers should learn and be able to do* (pp. 232-274). San Francisco: Jossey-Bass.

Canaan, J. (1987). A comparative analysis of American suburban middle class, middle school, and high school teenage cliques. In G. Spindler & L. Spindler (Eds.), *Interpretive ethnography of education: At home and abroad* (pp. 385-406). Hillsdale NJ: Lawrence Erlbaum.

Center on Education Policy. (2006). *A Public Education Primer.* Washington, DC: Author.

Darling-Hammond, L. (2004). From "separate but equal" to "no child left behind": The collision of new standards and old inequalities. In D. Meier & G. Wood. (Eds.), *Many children left behind: How the No Child Left Behind Act is damaging our children and our schools* (pp. 3-50). Boston: Beacon Press.

Ericson, D., & Ellett, F. (2002, July). The question of the student in educational reform. *Education Policy Analysis Archives, 10*(31), 1-30.

Fenstermacher, G., & Richardson, V. (2005). On making determination of quality in teaching. *Teachers College Record.* Online: www.tcrecord .org/AuthorDisplay. asp?aid=5693.

National Center for Education Stastics (2005). *Digest of educat on statistics: 2005.* Online: http://nces.ed.gov/programs/digest/d05.

National Center for Education Statistics (2006). *Digest of education statistics: 2006.* Online: http://nces.ed.gov/programs/digest/d06.

Orfield, G., Losen, D., Wald, J., & Swanson, C. (2004). *Losing our future: How minority youth are being left behind by the graduation rate crisis.* Cambridge, MA: The Civil Rights Project at Harvard University.

Rank, M. (2004). *One nation, underprivileged.* New York: Oxford University Press.

Steinberg, L. (1996). *Beyond the classroom.* New York: Simon & Schuster.

제8장

교사의 역할

이어지는 세 개 장에서는 학교에 몸담고 있는 어른들에 대하여 탐색할 것이며, 지난 수백 년간 교사, 교장, 교육장의 역할이 어떻게 분화, 발전했는지를 살펴볼 것이다. 간단히 말하면, 교사와 행정가의 역할이 관료제적-합리적, 도덕적 측면을 지니고 있으며, 학습, 관리, 정치적 책임을 포함한다는 점을 다루게 될 것이다 (Cuban, 1998, p.xviii). 교사와 행정가가 수행하는 일을 볼 때 역할과 책임은 분명히 다르지만 두 집단의 이미지는 놀라울 정도로 비슷할 것이다.

미국의 최초 학교행정가들은 교사들이었다. 지난 19세기 동안 학교가 비대해지고 관료적 요구가 증대하자 교장/교사는 여전히 가르치는 업무를 수행하는 가운데 행정적 책임을 떠맡았다. 20세기에는 교장과 교사가 공통적인 발전 단계를 거쳤고 교육 목적이 동일함에도 불구하고 전문화에 의해 두 직종 간 역할이 점점 구분되었다. 그 결과 두 직종은 경력직으로서의 교사와 경력직으로서의 행정가라는 명백하게 구별되는 직종으로 분화되었다(Cuban, 1988, p.xiii).

이러한 분리의 결과로 오늘날 교사와 행정가의 역할은 다를 수 있다. 이에 대하여 Cuban(1988)은 그들의 일상적 업무가 수행되는 장소가 다르기 때문이라고 설명하였다. 즉, 교사가 일하는 교실은 교장이 일하는 학교 집무실이나 교육구 회의실과 대조를 이룬다. 그러나 그는 교사와 교장 모두 상급자이면서 동시에 하급자이기도 하다는 점에서 그들의 역할은 매우 유사하다고 보았다. 교사와 교장은 명령에 복종하면서도 타인을 이끈다. 그들은 또한 단독으로 일하는 현장 실천가들이며, 자율성을 중요하게 여긴다. 갈등을 관리하고 지도성을 발휘해야 한다.

이러한 유사점에도 불구하고, 우리는 교사와 행정가의 역할을 구분하여 탐색할 것이다. 이 장에서는 교사 역할과 관련한 두 가지 역사적 개념에 이어, 역할에 포함된 세 가지 핵심 요소를 다룰 것이다. 그 후 교사들이 21세기 초반에 직면한 세 가지 특유의 도전과, 근무 여건, 그리고 교사의 만족도 수준에 대하여 살펴볼 것이다. 마지막으로, 이 장에서는 교사의 역할 및 양성과 관련된 변화에 대해 논의할 것이다. 제9장과 제10장에서는 행정가의 역할을 다룰 것이다.

교사 역할에 대한 두 가지 개념

지난 200년간 교사의 역할을 정의했던 주요 개념에는 두 가지가 있다. 산업화의 진전에 뿌리를 둔 개념은 학교를 공장으로 보는 것이다. 즉, 학생들이 생산적인 노동자 및 사회에 기여하는 시민이 될 수 있도록 육성하는 학교는 대량생산을 위한 공장이라는 것이다. 이 관료제적-합리적 개념에서는 교사를 처방된 교육과정에 따라 지식을 전달하고, 상부에서 내려오는 규칙과 절차에 복종하고 실행하며, 공장 학교로부터 동종의 산출물이 생산될 수 있도록 고안된 표준화된 시험을 관리하는 기술자로 묘사한다.

관료제적-합리적 모형과 대조적으로, 도덕적 개념은 교사를 변화의 주체로 묘사한다. 이는 계몽주의의 문화적, 종교적 전통 및 개인의 잠재력을 개발한다는 신념에 뿌리를 두고 있으며, 교사를 단지 지식을 전달하는 자가 아니라 개인을 변환시킬 사명을 가진 자로 간주한다. 도덕적 주체로서의 교사는 독립적 판단력을 사용하여 개별 아동이 학생이자 한 인간으로서 잠재력을 실현하기 위해 필요로 하는 사항을 결정해야 하고, 수업과 관련된 결정 및 가치를 판단함에 있어서 상당한 자율성을 가져야 한다(Cuban, 1988, pp.3-4).

이 두 가지 개념은 처음 등장한 이래 줄곧 공립학교 교수를 이끌어 왔다. 학교에 대한 과학적 관리론 시기에는 기술적 견해가 우세했다. 때로는, 가령 학교를 아동의 감성과 지성을 변화시키는 공동체로 보았던 진보주의 시대에는 도덕적 견해가 우세했다.

이러한 주기적 변화를 최근의 사례에서도 찾아볼 수 있다. 1983년에 출간된 *위기에 처한 국가(A Nation At Risk)*에서는 교사를 노동자로 간주했기에 그들의 직무가 처방되고 통제될 수 있다고 보는 기술적 견해가 다시 성행했다. 주정부 및 지방정부는 교육과정, 학생들에 대한 수학능력 평가, 교사들에 대한 새로운 자격증 등을 요구했다. 이러한 처방 위주의 정책이 극적인 성공을 가져오는 데 실패하자 두 번째 개혁에서는 교사에 대한 도덕적 개념을 상정하였다. 1980년대 후반까지 전문가들은 교사들에게 교육 설계를 위한 권위와 자율성을 더 많이 부여해야 한다고 주장하였다. 개혁가들은 교사를 "학교 개혁의 대상이라기보다는 주체"로 간주하게 되었다(Johnson, 1990, p.xvii).

때로는 교사를 묘사하기 위해 이 두 가지 개념을 모두 적용하는 경우도 있는데, 이를 Cuban은 "불안한 평형상태(uneasy equilibrium)"라고 명명하였다(p.5). 그러나 1890~1980년 동안 90년의 기간을 다루면서 7,000개가 넘는 교실을 망라한 연구에서 Cuban은 다음과 같이 결론 내렸다. "나는 학생 중심적 접근을 접목하기 위한 개혁이 있기 전이나 과정 중이나 있은 후에도 여전히 교사 중심적 실천이 지속적으로 우세하였음을 발견했다"(1988, p.26). 교사 중심적 실천은 교수에 대한 관료제적-합리적 개념과 연관되는 경향이 있는 반면 학생 중심적 실천은 도덕적 개념과 연관되어 있다.

교사 역할에 관한 세 가지 핵심 요소: 수업, 관리, 정치

교사의 역할에 대하여 어떤 개념이 우세하든지, 교사의 직무 책임을 구성하는 핵심 요소는 수업, 관리, 정치 등 세 가지이다. 뒤에 논의하겠지만, 동일한 세 가지 핵심 요소들이 교장과 교육장의 경우에도 해당된다.

수업(Instruction)

교사의 수업 관련 역할은 전형적인 교사 직무들을 포함한다. 즉, 수업계획, 수업방법 및 자료의 결정, 학생의 학습에 대한 평가 등이다. 전문가들이 지적했듯이, 훌륭한 수업에 대한 정의는 역사적으로 매우 불명확했다(Lortie, 1975; Cuban, 1988). 비록 선행연구나 전문서 등에서 유망한 실천에 대하여 기술했지만, 모두가 동의할 수 있는 수업의 원형을 타당하게 제시하지는 못했다. 따라서 교사들은 수업관련 역할을 다양한 방식으로 수행하고 있다. 내용에 초점을 맞추는 교사도 있고, 아동 중심이나 초인지적 기술을 강조하는 교사들도 있다. 학생들의 학습 자체에 국한시키지 않고, 학생들이 학습하는 방법에 초점을 맞추기도 한다. 오늘날 교실 안에서는 이러한 접근법의 수많은 변형 및 상이한 접근법들이 활용되고 있다.

관리(Management)

Cuban(1988)이 지적했듯이, 관리는 교사 역할에 대한 관료제적-합리적 개념에서 중요한 요인이다(p.30). 기존에 정립된 학급 경영 기제들, 즉 학생들을 다루기 위한 일상적 활동, 학생들의 질서정연한 행동을 담보하기 위한 규칙, 출석이나 숙제, 채점 등을 관장하는 절차 등은 교사라면 누구나 수업의 목표를 달성하기 위해 수행해야 할 필수 사항들이다. 교사의 학생 관리는 이러한 학급 관리를 위한 목적 외에도 학생들의 사회화를 도모하기 위한 목적에도 봉사한다. 학생들에게 권위의 중요성과 권위에 순응하는 가치를 주입시키고, 공동체에서 상호협력적으로 살아가는 방법을 가르친다.

정치(Politics)

Cuban(1988)은 교실 내에서 교사가 수행하는 정치적 역할과 관련하여 다음과 같이 기술하였다: "교사들이 희소 자원을 아동에게 배분하고, 일련의 기법을 통해 소수를 다스리며, 질서를 협상하고, 학급 구성원과 교섭하기 위해 정당하게 부여된 권위를 사용하는 한 교사들은 정치적으로 행동하는 것이다"(p.xix). Ball(1987)은 학교 공동체 안에서 교사가 수행하는 정치적 역할에 대하여 기술하면서, 학교를 개별 교사, 교사 집단, 부서, 행정가들이 자원과 권력을 협상하는 소규모 정치체제로 보아야 한다고 주장하였다. 자원의 경우, 좋은 교실의 위치, 창고 및 컴퓨터 보관용 공간, 특정 학생, 특정 과목, 기자재, 학생에 대한 요구사항 등을 포함한다. 이러한 자원은 개인이나 부서의 지위와 권력을 증진시키거나(가령, 경영교육보다는 수학과목에 배정된 컴퓨터가 더 많은 사례), 직무 부담을 덜어주는 수단(가령, 뛰어난 학생만이 물리과목을 수강하는 사례)으로 간주된다. 권력의 경우, 권력을 얻기 위한 투쟁 목록에는 '결정권은 누구에게 귀속' 되며, '일단 만들어진 결정이 집행되는가, 무시되는가?' 등의 이슈가 포함된다. 예를 들어, 종신재직권을 취득하지 못한 교사에 대한 평가와 비교할 때, 종신재직이 보장된 교사의 평가가 요식행위가 되는 이유는 결과에 승복하지 못하는 종신재직 교사가 노동조합에 요청하여 교장에게 이의를 제기할 것이기 때문이다. 이러한 과정은 정치적 질서를 반영한다.

학교를 미시정치적 관점으로 보는 견해는 학교의 질서가 계속해서 협상되고 재협상된다는 점을 강조한다. 개인의 상대적 지위나 권력은—그것이 평교사, 부장교사, 행정가 누구에게 귀속되건 관계없이—유동적일 뿐만 아니라 당면 이슈에 따라 달라질 수 있다.

21세기의 세 가지 도전

비교적 최근에 제기된 도전으로 다음과 같은 세 가지를 들 수 있다. 즉, 2002년 연방 아동낙오방지법(NCLB)의 통과, 지식경제의 발전, 그리고 1980년대 이래 학생 인구 다양성의 극적 증대이다. 이러한 도전들은 교사가 수업, 관리 정치와 관련된 그들의 역할을 수행함에 있어서 관료의 입장보다는 도덕적 주체의 입장을 취해야 한다는 동인을 제공한다.

아동낙오방지법(NCLB)의 영향

아동낙오방지법(NCLB)은 교사가 도덕적 주체가 되어야 한다는 점을 인식하고 있지만, 법에 포함된 조항들은 표준화를 요구하는 것이 많고, 따라서 교사의 기술자적 측면을 강화시켰다. 교사에 대한 책무성 요구와 실패에 대한 처벌 조항은 지금까지 적용된 어떤 연방법보다도 교사와 교실에 강력한 영향을 미쳤다. 동 법이 최초로 적용된 이후 5년 동안 교사와 교직에 미친 중대한 영향을 분석한 설문조사들이 있다. 긍정적 영향으로 제시된 사항 가운데에는 교사들이 "주정부의 학업성취 기준 및 평가에 교육과정과 수업을 맞추려는 노력이 활발했다"는 점이 있다(Center on Education Policy, 2006a, p.1).* 교사들은 또한 시험이나 다른 학생

* 교육정책센터(The Center on Education Policy: CEP)는 워싱턴에 소재한 비정파적 정책 연구집단으로, NCLB가 5년간 초래한 결과를 분석하였다. 2006년에 발간된 보고서에서는 미국 전역 50개 주에 걸친 299개 교육구를 대상으로 설문조사한 결과와 더불어 38개 교육구와 지역적으로 고루 분포된 42개 학교에 대한 사례연구 결과를 발표하였다.

들의 평가 결과를 그들이 가르치는 내용과 방법을 개선하기 위한 근거로 활용한 것으로 보인다(p.1). 미국 전역의 교사들이 그들의 수업을 기준과 조율하고 시험 결과를 수업 개선을 위해 사용한 만큼 수업 간 격차는 줄어들고, 학생들의 학습은 더 좋아질 것이다.

그러나 교사와 교직에 미친 상당히 부정적인 영향 또한 무시할 수 없다. 아동낙오방지법(NCLB) 적용 초기에 드러난 부정적 증거 가운데, 법에서 교사와 학교의 성공을 측정하기 위한 기준으로 읽기와 수학이라는 두 과목에만 초점을 맞추었기 때문에, 이는 교육과정을 축소시키는 결과를 초래했다는 점이다. 교사들은 강력한 제재를 의식하면서 학생들이 시험을 치르게 될 두 과목에 더 집중하였다. 학교들은 과학, 사회, 음악, 미술, 체육 등에 할당된 수업시간을 줄이거나 아예 없애버렸다.

최근에 이르러 그동안 막연한 느낌으로 남아있었던 영향을 입증해 주는 타당한 정보가 산출되었다. 교육정책센터(The Center on Education Policy, 2006a)는 "조사한 교육구 가운데 71%는 초등학교급에서 읽기와 수학에 더 많은 시간을 배정하기 위해 최소한 한 개 이상의 타 과목 수업시간을 줄였다"고 보고하였다(p.2). Sunderman 등(2004) 또한 교사들이 교육과정에서 시험을 치르지 않는 요소는 무시한다는 증거를 제시하였다.

> 교사들은 교육과정에서 중요한 측면을 무시했다. 시험을 치르지 않는 주제를 강조하지 않거나 태만히 했으며, 시험을 치르는 주제에 대한 수업에 대해서는, 아마도 지나치게, 초점을 맞추었다…고 보고하였다(p.4).*

또 다른 부정적 결과로 교사들의 스트레스 증가와 사기 저하를 들 수 있다. 교사들은 시험 점수를 높여야 한다는 끊임없는 압력을 받으면서 스트레스가 증가하게 되고, 그들이 설정된 연간 적정 향상도(AYP) 목표를 달성하지 못할 경우 느끼게 되는 공공연한 모욕감 때문에 사기가 저하된다(Center on Education Policy, 2006a, p.4). 이러한 상황이 널리 만연하게 되면, NCLB에 대한 정서적 반응은

---

* Harvard CRP(2004). *Listening to teachers: Classroom realities and No Child Left Behind.* Cambridge, MA, p.4. 하버드 시민권 프로젝트(Harvard Civil Rights Project)는 대 도심에 위치한 교육구 2개(캘리포니아 주 프레스노 시와 버지니아 주의 리치몬드 시)에 근무하는 교사 1,900명을 설문조사하였다.

교사의 건강을 해치게 되고 성취도가 낮은 학교들이 직면하는 진짜 도전에 전념할 수 있는 능력을 저하시킬 것이다. 한 설문조사 결과에 따르면, 교사들은 실패하는 학교에서 떠나는 경향이 있다. 고도 빈곤 지역에 위치한 학교들은 교사들이 5년간이나 해당학교에 머무를 것으로 예상한 채 학교계획을 수립하지 않는다. 낮은 성취도로 인하여 제재조치가 취해지는 학교의 경우, 교사의 4분의 3은 다른 곳으로 떠날 계획을 세우기 때문이다(Sunderman et al., 2004, p.3).

앞에서 학교라고 하는 미시정치적 세계에서 교사들이 수행하는 역할을 묘사한 바 있다. 그러나 NCLB뿐만 아니라, 각 주도(state capitals)와 워싱턴 D.C. 등지에서 점점 중앙집권화되는 교육적 의사결정은 교사의 정치적, 도덕적 책임을 확장시켰다. NCLB가 추구하는 도덕적 목적과 실제 만연한 결과 사이의 불일치를 줄이려면 교사들에 대한 지지가 매우 중요하다. NCLB의 긍정적 측면은 더 강화하는 한편, 부정적 측면은 감소시킬 수 있도록 정책결정가들에게 영향력을 행사하기 위해서는 교사들도 학교 건물을 벗어난 미시정치적 세계에서 그들의 정치적 역할을 다해야 한다.

지식경제

21세기 초의 미국 경제는 20세기와 달리 제조업이 아닌 서비스 및 정보의 창출에 초점을 맞추었다. 새로운 지식경제하에서는 미국과 같은 선진국의 경우 돈을 벌기 위해서 "물건"을 생산하는 사람들이 많지 않다. 점점 더 많은 사람들이 서비스, 아이디어, 정보를 생산한다(Hargreaves, 2002; Cuban, 2004). 지식경제는 비판적으로 사고하고 창의적 상상력을 발휘할 수 있는 노동자를 요구한다. 교사들이 새로운 시대의 요구에 학생들을 준비시키기 위해서는 새로운 학습을 제공할 수 있는 전문가 역할을 수행해야 한다. 그러나 NCLB와 같은 연방 교육정책은 전문가보다는 기술자의 역할을 더 강화시킨다는 점에서 상호모순된다.

지난 150년 동안 미국의 산업과 경제 상황은 교사와 교직에 주기적으로 강한 영향을 미쳤다. 이러한 영향은 공립학교가 "미국 경제의 살아 움직이는 팔"이라는 뿌리 깊은 신념에서 출발한다(Cuban, 2004, p.7). 19세기 말과 20세기 초에 '전국제조업협회(National Manufaturers' Association)'와 같은 산업 집단은 독일이나 영국과의 경쟁이 가하는 위협을 감지하였다. 산업계는 학교에 기반을 둔 직업교육 프로그램의 개발을 옹호했는데, 이는 산업의 능률성, 생산성, 국제 경쟁력을 보유하려면 학생들이 작업장 기술을 소지해야 한다는 믿음 때문이었다. 따라서 당시에는 산업 경제가 요구하는 일에 학생들을 준비시키기 위한 직업교육 프로그램이 미국 전역의 공립 고등학교 내에 제도화되었다.

지난 30년 동안 산업경제가 후기 산업경제로 이행함에 따라, 이러한 변화에 대한 산업계의 대응은 다시 한 번 교사와 학교에 중대한 영향을 미쳤다. 심화된 국제적 경쟁이 가하는 경제적 위협을 재감지하면서－이번에는 일본이나 기타 환태평양 국가들－1980년대의 산업 지도자들은 지식경제시대의 노동자들은 산업경제와 달리 더 정교한 지식과 복잡한 기술을 보유해야만 한다고 주장하기 시작했다. 그들이 요구하는 교육과정은 더 학구적이면서 실용성이 있어야 하고 전통적 "직업적" 성격은 감소될 필요가 있었다. Cuban(2004)은 다음과 같이 말한다.

> 기업 지도자들은 이제 학문적 과목(말하자면 일반 교육)과 표준화 시험을 학생들을 21세기 직업에 준비시키는 데 필수적인 것으로 간주한다. 고용주들은 영어, 역사, 수학, 과학, 외국어(한때 교양으로 간주되었던 과목들) 등을 사실상 직업교육 과목으로 보고 있다. 왜냐하면 이러한 과목을 통해서 고등학생들은 정보에 기반한 작업장이 향후 요구하는 지식, 태도, 기술을 함양할 수 있기 때문이다(p.103).

지식경제 노동자들이 반드시 소지해야만 하는 고급 기술 및 태도에는 창의성, 혁신성, 융통성을 발휘할 수 있는 능력뿐만 아니라, 급격한 변화에 맞서 성장할 수 있는 평생학습자로서의 자질도 포함된다.

새로운 경제의 이러한 요구가 교사와 학교에 미치는 영향은 모순적이다. NCLB와 같은 정책에서 엿볼 수 있듯이, 산업계 지도자들은 학생의 성취도 향상을 표준화 시험점수와 동일시하도록 하는 데 일조하였다. 이러한 정책이 수반하는 폐단은 교육과정의 축소뿐만 아니라 교사 및 교장들이 "최소한의 책무성"에만 몰두하도록 하는 것이다(Cuban, 2004, p.111). 그렇게 되면 전혀 의도하지 않았던 결과가 나타나게 된다. 즉, 학생들의 창의성이나 호기심과 같은 고차원적 기술을 개발하는 데 필요한 협력학습, 학생 참여, 프로젝트 학습 등을 확대하는 교수 방법 대신 "상투적 교수 실천"으로 회귀하게 되는데, 이는 이전 세대 경제 주도적 개혁가들이 진부하고 통제적이라고 비판했던 것이다(p.111).

뜻밖에도, 새로운 지식경제가 미국 노동자들에게 요구하는 것, 즉, 창의성, 발명성, 융통성, 혁신 등은 표준화로 인하여 오히려 없어지고 마는 것들이다. 새로운 정책과 NCLB의 무자비한 적용은 교사와 학생을 어리석고 단순한 사람으로 만들 위험을 안고 있다. "차세대를 가르칠 교사들을 손상시킴으로써 지식경제는 미래 꿈나무들을 집어삼키고 있는 것이다" (Hargreaves, 2002, p.10).

후기산업사회, 혹은 지식경제가 학교와 교사에 미치는 강력하면서도 부정적인 영향이 하나 더 있다. 한편으로는 지식경제가 성장과 번영을 자극하고, 차세대 미국 노동자들에게 고무적인 직업 기회를 제공한다. 그러나 다른 한편으로는, 이윤과 자기 이해관계를 무자비하게 추구함으로써 이해관계만을 보상하고 사회적 헌신의 가치를 하찮게 여기도록 한 결과 사회 질서를 긴장되게 하고 무너뜨린다(Hargreaves, 2003, p.1). Hargreaves에 따르면, 저지되지 않는 지식경제는 학교와 같은 공공기관을 약화시킨다. 왜냐하면, 개개인에게 혜택을 주는 지식과 기술, 즉 "사익"만을 보상하고, 인격, 공동체, 시민성 등과 같은 "공익"을 추구하는 가르침에는 가치를 부여하지 않기 때문이다.

지식경제에 내재된 부정적 힘은 최근 역사에서 전면으로 부각되고 있다. 학교가 사회변화의 주체가 될 수 있다고 믿었던 낙관주의는 경제, 정치 사회적 세력이 복합적으로 작용한 결과 1970년대에 이미 잠식되었다. 공립학교가 차세대의 경제적 번영을 가져올 것이라고 믿었던 오래된 신념은 인플레이션, 산업적 직업의 소실, 고도로 교육받은 노동력에 대한 요구 등으로 인하여 훼손되기 시작했다. "시장원리주의(market fundamentalism)"—즉 자유 시장의 힘이 재화와 서비스를 개선한다는 신념—가 상승하였다. 레이건(Reagan) 대통령 재임 시절(1980~1988), 정치가들과 정책결정자들은 능률성과 경쟁을 필두로 한 시장의 힘을 공립학교에 적용하려고 했다. 이때 사용했던 정책은 공립학교 예산 삭감, 선택권의 옹호, 사기업의 공립학교 운영 허가를 통한 공공 기금의 민간부문 이전 등이었다.

1980년대에는 학생성취도 국제비교에서 미국이 그다지 좋은 성적을 내지 못하자 공립학교에 대한 국민적 신뢰는 한층 저하되었다. 제대로 교육받지 못한 미국의 노동력은 세계 시장에서 미국의 경쟁력을 약화시킬 것이라는 우려로 인하여, 정치가들과 정책결정자들은 시장원리주의를 다양한 공립학교 통제방식과 결합시키는 정책을 채택하였다. 즉, "표준화의 강화, 평가제도 강화를 통한 교수-학습에 대한 미시적 관리, 성과급, 세밀하게 짜여진 교육과정 개혁 등의 통제방식을 적용하였는데, 이는 교사들의 수업 관련 결정권을 극도로 제약하는 것이다" (Hargreaves, 2003, p.14).

Hargreaves는 오늘날의 교사들이 시장원리주의와 표준화로 인하여 근본적인 모순에 직면해 있다고 주장한다. 교사들은 학생들이 삶을 영위하게 될 지식경제를 위한 촉매자 역할을 수행해야만 한다. 그들은 학생들이 성공하기 위해 필수불가결한 지식과 기술, 즉 발명성, 창의성, 융통성 등을 개발해야 한다. 그래야만 학생들이 지식경제가 제공하는 사익으로부터 혜택을 받을 수 있기 때문이다.

교사들은 이와 더불어, 만연한 물질주의, 공동체의 상실, 불이익을 받는 소수자에 대한 시민적 관심의 결여 등과 같은 파괴적 효과를 완화시키는 역할도 수행해야 한다(p.9). 그렇게 해야만 학생들이 지식경제하의 기업적 이해관계가 돌보지 않는 형평성, 정의, 자비 등과 같은 공익을 수호할 수 있다(p.3). 교사들이 중요한 가치를 옹호하고, 학생들에게 만연된 문화적 가치에 대비되는 관점을 제공하기 위해서는 교사들에게 부여된 수업 관련, 그리고 정치적 역할을 실행에 옮길 수 있어야 한다.

Hargreaves(2003)는 교사들이 성직자와 같은 직업, 그리고 교사들이 자신의 직무의 일부로서 현재 세계에 대하여 알고 돌보는 소명의식을 되찾아야 한다고 주장한다. 이는 교사들이 더 이상 사람들의 입에 오르내리는 기술자나 도구가 아니라, 사회의 주도적 지식인으로서의 지위와 존엄성을 탈환해야 함을 의미한다 (p.202). 그렇게 될 때 비로소 교사들은 기술자가 아닌, 세상을 더 좋은 곳으로 만들기 위해 노력하는 변화의 주체가 될 수 있을 것이다.

문화적 변화

학생들 간, 그리고 교사와 학생 간 문화적 격차가 점점 커지면서 교사들이 기술자가 되기보다는 교직이 직면한 변화를 감당할 수 있는 문화적 능력을 계발해야 한다는 요구도 커지고 있다.

오늘날의 교사는 "인구적 문제로 인한 사명"에 봉착해 있다(Banks et al., 2006, p.236). 점점 다양해지고 경제적으로 소외된 학생들을 대면하면서 교사들은 "미국 교육제도 전체에 깊이 스며들어 있는 기회와 결과에 있어서의 불균등을 제거하기 위한 행동을 취해야 한다"(p.236). 이러한 사명은 교사들에게 사회적 불평등을 감소시키기 위해 노력해야 한다는 민주적 책임이 부과되어 있음을 가정한다. Banks와 동료들은 교사들이 "형평성에 기반한 교수법"을 개발해야 한다고 주장한다(p.234).

그들은 또한 이러한 책임이 교실에 국한된 것만은 아님을 시사한다. 수업과 관련된 도전만이 아니고 정치적인 도전이기도 하다. 교사들은 학생 간 불평등을 심화하거나 교육 기회를 감소시킬 수 있는 "구조적 상황"—가령 학습집단 구성, 학생들을 특정 학급에 배정함으로써 발생하는 지식에 대한 접근 기회 등—에 영향력을 행사하도록 노력해야 한다(p.233). "연구 결과에 따르면, 등급이 낮은 계열에 배정된 학생들은 보다 제한적이고 단순반복적인 교육과정에 따라 배우게 되고, 그 결과 유사한 적성을 가졌지만 학구적 프로그램이나 계열이 구분되지 않은 과목에 배정된 학생과 비교할 때 성취도가 낮다."(p.239).

교사들의 인구 동향은 이러한 학생들의 "인구적 문제로 인한 사명"을 감당하는 데 수반되는 어려움을 한층 증가시킨다. 앞서 살펴본 것처럼, 오늘날 학생들 가운데는 유색인종 비율이 증가하고 있다. 그러나 그들을 가르치는 교사는 90%가 백인이다(Center on Education Policy, 2006b, p.31). 또한, 10명 가운데 거의 8명이 여성으로, 이는 1961년 10명 중 7명이었던 통계와 비교할 때 훨씬 증가한 수치이다(NCES, 2005). 단순하지만 극적인 차이를 보여주는 이러한 수치보다 더 중요한 것은 대다수 교사들의 "삶의 과정 및 경험"이 자신이 가르치는 학생들과 다르다는 점이다(Banks et al., 2006). 대다수의 교사들은 유럽계통 미국인 배경을 지니고 있으며 영어밖에 사용하지 못한다.

문제를 더 복잡하게 하는 것은 오늘날 교실 내의 다양성은 과거에 비해 그 범위가 인종, 민족, 성, 언어 등으로 훨씬 넓고 학업 능력 면에서도 격차가 크다는 점이다.

> 오늘날 교실에 소속된 학생들의 능력이나 경험의 수준은 그 범위가 크게 늘어났다. 그 이유 가운데 하나는 과거에는 특수학급으로 분리되었던 학생들 가운데 상당수가 일반 학급에 포함되었기 때문이다(Banks et al., 2006, p.236).

이러한 인구적 차이가 시사하는 도전은 문화적으로 동질적인 교사집단이 점점 다양화, 이질화되는 학생집단을 대함에 있어서 양자 간에 상당히 넓은 격차가 존재한다는 점이다. 교사들이 아동을 이해하고 가르치기 위해서는 문화적 경계를 초월하는 법을 배워야 한다. 교사들이 "자신과 다른 문화적 배경을 가진 학생들을 효과적으로 가르치기 위해서는 문화적 능력"을 가져야 하며, 이는 기술적 능력을 넘어서야 한다는 것을 의미한다(Banks et al., 2006, p.237).

교사들은 학생과 그 가족이 가정과 학교 간 문화적 경계를 초월할 수 있도록 도와야 한다(p.233). 지배적인 문화적 규범과 다른 문화적 배경을 가진 학생과 그 가족은 아마도 학교에 입학한 후 갈등을 경험할 것이다. 그릇된 오해가 쉽게 발생한다. 학부모가 인식하고 있는 학교 교직원과의 관계에 관한 규범은 학부모가 학교의 "활발한 동반자" 역할을 거부할 경우 자칫 오해를 유발할 수도 있다. 학교측은 학부모가 관심이 없는 것으로 해석할 수 있다. 그러나 그 학부모의 문화권에서는 학교에 활발하게 관여하는 것이 오히려 학교 교직원의 전문성에 대한 신뢰 부족으로 비춰질 수도 있다. 이와 같은 학교, 교직원, 학생, 학부모 간의 오해를 불식시키는 방법이 어떠한가는 대체적으로 학생의 성공 여부를 결정한다(p.240).

연구결과에 따르면, 교사들이 상이한 문화에 반응을 보이고 학생의 배경에 관한 지식을 수업과 통합하려고 노력할 때, 학생의 성취도는 증가할 수 있다(Banks et al., 2006, p.233). 이러한 효과를 거두기 위해서 교사들은 상이한 "문화 체제"에 대한 심오하고 포괄적인 이해력을 지닌 문화인류학자가 되어야 한다.

> 자신의 문화적 가정(assumptions)이 실천의 출발점을 어떻게 형성하는지 이해하기 위해서 교사들은 문화적 가정을 검토할 줄 알아야 한다. 또한 자신이 가르치는 학생의 배경에 대하여 의문을 제기하는 방법도 알아야 한다. 그래야만 자신이 배운 것을 수업관련 의사결정과 연결시킬 수 있다(p.243).

교사들이 문화에 반응을 보이고 통합적으로 되려면, 의사소통 구조나 말하기 양식 등에 있어서 문화적으로 결정되는 차이점을 인식해야만 한다. 유색인종 아동과 영어가 모국어가 아닌 학습자는 "내재적 결함"이 있다고 가정하는 우를 범해서는 안되며(Harry and Klingner, 2006, p.1), 역사적으로 볼 때, 이러한 고도로 주관적인 판단은 위의 두 유형의 아동을 장애아로 판별하는 경우가 과도했다는 점을 뼈저리게 인식해야 한다. 교사들은 다양한 학생들이 학교로 가져오는 강점과 차이점을 중시해야 한다. 마지막으로, 그러한 노력 중에 학생들과 "진정한 대화"를 유지함으로써 학생들의 문화에 대해 배우고 이렇게 습득한 지식을 자신의 문화적 자원으로 활용할 줄 알아야 한다(Banks et al., 2006, p.247).

교사들의 근무지

교사 부족

교사 인력과 관련된 핵심 질문 가운데 하나는 보다 자질 높은 교사를 어떻게 유인하고 유지하는가의 문제이다. 공립학교 취학률은 지난 20년간 24% 증가했고, 가까운 장래에도 계속해서 증가할 것으로 전망된다(NCES, 2006, 표 2). 1995년 260만 명이었던 교사 인력도 2007년 320만 명으로 상당수 증가하였다. 미래 전망에 따르면, 미국의 학교는 향후 10년간 주정부와 연방정부의 학급규모 감축 정책 및 학생 취학률의 증가로 인하여 교사 220만 명을 증원해야 한다(National Commission on Mathematics and Science Teaching for the Twenty-First Century, 2000, National Science Foundation, 2002에서 재인용). 10년 전과 비교할 때 곧 정년퇴직을 맞이하게 되는 현직 교사도 많은데, 이러한 시기에 퇴직률까지 동시에 증가하게 되면 문제가 더 복잡해진다.

교사 부족이 보다 심각할 것으로 예견되는 과목은 수학과 과학이다. 한 예측에 따르면, 공립학교는 2015년까지 28만 명의 신규 수학 및 과학 교사가 필요할 것으로 전망되었다. 기업-대학교 포럼(Business-Higher Education Forum, 2007)은 "고도로 숙련된 수학 및 과학 교사가 교직에 진입하지 않거나 장기적 직업으로서 헌신하지 않는다는 점이 문제" (p.9)라고 지적하였다.

교사의 이직률이 교사 부족에 일부 영향을 끼쳤는지에 대한 전망은 다양하다. 교사 노동조합 지도부는 50%에 달하는 신규 교사가 5년 내에 교직을 떠난다고 추정하였다. 한편 전문가들은 입직 후 5년 내의 이직률은 전체적으로 볼 때 20~30% 정도이지만 도심에 위치한 교육구는 50%에 달한다는 추정치를 내놓았다. 2007년에 출간된 국가교육통계센터(NCES) 보고서는 경력 초기 교사의 이직률은 낮지만 10년 경력 후의 이직률은 높아진다는 점을 확인하였다. 1992~1993년에 학사학위를 취득한 졸업생 9,000명을 대상으로 한 설문조사에 따르면, 교직에 입직한 교사의 18%가 4년 내에 이직하였다. 10년 후의 결과를 볼 때, 1992~1993년에 학사학위를 받은 졸업생 가운데 20%에 달하는 숫자가 어느 시점엔가는 교직에 종사했는데—이는 놀라울 정도로 높은 수치이다—그들 가운데 여전히 교직에 남아있는 교사는 절반이 약간 넘었다(Alt & Henke, 2007).

교사 자질

이 문제는 교사의 양적 수급문제에만 국한되지 않고 자질과도 관련된다. 연구에 따르면 교사의 자질이야말로 학생의 성취도에 있어서 가장 중요한 변수이다. Sander와 Rivers(1996)는 5학년 학생 집단을 3년간 비교한 결과, 효과적인 교사와 그렇지 못한 교사들에게 각각 배운 학생들의 시험 점수는 50%나 차이가 난다는 점을 발견했다.

무엇이 교사 자질을 결정하는가? 자질을 결정하는 특성은 측정하기 어렵기 때문에 전통적인 지표에는 교사가 소지한 학위의 수, 경력연수 등 전형적으로 측정 가능한 요인들이 포함되었다. 그러나 그러한 지표의 타당성이 연구에 의해 검증된 적은 없다. 상급 학위의 취득이 반드시 학생의 성취도 향상으로 이어진다고 단정지을 수 없다. 교직 경험은, 특히 입직 후 몇 년간은 학생들의 성취도 향상에 영향을 미친다. 그러나 경력 초기가 지난 후에는 교직경력이 10년인가 20년인가에 따라 학생의 성취도는 유의한 차이를 보이지 않았다. 따라서 연구자들은 교사가 가르치는 과목의 전공 분야 학위를 소지하고 있는지, 그리고 주 교사자격증을 취득했는지 등이 교사의 자질을 가늠하기에 더 신뢰할 수 있는 지표라고 주장한다(Monk & King-Rice, 1994: Goldharber & Brewer, 1997, 2000, NCES, *Teacher quality*에서 재인용).

자격을 갖춘 교사—가르치는 과목을 전공하고 자격증을 취득한—와 관련된 사안은 자격 교사의 부족이 공립학교 전역에서 동일한 정도로 발생하는 것이 아니라는 점 때문에 문제가 된다. 고도 빈곤 가정 및 소수인종 학생의 재학률이 높은 학교는 자격 교사를 유인하고 유지하기가 더 어렵다(그림 8.1 참조).

주에 따라서도 몇몇 주는 더 심각한 문제에 봉착해 있다. 예를 들어, 전국적으로 최대규모 교사 인력을 보유하고 있는 캘리포니아 주를 보면, 300,000명에 달하는 공립학교 교사 가운데 2005년 통계에 따르면 고도 빈곤지역 소재 학교에 근무하는 교사의 21%가 가르치는 과목에 합당한 자격증을 소지하지 않은 것으로 나타났다. 고도 빈곤 및 소수인종 과다 학교에 상치교사(out-of-field teachers)가 집중되어 있다는 사실이 의미하는 바는 학생들이 특히, 수학 및 과학 과목을 전공

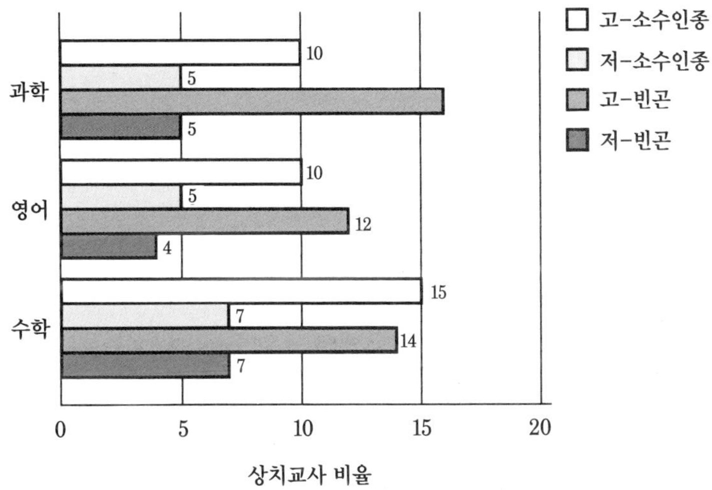

그림 8.1 상치교사에게 배우는 공립 고등학교 학생 비율

출처: Center on Education Policy, *Public Education Primer*, p.30. 허락하에 인용함.

하지 않은 교사로부터 배운다는 점이다(NCES, 2003, 지표 28).

가장 많은 지원을 필요로 하는 학교에 가장 자격을 갖추지 못한 교사가 분포하고 있다는 것은 교수 자원의 배분이 형평하지 못하다는 점을 나타내며, 국가통계센터(NCES)는 이러한 현상을 인식하여 "고도의 자격을 갖춘 교사"를 모든 교실에 배치한다는 목표를 설정하였다. 자격을 갖춘 신규 교사의 모집 문제는 고도 빈곤 및 소수인종 학생 과다 학교가 안고 있는 문제의 일부에 불과하다. 교사를 계속해서 유지하는 것도 큰 도전이기 때문이다. NCES에 따르면, "고도 빈곤지역 소재 공립학교에 재직하는 교사들은 빈곤율이 낮은 학교에 근무하는 교사들보다 다른 학교로 옮길 가능성이 2배나 높다"(NCES, Teacher trends). 결과적으로, 고도 빈곤지역에 근무하는 교사들은 더 젊고 경력연수가 낮은 경향이 있다(그림 8.2 참조).

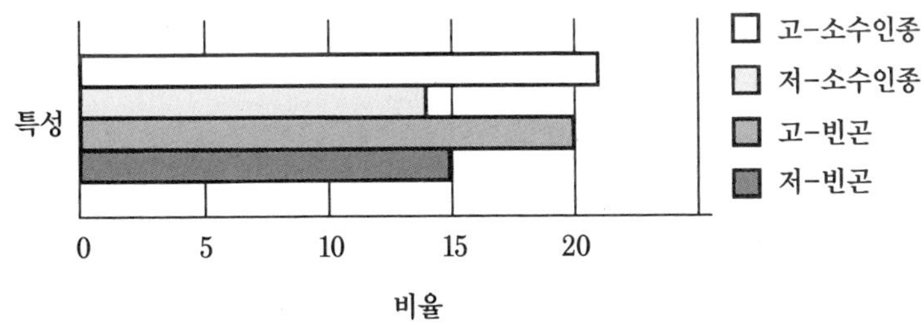

그림 8.2 3년 이하 경력을 가진 전일제 공립학교 교사 비율

출처: Center on Education Policy, *Public Education Primer*, p.30. 허락하에 인용함.

아동낙오방지법(NCLB)은 교수 자원을 형평성 있게 분배한다는 목표를 표방했음에도 불구하고, 실제적으로는 반대되는 효과를 초래했다. 즉 실패하는 학교에서 유능한 교사는 빠져나가고, 경험과 자격증 없는 교사가 그 자리를 메웠다. 노스캐롤라이나 주의 사례에서 볼 수 있듯이, 성취도가 낮은 학교의 경우, 책무성 제도 때문에 뛰어난 자격을 갖춘 교사를 선발, 임용할 수 있는 능력이 저하되었다(Clotfeller et al., 2003, Darling-Hammond, 2004, p.13에서 재인용). 플로리다 주의 학교들도 마찬가지로, 주정부의 책무성 제도로 인하여 자격을 갖춘 교사들이 떠나고 그 자리를 경험 및 훈련이 부족한 교사들이 채운다는 점에서 낙제점을 주었다(DeVise, 1999, Darling-Hammond, 2004, p.14에서 재인용).

근무 여건의 개선

자격 교사의 부족 문제를 논의함에 있어서 양성 및 자격증만 문제 되는 것은 아니다. 교사를 모집하여 유지하는 문제는 교사들의 근무 여건을 개선하는 것과 직결된다. Susan Johnson은 교사의 근무 여건에 관한 1990년도 연구에서 "우수 교사들의 공급이 부족하다. 학문적 재능이 뛰어난 예비교사들은 학교에 결코 들어오지도 않고, 최상의 교사는 잠깐 머문 후에 떠난다"(p.xiv)고 단언했다. 국가통계센터(NCES)의 2007년 보고서는 이러한 여건이 다소 개선되었음을 시시했다. 왜냐하면, 1992~1993년도 졸업생들의 평점은 더 높았고, 그들은 평점이 낮은 졸업자들보다 10년 이상 더 재직했기 때문이다(Alt & Henke, 2007, p.vi). 그럼에도 불구하고, 모든 교실에 "고도의 자격을 갖춘 교사"를 배치한다는 NCLB의 목적을 달성하려면 교사들의 근무 여건은 계속해서 개선되어야 할 것이다.

근무지의 핵심 요소

근무지(workplace)는 물리적 환경 이상의 것을 의미하며, 교사가 학생들을 가르치는 맥락을 제공하고 복합적인 요인을 통해 이에 영향을 미친다. 교사의 만족과 그들의 직업선택 결정은 다음과 같은 요소의 영향을 받는다.

- 물리적 환경: 안전과 편안함, 공간, 자원
- 조직적 구조: 직무량, 권위가 중앙집권적이거나 분권적인 정도, 자율성 정

도, 장학, 상호의존 및 상호작용 수준

- 사회적 요소: 역할과 관계, 수요자 및 동료의 특성, 지위
- 경제적 조건: 보수와 혜택, 신분 보장
- 정치: 자원에의 접근, 지배구조 내에서의 목소리, 관계의 형평성, 지원
- 심리적 요소: 일이 주는 의미, 학습 기회, 스트레스 수준 (Johnson, 1990, pp.12-21)

근무지의 핵심 여건: 고립과 불확실성

다른 전문직과 마찬가지로 교직도 직무 자체의 본질이 근무지의 특성을 결정한다. 지난 사반세기에 걸쳐 교육 전문가들은 교사들의 근무지를 정의하는 요소들을 망라하는 두 가지 사항을 확인하였다—교사의 고립과 그들의 목적, 수단, 가르침의 의미에 대한 불확실성이다.

Lortie(1975)는 면담과 설문조사를 활용한 선도적 연구에서, 학교의 "세포" 조직이 분리독립된(self-contained) 교실로 이루어졌다는 점을 확인하였다. 대다수 교사들은 일과 대부분의 시간을 교실 안에서 다른 성인들과 격리된 상태에서 아동들과 보낸다. 따라서 교사들은 개인주의적인 작업 습관을 갖게 된다. 왜냐하면 그들은 교실로 내던져지며, 거기서 살아남든지 떠나라는 암시를 받기 때문이다. 그들은 각자 생존 전술을 개발해야만 한다는 사실을 깨닫게 된다. 이러한 고립과 독립성이라는 규범으로 인하여 교사들은 자신의 문제를 알아서 해결해야 하고, 자신의 불안을 혼자서 다스려야 한다. 보편적으로 공인된 교실에서의 성공 기법은 없다(p.134).

Lortie의 연구는 또한 근심과 자기의심을 유발함으로써 효과성을 감소시키는 교수 "특유의 불확실성"에 대해서도 언급하였다(pp.134-161). 교수 목표는 종종 다수의 광범위한 목적을 반영하고 있는데, 이런 것들은 확실히 파악하기 어렵다. 평가 기준 또한 불분명하기는 마찬가지다. 한 아동이 성공적일 때, 특정 교사가 일차적인 영향을 끼쳤다고 단정하기도 어렵다. 이와 같이 불안정한 상황에서 교사들은 그들이 제대로 잘 가르친 것인지 자신 있게 말할 수 없다.

Johnson(1990)은 훌륭한 교수의 구성요소—목표의 불일치, 증명되고 널리 용인되는 수업 전략 등—는 과거부터 줄곧 불확실했으며, 어떤 교실에서나 볼 수 있

는 학생들의 변화무쌍함이야말로 교수의 결정적 특징임을 확인하였다. 교수의 이러한 특징으로 인하여 교사들은 교실 내에서 실질적인 자율성을 가져야 하며 행정가의 감독을 줄여야 한다고 주장한다. 교수의 본질을 잘못 정의할 경우 직무 역할을 수행함에 있어서 전문화의 정도를 제한하기도 한다. 교사들은 일련의 다양한 신체적, 정서적, 지적, 인성적, 그리고 사회적 요구를 지닌 복잡한 전인적 아동(whole child)에 직면한다.

Fullan(2001)은 Lortie의 저술과 맥을 같이하는 연구 두 개를 인용하였다. Goodlad(1984)는 교사 연구에서 교수에 있어서 고립된 유형이 지속되고 있음을 확인하였다. 그는 교사들이 "교실에서 행하는 결정－자료의 선택, 수업 조직방식의 결정, 수업 자료의 선택－에 있어서 실질적으로 자유롭다는 것"(Fullan, 2001, p.120)을 발견하였다. 그는 또한 "교사의 자율성은 전문가적 대화가 풍부한 상황보다는 고립된 맥락에서 행사된다는 점"(Fullan, 2001, p.121)을 지적하였다. Rosenholtz(1989)가 연구한 대다수의 학교 역시, "학습적 자극이 적고" 고립되고, 무엇을 어떻게 가르칠 것인가가 불확실하며, 직무 헌신도가 낮았다(Fullan, 2001, pp.121-122).

교사들이 자신의 효과성에 대해서 확신하지 못하는 것도 아동이 지닌 복잡성 때문이다. 오늘날 학생 다양성의 증대－학교 입학전 준비도, 내용 지식 및 기술, 언어 능력 등에 있어서－는 불확실성을 한층 배가시킨다. McLaughlin과 Talbert(2001)는 캘리포니아 주와 미시간 주 소재 16개 고등학교를 4년에 걸쳐 연구하면서, 고등학교 교사들은 "자신의 직무나 전문직이 주는 보상을 묘사할 때 종종 학생과의 관계를 중시한다"(p.6)는 점을 발견하였다. 교사들은 면담 시 요즘 학생들이 과거의 학생들과 다르다는 점을 강조하였다: "교사들은 요즘 학생들이 학업적 성공과 관련된 거의 모든 면에서 변했음을 경험한다－가족의 지원, 지속적 출석, 과제에 집중, 사회 계층, 학교 문화와 언어의 적합성"(p.8).

역사적, 사회적 영향도 교사 근무지를 변화시키는 데 일조하였다. 역사적으로 교원 인력이 여성으로 구성되었기에, 교직은 보수가 낮고, 근무여건도 열악한 지위가 낮은 직업으로 인식되어 왔다. 따라서 교사들은 직무 만족감을 얻기 위해서 내재적 보상을 추구해야 했다. 왜냐하면 외재적 보상이 거의 없었기 때문이다. 마치 달걀 포장상자처럼 생긴 학교의 구조－복도를 따라서 균일한 크기의 교실이 한 줄로 배열되어 있는－는 원래 교실 한 칸짜리 학교에서 출발하여 계속 건물을 추가로 지었다는 점을 반영한다(Lortie, 1975, p.14). 이러한 기본 설계는 지난 100년간 거의 변하지 않았고, 이는 교사의 고립에도 일조한다. 마지막으로 20세기 초에 시작된 학교의 과학적 관리는 가르침에 대한 산업적 이미지를 형성하였다. 아동들은 획일적인 상품을 생산하기 위해 설계된 표준화된 공정과정을 거치는 원재료로 간주된다. 이러한 접근법이 남긴 유산—학교는 관료제적 구조를 지니고, 중앙집권적으로 교육과정이 개발되며, 표준화된 고부담 시험 등과 같은—또한 오늘날 교사의 근무지 특성을 규정짓는다(pp.4-5).

교사 만족

교사들이 직무에 얼마나 만족하는가는 중요한 문제이다. 교사의 높은 직무만족과 학생들의 높은 학업 성취도 간에 상관관계가 있다고 밝히는 연구결과들 때문이다. Johnson(1990)은 앞서 기술한 근무지 요소가 교사의 만족도에 영향을 미친다고 주장하면서, "보다 좋은 근무지는 보다 좋은 학교이기도 하다"(p.26)고 말했다. 비록 직무만족과 성과 간의 관계가 명확하지는 않지만(p.24), Johnson은 교사의 근무여건에 대한 만족도와 학부모 및 학생의 학교에 대한 만족도 간에는 어느정도 상관관계가 있다는 Goodlad(1984)의 연구 결과를 인용하였다. 교사들의 만족도가 높은 학교는 학생이나 학부모들이 긍정적으로 평가할 가능성이 높다(p.26).

그러나 Johnson이 연구한 공립학교는 대체적으로 "결함이 많은 근무지로 판명되었다"(p.326). 일부 사립학교 근무지에 대한 교사들의 만족도는 더 높다. 비록 사립학교 교원의 보수는 공립학교에 비해 낮지만, 학교 시설 관리가 양호하고, 학급 규모가 작으며, 문화적 전통이 강하고, 자율성도 많고, 공식적 관료제적 특성도 약하다는 점에서 교사들은 사립학교에 더 매력을 느낀다(p.329).

Fullan(2001) 또한 교사들의 근무지 여건이 문제라고 지적하였다. 사실, 그는 학부모나 지역사회의 교사에 대한 존경심은 감소하고, 교사들에게 부과되는 책임의 과다로부터 오는 스트레스는 증가함으로써 지난 20년간 여건은 더 악화되었다고 믿는다(p.115). 직무부담의 증가를 초래하는 요인에는 학업에 대한 기대, 교사들이 대처해야 하는 가정 및 사회 문제의 증가, "다수의 상호분절적인 개혁 노력"에 따른 상부명령의 증가 등이 포함된다(p.115).

NCLB의 추진에 힘입어, 일부 교육구에서는 열악한 지역에 위치한 학교들의 근무 여건을 개선함으로써 교사의 질을 향상시키기 위한 두 가지 전략을 시도하고 있다. 첫 번째는 열악한 학교로 옮겨가는 교사에게 금전적 인센티브를 제공하는 것이고, 두 번째는 그러한 학교에 교사 전문성 계발을 위한 재정을 추가로 제공하는 것이다(Center on Eduction Policy, 2005).

교사 만족도와 근무지 여건을 다룬 문헌들이 이를 대체적으로 부정적으로 묘사하고 있는 것과 대조적으로, 2007년도 국가통계센터(NCES) 설문 분석은 보다 긍정적 관점을 제공한다. 2003부터 2004년도까지 계속해서 교직에서 가르치고 있는 1992~1993년 졸업생 가운데 90%는 자신의 직업이 전반적으로 만족스럽다고 응답하였다. 또한 교직을 다시 직업으로 선택하겠다고 응답한 졸업생도 90%에 달했으며, 67%는 퇴직할 때까지 교직에 종사하겠다고 응답하였다(Honawar, 2007). 그러나 같은 자료에서, 특히 세 가지 근무지 여건에 대해서는 긍정적 응답률이 상당히 낮은 것으로 분석되었다(48%)－보수, 학부모의 지원, 학생의 동기 등(Alt & Henke, 2007, p.20).

또한, 결과 가운데에는 마음에 걸리는 인종적 차이도 보인다. 퇴직할 때까지 교직에 머물겠다고 응답한 흑인계 미국인은 37%에 불과한 반면, 백인은 70%에 달했다. 이러한 차이는 흑인 교사들이 열악한 지역의 학교에 많이 몰려 있음을 말해준다.

근무지의 여건 개선

Johnson(1990)은 공립학교의 근무 여건을 개선하기 위해 다음과 같이 권고한다.

> 적절한 재정지원과 학교의 분권화, 대량생산 모형의 포기, 학부모의 참여와 지역사회 지원 체제의 개발, 교사들의 전문적 영향력의 증대 등이 근무지로서 학교의 질을 높일 수 있을 것이고, 훌륭한 교사들이 직무를 효과적으로 수행할 수 있도록 할 것이다(p.338).

그러나 Johnson은 또한 학생의 학습을 증진할 목적으로 근무지를 개선하기 위해서는 태도와 역할의 변화가 필요하다고 주의를 환기시킨다. 그녀의 연구에 따르면, 교사들은 행정가로부터 대개 소외되어 있고, 행정가들은 효과적 교수에 방해가 되는 관료적 요구를 부과하는 통제적 인물들로 묘사된다. 따라서 교사들을 위해 보다 건강한 직무 환경을 만들기 위해서는 행정가들도 변해야만 한다. 중앙 행정실은 보다 지원중심적인 역할을 수행하고, 의사결정도 분권화해야 할 것이다. 교장들은 학교구성원과 권위를 공유하고, 관리나 통제가 아닌 교수-학습지원을 그들의 최우선 관심사로 두어야 할 것이다(pp.340-341).

Johnson에 따르면, 교사들 역시 변해야만 한다. 연구 결과, 교사들은 열악한 근무 여건의 영향으로 상당수는 자신의 교실에 칩거하면서 학교 전체, 혹은 교육구 전체의 개혁 노력을 외면했다. 그러나 직무 환경을 보다 건강하게 바꾸려면 학교 내에서 기꺼이 책임을 지고, 자신의 수업 성과에 대해서도 책무성을 느껴야 한다. 이는 힘든 도전이 아닐 수 없다. Johnson은 연구에서 "굳게 닫힌 문 안에서 일하는 교사들을 방해해서는 안 된다는 규범에 도전하는 사람이 거의 없이서, 그러한 문은 비전문적 실천까지도 때때로 숨겨준다. 또한 교사들이 형평성을 빌미로 하여 리더십 역할을 하거나 수월성을 보이거나 동료들에게 자문을 제공하는 역할을 하지 못하도록 방해하는 실천을 감히 깨지도 못한다"(p.342).

Fullan(2001)는 또한 근무지는 반드시 개선되어야 하며, 자질 높은 교사를 확보하고 유지하기 위해서는 "교사에게 활력을 부여하고 성취를 보상해야 한다"고 믿는다. 사실, Fullan은 이러한 개선이야말로 진정어린 학교 개혁 노력에서 핵심을 차지하는 것이라고 주장하였다(p.115).

협력의 중요성

오늘날 대부분의 전문가들은 학교를 개선하기 위해 교사들의 고립을 경감시키려면 협력적 문화를 조장할 필요가 있다는 의견에 동의한다. 학교가 실제적으로 변화하기 위해서는 교사들이 학생들의 학습에 대한 새로운 신념을 받아들이고, 이러한 신념의 현장적용에 필요한 새로운 실천방법을 개발해야 한다는 사실은 여러 연구에서 밝혀진 바 있다. 이러한 재문화 과정은 개인적 성장의 결과로서 발생한다. 개인의 성장은 근무지의 고립으로 인하여 저해되거나 제한될 수도 있지만, 교사들이 직무에 대한 전문적 대화를 나눔으로써 촉진되고 지지될 수도 있다. 협력적 문화에서는 교사들이 변화의 의미를 토의할 수도 있고, 이에 대한 개인적 이해도를 심화할 수도 있다. 개혁의 가치에 대해서도 심사숙고해서 판단을 내릴 수 있고, 그러한 개혁을 효과적으로 적용하는 방법에 대해 함께 학습할 수도 있다 (Fullan, 2001, p.124).

Rosenholtz(1989)는 협력 문화의 긍정적 효과를 밝힌 바 있다. 그는 "학습이 풍부한" 학교와 "생동적인" 학교의 문화를 "학습 빈곤" 및 "판에 박힌" 학교 문화와 구분하였다. 학습이 풍부한 학교의 핵심 특징 가운데에는 교사와 교장이 협력하여 학교 목표를 설정하거나 상호협력적 활동 등이 포함된다. 이러한 협력은 교수 효능감과 교수 실천에 대한 투명성과 확실성을 증진시키는 한편, 목표에 대한 헌신도도 증가시킨다(Fullan, 2001, p.126에서 재인용). McLaughlin과 Talbert(2001) 또한 협력적인 전문적 공동체를 만들기 위한 노력이 중요하다는 점을 발견하였다. 그들은 캘리포니아 주와 미시간 주 소재 16개 고등학교를 4년간 연구하였는데, 특히 교사들이 몸담은 공동체의 상황적 맥락을 분석하였다. 그들은 "모든 교사 공동체가 예외 없이 광범위한 역할을 수행하고 있다는 점을 발견하였다. 교사 공동체는 상위 체제로부터 오는 '충격' —예를 들어, 학생 인구의 변화나 새로운 규정의 변화 등과 같은—에 대응하여 자신들의 교수 실천이나 직업에 대한 개념을 형성한다"(p.93). 이러한 과정은 개별 공동체에 따라 실질적인 차이가 난다. 대부분의 학교에서는 교사들이 자율성의 규범에 따라 고립되어 일한다. 그러나 일부 학교에서는 교사들의 전문적 실천에 대한 헌신도가 강한데, 이는 교사들 간에 신념의 공유 및 협력적 규범이 형성되었음을 의미한다.

대다수의 학교에서 발견할 수 있는 "취약한 공동체"에서 교사들은 개인적으로 일하고, 실천행위도 고도로 개별화되어 있으며, 개인마다 다르다. 교사들은 오늘날 크게 변화한 학생들을 대응함에 있어서, 학생들에게 필요한 지식과 기술을 제대로 가르치는 대신 교수 내용을 적당히 조절하는 방식, 즉, 그들의 과거 실천방식을 고수한다(pp.19-23). 교사들은 과거의 "이상적인" 학생들과 비교할 때 다소 다른 특성을 가진 학생들, 즉, "전통적인 학생"의 범주에서 벗어나는 학생들을 단지 다르다고 생각하는 것이 아니라 결함이 있는 것으로 간주한다(p.40). 학생들의 학습 경험은 그들이 해당 학년도에 우연히 접하게 되는 교사에게 전적으로 의존하므로, 이는 마치 "학습 로또 복권"과 흡사하다(p.64).

대조적으로, "강한 전문적 공동체"에서 교사들은 "교사의 직무 및 학생들과의 상호작용에 대한 기대를 공동으로 개발한다. 이러한 공동작업의 결과로 교수 실천은 상당히 비슷하게 조율되며, 학생의 성취도 기준이 타협의 산물이 되지 않을 뿐만 아니라, 학생들의 성공이 개별 교사의 자질에 좌우되는 정도도 줄어든다. 이러한 강한 문화 안에서 일하는 교사들은 오늘날의 학생이 과거에 비해 무엇인가가 결여되어 있다고 보기보다는 상호 다른 것으로 간주한다.

McLaughlin과 Talbert(2001)는 또한 "학교 및 부서 공동체 의식이 강한 학교의 경우 대안적인 교수법이나 경력 유형이 나타나고 계속 유지된다"는 점을 발견하였다(p.10). 공동체 의식이 약한 학교의 교사들이 자신의 경력이 퇴락하고 있으며, 이에 대해 학생들을 탓하는 반면, 공동체 의식이 강한 학교의 교사들은 "공동의 성취"를 인식하고 자축하였으며, 동료들과의 학습이 주는 보상감을 느낀다.

McLaughlin과 Talbert가 발견한 점 가운데 한 가지 재미있는 것은 강한 공동체가 "전통적이면서" 동시에 "혁신적인" 성격을 지녔다는 것이다. 이러한 차이는 앞서 논의한 교직에 대한 두 가지 대조되는 개념을 반영한다. 전통적 공동체에서는 교육과정이 "사전에 결정되고" 수업 방법은 교사 중심적이며, 협력은 학생들을 대상으로 시험을 보고 그 결과에 따라 학생들을 골라내는 정책과 절차에 초점이 맞추어져 있다. 달리 말하면 이 문화는 교사에 대한 관료제적-합리적 개념을 반영하는 것이다.

대조적으로, "혁신적" 공동체의 수업 실천은 학생들에게 초점이 맞추어져 있고, 교육과정은 학생의 요구를 충족하는 과정에서 변화한다. 이때 학생에 대한 기대를 낮추지도 않고, 학생들의 사고와 문제해결력을 강조하며, 학생 성취에 대한 교사들의 공동 책임에 초점을 맞춘다(p.10, p.11). 이러한 문화는 교사에 대한 도덕적 주체 개념을 반영한다.

McLaughlin과 Talbert는 자신의 연구 결과를 종합하면서, 미국의 고등학교에 강한 전문적 실천 공동체를 만드는 것은 바로 문화 변화의 문제라고 결론지었다. "교수의 기본 정신"이 "개인주의에서 협력으로, 보수주의에서 혁신주의"로 변화해야만 한다는 것이다. 교사들은 "자신의 전문가적 삶과 실천을 변화시켜야 한다"는 비전과 의지를 가져야만 한다(p.125). 그렇지 않으면 교육개혁 노력은 실패할 것이다. 교사들은 상호 참여, 공동 노력, 실천의 공동 개발 등의 특징을 갖는 "실천의 공동체"를 형성해야 한다(p.127).

교사의 양성

앞 장에서 교사의 역할에 관한 두 가지 개념에 대하여 기술하였다. 즉, 표준화된 교육과정을 따르고 표준화된 시험을 시행하는 기술자로서의 교사와, 학생의 학습과 관련하여 독립적이고 개별화된 의사결정을 내리는 자율적인 도덕적 주체로서의 교사가 바로 그것이다. 첫 번째 개념은 교직을 기예(craft)로 보는 것으로, 제한적이고 사전에 처방된 기술이 도제과정이나 실천을 통해 학습될 수 있다고 가정한다. 두 번째 개념은 교직을 전문직으로 간주하는 것으로, 교과목, 교수법, 아동 개발 등에 관하여 풍부한 내용으로 구성된 대학 교육이 필요하다고 본다(Levine, 2006). 이 두 가지 견해를 각각 주장하는 학자들 사이에서 NCLB의 목적을 달성하는 데 필요한 최적의 교사를 양성하는 주제를 놓고 상당한 논쟁이 벌어지고 있다. 일부 전문가들은 교사의 질에 관한 연구 결과를 언급하면서, 기준을 엄격하게 하고, 신규교사 훈련 프로그램을 강화하는 정책이 필요하다고 권고한다—이는 교직을 일종의 직업으로 보는 견해이다. 이러한 주장에 따라 상당수의 주에서 교사 자격증 취득을 위한 최소 기준을 강화했고, 수습이나 멘터링 프로그램을 도입했으며, 자격 시험을 강화했다. 이러한 맥락에서 출발한 NCLB와 주정부 정책은 교사들이 학사 학위 및 주정부 교사자격증을 소지할 것을 요구하였다.

반면, 다른 입장을 지닌 교육전문가들이나 관찰자들은 요건을 강화하는 것은 오히려 질 높은 교사 부족 문제를 더 악화시킬 뿐이라고 주장하였다. 전 연방 교육성 장관인 Rod Paige를 비롯하여, 교직 진입 요건을 약화하는 방안에 찬성하는 사람들은 교과내용 지식이야말로 교수 효과성을 높이는 데 중요하다는 증거를 인용하곤 했다. 이런 부류의 학자들은 교수법 관련 훈련 요건 및 교생 실습 등을 없애야 한다고 권고하였다. 그들은 기존의 교사양성 프로그램에 입학하지 않았지만 재능 있는 대학 졸업자를 교직으로 유인하는 데 성공했던 『미국을 위하여 가르치자(Teach for America)』와 같은 성공적인 프로그램에 주목하였다—이는 교직을 기예로 보는 접근법이다. 이러한 논쟁은 미국 전역에 대안적 교사자격 프로그램이 우후죽순으로 개설되도록 한 기폭제가 되었다. 현재 47개 주에서 그런 과정이 운영되고 있다(Levine, 2006, p.14). 이런 프로그램은 전통적인 교사양성 프로그램과 비교할 때, 기간도 짧고, 비용도 저렴하며, 학문적 요구사항도 적은 방식으로 자격증을 취득할 수 있는 경로를 제공한다.

Linda Darling-Hammond는 교사 양성에서 교수법적 훈련을 강화해야 한다는 주장의 옹호자로서, 텍사스 주 휴스턴 시의 공립학교 4~5학년 학생과 교사를 대상으로 한 대규모 6년 연구에서 정규 자격증을 취득한 교사에게 배운 학생이 『미국을 위하여 가르치자』 프로그램 등과 같은 대안적 프로그램을 거친 교사에게 배운 학생들보다 성취도가 높았다고 주장하였다. 그녀는 "만약 『미국을 위하여 가르치자』는 프로그램을 통해 양산된 교사들이 더 많이 교직에 머무른다면 아마 효과도 커질 것이다. 그러나 그들의 70~90%는 2~3년 내에 교직을 떠날 것이다" (Trei, 2005)라고 말했다.

콜롬비아대학 사범대의 전 총장이었던 Arthur Levine은 2006년에 이 문제를 검토하면서 전통적 교사양성 프로그램을 신랄하게 비판하였다. 그는 교육과정은 "혼란스럽고" 교수진은 상아탑에 고립되어 있으며, 학생의 입학 및 졸업 요건은 낮다고 주장하였다(p.21). 그러나 그는 전통적 양성과정을 제거하기보다는 개선하라고 제안하였는데, 이미 모델 프로그램이 설계되어 미국 전역에서 실행 중에 있다. 그가 교사양성 프로그램 강화를 위해 제안한 방안은 다음과 같다.

- 의학계에서 의사들을 가르치기 위한 병원이 있는 것처럼, 교사들의 전문성 계발을 위한 학교를 설립함으로써 실천의 세계를 재강조할 것
- 교과목 내용 지식, 교수법, 아동 발달 등과 관련된 학문적 요건을 강화할 것
- 5년제 교사양성 프로그램을 일반화할 것

결론

우리는 지금까지 미국 공립학교 교사의 역할이 복잡하고, 특히 미국 역사상 어느 시점보다 더 복잡하다는 것에 대하여 이야기하였다. 오늘날 교사들이 직면하는 특징적 도전은 최소한 3가지이다. NCLB의 모순되는 영향, 지식경제의 상반되는 요구, 학생들 배경의 다양화 증대가 바로 그것이다.

이 시대가 다른 시대와 차별화됨에도 불구하고, 관료제적-합리적 개념과 도덕적 개념이라는 교사 역할에 대한 두 가지 상반되는 개념은 지난 100년간 교직의 이미지를 형성해왔다. Cuban(1988)은 이 두 가지 개념은 "전문가로서 교사상" 에서 함께 조화를 이루게 된다(p.6)고 주장하였다. 전문가는 기술과 지식에 통달해야 하며, 따라서 훈련과 자격증 취득이 필수불가결하다. 그러나 훈련과 경험을 통

해 습득하고 자격증을 통해 검증된 지식과 기술은 전문가인 교사들이 도덕적 주체로서 더 크고 변화지향적인 사명을 완수하기 위해 활용하는 도구가 된다. 21세기 교사상이 어떻게 표출되든지, 교사들이 성공하기 위해서는 수업, 관리, 그리고 다소 놀랍지만, 정치적 기능까지를 효과적으로 수행해야 한다.

21세기의 교실로 자질 높은 교사들을 유인하고 유지하기 위해서는 근무지 여건을 개선함으로써 교사들이 이러한 복합적 역할을 수행할 수 있도록 지원해야 한다. 근무지 여건 개선에는 보수의 증가를 포함하여 물리적, 기술적, 심리적 지원의 강화가 포함된다. 그러나 교육을 개선하기 위해서는 교사들의 오랜 관행이었던 고립적 문화를 협동적 문화로 대체해야 한다. 협동적 문화가 교사들로 하여금 그들이 직면한 복잡한 문제들에 대처하고 극복할 수 있는 구심세력에 합류할 수 있도록 해주기 때문이다.

참고문헌

Alt, M. N., & Henke, R. R. (2007). *To teach or not to teach? Teaching experience and preparation among 1992-93 bachelor's degree recipients 10 years after college* (NCES 2007-163). Washington, DC: U.S. Department of Education, National Center for Education Statistics.

Ball, S. (1987). *The micropolitics of the school.* New York: Methuen.

Banks, J., Cochran-Smith, M., Moll, L., Richert, A., Zeichner, K., LePage, P., Darling-Hammond, L., & Duffy, H. (2006). Teaching diverse learners. In L. Darling-Hammond & J. Bransford (Eds.), *Preparing teachers for a changing world: What teachers should learn and be able to do* (pp. 232-274). San Francisco: Jossey-Bass.

Business-Higher Education Forum. (2007). *An American imperative.* Online: www.bhef.com/news/anAmericanImperative.pdf.

Center on Education Policy. (2005). *NCLB: What school districts are doing to improve teacher quality in high-need schools.* CEP Policy Brief. Online: www.cep-dc.org/index.cfm.

Center on Education Policy. (2006a). *From the capital to the classroom: Year four of the No Child Left Behind Act.* Online: www.cep-dc.org/index.

Centeron Education Policy. (2006b). *A public education primer.* Washington, DC: Author.

Clotfeller, H., Ladd, J., Vidgor, J., & Diaz, R. (2003, February). Do school accountability systems make it more difficult for low-performing schools to attract and retain high-quality teachers? Paper presented at the annual meeting of the American Economic Association, Washington, DC, February, 2003.

Cuban, L. (1988). *The managerial imperative and the practice of leadership in schools.* Albany, NY: SUNY Press.

Cuban, L. (2004). *The blackboard and the bottom line: Why schools can't be businesses.* Cambridge, MA: Harvard University Press.

Darling-Hammond, L. (2004). From "separate but equal" to "No Child Left Behind:" The collision of new standards and old inequalities. In D. Meier & C. Woods (Eds.), *Many children left behind: How the No Child Left Behind Act is damaging our children and our schools* (pp. 3-50). Boston: Beacon Press.

DeVise, D. (1999, November 5). Aplan prompts teacher exodus in Broward County, *Miami Herald.*

Fenstermacher, G., & Richardson, V. (2005). On making determination of quality in teaching. *Teachers College Record.* Online: www.tcrecord .org/AuthorDisplay. asp?aid=5693.

Fullan, M. (2001). *The new meaning of educational change.* New York: Teachers College Press.

Goldhaber, D., & Brewer, D. (1997). Evaluating the effect of teacher degree level on educational performance. In W. Fowler (Ed.), *Developments in school finance, 1996* (pp. 197-210). Washington, DC: U.S. Department of Education, National Center for Education Statistics.

Goldhaber, D., & Brewer, D. (2000, Summer). Does teacher certificationmatter? High school teacher certification status and student achievement. *Educational Evaluation and Policy Analysis, 22*(2), 129-145.

Goodlad, J. (1984). *A place called school: Prospects for the future.* New York: McGraw-Hill.

Hargreaves, A. (2003). *Teaching in the knowledge society: Education in the age of insecurity.* New York: Teachers College Press.

Harry, B., & Klingner, J. (2006). *Why are so many minority students in special education: Understanding race and disability in schools.* New York: Teachers College Press.

Honawar, V. (2007, August 1). Teachers tell researchers they like their jobs, *Education Week.*

Johnson, S. (1990). *Teachers at work: Achieving success in our schools.* New York: Basic Books.

Levine, A. (2006). *Educating school teachers.* Washington, DC: The Education Schools Project.

Lortie, D. C. (1975). *Schoolteacher.* Chicago: University of Chicago Press.

McLaughlin, M., & Talbert, J. (2001). *Professional communities and the work of high school teaching.* Chicago: University of Chicago Press.

Monk, D., & King-Rice, J. (1994). Multi-level teacher resource effects on pupil performance in secondary mathematics and science: The role of teacher subject matter preparation. In R. Ehrenberg (Ed.), *Choices and consequences: Contemporary policy issues in education* (pp. 29-58). Ithaca, NY: ILR Press.

National Center for Education Statistics. (2003). *The condition of education: Indicator 28: Out-of-field teaching in middle and high school grade.* Online: http://nces.ed.gov/programs/coe/2003/pdf/282003.pdf.

National Center for Education Statistics. (2005). *Digest of education statistics: 2005.* Online: http://nces.ed.gov/programs/digest/d05/tablesl.asp!

National Center for Education Statistics. (2006). *Digest of education statistics: 2006.* Online: http://nces.ed.gov/programs/digest/d06.

National Center for Education Statistics. (2007). *The condition of education: Contexts of elementary and secondary education.* Online: http://nces.ed.gov/programs/coe/2007/section4/indicator33.asp.

National Center for Education Statistics. *Fast facts:Teacher quality.* Online: http://nces.ed.gov/fast facts/display.asp?id=58.

National Center for Education Statistics. *Fact facts:Teacher trends.* Online: http://nces.ed.gov/fast facts/display.asp?id=28.

National Science Foundation. (2002). *Science, technology, engineering, and mathematics teacher preparation.* Program solicitation (NSF-02-130), p. 1.

Rank, M. (2004). *One nation, underprivileged.* New York: Oxford University Press.

Rosenholtz, S. (1989). *Teachers' workplace: The social organization of schools.* New York: Longman.

Sanders, W. L., & Rivers, J. (1996). *Cumulative and residual effects of teachers on ture student academic achievement.* Report of the University of Tennessee Value-Added Research & Assessment Center, Knoxville, Tennessee.

Sunderman, G. L., Tracey, C. A., Kim, J., & Orfield, G. (2004). *Listening to teachers: Classroom realities and No Child Left Behind.* Cambridge, MA: The Civil Rights Project at Harvard University.

Trei, L. (2005). Study: Student success linked to certification. *Stanford Report*, April 20. Online:http://news-service.stanford.edu/news/2005/april20/teacham-042005.html.

제9장

오늘날의 교장

오늘날의 교장은 어떤 사람들인가? 그들은 자신을 어떻게 보고 있는가? 교장의 역할은 역사적으로 어떻게 발전해 왔으며, 시간의 경과에 따라 어떻게 변화했는가? 이 장에서는 이러한 질문들에 대하여 탐색함으로써, 오늘날의 학교 리더들에게 도전을 야기하는 장애요인과 기회요인을 이해하고자 한다. 또한 전문서와 현장 실천에서 새롭게 출현하는 교장 리더십의 정의에 대하여 살펴보고자 한다.

교장 역할의 역사적 변천

교장의 역할은 지난 150년 동안 변화, 발전되어 왔다. 19세기 후반에 공립학교 규모가 커지고 주정부 및 국가 위원회나 협회 등이 학교 기준을 개발함에 따라, 교장들은 여전히 교사 역할을 수행하면서도 규제에 부응하는 역할을 담당하기 시작했다. 1920년대에 이르러, 그러한 직무는 교육과정 관리, 수업 장학 등으로까지 확대되었다. 그 결과 교장들은 점차 수업을 하지 않는 전문 행정가로 변모하였다(Cuban, 1988, pp.53-54). 20세기 초반에는 Frederic Taylor의 과학적 관리론 개념이 학교에서도 감지되지 시작했다. 관료제하에서 중간 관리자로 간주된 교장의 개념은 교장의 역할을 공식화하는 데 영향을 미쳤다. Donaldson(2001)은 학교 리더들 사이에서 출현한 관료적 역할 모형을 다음과 같이 묘사하였다.

- 학교 전체를 망라하는 안전, 질서, 생산성을 담보하기 위해 관리자 역할에 공식적 권위가 부여되었다.

- 학교가 학생과 관련하여 수행해야 하는 핵심 업무가 획일화되고 주정부가 설정한 기준을 충족할 수 있도록, 이러한 역할 담당자들은 합리적인 제도적 과정을 조직화하였다.
- 지도자들은 정보를 잘 제공받고 있었고, 통치 및 재정을 주관하는 기관에 접근할 수 있었으며, 인사를 통제할 수 있었다.
- 지도자들은 학교의 형태를 환경과 학생들이 제기하는 새로운 요구에 부응할 수 있도록 변화시켰다.

이러한 역할에 관한 관료제적-합리적 개념하에서 교장은 관리자였으며, 교육위원회나 상급 기관들이 결정한 교육과정 규정, 정책, 과정 등이 학교에 제대로 적용되고, 수업장학이 적절하게 수행되고 있는지를 확인하는 사람들이었다. 상의하달식 관료적 통제라는 특징을 지닌 계층적 조직이 바로 공립학교의 표준이었다.

그렇다고 교장이 상부의 명령에 따르고 하급자들의 복종만을 강요하는 관료는 아니었다. 교장은 학교의 수업 프로그램 장학에 적합한 전문성을 지닌 전문적 행정가이기도 했다(Cuban, 1988, p.59). 이러한 이중 역할—관료제적 관리자 및 수업 지도자—은 1920년대 이후 각종 연구 문헌이나 학교 현실에 반영된 학교장상을 대변한다. 그러나 1911년부터 1981년까지 70년이 넘게 축적된 증거에 따르면, "교장은 대부분의 시간을 수업과 관련없는 직무에 할애하는 사람"으로 묘사된다(Cuban, 1988, p.61).

20세기 중반에 이르러 학교들은 새로운 요구를 경험했고, 그 결과 과거와는 현격하게 다른 곳이 되었다. 주요 사회 · 정치적 사건—시민권 운동, 베트남전, 워터게이트사건 등—이 사회 불안정을 초래했다. 역사적으로 제대로 대접받지 못한 학생의 부모들—문화적 · 경제적 취약계층, 인종적 · 문화적 소수자, 인지적 · 정서적 장애자 등—은 자녀들을 위해 공립학교에 요구하기 시작했다. 이에 대한 반응으로 특수교육이나 영어교육을 위한 연방법이 제정되고, 이는 학교로 하여금 모든 학생들에게 적절한 교육을 무상으로 제공하도록 하였다.

학교에 대한 사회적 요구가 변화함에 따라 교장의 개념도 변화하기 시작했다. 1983년 *위기에 처한 국가(A Nation at Risk)*의 출간은 역사상 가장 오래 지속되고 지대한 영향을 미친 학교개혁의 시발점이 되었다. 기준의 책정과 책무성 운동은 학교장이 학생 성취도를 상당 수준으로 높일 수 있도록 수업 지도성을 발휘해야 한다는 압력을 가했다. 학교장이 관리자일 뿐만 아니라 "수업 지도자"의 역할을 해야 한다는 주장이 1970년대의 학교 효과성 문헌에 출현하기 시작했다(Donaldson, 2001, p.4).

1980년대까지 이상적인 교장은 수업 지도자로 묘사되었다. 그들에게는 학교의 사명을 결정하고, 명확한 목표를 설정하며, 교육과정과 수업을 조정 · 감독하고, 높은 성취 기대와 기준을 충족시킬 수 있는 학업 분위기를 형성하고, 학생과 교사를 위한 건강하고 안전한 학교문화를 조장할 것이 기대되었다. "짧게 말하면, 이 기간의 주요 동향은 학교개선 부담을 조직 내 '강력한 수업 지도자'인 학교장 개인에게 부과했다"(Marsh, 2000, p.127). 교장은 "강력하고 기술에 정통한 지도자 상으로 묘사되었으며 상의하달식 의사결정"을 강조했다(Lashway, 1995, p.1).

1990년대에는 변화의 규모가 커지고 속도가 가속화됨에 따라, 교장의 역할도 급속하고 급격하게 변화했다(Marsh, 2000, p.127). 다양한 인구가 학교에 취학하게 되면서 학생 인구특성이 변화하기 시작하였고, 이는 영어 학습자의 급격한 증가와 같은 새로운 도전을 야기했다. 1990년대 교장에 대한 요구는 학교 전체를 능률적이고 효과적으로 운영해야 한다는 광범위한 기대는 다소 축소되고, 학생 성취도, 특히 표준화 시험으로 측정되는 성취도에 대한 책무성이라는 보다 구체적인 항목에 초점이 맞추어졌다(Doud & Keller, 1998, p.1). 교장이 "성취 기준에 맞추어 학생의 성적을 올리는 데 책임을 져야 한다는 압력이 증대했고, 성과에 기반한 재정 지원이라는 기제를 통하여 책무성을 확보했다"(Doud & Keller, 1998, p.xi).

책무성 확대가 조직에 미친 영향 가운데 하나는 의사결정을 분권화함으로써 개별 교사와 교장이 "자신의 학교에 영향을 미치는 수업 관련 결정에 직접 책임지도록 해야 한다"는 움직임이 생겼다는 것이다(Doud & Keller, 1998, p.1). 동시에 책무성과 고부담 시험은 교장이 관리 직무를 수행하는 데 필요한 강력한 기술을 소지해야 할 뿐만 아니라, 조직 문화 형성이라는 과업을 달성하기 위한 대인관계 기술도 요구했다. 교장들은 독단적 권위가 기대되고 인정되는 환경 대신, 권력이 쪼개져서 학교 내의 다양한 참여자들에게 분산되는 환경에서 일하고 있다.

학교의 개선과 실패에 대한 처벌 규정을 포함하고 있는 『아동낙오방지법(No Child Left Behind)』의 "혹독한" 책무성은 교장들이 효과적인 수업 지도자가 됨으로써 학교를 성공으로 이끌어야 한다는 압력을 증대시켰을 뿐이다. 지난 20년간 변화의 복합성과 속도는 "역할 모호성과 역할 과부하"를 초래하여(Marsh,

2000, p.127), 상당수 교장들을 압도하는 결과를 초래했다. 그 결과, 전문서와 현장 실천에서 교장 역할을 새롭게 정의하고 있다. 교장이 "고독한 수업 지도자" 역할을 수행하는 것(Marsh, 2000, p.129)은 더 이상 적절하지 않다. 새로운 교장상은 타인의 "능력을 키워주고 권한을 부여하는 것"이다(Marsh, 2000, p.130). 협력을 요구하는 21세기 학교에서 교장은 더 이상 조직 전문가가 아니다. 새로운 도전과 요구는 교수-학습을 향상시킬 수 있는 새로운 지식과 기술의 창출을 필요로 한다. "지식의 획득이 특수 기술적 문제라기보다는 문화와 반성의 문제가 되어버렸다(Marsh, 2000, p.131).

요약하면, 교장의 역할은 지난 150년간 계속 변화하였다. 20세기의 전문서와 학교 현장에서는 수업 지도성과 관료제적 관리 모두를 교장의 핵심 역할로 간주하였다. 그러나 21세기에는 NCLB와 같은 학교개혁 방안이 급격하게 파급되었고, 따라서 교장의 역할을 변화시켰다. 새로운 정의는 교장이 학생의 학습을 개선하는 데 필요한 학교 문화와 풍토를 형성하기 위해 교사들과 협력적으로 일하는 수업 지도자여야 한다는 점을 강조한다. 이 장의 나머지 부분에서는 이러한 정의를 더 가다듬고 탐색할 것이다.

오늘날의 교장은 어떤 사람들인가?

퇴직자가 증가했음에도 불구하고, 오늘날 교장의 연령은 과거보다 높다. 1998년 전국초등교장협회(National Association of Elementary School Principals, NAESP)가 수행한 10년 연구(Doud & Keller, 1998) 결과에 따르면, 1998년 초등교장의 중간 연령은 50세로 1988년보다 3세가 더 많고, 1928년 NAESP가 연구자료를 발간한 이래 최고 연령대를 기록하고 있다. 1993~1993년과 2003~2004년 사이 10년 동안 교장의 평균 연령은 48세에서 51세로 증가하였다(그림 9.1 참조).

교장이 예전보다 나이가 많다는 점을 보여주는 또 다른 증거는 그들의 입직 연령대가 높아지고 있다는 점이다(그림 9.2 참조). 고경력 교장들과 비교할 때, 신규 교장이 부교장 등의 행정가 경험이 많다는 점은 이러한 경향과 맥을 같이한다(Olson, 2007, p.S7). 교장 인력이 고령화되고 있을 뿐만 아니라, 여성 및 소수인종의 구성비도 증가하고 있다(그림 9.3 참조).

그럼에도 불구하고, 교장 구성에 있어서 여성 및 유색인종의 대표성은 아직

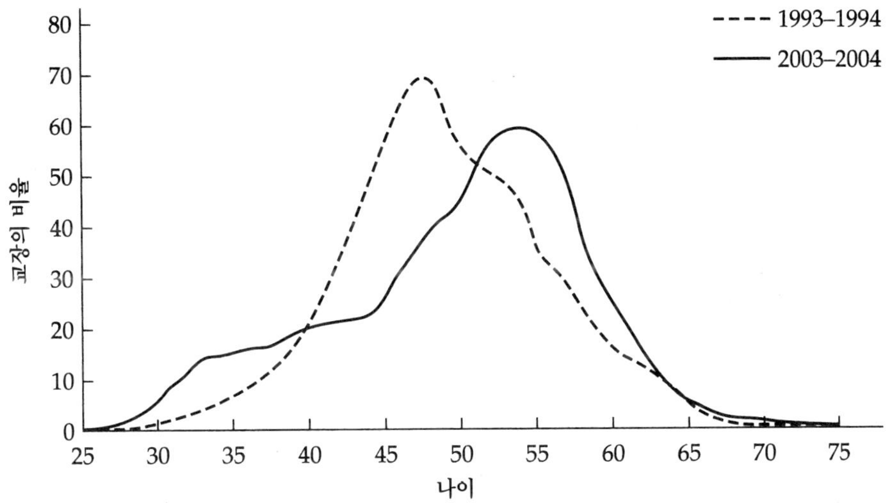

그림 9.1 교장 인력의 고령화

출처: *Education Week, Special Report*, September 12, 2007. 허락하에 인용함.

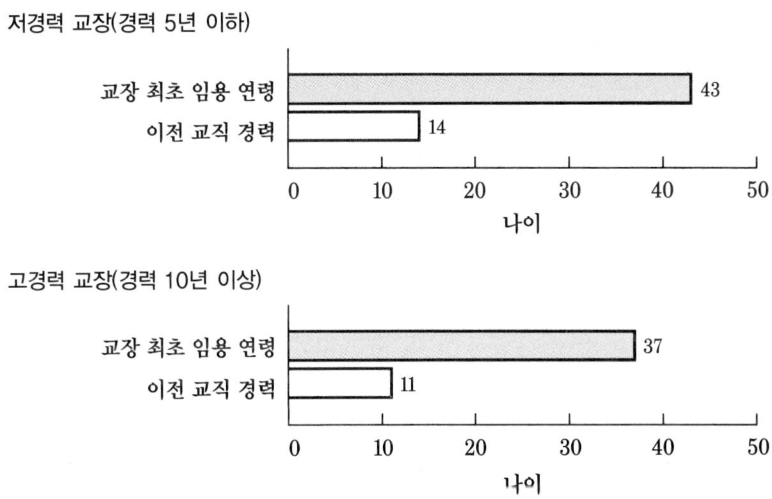

그림 9.2 교장직 입직자의 평균 연령

출처: *Education Week, Special Report*, September 12, 2007. 허락하에 인용함.

낮다. "교육행정은 인종과 성에 따라 고도로 계층화되어 있다"(Banks, 2000, p.242). 2004년도 통계에 따르면, 공립 초등 교장의 82%와 중등 교장의 86%가 인종적으로 "히스패닉이 아닌 백인(non-Hispanic white)"이었다(NCES, 2007, 표 34-1). 2005년, 공립학교 학생의 57%만이 백인(Center on Education Policy,

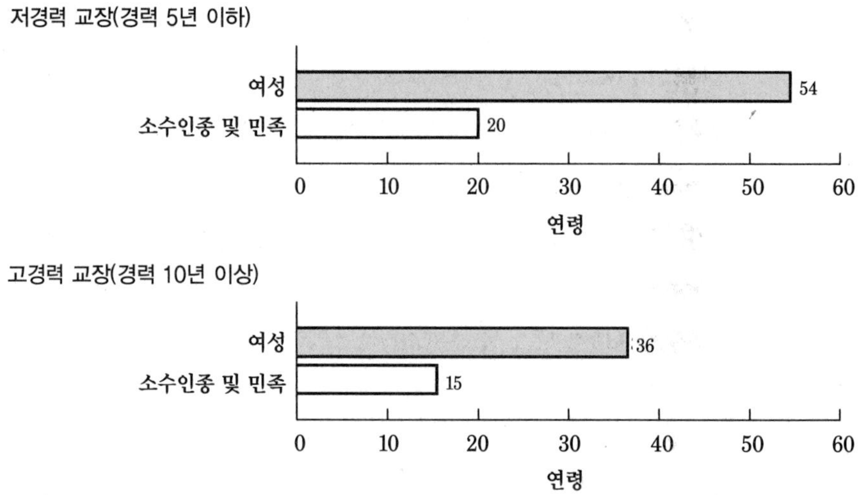

그림 9.3 교장의 성 및 인종적 배경

출처: *Education Week, Special Report*, September 12, 2007. 허락하에 인용함.

2006, p.9)으로 구성된 것과 대조적이다. 사회가 점점 다양해지면서, 대표성이 부족한 집단에 대한 역할 모델을 제공할 필요성이 긴급한 문제로 부각된다. 교사의 75%가 여성이고, 교직은 행정가가 되기 위한 주요 경력상의 관문이지만, 여성 교사가 교장이 될 수 있는 가능성은 남성 교사에 비해 훨씬 낮다.

Banks(2000)가 지적했듯이, 교장 인력에 있어서 여성과 유색인종의 과소는 "어쩔 수 없는 역사적 맥락"에 기인한다(p.230). 가령, 대부분의 교장 인력 풀은 교직 경험이 있는 학교 전문가들로 구성되어 있는데, 1960년대와 1970년대에는 흑인 미국인들의 교직입직이 거부당했다. 그리고 법원이 학교 통합을 시작했을 때 남부의 흑인 학교들이 폐쇄되었고, 이때 상당수 흑인 교사가 실직하였다. 여성의 경우, 1905년만 해도 60%를 넘는 초등 교장이 여성이었다. 그러나 제2차 세계대전 후, 교직을 경력으로 선택하는 남자의 수가 증가했다. "이 시기동안, 교육위원회는 가급적 집안의 가장을 신규 교장으로 영입했고" 퇴직하는 여성 교장을 남성으로 교체하였다(pp.229-230). 이러한 역사적 요인으로 인하여 오늘날 여성과 유색인종 교장의 잠재적 규모는 크지 않다.

교장이 고령화되면서, 그들을 교체하는 문제가 점점 긴급한 사안으로 등장한다. 지난 10년간 교육 매체나 문헌 등에서는 학교 지도자가 부족하게 될 것이라고 전망해 왔다. 이러한 우려는 증거도 있고, 비단 미국에만 국한되는 것도 아니다. "대부분의 서방 국가의 경우, 조기 퇴직하는 교장들이 점점 증가하고 있다" (Fullan, 2001, p.141). 미국의 여러 주에서 조기 퇴직 교장에게 인센티브를 주는 프로그램을 가동하고 있어서 이러한 동향이 가속화되는 것 같다. 교육장들은 "자격을 갖춘 교장 후보"가 부족하다고 주장하지만(Cusick, 2003, p.1), 현재의 부족을 입증하는 결정적 증거는 없다. 아마도 이러한 견해차이는 "자격을 갖춘(qualified)"이라는 용어를 어떻게 정의하느냐의 차이에 기인하는 것 같다. 자격증을 취득한 교장이나 교육장은 부족하지 않지만, NCLB의 요구사항을 의식한 사람들은 더 엄격한 임용 기준을 염두에 두고 있을 것이다. 어떤 경우라도, 전문가들은 향후 5년간 교장 이직 현상이 심화될 것이며, 이직률은 20%에 달할 것이라고 예측한다(Mazzeo, 2003, p.1). 도시에 위치한 교육구는 ("근무 여건이 가장 열악한" 데다가 전형적으로 보수가 낮은) 교외에 위치한 교육구에 비해 교장을 임용하기가 훨씬 어려울 것이다(Roza et al., 2003, p.1).

그렇다면, 자격을 갖춘 교장을 발굴, 모집, 임용하는 것이 중요한 문제다. 현직 교장들이 보고하는 바와 같이, 이러한 도전은 직무 여건의 어려움으로 인하여 배나 어려워진다. NAESP 설문조사에서, 응답자의 3분의 2는 직무 관련 스트레스 증가와 낮은 보수 때문에 자격을 갖춘 후임자를 유인하기 쉽지 않다는 우려를 표명하였다(Doud & Keller, 1998, p.114). Fullan(2001)은 "학교에서 지도자 지위를 택하는 것이 별 가치가 없다는 결론을 내리고 있는 잠재적 교사 지도자가 증가하고 있다"는 주장에 동의한다(p.141). 코네티컷 주 교장협회가 실시한 설문조사에 따르면, 경력 교사들이 교장직 추구에 별 관심이 없다고 응답한 교육구는 전체의 91%나 되었다(Olson, 1999, p.4).

요약하면, 퇴직 연령이 얼마 안 남았거나 이미 퇴직한 교장이 많음에도 불구하고, 교장 인력은 전반적으로 고령화되고 있다. 그 이유는 교육구에서 예전과 비교할 때 경력도 상당히 길고, 나이도 더 많은 교장을 임용하고 있기 때문이다. 교장 인력이 점차 여성화되고 있지만, 아직도 대다수의 교장은 남성이며, 놀라울 정도로 백인이 주류를 형성하고 있다.

교장들은 자신의 직무를 어떻게 보고 있는가?

직무량의 증가

오늘날의 교장은 바쁘고, 부담이 과도하며, 기대를 충족시키지 못한다는 무능함으로 인하여 좌절한다. 2002년에 초등 교장과의 면담내용을 보도한 『교육주간(*Education Week*)』에 따르면, 교장들은 학생과 가정이 요구하는 사회적, 개인적 문제와 더불어, 특수교육 등과 같은 법적으로 부과된 압력 등을 해결해야 할 뿐만 아니라, 일상적인 직무 책임의 증가로 인하여 "자신의 직위를 직무의 제한이 전혀 없는 것으로 묘사했다"(Archer, 2002).

오늘날 학교 환경이 주는 지속적이고 다양한 압력은 모든 교장들의 직무량을 증가시켰다. 연방정부, 주정부, 그리고 지방정부가 내놓는 법과 정책, 학부모와 지역사회의 요구, "유비쿼터스 기술" 등이 한꺼번에 학교의 벽에 휘몰아쳤다(Pierce, 2000, p.2). NCLB 및 다른 학교 개혁안들은 교장의 시간을 빼앗는 새로운 요구를 창출한다. 그렇다고 과거에 수행했던 전통적 직무 책임이 다른 사람에게 전가되거나 없어지는 것도 아니다.

교장에 대한 국가 규모 설문조사에서는 역할이 확대된 결과 교장들은 기대되는 모든 임무를 수행할 수 없으며, 특히 수업 지도성을 발휘할 수 없다는 점을 확인하였다. 공공 의제(Public Agenda)가 2001년에 발간한 『게임에서 앞서가기(*Trying to Stay Ahead of the Game*)』라는 제목의 보고서는 교장들이 "지나치게 많은 의제"에 시달리고 있다고 결론짓고, 학교 개혁가들에게 교장에 대한 기대만 더 높이기에 앞서 이 문제를 먼저 다루어야 한다고 경고했다(p.11). 공공의제는 2003년의 후속 설문조사에서 2001년의 경고를 확인하는 구체적 증거를 발견하였다. 교장들의 81%가 "특수교육에 관한 연방정부와 주정부 규제의 양과 복잡성은 최근에 더 악화되었다"(p.13)고 응답한 것이다. 한편, 74%는 이러한 규제를 지키는 데 "지나치게 많은 시간"이 소요된다고 느꼈다(p.14). 마지막으로 74% 또한 "일상적 위기로 인하여 교실에서 더 잘 활용할 수도 있는 시간을 강탈당한다"(p.51)고 느꼈다.

좌절

정치, 관료제, 그리고 가차없는 책무성 제도 등으로 인하여 겪는 장애는 책임 증가와 시간 부족 못지않게 교장의 좌절을 야기하는 요인들이다. 설문조사에 응한 교장 가운데 거의 절반 정도가 정치 및 관료제를 동료 교장들이 교장직을 떠나는 이유로 생각하고 있다. 38%는 과도한 책무성 요구가 주요 이유라고 말한다(Public Agenda, 2003, p.16). 대다수 교장은 문서작성 업무 및 규제의 경감(67%), 더 시의적절하고 유용한 시험 결과의 제공(71%) 등이 주어진다면 자신의 지도성을 상당히 개선할 수 있을 것이라고 느꼈다(Public Agenda, 2006, p.21).

또한, 교장의 좌절에 한몫하는 요인은 근무 여건으로, 교장들은 여건이 점점 악화되는 것으로 인식하고 있다. 대다수 교장은 지역 언론의 선정적 보도나 학부모의 억측 등이 그들의 삶을 더 어렵게 한다고 생각한다(Public Agenda, 2003, p.17).

책임의 증가와 권위의 감소

역할은 확대되었지만, 새로운 직무를 수행할 수 있는 권위가 증대된 것은 아니다. 공공의제(2006)에 따르면, 10명 가운데 4명은 그들에게 "전적으로 효과성을 발휘"하는 데 필요한 권위가 주어지지 않았다고 느낀다(p.22). 소수인종이 대다수를 차지하는 도시 학교 교장 가운데 적절한 권위가 없다고 생각하는 교장은 60%로 한층 높다. 과거 설문조사에서도 교장이 부적격 교사를 해고할 수 있는 권위가 부족함으로 인하여 느끼는 좌절이 드러났다. 그러나 공공의제에서 실시한 2003년 설문조사에서는 67%의 교장이 종신재직권을 획득한 교사를 해고하는 것이 "어렵지만 가능하다"고 응답하였다(p.32). 도저히 해고할 수 없는 종신재직 교사가 일부 있거나 많다고 응답한 교장은 11%에 그쳤다. 거의 절반에 달하는 교장은 해고되어야 하는 교사는 "소수"에 불과한 것으로 인식하고 있다.

효과성의 감소

이러한 이중고—책임의 증대 및 권위의 감소—는 많은 교장들이 효능감이 저하되고 있다고 생각하는 결과를 초래하였다. 가령, Fullan(2001)의 연구에서 교장의 61%는 그들의 효과성이 감소했다고 보고하였다. 그들에게는 즉시 처리해야 하는 긴급한 관리 문제를 해결하기 위한 시간만 있을 뿐, 중요한 수업 관련 문제에 투여할 시간은 없다. Pierce(2001)는 문제를 다음과 같이 요약하였다: "학습 공동체를 만들기 위해서는 추구할 목표를 계획해야 하는데, 교장들은 일상적으로 발생하는 긴급하지만 그다지 중요하지도 않은 일에 얽매어 있다" (p.1). 전국중등교장협회(National Association of Secondary School Principals)가 실시한 2001년도 설문조사에서도 교장의 효과성을 감소시키는 근무 여건에 대하여 유사한 내용을 다루고 있다.

> 설문조사 결과에 따르면, 현재와 같이 구조화된 교장의 역할은 대부분 긴급한 활동을 수행해야 하는 관리자 역할이다. … 교장들이 수업 지도자가 되기 위해서는 상당 시간을 목적적이고 의도적인 행위에 투자해야 한다. 이러한 행위는 계획 수립, 팀 형성, 교사 계발, 관계 형성 등과 같이 중요하지만, 촌각을 다투지는 않은 일들을 포함한다(p.31).

NCLB에 대한 감정의 교차

표준화 및 책무성 운동은 아마도 오늘날 교장들이 직면하는 가장 강력하고 중요한 외세일 것이다. 그러나 그러한 세력이 공립학교를 밀어붙이는 방향에 대한 견해는 두 가지로 나뉜다. 긍정적인 측은 교장들이 기준에 헌신감을 가지고, 학생의 학습을 개선하기 위해 얼마간 일했다고 믿는다(Public Agenda, 2003, p.20). 교장의 75%는 자신들이 과거보다 수업 관련 문제에 더 전념했다고 믿었다(p.22). 그러나 그들은 NCLB가 교장들로 하여금 옛날보다 더 적은 자원을 가지고 더 많은 것을 성취하도록 하면서 극도의 긴장감은 주되 재정지원은 없는 명령이라고 간주했다. 교장들은 비록 법이 추구하는 목표는 지지했지만, 거의 절반에 달하는 교장은 법의 통과는 정치적 의도에서 비롯된 것이며, 심지어는 "공교육을 공격하고 파괴하려는 저의를 숨긴 노력" (p.25)이라고 생각한다. NCLB에 대한 교장들의 비판은 대부분 법의 적용을 둘러싼 것으로, 특히 특수교육 학생과 영어가 모국어가 아닌 학습자 교육에 관한 것이다. 불이익을 받고 있는 도시 학교에는 이러한 두

부류의 학생 인구가 많고, 따라서 개별 학생의 연간 성취 목표 도달 여부에 따라 학교의 실패가 결정될 경우, 그러한 학교들의 실패 확률은 증가할 수밖에 없다. 이러한 이른바 "다양성에 대한 처벌"은 교장들이 NCLB가 부과하는 처벌이 공평하지 않다고 생각하도록 하는 주요 이유이다(pp.26-27).

NCLB의 적용에 관한 부정적 태도에도 불구하고, 교장들은 자신들이 봉직하는 학교가 법이 지정한 교사 자질 요건을 충족할 수 있다고 낙관하는 것으로 나타났다. 낙관하는 교장이 2003년 59%였는데 2006년에는 71%로 증가하였기 때문이다(Public Agenda, 2006, p.11).

스트레스의 증가

직무 여건이 교장의 스트레스 수준을 증가시켰음을 밝힌 증거는 많이 발견된다. 공공의제의 회장인 Ruth Wooden은 2003년 설문조사에 관한 언급에서 그녀가 학교 지도자들로부터 전해 들은 바를 다음과 같이 기술했다.

> 그들이 사방에서 돌진해오는 엄청난 방해물들로 인하여 겪는 일상적 노고는 마치 매우 시끄러운 비디오 게임과 흡사하여, 순식간에 결정을 내려야 하고, 진행과정을 뒤집을 수 있는 기회도 없다. 게임의 결말은 아무리 실력 있는 선수라도 패배하고 완전히 지치게 된다(p.45).

업무의 연장은 교장들을 피로하게 만들고 사적인 삶의 우선순위를 앗아가며, 확실히 스트레스를 유발한다. 몬타나 주 연구에서, 교장들은 "긴 근무시간"이 스트레스의 가장 큰 주범이라고 말했다(Pierce, 2000, p.2). 2001년도 공공의제 보고서에서는 교장의 83%가 "엄청난 직무 요구가 가정 및 사적인 삶을 위태롭게 한다"(p.26)고 응답하였다.

또 다른 스트레스 요인은 요란스러운 학교 환경으로, 새로운 요구가 순간순간 침범해 들어오며 교장은 이에 즉각 대응해야 한다. 1998년, 전국초등교장협회(National Association of Elementary School Principals)에서 수행한 10년 연구에 따르면, 계속 발생하는 직무를 수행하기 위해 시간이 더욱 분산되고 있고, 이는 그들이 가장 우려하는 점이라고 응답한 교장은 75%에 달했다. 스트레스 증가와 함께—학생의 성취도를 높이고, 부적절한 예산을 보충하기 위해 기금을 조성하고, 단위학교 중심 의사결정을 위한 위원회를 구성, 운영하는 등의 업무로 인한—시간의 분절은 교장의 "직무 관련 스트레스의 증가"로 이어지고 있음을 알 수 있다(Doud & Keller, 1998, p.12).

책무성으로 인한 긴장감은 교장들이 외부에 노출되고, 공격받기 쉬우며, 스트레스를 받도록 하고 있다. Olson(1999)은 "책무성 증대는 곧 스트레스의 증대를 의미하며—그것도 엄청난 스트레스를 의미한다. 교장들은 지원도 거의 없이, 그리고 학교체제로부터 인정도 받지 못한 채 위태로운 가장자리에 서있는 것 같이 느낀다"고 언급하였다. 책무성과 연관된 스트레스의 원천 가운데 하나는 교육장이 교장의 성취능력을 미적지근한 것으로 본다는 점일 것이다. 2003년 공공의제 보고서에 따르면, 교육장 가운데, 교장이 교사와 학생을 학습 개선 목표에 집중시킬 수 있는 우수한 사람들이라고 응답한 자는 24%밖에 되지 않았다. 더욱이, 교장들이 교사들이 책임을 질 수 있도록 훌륭한 지도성을 발휘한다고 생각하는 교육장은 11%에 불과했다(p.38).

긍정적 측면

교장의 직무 확대 현실과 직무 여건에 대한 부정적 인식에 비추어 본다면 상당히 놀라운 일이지만, 오늘날의 교장 가운데에는 계속해서 자신의 직무와 성취에 대하여 긍정적으로 느끼는 사람이 많다. 1998년 NAESP 설문조사에 따르면, 업무량의 증가와 시간의 분절에 따른 좌절과 스트레스에도 불구하고 초등 교장들의 사기는 높았다. "사기가 매우 저조하다고 응답한 교장은 100명 중 1명보다 적었다" (Doud & Keller, 1998, p.66). 직업을 다시 시작할 수 있다면 여전히 초등 교장직을 선택하겠느냐는 질문에 대하여 84.5%의 교장이 확실히, 혹은 아마도 그렇게 할 것이라고 응답하였다(p.84). 공공의제의 2001년과 2003년 보고서는 교장들이 "그들이 변화를 일으킬 수 있다는 강한 가능성의 정신을 표출했다"(2001, p.7)고 언급하였다. 2006년에, 교장들은 비록 불평이 없어진 것은 아니지만, 그들의 일에 대한 긍정적 태도를 계속해서 보여주었다. 대다수는 그들이 이끄는 학교가 "상당히 좋은 상태"라고 느꼈다. 절대 대다수(79%)는 자기 학교의 학업성취 기준이 낮다는 점이 문제 되지 않는다고 말했다(2006, p.1).

요약하면, 교장들은 자신의 직무가 과부화라고 생각하고, 관료적 형식주의나 정치적 책략, NCLB의 요구 등으로 인하여 좌절을 느낀다. 교장들은 그들이 권한의 증대가 뒷받침되지 않는 책임의 증대라는 이중 밧줄에 묶여있다고 느낀다. 그 결과 교장들은 종종 비효과적이라고 느끼며 이는 스트레스의 원인이 된다. 그러나 이러한 모든 상황에도 불구하고, 교장들은 의욕적이고 희망적인 것 같다. 그들은 자신에 대한 믿음이 있을 뿐만 아니라 자신이 성공할 수 있는 역량을 가졌다고 믿는다.

최근의 역할 변화

교장들이 자신을 보는 개념에 반영되어 있듯이, 역할 과부화와 모호성이야말로 오늘날 봉직하는 교장들이 직면하는 특징적인 문제점이다. Fullan(2001)은 최근 교장의 역할에 대하여 강력한 어조로 다음과 같이 말했다.

> 학교 자치로 옮겨감에 따라 교장들은 양쪽 세계 모두에서 최악의 상태를 맞고 있는 것 같다. 과거 세계에서는 여전히 학교를 무리 없게 경영하고, 모두의 요구에 응답해야 한다는 기대가 작동하고 있고; 이와 동시에 새로운 세계는 상호 분절적인 요구로 학교를 닦달하면서 시험 성적을 매일매일 향상시키고, 이상적인 학습 공동체가 되어야 한다고 요구한다(pp.138-139).

지도성, 관리, 정치, 문화

전문서는 전통적으로 수업 지도성과 학교 경영 두 가지가 교장의 핵심 역할이라고 기술하고 있다. 그러나 오늘날의 교장은 복잡하고, 보호하고, 확대된 역할을 제대로 수행하기 위해서, 최소한 두 가지 영역에서 특출해야 하는데 그것은 정치와 조직 문화이다.

정치와 정치가들에 대한 사회의 인식이 종종 부정적이므로, 교장의 역할이 건설적 정치에 중대한 영향을 미친다는 점은 간과하기 쉽다. Cuban(1988)은 교장의 핵심 역할 가운데에서 정치 활동의 중요성을 강조했다. 그는 정치적(political)이라는 용어를 “조직과 개인의 목표를 달성하기 위해서 공공의 기대(이를 달리 말하면 가치)를 감지하고, 이를 공식적인 학교 의사결정과 권위 있는 행동으로 변환시키는 것"이라고 정의하였다. 교장이 "교사나 학부모, 교육청 관료 등으로부터 지원을 얻어내거나 반대를 극복하는 과정에서 설득하고, 생각을 변화시키고, 협조를 구하는 행동을 한다"면 그 교장은 정치적으로 행동하고 있는 것이다(p.76).

Bolman과 Deal(2000)은 이러한 분석에 동의하였다. 그들은 다음과 같은 세 가지 기본 조건을 건설적인 정치 행위를 위한 필수조건으로 정의한다.

- 가치의 불일치로 인하여 조정이나 협상을 필요로 하게 하는 차이점
- 그 어떤 개인이나 조직도 그들이 원하는 것을 전부 얻을 수 없을 뿐만 아니라 상호 경쟁하는 이해관계들 간의 우선순위를 결정해야 함을 의미하는 자원의 희소성
- 조직 내 구성원들이 서로를 필요로 함을 의미하는 상호의존성. 이로 인하여 사람들은 갈등 발생 시, 단순히 자기가 원하는 별도의 길로 갈 수 없다(pp.164-165).

이러한 조건들—가치의 다양성, 자원의 희소성, 그리고 갈등—이 특징을 형성하는 사회에서 효과성을 발휘하기 위해서는 지도자들에게 다음과 같은 세 가지 기술이 필요하다.

- 의제 설정: 변화를 위한 비전과 전략을 창출하는 능력으로, 이는 타인의 요구와 관심사를 고려하는 것이다.
- 네트워크와 파벌(coalition)의 형성: 비전과 전략을 실행하기 위해 사람들 가운데에서 지지를 얻어낼 수 있는 능력이다.
- 교섭(bargaining)과 협상(negotiating): 비전을 위태롭게 하지 않으면서 갈등을 해결하고 지지를 유지하는 능력이다(Bolman & Deal, 2000, pp.166-179).

교장의 역할이 "지난 10년과 비교할 때, 극도로 복잡해지고, 과부하되고, 불명확해지고 있음"을 인식한 Fullan(2001)은 교장 역할 가운데 또 다른 요소를 옹호하였는데 그것은 바로 학교 조직의 문화 재형성이다(p.137). 학교를 개선하기 위해 필요한 변화의 종류는 대부분의 사람들이 생각하는 것보다 "더 심오하고" 더 복잡하다. "그 밖의 다른 변화는 피상적이거나 오래 지속되지 않는다." Fullan은 Bryk 등(1998)을 인용하면서 표준화된 시험 점수를 단기적으로 향상시키는 것은

"깊이도 없고(학습한 내용이 전달되지 않는다는 점에서) 결과가 지속되지도 않는다" (p.147)는 점에 주목하였다.

그러나 Fullan은 교장들의 역할이 과부하됨으로써 개혁가들이 주도성과 독립성을 요구하는 바로 그 순간에 교장들은 수동적이고 의존적이 될 수 있다는 우려를 표명한다. 교장들은 항상 그들을 혼란스러운 방식으로 몰아세우는 "외부에서 시작된 변화를 수용하는 편"에 서게 된다. 이에 대한 대응방식으로 교장들은 종종 다른 사람들이 산출한 형식에 맞추어 "성공하기 위한 가장 최신의 비법"을 찾게 된다. 어떤 외적인 해결책이나 "만병통치 해결책"이 있다는 환상은 깨어지기 마련이다. 왜냐하면 오래 지속되는 변화는 조직 문화를 변화시킬 수 있는가의 여부에 달려있기 때문이다. 즉, 사람들이 서로 관여하는 방식과 상호협력적으로 일하는 방식을 변화시키는 방식에 달려 있다(2001, pp.157-158).

네 가지 특징적인 요소들－관리, 수업 지도성, 정치, 조직 문화의 배양－을 따로 분석하는 것은 그 요소들 간의 역동성과 연관성을 제대로 묘사하지 못한다. 한 차원에서 일어나는 특정 행위와 결과는 다른 차원의 행위 및 결과와 상호 영향을 주고받는다. 가령, 전문가들이 지도성과 관리 간의 상호관계를 인식한 것은 오래되었다. John Gardner(2000)는 한때 다음과 같이 언급했다: "최고의 관리자들과 마주칠 때마다 나는 그들 안에 상당 부분 지도자 자질이 있음을 발견했다" (p.6). 또한, Peterson(2001)도 지도성과 관리가 지닌 통합적 성격을 옹호하였다. 그는 교장들이 "리드에 의한 관리와 관리에 의한 리드"를 행하는 "이중 초점 지도자(bifocal leaders)"가 되어야 한다고 주장한다(p.5). 문화 형성과 지도성은 또한 상징적 관계를 지닌다. 교장들은 구체적 수업 목표를 모호한 협동적 업무로부터 명료화할 수 있어야 한다(Lashway, 1995, p.2).

중간에 위치한 자

오늘날 교장의 이미지 가운데 가장 강력한 것은 아마도 그들이 인간 관계에서 표출되는 갈등과 딜레마들에 둘러싸여 꼼짝도 못하는 중간자라는 이미지일 것이다(Fullan, 2001, p.137). Cuban(1988)은 교장을 "주정부와 교육구 정책결정자의 의도, 교육장의 지시, 학부모의 기대, 교사의 요구, 학생의 희망사항 사이에서 샌드위치"가 된 것으로 묘사한다(p.76). 이러한 바람직하지 못한 위치에서 교장은 갈등과 딜레마를 안고 살아간다. 가령, 결과를 산출해야 한다는 책임은 특정 변화를 일으킬 수 있는 권한의 범위를 초과하고, 학교와 교육구 및 다른 외부 세력 간의 협력관계는 불안하며, 전문적 요구 및 관심사와 정치적 현실 간에는 괴리가 있고, 변화에 대한 요구는 안정을 유지할 책임과 상충된다(p.61).

중간자로서 교장은 학교에 대한 책무성 강화와 단위학교 중심 의사결정 정책 사이에서 이중으로 고통받고 있다. Olson(1999)은 "분권화된 지배구조가 교장의 자율권과 더불어, 책임 또한 증대시킨다"(p.1)고 언급하였다. 참여적 관리 모형에서 교장들은 다른 구성원과 의사결정권을 공유해야 하면서도 책임은 혼자서 져야 한다. 학교운영위원회는 학교의 문제를 어떻게 해결하고 자원을 어떻게 배분할 것인가 등에 대한 관리 및 통제 문제에 있어서 집단적 목소리를 낸다. 그러나 막상 학교의 성취도에 대해서는 교장이 학부모, 지역사회, 심지어는 교육장과 교육위원회 앞에서 개인적으로 책임을 진다. Orr(2001)은 포커스그룹 연구를 통하여 교육장들이 교장의 역할에 관하여 언급한 점에 주목하였다. 즉 "학교 책무성과 참여적 의사결정 사이에 긴장 관계가 존재하고, 교육 사안에 대한 공공 참여의 확대로 인하여 갈등이 발생하며 이러한 사항들은 모두 교장직에 영향을 미친다"(p.14). 언론이 시험 결과를 보도하는 행태 또한 교장들이 느끼는 책무성 압력을 증대시킨다(Orr, 2001, pp.15-16).

학교 지도자의 실제

여기에서 제시하는 교장의 근무 여건은 교장들이 앞서 제시한 네 가지 역할을 효과적으로 수행하는 데 도전을 제기한다. 교장의 일을 한층 복잡하게 만드는 것은 교장들이 매일 생활에서 마주치면서 극복해야 하는 장애물들이다. 장애물 가운데 하나는 다른 사람들과 함께 일할 수 있는 기회를 마련하기가 어렵다는 점이다. 다른 사람도 모두 자신의 우선순위에 몰입하여 바쁘기 때문이다. 교사들은 대부분의 일상시간을 교실에서 학생들과 보낸다. 따라서, 학교 전체에 걸친 지도성 활동을 공동으로 수행하기 위해 교장에게 할애할 수 있는 시간은 매우 제한적이다—학교 시작전이나 방과후, 혹은 점심시간 등. 그마나 그런 시간마저도 교사들이 학생의 수업준비와 같이 더 우선순위를 두는 일이 있거나, 피로로 인한 의욕상실, 학교 전체 활동의 가치에 대한 회의감 등으로 인하여 충분히 활용하기 어렵다. Donaldson(2001)은 학교 내에 자리잡고 있는 "분주함의 음모(conspiracy of busyness)" 에 대하여 설명한다. "교사들의 관심사는 그들의 교실에 단단히 고정되어 있다." 교사들의 관심사는 학생이다. 왜냐하면 학생의 성공이 그들의 만족 및 성취감의 원천이기 때문이다(p.24).

학생들에게 관심을 더 많이 갖는 교사일수록 교장의 지도성 활동에 덜 참여적이다. 그 결과, 대부분의 지도성 관련 활동은 수업 중간중간 복도에서, 학교 시작 전 행정실에서, 점심시간 중 교사 집무실에서 순식간에 수행된다. 이러한 현상은 교장의 시간을 더욱더 잘게 쪼개 분산시킨다(Donaldson, 2001, p.13). 더욱이, 학교의 지도성 도전에 관여하거나 변화 방안을 포용하라고 하면, 교사들이 비록 겉으로 드러내지 않더라도 암암리에 가장 먼저 궁금해하는 사항은 "이러한 모든 것이 내 성공에 어떻게 영향을 미칠 것인가?" 이다(p.20).

지도성 발휘에 있어서 또 하나의 장애물은 Donaldson이 "개인주의적 풍조" 라고 지적한 것인데, 이는 대부분 학교에서 나타나는 교사와 교직 문화의 특징이다. 학생의 요구가 다양하면서 가변적인 교실 세계에서는 보편적이고 명확하고 동의할 수 있는 가르침의 전형이 없고, 성공을 평가하는 방법도 논란의 여지가 많다. 교사들은 자신의 판단과 직관에 의존해야 한다는 점을 배우게 된다. 교사들이 이러한 개별성을 견지함으로써, "고전적 리더십의 행사에 반하는 세력이 형성된다." 학교 문화에서 교사들이 자신의 업무를 "조정하고, 재구조화하고 감시하려는" 교장의 시도에 저항하는 것은 당연하다(2001, p.25).

세 번째 장애물은 교장의 역할에 대한 교사들의 기대이다. 교사들에게 주어진 개별성 및 자율성과 같은 맥락에서 교사들은 교장의 직무가 "완충 및 지원 역할" 을 수행하는 것이라고 믿는다(Donaldson, 2001, p.29). 교사들의 인식에 맞추어 교장들이 일차적으로 수행해야 하는 역할이 있다면 이는 교육구나 지역사회로부터 오는 압력이 조직 영역으로 침투하지 못하도록 방어함으로써 교사들이 방해받지 않고 교수 직무를 수행할 수 있도록 하는 것이다. "이러한 '행정가에게 맡기라' 는 현상으로 인하여 상당수 교직원들이 조직의 결정이나 도전에 관여하지 않는" (p.29) 결과가 초래된다.

마지막 장애물은 교장 역할에 관한 관료제적-합리적 모형이다. 교장이 주로 관리자나 행정가라면, 계층적 상의하달 행동으로 묘사되는 관료제적-합리적 모형으로 족하다. 오늘날 수업 지도성에 대한 복합적 기대가 많아지면서, Donaldson이 "고전적 지도성 모형"이라고 명명했던 모형은 더 이상 적절하지 않다. 이는 교사들의 삶을 정의하는 신념, 규범, 행동과 직접적으로 갈등을 일으킨다(2001, p.35). 교사 자율성의 규범은, 특히 교육과정과 수업 문제와 관련하여 교사가 협력하겠다고 결심하지 않는 한 교장의 공식적 권위가 닫힌 교실 문 안에서 작동하지 못하도록 한다. 게다가, 고전적 지도성 모형이 효과를 거두려면, 결정을 통제하는 교장이 교사들보다 더 많은 지식을 가진 전문가여야만 한다. 그러나 오늘날 학교의 현실은 "아동을 가르치는 점에 있어서는 교사들이 가장 정보를 많이 가진 전문가이다"(p.36). 마지막으로, 관료제적-합리적 지도성 모형은 표준화와 획일성, 요즘처럼 고도로 개별화되고 다양한 학교 환경에서는 결코 얻을 수 없는 여건을 중시한다(pp.35-37).

요약하면, 전문서에 정의된 교장 역할 조건은 교장의 자기 인식과 일치한다. 역할은 확대되고 점점 복잡해지고 있다. 교장은 그들이 성공적으로 직무를 수행할 수 있도록 격려하거나 저지하는 강력한 영향력의 소용돌이의 중간에 위치하고 있다. 외부 세력, 특히 책무성 요구와 교장 혼자서 발휘해야 하는 지도성에 대한 기대 등은 엄청난 압력을 행사한다. 그러나 내부 여건도 마찬가지이다. 교사 자율성, 시간의 부족, 외부 기대와 다른 교사의 지도성에 대한 기대, 역할의 전통적 구조 등도 말이다. 이처럼 복합적이고 역동적인 상황에서 교장이 역할을 성공적으로 수행하기 위해서 정치와 조직 문화 형성은 수업 지도성과 관료제적 관리라는 전통적 핵심 요인들만큼이나 필수적 사항이 되었다.

미래의 역할

변화의 열쇠

교장의 역할이 제기하는 엄청난 도전에도 불구하고, 효과적인 교장은 계속해서 학교 개선을 좌우할 것이라는 점을 믿게 하는 이유는 많다. 이러한 이해는 새로운 것이 아니다. 1960년대 이래, 하버드 대학의 Ron Edmonds와 그의 동료들이 수행했던 학교 효과성에 관한 연구는 교장의 지도성이 학교 개선에 있어서 핵심 역할을 수행한다고 밝혔다(Sammons, 1999, Fullan, p.141과 Olson, 2000, p.4에서 재인용). 1980년대 초에 Madeline Hunter와 같은 전문가는 교장이 교사들을 코치하고 그들의 수업 방식 효과성을 높일 수 있는 기술을 갖춘 수업 지도자라는 점을 옹호하기 시작했다(Olson, 2000, p.4). 오늘날 특히 Fullan(2001)은 그가 알고 있는 한, 개선되고 있는 학교에는 모두 "개선을 안내하는 데 능숙한" 교장이 있다고 말한다(p.141).

최근의 연구에 대한 질적 검도와 양적 메타 분석에 따르면, 효과적인 학교 지도성과 학생 성취도의 향상 간에서 연관성이 있다. Leithwood와 Riehl(2003)은 연구를 요약하면서, 효과적인 학교 지도성이 학생 성취도에 "중대한 영향"을 미친다는 점을 발견하였다. 모든 학교 요인들 가운데, 교육과정의 질과 교사 수업의 영향력만이 매우 큰 것으로 나타났다(p.4). Marzano, Waters, 그리고 McNulty(2005)는 2,802개 학교를 대상으로 하는 69개 연구를 메타 분석한 결과, 지도성 행동과 학생 성취도 평균 간에는 상관관계가 0.25임을 밝혔다. 이러한 발견에 대한 한 가지 해석은 효과적인 교장들은(지도성 행동이 모든 교장 가운데 상위 절반에 해당하는 사람들) 비효과적인 교장들과 비교할 때, 그들이 근무하는 학교 학생들이 성취도 시험에서 통과하는 비율이 25% 높다는 것을 의미한다(p.31). Marzano 등도 21개에 달하는 지도성 "책임 요인"을 밝혀내고, 이러한 책임이 학생 성취도의 향상과 특정 상관관계가 있는지 분석하였다(pp.42-43). 그들의 분석은 이전의 교육 지도성 관련 전문서가 밝힌 주요 지도성 행동들—예를 들면, 명확한 목표의 설정과 학교 구성원이 이 목표에 초점을 맞추도록 유도하는 것—과 일치하였다. 다만, 그들의 분석은 이러한 지도성 행동이 학생의 학습에 미치는 영향을 증명할 수 있는 양적 증거를 제시하였다는 데 더 큰 의미가 있다.

부족에 대한 대처

앞서 논의한 바와 같이, 교장은 현재도 부족하고 앞으로도 부족할 것으로 전망된다. 학교에서 교장 지도성의 중요성이 부각됨에 따라, 다양하고 강력한 정책결정가 집단이나 예산 지원 기관은 국가적으로 직면한 지도성 위기에 주목하고 있다(Olson, 2000). 선출 관료뿐만 아니라, 전문가 집단, 대학, 재단, 정부 기관 등을 포함한다. 이와 같이 시급한 문제에 대한 해법은 대체적으로 세 가지 방향으로 추진되고 있다. 예비 교장의 풀을 증대시키기 위해 노동시장 조건의 변화, 교장직을 지도성과 관리 직무로 분화, 그리고 교장직을 더 매력적으로 변화시키기 위해 역할의 본질 재정의 등이 바로 그것이다. 확실한 노동시장 접근법은 교장의 보수를 높이는 것이다. Olson(1999)은 상당수 교육구에서는 10개월간 일하면서 방과후 활동을 맡고 있는 고등학교 교사의 보수가 일년 내내 일하는 신규 교장의 보수와 맞먹는다고 지적하였다. 교육연구국(Educational Research Service)의 추산에 따르면, 신규 초등 부교장의 보수를 일당으로 계산하여 경력교사와 비교하면, 부교장의 일당이 높은 정도는 5%도 되지 않는다(Archer, 2002, p.4).

노동시장 접근법의 또 다른 예는 경력을 다단계화함으로써 학교제도 내부적으로 교장 후보군을 증대시키는 방법이다(Anderson, 1991, Hertling, 1999, p.1에서 재인용). 또한, 행정가가 되는 경로 중에서 교사직은 가장 충원빈도가 높은 등용문이므로, 교육구에서 훈련 프로그램이나 관리직 인턴십을 제공함으로써 교사를 내부적으로 충원할 수도 있다. 이 접근법에서는 교사들이 행정가로 변신할 수 있도록 인센티브를 추가제공하는 것이 성공의 열쇠가 될 것이다(Rand, 2003, p.2). 많은 교육구에서, 특히 대규모 교육구에서는 이 두 가지 접근법 가운데 하나나 둘 다를 이미 적용하고 있다.

교장 부족을 상쇄하기 위한 또 다른 노동시장 접근법은 교장 후보를 물색함에 있어서 여성이나 유색인종 등과 같이 전통적으로 간과되었던 집단을 집중적으로 살펴보는 것이다. 일부 전문가들은 교육구가 과거에 교장 대표성이 낮았던 집단의 기회를 확대할 수 있는 멘토링 프로그램을 개편하거나, 민족, 종교, 성 편견 등이 반영되었던 임용 방법을 개혁하라고 권고한다(Grogan, 1997, Orr, 2001, p.4에서 재인용).

교장 직위를 분화하는 접근법 가운데 하나로 일자리 나누기(job sharing)가 있다. 교장의 전통적 직무를 서로 다른 기술을 지닌 두 사람에게 나누어 주는 것이다. 예를 들어, 한 사람은 수업 장학을 담당하고, 다른 사람은 학생 훈육 및 시설 관리를 담당하도록 하는 방법이다. 이 방법은 비용이 많이 소요될 수 있으므로, 경력 교장이 인턴 역할을 하는 신규 교장과 함께 일하는 상황에서나 가능할 것이다(Muffs, & Schmitz, 1999, Hertling, 2002, p.2에서 재인용). 잉글랜드와 웨일즈의 경우, 일부 학교에서 이와 같은 교장 직무의 과부하 문제를 교장 직무를 관리자와 지도자로 이원화함으로써 해결하고자 하였다. "학교 우두머리가 관리자와 협력하여 일한다"는 방식이다(Hertling, 2001, p.3). Pierce(2000)는 "교장 교사와 교장 행정가"라고 하는 "두 지도자" 접근법을 제안하였다(p.4).

교장 역할의 새로운 정의

Orr(2001)은 교장 역할에 대한 새로운 정의를 옹호하면서 새로운 요구와 기대의 변화로 인하여 교장의 책임이 대폭 확대되었으므로 교장의 과거 직무 개념이 더 이상 유지될 수 없다고 주장한다(p.11). "크게 확대되는 요구와 책무성 압력은 공교육 전반뿐만 아니라 교장을 질식시킨다"(p.12). 그녀는 역할의 본질 자체가 "우수한 자질을 갖춘 학교 지도자를 충원, 유지하는 데 가장 큰 걸림들"이라고 믿는다(p.23). Orr은 연구 결과를 바탕으로 교장의 역할을 재정의하고 교육구 지도자들이 교정을 지원할 때 유의할 사항을 다음과 같이 요약하였다.

- 교장의 역할에 있어서 "수업에 우선순위를 두고 … 변화 지향적이고 … 조직 학습 중심적인 기대를 설정하라"
- 이러한 새로운 형태의 지도성이 요구하는 지식과 기술을 교장들이 학습할 수 있도록 지원하라.
- 이러한 새로운 기대를 공동체에 명료하게 전달하라.
- "방대한 영역에 걸친 관리 책임을 수행하기 위해 보다 분산적 지도성"을 행사하게 하라(pp.25-26).

영웅적 지도성 모형의 한계

지도성의 새로운 정의는 지도성이 특정 개인에게 귀속되고, 그들이 학교에 신속하게 투입되어 무질서와 혼동을 척결하고 학교를 성공으로 이끌 수 있을 것이라고 기대하는, 이른바 지도성이 개인적 자질이라는 생각을 버리는 데서 출발한다. Gardner(2000)는 "사람들은 지도자의 역할을 진기한 방식으로 과장한다. 그들은 사건에 영향을 미치는 지도자의 역량을 과장하는 경향이 있다"(p.9)고 언급하였다. Donaldson(2001)은 영웅으로서 지도자의 개념은 "이 개념이 공립학교에 적용될 경우, 학교 내에 스며있는 민주적 가치 체계와 분산적 권력과 배치된다"(p.40)고 주장한다. 마지막으로 Elmore(2000) 역시 "미국 문화에 만연한 비전을 지닌 지도자 신화와 대조적으로, 사회 각 분야의 지도자들은 그들이 이끄는 조직의 산물이다." 그는 이러한 현상은 특히 공립학교의 경우에 해당한다고 믿었다. 왜냐하면, 공립학교 지도자들은 대부분 교사 출신이라는 배타성을 지니며, 따라서 현행 학교 조직의 현상유지를 위한 "사회화가 잘 되어 있기 때문이다"(p.2).

Elmore(2000)는 우리가 학교 조직을 대대적으로 개선하기 위해서는 지도성을 "낭만적으로 묘사하는 경향"에서 벗어나야 한다고 주장한다. 그는 "모든 결함을 치유할 수 있는 특성과 기술을 가진" 전지전능한 사람이라는 환상 대신(p.14) 그는 수업의 개선에 초점을 맞추면서 조직 전체에 분산되어 있는 것으로 지도성을 정의하자고 제안한다.

그러나 Elmore가 옹호하는 새로운 정의는 학교 지도성 역할에 대한 전통적 관료제적-합리적 개념과는 다르다. 앞서 기술한 고전적 지도성 모형은 교장이 조직의 특정 기능을 통제하는 것으로 간주한다. 수업 개선에 몰두하는 학교에서는 "개선에 필요한 대부분의 지식을 수업 담당자를 관리하는 사람이 아니라, 수업을 담당하는 사람이 반드시 가지고 있어야 한다"(p.14). 그러므로 교장이 교수-학습을 통제할 수 없다. Elmore는 교장의 역할이 교사를 통제하는 것이 아니라, 분산적 지도성 과정을 통하여 교사를 안내하고 지휘하는 것이라고 믿는다.

분산적 지도성 모형

관료제적-합리적 모형에서는 조직의 상층부에 있는 몇몇 사람들만 지도성을 행사한다. 그러나 제도적 체제 모형에서는 지도성이 조직 전체에 분산되어 있다(Ogawa & Bossert, 1995, p.41). 즉, 특정 개인 한 사람이나 몇 사람에게 몰려있거나, 역할을 맡은 개인들 간에 형성된 관계에서 행사되는 것이 아니다. 따라서 지도성은 사회적, 문화적 현상이 된다.

전문가들은 이러한 방식으로 지도성을 재구성해야 할 필요성에 대하여 역설해왔다. 예를 들어, Gardner는 1990년에 "고위급 지도자들이 분산적 지도성이 활성화될 수 있는 시스템에서 일했다면 훨씬 효과성을 발휘할 수 있었을 것이다. … 현대 지도성이 요구하는 복잡한 임무를 혼자서 수행할 수 있는 기술—시간은 말할 것도 없고—을 다 가진 사람은 없다"고 역설하였다(Gardner, 2000, pp.11-12).

Ogawa와 Bossert(1995)는 분산적 지도성의 이미지를 다음과 같이 발전시켰다.

> 우리가 제시하는 지도성에 대한 견해는 지도성을 조직의 특정 부서에 국한

된 몇 사람만이 관여하는 것으로 취급하지 않는다. 대신, 우리는 지도성을 조직의 질-체계적 특징-로 간주한다. … 지도성은 조직을 구성하는 역할들의 네트워크를 따라 흐르는 것이다. 지도성의 매개체와 유통은 사람이라고 하는 인적 자원에 달려 있다. 그리고 지도성은 조직 내 체제의 모양을 결정하는데, 이러한 모양에 따라 구성원들이 조직에서 일어나는 사건에 부여하는 의미와 상호작용의 유형이 달라진다(p.39).

Elmore(2000)는 분산적 지도성 모형 가운데 가장 발전된 모형을 제시한다. 분산적 지도성 모형을 개발하는 데 따르는 기본적 도전은 "다양한 역량을 조직화" 함으로써 사람들이 직무를 수행하는 데 필요한 지식과 기술을 고루 보유하도록 하거나, 더 필요한 것이 있다면 내부 동료나 조직 외부 전문가들로부터 획득하도록 해야 한다는 것이다. 분산적 지도성이 성공을 거두려면 협조와 협력적 문제해결을 값지게 여기는 문화가 조직에 자리 잡고 있어야 한다. 협력 학습을 통하여 사람들이 보유한 지식 및 기술과 직무를 수행하는 데 필요한 역량이 상호 맞아떨어진다면, 개인과 조직은 모두 학생의 학습 개선에 성공할 수 있을 것이다. 그러나 교수-학습은 매우 복합적이어서, 교수-학습 지도성 행위-모든 사람들의 지식과 기술을 협력적으로 향상시킬 수 있도록 안내하고 지휘하는 행위-는 반드시 조직 전체로 분산되어야 한다. 교장을 포함한 행정 지도자들이 수행해야 하는 핵심 역할은 "공통의 문화-일련의 가치, 상징 의식들"를 만들어냄으로써 이 분산 과정이 일관성을 가질 수 있도록 보장하는 것이다(p.15). 공통의 문화에 의해 형성되는 뚜렷한 수업 목표와 집단적 가치는 분산적 지도성 모형의 생산성과 일관성을 유지시켜 준다.

Elmore는 분산적 지도성 모형에 관한 5가지 원리를 다음과 같이 제안했다.

1. 수업의 개선이야말로 지도자 역할의 핵심이다. 학교 지도자는 관리, 정치, 그리고 문화 형성에 정통해야 한다. 그러나 이러한 기술이 대규모 수업 개선에 중점적으로 활용되지 않는다면, 변화되는 것은 아무것도 없을 것이다.
2. 지도자들은 개인적 학습뿐만 아니라 지속적인 집단적 학습의 가치를 증진시켜야 한다. 전문적 실천을 특징짓는 자율성과 고립 대신에 집단적 검토 윤리가 자리 잡아야 한다.
3. 지도자들은 그들이 구성원에게서 기대하는 학습의 중요성을 실천하는 모

델을 제공해야 한다.

4. 학습과 개선에 필요한 전문성이 지도성 역할과 활동을 결정한다. 이 분산적 지도성 모형에서의 권위는 조직 내에서의 직위가 아니라, 지식과 전문성으로부터 나온다.
5. "권위의 행사는 책무성과 능력의 상호성을 요구한다. 공식적 권위를 가진 내가 당신에게 특정 행위나 결과에 대하여 책임지라고 요구할 경우, 나 역시 당신이 내가 요청한 일을 해낼 수 있는 능력을 갖추도록 할 동등한, 혹은 보조적 책임이 있다."(Elmore, 2000, pp.20-21)

지도성의 세 가지 동향 모형

Donaldson(2001) 역시, 새로운 지도성 모형이 필요하다고 주장한다. 그가 제안한 세 가지 지류 모형(three stream model)은 분산적 지도성 모형에서 발견할 수 있는 일부 요소를 포함하고 있으며, 미국 학교의 구조와 문화에 대한 검토로부터 출발한다: "미국의 공립 학교는 특이한 조직 유형을 지닌다. 공립학교는 구체적으로 처방된 목표나 기술적 합리성보다는 도덕적 신념이나 전문적 판단을 토대로 작동한다; 권력은 분산되고, 교육자보다는 시민이 정책에 영향을 미칠 수 있는 잠재력이 높다"(p.39)

Donaldson이 제안한 모형에서 학교 리더는 교사들과 직원을 지배하는 영웅이나 뛰어난 존재가 아니다. 오히려 교장은 교사, 직원, 자기자신 간의 "협동적 관계"를 형성함으로써 "이끌고자 노력하는"(p.46) 사람이다. Donaldson이 염두에 둔 이 관계가 바로 그의 모형에 제시된 첫 번째 지류로, 이는 신뢰, 개방성, 정직성, 그리고 긍정성으로부터 비롯된다. 이는 상호의존성과 상호관계성이라는 특징을 지닌다. 학교 공동체의 모든 성인은 서로서로 영향을 주고받는 동반자들이다. 이러한 협력적 관계의 건강과 활력은 성인 공동체가 그들의 도덕적 목적의식을 새롭게 하고 재활성화할 수 있도록 동기를 부여한다. 이와 같은 명백하고, 용인되고, 집단적인 목적은 지도성의 두 번째 지류이다. 마지막으로, 구성원들의 관계로 표시되고, 사명, 목적, 방향에 의해 동기가 부여되는 공동체가 동원된다. 이 "공동의 행위"가 지도성의 세 번째 지류이다(pp.39-54).

책무성

20세기 초반, 교장이 직무를 수행하던 때의 환경을 보면 전 국가적 관심사가 산출물로 이동하였고, 이러한 경향이 당분간 지속된 시기이다. 당시에는 학생 성취 결과에 대한 책무성을 강조하였고, 따라서 학교가 성취 기대를 충족할 수 있도록 조직을 개선하는 데 관심을 집중시켰다. 이러한 압력은 새로운 지도성 정의에 따라 참여적 환경 하에서 교직원 및 학부모와 협력하면서도 학생 성취도 향상에 대해서는 혼자 책임을 져야하는 학교 지도자들의 긴장과 갈등을 유발하였다.

Marsh(2000)에 따르면, 교장들은 먼저 중간에서 이끌면서, 교사들이 학생 학습 강화에 도움이 되는 새로운 접근법을 개발할 수 있도록 권한을 부여함으로써 협력적 학교 문화를 형성하는 변혁적 지도자가 되어야 한다. 그러나 교장들은 결과물에도 관심을 가져야 하며, "높은 성과를 보장하는 팀"이 모든 학생이 높은 성취 기준에 도달하는 데 책임을 지도록 해야 한다. 또한 교장들은 교사들과 함께 설정한 전략적 방향에 도달하기 위해서 교사들에게 관리적 지원을 제공해야 할 것이다—기술적 지원을 통해서 혹은 인적, 금전적 자원의 배분을 통해서 말이다(p.143).

Elmore가 분석한 교장들이 직면하는 책무성 문제는 미국 학교의 "기술적 핵심이 취약하다는 것"이다. 최고 수준의 전문가들이 교실에서 수행하는 방식을 보편적으로 정의할 만한 명확하고, 증명되고, 인정, 적용된 교수 전략이 없다. 그는 이러한 상황을 의학처럼 "기술적 핵심이 튼튼한" 전문직과 대비시킨다. 가령, 의학계에는 외과의사의 수술 방법을 정의해 주는 분명하고, 구체적인 절차가 마련되어 있다. 반면, 훌륭한 교수 실천의 구성요소가 무엇인가에 관한 명확성과 동의의 부족으로 인하여 학교와 학교 지도자들은 책무성 운동이 부과하는 성취 압력에 효과적으로 대응하기 어렵다. "기술적 핵심의 취약성"과 같은 맥락에서 학교의 내부적 책무성 제도 또한 취약하다. 그는 학교 지도자의 도전은 교사들과 더불어 야심찬 학생의 학습 목표를 설정하고, 여기에 도달할 수 있는 수업 전략을 구체화하며, 교직원의 지식과 기술을 보강하고, 교사들이 이러한 성취 기준과 전문적 기대에 책임지도록 하는 것이라고 주장한다(Elmore, 2002, pp.1-4). 교장은 "그러한 지식과 기술을 둘러싼 기대에 대한 공통의 문화를 창출해야 하며, 개개인이 집단적 결과에 기여할 수 있도록 유도해야 하는 사람이다"(Elmore, 2000, p.15).

요약하면, 오늘날 교장들이 경험하는 역할 과부하와 모호성에 대한 반작용으로 문헌과 실제에서 교장 역할을 둘러싼 새로운 정의가 시도되고 있다. 지도성의 고전적 모형은 카리스마를 가진 교장에게 귀속된 권한과 책임에 관심을 두었는데, 이 모형은 오늘날의 요구를 충족시키기에 적절하지 않고, 미래에는 그 적절성이 더 감소할 것이다. 따라서 보다 체계화된 협동적 지도성 모형이 출현하고 있으며, 이 모형은 학교 전체에 권한과 책임을 분산시킨다. 그럼에도 불구하고, 결과 지향적이고 책무성 요구적인 환경에서 협동적 지도성은 학생의 학습이 향상되고 있다는 것을 보여주어야만 한다.

학교 지도자의 양성

교장의 역할이 변화하고 있는 만큼, 교장을 어떻게 훈련할 것인가에 대한 생각도 바뀌어야만 한다. 현재의 교장들은 교장 양성에 문제가 있다는 사실을 확실히 알고 있다. 전통적인 대학원 과정이 "가장 가치 있는" 훈련 과정이라고 생각하는 교장은 4%에 불과하다. 44%는 "재직중 경험의 축적"이 그리고 52%는 멘토의 지도가 "가장 가치 있는" 방법이라고 응답하였다(Public Agenda, 2003, p.39).

전문가들은 최근에 학교 지도자 양성을 개선하기 위한 상이한 접근법을 제안하였다. Murphy(2002)는 행정적 방법, 과정, 역할 및 기능을 강조하는 "기업적 이데올로기와 행동 과학"에 기반을 둔 교장 훈련방식을 비판하였다. 그는 교장 훈련에 있어서 새로운 가치에 기반을 둔 "청사진"을 제시하였는데, 이는 "학교 지도자의 행위에 대한 관심을 줄이고, 학교 조직의 가치지향적 목적에 비중을 두는 것이다"(2002, p.xi). 그가 주창한 개념은 예비 교장들에게 학습, 정의, 공동체의 가치에 대한 강한 헌신을 심어주는 도덕적 지도성의 개발을 요구한다.

Levine(2005)은 대학원 수준의 지도성 프로그램들이 학생들을 모집하기 위해 입학 기준을 낮추고, 내용을 감축했으며, 난이도를 낮추고 질이 낮은 교수진을 임용함으로써 학위의 품위를 떨어뜨렸다고 혹독하게 비판하였다(p.24). 그는 훈련 프로그램의 수월성을 증진시킬 수 있는 9가지 기준을 제시했는데, 여기에는 이론과 실천을 통합한 정교한 교육과정의 도입, 입학 기준의 강화, 교수진의 강화 등이 포함된다(p.47).

Darling-Hammond, Lapointe, Meyerson, 그리고 Orr(2007)은 몇 가지 모범 사례를 선별하여, 그러한 프로그램들이 학교 변화에 필요한 도전에 부응할 수 있는 학교 지도자들을 어떻게 배출했는지를 연구하였다. 그들은 여러 가지 특징을 발견하였는데, 여기에는 고도의 자질을 갖춘 후보자를 발굴하기 위한 의욕적 모집방법, 기준에 기반을 둔 과목이나 이론과 실천의 연결에 초점을 두고 잘 짜여진 임상 경험, 예비교장이 현직 교장이 된 후에도 계속해서 전문성을 함양하는 데 필요한 "연속적 지원"을 제공할 수 있도록 학교와의 파트너십 강화 등이 포함된다(p.21).

어떻게 하면 가장 뛰어난 학교 지도자를 양성할 수 있는가에 대해서는 전문가마다 의견이 다르고 논쟁은 지속될 전망이다. 그러나 공통점도 있다. 지도성 훈련은 핵심이 되는 학습과 사회적이고 공동체적인 가치에 대한 헌신감을 함양하고 강화하는 것이어야 한다. 특히, 입학 기준이 강화되어야 한다. 현장 경험은 매우 중요하지만, 수강과목과 긴밀하게 연결되어야 한다. 이 마지막 권고는 교장들의 생각과 일맥상통한다. 가령 78%의 교장은 "교장 자격증 취득을 위한 필수요건에 실용적인 현장 경험이 더 많이 포함되어야 한다"는 데 동의하였다(Public Agenda, 2003, p.40).

결론

학교와 교장에 관한 미래가 어떻게 전개되든지 효과적인 지도성은 공식적인 양식으로 굳어지지 않을 것이다. 성공을 위한 비법은 현재도 없고 미래에도 없을 것이다. 지도성 이론은 오랫동안 지도성이 상황의존적임을 인정해 왔다. "지도성 행위는 상상할 수 없을 만큼 다양한 환경에서 발생하고, 이러한 환경은 등장하는 지도자의 종류와 그들이 수행할 역할의 상당 부분을 결정한다"(Gardner, 2000, p.8).

21세기에 효과적인 교장은 그들이 처한 상황에 따라 상이한 특성을 갖게 될 것이다. Fullan(2001)은 실패하는 학교는 보다 독단적인 지도성을 필요로 하는 반면, 성공적인 학교는 보다 참여적인 접근을 요구한다고 말했다(p.148). 또한, 상황이 변화한다면—가령, 위기에 처한 학교가 보다 안정화되는 것과 같이—교장의 지도성도 독단적인 형태에서 보다 참여적인 형태로 변해야 할 것이다.

비록 교장의 성공을 보장하는 공식이나 비법은 없지만, 성공적인 교장의 특성이 문헌이나 실제에서 드러나고 있다. 효과적인 21세기 교장은 다양한 차원의 역할—교육 지도자, 관리자, 정치가, 그리고 조직 문화 전문가 등—을 수행함에 있어서 높은 수준의 성취를 통합적으로 보여주어야 할 것이다. 효과적인 21세기 교장은 분리된 권위적 인물이 아니다. 그는 권한과 책임이 학교의 성인들 전체에 분산되어 있는 관계망에 연결되어 있을 것이다. 효과적인 21세기 교장은 직원들과 강하고 신뢰에 바탕을 둔 관계를 형성할 것이다. 교장은 그들과 협력하는 가운데, 어른, 학생에 관계없이 모든 이를 대상으로 한 명료하고 높은 기대를 설정하며, 그들이 성공하는 데 필요한 지식과 기술을 획득할 수 있도록 하는 학습 문화를 배양할 것이다.

참고문헌

Anderson, M. (1991). *Principals: How to train, recruit, select, induct, and evaluate leaders for America's schools.* Eugene, OR: ERIC Clearinghouse on Educational Management.

Archer, J. (2002, April 17). Principals: So much to do, so little time. *Education Week on the Web,* 1-6.

Banks, C. M. (2000). Gender and race as factors in educational leadership. In *The Jossey-Bass reader on educational leadership* (pp. 217-256). San Francisco: Jossey-Bass.

Bolman, L., & Deal, T. (2000). The manager as politician. In *The Jossey-Bass reader on educational leadership* (pp. 164-181). San Francisco: JosseyBass.

Bryk, A., Sebring, P., Rollow, S., & Easton, J. (1998). *Charting Chicago school reform.* Boulder, CO: Westview Press.

Center on Education Policy. (2006). *A public education primer.* Washington, DC: Author.

Cuban, L. (1988). *The managerial imperative and the practice of leadership in schools.* Albany: SUNY Press.

Cusick, P. (2003, May 14). The principalship? No thanks: Why teachers won't trade the classroom for the office. *Education Week on the Web,* 1-3.

Darling-Hammond, L., LaPointe, M., Meyerson, D., & Orr, M. (2007). *Preparing school leaders for a changing world.* Palo Alto, CA: Stanford Educational Leadership Institute.

Donaldson, G. A. (2001). *Cultivating leadership in the schools.* New York: Teachers College Press.

Doud, J., & Keller, E. (1998). *A ten-year study: The K-8 principal in 1998.* Alexan-

dria, VA: National Association of Elementary School Principals.
Elmore, R. (2000). *Building a new structure for school leadership.* Washington, DC: The Albert Shanker Institute.
Elmore, R. (2002, January). The limits of "change." *Harvard Education Letter: Research Online,* 1-4.
Fullan, M. (2001). *The new meaning of educational change.* New York: Teachers College Press.
Gardner, J. (2000). The nature of leadership. In *The Jossey-Bass reader on educational leadership* (pp. 3-12). San Francisco: Jossey-Bass.
Grogan, M. (1997). Equity/equality issues of gender, race, and class. *Educational Administration Quarterly,* 32, 5-44.
Hertling, E. (1999). *Conducting a principal search* (ERIC Digest Number 133). Eugene, OR: ERIC Clearinghouse on Educational Management.
Hertling, E. (2001). *Retaining principals* (ERIC Digest Number 147). Eugene, OR: ERIC Clearinghouse on Educational Management.
Lashway, L. (1995). *Can instructional leaders be facilitative leaders?* (ERIC Digest Number 95). Eugene, OR: ERIC Clearinghouse on Educational Management.
Levine, A. (2005). *Educating school leaders.* Washington, DC: The Education Schools Project.
Leithwood, K., & Riehl, C. (2003). *What we know about successful school leadership.* Philadelphia: Laboratory for Student Success, Temple University.
Marsh, D. (2000). Educational leadership for the twenty-first century: Integrating three essential perspectives. In *The Jossey-Bass reader on educational leadership* (pp. 126-146). San Francisco: Jossey-Bass.
Marzano, R., Waters, T., & McNulty, B. (2005). *School leadership that wor From research to results.* Alexandria, VA: Association for Supervision and Curriculum Development.
Mazzeo, C., (2003). *Improving teaching and learning by improving school leadership.* Washington, DC: National Governors' Association Center for Best Practices, Issue Brief.
Muffs, M., & Schmitz, L. (1999, November). Job sharing for administrators: Aconsideration forpublic schools. NASSP *Bulletin, 83*(610), 70-73.
Murphy, J. (Ed.). (2002). Editor's preface. *The Educational leadership challenge: Redefining leadershipfor the 271st century* (NSSE l0lstYearbook). Chicago: National Society for the Study of Education.
National Association of Secondary School Principals. (2001). *Priorities and barriers in high school leadership: A survey of principals.* Reston, VA: Author.
National Center for Education Statistics. (2007). *The condition of education: Indicator34: Characteristics of school principals.* Online: http://nces.ed.gov/ programs/coe/2007/pdf/342007.pdf.
Ogawa, R., & Bossert, 5. (1995). Leadership as an organizational quality. In *The Jossey-Bass reader on educational leadership* (pp. 38-.-58). San Francisco:

Jossey-Bass.

Olson, L. (1999, March 3). Demand for principals growing, but candidates aren't applying. *Education Week on the Web.* Online: www.edweek .org/ew/vol-18/2sprin.h18.

Olson, L. (2000, January 12). Policy focus converges on leadership. *Education Week on the Web*. Online: www.edweek.org/ew/ewstory.cfm? slug=l7lead.h19.

Olson, L. (2007). Getting serious about preparation. *Education Week, Special Report*, September 12.

Orr, M. T. (2001). *Rethinking the principalship: Shortages as opportunities for leadership reform.* Unpublished manuscript. New York: Teachers College, Columbia University, Department of Organization and Learning.

Peterson, K. (2001, Winter). The roar of complexity: A principal's day is built on fragments of tasks and decisions. *Journal of Staff Development, 22*(1), 1-5.

Pierce, M. (2000, September). Portrait of the 'super principal.' *Harvard Education Letter: Research Online.* Online: www.edletter.org/past/issues/2000-so/principal.shtml.

Public Agenda. (2001). *Trying to stay ahead of the game.* New York: Author.

Public Agenda. (2003). *Rolling up their sleeves: Superintendents and principals talk about what s needed to fix public schools.* New York: Author.

Public Agenda. (2006). *Reality Check: 2006.* New York: Author.

Rand Research Brief. (2003). *Are school facing a shortage of qualified administrators.* Santa Monica, CA: Author.

Roza, M., Celio, M. B., Harvey, J., & Wishon, S. (2003). *A matter of definition: Is there truly a shortage of principals?* Seattle: Center for Reinventing Public Education, University of Washington.

Sammons, P. (1999). *School effectiveness.* Lisse, The Netherlands: Swetz & Zeitlinger.

제10장

교육장의 역할

교육장의 역할은 역동적이어서 사회적, 문화적, 정치적, 경제적 세력에 의해 형성되고 재형성된다. 그 역할은 19세기 초반 교육장이 등장한 이래 계속해서 변화하였다—강력한 위원회를 보좌했던 서기로부터, 19세기의 Horace Mann과 같은 전문적 교육 지도자, 그리고 교육의 과학적 관리론 시대에 해당하는 20세기 전반기의 기업 CEO 역할에 이르기까지.

20세기의 마지막 10년 동안 심오한 사회적, 정치적, 경제적 변화가 발생하였다. 가령, 학교에서의 인종차별을 금지한 연방 대법원의 판결, 베트남 전쟁과 워터게이트 사건, 세계화, 열악한 학교가 미국의 국제 경쟁력을 약화시킨다는 인식 등이 바로 그것이다. 이러한 변화는 표준화 및 책무성 운동, 아동낙오방지법(NCLB), 교사 권한 강화, 학부모의 의사결정 참여, 단위학교 책임경영제, 학교 선택 등과 같은 수많은 교육 개혁을 촉발시켰다. 이러한 개혁은 교육장으로 하여금 수업 지도성 기술, 의사소통, 정치적 전략, 협력 등에 관심을 갖도록 요구하면서 그들의 역할 또한 변화시켰다. 이러한 변화는 교육장이 "학교 조직의 가치지향적 목적 즉 학생의 학습, 민주적 참여, 사회 정의 등과 같은 목적"에 초점을 두도록 교육장직을 재설계할 것을 요구하였다(Murphy, 2002a, p.xi).

이하에서는 교육장 역할의 발전 단계를 개략적으로 기술한다. 새로운 단계가 이전 단계의 책임을 대체한 것은 아니지만, 새로운 층을 더함으로써 교육장직을 점차 복잡하게 만들었다. 뒤에서 밝혀지겠지만, 교육장의 세 가지 핵심 역할—교육자, 관리자, 정치가—에 대하여 살펴보고자 한다. 이 세 가지 역할은 역사적으로 이른 단계에 출현한 이래 계속해서 재출현했지만, 시대에 따라 역할 각각에 대한 강조점은 달랐다.

교육장 역할의 역사와 전개

1단계: 교육위원회의 서기(1820~1850)

연방정부보다는 주정부와 지방정부가 교육을 관장한다고 규정한 헌법에 따라, 시와 타운에 설치된 교육위원회가 미국의 첫 번째 교육구를 설립 · 지휘하였다. 뉴욕 주의 버팔로 시와 켄터키 주의 루이빌 시 소재 교육위원회는 최초의 교육장을 그들의 서기 자격으로 임명한바(Kowalski, 2005, p.2), 교육장직은 교육위원회의 지시를 일상적으로 실행하는 기능직이었다. 초기의 교육위원회는 "행정부에 반대하는 편견"(Brunner, Grogan, & Bjork, 2002, p.212)을 가지고 있었기에 최초의 교육장의 권한을 극도로 제한하였다. 지역 주민으로 구성된 위원회가 학교에 대한 통제권을 행사하고자 했고, 따라서 "학교를 지휘하는 교육장의 임명에 대해서는 부정적이었다"(p.214).

2단계: 교육 전문가(1850~1900)

교육장의 권한은 비교적 약한 상태로 유지되었다. 그러나 교육위원회가 점점 비대해지고 발전하는 교육구의 관리에 치중하게 되자, 수업 프로그램에 대한 교육장의 책임이 증대하였다(p.216). 교사-학자로서, 교육장들은 자신을 교육 전문가이자 교사로 간주하였다.

당시 미국학교 행정가협회(American Association of School Administrators, AASA)의 전신이자, 전국교육협회(National Education Association, NEA)의 한 분과였던 교육장부(Department of Superintendence)는 전국적 규모의 교육장 조직으로서 교육장들의 권력을 확대하고자 노력했다. 정치적 부패와 정파적 정치를 비판하면서 위원회의 역할을 축소하고, 반대로 교육장의 역할을 확대할 것을 옹호하였다. 교육장들은 민주적 사명에 명시적으로 동의했는데, 이는 Horace Mann이 주창한 모든 아동의 기회의 형평성을 보장하고, Thomas Jefferson이 신봉했던 민주주의 수호를 위한 시민에 대한 보편 교육을 제공하는 것이었다 (p.215).

3단계: 능률적 관리자(1900~1950)

19세기 후반, 산업 지도자들은 미국의 경제적 경쟁력을 다른 나라, 특히 독일 및 영국과 비교하면서 우려를 표명하기 시작했다. 그들은 미국이 시골에 기반을 둔 농업사회에서 도시에 기반을 둔 산업사회로 이행하는 과정에서, 이민자 자녀들에 대처하기 위해 고심하고 있는 공립학교가 비능률적일 뿐만 아니라 비효과적이라고 비난하였다. 그들은 학교가 산업계처럼 경영되기를 바랐다(Cuban, 2004, p.159).

20세기로 바뀌면서 전반기 동안 교육장들은 과학적 관리론이 주는 능률성 혜택을 용인했다. 교육장들이 보는 자신의 이미지도 학자에서 경영자로 바뀌었다 (Callahan, 1962, Brunner et al, 2002, p.218에서 재인용). 이러한 정치적 풍토에서 학교를 공장으로 보는 공장 모형이 성행했다—규모가 큰 수업, 경직된 일과표, 수업에 대한 획일적 접근 등(Johnson, 1996, p.271). 그리고 산업사회에 적절한 노동자 배출을 강조하고, 능률성, 경쟁, 표준화와 같은 기업적 가치를 받아들였다.

관리자의 역할은 교육장의 권력을 확고하게 했고, 조직에 대한 통제를 행사하도록 했으며, 공립학교의 모습은 상의하달적 통제를 특징으로 하는 계층적 조직으로 변모했다. 이러한 관료제적 구조는 교육장의 권한을 확고히 했으며, 교육위원회가 광범위한 정책적 관심사에만 관여하는 지배구조 모형을 고착시켰다 (Bjork, Glass, & Brunner, 2005, p.26).

학교에 대한 과학적 관리론이 성행하던 이 시대에는 앞서, 2단계 시절의 교육장이 관심을 가졌던 사회 정의에 대한 기억이 가물가물해졌다. 예를 들어, 능률성 운동의 선구자였던 스탠퍼드 대학의 Elwood Cubberly는 이민자의 대규모 유입이 "국가적 혈통을 극도로 약화시키고 시민적 삶을 망친다"고 믿었다(Tyack & Hansot, 1982, p.127, Brunner et al., 2002, p.219에서 재인용). 그는 흑인이 열등하다고 가정하면서 교육에 있어서 인종적 분리를 옹호하였다. 이 단계에서 다양성의 가치는 분명 우선순위에 들지 못했다(Brunner et al., p.220).

4단계: 의사소통자인 동시에 정치가(1950~현재)

20세기 후반 미국 사회를 완전히 바꾼 사회적, 경제적, 정치적 사건과 더불어 학교제도도 변화하였다. 학생 인구의 다양성이 폭발적으로 증대하고, 이는 개인적, 사회적 요구 증대를 가져 왔다. 이러한 다양한 요구를 충족시키기 위해 특수교육과 영어 학습자 교육을 위한 연방정부 규제가 대폭 늘어났다. 학생들은 더 이상 "교육 공장에서 처리되기를 기다리고 있는 원재료"가 아니었다(Johnson, 1996, p.272). 교육구 직원도 증가했고 업무도 복잡해지고 전문화되어 교육장이 관리, 통제하기가 쉽지 않게 되었다.

제2차 세계대전 후, 학생을 분류하고 선발한다는 공장 학교의 사명은 점점 부적절해졌다. 학교교육의 목적은 더 이상 명료하지도 않았고 합의에 이르지도 못했다. 교육위원회는 인종, 성, 사회경제적 구성에 있어서 훨씬 다양해졌고, 교육장의 권위를 훨씬 덜 인정하게 되었다. 학생과 학부모의 민족, 인종, 언어적 다양성이 증대하면서, 어떤 교육적 목적을 채택할지, 어떤 교육적 실천방안을 따를지에 대한 합의를 구하기도 점점 어려워졌다(Johnson, 1996, p.154). 이러한 공공갈등은 형평성(모든 아동을 위한 평등 교육에 대한 신념)과 수월성(모든 아동이 높은 기준에 도달해야 한다는 필요성) 간의 딜레마를 낳았고, 이는 교육장이 성공하기 위해서는 동지를 찾아내고 동맹관계를 형성하는 등 정치적 수완을 발휘해야 함을 시사했다.

1983년의 *위기에 처한 국가(A Nation at Risk)*의 발간은 미국 역사에서 가장 오랫동안 지속된 교육개혁의 시발점이 되었다. 지난 20년간 계속된 표준화 및 책무성 운동은 앞서 일어난 어떤 개혁보다도 학교에 깊이 침투되었다. 미국이 국제경제에서 경쟁할 능력이 부족하다는 불안이 증대하자, 학교 개혁은 국가적 우선순위가 되었고, 공립학교의 성취에 대한 언론의 계속되는 보도와 비난은 대중의 불신을 증대시켰다. 교육장과 다른 학교 관계자는 더 이상 전문적 권위를 가질 수 없게 되었다. 왜냐하면 일반대중이 전문직주의의 가정—즉, 학교 관계자가 전문지식과 기술을 가지고 있다는 것—을 더 이상 인정하지 않았기 때문이다(Owen, 1998, p.4). Johnson(1996)이 지적했듯이, "학교의 실패에 대한 경종을 울리는 보고로 인하여, 이제는 공교육이 전문가들의 영역이 아닌, 일반대중의 영역이라는 신념이 증대하였다" (p.154).

교육장은 독단적 권한 행사가 기대되고 인정되는 환경에서 일하는 대신, 권력이 학교 업무를 둘러싼 다양한 참여자들에게 분산된 세계에서 움직이고 있다. Blumberg(1985)는 1960년대 초에 "교육장 권력의 감소를 보았고 … 혹시 한때 '제국주의적 교육장'이 있었다 해도 … 그 개념은 더 이상 성행하지 않는다" (pp.60-61)고 언급하였다. 교육장은 더 이상 명령을 내리는 자가 아니다. 그들은 설득하고 얼러야 한다. "추종자가 없다면 지도자가 될 수 없다"는 표어가 이제는 보편적 사실이 되어 버렸다.

교육장의 직무는 무엇인가?

학생, 교사, 교장들은 직접 책임져야 하는 일상적 압력이 있기에 그들은 때때로 그런 직접적인 책임이 없는 교육장이 "하루 종일 무엇을 할까?" 궁금하게 여긴다. 교육장의 일은 다른 사람들 눈에 잘 띄지 않는다. 그들은 대부분의 시간을 닫힌 공간에서 개인들이나 소집단과 회의를 하면서 보낸다. 또한 교육구를 벗어나서 지역이나 주정부 차원의 회의에도 많은 시간을 소요한다.

오늘날의 교육장은 필수적인 역할을 수행하는데, 그들의 역할은 학교가 아동의 요구를 충족시킬 수 있는 효과성에 실질적인 영향을 미친다. 교육장은 직원을 통해서 직접, 혹은 직원 및 지역사회와 협력하여 다음과 같은 역할을 수행한다.

- 교육체제의 "도덕적 청지기"로서 비전과 가치의 창출 및 선포(Murphy, 2002b, p.75)
- 작전 장교의 우두머리로서 체제의 재정적, 물리적, 인적, 정치적 자원의 개발 및 관리
- 옹호자 및 평론가의 우두머리로서 지역주민 및 이해관계자들 앞에서 학교 시스템을 대표하는 공인
- 시스템의 번뜩이는 회초리이자 비난의 첫 번째 대상
- 교육위원회와 같은 외부 환경으로부터 시스템을 보호하는 완충 역할 및 해로운 침해(가령 수업에 대한 미시적 관리)와 이로운 도움(가령, 연구에 기반한 수업 모형의 채택)을 구별해내는 문지기
- 시스템과 외부 조직 간의 관계 관리자(외부 조직이라 함은 주교육부, 노동조합, 제품공급자, 학부모교사협회, 지역사회 집단, 기업 등을 의미한다.)

- 시스템의 수업 및 비수업 관련 직원을 모두 포함하는 인적 자원의 개발 및 관리자
- 다양한 인력을 위한 전문성 개발 프로그램의 계획 및 실행
- 학교와 프로그램에 자원 할당
- 교육위원회가 시스템을 망라하는 정책과 프로그램－정규 교육과정, 방과 후 활동, 운영 등－을 도입할 수 있도록 돕고, 그 후에는 실행 책임을 짐
- 이러한 활동의 일관성과 조화를 확인 (Smylie, 2006, p.7)

오늘날의 교육장은 어떤 사람들인가?

우리는 교육장에 대해 아는 것이 거의 없다. Hodgkinson과 Montenegro(1999)는 교육장에 대한 인구학적 정보가 매우 부족하다고 보고하면서 교육장을 "눈에 안 띄는 CEO"라고 명명하고, 공교육에서 학교의 질을 그렇게도 좌우하는 집단에 대해 거의 관심이 주어지지 않았다는 사실이 이상할 정도라고 비난하였다(p.5).

1920년대 이래, 교육장에 대한 설문조사를 규칙적으로 실시한 집단이 바로 미국학교행정가협회(AASA)이다. 2007년 AASA의 5년 연구(Mid-Decade Study)에 따르면, 교육장의 평균 연령은 54.5세로 점점 고령화되고 있음을 발견하였다(p.19). 교육장 가운데 늦은 경력 단계에서 교육장직에 진입하는 사람의 수가 증가하고 있다. "대다수의 주정부 퇴직 제도가 60세 이상 후보의 임용을 '드러나지 않게' 거부하므로" 입직 후 교육장으로 재직할 수 있는 평균 연수는 자연히 감소한다(p.16).

30년에 걸쳐 축적된 AASA 연구의 동향 자료에 따르면, 1970년과 2000년 사이 교육장의 평균 재직기간은 5.7~7년 정도로 그 동안 크게 변하지 않았다(Bjork, Keedy, & Gurley, 2003; Bjork, Glass, & Brunner, 2005, p.39에서 재인용). 가장 최근의 연구에 따르면 평균 재직기간은 5.6년이다(p.6).

그러나 도시 교육장들의 인구적 특성은 종종 크게 다르다. 호전적인 교육위원회 구성원들과 다른 지역 정치가들 간의 정치적 싸움은 도시 교육장을 양면 공격에 빠뜨린다. 대도시 학교협의회(Council of Great City Schools, CGCS)(2006)는 최근의 조사 자료를 인용하면서 표본(65개 회원 교육구 가운데 59개)에 포함된 교육장의 평균 재직기간이 당시 3.1년이며, 이는 2003년의 2.8년보다는 증가한

것이라고 하였다.

왜 교육장의 재직기간이 문제가 되는가? 전문가들은 학교체제를 보다 제도적으로 심도 있게 변화시키기 위해서는 상당한 시간—몇 달이 아닌 몇 년—을 요한다고 주장해 왔다. 게다가 지도성 불안정은 교육구의 방향을 흔들리게 함으로써 지속적인 개선 계기와 노력을 방해할 뿐만 아니라, 모든 이가 수업에 초점을 맞추지 않고 정치적 변동을 분석하도록 하는 등 주의를 산만하게 한다. Waters와 Marzano(2006)는 교육장의 지도성 안정이 학생의 학습에 영향을 미친다고 보고하였다. 그들이 분석한 두 개의 연구는 교육장의 재직기간과 학생 성취도 향상 간에 통계적으로 유의한 상관관계가 있음을 보여준다.

AASA 연구(2007)에 따르면 그동안 대부분의 교육장이 백인이면서 남성이었지만, 여성 교육장의 수가 점차 증가하고 있어서 1992년 6.6%에서, 2000년 13.2%로, 그리고 2007년에 21.7%를 기록하였다. 이러한 최근의 여성 교육장 증가에도 불구하고, 여성의 대표성은 아직도 상당히 낮고 특히 교사나 행정가 인력과 비교할 때 더욱더 그러하다. 교사의 65%, 교장의 43%가 여성이다(p.30). Bjork(1999)은 미국 노동성 통계를 분석한 결과, 공립학교 교육장이 미국 전체에서 가장 남성의 비율이 높은 행정직임을 발견하였다(Bjork, Skrla, 1999, p.3에서 재인용). 문제가 만연해 있고 오래되었음에도 불구하고, 한 추정에 따르면, 교사가 교육장직으로 진출함에 있어서 남성의 진출 가능성은 여성보다 20배나 높다(Skrla, 1999, p.3).

여성이 교육장이 되면, 강력하지만 눈에 보이지 않는 사회의 성차별로 인하여 종종 이중고에 시달린다: "그녀가 자신의 단호함을 더 나타내기 위해 취하는 행동이 다른 사람의 눈에는 그녀의 여성성을 격감시키는 것으로 비춰질 위험이 있다. 그리고 여성에게 기대되는 방식으로 일을 수행할 경우에는 유능한 지도자의 이미지를 격감시킬 위험이 있다"(Skrla, 1998, p.8). 비록 오늘날 협력적 교육장직의 개념이 성행하면서 대인관계를 강조함에 따라 여성이 남성보다 더 성공적일 수 있다는 증거가 있음에도 불구하고, 이와 같이 여성이 어떤 태도를 취해도 불리한 상황은 여전히 존재한다(Skrla, 1999, p.3).

1990년대에 소수인종 교육장의 수가 3.9%에서 5.1%로 증가하였다(AASA, 2000, p.15). 유색인종 교육장 가운데 많은 수가 도시 교육구에서 근무한다. 2006년 CGCS 설문조사 자료에 따르면, 응답자의 54%가 유색인종인데, 이는 1997년의 63%보다 감소한 것이다. 최근 통계에 따르면, "공립학교에 있어서 학생들과 학교 지도자들의 성 및 인종의 비율을 가급적 균등하게 하려는 노력은 아직도 멀었다" (Hodgkinson & Montenegro, 1999, p.19).

전반적으로 볼 때, 교육장의 역할이 급격하게 변했음에도 불구하고, 그들의 인구적 특성은 변하지 않았다. 교육장의 대다수가 50세를 넘긴 백인 남자들이다. 교육구의 다양성이 증가하고 있음에도 불구하고, 교육장의 상당수가 유색인종인 도시 교육구를 제외하고는 소수인종과 여성의 대표성이 심각하게 낮다.

교육장은 자신의 직무를 어떻게 보고 있는가?

지난 20년간 공립학교의 단점에 국가적 관심이 집중되면서 일반 대중의 확신은 줄어들고, 대신 획기적으로 개선해야 한다는 요구는 증가하였다. 동시에 교육장의 직무 책임은 점점 증가하고 복잡해졌다. NCLB의 요구는 교육장의 직무량과 그들이 학생의 학습을 개선할 수 있음을 증명해야 한다는 압력을 증대시켰다. Smylie(2006)는 이러한 변화와 더불어 "역할 모호성, 갈등, 일의 분절, 스트레스, 실패 위험의 증가, 보상감의 감소 등이 증가할 것이다" (p.7)라고 지적하였다. 2007년도 미국학교행정가협회(AASA) 연구에 따르면, NCLB가 "부정적 영향"을 미쳤다고 느끼는 교육장은 절반이 넘는 59%에 달했다(p.xvii).

이러한 압력에도 불구하고, 교육장들은 현재의 도전을 극복할 수 있는 능력이 있다고 확신하고 있을 뿐만 아니라 미래에 대해서도 희망적이다. 공공의제(Public Agenda)의 2006년도 분석 보고서는 교육장들이 "긍정적이고 기운찬 전망"을 하고 있다고 보고하였다(p.1). 그들은 자신의 학교체제가 단지 좋은 것이 아니라 탁월하다고 생각한다. 93%는 요즈음 아동이 받고 있는 교육은 그들이 학교에 다닐 때와 비교할 때 더 좋아졌다고 생각한다. 2007년 AASA 연구에서는 거의 90%에 달하는 교육장들이 그들의 직업에 만족하거나 매우 만족한 것으로 보고하고 있다. 확신 및 낙관주의와 병행하여, 교육장들은 NCLB하에서 그들에게 주어진 학업성취와 관련된 역할을 수용할 뿐만 아니라 기껍게 생각하고 있는 것으로 보인다. 2006년 공공의제 설문조사에서도 대다수의 교육장들은 수업 지도성이 그들이 져야 할 "가장 필수적인" 책임이라고 응답하였다(p.2).

소수인종과 저소득층 인구가 많은 교육구에 근무하는 교육장은 훨씬 부정적인 관점을 가지고 있다. 그들은 백인과 고소득층이 주류를 이루는 지역의 교육장보다 중도탈락 문제가 심각하다고 말했고(67~36%), "너무 많은 학생들이 진정한 학습 없이 그저 학교를 지나쳐가고 있다" 고 느낀다(44~25%)(p.12).

또한, Fuller 등(2003)은 도시에 근무하는 교육장들이 비관적 견해를 지니고 있음을 발견하였다. 미국의 대도시에 근무하는 현직 교육장과 전직 교육장 100명의 응답을 분석한 결과에 따르면, 그들은 자신의 직무를 "수행할 수 없는 일" 로 인식하고 있었다. 이러한 교육장이 처한 여건—가령, 교육위원회의 변덕, 임용 관련 정치, 주요 임용에 필요한 권한의 부족 등—은 "그들이 실패할 수밖에 없도록" 한다.

앞서 제시한 일부 부정적 측면을 제외한다면 교육장들의 인식이 대체적으로 긍정적임에도 불구하고, 그들은 형식주의나 새롭게 제정되는 법과 규칙이 학교 운영에 가하는 제약에 대해 강한 좌절감을 표현하였다. 2006년 공공의제 설문조사에서도 "규정, 관료제 및 이와 관련된 문서처리 업무를 획기적으로 줄인다면" (p.21), 보다 효과적인 지도자가 될 수 있다고 응답한 교육장은 64%에 달했다.

교육장의 주된 책임은 교육구의 재정을 계획, 관리하는 일이다. 설문조사, 면접, 포커스그룹 면담 등에서 교육장들은 재정 문제가 가장 큰 골칫거리라고 답하였다. 공공의제(2006)도 "대다수의 교육장은 학교가 더 많은 돈을 필요로 한다고 믿고 있다" 고 보고하였다. 2005년 및 2006년에 AASA는 그 해의 교육장으로 선정된 각 주의 지도자들을 한데 모아서 협의회를 진행한 바 있다. 이때 교육장들은 "오늘날과 같은 고부담 시험이 성행하는 시대에 자원의 부족이야말로 가장 핵심 사안이다." (AASA, 2005, p.3)라고 말하면서, NCLB가 충분한 재정을 지원하지 않아서 법에 명시된 장기적 변화를 유도할 수 있는 재정이 부족하다는 불만을 토로하였다.

모든 교육장들은 교육위원회와 긴밀한 관계를 맺고 있다. 이러한 관계에 대한 교육장의 인식 조사 결과를 보면 긍정과 부정이 섞여 있다. 한 조사에서는 위원회가 자신의 일을 간섭한다고 불평하는 교육장의 비율은 거의 70%에 달했다. 3분의 2가량은 위원회가 자신들이 통제 가능한 교육장을 임용하려고 노력한다는 견해에 동의하였다(Public Agenda, 2001, p.9). 반면, AASA(2007)의 보고서에 따르면, 93%의 교육장이 교육위원회와 좋은, 혹은 탁월한 관계를 유지하고 있는 것으로 생각하는 것으로 나타났다(p.xv).

전반적인 만족에도 불구하고, 교육장들이 표현하는 스트레스 수준은 현저하게 증가해왔다. 2007년 AASA의 연구에서는 44.3%가 상당한, 혹은 매우 심한 스트레스를 겪고 있다고 보고하였는데, 이는 지금까지 AASA에서 조사한 결과 가운데 가장 높은 수준이다(p.xvi). 공공의제(2001) 역시 깜짝 놀랄 정도로 많은 교육장(응답자의 80% 이상)들이 "험난한 정치적 비판과 열기를 관리하는 것"이 일상적인 직무 활동이라고 응답하였다. 또한, 자신의 직위 때문에 사생활이나 가정 생활이 심각하게 침해받고 있다고 응답한 교육장의 비율도 유사한 정도로 높았다(p.26).

현직 교육장들과의 대화를 통하여 "일상적 도전들이 교육장의 정신을 소진시키고 있음"을 확인할 수 있었다(AASA, 2005, p.3). Kelleher와 Van Der Bogert(2006)는 교육장의 전형적 모습을 다음과 같이 묘사하였다. "지치고, 소진된 사람들로 긍정적 변화에 대한 희망은 거의 없고, 따라서 조기 퇴직을 애타게 기다리고 있는" 그런 모습이다(p.11).

NCLB는 분명 스트레스를 증가시켰다. 그 이유 가운데 일부는 NCLB가 추구하는 바가 종종 주정부나 지방정부의 책무성 제도와 충돌하기 때문이다. 학교를 평가함에 있어서 주정부 평가에서는 점수가 높은데, NCLB하에서는 개선이 요구되는 사례가 있고, 교육장들은 이와 같이 "앞뒤가 안 맞고 혼란스러운 메시지"를 이해관계자와 관계 기관들에게 전해야 한다(AASA, 2006, p.8).

한편, Blumberg의 연구(1985)는 교육장들이 상당히 긍정적 인식을 지니고 있음을 발견하였다. 교육장들은 대체적으로 "자신이 하는 일을 좋아하고, 도전을 느끼며, 즐거움을 맛보고, 개인적, 직업적 전망으로 인해 기분이 좋다"(p.137). 그러나 "이 직책을 맡고 있는 사람들은 점차 자신들이 치러야 할 정서적 대가가 있음을 인식하고 있다"고 덧붙였다(p.155). 그는 교육장들의 고민거리의 원천으로 "의사결정 과정의 느린 속도, 지루함, 외로움, 부적절하다는 느낌, 윤리와 타협해야 한다는 불편함, 개인적 스트레스" 등을 들고 있다(p.138).

Blumberg는 미국 교육장이 느끼는 한 가지 독특한 스트레스 요인에 대하여 설명하였다. 즉, 공동체가 교육장을 "공공 자산(public property)"으로 인식하다는 점이다(1985, p.156). 이는 교육장이 다양한 체육행사 참석, 연극이나 음악회, 시가행진 참석 등과 같이 공적이며 눈에 띄는 역할을 많이 수행해야 한다는 인식은 아니다. 오히려, 교육장은 언제나 접근가능하고 만날 수 있는 사람이라는 공동체의 기대를 의미한다. 즉, 공동체 구성원들은 그들이 교육장의 사생활 및 가정생활을 멋대로 침해할 수 있다고 느낀다. 더욱이, 공동체 소속 아동을 위한 교육적 가치의 수호자로서 교육장의 사적 행동 또한 흠집 없이 훌륭해야 한다(p.156).

대체적으로 직무에 대한 교육장의 정서적 인식은 직무만큼이나 복잡하다—공공의제의 설문조사에서 드러난 상당한 낙관주의에서, 좀 더 비밀이 보장되는 상황에서 연구자들에게 털어놓는 절망에 이르기까지. 이러한 차이를 단순히 교육장들이 대중 앞에서는 긍정적 가면을 쓰는 반사적 능력을 가진 것으로 설명할 수도 있을 것이다. 그러나 이러한 차이가 교육장들의 직무 자체가 놀이동산의 청룡열차처럼 흔들리는 상황임을 반영하는 것일 수도 있다. 위기로부터 벗어나려고 애쓰는 상황에서 이러한 다소 부정적 인식을 갖게 되고 표현하게 되는 것은 당연하다. 교육장들은 위기를 정기적으로 관리한다. 이러한 관점에서 볼 때, 앞서 말한 차이는 오히려 탄성(resilience)을 보여주는 것일 수 있다. Patterson과 Kelleher(2005)가 주목했듯이, 교육장들은 직무수행 과정에서 좌절과 스트레스를 느꼈지만 이것 때문에 기가 꺾이지는 않았다. 오히려, 다시 위로 튀어오를 수 있는 다양한 전략을 개발해 왔던 것이다.

교육장 지도성에 대한 도전

수업 지도성에 대한 NCLB의 영향

오늘날, NCLB는 미국 역사상 연방의 권력이 가장 강력하게 공립학교에 침투한 사례로서, 지역의 교육 결과에 책임을 져야 하는 교육장이 역할을 수행하는 데, 특히 수업 지도성을 발휘하는 데 지대한 영향을 미쳤다. 책무성 운동의 초창기였던 1980년대에 Blumberg(1985)는 교육장들이 수업 지도성보다는 관리나 정치적 차원에 더 중점을 두었음을 발견했다. 과거에 학교 조직의 건강과 활력이 강조되었다면, 오늘날에는 변화를 위해 보다 위대한 지도성을 발휘해야 한다는 점이 강조된다.

오늘날의 교육장은 학생의 학습 결과에 대하여 "레이저처럼 정확한 초점"을 맞추어야 하는 사람으로 자신을 묘사한다(AASA, 2005, p.12). 모든 학생들의 높은 학업성취를 보장해야 하는 책임, 특히, 성취 격차를 줄여야 하는 책임으로 인하여 교육장들은 자료에 기반한(data-driven) 수업적 의사결정—즉, 성취 데이터를 정기적으로 검토할 수 있는 과정의 신설, 학생 성취도 자료를 집적하고, 이를 대중에게 공개하는 것 등과 같이—을 강조할 수밖에 없었다. “교육장들은 논쟁의 소지가 많은 데이터를 공동체나 교직원들에게 공개하는 것을 겁내지 않는다”(AASA, 2005, p.12).

수업 지도성을 더 강력하게 발휘해야 한다는 NCLB의 요구로 인하여 응용사회과학자로서의 교육장의 역할이 재강조되었다. 법이 과학에 기반한 연구결과를 활용하도록 요구하였기 때문이다. 교육장이나 그들과 가까운 자문가들은 수업 실천방법을 선택할 때 어떤 것이 제대로 작동하고 제대로 작동하지 않는가를 평가할 수 있는 방법을 알고 있어야 한다.

학교체제의 수업 역량을 강화하기 위해서 오늘날의 교육장들은 일관성 있는 교육과정과 수업방식을 개발해야 한다(Petersen & Barnett, 2005, p.126). 교육장이나 그들의 자문역들이 조직 변화를 유도하고 야심적 수업 목표를 달성하기 위해서는 교육과정의 범주, 순서, 배열 등에 관한 전문성을 보유해야 한다. 그들은 교사와 교장들이 교수-학습 관련 사안에 대해 지속적으로 대화할 수 있도록 동기를 유발하고, 지원하는 능력도 갖추어야 한다(p.122).

교사들의 교사

수업 지도성은 교육장들이 “교사들의 교사(teachers of teachers)”가 될 것을 요구한다. Johnson(1996)은 이러한 “가르치는 사명”이 교육장의 성공에 매우 중요하다는 점을 발견하였다(p.275). 교사 역할을 통하여 교육장들은 다른 사람들을 함께 이끌어 가는 사명에 동참시킨다—특히 변화를 위한 비전 형성에 참여시키기, 중요한 사안에 대한 입장 표명, 문제를 정의하고 해결하는 책임의 수용, 교육을 위한 보다 나은 접근법 개발에 동료 동참시키기 등(p.278).

교사들을 가르치는 일은 학생의 학습에 영향을 미친다. 1970년과 2005년 사이에 수행된 연구 27개를 메타 분석한 Waters와 Mazano(2006)의 연구에서는 교육장의 수업 지도성 행동과 학생 성취도 간에 통계적으로 유의한 상관관계가 있음을 발견하였다. 그들은 “교육구가 교수-학습 목표에 집중하도록 하는” 지도성 행위를 열거하였다(p.3). 이러한 행위에는 다음과 같은 사항이 포함된다: 교육위원회 및 다른 관계기관 대표들과의 합의를 통해 교육구의 교육 목표와 성취도를 높게 설정하는가, 교육구 전체가 연구에 기반한 수업 전략을 적용할 것을 요구하는가, 수업의 개선 정도를 수업관찰 및 다른 검토 활동을 통하여 지속적으로 모니터링하는가, 그리고 수업 개선과 접목된 전문성 신장 프로그램을 신설하고 재정을 지원하는가 등.

한편, Waters와 Marzano는 단위학교의 자율성과 학생의 성취도 간에 상관관계가 있다는 역설적 사실을 발견하였다. 교육구의 통제와 단위학교의 자율성이 어떻게 동시에 중요한 요인이 될 수 있다는 말인가? 효과적인 교육장들은 단위학교가 "제한된 자율성(defined autonomy)"을 갖도록 한다(p.13). 이를 다시 말하면, 단위학교는 교육구가 수업 목표와 이를 달성하기 위해 의무적으로 설정한 수업 프로그램의 틀 안에서 수업 관련 결정을 내릴 수 있는 자유를 갖는다.

권위주의적이지만 협동적인 지도성

교육장은 왜 교장이나 교사들의 동기를 유발하고, 설득하거나 경청하며, 협력해야 하는 "교사"가 되어야만 하는가? 교육장의 직위에서 비롯되는 권한과 더불어 사람들에게 영감을 불어넣는 인성이나 카리스마의 힘을 빌어 사람들을 억지로 변화시키면 안 되는가? 복잡성과 혼돈으로 인하여 좌절한 사람들은 영웅적인 지도자가 교육구에 나타나서 문제를 일시에 제거하고 그들을 이끌어 주기는 바라는 마음에서 이러한 질문을 던진다. Johnson(1996)은 영웅적 지도자를 "문제를 명료하게 하고, 질서를 형성하며, 자신감을 불어 넣고, 일이 제대로 되도록 하는" 사람들이라고 묘사하였다(p.7). 그녀는 이러한 이미지는 여러 가지 이유를 들어 비현실적이라고 하였는데, 가령, 오늘날의 교육장은 직위에서 비롯되는 권력이 매우 제한적이다.

Elmore(2000) 역시 영웅적 지도성을 신화로 간주하였다. 그는 어떤 사회에서든지 "정말 훌륭한" 지도자는 소수에 불과하고, "미국 교육의 지배적 제도 유형에 영향을 미친 비전 있는 지도자는 거의 없었다"(p.2)고 지적한다. 그는 사람들이 영웅적 학교 지도자를 갈망하는 색다른 이유를 제시했는데, 이는 교수-학습의 핵심이 말로 표현하기 어렵다는 점에서 출발한다. 즉 주술적이고, 신비하며, 기예적이기 때문에 합리적 형식화, 조직, 관리 등으로 환원되기 어렵다는 것이다.

사람들은 행정가들이 예술가인 교사들을 외부의 감시와 통제로부터 보호하고, 지도성은 교수-학습의 기술적 핵심과 "느슨하게 연결되어야 한다"고 믿는다. 이러한 관점에서 본다면, 지도자는 조직 및 관리 기술이 아닌, 인성적 특징을 통해서만 학교 조직에 영향을 미치게 된다(p.8).

영웅적 지도성의 신화에 반대되는 견해는 효과적인 교육구 지도성을 권위주의적, 혹은 적당히 지시적인(그렇다고 전제주의적이거나 억압적으로 통제하지는 않는) 지도성과 협력적인 접근법 사이에서 균형을 이루는 지도성으로 보는 것이다. Waters와 Marzano가 제시한 학교의 "제한된 자율성"이 한 예가 될 수 있다. 학교는 수업 관련 의사결정을 통제할 수 있다. 그러나 이러한 통제권은 교육구가 결정한 명확하고 타협해서는 안 되는 목표의 틀 안에서만 행사된다. 이와 같이 균형 잡힌 접근법에서는 상의하달과 하의상달이 동시에 발생한다. 이러한 과정에서 지도성은 덜 위계적인 양상을 보인다. 교육장의 역할은 조직 구조의 정점에서 상호관계로 구성된 네트워크의 연결자로 바뀐다.

수업을 개선하기 위한 협동적 지도성은 조직 전체를 망라하는 지도성을 계발하기도 한다. Elmore(2000)는 이러한 지도성의 "분산"이야말로 대규모 수업 개선이라는 복잡한 과제를 달성할 수 있는 유일한 방법이라고 주장하였다(p.15). Johnson(1996) 또한, 이와 같이 지도성 역량을 계발함에 있어서 보다 협동적인 유형에 대하여 다음과 같이 기술하였다. "지도성과 관련하여 새롭게 출현하고 있는 개념은 상호 영향을 주고받는 것으로, 이를 통하여 서로 다른 역할을 수행하는 개개인이 교육을 개선하기 위해 협동한다"(p.13).

누구의 개혁 아젠다인가?

권위주의적이지만 협동적인 지도성을 발휘해야 하는 복잡한 세계에서 교육장들은 통제할 것인가, 협력할 것인가라는 딜레마 상황에서 고전분투한다. 비전을 설정함에 있어서 교육장의 견해가 지나치게 우세하게 되면 다른 사람들의 소유감이 약해져서 비전을 제대로 실행에 옮기지 않을 것이다. 반대로 교육장이 비전 형성시 영향력을 제대로 행사하지 않는다면 비전이 희석되거나 축소되어서 교육구의 미래에 관한 포괄적이고 강력한 모습을 제공하지 못할 것이다. 그렇다면 교육장은 개혁 아젠다를 설정함에 있어서, 독단적으로 통제하지는 않는다 하더라도 최소한 지시하고 형성하는 역할을 하는 동시에, 다른 사람들도 이러한 지시와 형성에 참여하도록 해야 한다.

사회적, 정치적, 문화적 힘에 대항하기

이러한 딜레마를 양산하는 데 기여하는 새로운 지도성 도전 가운데 하나는 민주사회가 지향하는 교육 목표에 위협을 가하는 만연한 사회적, 정치적, 문화적 힘에 대항하는 것이다. 교육의 핵심 목적은 청소년들에게 형평성, 정의, 근면의 가치, 인내 등과 같은 전통적으로 전수된 사회적, 민주적 가치를 주입시키는 것이다. 사회는 공립 학교가 이러한 가치를 옹호하고 가르칠 책임을 부여한다. 교육장은 제도적 대변인으로서 최고 옹호자 혹은 "도덕적 청지기"가 되어야 한다(Murphy, 2001b, p.75). 그러나 강력한 정치적, 문화적 세력은 이러한 전통적 가치와 충돌하고 있어서 교육장들은 학생의 탈선, 빈곤, 개인적 성취와 공동 선 간의 갈등 등의 문제와 씨름해야 한다.

학생의 이탈 후기산업사회 전체에 강력한 반주지주의(anti-intellectualism)가 성행하고 있으며, 특히 영웅들의 지적 측면보다는 신체적, 사회적 특성만을 칭송하는 오늘날의 대중 문화에서는 더욱 명백히 드러난다. 학생들 사이에 학습 태만이 얼마나 널리 퍼져 있는가, 그 증거를 보여주는 연구도 여럿 있다. 학교 공부에 지적 관심을 가지고 몰두하는 학생들은 극소수에 불과하다. 그나마도 동기가 유발되고 학교에서 좋은 성과를 거두려는 학생들도 성적, 높은 평점, 대학 입학 등과 같은 것을 얻을 목적으로 공부한다. 가장 심각한 사례는 지나치게 많은 학생들이 중도탈락한다는 것이다. 소수인종 학생의 중도탈락률은 40% 이상인 듯하다. 그 중간에 위치한 대다수의 학생은 그럭저럭 학교를 졸업하는 것이 목적이다. 효과적인 교육장이라면 교원과 공동체가 이러한 심각하고, 해를 끼치며, 토착적인 문제를 다루도록 해야 한다.

만연한 빈곤의 영향 우리 사회에서 가장 빈곤한 상태에서 사는 집단은 다름아닌 아동들이다. 어떤 추정에 따르면, 학령 아동의 20% 이상이 빈곤에 처해 있다(Rank, 2004, p.26). 연구 결과는 빈곤이 아동의 신체적, 정서적, 인성적, 지적 발달에 미치는 부정적 영향을 잘 보여준다. 학교가 무엇을 할 수 있을까? 일부 언론인이나 연구자들—Heritage 재단과 교육 신탁(Education Trust)이 가장 주목할 만한 사례이다—은 학교가 빈곤 아동이 높은 성취에 도달할 수 있도록 하는 힘이 있다는 증거를 제시한다. 다른 학자들(Rothstein, 2004; Orfield, 2004; Gordon, 2004)은 학교 힘만으로는 빈곤 아동의 사회적, 문화적 불이익을 극복할 수 없다고 비관적 입장을 견지한다. 가령, Rothstein은 빈곤 아동이 처한 어려움을 극복할 수 있도록 도우려면 사회가 그들의 건강관리 및 보충 교육 프로그램에 집중적으로 투자해야 한다고 힘주어 말한다.

오늘날 많은 교육장들은 이러한 도전을 중점적으로 다루려고 노력한다. 2005년에 개최된 미국학교 행정가협회(AASA) 포럼에서, 사회 정의와 형평성을 다룬 주제가 소집단 토의에서 가장 지대한 관심을 모았다(p.5). 학교가 아동들을 빈곤으로부터 구출하여 높은 성취 수준에 도달하게 할 수 있다는 신념을 가진 교육장들이 많다. Kelleher와 Van Der Bogert(2006)는 사회에서 힘없고 불이익을 받는 자들을 옹호하거나, 몇몇 경우에는 이를 위해 자신의 직업을 걸면서까지 노력하는 교육장들을 조사하여 보여주고 있다(p.14). 다른 연구자들(Goldring & Greenfield, 2002; Petersen & Barnett, 2005; Fusarelli & Fusarelli, 2005)은 지도성에 대한 도전은 빈곤 아동에 대한 옹호에서 한 발 더 나아간다고 하였다. 즉, 교육 지도성은 지역사회 기관들, 선거 관료, 산업계 리더들이 건강관리, 주거, 약물 남용 문제를 처리하고 학생의 성공에 필요한 사회적 지원을 제공할 수 있는 시민적 역량을 계발할 수 있도록 그들과 협력해야만 한다는 것이다.

개인적 성공이 아닌 공동의 선 전통적으로 학교는 동기는 충만하지만 사회경제적으로 불이익을 받는 학생들에게 보다 정교한 교육과정이나 규모가 작은 학급, 보다 우수한 교사 제공 등을 통해서 그들의 개별적 성공을 담보하는 데 초점을 맞추었다. 학생 개개인의 성공이나 실패는 훗날의 성공이나 실패에 영향을 미친다. 가령, 학교 초창기에 뛰어난 학생은 추후에 더 높은 수준의 지식에 접하게 된다. 반면, 일찍 실패한 아동은 접근을 거부당한다. 이러한 접근은 학교교육의 목적에 관한 견해 가운데 "얄팍한 민주주의(thin democracy)" 견해와 일맥상통한다. 즉, 개별적으로 성취를 추구할 수 있는 자유를 공동의 선(common good)에 대한 관심보다 위에 두고, 성공적인 학생들이 더 많이 더 좋은 자원과 기회에 접근할 수 있도록 허용하는 것이다.

그러나 NCLB는 근본적인 목적을 변화시켰다. 즉, 개개인의 성공을 담보하는 것으로부터 모든 학생들의 학업 성취를 담보하는 것으로 변화하였다. 이러한 변화가 학교가 어떻게 조직화되고, 자원이 어떻게 배분되며, 학생 집단을 어떻게 나누고, 상급 지식에의 접근가능성을 어떻게 결정할 것인가 등의 문제에 시사하는 바는 실로 엄청나다. 새로운 접근법은 학교교육에 대한 "심오한 민주주의(thick democrcy)" 견해와 더 많이 닿아 있어야 한다(Furman & Starratt, 2002, pp.111-115). 다시 말하면, 공동의 선과 통합을 개인적 성공의 추구보다 우위에 두고, 명백하게 덜 성공적인 학생들이 더 많고 더 좋은 자원 및 기회를 포함하여 그들이 필요로 하는 모든 도움을 구할 수 있도록 하는 견해 말이다.

성취도 격차를 줄이기 위해서는 자원에 대한 할당을 변화시켜야 하므로, 교육장들은 "얄팍한 민주주의" 견해를 옹호하는 교직원 및 지역사회 구성원들이 모든 학생들의 높은 성취라고 하는 새로운 목표를 지지할 수 있도록 이를 설명하고, 정당화해야 한다는 도전에 직면해 있다.

교육적 변화에 대한 회의

또 다른 지도성 도전은 교육적 변화 가능성을 둘러싼 깊이 뿌리 박힌 회의주의를 극복하는 것이다. 교육장들은 변화를 초래하고자 한다. 현상을 유지하기 위해 교육장직에 입문하는 사람은 거의 없을 것이다. 그럼에도 불구하고 변화를 도입한다는 것은 녹녹지 않다. 대부분의 교육구에서 상당수 원로 교사들은 25년 이상 봉직해오고 있다. 이러한 기간과 비교할 때 교육장의 재직기간은 훨씬 짧아서 기껏해야 6~7년이다. Johnson(1996)은 교사들과 행정가들이 새로운 변화 주기에 어떻게 적응하는가를 묘사하였다. 수십 년간의 학교 개혁 활동이 손가락질, 약속 깨기, 후속조치의 부족 등으로 일관되어 왔기 때문에 교육장의 새로운 개혁안에 대하여 교직원들은 의심하고 불신한다.

관리를 통하여 리드하기

또 다른 지도성 관련 도전은 지도성과 관리(management)를 통합하는 것이다. 조직 관리에 관한 문헌에서는 이 두 가지 개념을 종종 구분한다. 관리의 영역은 "관료제가 작동할 수 있도록 하는 일상적 활동"이다(March, 1978, Johnson, 1996, p.219에서 재인용). 지도성의 영역은 조직이 수행하는 일을 근본적으로 변화시키고 개선시키기 위한 의도적 활동이다. 이러한 구분에 타당성이 없는 것은 아니지만, 효과적인 관리와 지도성 간에 존재하는 보다 복합적인 상호관계를 잡아내지 못한다. Johnson은 지도성과 관리의 분리는 잘못되고 부정확한 것이라고 주장하였다. 성공적인 교육장은 이 두 가지를 동시에 수행해야 한다. "효과적인 관리 없이 효과적인 지도성이 있을 수 있다는 증거를 어떤 교육구에서도 발견하지 못했다"고 주장하였다(p.239). 사실, 교육장들은 리드하기 위해서 관리하거나, 관리를 통해서 리드한다고 할 수 있다.

지도성과 관리에 대하여 30년이 넘게 연구하고 저술활동을 했던 Henry Minztberg 또한 보다 복합적인 관계에 주목한다. 그는 관리와 비교할 때 "지도성이 뭔가 더 크고 더 중요한" 무엇이라는 견해를 거부한다. "지도성이 없는 관리는 내용이 빈약하고 관리가 없는 지도성은 분리와 오만을 독려한다"고 주장했다(Murphy, 2006, pp.527-528).

James MacGregor Burns(1978)를 비롯한 그 밖의 지도성 이론가들은 교환적(transactional) 지도성과 변혁적(transformational) 지도성 개념을 대조시키면서 지도성과 관리 기능을 구분하였다. 교환적 지도성은 교환을 통하여 현상을 유지한다. 지도자는 추종자의 욕구를 충족시키며, 추종자는 지도자에게 지원을 제공한다. 조직의 평형이 유지된다. 한편 변혁적 지도성은 가치를 공유하고 이러한 가치를 행위로 전환시킬 수 있는 역량을 통하여 변화를 창출한다. 교육적 변화는 전통적 교환적 지도성보다는 변혁적 지도성을 요구한다.

그러나 Johnson(1996)은 이 두 가지 개념 간에 좀 더 복잡한 관계가 있음을 발견한다. 교육장은 변혁적 지도성을 발휘하기에 앞서 구성 기관들의 교환적 기대를 충족시켜야만 한다. 새로 부임한 교육장에 대한 기대는 초창기에 확실히 교환적이다. 교사나 교장들은 교육장이 자신들의 요구에 응답하면—재정 지원, 시설 관리, 기타 기본적 사항에 있어서—그때서야 비로소 교육장의 개혁안에 기꺼이 동조할 것이다. 그러나 이러한 교환적 단계에서 기초적 욕구는 충족시킬 수 있을지 몰라도, 보다 변혁적이고 상호적인 관계를 토대로 변화에 대한 헌신을 끌어내지는 못한다. 교육장들은 우선 관리자로서의 자질을 증명해 보여야 한다(p.131).

Kelleher와 Van Der Bogert(2006) 또한 사례 연구를 통해서 교육장들이 초창기에 교환적 욕구를 충족시켜야 나중에 변혁적 지도성의 발휘가 가능하다는 것을 발견하였다. 어떤 경우라도, 교육장이 교육구에 처음 부임하면 자원에 심각한 문제가 있다는 것을 발견하고 이를 해결하는데, 이러한 자원이 없으면 교육 개선은 이루어지지 않는다. 자원 문제를 해결한 후에 교육적 지도성을 발휘할 수 있는 신뢰를 쌓는다(p.23).

진정한 사적 관계

인성에 기반한 영웅적 지도성은 신화일 뿐이다. 그러나 사적 신뢰를 쌓고 직원의 확신과 존경을 얻는 것은 매우 중요하다. 성공적이고 변혁적 지도성을 발휘하는 교육장은 인성적 권위－대인관계 기술, 사회적 매력, 카리스마 등－를 효과적으로 활용한다. 학교 조직에서 위계가 제대로 작동했던 과학적 관리론 시대에는 직위가 주는 권위만 있어도 교육적 변화를 유도하는 데 충분했을 것이다. 그러나 이제는 직위 권한만으로는 결코 충분하지 않다. 교육장이 한 개인으로서 어떤 사람인가가 중요하다. "교육장이 사람들을 이끌 수 있는 역량은 그의 도덕적 목적, 교육에 대한 헌신, 그들이 믿는 바를 위해 맞설 수 있는 용기 등에 달려 있다" (Johnson, 1994, p.281). 교육장들은 교실에서 현재 발생하고 있는 일들이 중요하고 그들에게 가치 있다는 점을 직원들이 믿도록 증명해야 한다. 교육장들은 이를 위해서 실제적으로 교실을 방문하고, 교사 및 교장들과 교수-학습 사안에 대하여 대화를 나눈다. 교육장들은 "교육자로서의 신뢰"를 쌓아야만 한다(p.131). 직원들이 교육장을 교육자로 간주하고 신뢰하게 되면, 그들은 변화를 위한 노력에 더 헌신하게 되고, 자신들의 직무에 대해서도 보다 넓은 체제적 관점을 갖게 된다. 이러한 교육장들은 교사와 교장들의 "관심 분야를 확대"할 수 있다(p.144).

교육장들은 조직의 일을 수행하는 과정에서 그들은 어떤 사람들인지, 그들이 믿는 바가 무엇인지를 보다 명료하게 보여준다. Johnson은 협동적 지도성 모형은 교육장과 학교 공동체 구성원 간의 일대일 관계를 요구한다고 말했다. "공동체 구성원들은 교육장의 교육개혁안에 개인적으로 헌신하기에 앞서, 그러한 개혁안 뒤에 있는 사람에 대하여 알고 싶어 한다" (p.283).

정치적 긴장

정치는 "공립학교 교육에서 지속되는 특성이다. … 정치가 본질적으로 부패한 것은 아니다"(Bjork & Gurley, 2005, p.168). 우리는 종종 정치를 역겨운 활동이라고 생각한다. 우리는 사람들이 조직 내에서 비열하고, 조작적이거나, "이기적" 목적을 달성하기 위해 취하는 행위를 "정치적" 행위라고 생각한다. 그러나 정책이나 프로그램에 대한 지지를 얻고, 타협안을 만들어 내며, 차이점을 건설적으로 좁히는 등의 정치적 기술은 윤리적 방식으로 행사될 뿐만 아니라 교육장들에게 매우 중요한 도구가 된다. "정치적으로 생각한다는 것은 아동의 교육에 영향을 미치는 주요 관계자들을 밝혀내고, 그들이 참여하도록 독려한다는 것을 의미한다"(Heifitz, 2006, p.512). 한 가지 핵심 도전은, 교육장이 이러한 세 번째 수준의 역할, 즉 정치가로서의 역할을 효과적으로 수행해야 한다는 점이다.

개방적이고 다양한 사회에서, 여러 집단들이 영향력, 권력, 자원을 두고 경쟁할 때 공동체의 갈등은 불가피하다. 최근 공동체의 권력 구조가 다원화되고 지방의 교육위원회가 소수의 권력 엘리트에 의해 좌우되는 경향이 약화되면서, 갈등의 가능성은 더 증가하는 추세이다(Bjork & Gurley, 2005, pp.173-177). 오늘날의 교육장은 점점 더 복잡해지는 정치적 상황을 감지하고, 방향을 잡을 줄 알아야 한다.

정치적 분별력은 교육장이 교육위원회와 일할 때 특히 중요하다. 위원회-교육장 간의 협력은 협동적 지도성과 맥을 같이한다. 교육구를 앞을 향해 움직이게 할 수 있는 권위는 체제 내의 다양한 원천으로부터 나온다. 그리고 오늘날의 교육장은 자신들을 이러한 체제를 움직일 수 있는 권한을 지닌 사람들, 즉 "교육장(superintendents)"으로 간주하기보다는 "교육장직(superintendency)" 즉 직원, 교육위원회, 공동체 구성원들과 함께 형성해야 하는 네트워크로 간주한다. Kelleher와 Van Der Bogert(2006)는 교육장들이 교육위원회와 팀을 이루는 데 좀 더 성공적이었던 사례를 기술하고 있다.

공유된 지배구조(shared governance)가 현실적으로 구현된 모습을 보면, 구호로서 주장된 가치와 달리, 상당히 어지럽고 복잡하다. 교육장들끼리 가장 자주 불평하는 것은 교육위원회의 행위이다. 교육장들이 좌절하게 되는 주된 이유는 주정부 법이나 교육구 정책에 규정된 교육위원회와 교육장의 역할 및 책임이 다르기 때문이다. 교육위원회와 별도로 교육장에게 부과된 책임 가운데 하나는 교육위원회와 학교 조직 간의 관계를 관리하는 것으로, 이는 갈등의 잠재 가능성을 내포하고 있다. 교육위원들은 자신의 감독 책임을 수행하기 위해 교사들이나 행정가들에게 접근하고자 한다. 교육장들은 교육위원들의 접근이 미시적 관리(micromanagement)로 전락하지 않도록 유의해야 한다. 이러한 역할 갈등의 와중에서 교육위원회-교육장 간의 신뢰는 항상 깨질 수 있는 가능성을 안고 있다. Hurley(2006)는 교사들과 소통하고 싶다는 생각에서 교육위원회가 별 악의 없이 이메일로 보낸 제안이 교육장과의 불화를 어떻게 일으킬 수 있는가를 묘사했다.

교육위원회-교육장의 긴장 관계는 직접 연결되어 있는데, 이는 새로운 현상은 아니며, 20세기 후반의 사회적 변화에 의해 더 강화되었다. 앞서 기술한 바와 같이, 교육장의 역할은 교육장이 학교를 운영해야 한다는 권력을 두고 교육위원회와 다투어 온 정치적 갈등을 통해 전개되어 왔다.

Elmore(2000)는 오늘날 교육위원회-교육장 간의 긴장 관계가 문화적, 역사적 사건에 뿌리 내리고 있다는 점에 동의한다. Madison의 *연방주의자의 문서(Federalist Papers)*를 인용하면서, Elmore는 "정부의 기관들은 상호간에 경쟁하는 당파적 이해관계를 행사하기 위해 존재하고, 이로 인하여 한 파벌이 나머지를 지배하는 독재를 방지한다"는 점을 상기시켰다(p.18). 경쟁적 당파, 권력 획득을 위한 경쟁 등은 "문화적, 제도적 구조 속으로 직접 연결되어 있다"(p.18).

고용자 노동조합, 특히 교사 노동조합은 정치적 긴장을 유발하는 또 다른 집단이다. 교육장과 노동조합과의 관계를 강한 어조로 표현한다면, 누가 교육적 결정을 내릴 것인가의 문제를 둘러싼 권력과 권위 다툼이라고 할 수 있다. 학교에서 단체교섭의 역사를 거슬러 보면, 노동조합과의 협상 주제는 봉급, 혜택, 기본 근무조건 등의 범위를 점차 벗어나서 교육과정, 교수법, 조직 등의 영역으로 확대되어 왔다. 이러한 권력투쟁은 양자의 관계를 적대적으로 만들기 마련이다. 그러나 교육장은 노동조합 지도자들을 마냥 적으로 대해서는 안 된다. 학교체제의 정치에서는 노동조합의 지원이나 최소한 묵인이 조만간 필요하게 될 것이기 때문이다. Johnson 등(2007)은 교육장이 노동조합 지도자들과 확고하고, 공정하며, 존중하는 관계를 형성하는 것이 필수불가결하다는 것을 발견하였다(p.185).

Blumberg의 연구는 교육장이 교사 노동조합과 건전하고 긍정적인 관계를 유지하는 것이 복잡하고 미묘하다는 것을 보여준다. 왜냐하면, 교육위원회가 교육장과 노동조합의 관계를 지켜보면서 판단을 내리고 있기 때문이다. 비전문가인 교육위원들은 본디 교육장들의 관리 특권을 질시하면서, Blumber가 지적했듯이, 전문적 행정가와 노동조합 소속 전문 교육자들 간에 "신성하지 못한 동맹" 관계가 설정되지나 않을까 의심의 눈초리를 보낸다(1985, p.98). 교육장은 이러한 교육위원회와 노동조합 사이에 있는 사람으로서 상호충돌하는 이해관계 균형을 유지해야 한다.

책무성 운동은 미국 각 주도와 워싱턴 DC 교사 노동조합의 정치적 권력을 약화시켰고, 이는 교육장이 노동조합과 더불어 일할 수 있도록 긍정적 영향을 미쳤다. 국가적, 그리고 주정부 수준에서 전통적으로 정책 형성에 실질적 영향력을 행사했던 2대 교사 노동조합은 미국교사연맹(American Federation of Teachers)과 전국교육협회(National Education Association)로서, 특히 조직화된 노동 운동의 필요성과 요구에 동조했던 민주당 정책에 영향을 미쳤다. 미국 내 정치적 보수주의가 성행하면서 노동조합들의 영향력과 권력도 대체적으로 쇠퇴하였다.

NCLB와 정책결정자들이 교사의 자질과 학교 개선 문제에 초점을 맞추게 되자, 봉급이나 근무조건의 개선과 같은 교사 노동조합의 주된 사안에 대한 지지도 약화되었다. 비록 NCLB가 지금까지 연방법 가운데 어떤 법보다도 교사들의 일상적 업무에 지대한 영향을 미쳤지만, 이 법이 두 개의 전국 수준의 교사 노동조합에 부과한 의무는 있다 하더라도 매우 미미하다.

교사 노동조합 지도자들은 이러한 변화에 대응하고 있다. Johnson 등(2007)이 미국 6개 주, 30개 지역 노조 지도자들을 조사한 결과에 따르면, 지도자들은 새로운 정치적 현실이 새로운 대응을 요구한다는 점을 인식하고 있었다. 이미 구식이 되어 버린 적대적 관계 대신 교육장 및 다른 행정가들과 함께 일하는 협동적 노력이 이루어지고 있다. Johnson에 따르면, 지역 노조 지도자들은 "학교 개선과 교사 인력의 질 개선이라는 맥락 안에서 봉급이나 근무조건의 개선을 논해야 한다는 것을 알고 있다"(Honawar, 2007에서 재인용).

정치가 교육장의 역할 속으로 깊이 침투해 있기 때문에, 발생하는 갈등 또한 교육장 개인보다는 직위와 관련된다. 즉, "영토(territory)와 관계되는 것이다"(Blumberg, 1985, p.1). 오늘날의 교육장은 자신들이 "결코 승리할 수 없는 직위(no-win positions)"를 맡고 있다고 생각하는데, 이는 교육장이 내리는 중요한 결정은 반드시 어떤 개인이나 집단을 소외시키거나 화나게 하기 때문이다. 전직 교육장이었던 Paul Houston은 2005년 미국학교행정가협회(AASA) 포럼에서 자신의 경험을 토대로 다음과 같이 말했다. "나는 얼굴이 두꺼워야만 했다. 나를 전혀 모르는 사람들마저도 항상 나에 대해 뭔가 나쁜 말을 하고 있었다"(AASA, 2005, p.8). 교육장직을 승리하기 어려운 직업으로 만드는 데 일조하는 요인 가운데 하나는 교육장이 선거를 통해 당선되는 정치가들과 달리, 자신들이 곤경에 처할 때 의지할 수 있는 정파적 집단이 없다는 것이다. 또한, 다음 선거가 있을 때까지는 자리에서 쉽게 해임시킬 수 없는 정치가들과 달리, 교육장들은 교육위원회의 결정에 따라 언제든지 면직될 수 있다.

교육장직에 관한 연구들은 정치적 지도성에 관한 중요한 단서를 제공한다. Johnson(1996)은 투명하고 명확한 교육 원리가 교육장의 정치적 결정을 안내해야 한다고 주장하였다. 그녀의 연구에서, 교육장의 정치적 지도성을 향한 비판은 정치적 어리석음이나 정치적 공허함이라는 두 가지 형태를 취한다. 다시 말하면, 보다 큰 교육적 목적을 위해서가 아니라 자신을 위해서 "정치적 놀이"를 하는 것이다(p.186).

교육장이 "두꺼운 얼굴"을 가져야 한다거나 개인적인 정치적 반대 입장을 취하지 말아야 한다는 조언과 같은 맥락에서 Blumberg는, 교육장은 그들의 영역에 관한 정치적 견해와 다소 분리된, 광범위하고 추상적인 견해를 가져야 한다고 제언했으며, 이러한 견해를 가짐으로써 교육장들은 다양한 세력, 파벌, 이익집단을 볼 수 있을 뿐만 아니라 이들이 어떻게 상호작용하고 영향을 미치는가를 이해할 수 있다고 하였다. 지성으로 무장한 관점을 가졌을 때에야 비로소 무질서하고 심지어는 혼돈상태에 빠져 있는 일련의 사건을 분별하고, 이를 통제할 수 있는 행동계획을 개발할 수 있다. 이러한 분리(detachment)야말로 때때로 정신 나간 것 같은 학교 세계에서 교육장이 제정신을 유지할 수 있는 방법이기도 하다.

미시정치(micropolitics)를 관리하는 일—다툼, 갈등 및 이를 학교체제 내에서 해결하는 일—외에도 교육장들은 주정부나 의회 등을 포함하는 거시정치적(macropolitical) 세계에 관여해야 한다. 왜냐하면 연방정부나 주정부 정책이 단위학교 내에서 발생하는 일에 지대한 영향을 미치기 때문이다. 이러한 책임으로 인하여 교육장들은 정책결정자들과 친분이 있어야 할 뿐만 아니라, 그들이 정책결정자들에게 적절한 영향을 미치기 위해서는 정책 개발에 대한 정보도 가져야 한다. "정치의 목적이 정책결정에 영향력을 행사하고자 한다는 점에서 정치와 정책결정은 밀접하게 연결되어 있다" (Bojork & Gurley, 2005, p.171).

요약하면, 정치와 갈등은 교육장의 역할에 깊이 침투해 있다. 효과적인 교육장이 되기 위해서는 교육구 특유의 정치적 맥락에 대응해야만 하고, 모든 정치적 관계자들, 특히 교육위원회 및 노동조합과 원만한 관계를 형성해야 한다. 교육장들은 학교 의사결정에서 권력을 행사하는 다양한 주체들과 동맹관계를 맺어야 하며, 효과적 타협안을 성사시키거나, 필요하다면 이를 강요하거나 양보할 줄도 알아야 한다(Johnson, 1996, p.153).

통제 및 자율성의 균형

오늘날 교육장들이 직면한 도전 가운데 하나는 조직의 역설적 상황을 관리하는 것이다. 이를 달리 말하면 조직의 문화와 풍토를 긍정적으로 다지는 한편, 양자를 또한 변화시켜야 한다는 것이다. 교육장들은 조직의 풍토와 문화를 존중하면서도 변화를 촉진하는 행위와 그러한 변화가 만들어 낼 불편함 사이에 놓인 "좁은 선에서 움직여야 한다" (Owen, 1998, p.6). 이러한 역설적 상황을 효과적으로 관리하기 위해서 교육장들은 교실로부터 멀리 떨어진 상태에서 이루어지는 통제적 결정과 교사 및 교장들이 수업과 밀착하여 내리는 자율적 결정 간에 균형을 유지해야 한다.

NCLB는 이러한 딜레마가 주는 긴장을 고조시켰다. 교육장들은 개인과 학교에 권한을 부여하고 그들이 효과적 학습 관련 결정을 내리도록 하는 역량을 함양하는 것이 확실한 장점이 될 수 있다는 전제하에, 학생의 학습을 향상시키기 위해서 모든 학년과 학습 수준을 통털어서 교육과정과 수업을 균형 있게 조정해야 한다. Waters와 Marzano(2006)는 교육장들이 "목적"은 중앙에서 통제하고, "수단"은 단위학교가 "제한된 자율성"의 범위 내에서 통제할 때 학생의 학습이 성공적으로 개선될 수 있음을 발견하였다. Johnson의 연구에서 대부분의 교육장들은 이러한 딜레마에 긴장이 존재함을 알고 있었다. 즉, 단위학교에 기반한 자율성 확대와 대중에 대한 책무성 확대라는 "두 개의 서로 다른 방향의 딜레마"가 있는 것이다(1996, p.246).

Elmore(2000) 역시 교육장이 체제 전체를 아우르는 개선을 이룩하는 데 필요한 통제와 교사 및 교장이 개선을 이룩하는 데 필요한 자율성 간에 균형을 맞추는 행위에 숙달되어야 한다고 했다. 그는 *통제(control)*라는 단어 자체가 문제가 있다고 말하였다. 왜냐하면, 통제자는 통제를 당하는 사람이 취해야 하는 행동에 대해 알고 있어야 한다는 것을 의미하기 때문이다. 그러나 수업 개선이 이루어지기 위해서는 반드시 수업을 전달하는 사람들이 어떤 행동을 취할지를 알고 있어야 한다. 이러한 현실이야말로 Elmore가 조직 전체에 지도성을 분산시키자고 주장한 주된 이유이다. 이 모형에서는 교육구 지도자들이 "공동 과제, 혹은 목표-수업 지도성"을 명확하게 하거나, 공동의 가치와 신념 등에 헌신하는 문화를 강화시킴으로써 방향을 제시하고 안내할 수 있다. 이 두 가지 분야에 걸친 교육장의 지도성은 시스템 전체를 일관되게 개선하는 데 필요한 조정 및 표준화를 달성시킬 수 있을 것이다.

학습자로서의 지도자

마지막 도전은, 아마도 교육장의 개성이나 인성에 대하여 가장 많은 것을 요구하는 것으로, 교육장의 학습 및 성장에 관계된다. NCLB 및 관련 정책들은 학교가 모든 학생들을 높은 성취 수준에 도달시키는 데 전념하도록 유도해 왔다. 그러한 목표에 도달하기 위해서는 학교 운영이 근본적으로, 그리고 장기적 관점에서 변화되어야 한다. Heifitz(2006)는 이러한 야심적인 목표를 적응적 도전이라고 묘사하였다—새로운 사고 및 이해를 요구하며, 학교의 과거 운영 방식으로부터 결별해야 할 뿐만 아니라 새로운 규범과 실천을 요구한다는 점에서. 매뉴얼이나 문서로 기록된 절차 등을 통해 해결책을 알 수 있는 기술적 도전과 달리, 적응적 도전은 알려지거나 검증된 해결책이 없으며, 따라서 새로 만들어져야 하고, 이때 상황과 사람이라는 색다른 변수를 고려해야만 한다(p.512).

이러한 적응적 도전에 맞서는 과정에서 갈등은 불가피하다. 기존 패러다임의 바깥에서 대답을 찾아야 하므로 현재의 가치 및 규범과 갈등을 일으키며, 따라서 불확실성, 혼동, 불안 등이 야기된다. 이러한 상황에서 교육장들은 적응적 변화로 인하여 위협을 받는 사람들의 저항과 반대를 흡수하는 피뢰침이 되어야 한다. 공격에 처할 경우, 정상적이고 반사적인 사람의 반응은 자기방어이다. 그러나 이러한 상황에서 교육장은 비난하거나 개인적 공격을 감행해서는 안 된다. 지지를 효과적으로 이끌어내기 위해서 교육장들은 개인적 공격이 권력을 지닌 사람에 대한 정상적이고 반사적인 대응이라는 점을 인식해야 한다. 비판을 인식하고, 이를 경청하며 건설적으로 대응해야 한다(Heifitz, 2006, p.512). Paul Houston은 교육장들이 자기방어적으로 되지 않도록 상담을 제공하면서 다음과 같이 말했다. "누군가 다른 사람이 더 좋은 아이디어를 가졌다고 생각할 만큼 정말 겸손한 자세를 가져야 한다" (AASA, 2005, p.7).

적응적 도전은 교육장들이 해결책을 알지 못하는 상황에 편안해질 수 있어야 한다는 점을 강조한다. 교육장들은 그들이 "대답보다는 질문을 가지고 사람들을 이끌 때" 보다 효과적일 수 있음을 이해해야 한다(Heifitz, 2006, p.512). Kallick(2006)은 자신이 알고 있는 가장 훌륭한 교육장들의 "마인드 습관" 에 대하여 묘사하면서, 경청, 융통성, 학습에 대한 개방성 등을 포함시켰다(pp.226-229). 한편, Jentz(2006)도 지도자가 혼동을 수용하고 포용해야 한다는 점에 대하여 이야기한다. 즉, 지도자들은 조직 문제에 부딪칠 때마다 종종 혼동을 느끼며, 이는 자신과 타인이 새로운 의문을 제기할 수 있는 에너지의 원천이 된다. 그 결과 보다 좋은 결정이 산출된다. Jentz는 또한 적응적 대응을 성공시키기 위해서는 무엇보다도 먼저 자신에 대한 학습과 변화가 필요하다고 주장하였다. 단순히 말하면, 교육장들은 그들이 취하고 있다고 생각하는 행동과 그들이 자신을 보상하기 위해 실제로 행동하고 학습하는 것 사이에는 괴리가 있다는 것을 알아야 한다(pp.230-238).

결론

21세기에 성공적인 교육장들은 교육 지도자, 정치가, 그리고 관리자라고 하는 세 가지 역할 모두에 있어서 높은 수행능력을 보여야 한다. 그러나 오늘날 교육장들의 수행능력이 뛰어나다는 것은 단지 효과성을 위한 "수단" — 전략, 기술, 과정 등 — 에만 능통하다는 것을 의미하지는 않는다. 이러한 효과적 지도성 및 관리라고 하는 도구를 "가치 있는 목적" 에 투여해야 한다(Murphy, 2002a p.xi).

교육장은 반드시 목적에 초점을 맞추어야 한다. 지도성이 무엇인가에만 초점을 맞추어서는 안 되고 지도성의 목적이 무엇인가에 초점을 맞추어야 한다는 말이다(Furman, 2003, Fusarelli & Fusarelli, 2005, p.198에서 재인용). 학교 행정 분야의 앞서가는 사상가들(Murphy, 2002a & b; Sergiovanni, 1989)은 이러한 목적

지향적 지도성에 대하여 설명하였다. 교육장의 포괄적 목적 가운데 첫째는 도덕적인 것이다. 모든 공동체 구성원이 사회 정의, 형평성 등과 같은 가치에 헌신할 수 있도록 하고, 학교의 실천, 활동, 결정이 이러한 도덕적, 윤리적 헌신을 반영하도록 하는 것이다. 두 번째 목적은 교육적인 것이다. 교수-학습에 관한 심오한 지식을 개발, 유지하고, 교수-학습의 개선에 지속적으로 관심을 가지며, 교사와 학생들이 성공할 수 있도록 방향을 제시하고 지원하는 것이다. 세 번째 목적은 공동체 형성이다. 교육장은 모든 학생과 직원이 학습 공동체를 형성할 수 있도록 도와야 한다. 그러나 그들은 공동체가 민주주의 사회에서 교육을 이끌어 온 가치에 헌신할 수 있도록 촉진하는 사회 행동가이면서 응용 사회과학자의 역할도 수행해야 한다(Fusarelli & Fusarelli, 2005). 공동체 형성자로서의 역할을 수행함에 있어서 교육장들은 다원화 사회를 특징짓는 문화적 차이를 넘나느는 기술을 익혀야 하고, 다른 사람들도 문화의 경계를 넘을 수 있도록 도와야 한다.

이와 같이 목적의식이 있는 역할을 수행함에 있어서 효과적인 21세기 교육장들은 관료제적 계층제의 정점에 서있는 분리된 인물이 되어서는 안 된다. 그들의 고객인 일반대중들과 거리를 두어서는 안 된다는 것이다. 또한 전문적 권위라는 망토에 갇혀 있어서도 안 된다. 오늘날 학교가 속해 있는 환경이 복잡하고 이상기류가 많기에, 교육장들은 조직의 연결 통로나 지역 연합 및 네트워크의 중심에, 즉 바깥의 바로 거기에 있어야 하며, 열심히 경청하고, 명확하고 설득력 있게 설명하며, 신속하게 대응하고, 동맹관계를 형성해야 한다. 교육장들이 수행하는 업무의 세 가지 차원－수업 지도자, 운영 관리자, 그리고 정치가－에 있어서 그들은 전문적 의사소통자와 정치적 전술가가 되어야 한다.

성공적인 학교체제 그 자체는 융통성 있는 조직이 되어야 한다. 그 안에서 지도자는 조직과 주변 환경－정부, 사회 기관, 학부모, 산업체 등－이 상호의존적이라는 것을 인식할 뿐만 아니라, 조직 내부의 상호의존성도 인식해야 한다. 이와 같이 유동적이고 역동적인 학교 세계에서 지도성의 권위는 교육장 등과 같이 직위를 점한 지도자들로부터 나오는 것이 아니라, 조직 전체에 분산되어 있을 것이다. 이와 같이 덜 위계적이고 더 비공식적인 조직 구조하에서, 적극적 문제 해결을 위한 협동에 가치가 부여되고 보상을 받게 될 것이다. 이와 같이 역동적 관계는 헌신과 목적의식을 강화시키는 에너지를 분출할 것이며, 궁극적으로 수업 개선을 지속적으로 일구어 낼 것이다(Johnson, 1996, p.275).

참고문헌

American Association of School Administrators. (2000). *The 2000 study of the American school superintendency.* Arlington, VA: Author.

American Association of School Administrators. (2005). *Leadershipfor change: National superintendent of the year forum.* Arlington, VA: Author.

American Association of School Administrators. (2006). *Leadershipfor change: National superintendent of the year forum.* Arlington, VA: Author.

American Association of School Administrators. (2007). *The state of the American school superintendency: A mid-decade study.* Arlington, VA: Author.

Bjork, L. (1999). Collaborative research on the superintendency. *AERA Research on the Superintendency SIG Bulletin, 2*(1), 1-4.

Bjork, L., Glass, T., & Brunner, C. (2005). Characteristics of American school superintendents. In L. Bjork & T. Kowalski (Eds.), *The contemporary superintendent.* Thousand Oaks, CA: Corwin Press.

Bjork, L., & Gurley, D. (2005). Superintendent as educational statesmen and political strategist. In L. Bjork & T. Kowalski (Eds.), *The contemporary superintendent.* Thousand Oaks, CA: Corwin Press.

Bjork, L., Keedy, J., & Gurley, D. (2003). Career patterns of American superintendents. *Journal of School Leadership, 13*(4), 406-427.

Blumberg, A. (1985). *The school superintendent: Living with conflict.* New York: Teachers College Press.

Browne-Ferrigno, T., & Glass, T. (2005). Superintendent as organizational manager. In L. Bjork & T. Kowalski (Eds.), *The contemporary superrntendent.* Thousand Oaks, CA: Corwin Press.

Brunner, C., Grogan, M., & Bjork, L. (2002). Shifts in the discourse defining the superintendency: Historical and current foundations of the position. In J. Murphy (Ed.), *The educational leadership challenge: Redefining leadership for the 21st century* (NSSE 101st Yearbook). Chicago: National Society for the Study of Education.

Burns, J. M. (1978). *Leadership.* New York: Harper & Row.

Callahan, R. (1962). *Education and the cult of efficiency.* Chicago: The University of Chicago Press.

Council of Great City Schools. (2006). *Urban school superintendents. Characteristics, tenure, and salary: Fifth survey and report.* Washington, DC: Author.

Cuban, L. (2004). *The blackboard and the bottom line.* Cambridge, MA: Harvard University Press.

Elmore, R. (2000). *Building a new structure for school leadership.* Washington, DC: The Albert Shanker Institute.

Fuller, H., Campbell, C., Celio, M. B., Immerwahr, J. H., and Winger, A. (2003). *An impossible job? The view from the urban superintendent's chair.* Seattle, WA: Center on Reinventing Public Education.

Furman, G., & Starratt, R. (2002). Leadership for democratic community in schools. In J. Murphy (Ed.), *The educational leadership challenge: Redefining leadership for the 21st century.* (NSSE 101st Yearbook). Chicago: National Society for the Study of Education.

Fusarelli, B., & Fusarelli, L. (2005). Reconceptualizing the superintendency: Superintendents as applied social scientists and social activists. In L. Bjork & T. Kowalski (Eds.), *The contemporary superintendent.* Thousand Oaks, CA: Corwin Press.

Goldring, E., & Greenfield, W. (2002). Understanding the evolving concept of leadership in education: Roles, expectations, and dilemmas. In J. Murphy (Ed.), *The educational leadership challenge: Redefining leadership for the 21st century.* (NSSE 101st Yearbook). Chicago: National Society for the Study of Education.

Gordon, E. (2004, July). *Closing the achievement gap.* Presentation to the 63rd Annual Superintendents Work Conference, Teachers College, Columbia University.

Heifitz, R. (2006). Educational leadership: Beyond a focus on instruction. *Phi Delta Kappan 87*(7), 512.

Hodgkinson, H., & Montenegro, X. (1999). *The U.S. school superintendent: The invisible CEO.* Washington, DC: The Institute for Educational Leadership.

Honawar, V. (2007). AFT no longer a major player in Reform Agenda. *Education Week*, January 31. Online:http://edweek.org/ew/articles/2007/01/31/2laft.h26.html.

Hurley, B. (2006). Learning on the job: The education of a school board president in shared leadership. In P. Kelleher & R. Van Der Bogert (Eds.), *Voices for democracy: Struggles and celebrations of transformational leaders* (NSSE 105th Yearbook). Chicago: National Society for the Study of Education.

Jentz, B. (2006). Making our own minds the object of our learning: Three reasons to seek self-knowledge. In P. Kelleher & R. Van Der Bogert (Eds.), *Voices for democracy: Struggles and celebrations of transformational leaders* (NSSE 105th Yearbook). Chicago: National Society for the Study of Education.

Johnson, S. (1996). *Leading to change: The challenge of the new superintendency.* San Francisco: Jossey-Bass.

Johnson, S., Morgaen, L., Munger, M., Papay, J., & Qazilbash, E. (2007). *Leading the local: Teacher union presidents speak out on change, challenges.* Washington, DC: Education Sector.

Kallick, B. (2006). Constructivist superintendents. In P. Kelleher & R. Van Der Bogert (Eds.), *Voices for democracy: Struggles and celebrations of transformational leaders* (NSSE 105th Yearbook). Chicago: National Society for the Study of Education.

Kelleher, P., & Van Der Bogert, R. (2006). The landscape of the superintendency: From despair to hope. In P. Kelleher & R. Van Der Bogert (Eds.), *Voices for democracy: Struggles and celebrations of transformational leaders* (NSSE 105th

Yearbook). Chicago: National Society for the Study of Education.

Kowalski, T. J. (2005). Evolution of the school district superintendent position. In L. Bjork & T. Kowalski (Eds.), *The contemporary superintendent.* Thousand Oaks, CA: Corwin Press.

March, J. G. (1978). American public school administration: A short analysis. *School Review, 86*(2), 217-250.

Murphy, J. (Ed.). (2002a). Editors preface. *The educational leadership challenge: Redefining leadership for the 21st century* (NSSE 101st Yearbook). Chicago: National Society for the Study of Education.

Murphy, J. (2002b). Reculturing the profession of educational leadership: New blueprints. In J. Murphy (Ed.), *The educational leadership challenge: Redefining leadership for the 21st century* (NSSE 101st Yearbook). Chicago: National Society for the Study of Education.

Murphy, J. T. (2006). An interview with Henry Mintzberg. *Phi Delta Kappan, 87*(7), 527-528.

Orfield, G. (2004, July). *Closing the achievement gap.* Presentation to the 63rd Annual Superintendents Work Conference, Teachers College, Columbia University.

Owen, J. (1998). *The roles of the superintendent in creating a community climate for educational improvement.* Paper presented at the Annual Conference of the American Educational Research Association, San Diego, CA.

Patterson, J., & Kelleher, P. (2005). *Resilient school leaders: Strategies for turning adversity into achievement.* Alexandria, VA: Association for Supervision and Curriculum Development.

Petersen, G., & Barnett, B. (2005). The superintendent as instructional leader: Current practice, future conceptualizations, and implications for preparation. In L. Bjork & T. Kowalski (Eds.), *The contemporary superintendent.* Thousand Oaks, CA: Corwin Press.

Public Agenda. (2001). *Trying to stay ahead of the game.* New York: Author.

Public Agenda. (2006). *Reality check 2006: The insiders: How principals and superintendents see public education today* (Issue 4). New York: Public Agenda.

Rank, M. R. (2004). *One nation underprivileged: Why American poverty affects us all.* New York: Oxford University Press.

Rothstein, R. (2004). *Class and schools: Using social, economic, and educational reform to close the black-white achievement gap.* New York: Teachers College Economic Policy Institute.

Sergiovanni, T. J. (1989). Value-driven schools: The amoeba theory. In H. J. Walberg & J. J. Lane (Eds.), *Organizing for learning: Toward the 21st century* (pp. 31-40). Reston, VA: National Association of Secondary School Principals.

Skrla, L. (1998). *The social construction of gender in the superintendency.* Paper presented at the Annual Conference of the American Educational Research Association, San Diego, CA.

Skrla, L. (1999). *Femininity/masculinity: Hegemonic normalizations in the public school superintendency.* Paper presented at the Annual Conference of the American Educational Research Association, Montreal, Quebec.

Smylie, M. (2006, April). *Research on superintendents and the superintendency: Comments on* Voices for democracy: Struggles and celebrations of transformational leaders. Paper presented at the meeting of the American Educational Research Association, San Francisco.

Tyack, D., & Hansot, E. (1982). *Managers of virtue: Public school leadership in America.* New York: Basic Books.

Waters, J. T., & Marzano, R. (2006). *School district leadership that works: The effect of superintendent leadership on student achievement.* Working paper. Denver, CO: McRel.

제4부

교육 지배구조의 개요

제11장

정치체제로서의 학교

정치체제로서의 학교를 소개하는 이 장은 미국에서 교육, 정치, 그리고 권력의 실재를 설명하는 데 도움이 될 복잡하게 뒤얽혀 있는 몇 가지 이론적 개념을 제시한다. 첫째, 공교육이 비정치적일 수 있으며—또 비정치적이어야 한다—는 신화를 논의한다. 다음으로, *체제 충격*의 개념을 설명한다. 그 후에 *결정권* 개념을 분석할 것이다. 그 다음에 정치, 지배구조, 그리고 정책의 차이를 구분할 것이다. 마지막으로 정책결정 과정에 관한 모델을 제시할 것이다. 이 장에서 제시한 개념들은 교육 현상을 기술하기 위해 사용되었지만, 대부분의 대규모 사회체제에도 적용될 수 있을 것이다. 다음 네 개의 장에서는 지방, 주, 국가 수준에서 오늘날 미국 교육의 주요 특징을 설명하기 위해 이러한 개념들을 활용할 것이다.

정치와 교육은 별개라는 신화

이 장의 전반적인 주제는 일부 독자들에게는 충격적일지도 모른다. 1900년대 초 이래, 교육계에서는 때로 *학교교육의 비정치적 신화(apolitical myth of schooling)*로 불리는 오래된 신화가 널리 받아들여졌다. 신화란 신중하고 합리적으로 그 타당성을 평가하지 않고서 많은 사람들이 믿는 것은 진실이라고 생각하는 잘못된 관념이다. 학교교육의 비정치적 신화에 의하면 공립학교와 정치는 엄격하게 분리되어야 하며 양자를 결합시키는 것은 잘못이다. 교육적 결정은 언제나 어떤 형태의 정치에도 호소하지 않고 이루어져야 한다. 학교와 학교에 재직하는 사람들 그리고 학교를 운영하는 사람들은 순수하고 정치의 악에 때 묻지 않아야 한다.

신화의 근원

이 신화의 핵심에는, 전문 교육자와 일반 대중이 다 같이 공유하는, 공교육은 본질적으로 *비정치*적이라는 신념이 있다. "장기적인 비전을 가르치기 위한 공화당 방식 또는 민주당 방식이 있는 것은 아니다"라는 농담이 한때 있었다. 교육자들이 이 신화를 오랫동안 진실로 받아들이고 있는 데에는 아마도 두 가지 이유가 있을 것이다. 첫째, 교육자들은 자신들이 보통 정치나 정치인을 좋아하지 않듯이, 그들이 정치적으로 보인다면 대중이 그들을 불신할 것을 두려워한다. 둘째, 신화는 학교를 지원하기 위한 과세와 지출에 관한 문제를 포함하여 다양한 학교 쟁점에 대해 교육자들은 중립적일 것이라고 가정한다. 교육자들을 중립적이라고 보는 이러한 대중의 인식은 교육자들이 자신의 이익이나 관심사를 추구할 것이라고 대중이 의심하지 않음을 의미한다.

이 신화는 진보주의 운동 이념의 일부로서 20세기 초에 비롯되었다(Berkman & Plutzer, 2005). 20세기 초는 조직정치와 정당 당수, 부정 계약 그리고 후원회 같은 다양한 정치 문제가 두드러진 시기이다. 그 당시에서는 행정가, 교사 또는 심지어 학교 수위도 그 자리에 가장 적합한 자질을 갖추어서가 아니라 그들이나 그들 가족이 지난 시의회나 교육위원회 선거에서 승리한 후보자를 지원했기 때문에 고용되었다. 보통 새로운 다수파가 교육위원회를 점거하면 교육자들이 대거 해고되고 그 자리에 새로운 사람들이 고용되었다. 학생들에게 무엇이 최선인가는 고려사항이 아니었다.

진보주의자들은 "정치를 제거함으로써" 학교 정치를 포함하여 지방 정치를 개혁하고자 하였으며, 보다 작은 교육위원회, 비당파적 학교위원 선거, 대선거구제와 같은 개혁을 옹호함으로써 이를 실현하고자 하였다(Berkman & Plutzer, 2005). 게다가 그들은 미래 교사와 행정가들에게 더 엄격한 자격을 요구함으로써 교육을 보다 전문적인 직업 분야로 만들고자 하였다. 당연히 교직에 있던 많은 사람들은 후원체제와 거리를 두게 되었고, 정직, 효율성, 질 등 그때까지 공교육을 지배해왔던 집단들에게 결핍되어 있던 가치에 기꺼이 헌신하였다. 사범대학 학장, 대학 총장, 그리고 기타 다른 이들은 미국 전역에 새로운 학교체제, 즉 "폐쇄적이고", "비정치적인" 체제를 만들고자 하였다(Iannacone, 1967). 그들의 이상적인 교육모델은 합리성과 전문주의에 기초를 둔 과학적인 모델이었고 정치적이지 않았다. 그들은 젊은이들을 가르치는 것은 무능력한 정당 지도자들에게 맡겨두기에는 너무나 중요한 일이므로 중립적이고 전문적인 교육자들에게 위탁해야 한다고 주장하였다.

이 모델의 옹호자들은 19세기 후반 대도시의 분권화된 학교체제와 대조적인 새로운 유형의 중앙집권적인 학교 조직을 도입하였다. 이 새로운 체제의 지도자는 도시 전역의 교육위원회에 의해 고용되고 계약을 맺은 교육장들이며, 이들은 교육학 분야에서 새로 개발되었거나 다른 지역의 명망 있는 교육장들이 채택한 개혁을 추진함으로써 전문 기술을 확고히 다졌다. 물론, 이 모델은 진보주의가 만든 것은 아니고 당시의 대기업에서 차용한 것으로, 이런 기업은 전형적으로 회장(교육장), 이사회(교육위원회), 공장 매니저(교장), 노동자(교사)들로 구성된다. 정당 정치는 효율성과 품질을 높이 평가하는 기업 조직에서는 아무런 역할을 하지 못하였다. (물론 기업은 내적인 조직 정치로 특징지을 수 있고 또 현재도 그렇지만, 진보주의자들은 이러한 불편한 사실을 간과하였다.) 진보주의자들은 기업 조직을 매우 찬양하였으며 이를 공립학교에 활용함으로써 부패, 부정직, 그리고 정실주의를 제거할 수 있을 것이라고 생각하였다.

왜 진보주의가 교육을 개혁하고자 하였으며 19세기 후반 미국 학교체제의 특징인 과도한 후원회제를 폐지하고자 하였는가를 이해하는 것은 매우 쉬운 일이다. 어느 누구도 그 시기로 그리고 그 시기의 많은 병폐로 돌아가기를 희망하지는 않을 것이다. 그럼에도 불구하고, 그들은 새로운 체제가 "비정치적"이라고 생각했다는 점에서 잘못이었다. 결국, 그들의 기업 모델은 이전 모델과 마찬가지로 통세의 한 형태였다. 사실, 이는 매우 효과적인 통제 메커니즘이었다. 왜냐하면 교사, 학부모, 그리고 시민들이 학교에 영향을 미치는 것을 매우 어렵게 만듦으로써 "과학적인" 것으로 생각되는 구조 속에 권력을 숨겼기 때문이다. 요컨대, 이는 "비정치적인" 또는 "중립적인" 체제로 가장된 매우 "정치적인" 체제였다. 그 정책에 반대했던 사람들 즉 학교 내 인종차별금지를 원했던 흑인 학부모나 단체협상을 희망했던 교사들은 공립학교가 매우 정치적이라는 것을 재빨리 학습하였다. 또한 그들은 특히 정치적 압력에 대응할 수 없다는 것을 학습하였다.

신화에 대한 도전

그럼에도 불구하고, 20세기의 마지막 20년 동안에는 전문가들이 지지하던 관점과는 다른 학교교육에 대한 상이한 관점을 가진 새로운 집단들이 등장하였다. 게다가 그들은 종종 전문적 결정에 도전하는 것을 주저하지 않았다(Spring, 2005). 그로 인한 혼란 속에서, 새로운 집단은 지방 수준에서는 국민투표나 위원회 선거, 주정부와 연방정부 수준에서는 개혁 입법을 위한 로비활동을 통해서 용감하게 나섰다. 경우에 따라서는 소송도 제기하였다. 이러한 새로운 세력은 서로 연합하여 다음 절에서 논의할 "체제 충격" 현상을 야기하였다. 과거에는 교육장이 자애로운 독재자로 간주되었고, 교육자들이 독단적으로 학교 교육과정을 규정해온 반면, 이제 그들은 그들의 권위와 전문성이 도전받는다는 것을 알게 되었다. 전문 교육자들은 예전에는 같은 입장이었지만 서로 의견을 달리하는 교사, 교장, 그리고 교육장 조직으로 나누어졌다. 이 집단 중 일부는 심지어 새로 제안된 개혁안을 지지하였으며, 다른 교육 집단들의 분노를 샀다. 그 결과, 공교육은 과거보다 훨씬 더 *공공연하게* 정치적이 되었다. 그러나 공교육은 항상 정치적이었다. 왜냐하면 공교육은 늘 권력을 행사하였고 공공 재정에 의존했기 때문이다. 공교육은 중립성을 가장함으로써 그 정치적 성격을 숨겼을 뿐이다.

체제 충격

학교체제의 전 수준에서, 오늘날 한 가지 중요한 현실은 어려운 도전들이 현존한다는 점이다(Boyd, 2003; Carter & Cunningham, 1997; Cuban & Usdan, 2003). 많은 비판자들은 공립학교가 완전히 실패했다고 비판하였다. 그 결과, 미국 공교육은 얼마 전까지만 해도 젊은이들을 교육하는 적절한 기능을 하는 성공적인 체제로 간주되었으나, 현재는 충격을 겪고 있다. 그 당시에 학교들은 *체제 안정성(system regularity)*을 유지하였다.

체제 안정성

모든 체제는 일상적으로 반복되는 일과 중요한 가치에 관한 정상적인 행동방식 및 사고방식으로 구성된다. 일상적으로 반복되는 이러한 일은 중요한 목적이 있다. 즉, 체제에 봉사하는 사람들을 위해 다음 몇 가지 목적과 체제가 구현하고자 하는 가치를 높이는 것이다.

1. 체제의 규범(즉, 체제의 가치와 바람직한 성과)을 보여주기. 이는 체제의 활동에서 명백하게 드러난다.
2. 새로운 구성원을 체제의 규범에 사회화시키기
3. 체제의 과제 수행에 활용할 세세한 행동을 명시하기
4. 모든 체제 구성원들에게 안정성과 연계된 심리석 안정감 제공하기

체제의 통상적인 일상을 보여주는 구체적인 예는 전문가의 수업, 수업계획과 같은 익히 잘 아는 요소들이다. 예비교사들은 어떻게 수업을 계획하는가를 배우는 데 많은 시간을 보낸다. 나중에 교사가 되었을 때는 이를 발전시키는 데 많은 시간을 보낸다. 수업계획의 목적은 교사들이 정확한 학습 목표에 집중하고 수업 자원을 연계시키게 하는 것이다. 잘 개발된 수업계획이 있으면 교사는 교실수업에서 활용할 든든한 안내자를 갖게 되고 자신이 학교체제의 목적을 충족시키고 있다는 만족감을 얻는다. 게다가 이러한 수업계획은 교장이 학교체제의 목표가 얼마나 잘 충족되고 있는가를 알 수 있는 손쉬운 방법이다. 교사들이 교장에게 수업계획을 의무적으로 제출하면 교육장은 학급이라는 참호 속에서 모든 것이 잘 되고 있다는 느낌을 갖게 된다. 수업계획은 체제가 정상적이고 예측가능하다는 안도감을 준다.

체제 안정성의 붕괴

반대로, "체제 충격"은 잘 수립되어 있는 통상적인 일상을 외부 사건이 붕괴시킬 때 발생한다. 이러한 혼란은 대개 체제 밖에서 일어나며, 가령 전쟁, 경기침체, 또는 정부정책에 대한 광범위한 불만족과 같은 사회의 주요 스트레스가 원인이 된다. 이러한 스트레스의 핵심에는 인간의 필요와 욕구 간의 불균형이 있다. 그러나 필요와 욕구 양자를 충족하기 위해 활용할 수 있는 자원은 언제나 제한되어 있으며, 따라서 누가 무엇을 체제로부터 얻을 것인가 그리고 언제, 어떻게 그것을 얻을 것인가에 대한 갈등이 생긴다. 이러한 불균형은 일반 시민들과 사회제도에 상

당한 스트레스를 야기시킨다. 그러한 스트레스를 받는 체제는 (기존 정책에 불만족하는 사람들에 의해) 체제의 기본적인 일상, 사실상 체제의 근본 가치가 도전을 받는다. 그 결과, 체제 내에 있는 사람들은 새로운 가치와 일상을 택해야 하고 새로운 프로그램을 개발하기 위해 그것들을 활용해야 할 것이다.

체제 충격의 주요 역사적 사례는 1954년 미국 연방대법원의 *브라운 대 켄자스주 토페카 교육위원회* 결정 이후 미국 학교의 인종차별금지에서 볼 수 있다. 이 결정은 수십 년간 유지되어 온 인종적으로 분리된 학교체제를 뒤집었으며 지역사회와 학교 관료들을 매우 당황하게 만들었다. 그 이후 20년간 그들은 연방 재정을 받으려면 새로운 운영 방식을 배워야만 했다. 시간이 지나면서 미국 공교육의 많은 측면이 변화되었으며, 학교에서는 새로운 관습과 사고방식이 보편화되었다(Alexander & Alexander, 2001).

체제 충격에 의해 야기된 새로운 의제는 체제가 추구할 가치를 새로 정의하거나 그것을 재정리하는 것이다. 이러한 변화와 함께 체제의 목적을 재규정하기 위한 새로운 일상이 개발된다. 이러한 재정리 과정은 수십 년이 소요될 수 있기 때문에 갑작스럽게 일어나지는 않는다. 체제 구성원들은 시간이 지나면서 그들이 이전에 반대했던 새로운 가치와 행동을 정상으로 받아들이게 된다.

예를 들어, 인종차별금지로 인해 많은 주들이 미국 역사에서 흑인들의 역할을 포함하는 새로운 교육과정을 채택하게 되었다. 지방 교육위원회는 흑인 교사와 행정가들을 더 많이 고용하기 시작하였다. 이러한 변화의 일부로 상당한 정서적 갈등이 생겼는데 이는 인종과 지역공동체 문제에 대해 구체제와 신체제가 상이한 아이디어를 반영하고 있기 때문이었다. 일부 인종차별금지를 반대하는 사람들은 사립 또는 "인종차별(deseg)" 학교로 가려고 공립학교를 떠나기도 했다. 그러나 대부분의 사람들은 이러한 변화에 적응하였다.

미국 교육과 이들 개념의 관련성

미국의 학교들은 학교 발달의 전 역사에서 체제 충격을 경험해왔다. 19세기에 무상 공교육에 관한 Horace Mann의 새로운 아이디어는 20세기에 직업 프로그램 편성이 초래한 것과 유사한 체제 충격을 가져왔다(Spring, 2005). 최근에는 2001년의 아동낙오방지법(No Child Left Behind Act)이 연방정부 재정지원을 받으려는 주정부에 대해 강도 높은 책무성 평가체제를 요구함으로써 많은 교육자들에게 커다란 충격을 주었다. 다음 장에서는 지방, 주, 연방정부 수준에서 학교체제의 체제 충격 사례들을 상세하게 기술할 것이다.

결정권

학교 연구에서 또 다른 중요한 개념은 권력, 특히 결정권이다. 권력의 중요성은 두 가지 일반적인 질문으로 설명할 수 있다.

1. *예산을 줄일 때 왜 음악교육과정은 대체로 가장 먼저 감소되는가?* 음악 교사들은 방법론을 지도한 경험이 있고, 음악 학습은 학생들의 삶에 보탬이 됨에도 불구하고 음악 프로그램은 축소된다. 그 이유는 일반적으로 음악 교사들이 자신들의 프로그램에 대한 지역사회의 지원을 얻는 데 취약하다는 점에 있다. 하나의 예외는 운동부 밴드이다. 음악 교사에 대한 대중의 지지가 약하거나 그들의 권력 부족으로 프로그램이 축소되는 것이다.

2. *왜 운동부 코치들은 다른 교사들보다 더 쉽게 교장이 되는가?* 지역 언론과 마찬가지로 지역사회 구성원들은 고등학교 축구부를 쫓아다니기 때문에, 축구 코치를 하게 되면 실질적으로 지역사회와 많이 접촉하게 된다. 그러므로 코치는, 특히 성공적인 코치라면 지역사회에서 유명하고 존경을 받는다. 인지도와 대중의 지지는 그들에게 권력을 부여한다. 그 결과, 교육위원회가 새로운 교장을 찾을 때, 위원들은 지역사회에서 이미 강력한 지지기반을 가지고 있는 코치들을 즉시 생각하게 된다. 코치와 같은 지지도나 인지도가 없는 교사들은 흔히 간과된다.

지역사회의 지원은 정치적 권력의 주요 원천이다. 권력은 복잡한 개념이며 권력의 다양한 측면은 다음 장에서 기술할 것이다. 그러나 교육정책을 포함한 공공정책은 대중의 지지와 연계되어 있다는 것을 이해하는 것이 중요하다(Fowler, 2004). 물론, 대중이 한 가지 사고방식을 가지고 있는 것은 아니다. 시민들은 교육의 목적 그리고 얼마나 많은 돈을 교육에 사용해야 할 것인가에 대해 서로 의견이 다르다. 그러한 쟁점에 대한 갈등은 정치적으로 해결된다.

의사결정의 지배

여러 가지 교육적 가치 중 어떤 가치가 지배적이어야 하는가에 대해 견해 차이가 있기 때문에 갈등은 교육 정치학의 자연스러운 일부이다. 갈등은 대개 권력을 가진 집단과 그 집단의 관점을 부과하는 데 필요한 자원을 가진 집단의 가치를 반영하는 정책의 채택으로 해결된다. 20세기 내내 학교 전문가들 특히 행정가들은 교육 정책을 공유하는 주요 집단이었다. 미국 교육의 역사는 사범대학에서 훈련받은 행정가들이 가장 모범이 될 만한 학교교육의 실제를 정의할 권위를 갖고 있었음을 분명하게 보여준다(Tyack, 1974). 물론, 공식적으로는 주 의회뿐만 아니라 주와 지방 수준의 교육위원회가 주요 결정을 하지만, 대부분의 경우 그들은 전문가들이 권고한 결정을 지지하였다. 지방에서, 학부모들은 전문가 지배를 지지함으로써 전문가들이 하는 일을 수용하는 경향이 있다. 더욱이 주정부와 연방정부는 그들 권한의 대부분을 지방 교육청에 위임하였으며 이는 지방 행정가들의 지배를 더 강화하였다. 20세기의 상당한 기간 동안 지방 교육장이 학교 통제에 대한 책임을 졌다. 대부분의 시민들은 교육장을 교육과정과 기타 학교 정책을 결정하는 매우 유능한 공직자로 보았다(Tyack, 1974).

그러나 지난 40년간 행정가의 지배에 도전하기 위해 다른 집단들이 등장하였다. 한편으로는 예를 들어 교사 노조, 소수민족 집단, 학부모 조직 등이 생겨났다. 주정부와 연방정부 또한 지방 관료들에게 도전하면서 교육에 대해 더 많은 권위를 행사하기 시작하였다. 이러한 변화는 오랫동안 교육정치학에서 상대적으로 중요하지 않았던 법원과 입법기관의 활동 분야를 확대하였다. 각 집단은 각각의 의제를 가지고 있다. 그래서 그들은 광범위한 교육과정 개혁, 조직 개혁, 지배구조 개혁과 재정 개혁을 요구하였다. 그 결과는, 서로 다른 집단의 의제를 실현하기 위해 만들어진 혼란스럽고 때로는 모순된 새로운 정책들이었다. 이와 같은 변화의 기저에는 일반대중의 공립학교에 대한 불만이 있었다.

이러한 도전은 1950년대부터 급격하고 지속적으로 제기되었다. 첫째, 대중은 "왜 Johnny가 읽을 수 없는가"에 대해 우려하였다. 다음으로는 학내 인종차별금지 문제였다. 1980년대의 개혁가들은 기초 기술을 더 강조하였다. 1990년대에는 바우처와 현장학교를 부르짖었다. 그리고 2000년대에는 부분적으로는 NCLB 때문에 각 주들은 기준 중심 책무성 체제를 채택하였다.

정책결정에서 갈등 해결

새로운 쟁점들이 많은 모순된 정책을 포함하고 있음은 당연하다. 예를 들어, 교사 노조의 보수 인상 요구는 세금을 낮게 유지하려는 지방 교육위원회의 희망과 갈등한다. 그러므로 갈등을 해결하기 위한 방법을 찾을 필요가 있다. 학교 정책에 관한 갈등을 해결하기 위해 어떤 방법을 사용할 것인가? 19세기에는 그러한 갈등이 일반적으로 학교교육에 관한 제한된 사고방식을 가진, 주로 남자 농부들로 구성된 지방 교육위원회에 의해서 해결되었다. 20세기의 첫 2/3 시기에는 교육장과 다른 행정가들이 주요 결정을 내렸다(Tyack, 1974). 이러한 갈등 해결 방법은 미국 민주주의의 기본가치를 반영하고 있다. 즉, 자원이나 가치의 분배를 수반하는 의사결정은 선출된 관리 또는 임명된 관리가 해야 한다는 것이다.

이와 대조적으로, 오늘날 많은 이해당사자들은 공립학교에 다양한 가치를 도입하고자 하며 이는 정책결정에서 "격변" 상황을 만든다(Wirt & Kirst, 2001). 행정가와 교육위원회는 공립학교에 대해 매우 다른 것을 기대하는 다양한 개인과 집단들을 만난다. 오늘날 교육장은 학교체제에 대한 지역사회의 태도를 형성하는 등 많은 시간을 일반대중과의 관계에 사용해야 한다. 교육장의 직무는 단순한 의사결정에서 주정부 기관뿐 아니라 다양한 지방 단체의 지원을 구하는 일로 변화하였다(Wong & Nicotera, 2007). 행정가는 학교 정책의 실행 가능성을 찾기 위해 노력해야 한다. 이러한 유형의 직무는 단순한 의사결정보다 스트레스가 더 많은 것이 당연하며, 그 결과 스트레스 수준이 낮았다면 더 했을지도 모를 만큼 교육장직을 계속하지 않는다. 1990년대 말에는 특히 대도시 교육장의 높은 이직률이 대도시 교육의 주요 문제로 논의되었다. 다른 지방 교육청에서는 교육장의 이직이 심각한 문제는 아니었지만 그러한 지역에서도 과거보다 교육장의 스트레스가 더 많아졌다.

이러한 모든 변화의 결과로, 새로운 행정가의 역할은 그야말로 정치가로서 행동하는 것이다. 전통적인 정치가와 마찬가지로 학교행정가들은 교육정책에 관한 서로 다른 관점을 직시하고 다른 집단들 사이에서 타협점을 찾아야 한다. 그러나 실행 가능한 타협점을 찾는 것이 언제나 쉬운 일은 아니다.

오늘날 교육 지도자의 이중 역할

체제 충격과 공교육에서의 정치문제는 학교 지도자들에게 상당한 갈등을 야기할 수 있다. 예를 들어, 주 의회는 학교에서의 진화론 수업을 포함한 과학 교육의 기준을 승인하였지만, 많은 지역에서 종교 단체들이 이에 반대하기 위해 정치조직화되었다. 이러한 모순은 학교행정가들을 딜레마 상황에 처하게 한다. 한편으로 행정가들은 전문적인 기준과 교과 단체가 내놓은 지침 등 양자 모두에 맞는 학교 체제를 운영하기를 원한다. 다른 한편으로 행정가들은 지역사회의 지지를 얻고 유지할 필요가 있다. 요컨대, 오늘날의 교사와 행정가들은 교육자로서 그리고 정치가로서 생각하고 행동해야 한다. 이러한 두 가지 역할을 결합하는 것이 언제나 쉬운 것은 아니다.

정치, 지배구조, 그리고 정책

이 책의 앞부분에서 지적하였듯이, 공립학교는 점차 정책결정의 모든 단계에서 정치에 의해 지배되고 있다. 제헌 헌법과 권리장전이 교육에 대해 언급하고 있지는 않지만, 교육에 관한 권한은 수정 헌법 제10조에 따라 주정부가 갖는다. 그러나 주정부는 무상 공립학교가 널리 설립되기 시작한 19세기 중반까지는 학교교육에서 미미한 역할을 하였다. 다음 세기 동안 주정부는 주의 감독을 거의 받지 않는 지방교육청이 학교법을 집행하도록 하면서, 교육 프로그램의 전반적인 틀을 결정하는 것으로 만족하였다. 그러나 20세기의 마지막 절반에는 주와 연방정부 모두 교육에 대한 권력 행사를 확대하기 시작하였다. 제12, 13, 14장은 오늘날 행해지고 있는 정부 각 수준의 역할에 대해 상세하게 다룰 것이다. 이 장에서는 전반적인 개념을 제시할 것이다.

그러나 먼저, 이 섹션의 전반에서 사용되는 세 가지 주요 용어 즉, *정치*, *지배구조*, 그리고 *정책*을 정의하는 것이 유용할 것이다. *정치*라는 용어는 가치와 목표가 서로 다른 집단들이 공공 정책에 영향을 미치고자 할 때 발생하는 사회적 갈등을 말한다(Wirt & Kirst, 2001). *지배구조*라는 용어는 정치적 갈등을 해결하는 합법적이고 체계적인 방법을 제공하기 위해 확립된 법적 메커니즘을 말한다(Hill, 2003). *정책*은 정부의 "권위 있는 지위를 가지고 있거나 이에 영향을 미치는 사람이 행하는 실질적인 결정, 헌신, 그리고 행동인데 왜냐하면 이는 다양한 이해당사자들에 의해 해석되기 때문이다." (Bryson & Crosby, 1992, p.61). 이러한 세 가지 개념들이 어떻게 상호 연계되는가를 분명하게 보여주는 한 가지 예가 있다. 한 지역사회에서 고등학교 생물 시간에 진화론을 가르쳐야 하는가에 관한 정치적 갈등이 격렬하게 일어났다. 이 갈등은 주 헌법과 주 법률로 수립된 지배구조 체제에 의해 해결될 것이다. 달리 말하면, 주 의회, 법원, 또는 교육위원회에 의해 해결될 것이다. 예를 들어 주 법원에 의해서 갈등이 해결되었다고 하자. 주 법원은 생물 수업에서 진화론이 어떻게 다루어져야 하는지를 명확하게 설명하는 결정을 내린다. 이 결정은 교육장이나 교장과 같은 학교 지도자들이 결정을 집행하는 방법일 뿐 아니라 갈등을 해결하기 위해 채택된 *정책*이 된다. 공립학교행정가들은 교육위원회에서 임명한 공무원이기 때문에 지배구조 체제의 일부라는 점에 주의해야 한다. 그러므로 그들은 어쩔 수 없이 정치적 갈등을 해결하면 새로운 정책을 집행해야 하는 위치에 있다.

우리는 거대한 변화의 시대에 살고 있기 때문에, 학교 지도자들은 과거보다 더 자주 정치적 갈등에 처하게 된다. 예를 들어, 미국의 소수인종 구성이 급격하게 변하고 있다. 1995년에 Hodgkinson은 2010년이 되면 흑인과 남미계 인구가 규모에서는 같아질 것이라고 미국 인구조사국이 추정하였음을 발표하였다. 그는 또한 2025년이 되면 미국 청년층의 반 정도만 백인일 것이며, 2050년이 되면 백인은 여러 인종 가운데 소수인종의 하나가 될 뿐이라고 예측하였다(Hodgkinson, 1995). 2000년의 인구조사와 다른 최근의 인구조사는 그의 예측을 뒷받침하고 있다. 2001년까지 남미계 인구는 36,972,000명인 반면 흑인 인구는 조금 적은 36,247,000명이었다. 남미계 인구가 확대되는 방향으로 격차는 커지고 있다(U.S.Census Bureau, 2002). 최근의 인구자료 분석에서, Cortez는 "미국 학교에서 남미계 학생수가 지난 10년에 비해 두 배가 되었다. 9백만 명 이상의 남미계 아동들이 학령 아동이다. 공립학교에 다니는 아동 여섯 명 중 한 명은 남미계열이다" (Cortez, 2003, p.2)라고 결론지었다. 이러한 변화는 이미 다른 집단들 간에 학교 정책에 관한 정치적 갈등의 원인이 되고 있다. 예를 들어, 이중 언어교육에 대한 논의는 최근 여러 주에서 열띤 정치적 논쟁을 야기하였다. 인구변화는 앞으로 수십 년간 계속 갈등을 야기할 것으로 예상된다.

게다가, 급속한 사회적 변화는 시민들이 학교 정책에 관한 일반적인 질문에 답하는 방식에 영향을 미치는 가치를 바꾸게 만들 것이다. 오늘날에는 네 가지 질문이 특별히 중요하다.

1. *무엇을 가르쳐야 할 것인가?* 19세기에 이 대답은 간단하였다. 3R 즉 오래된 노래에도 있듯이 "읽기, 쓰기, 산수" 이다. 그러나 시간이 지나면서 시민들은 다른 교과 예를 들어, 과학, 직업교육, 컴퓨터 기술, 흑인 역사 등을 가르칠 것을 요구하였다. 이에 대응하여 주와 연방 공무원들은 교육과정을 확대하였다. 물론, 어떠한 교육과정의 변화도 특히 진화론, 약물 교육, 또는 성교육과 같은 주제를 다룬다면, 논쟁을 야기할 것이다.
2. *다양한 교과를 몇 세에 가르쳐야 할 것인가?* 유치원생에게 외국어를 가르쳐야 하는가 또는 외국어는 청소년기까지 미루는 것이 최선인가? 수학교육과정은 저학년의 단순한 산수에서 12학년의 미적분까지 계열성을 갖추어야 하는가, 아니면 저학년에서부터 모든 개념들을 가르치고 아동이 성장하면서 보다 심도 있게 다루어야 하는가? 한편 1970년대 "새 수학" 개혁이 그랬던 것처럼 모든 변화는 상당한 정치적 갈등을 야기할 것이다.
3. *누가 교사가 되어야 할 것인가?* 미국 교육의 초기에는 읽기와 쓰기를 조금 아는 사람이면 누구나 동네 아동들을 가르칠 수 있었지만 교육이 점점 더 전문화되면서 교사들은 학급에서 아동을 가르치기 전에 단기 사범학교 프로그램을 이수하게 되었다. 나중에는 교직이 전문직으로 승인되면서 주정부의 교사자격을 취득하기 위해서는 학사 학위가 있어야 했으며, 교사자격이 없는 사람은 정규직으로 근무할 수 없게 되었다. 그러나 1990년대에는 많은 주들이 교사자격이 없더라도 대학 교육을 받은 사람들은 교사가 될 수 있도록 허용하였다. 이러한 모든 변화들은 교육자들 사이에서도 종종 갈등을 야기하였다.
4. *누가 학생 학습에 대한 책무성을 부담해야 할 것인가?* 미국 교육의 초창기부터 교사들은 책무를 부담하였다. 그러나 최근 다른 관련자들 즉 무관심한 학부모, 무능한 행정가, 공립학교에 필요한 적절한 자원을 제공하지 못하는 시민들이 언급되고 있다. 20세기의 마지막 십 년간 전문가들은 이러한 대안적인 단체에 특별한 주의를 기울였으며 이러한 단체들은 모두 교실 밖에 있는 단체들이었다. 그럼에도 불구하고, 대부분의 부모들은 여전히 교사들이 자녀의 학습 실패에 대한 책임을 져야 한다고 생각한다.

정책결정의 단계 모델

교육 정치학과 정책결정은 관련된 사람들에게는 보통 매우 복잡하게 보이지만, 정치학자들은 *정책결정의 단계 모델*이라는 유용한 과정 모델을 개발하였다 (Coplin & O' Leary, 1998). 교육 정책결정을 포함하여 미국의 모든 정책 결정을 기술하기 위해 개발된 이 모델은 표 11.1에 제시되어 있다. 물론, 때때로 각 과정들이 순서를 달리하여 전개되고 정책 제안이 장애물에 부딪히거나 이전 단계로 되돌아가기 때문에 이 모델은 실재의 이상적인 모습을 나타낸다(Cibulka, 1995). 그럼에도 불구하고, 이 모델은 사람들이 어떻게 정책결정이 이루어지는가를 이해하는 데 도움을 준다.

표 11.1 교육 정책결정의 패러다임

정책 단계	시기
대중의 불만	1
|	

정치적 압력
시위
압력집단 행동
선거:
   국민투표
   교육위원회
	2

|	

권위 있는 의사결정
상호작용:
   입법기관
   행정부
   중앙사무국과 교육장
공공정책 승인
	3

|	
행정/집행	4
|	
정책 효과의 평가	5
|	
집단에 미치는 영향	6

대중의 불만

민주주의에서는 정부가 상황을 다루는 방식에 대중이 불만을 품게 되면 정책 변화가 일어난다(Iannaccone & Lutz, 1970). 불만이 생기면 대중은 문제를 깨닫게 된다. 그 다음에는 문제를 고칠 해결책이 제시된다. 때로는 정부가 문제를 해결하기 위해 보다 신속하게 움직여야 하는 위기가 발생한다. 예를 들어, 학교 지붕이 무너지는 일이 발생하면 교육위원회는 교육청이 주의 안정 규정을 준수하도록 신속하게 대응한다. 그러나 보통 불만은 서서히 자라며 나중에는 너무 확대되어 선거 쟁점이 되고, 정부 공무원들은 마침내 행동하게 된다. 예를 들어, 학생 학업 성취도에 대한 불만은 국회가 마침내 아동낙오방지법을 통과시킬 때까지 거의 20년간 널리 확산되어 있었다.

정치적 압력

이 정책 단계는 교육위원회, 주 의회와 같은 의사결정기관이 정책을 변경하게 만드는 심각한 압력이 가해질 때 시작된다. 정치적 압력은 이해집단의 로비, 학부모들의 시위, 편지 쓰기 캠페인 또는 두뇌집단이 발간한 보고서와 같은 형태를 띤다. 이 단계에서는 학교에 대해 오랫동안 침묵해 온 집단들이 목소리를 높인다. 그림 11.1은 20세기의 마지막 10년과 21세기 초에 활발하게 활동한 집단들을 열거한 것이다(Wirt & Kirst, 2001; Fowler, 2004). 이 단계는 학교 정치학이 매우 뚜렷하게 드러나고 종종 뉴스에도 방영된다. 지방정부 수준에서 이 시기를 겪은 교육 지도자들은 스트레스가 매우 많다.

그림 11.1 학교 정책결정에서 새로운 집단과 새로운 쟁점

학부모: 학교 정책의 결정에 관한 지방 수준의 통제
교사: 보수와 근무 조건에 관한 단체협상
학생: 청소년 쟁점, 예를 들어, 표현, 복장에 관한 시민권
납세자: 비용을 주정부로 전환하는 지방 재정 개혁
소수인종집단: 인종차별금지, 특수교육
주/연방기관: 새 정책에 관한 규칙, 법령, 법원 명령

권위적 의사결정

정치적 압력이 매우 심하면, 지배구조 체제의 선출직 공무원이나 임명직 공무원은 행동을 결심한다. 불만족한 대중이 요청하는 모든 요구에 대응할 수는 없겠지만, 그들은 대체로 일부의 요구를 충족시키고 갈등을 줄이게 될 새로운 정책을 만들려고 노력한다. 예를 들어 지방 수준에서 교육위원회는 학부모들이 불만을 제기해 온 버스 운영 시간을 조정하는 투표를 한다. 주 수준에서는 주 의회가 자녀를 사립학교에 보내는 부모들에게 세금 혜택을 주는 법을 통과시키거나 또는 주 교육기관이 학생 시험에 관한 규칙과 규정을 개정한다. 주정부와 연방정부 수준 모두에서 법원은 미 연방법원이 *브라운 대 교육위원회(Brown vs. Board of Education)*에서 했던 것처럼 최종 결정을 내린다. 모든 공무원들은 법적인 권위를 가지고 있기 때문에 그들의 결정은 법적 효력이 있다.

집행

이 단계에서 학교 지도자들과 다른 관련자들은 새 정책을 집행하기 위한 계획을 세우고 집행해야 한다. 사실상, 학교행정가 직무의 상당 부분은 다른 사람들이 개발하고 도입한 정책의 집행으로 구성되어 있다. 교육위원회가 새로운 복장 규정을 채택했다면, 중앙 교육청과 학교행정가(교장)는 그 규정을 어떻게 가장 잘 집행할 것인가 하는 방법을 찾아야 한다. 그들은 또한 학생들의 컴퓨터 능력을 향상시키려는 주 의회의 새로운 정책 또는 NCLB 법에 상세하게 규정되어 있는 미 연방의회의 책무성 체제를 수행해야 한다. 대체로 주 교육부는 지방 교육청에 지침, 워크숍, 자문과 같은 다양한 형태로 지원을 하지만, 현장에서 어려운 정책 집행은 행정가들 그리고 교수 방법을 자주 변경해야 하는 교사들에게 부과된다. 집행 노력이 힘들고 종종 실패하는 것은 당연하다(Fowler, 2004).

평가

정책결정의 마지막 단계는 평가이다. 정책의 효과성을 판단하기 위해 정책을 평가한다. 대개는 전문가, 가령 대학이나 교육청 소속 연구자들이 정책의 원래 목적이 무엇이었으며, 목표를 달성하기 위해 어떤 수단이 활용되었으며, 목표가 달성된 정도를 판단하기 위해 평가를 수행한다. 대부분의 평가 연구는 지극히 중요한 질문 즉, 이 정책이 효과가 있었는가에 답할 증거를 제공하기 위해 통계표와 수식을 활용한 양적인 것이다.

평가는 매우 객관적인 것처럼 보이지만, 가장 정치적인 성격이 강한 정책 과정 단계의 하나이다(Fowler, 2004). 평가 계획은 상당한 갈등을 야기할 수 있으며, 평가가 이루어지는 방식 또한 그렇다. 일부 이해당사자들은 정책이 성공적이라고 발표되기를 원하는 반면 다른 사람들은 정책이 실패라고 판단하기를 선호한다. 평가자들이 정책이 성공했다라고 여기면, 그 정책은 오랫동안 지속될 것이다. 반대로 정책이 실패로 발표되면 사람들은 새로운 정책을 요구하고 정책결정과정은 다시 시작된다.

전망

20세기 초에는 누가 학교 정책을 통제하는가가 언제나 명확한 것은 아니었다. 교육장이나 교육위원회의 관점에서 보면, 그들의 의사결정 권위는 위로부터는 주와 연방의 공무원과 NCLB와 같은 정책에 의해 간신히 부여된 것이었다. 한편 아래로부터는 교사조직, 학부모의 영향력, 수많은 지역사회 단체에 의해서 겨우 부여되었다. 그 결과는 교육이 진정 어떠해야 하는가에 대한 대혼란이다. 전문적 권력의 약화는 지방의 정치 혼란에 많은 영향을 받는다. 이러한 갈등 상황에서, 학교 지도자들은 보통 당황한다. 예를 들어, 교육위원회는 선거로 위원회의 구성원이 바뀌자마자 정반대되는 정책 결정을 내리고, 행정가들은 다른 집단들로부터 상반되는 의견의 지방 여론을 수렴한다. 앞에서 언급한 바와 같이 그러한 혼란이 초래하는 결과는 행정가들의 이직이 급속하게 증가한다는 것이다.

그러나 전문적 모델이 전적으로 사라진 것은 아니다. 모든 의사결정 수준에서 언제나 주목받는 것은 아니지만, 전문가의 목소리는 반영된다. 지역에서 효과적인 교육장은 여전히 새로운 프로그램을 받아들이는 지역사회를 이끌어가거나 또는 자신의 목표를 숨기고 지역에 기반을 둔 집단들을 동원하기 위해 그들과 정치적 게임을 할 수 있다. 교장은 지역사회의 지지를 받는다면 새로운 프로그램을 도입할 수 있고 교사들도 그렇게 할 수 있다. 주와 연방 수준에서 전문가들 새로운 정책이 고려될 때 대개 자문을 한다. 그래서 전문가들 특히 현명한 교육 지도자들은 시민의 의견을 받아들이기는 하지만 완전히 통제권을 상실하지는 않는다. 오늘날 어떤 학교 지도자도 시민의 목소리를 무시할 수는 없다. 결과적으로 이제 시민의 목소리는 무시되는 것이 아니라 반영되고 시민들의 의견은 정책의 성패를 나타내는 중요한 지표이다.

결론

학교정책의 결정이 40, 50년 전보다 오늘날 훨씬 더 복잡한 것은 분명하다. 이제 더 이상 비정치적 학교의 신화 뒤에 숨어 있을 수 없으며, 전문 교육자들은 학교교육에서 누가, 무엇을, 언제, 어떻게에 관한 상반된 견해에 직면하게 된다. 오늘날 다양한 목소리들이 교육에 관한 의견을 표명하며 이는 지방, 주, 연방 수준에서 혼란스럽고 자주 골치 아픈 정치적 상황을 초래한다. 각 정부 수준에서의 정치는 다음에 이어지는 세 개의 장에서 차례대로 검토할 것이다.

참고문헌

Alexander, K., & Alexander, M. D. (2001). *American public school law* (5th ed.). Belmont, CA: Wadsworth/Thomson Learning.

Berkman, M. B., & Plutzer, E. (2005). *Ten thousand democracies: Politics and public opinion in America's school districts.* Washington, DC: Georgetown University Press.

Boyd, W. L. (2003). Public education's crisis of performance and legitimacy. In W. L. Boyd & D. Miretzky (Eds.), *American educational governance on trial* (pp. 1-19). Chicago: National Society for the Study of Education.

Bryson, J. M., & Crosby, B. C. (1992). *Leadership for the common good: Tackling public problems in a shared power world.* San Francisco: Jossey-Bass.

Carter, G. R., & Cunningham, W. G. (1997). *The American school superintendent: Leading in an age of pressure.* San Francisco: Jossey-Bass.

Cibulka, J. G. (1995). Policy analysis and the study of the politics of education. In J. D. Scribner & D. Layton (Eds.), *The study of educational politics* (pp. 105-125). London: Falmer Press.

Coplin, W. D., & O'Leary, M. K. (1998). *Basic policy studies skills* (3rd ed). Croton-on Hudson, NY: Policy Studies Associates.

Cortez, A. (2003, January). The emerging majority, *IDRA Newsletter*, XXX, 1-2.

Cuban, L., & Usdan, M. (2003). Learning from the past. In L. Cuban & M. Usdan (Eds.), *Powerful reforms with shallow roots* (pp. 1-15). New York: Teachers College Press.

Fowler, F. C. (2004). *Policy studies for educational leaders* (2nd ed). Upper Saddle River, NJ: Pearson Education.

Hill, P. T. (2003). What's wrong with public education governance in big cities and how should it be fixed? In W. L. Boyd & D. Miretzky (Eds.), *American educational governance on trial: Change and challenges* (pp. 57-81). Chicago: National Society for the Study of Education.

Hodgkinson, H. (1995, January 18). A true nation of the world. *Education Week*, p. 32.

Iannaccone, L. (1967). *Politics in education*. New York: Center for Applied Research in Education.

Iannaccone, L., & Lutz, F. (1970). *Politics, power, and policy*. Columbus, OH: Merrill.

Spring, J. (2005). *Conflict of interests* (5th ed.). Boston: McGraw-Hill.

Tyack, D. (1974). *The one best system*. Cambridge, MA: Harvard University Press.

U.S. Census Bureau. (2002). *Statistical abstract of the United States*. Washington, DC: Author.

Wirt, F., & Kirst, M. (2001). *The political dynamics of American education* (2nd ed). Berkeley, CA: McCutchan.

Wong, K. K., & Nicotera, A. (2007). *Successful schools and educational accountability*. Boston: Pearson Education.

제12장

지방의 정책결정 체제

이 장은 미국 정부의 세 수준 즉, 지방, 주, 연방정부 각각에서 이루어지는 정치와 정책결정을 검토하는 세 개 장의 첫 번째이다. 각 장은 법체계, 주요 정책 행위자, 권위의 범위를 기술함으로써 각 정부에 대한 개관으로 시작한다. 그러고 나서 각 정부 수준에서 이루어지는 교육정치와 정책결정에 관한 특별한 쟁점들을 검토한다. 이 장에서 그러한 쟁점들로는 정책결정에 관한 개별적인 접근과 집단적 접근, 교육위원회의 효과와 학교 정치 등이 포함된다.

지방 교육 지배구조 개관

법 체계

50개 주의 수 헌법에는 공교육에 관한 조항이 포함되어 있다. 각 주정부가 어떤 학교체제를 선택할 것인가는 자유이지만, 49개 주는 교육구를 설치하고 교육구에 상당한 권한을 위임하는 길을 택하였다. 유일한 예외는 하와이 주이다. 하와이는 단일한 중앙집권적인 학교체제를 가지고 있다. 주정부가 교육구에 권한을 위임하고 대부분의 지방 학교위원들은 교육구 선거를 통해 선출되기는 하지만, 법적으로 미국의 공립 교육구는 지방 교통국과 마찬가지로 주정부의 한 기관이다. Alexander와 Alexander(2001)가 제시한 바와 같이 "지방 교육구는 단순히 지방 정부 수준에서 운영되는 주정부 기관이다" (p.92).

주정부는 교육구를 설치할 권한이 있기 때문에 이를 변경하거나 심지어 폐지할 권한도 있다. 예를 들어, 주정부는 두 개 이상 교육구의 통폐합을 명령할 수 있으며 또는 "분리독립" 시키기 위해 교육구의 일부를 떼서 새로운 교육구를 만들 수도 있다. 최근 많은 주에서 다른 정부기구나 공무원들이 문제가 있는 교육구를 "인수하여" 운영하는 것을 허용하는 법이 통과되었다. 1990년대 중반 동안 예를 들어, 오하이오 주는 고전하고 있는 클리브랜드 교육구를 인수하였으며, 일시적으로 주 교육부가 이를 운영하였다. 게다가 일부 주에서는 특별한 경우 시장이 대도시 교육구를 인수할 수 있는 허가를 받았다. 지난 20년 동안 19개의 주에서 49개의 교육구가 인수되었으며, 여기에는 시카고, 디트로이트, 뉴욕시, 필라델피아 교육구들이 포함된다(Sell, 2006).

교육구의 특징

49개 주에 지방 교육구가 있지만 그들의 조직 구조는 다를 수 있다. 예를 들어, 교육구는 재정적으로 독립되어 있을 수도 있고 의존적일 수도 있다. 독립적인 교육구는 어떤 지방 정부기관에도 종속되지 않는다. 교육구의 위원회는 자체적으로 예산을 승인하고 프로그램을 운영하며, 돈이 더 필요하다면 세금을 인상할 권한이 있다. 현재 약 85%의 교육구가 재정적으로 독립되어 있다(Hess, 2002). 반대로 많은 교육구 특히 남부 주에 있는 교육구는 재정적으로 독립되어 있지 않으며, 이는 교육구가 다른 지방 정부기관 대개는 시나 구의 관리하에 있음을 의미한다. 예를 들어, 플로리다 주는 카운티들만 교육구를 운영한다. 테네시 주에서 각 도시들은 자체적으로 교육구를 운영할 것인지 자녀를 카운티 학교체제에 보낼 것인가를 선택할 수 있지만, 모든 카운티는 학교를 운영해야 한다. 이러한 주에서 교육위원회는 자체적으로 예산을 세우지만, 경우에 따라 시의회나 카운티 위원회의 예산 승인을 받아야 한다. 학교에 더 많은 세금이 필요하면, 시나 카운티가 세금을 부과한다. 전체 교육구의 약 15%만 재정적으로 의존되어 있지만, 미국 전역에서 가장 큰 교육구들이 여기에 포함되어 있기 때문에 이 수치는 중요한 의미가 있다.

교육구를 구분하는 또 다른 중요한 특징은 세금 인상을 위한 국민투표 실시 여부이다. 국민투표(referendum)는 후보자가 아닌 쟁점에 대해서 시민들이 투표하는 선거이다. 학교 재정 국민투표에서 쟁점은 학교를 지원하기 위하여 제안된 만큼의 지방세를 인상할 것인가의 여부이다. 대부분의 주에서는 교육구가 세금 인상을 위한 국민투표를 실시하도록 하고 있으며, 이에 따라 주에서 새 건물을 지을 수 있는 채권을 발행할 수 있다. 그러나 일부 주에서는 모든 세금 인상을 승인하기 위해서는 교육구가 국민투표를 실시하도록 하고 있다. 이러한 주에서 교육위원회와 행정가들은 그들 시간의 상당 부분을 투표 통과에 사용한다.

지방 정부 수준의 주요 정치적 행위자

교육위원회 그림 12.1에 나타난 바와 같이 비교적 적은 수의 행위자들이 지방 학교 정치에 참여하고 있다. 이들은 학교협의회(school committee)와 같은 다른 명칭일 수도 있지만, 대부분의 미국 교육구는 교육위원회에 의해 운영된다. 보통 교육위원회는 5~8명의 위원으로 구성되며(Hess, 2002), 대부분 전문적인 교육 분야 경험이 없는 보통 사람들이다. 그들 중 대다수는 사업가, 의사, 변호사와 같은 전문직에 종사하는 사람들이다. 전국의 약 100,000명의 교육위원회 위원 중 96%는 선거로 선출되며, 일부는 임명된다(Hess, 2002). 주 법의 테두리 내에서 교육위원회는 교육구의 전반적인 정책 방향을 정하고 예산을 책정한다. 가장 중요한 임무 중 하나는 교육장을 임용하는 것이다.

교육장과 기타 행정가 교육위원회의 위원과 달리, 대부분의 교육장은 교사나 교장으로 근무한 적이 있는 전문 교육자이다. 대체로 그들은 주에서 수여하는 교육장 자격증을 가지고 있다. 교육장은 대개 3년 계약으로 고용되지만 계약은 갱신될 수

그림 12.1 지방의 주요 정치적 행위자

교육장
교육위원회
교사 노조
기타 고용인 조합
사업가 단체
학부모 집단
지방 언론

있다. 교육장의 약 2/3는 근무했던 교육구가 아닌 다른 지역에 고용되며, 1/3은 교사나 행정가로 근무한 적이 있는 교육구에 고용된다(Hess, 2002). 교육장은 주와 교육구의 광범위한 정책을 집행한다. 대다수의 교육장들은 전직 교사이지만, 인구통계학적 구성은 교직과 상당히 다르다. 예를 들어, 교직은 여성이 지배적이지만 교육장의 80%는 남자이다. 인종면에서 교육장의 90%는 백인이며, 5%는 흑인, 3%는 남미계이다(Hess, 2002). 교육장은 보통 부교육장, 교육과정국장, 장학관, 사무처장과 같은 교육청 행정가들의 보좌를 받는다. 사무처장은 예외지만 대다수의 교육청 행정가들은 교사로 근무한 적이 있는 전문 교육자들이다.

지방의 이해집단 대부분의 교육구에서 교사 노조 지부는 가장 강력하고 중요한 이해집단이다(Howell, 2005a; Sell, 2006). 교사 노조는 정기적으로 교사들을 위한 주요 계약을 협상할 뿐 아니라 종종 교육위원회, 지방 공무원 관리, 주정부의 보직 후보자들을 추천하는 역할을 한다. 게다가 많은 교육구에서 고용인 노조들도 적극적이고 중요한 역할을 하며, 여기에는 자격증을 갖춘 직원이나 행정가 대표 노조들이 포함된다. 대개는 이러한 집단들의 영향력이 가장 크지만, 다른 집단들도 적극적이다. 사친회와 같은 학부모 집단, 학교 밴드 후원자, 운동부 후원자들도 교육구의 정책에 영향을 미치고자 한다. 지방의 기업가 단체도 대체로 적극적이다. 일부 교육구에서는 인종 관련 단체, 소수민족, 또는 종교 단체가 자신들의 요구를 교육위원회와 교육장에게 알리려고 한다. 마지막으로, 일부 교육구에는 지역 이해집단으로 "납세자 단체"가 있다. 이 조직은 교육관련 세금 인상에 반대하며 교육위원회의 지출 관행을 비판하거나 채권 발행에 반대하는 등 적극적으로 행동한다. 오늘날의 교육구가 직면하고 있는 주요 도전은 상호 경쟁하는 정치적 이해관계의 균형을 맞추는 것이다(Villegas, 2003).

지방 교육구의 권한 범위

앞에서 언급한 바와 같이, 법적으로 교육위원회는 주정부 기관이므로 교육구는 주정부가 위임한 만큼의 권한을 갖는다. 1700년대 후반 교육위원회가 처음 설치된 이후 20세기 후반까지, 주정부는 교육위원회에 상당한 권한을 부여하였다. 그러나 약 1980년부터는 달라졌다. Howell(2005)이 지적하였듯이, "19세기의 교육위원회는 실제적으로 공교육의 모든 면을 지배한 반면 오늘날 위원회의 구성원들은 지방, 주, 연방정부 전체에 흩어져 있는 정치적 행위자들과 경쟁해야 한다" (p.25). 교육위원회 권위는 아마도 1965년의 초·중등교육법(ESEA)의 통과와 함께 쇠퇴하기 시작하였다. 이 법은 공교육의 재정을 지원하는(그리고 통제하는) 데 있어 연방정부에 처음으로 중요한 역할을 부여하였다. 이러한 경향은 많은 요인들 즉, 연방법원이 내린 인종차별금지 명령, 특수교육 프로그램의 대량 확장을 요구한 법원 결정, 주의 권한을 지방 교육구에 위임할 것을 제안한 1980년대와 1990년대의 교육개혁 운동, 교육과정과 시험에 대한 지방의 통제권을 더 감소시키게 된 2001년의 아동낙오방지법에 의해 가속화되었다. 1980년대와 1990년대의 학교중심경영도 잊어서는 안 된다. 이는 많은 교육구에서 의사결정권의 상당 부분을 교육위원회와 교육구의 행정가로부터 교사와 학교행정가들에게로 재분배하였다. 이러한 모든 변화는 교육위원회가 향유하던 권한의 범위를 축소시켰다.

그럼에도 불구하고, 교육위원회는 여전히 상당한 권한을 행사하고 있다. 일반적으로 학사일정이나 교사의 봉급과 같은 특정 영역에서, 주정부는 교육위원회가 실질적인 의사결정을 할 수 있는 광범위한 지침을 정한다. 예를 들어, 주 의회는 학교는 매년 180일의 수업일수를 지켜야 한다는 법을 통과시킨다. 그러나 이러한 요건 내에서 위원회는 학교의 시작일과 종료일, 휴일이나 방학, 어떤 학교를 "연중" 학교로 할 것인지 말 것인지 등을 정할 수 있다. 따라서 50년 전보다는 훨씬 적지만 교육위원회는 여전히 상당한 권한을 가지고 있다.

지역 정치와 정책결정에서의 특별한 쟁점

의사결정의 개별성

정치체제의 의사결정 모델에는 대략 세 가지 유형이 있다. 즉, 대중주의 유형, 엘리트 유형, 혼합 유형이 그것이다. 대중주의 모델은 미국 민주주의를 떠받치고 있는 관점이다. 즉, 미국인들은 자신의 정치적 관점을 대변할 대표자를 선출하기 위해 투표를 한다고 생각한다. 엘리트 모델이 더 정확하다고 믿는 사람들은 정책 시스템에 대해서 매우 잘 아는 소수 집단이 그들의 관점을 성공시키기 위해 대중이 정책결정에 참여하는 것을 제한한다고 주장한다. 마지막으로, 세 번째 모델은 평범한 시민과 엘리트 집단이 정책을 개발하기 위해 협력적으로 상호작용한다고 주장한다. 정책 결정에서 시민의 역할에 대한 논의는 먼저 대중주의 모델에 초점을 둔다. 이는 지역 학교 정치의 두 가지 특징인 교육위원회 선거 및 국민투표와 오랫동안 연계되어 있었다. 이들 각각은 교육은 진정으로 무엇을 위한 것인가에 대한 시민들의 신념을 실행하기 위해 기본적인 민주적 투표 과정을 포함하고 있다.

교육위원회 선거 대중주의 모델이 정확하다면, 투표자들의 상당수는 교육위원회 후보자를 선출하기 위해 투표에 참여해야 한다. 그렇게 된다면, 위원회는 진정으로 교육구의 주민을 대표할 것이다. 그러나 교육위원회 선거의 투표 경향에 관한 대부분의 연구는 자격을 갖춘 대다수의 시민들이 투표에 참여하지 않는다는 점에 동의한다. 사실 미국에서는 전체적으로 투표율이 낮지만, 그 중에서 학교 선거가 가장 낮다. 대통령 선거의 투표율은 약 50%이며 이는 아래로 떨어지는 폭포수처럼 의회, 주정부, 지방정부 선거 순으로 점점 더 낮아진다. 교육위원회 선거는 특히 투표율이 더 낮다. 특별히 과열된 선거에서는 투표율이 다소 높아지기는 하지만 보통 약 12%이다. 또한 투표율은 교육구의 사회경제적 수준과도 연관이 있다는 연구가 있다. 즉 주민의 소득수준과 교육수준이 높을수록 투표율은 높아진다. 많은 정치학 연구들은 사회적 지위가 높으면 정치에 관심이 더 많고, 투표율은 더 높으며, 또 투표보다 정치 체제에 영향을 미치는 다른 수단을 더 많이 사용한다는 점을 보여주고 있다.

왜 그러한가? 정치학자들은 그 이유를 다양하게 설명한다. 첫째, 비당파적인 선거의 특성으로 투표자들은 후보자들이 어떤 교육정책을 지지할 것인지 그 단서가 되는 후보자의 당적을 보지 않는다. 다른 이유는 아마도 투표자들은 전문 교육자가 학교를 운영하는 것을 선호하고 전문가들은 투표자들의 도움을 거의 필요로 하지 않을 것이라고 생각하기 때문이다. 셋째, 언론에서 교육위원회의 쟁점을 잘 다루지 않아 교육위원회 선거가 눈에 띄지 않는다. 그 결과 대중의 관심이 낮고, 이는 투표율 저하로 이어진다. 마지막으로, 투표자들이 유능하다고 느낄 만큼 후보자들이 충분히 알려지지 않아서 누구를 지지해야 할지 정하지 못한다. 그렇다면, 교육위원회 선거와 관련하여 대중주의 모델은 타당성이 부족하다 (Teixeira, 1992).

사람들은 어떻게 해서 학교위원에 출마하기로 결심하는가? 모든 정치적 체제는 지도자를 선발하는 충원 과정이 있다. 이는 임의적 과정은 아닌데, 왜냐하면 걸러내는 과정이 있어 출마하려는 사람이 거의 없기 때문이다. 첫째, 주 법에서는 교육구에 거주하는 일정 연령 이상의 사람으로 후보자를 제한한다. 더 중요한 점은 공직에 출마하려면 특정한 자원을 갖추어야 한다. 이러한 자원 중 하나는 물론 선거 비용이지만 학교 쟁점에 대한 어느 정도의 의식과 지식도 가지고 있어야 한다. 시민운동, 기업, 정치 또는 학교 문제에 관한 지역사회 활동에 적극적으로 참여한 경력이 특히 중요하다. 이러한 요건은 사회적 지위가 높은 사람이 갖추어야 할 조건으로 적합한데 그들은 일반적으로 가난한 사람이나 근로자 계층과 만날 기회가 적다. 지난 세기 초반의 진보주의 개혁 운동의 한 가지 결과는 교육위원회에 노동자 대표가 수십 년 내에 실질적으로 감소했다는 점이다. 1920년에 이루어진 George Counts(1927)의 고전적인 연구는 그러한 변화를 실증적으로 보여주었다. 이러한 제약과 패턴은 오늘날에도 여전히 존재한다. 표 12.1은 오늘날 교육위원회 구성원의 주요 특징을 나타내는데 선거구에 따라 차이가 있다는 점을 분명히 보여준다. 평균적인 미국인과 비교했을 때, 그들은 대체로 백인 남자이며, 훨씬 더 부유하고 사무직에 종사하며 학력이 높고 40세 이상이라는 경향을 보인다.

그러나 현실은 더 복잡하다. 엘리트적 특성에도 불구하고, 교육위원회는 일반 시민의 광범위한 불만을 효과적으로 다룰 수 있음을 보여주었다. 일련의 정책 개혁을 위해 새로운 아이디어 지지자들이 종종 출현하였다. 이러한 위원회 편에서의 정책 활동 증가는 교육장에게 스트레스가 되고, 앞 장에서 언급하였듯이, 교육장의 이직률을 높인다. 사실, 교육장이 직면할 수 있는 가장 나쁜 상황의 하나는 교육에 관한 관점이 다른 새로운 교육위원을 일반대중이 선출함으로써 자신

표 12.1 미국 교육위원회 구성원의 특징

특징	비율
백인	86
남자	61
연간 가정 소득 100,000달러 이상	37
사업가 또는 교수	45
학사 학위 이상	67
40세 이상	94

출처: Hess(2002).

을 선출한 위원회가 달라졌을 때이다. 이러한 상황으로 인해 교육장은 자신의 직업 안정성을 걱정하게 된다.

그러나 일반적으로 지방 투표자들은 교육구에 심각한 불만이 없다면 현직 학교위원을 교체하기 위해 적극적으로 행동하지는 않는다. 이러한 시기에 위원회 선거는 새로운 인물과 그들이 갖고 있는 새로운 정책을 제기함으로써 불만을 표출하는 통로가 된다. 예를 들어, Iannaccone과 Lutz(1970)는 과거 시골 지역이 도시 근교로 개발되었을 때, 대체로 교육을 많이 받은 시민들이 거주하게 되면서 교육위원회가 크게 달라졌음을 발견하였다. 시골지역의 교육위원회 위원들은 처음에는 이러한 신참자들을 무시하는 경향이 있다. 결국에는 신참자들이, 그들을 배제하였던 "선량한 올드 보이"에 싫증이 나서 선거를 통해 교육위원회를 자신의 사람들로 조직하였다. 신참자들이 위원회의 다수를 차지하자마자 위원회는 교육장을 쫓아내고 자신들의 가치를 반영할 새로운 교육장을 고용하였다. 이러한 변화가 일어나는 동안, 교육위원회 선거에 대한 관심은 높았고, 투표율도 높아졌다. 그러나 새로운 위원회와 교육장이 그들의 권력을 공고히 하자마자 투표율은 이전 수준으로 떨어졌다.

Lutz는 이러한 초기 연구를 수많은 다른 유형의 교육청을 포함하는 일련의 연구 수행을 위한 발판으로 활용하였으며, 궁극적으로 "불만족이론"을 개발하였다. 이 이론에 의하면, 지역사회, 교육위원회, 교육장의 가치가 일치할 때 교육청은 만족 상태에 있다. 만족 상태인 지역사회에서, 학교정치는 사람들의 이목을 끌지 않고 흥미를 잃게 되고, 일반 대중의 참여도 거의 이루어지지 않는다. 그러나 아마 새로운 하위 조직의 발달이나 주요 산업의 상실 또는 기존 주민과는 다른 민족, 인종에 속하는 새로운 주민의 이주 등으로 인해 지역사회가 변하기 시작하면, 이들의 가치는 어긋나게 될 것이다. 이런 일이 생기면, 교육장과 위원회는 보통 변화에 대응하지 않고 늘 해오던 방식대로 체제를 계속 운영한다. 지역사회의 불만이 야기되고 시민들이 학교 정치에 더 관심을 갖게 된다. 결국, 불만족한 주민들이 교육위원회에 출마할 후보자를 조직하고 현 교육위원을 물리친다. 결국 위원회의 다수를 선출하게 된다. 그렇게 되면, 교육장은 곧 자리를 잃게 되고, 지역사회의 새로운 가치에 동조하는 새 교육장이 고용된다. 지역사회, 교육위원회, 교육장의 가치가 다시 일치하게 되면, 교육청의 정치는 또다시 사람들의 관심을 끌지 않게 된다(Lutz & Merz, 1992). 불만족의 순환 과정은 그림 12.2에 묘사하였다.

그림 12.2 불만족이론의 단계

1. (8.) 교육장, 위원회, 지역사회 가치가 조화를 이룬다 = 만족 = 안정
2. 지역사회 변화
3. 지역사회 가치 변화
4. 교육장과 위원회는 변하지 않는다 = 불만족 = 불안정
5. 현직 교육위원회 위원이 선거에서 패배한다
6. 신입자가 위원회를 인수한다
7. 비자발적인 교육장 이직

출처: Lutz & Merz(1992).

Boyd(1976)는 그의 대표 논문에서 교육청 주민들에 대한 교육위원회와 교육장의 대응을 다른 관점에서 제시하였다. 그는 주도면밀한 학교 지도자들은 불만족의 증가로 퇴출되지 않도록 노력한다고 주장하였다. 대신 그들은 지역사회가 무엇을 용인할 수 있고 없는지를 알 수 있을 만큼 지역사회를 충분히 잘 안다. 이 "수용영역"을 명심함으로써 그들은 변화가 생길 때 그 범위 내에 계속 남아 있으려고 노력한다. 수용영역 내에 성공적으로 계속 머물러 있는 한 상당한 행동의 자유를 누릴 수 있다. 그러나 수용영역을 넘어서는 행동을 하면 지역사회는 그들에게 문제를 제기하고, 결국 그들은 쫓겨나게 된다.

국민투표와 정책결정 국민투표 시행이나 정책 쟁점에 대해 시민들이 투표하는 미국의 관례는 주에 따라 상당히 다양하지만, 대부분의 주에서 국민투표는 학교 설립을 위한 채권이 돌아다니기 전에 실시되어야 한다. 일부 주에서는 모든 학교 세금 인상에 대해 국민투표를 통해서 일반대중의 승인을 받도록 하고 있다. 새성 문제에 관한 투표는 학교에 대한 시민들의 태도를 보여주는 일종의 "척도"이다. 과거에 재정 문제에 관한 국민투표의 지지는 학교에 대한 대중의 지원을 반영하는 매우 중요하는 것이었다. 그러나 20세기의 마지막 30년에는 분위기가 바뀌어 국민투표는 자주 실패하였다. 전국적으로 재정문제에 관한 네 번의 국민투표 중 세 번은 1965년에 승인되었으며, 약 20년 후인 1986년에만 해도 세 번의 투표 중 한 번만 통과되었다(Wirt & Kirst, 1997). 이러한 경향은 그 이후 계속되고 있다. 지방의 재정 지원 고갈은 공교육이 경험해 온 여러 가지 체제 충격 요인 중 하나일 뿐이다.

국민투표에 관한 두 가지 흥미로운 질문이 있다. 즉, 왜 시민들은 국민투표에 참여하는가? 누가 국민투표에 참여하는가? 연구에 의하면, 사람들이 투표하는 방식은 몇 가지 요인에 따라 달라진다. 일반적으로, 학교 국민투표를 지지하는 사람들은 교육받은 사람이고 평균 이상의 소득이 있는 사람들이다. 가정에 자녀가 있거나 곧 자녀를 가지려는 젊은 층이 노년층보다 더 지원적이다. 학교로부터 소외되었다고 느끼는 사람들은 "반대"에 투표할 것이며, 정치적인 성향이 매우 강한 교육구에 거주하는 사람들도 그럴 것이다.

미국의 인구가 고령화됨에 따라 학교에 대한 재정지원을 반대하는 노년층의 경향이 다소 문제가 된다. 물론 그들이 반대하는 이유를 이해하기는 쉽다. 노인들은 자신의 인생에서 더 이상 학교가 필요하지 않고, "젊은 사람들이 지불하도록 하라. 이제 그들 차례이다."라고 생각한다. 경우에 따라서 그들은 아마도 오늘날의 공립학교와 그 실패에 대해 널리 알려져 있는 불만에 부합하는 반응을 보일 것이다. 그들은 "학교는 내가 젊었을 때보다 훨씬 더 좋아졌다"라고 생각한다. 또는 젊은 층과 마찬가지로 정부를 불신하고, "사립학교가 공립학교보다 더 낫다"라고 생각함으로써 보수주의 정치가들이 강하게 밀어붙이는 태도에 공감한다. 마지막으로, 젊었을 때보다 가처분 소득이 더 적다는 경제적 설명도 가능하다. 그들은 "은퇴 후 고정 수입에 의존하여 살고 있기 때문에, 단지 학교 세금을 더 지불할 능력이 없다"고 생각한다. 그러나 노년층과 학교 국민투표에 관한 소식이 반드시 모두 나쁜 것만은 아니다. 전국 단위의 연구에서, Berkman과 Plutzer(2005)는 오랫동안 교육구 관할 지역에 거주해온 노인들은 학교 국민투표를 지지하는 경향이 있으며, 반대하는 사람은 최근 지역사회로 이사 온 노인들임을 발견하였다. 어쨌든 오늘날 교육구가 직면한 주요한 도전 중 하나는 노인들에게 다가가는 것이며 공립학교에 대한 그들의 지지를 얻을 방법을 찾는 것이다.

그래서 재정적 쟁점을 지지하는 투표자는 모순을 보인다. 일반 대중들 사이에서 공립학교에 대한 기본적인 지지는 여전히 유지되고 있다. 1990년대의 여론조사는 전반적으로 공립학교체제에 반대하면서도 지방 학교에 대한 지지는 특별히 높다는 점에 주목해야 함을 보여준다. 그러나 공립학교의 고객은 자녀가 거의 없는 인구인 한부모가정, 자녀가 없는 부부, 노인층의 확대로 줄어들고 있다. 게다가 뉴올리언즈, 워싱턴 DC, 오하이오 주 데이톤과 같은 일부 대도시에서 공립학교를 떠나 사립학교나 헌장학교로 가는 이동수가 약간 증가하면서 공립학교 고객은 더 줄고 있다. 이들 지역에서 공립학교에 등록된 학생수는 급격하게 줄어들었다. 중산층이나 부유한 부모들의 학교 국민투표 지지율은 여전히 높지만 1980년대 이후보다는 크게 낮아졌다. 이는 지방 교육청이 대처해야 하는 심각한 현실 중 하나이다.

지방 교육구의 압력집단

정책결정에서 개인은 대개 자신이 속해 있는 집단보다 비중이 낮다. 개인 혼자서는 정책결정자에게 거의 영향을 미치지 못하지만 다수의 개인들은 분명히 큰 의미가 있다. 예를 들어, 미 농림부의 규정에 불만을 가진 한 농부는 그 규정을 변화시킬 수 없지만 같은 문제에 대응하는 농장 로비스트들은 규정을 개정시킬 수 있다. 요컨대, 민주체제 지지자들은 개인의 이익이 정책결정을 통해서 충족될 것이라고 하지만, 집단의 이해가 더 잘 경청되고 이행되는 경향이 있다. 이 개념은 지방 학교 정치를 포함하여 모든 정치 수준에 적용된다. 더욱이 압력집단은 집단 이익을 정책 체제에 전달한다. 게다가, 그들은 공무원들의 지원을 얻기 위해 쟁점을 재구성함으로써 쟁점 자체를 변형시키기도 한다.

편협한 이해집단의 증가 압력집단의 존재는 많은 흥미로운 문제를 야기한다. 예를 들어, 왜 사람들은 단체에 가입하는가? 분명히 그들은 단체로부터 무엇인가를 얻는다. 교사들은 주로 책임보험(liability insurance) 때문에 노조에 가입한다. 단체에 가입하는 또 다른 이유는 연대감, 같은 생각을 가진 집단에 속해 있다는 심리적인 보상이다. 그리고 마지막으로, 정책 변화를 가져올 강한 이해관계를 가지고 있고 그것을 할 수 있는 최선의 방법이라고 보기 때문에 압력집단에 가입한다.

20세기의 마지막에 교육 관련 압력집단의 수가 확대된 것은 놀랄 일이 아니다. 그 이전에는 하나의 단체, 즉 전국교육연합(NEA)이 대표적인 교육 분야 압력집단이었다. 1960년대와 1970년대까지 모든 교육자들은 행정가와 교사 모두 NEA에 가입할 수 있었다. 사실상, 이 단체에서는 행정가들이 지도력을 발휘하였으며, 이들은 근무 시간을 유연하게 조정할 수 있어 학기 중에도 회의에 참석할 수 있었다. 그러나 1960년대에 미국교사연합(AFT)의 권한과 전국적인 명성이 커지면서 상황이 변하기 시작하였다. AFL-CIO에 소속된 AFT는 교사단체를 단체 협상에 참석시키기 시작하였다. 처음에, NEA는 "전문가협회"라고 주장하면서 노조처럼 행동할 것을 거부하였다. 그러나 AFT가 노조활동을 통해서 회원 수와 권력을 확대하게 되자 NEA도 달라졌다. 많은 주에서 1960년대와 1970년대에 교사들을 포함한 공무원 단체협상법을 통과시켰으며 AFT와 NEA의 지방 지부는 선거의 승리를 위해 활동하였다. 그 결과 오랫동안 NEA의 주요 구성원이었던 행정가들이 소외되고 조직을 탈퇴하였다. 많은 경우 그들은 자발적으로 떠난 것이 아니라 그들을 "경영진"으로 보고 그래서 "적"으로 간주하는 주의 지부로부터 배제당한 것이었다. 오래된 NEA의 해체는 우리가 이미 언급한 교육정치 혼란의 한 원인이 되었으며, 많은 단체들이 NEA의 자리를 대신하기 위해 등장하였다. 전국 교육위원회 연합, 미국 학교행정가 연합, 전국 중등학교장 연합 등과 같은 단체 들이 주의 지부와 함께 권력과 회원 모두를 확보하였다. 그러나 두 개의 대규모 교사노조와 이들 단체는 한때 지배적인 위치에 있던 NEA보다는 더 협소한 쟁점에 초점을 두었다.

보다 협소한 문제에 관심을 두는 이해집단이 형성된 또 다른 원인은 1960년대 초에 이루어진 여러 가지 학교 개혁에서 찾을 수 있다. 학내 인종차별금지와 이중언어교육, 보충교육, 특수교육 서비스의 팽창과 같은 변화로 상위 수준뿐 아니라 지방 수준에서 활동하는 단체들이 생겨났다. 이러한 단체들은 일반적으로 학교체제 전반에서 볼 때 무엇이 최선인가에는 관심이 없고 오히려 자기가 속한 단체의 프로젝트를 발전시키려면 무엇을 할 것인가에 관심을 둔다. 예를 들어, 특수교육 대상 아동의 부모와 특수 교사들로 구성된 단체는 대개 특수교육 프로그램의 필요성은 강조하지만 교육구 전체의 필요에 대해서는 알지 못했다. 마찬가지로 이념적 압력단체들이 최근 성장하였으며 그들은 단체의 구성원들이 학교가 옹호해야 한다고 믿는 일련의 가치를 주장한다. 이러한 단체의 다수는 계급, 인종, 종교, 성에 기반을 둔 목표를 추구하는, 학자들이 "사회운동"이라 부르는 대규모 조직의 일부이다. 여기에는 여성해방 운동과 그의 주요 조직인 전국여성조직(NOW)이 포함된다. 다른 이념적 압력집단으로는 학교 내에서의 기도를 지지하고, 학교 도서관에서 "추잡한" 책을 없애고, 고등학교 생물시간에 진화론을 가르치는 것을 금지할 것을 주장하는 기독교 우익집단이 포함된다. 이러한 집단의 활동 범위는 전국 단위이지만 보통 목표를 실현하기 위해 지방 교육청에 관심을 둔다. 그들은 지역사회에서 자신들의 입장에 동조하는 개인들을 참여시킨다. 예를 들어, 과학 교육과정에 기독교주의를 추가하기 위해 교육위원회를 압박하고자 하는 지방 교회 단체는 가족 중심(Focus on the Family)과 같은 전국 조직과 연계하여 그들이 지방에서 투쟁할 수 있도록 도와줄 것을 요청한다. 일반적으로 전국적인 단체는 이러한 노력을 하는 지역 단체를 도와주는 것을 좋아한다. 왜냐하면, 이들이 이기면, 자신들의 명분을 상당히 진전시킬 수 있기 때문이다. 이러한 편협한 압력집단의 성장으로 인한 유감스러운 부작용은 사친회(PTA)와 미국여대생연합(AAUW)과 같은 조직의 쇠퇴이다. 과거 이들 조직은 특정한 쟁점을 위해서가 아니라 전반적으로 공립학교를 지지하였다. 표 12.2는 전형적인 지방의 이해집단과 그들의 목표를 보여준다.

특정한 목표를 추구하는 다양한 단체의 성장으로 지방 행정가들이 대응해야 하는 정책 지지자들의 수가 증가하였다. 과거에 학습지도자들은 상대적으로 사소한 쟁점에 관심이 있는 동조적인 지지자로 구성된 사친회와 협력했던 반면, 이제 그들은 다면적이고 편협한 변화무쌍한 요구에 대응해야 한다. 그 결과 행정가들은 점차 경쟁적인 집단들 사이에서 합리적인 절충점을 찾기 위해 이들을 중재하는 정치적 협상가로서 활동해야 한다. 그러나 종종 그들의 노력은 집단들이 서로 공유하는 이해나 목표가 거의 없다는 점에서 결실을 맺지 못한다.

지방 교육장에 미치는 영향 이해단체들이 행사하는 압력의 변화가 교육장과 그가 일하는 방식에 영향을 준다는 것은 당연하다. 예를 들어, 1990년대 후반 전국의 교육장을 대상으로 한 설문조사는 교육장의 대다수는 이해집단이 과거보다 그들

표 12.2 지방의 이해집단과 그들의 목표

집단의 유형	목표
교사 노조	높은 보수, 추가 수당, 더 많은 자율성, 더 적은 학급당 학생수
기타 고용인 노조	높은 보수, 추가 수당
기업가 집단	낮은 세금, 미래 고용인 훈련, 교육청과의 계약, 미래 고객(즉 학생) 대상 상품 소개
학부모 집단	추가적인 설비와 장비, 더 많은 상급 교육과정, 더 많은 교과외 활동
종교적 우익 집단	자신들의 가치에 부합하지 않는 교과서와 교육과정의 폐지, 학교에서의 기도
인종 · 소수민족 집단	교육과정에서 자신들의 문화 그리고/또는 언어의 인정, 자녀에 대한 공정한 대우

에게 "더 많은" 또는 "훨씬 더 많은" 요구를 하고 있다고 생각한다는 점을 발견하였다. 그들은 시민 여론 집단이 특히 요구가 많다고 하였다(Wirt & Krug, 1998). 비슷한 시기에 Barbara Jackson(1995)은 시사적 제목을 붙인 저서, *균형법(Balancing Act)*에서 다음과 같이 진술하였다. 즉, "오늘날의 교육장에게 기대와 선거구민들은 많으며, 그들이 거의 통제할 수 없는 내적인 힘과 외적인 힘 사이에서 균형 있는 행동을 할 것을 요구한다"(p.2).

요컨대, 다양한 지방 이해집단의 활동이 증가함에 따라 교육장은 예전보다 더 정치적인 지식과 감각을 갖추어야 한다. 사실, 1992년 5개 재단에서 교육장이 정치적 기술을 개발하도록 지원하기 위해 "교육장 준비시키기"라는 프로그램을 후원하였다. 개설된 주제들 중에는 언론과 효과적으로 일하기, 대중과 소통하기, 다양한 지역사회 단체 간의 갈등 해결하기 등이 있었다. 그러나 어떠한 훈련도 학교 지도자들이 지방 단체의 모든 요구에 대응할 수 있도록 충분히 준비시킬 수는 없다. 예를 들어, 1990년대 초 소수인종 집단을 대표하는 조직들이 캘리포니아주 오클랜드 교육위원회와 교육장에게 주정부 승인의 교과서 시리즈를 거부하도록 극심한 압력을 행사하였다. 그 결과, 교육구는 학교에서 활용할 새로운 수업자료를 서둘러 개발해야 했다. 종교적 이해집단은 교육구가 교과서와 심지어 주 교육과정 기준을 거부하도록 압력을 행사하는 데 악명이 높다(Carter & Cunningham, 1997). 이러한 상황에서, 교육장은 문제가 되는 이해집단과 합리적인 타협점을 협상하면서 다양한 선거구민들 즉 교사, 학부모와 일반 대중의 지지를 유지하기 위해 고전하고 있는 자신을 발견하게 된다. 스트레스가 생기고 직무 만족은 곤두박질친다. 그러고 나면, 교육장의 이직률이 증가하는 것은 당연하다.

요컨대, 점점 더 복잡해지는 지방 정치 환경으로 인해 교육구 수준에서 보다 정교한 민주주의 모델이 초래된다. 시민들은 정당보다는 지방의 이해집단과 협력함으로써 다른 사람들의 지지를 얻어내고, 그들의 문제에 관심 있는 주 단위의 조직이나 전국 조직과 연계하고, 지역사회의 관심과 지원을 이끌어내는 모든 방법을 활용할 수 있다. 전문 교육자들은 더 이상 새로운 정책을 단순히 소개하고 지역사회가 이를 지원할 것이라고 가정할 수 없다. 오히려 그들은 모든 사람들이 동의할 수 있는 정책을 개발하기 위해 단체들과 협상해야 한다. 교육자들은 이러한 변화를 좋아하지 않을 것이며, 자비로운 독재자의 역할을 할 수 있었던 과거를 그리워할 것이다. 그럼에도 불구하고 지방학교 정치는 변하고 있으며, 학교 지도자들은 그들이 기대하는 세계가 아니라 있는 그대로의 세계를 상대해야 한다.

교육위원회는 그 유용성보다 더 오래 존속할 것인가?

약 지난 30년 동안 교육위원회는 모든 정치적 분야로부터 자주 공격의 대상이 되어 왔다. 비판자들은 교육위원회는 시골풍의 지난 세대의 유산이므로 20세기 후반과 21세기 초의 복잡한 교육 쟁점을 다룰 수 없다고 주장한다. 그들이 공격받는 이유는, 앞에서 제시하였듯이, 이전에 가졌던 권위의 상실에 있다는 점은 의심할 여지가 없다. Howell(2005a)은 교육위원회의 권위를 침해하는 네 가지 경향을 확인하였다. 즉, 현장 중심 경영, 주정부와 시장의 학교경영권 인수, 학교 선택 계획, 2001년의 아동낙오방지법에서 정점에 이른 표준 및 책무성 운동이다. 비판자들은 또한 교육위원회가 교육구를 대표하지 못한다고 비판하고, 이에 더하여 지방 학교 정치에서 시민의 참여가 낮은 이유의 일부는 교육위원회의 제도적인 특성이라고 주장한다(Howell, 2005a, b; Sell, 2006). 다른 비판들로는 교육위원회가 변화에 저항하고 불공정한 학교재정 체제를 영속화한다는 것을 들 수 있다(Howell, 2005a). 이러한 비판에는 근거가 있다. 비록 대부분의 미국인들이 여전히 교육위원회의 가치를 인정하고 이를 풀뿌리 민주주의의 중요한 요소로 여기지만, 다음의 질문은 중요하다. 교육위원회는 우리의 교육체제를 위한 가장 효과적인 지배구조 형태인가? 주요 지위에 있는 많은 사람들 즉 학자, 정치지도자, 교육 개혁가는 그 질문에 전적으로 "아니오!"라고 답할 것이다.

현대의 교육위원회에 대한 비판은 비효과적인 교육위원회의 문제를 처리하기 위해 두 가지 방안을 제안하였다. 첫 번째 가장 급진적인 제안은 단순히 이를 폐지하는 것이다. 그러나 교육위원회가 더 이상 존재하지 않는다면, 다른 형태의 학교 지배구조가 대신 설치되어야 할 것이며 이를 위해 몇 가지 안들이 제시되었다. 한 가지 방안은 모든 학교에서 전면적인 현장 중심 경영을 도입하는 것이다. 학교는 자신의 방식대로 예산을 운영하고, 직원을 고용하고, 유지보수와 같은 필요한 서비스를 위해 외부 기관과 계약을 맺는다. 교육구 수준의 지배구조 조직은 없으며, 모든 학교는 주정부에 대해 직접적으로 책임을 진다. 이 방안은 미국 사람들에게는 타당하지 않게 들리겠지만, 이러한 형태의 학교 지배구조는 미국 밖, 특히 서유럽에서는 널리 활용되고 있다. 학교 지배구조 개혁에 대한 또 다른 접근은 모든 교육구를 시장의 통제하에 두는 것이다. 시장 또는 다른 공무원이 교육위원회를 임명하든, 교육위원회를 포함한 학교체제는 지방정부의 통제를 받을 것이다. 본질적으로 이 개혁안을 제안하는 사람들은 모든 미국 교육구가 재정적으로 종속될 것이라고 본다. 사실상, 일부 연구는 이 안을 지지하는데 재정적으로 의존적인 교육구는 독립적인 교육구보다 일반 대중의 요구에 더 즉각적으로 대응할 것이라고 한다(Berkman & Plutzer, 2005). 세 번째 가능한 행동 방침은 교육위원회를 정책위원회로 대체하는 것이다(Sell, 2006). 정책위원회는 현재의 교육위원회보다 훨씬 더 적은 권력을 갖는다. 기본적으로 정책위원회는 수용할 만한 교육장의 행동과 수용할 수 없는 행동을 구분하고 교육장의 전문적 수행능력을 이와 관련지어 평가한다. 정책위원회가 다른 중앙 부서의 공무원이나 교장에게 영향을 미치기 위해서 교육장 주위에서 교육구를 "세세하게 관리"하는 것은 금지된다.

그러나 많은 사람들은 교육위원회를 완전히 포기하지는 않는다. 교육위원회가 주요 측면에서 개혁되어야 하지만 여전히 유지되어야 한다고 믿는다. 본질적으로, 이들은 20세기 초 진보주의 운동이 추진한 여러 가지 개혁들을 폐지할 것을 주장한다. 예를 들어, 그들은 교육위원회 선거는 주 선거와 연방 선거와 마찬가지로 짝수 연도의 11월 첫 번째 화요일에 실시할 것을 권고한다. 교육위원회 선거가 다른 선거와 동시에 실시되면 투표율은 크게 개선될 것이며 아마도 더 많은 시민들이 지방 학교 정치에 관심을 가질 것이다. 다른 제안은 대선거구제에서 소선거구제로 바꾸는 것이다. 이러한 개혁은 소수인종집단과 노동계층이 교육위원회에 출마하여 당선될 가능성을 높일 것이며, 그 결과 현재의 교육위원회보다 지역사회를 더 잘 대표하는 위원회를 구성하게 될 것이다(Howell, 2005b; Sell, 2006).

이 경우 교육위원회에 무슨 일이 일어날지 분명하지 않다. 아마 일부 주는 단일 행동방침을 따를 것이지만 다른 주는 교육위원회 문제에 대해 다른 접근법을 택할 것이다. 그러나 결국 지방 학교 지배구조는 상당히 많이 변할 것 같다. 교육위원회는 전부 폐지되거나 의미 있는 방식으로 변할 것이다.

학교 내의 미시정치

교육장, 교육위원회, 교사, 노조, 지역사회의 복잡한 상호작용이 지방 수준의 유일한 정치 형태는 아니다. 1~2년 정도 학교에서 근무해 본 사람은 누구나 알 수 있듯이, 정치는 모든 학교 내에서 행해진다. 광범위한 교육청 수준의 정치와 마찬가지로 학교 현장에서의 정치적 상호작용은 특정한 가치를 추구하기 위한 자원을 두고 벌어지는 경쟁이다. 학교 현장에서 일어나는 전형적인 정치적 투쟁은 다음과 같은 쟁점을 중심으로 이루어진다. 즉, 교과서 구매에 사용할 교재비 예산을 어떤 교과가 더 많이 얻을 것인가, 사회과 또는 과학과? 어떤 교사가 학급 보조교사를 배정받을 것인가? 사친회는 운동장에 설치할 새로운 장비를 구매하려는 학교장의 계획을 지지할 것인가? 이러한 쟁점들을 중심으로 이루어지는 정치적 투쟁은 미시정치라고 불린다.

기본 개념

미시정치학의 기본 개념은 학교 수준에서 자원은 비싸지는 않지만 제한되어 있다는 것이다. 게다가 학교나 학교 공동체 즉 교사, 학생, 학부모 또는 학교 직원은 분명한 이해관계를 가지고 있다. 미시정치 수준에서, 제한된 자원에 대한 투쟁은 매우 치열해질 수 있다. 누가 은밀한 자원을 받을 것인가에 대한 최종 결정은 대체로 교장이 하지만 교사 소위원회, 전체 교사, 학부모 집단, 학생회 또는 심지어 직원들이 결정할 수도 있다(Ball, 1987; Blase & Anderson, 1995).

학교 미시정치의 핵심에는 공적 권한이 개입되지 않는 개인적인 협상의 과정이 있다. 이 정책결정 과정은 상반되는 제안을 개인 간에 교환하는 것으로, 각 집단의 협상 목표는 상대방으로부터 가능한 한 많이 받기 위해서 가능한 한 적게 포기하는 것이다. 양 협상자가 수용할 만한 것을 얻으면 정책은 합의에 이르게 된다. 예를 들어, 고등학교 교사들은 내년도 학사 일정을 정하는 데 개인적인 이해관계를 갖고 있다. 그들은 어떤 학급을 가르치게 될 것인지, 언제 기획 시간을 가질 것인지에 대해 매우 신경을 쓴다. 그러나 일반적으로 학사일정은 교장이 교감이나 상담가의 자문을 받아 결정하며, 대개 교사회의에서 공식적인 투표를 하지 않는다. 그 결과 일부 교사들은 자신이 희망하는 일정을 잡기 위해 개별적으로 교장과 협상한다. 아마도 일과 중 늦게 기획 시간을 잡도록 교장의 약속을 받아내는 대신 교사는 클럽활동을 후원하거나 위원회를 담당하기로 했을 것이다. 달리 말하면, 자원의 교환을 통해서 결정에 이르게 된다.

이러한 과정을 생각할 때, 전형적인 교장의 욕구와 교사의 욕구에 초점을 맞추면 도움이 된다. 교장은 무엇을 원하는가? 그리고 교사는 무엇을 제공해야 하는가? 일반적으로 교장은 교사가 수업 및 학생 감독 의무를 성실하게 수행하고, 지역사회, 교육청, 교육위원회로부터 나쁜 의미의 주목을 받지 않고, 학교가 순조롭게 운영되고 유지되도록 도와주기를 원한다. 반면 교사들은 큰 교실, 적은 학생수, 풍부한 물자, 자신이 좋아하는 과목을 가르칠 기회, 좋은 시간표와 같은 그들의 삶을 더 편안하게 만들어 줄 "특전" 뿐 아니라 수업과 훈육에 대한 지원을 원한다. 게다가 행정가들은 자신의 직무 수행에서 자율성을 추구하는 반면 교사들은 학급 내에서의 자율성을 원한다. 학교 지도자는 교육구의 규칙을 너무 심하게 강요하기를 원하지 않고 교사들은 그러한 규칙으로부터의 자유를 원한다. 분명히, 여기에는 협상과 상호 합의가 가능한 상당한 여지가 있다.

때때로 미시정치 과정은 공식적인 협상이 아니라 이해당사자 간에 주고받는 장기적인 과정으로, 결코 공개적으로 드러나지 않는 상호이해에 이르게 된다. 예를 들어, 교장은 자기 직무의 한 부분으로, 교사들이 수업 책임을 다하고 있는가를 확인하기 위하여 일종의 평가체제를 활용하기를 원한다. 그러나 교사들은 자신의 자율성을 침해한다고 하여 종종 평가에 저항한다. 시간이 지나면서, 모종의 합의가 이루어진다. 즉 교사가 시간을 준수하고, 학급을 "통제하에" 두고, 다양한 프로젝트에서 교장을 지원하는 한 교장이 매우 좋은 평가점수를 줄 것이라는 상호 이해가 이루어진다. 그 결과는 교장과 교사 모두가 수용할 수 있는 만족스러운 (반드시 최적은 아니지만) 성과가 수반되는 절충이다.

많은 미시정치 과정의 결과는 의사결정에 참여하는 주요 이해당사자 외에 누군가가 그 결정에 따른 대가를 지불한 것이라는 점에 주목하는 것이 중요하다. 위의 예에서 보통밖에 안 되는 또는 무능한 일부 교사들은 그들의 직업을 유지할 수 있으나 학생들이 부실한 교육을 받는 대가를 지불해야 한다. 대부분의 경우 중앙부서, 교육위원회, 교육장은 제3자에게 부과되는 비용을 의식하지 않는다.

교장: 압력과 지도성

이전의 논의에서 제시된 바와 같이, 교장은 다양한 이해당사자들로부터 가해지는 다면적인 압력 속에서 일한다. 중앙부서와 교육장은 교장의 자유재량과 자율성을 제한할 수 있는 지시를 내린다. 같은 동네에 있는 단체들은 보통 교장이 그들에게 제공하기를 기대하는 무엇인가를 즉 애매하게 정의되는 무엇인가를 원한다. 교사들은 "특전"을 원하고 자율성을 원한다. 조리사, 수위, 비서 등의 직원 또한 학교 지도자와 소통하기를 주저하지 않는 필요와 욕구를 가지고 있다. 학부모들 또한 자녀가 "가장 좋은" 교사의 학급이나 축구 팀에 배정되도록 교장에게 압력을 가한다. 많은 이해당사자들의 욕구는 서로 갈등하며, 대개 교장은 다른 사람의 욕구를 거부함으로써 한 사람의 욕구만을 승인할 수 있다. 많은 교장들이 유권자의 욕구를 충족시키고 자신에게 가해지는 압력을 줄이기 위해서 자신의 교육목표를 포기하는 것은 놀랄 만한 일이 아니다. 예를 들어, 어떤 학교에서는 교사들의 반감을 사는 것을 두려워하는 교장이 교사의 압력하에 필요한 교육개혁을 희석시켜 부드럽게 조정한다.

그러나 미시정치 압력에 대처하기 위한 전략을 개발하는 것이 현명하다. 즉 다른 말로 하면, 자신의 목표를 더 쉽게 얻기 위해서 미시정치 환경을 변화시키는 것이 현명하다. 일부 교장들은 자신의 목표를 성취하기 위해서 고전적인 정치적 통제 방법을 사용한다. 예를 들어, 교장은 요구가 많은 이해당사자 간에 불화를 유포하고 특히 미시정치의 장에서 강력한 사람을 새 회원으로 받아들인다. 또는 교장은 다른 쪽으로 압력을 돌리기 위해 다른 쟁점을 제기함으로써 방향 전환 전술을 활용한다. 교장은 또한 "지식이 힘이다"라는 것을 기억하여 학교에서 정보의 흐름을 통제해서 일부 이해당사자들이 중요한 사실에 접근하지 못하게 한다. 사용할 만한 다른 전략으로는 신중하게 회의 안건을 통제하기, 현재의 이해당사자보다 더 도움이 될 새로운 이해관계자 찾기, 장기 연구 위원회에 쟁점을 회부함으로써 행동 미루기 등이 있다. 의심할 바 없이 효과적인 교장은 보통 한 가지 이상의 전술을 활용한다. 그러나 이상적으로 교장은 정치적인 책략보다는 효과적인 지도성 전략에 더 많이 의존한다.

지도성과 교장

효과적인 지도자들은 강한 압력에도 불구하고 미시정치 환경을 만들 수 있으며, 교육성취를 높이는 방향으로 학교를 지도해 나간다. 훌륭한 지도성은 학교의 목표를 추진하기 위해 다른 사람들이 새로운 가치나 프로그램을 받아들이도록 설득하는 것이다. 1998년의 연구에서, Wir와 Krug은 단순히 "순리를 따르는"(즉, "유지자") 학교 지도자와 적극적으로 학교의 목표를 변화시키고자 하는 교장("지도자")을 구분하기 위해 교장을 대상으로 전국 설문조사를 실시하였다. 여러 가지 학교 정책과 다양한 개인적 자질을 검토한 이 연구는 지도자들은 중요한 측면에서 유지자와 다르다는 점을 발견하였다. 학교의 규모나 개인적인 자질과 무관하게 지도자들은 유지자들보다 더 열심히 일한다. 또한 지도자들은 유지자보다 목표를 달성하기 위해 교사와 중앙부서의 지원을 얻을 수 있도록 열심히 한다.

불행하게도, 세 번째 범주의 교장이 있다. 즉, 유지자와 지도자 외에 소진된 교장들이 있다. 교장 직무의 복잡성, 이해관계자들의 끊임없는 압력, 학교가 실패하고 있다는 널리 확산된 대중의 인식 등은 보통 교장에게 좌절과 동기 상실의 원인이 된다. 소진된 교장은 교사의 자원 요청, 불만을 품은 학부모의 불평, 중앙부서의 요구의 늪에서 침몰해 버린다. 그러고 나면 많은 교장들이 조기 퇴직이나 중앙부서로 승진하여 교장직을 떠나는 것은 당연하다. 그 결과 2000년대에는 전국적으로 교장이 되기를 희망하는 사람이 부족하다. 이는 교장이 정치적 통찰력을 개발하고 지도성 기술을 숙달하는 것이 얼마나 중요한가를 시사하며, 교육구 수준과 미시정치 수준 모두에서 그들을 잘 활용할 필요가 있다.

결론

이 장에서 기술한 지방정치의 형태는 약 14,000개의 미국의 모든 교육구에서 발견할 수 있다. 그러나 이 정치적 과정은 지방의 문화와 전통에 따라 다소 다른 유형으로 구분된다. 어떤 교육구는 다른 교육구보다 훨씬 더 심한 정치적 갈등을 경험한다. 사실상, 어떤 교육구에서는 실제로 갈등이 극심하다. 그러나 다른 교육구에서는 건강한 정치적 과정이 더 많으며 사람들은 협상과 타협에 익숙해져 있다. 이것이 교장직이나 교육장직에 지원하고자 하는 사람은 누구나 직무를 수락하기 전에 교육구의 정치 분위기에 관한 정보를 얻기 위해 노력해야 하는 이유이다. 논쟁적인 정치 평판이 있는 교육구에서 근무하기로 결심한 사람일지라도, 옛 격언처럼 "유비무환"이다.

참고문헌

Alexander, K., & Alexander, M. D. (2001). *American public school law* (Sthed.). Belmont, CA: Wadsworth/Thomson Learning.

Ball, S. (1987). *The micro politics of school management.* London: Methuen.

Berkman, M. B., & Plutzer, E. (2005). *Ten thousand democracies: Politics and public opinion in America's school districts.* Washington, DC: Georgetown University Press.

Blase, J., & Anderson, G. (1995). *The micropolitics of educational leadership.* New York: Teachers College Press.

Boyd, W. L. (1976). The public, the professionals, and education policy making: Who governs? *Teachers College Record, 77,* 539-577.

Carter, G. R., & Cunningham, W. G. (1997). *The American school superintendent.* San Francisco: Jossey-Bass.

Counts, G. (1927). *The social composition of boards of education.* Chicago: University of Chicago Press.

Hess, F. M. (2002). *School boards at the dawn of the 21st century.* Online: www.nsba.org/sitedocs/12001143.pdf.

Howell, W. G. (2005a). Introduction. In W. G. Howell (Ed.), *Besieged* (pp. 1-23). Washington, DC: Brookings Institution.

Howell, W. G. (2005b, May). School boards surrounded. *American School Board Journal,* 24-27.

Iannaccone, L., & Lutz, F. (Eds.). (1970). *Politics, powers, and policy.* Columbus, OH: Merrill.

Jackson, B. L. (1995). *Balancing act.* Washington, DC: Joint Center for Political and Economic Studies.

Lutz, F. W., & Merz, C. (1992). *The politics of school/community relations.* New York: Teachers College Press.

Sell, S. (2006). Running an effective school district: School boards in the 21st century. *Journal of Education, 186*(3), 71-97.

Teixeira, R. (1992). *The disappearing American voter.* Washington, DC: Brookings Institution.

Villegas, M. (2003). Leading in difficult times: Are urban school boards up to the task? *WestEd Policy Trends.* Online: www.wested.org/on line_pubs/pt-03-01.pdf.

Wirt, F., & Kirst, M. (1997). *The political dynamics of American education.* Berkeley, CA: McCutchan.

Wirt, F., & Krug, S. (1998). From leadership behavior to cognitions: A constructivist theory of U.S. principals. *Journal of Educational Administration, 36*(3), 229-248.

제13장

주정부 수준의 정책결정

1780년대에 미 헌법을 기초할 때, 교육은 포함되지 않았으며, 초기의 주 헌법에서도 교육은 언급되지 않았다. 공교육이 거의 제공되지 않았던 당시에 교육은 주로 교회나 자녀가 초보적인 읽기와 산술을 배우기를 원했던 가정에서 지원하는 사립기관의 책임이었다. 대부분의 경우, 교육은 법으로 통치되지 않았다.

그러나 1830년대와 1840년대 보통 학교운동은 성별 구분 없이 모든 아동의 초등교육을 의무화하는 개혁을 추구하였으며, 이 정책을 추진하기 위해 지도자들은 주정부와 협력하였다. 보통학교체제를 처음 만들었을 때, 각 주들은 미국 수정헌법 제10조에 근거하여 주정부에 부여된 권력의 하나를 행사하였다. 그렇기는 하였지만, 의무교육법 통과 후 100년 이상 주정부는 포괄적인 교육 목표를 발표하고 빈약한 재정을 지원하는 것 외에는 놀랄 만큼 공교육에 대해 거의 아무것도 하지 않았다. 일반적으로, 주의 교육감 자리는 주지사가 자신의 오랜 (그리고 충실한) 지방 교육장에게 주는 후원자용 임용자리였다. 요컨대, 주정부는 학교를 설립하고, 주로 학교에 재정을 지원하기 위해 지방 교육구를 설치하였다. 1900년대의 "학창시절, 학창시절, 좋은 오랜 황금기" 에 관한 노래는 이러한 지방 교육구의 학교를 언급하는 것이었으며, 많은 학교들은 한 학급 형태였다.

이러한 과거 주정부의 미미한 역할과 뚜렷한 대조를 보이는 오늘날 주정부는 구체적인 학교의 목표를 정하고, 교육과정을 만들고, 학생을 평가하는 데 적극적으로 개입한다. 이를 위해 각 주는 지방교육청과 밀접하게 연계된 관료주의를 이용한다. 지방교육청도 주정부에 무엇을 하고 있는가를 정기적으로 보고해야 한다. 공교육에 대한 주정부의 권한 확대로 학교행정가들이 주정부 수준의 학교 지배구조와 교육 정책결정에서 무슨 일이 일어나고 있는가를 이해하는 것이 중요해졌다. 이 장에서는 먼저 주정부의 교육 지배구조 개요를 제시함으로써 이러한 배경 지식을 제공할 것이다. 주의 법 체계와 권한 범위, 주요 정치행위자를 기술한다. 그 다음에 주정부 수준의 학교 지배구조 증가의 이유, 주의 정책결정에 영향을 미치는 정치문화, 그리고 주의 수도에서 이루어지는 정치적 과정을 포함하여 주 수준의 교육정치와 정책결정에 관련된 특별한 쟁점들을 검토할 것이다.

주정부의 교육 지배구조 개관

법 체계

앞에서 언급하였듯이, 미국 헌법은 공립학교나 기타 다른 형태의 학교 설립에 관한 조문은 말할 것도 없이 교육이라는 단어도 포함하고 있지 않다. 그러나 권리장전의 마지막에 수정 헌법 제10조가 포함되어 있다. 이 조문은 연방 헌법에서 연방정부에 부여하지 않은 모든 권력을 주정부와 주정부 공무원에게 부여하고 있다. 그러므로 오랫동안 학교체제를 설립하고 학교를 규제하는 권력은 소위 위임권력으로, 50개 주정부에 주어진 것으로 이해되었다. 각 주는 학교체제를 설립하고 규제할 권한을 주정부에 부여하는 주 헌법을 채택하였다. 그리하여 교육과 관련된 주 헌법의 일부, 주 의회에서 통과된 교육 관련 법규(statutes) 그리고 주의 사법체계에서 내려진 법원 결정 등은 주 교육 지배구조의 법적인 기반을 형성한다(Alexander & Alexander, 2001).

주 권한의 범위

주 내에서 교육에 관한 주의 권한은 광범위하다. 이 권한은 입법 문구나 주 내의 법원 결정에 따라 공립 K-12 교육에 대해서뿐 아니라 사립학교 교육, 가정학교교육, 그리고 고등교육에까지 미친다. 오하이오 주의 한 법원 결정은 다음과 같이 언급한 바 있다.

> 오하이오 주의 아동들을 위해, 초등교육과 중등교육을 제공하는 학교에 대한 통제권은 공립이든 사립이든, 우리 주의 입법부에 있다. 의회는 교육관련 문제에 대해 *무조건적인* 권력을 행사하고 의회의 조치는 헌법에 포함된 제약에 의해서만 제한될 수 있다(Alexander & Alexander, 2001, p.90에서 인용).

이는 주정부는 지방교육청을 설립 및 폐지할 수 있으며, 그 전체를 없앨 수도 있음을 의미한다. 주정부는 교사, 행정가의 자격을 허가할 수 있고 철회할 수 있다. 학교 시설 요건을 정하고 강제할 수 있다. 주 전체에 적용되는 교육과정과 교과서를 채택할 수 있고 아동들이 교과내용을 학습하고 있는가를 알아보기 위해 주 전체에 적용되는 시험제도를 정할 수 있다. 교육장, 학교, 행정가와 교사들을 보상하고 처벌할 수 있다. 주정부는, 주법이 허용한다면, 교육위원회를 해산하고 새로 임용할 수 있다.

그러나 앞의 인용문에서 제시하였듯이, 교육에 관한 주정부의 권력에는 한계가 있다. 기본적으로 이러한 한계는 헌법에 명시되어야 한다. 주정부는, 연방 법원이 결정한 바와 같이, 각 주에 적용되는 미 연방헌법뿐 아니라 주의 헌법 체계 내에서 운영된다. 예를 들어, 주정부는 종교학교를 포함한 사립학교의 설립을 금지할 수 없는데, 이는 1920년의 미 연방대법원의 결정이 그러한 금지를 불법으로 판결했기 때문이다.

주정부 수준의 주요 정치적 행위자

주 수준의 교육 지배구조는 지방 교육 지배구조보다 더 복잡하다. 주 수준의 교육 지배구조는 일반적으로 주정부에서 활동하는 수많은 선출직과 임명직 공무원들 예를 들어, 주지사, 주의회 의원, 주 법원의 판사 등을 포함한다. 그러나 교육에 대해서만 권한을 갖는 특별 교육 지배구조 체제도 포함된다. 2개 주(위스콘신 주와 미네소타 주)를 제외한 모든 주에서 이 특별 지배구조 체제는 세 요소로 구성된다. 주교육부(a state board of education, SBE), 주교육감(a chief state school officer, CSSO), 그리고 주교육국(a state education agency, SEA)이다. 여기서 주교육감은 일반적으로 공립기관 교육장(superintendent of public instruction), 주교육장(state superintendent), 또는 교육위원(commissioner of education)과 같은 직명이 있다—위스콘신 주와 미네소타 주는 주교육부는 없으나 주교육감과 주교육국은 있다(National Association of State Boards of Education, 2007). 주교육국은 거대 관료조직으로 대개 주의 수도에 위치해 있으며, 주 전역에 지부를 두고 있다. 주교육감은 주교육국을 이끄는 책임자이며, 예산을 분석하고 예산안을 개발하며 주입법부가 통과시킨 법에 따라 규칙과 규정을 만들고, 지방 행정가들이 새로운 프로그램을 실행하도록 지원하는 등의 일을 수행한다. 그러므로 대부분의 학교행정가들은 가끔 주교육국 공무원과 직접 만나게 된다. 예를 들어, 행정가들은 새로운 프로그램을 어떻게 수행할 것인가에 대해 주교육국이 후원하는 워크숍에 참석하거나 기술적인 문제에 대한 다양한 자문을 구하기 위해 주교육국 공무원에게 전화를 하기도 한다. 이러한 정치적 행위자와 기타 관련자들은 그림 13.1과 13.2에 열거하였다.

그림 13.1 주 수준의 정부기관의 주요 정치적 행위자

개인

- 주지사
- 주교육감
- 주의회 교육위원회 의장

단체

- 입법부
- 입법부의 교육위원회
- 입법부 직원
- 주교육위원회
- 주교육국
- 주법원체제

그림 13.2 주 수준의 비정부기관의 주요 정치적 행위자

- 교사 노조
- 공무원 노조
- 기업가 단체
- 종교 단체
- 인종 및 소수민족 집단
- 주에 기반을 둔 재단
- 주에 기반을 둔 두뇌집단

공식적인 지배구조 조직의 구성원 외에, 대부분의 주에서 그림 13.2에 제시된 바와 같은 수많은 이해집단이 정치에 적극적으로 참여한다. 일반적으로 가장 적극적이고 영향력 있는 두 집단은 교사 노조와 기업 로비 집단으로 여기에는 기업 원탁회의, 주 상공회, 농장협회와 같은 조직이 포함된다. 다른 단체들은 대체로 그 단체에 특별히 중요한 쟁점이 의회에서 논의될 때만 적극적으로 참여한다. 예를 들어, 종교 단체는 가정학교교육에 관한 논쟁에 참여할 것이며, 남미계 단체는 이중언어교육에 관한 자신들의 견해를 알리고자 할 것이다. 종종 주에 기반을 둔 재단과 두뇌집단도 정책 과정에 개입한다. 대개 그들은 관심 있는 주정부의 쟁점에 관한 연구를 홍보하고 출판물과 공무원들과의 지속적인 협의를 통해서 정치적 의제를 형성하고자 한다.

1980년대 말에 이루어진 한 연구에서 Marshall, Mitchell과 Wirt(1989)는 6개 주에서 주 정치에 적극적으로 참여하는 사람들을 면담하였다. 연구자들은 이들에게 자신이 속한 주에서 교육 정책결정에 참여하는 개인과 집단의 영향력을 평가하도록 하였다. 연구 결과는 흥미로운 사실을 보여주었다. 교육위원회 위원장과 같은 개별 의원과 의회 전체가 각각 첫 번째와 두 번째 순위를 차지한 것은 당연하다. 주교육감은 세 번째였다. 놀랄 만한 점은 교사 노조가 다섯 번째로 주지사와 주 교육부보다 앞섰다는 사실이다. 1989년 연구에서 응답자들은 기업을 언급하지 않았지만, 최근의 연구에서는 기업의 영향력이 교사 노조의 영향력을 능가한다는 것을 발견하였다(Thomas & Hrebenar, 2004). 물론, 각 주에서 영향력의 유형은 독특하고 주 정치의 상위 수준에 관련되는 자원과 사람에 따라 시간이 지나면서 다양해질 것이다.

주 정치와 정책결정에서의 특별한 쟁점

주정부 권력의 확대

학교교육에 대한 주의 영향력 확대는 일정하지 않은 속도로 진행되었다. 모든 아동에게 무상 공교육을 제공하려는 목표는 1840년대 Horace Mann에 의해 도입되었지만 이를 가장 늦게 수용한 주는 1918년까지도 무상 공립학교를 설립하지 않았던 미시시피 주였다. 그 당시 주정부는 지방교육이 거의 모든 교육 정책결정을 하도록 허용하였다. 주정부는 지방교육청에 재정지원도 거의 하지 않았다. 그러나 20세기 전반에 걸쳐, 교육에 대한 주정부의 권력은 지속적으로 증가하였고 이러한 성장은 2차 세계대전 후에 가속화되었다. 오늘날 주 수준의 학교 지배구조는 세 단계 중 가장 중요하다고 보는 것이 타당할 것이다.

가치의 변화 주의 권력이 확대된 이유 중 하나는 19세기에 시작되고 20세기 동안 강화된 가치의 변화이다. 초기 공립학교 체제는 지역사회와 지역사회의 가치를 우선시하였다. 사실상, 그 시대의 사람들은 *자유* 즉, 그들의 학교에 관하여 결정할 지역사회의 자유를 매우 중요하게 생각하였다. 그들은 심지어 같은 주 내에서도 하나의 획일적인 법으로 학교교육의 다양성을 관리해야 한다는 생각을 거부하였다. 따라서 그들은 각 교육구가 스스로 선택할 수 있도록 자유로워야 한다고 믿었다. 예를 들어, 수십 년간 교육구가 매년 학교의 수업일수를 결정하였다. 지방교육청과 주정부 간의 초기 갈등은 바로 이 쟁점에서 비롯된 것이었다. 즉 농업에 종사하는 가정은 봄과 여름의 농번기에 자녀들을 활용할 수 있기를 바랐다. 따라서 그들은 학교의 수업일수를 늘리려는 주정부에 심하게 저항하였다. 반대로, 19세기에 보통학교 제도를 수립하고 20세기에 이를 확대한 전문 교육자들은 모든 미국 아동이 공정한 교육을 받기 위해서는 수업 표준화와 학교자원의 평균화가 핵심이라고 믿었다. 요약하면, 그들은 주요 교육결정을 하기 위해 지방교육청의 *자유*를 유지하는 것보다 교육의 *질*과 *공정성*을 더 중시하였다. 그들은 과도한 지방 통제가 다양한 교육구, 즉 일부는 충분한 자원과 훌륭한 자격을 갖춘 직원을 가진 교육구와 그렇지 못한 교육구를 만들게 될 것을 두려워하였다. 결국, *질*과 *공정성*을 선호한 집단이 승리하였고 공립학교는 주정부가 정한 법과 규정을 통해 점점 더 표준화되었다. 그러나 지방 통제는 사라지지 않았다. 왜냐하면 수십 년간 지방 통제 지지자들이 지방재산세를 통해 대부분의 학교 재정을 계속적으로 제공하였기 때문이다(Fowler, 2000).

주의 역량 향상 교육에 관한 권한이 주정부로 이동하게 된 또 다른 주요 요인은 전반적으로 주정부의 역량 향상이다. 1830년대와 1840년대 최초의 보통학교 설립 이후 약 100년 동안, 주정부의 권한은 보잘 것 없을 정도로 취약하였다. 대개 주 의회는 2년에 한 번씩 열렸고, 주지사는 대체로 교육정책에 관심이 없었고, 주 수도의 최소한의 관료주의 체제는 보고서를 발간할 충분한 인력을 확보하고 있지 않았다. 그들은 단지 보고서를 수령하고 철해둘 뿐이었다. 그러나 제2차 세계대전 이후, 주정부는 확대되었고 역량도 향상되었다. 주 의회는 매년 열리기 시작하였고 의회의 직원은 늘어났고, 주지사는 점차 공립 학교교육의 중요성을 인식하게 되었다. 이 시기 동안 주정부는 점점 더 많은 교육재정을 지원하기 시작하였다. 이러한 변화는 주정부가 마침내 학교정책에 적극적으로 개입할 수 있게 되었음을 의미하였다(Fowler, 200; Herrington & Fowler, 2003).

주정부의 역량이 확대된 원인의 하나는 주정부에 대해 특정한 용도로 사용할 수 있는 교부금을 주는 연방법이 통과되었다는 점이다. 이 프로그램은 처음에는 그다지 대단히 중요한 것은 아니었으며 상대적으로 정규 학급에 큰 영향을 주지 않았다. 예를 들어, 1920년대의 연방정부 재정은 직업교육 지원에 사용되었으며, 1930년대와 1940년대는 직업교육 대신 급식(점심) 지원 프로그램에 사용되었다. 그러나 1958년 소련의 성공적인 무인 인공위성의 발사로 통과된 국가 방위 교육법(National Defense Education Act)은 교사 훈련과 과학, 수학, 외국어 수업의 향상을 위해 교부금을 제공하였다. 7년 만에 이 법은 초중등교육법(ESEA)으로 이어졌다. 초중등교육법은 처음으로 가난한 아동을 위한 보충교육을 위해 막대한 돈을 공립학교와 사립학교에 투입하였나. 그러나 워싱턴은 이 기금을 교육구에 직접 주지 않고, 지방교육청에 교부금을 배부하고 지방교육청의 수행 결과를 감독하는 주정부에 보냈다.

주정부는 이러한 새로운 책임을 수행하기 위하여 성장해야 했다. 주정부는 직원을 확충하여 새로운 프로그램의 효과를 감독하고 또 평가하였다. 시간이 지나면서 연방의 교육비 지출이 확대되고 점점 더 많은 과제들이 주정부에 부과되었다. 예를 들어, 1983년에 연방법은 학생들의 학습결과에 대한 공식적인 평가를 요구함으로써 학교를 개혁하고자 하였다. 이는 주교육부에서 시험 및 교육과정 전문가를 고용해야 함을 의미하였다. 이러한 경향은 아동낙오방지법으로 2001년에 절정에 이르렀으며, 이 법은 ESEA하에 연방기금을 받는 모든 주에 대해 시험과 리포트 체제를 부과하였다. 다시 한 번, 연방의 기준을 따르려면 주정부는 주의 자원을 확대해야 했다(Fowler, 2000; Herrington & Fowler, 2003).

주의 세금구조 변화 주정부 성장의 두 번째 원인은 주의 세금구조 변화에 있다. 20

세기의 마지막에 많은 주들은 새로운 유형의 세금을 승인하거나 세입 비율을 확대하였다. 판매세, 소득세, 법인세와 복권 등이 그러한 세금들이었다. 모든 주에서 교육은 주요 지출원이었기 때문에, 주정부 재원의 확대는 더 많은 돈을 학교에 사용할 수 있음을 의미하였다. 그 결과 주가 부담하는 학교재정의 몫이 커지기 시작하였다. 1980년대 중반까지 보통 주정부는 학교재정의 약 절반을 제공하였다. 그러나 일반적으로 공공 재정에는 그에 딸린 부대조건이 붙어 있다. 주정부는 지방교육청에 더 많은 돈을 지원함에 따라, 더 많은 책무성을 기대하였다. 이러한 새로운 과제도 주 수준의 학교 지배구조 발달에 기여하였다(Fowler, 2000).

위로부터의 압력만이 주정부 성장의 원인이 된 것은 아니었다. 아래로부터의 압력도 이러한 변화에 기여하였다. 핵심 문제는 지방학교체제가 앞 장에서 체제 충격으로 이름 붙인 비판의 홍수에 대응하기가 더 어려워졌다는 점이다. 그러한 비판에는 널리 알려진 학생의 학습 실패, 학교 폭력에 대한 떠들썩한 언론의 보도, 지방 이해당사자들의 계속적인 반목, 학교를 지원하기 위한 재산세 부담 증가를 달가워하지 않는 시민 등이 포함된다. 지방정부 수준의 위기는 학교교육에 대한 통제를 진공상태로 남겨두었다. "자연은 진공 상태를 싫어" 하므로, 이러한 정치적 진공상태는 주정부의 교육 개입을 더 확대하는 길을 열었다. 물론 주정부의 더 많은 개입은 교육 관료주의의 발달을 의미한다. 요컨대, 많은 사회 세력들이 주정부의 성장과 주정부의 공교육 개입을 조장하였다.

주의 정치문화

세 가지 정치문화 문서상으로 50개 주의 통치체제는 매우 유사해 보이지만, 모든 주에서 같은 방식으로 정치가 벌어질 것이라고 상상하는 것은 큰 잘못이다. 이 절에서는 각 주의 차이뿐 아니라 그 이유를 탐구할 것이다. 각 주의 정치 차이의 주요 원인 중 하나는 *정치문화*의 차이에 있다. *문화*는 특정 집단의 사람들이 공유하는 중요한 문제에 대한 보편적인 사고방식과 행동방식이다. *정치문화*는 정치와 공공정책에 대한 보통의 사고방식과 행동방식이다. Elazar(1984)는 이 주제에 대한 고전적인 저서에서 미국의 세 가지 주요 정치문화를 확인하였다. 즉 (1) 전통주의 정치문화, (2) 도덕주의 정치문화, (3) 개인주의 정치문화이다. 각 정치문화는 미국의 특정 지역과 연관되어 있다.

전통주의 정치문화는 주로 남부 주, 오클라호마 주와 아리조나 주 등 남부인들이 정착한 주에서 발견된다. 또한 이는 남부 주와 접하고 있는 일리노이 남부나 펜실베이니아 남부와 같은 북동부 주나 남서부 주의 일부 지역에서도 나타난다. 전통주의 문화에서 정치는 사회가 현상 유지되는 한 긍정적인 영향을 발휘한다. 교육과 관련하여 이러한 현상 유지는 재정지원이 잘 이루어지고 찰스톤이나 아틀랜타 부근의 부유한 지역사회에서 발견되는 학문 중심의 프로그램 또는 시골 지역의 "좋은 올드 보이"와 같은 기본적이고 실질적인 프로그램을 지원하는 것이다. 그러나 두 상황에서 주요 관심사는 모든 변화를 회피하거나 필요한 변화를 천천히 그리고 점진적으로 추진하는 것이다. 두 지역에서 정치는 지역사회에서 중요한 결정을 하기에 최적의 사람들이라고 믿는 "엘리트"가 지배한다. 엘리트 집단 가입은 일반적으로 사회적인 또는 가족적인 유대를 통해서 이루어지며, 외부인은 이 집단에 끼어들기가 어렵다. 전통주의 환경에서는 단일 정당 정치체제가 보통이며, "정치가는 광범위한 인간관계 망을 가지고 있고 착실하게 이를 유지할 것으로 기대된다"(Fowler, 2004, p.97).

도덕주의 정치문화는 주로 식민지시대의 기독교주의 전통에 뿌리를 두고 있는 뉴잉글랜드 지방과 정치에 대해 유사한 아이디어를 가져온 스칸디나비아 반도 이민자들이 정착한 중서부 상부, 뉴잉글랜드와 중서부 상부 출신 사람들이 정착한 지역에서 찾을 수 있다. 그래서 이 문화는 마인 주, 버몬트 주, 위스콘신 주, 미네소타 주, 몬타나 주, 아이다호 주와 서부 해안의 3개 주에서 지배적이다. 도덕주의 정치문화를 수용하는 사람들은 정부를 "공공복리"를 향상시키는 한 수단으로 보고, 정치는 공동선을 추구하기 위해 활용되어야 한다고 생각한다. 일반적으로 도덕주의 정치문화를 가진 주들은 활동적이고 경쟁적인 양당체제를 가지고 있으며, 정치에서 아이디어와 쟁점을 매우 강조한다. 그들은 광범위한 대중의 정치 참여를 가치 있게 생각하고 그 시대의 주요 쟁점을 토의하기 위한 공청회를 후원한다. 정치는 고귀한 소명으로 간주되고, 정치 부패 사례는 도덕주의 가치를 가진 사람들에게는 매우 충격적인 일이다. 미국 역사에서 "훌륭한 정부" 운동의 대부분은 도덕주의 정치문화를 가진 주에서 시작되었다. 이들은 공동선을 증진하고 모든 사람들의 삶을 향상시키기 위한 주요 수단으로 교육을 매우 중요하게 생각한다.

마지막으로, 많은 주들이 개인주의 정치문화를 가지고 있다. 이 문화는 뉴욕 주와 펜실베이니아 주와 같은 대서양 중부에 위치한 주에 기원을 두고 있으며 국경이 정착되면서 이들 주에서 이주해 나간 사람들에 의해 서쪽으로 확산되었다. 이미 언급한 두 개 주 외에 개인주의 문화를 가진 주요 주로는 뉴저지, 오하이오, 인디애나, 일리노이 주 등이 포함된다. 19세기와 20세기 초 동안, 이들 주와 이들의 정치문화는 대규모 인구와 거대한 부로 인해서 전국의 정치에 큰 영향을 미쳤다. 개인주의 문화에서 정치는 시장의 한 유형으로 이해되었다. 정부는 최소한의 역할을 해야 하며 주로 경제를 규제하는 역할로 제한된다. 정치는 사업으로 간주되고 사람들이 자신의 이익을 추구하기 위해 정치에 참여하는 것을 당연하게 여긴다. 상호 특혜의 교환은 정치가 작용하는 방식으로 이해된다. 효율성과 기업 같은 정부에 높은 가치를 둔다. 전통, 아이디어, 쟁점들이 특별히 중요한 것은 아니다. 개인주의 정치문화에서는 효율적으로 운영되는 학교체제, 젊은이들이 노동시장에서 자신의 자리를 잡도록 준비시켜 주는 학교체제를 중요하게 생각한다.

교육정책에 미치는 문화적 영향 1989년의 연구에서 Marshall, Mitchell과 Wirt는 자신들이 연구한 6개 주에서 교육정책에 미치는 정치문화의 영향을 탐구하였다. 그들은 정치문화가 다른 각 주의 고위급 학교 공무원들을 면담하여 7가지 교육정책 영역에 대한 견해를 질문하였다. 그러고 나서 응답내용이 공무원들이 근무하는 각 주의 정치문화와 어느 정도 일치하는지를 분석하였다. 연구자들은 그들이 확인한 33개 프로그램 중 24개가 그들이 기대한 정치문화 유형과 일치한다는 것을 발견하였다. 각 주의 교육체제에서 나타나는 다른 차이들도 정치문화에 의한 것으로 볼 수 있었다. 예를 들어, 학교 출석을 의무화한 최초의 주는 도덕주의 정치문화를 가진 매사추세츠 주였으며, 이 주에서는 의무출석법을 1852년에 통과시켰다. 가장 마지막으로 모든 아동의 학교 출석을 요구한 주는 당연히 남부 주인 미시시피 주였으며, 66년 후에 이 법을 통과시켰다. 도덕주의적인 매사추세츠 주에서는 시민들이 공동선을 진작하기 위해 공립학교체제를 설립하기를 희망했으며, 반면 전통주의적인 미시시피 주에서 지배 엘리트들이 현상 유지의 변화에 주저했다는 점을 이해하기란 어렵지 않다. 마찬가지로 Marshall, Mitchell과 Wirt는 보통 인접해 있는 주들이 매우 유사할 것이라 기대하였지만, 개인주의 문화의 일리노이 주가 도덕주의 문화의 위스콘신 주보다 학교재정의 효율성에 더 주목했음을 발견하였다. 그러나 1983년 *위기에 처한 국가* 발표 이후 시작된 전국적인 학교개혁의 흐름에서, 남부의 전통주의 문화를 가진 주들이 국가를 이끌어간 주였다는 점을 지적할 필요가 있다. 1980년대 중반 한 연구에서는 대부분의 학교교육 개혁을 채택한 8개 주 중 7개 주가 과거 남부 연방이었던 주였음을 발견하였다(Shin & Van Der Slik, 1985). 이러한 현상이 전통주의 정치문화가 남부 주에서 약화되고 있음을 나타내는지 또는 1980년대 초에 다른 엘리트 집단이 주정부를 차지하게 되어 변화가 추진되었는지 여부는 분명하지 않다.

그럼에도 불구하고 서로 다른 역사적 사건의 영향뿐 아니라 다른 종교적 배경과 민족적 배경을 반영한 채, 그들 주의 역사와 문화는 현대 각 주의 학교교육 기관에도 스며들어 있다고 말해도 타당할 것이다. 요컨대, 사람들은 학교교육의 문제에 대해 다양한 주의 반응을 기대할 수 있다. 이러한 차이 중 일부는 자원의 차이에 의한 것이지만 그러나 많은 것들이 뿌리 깊이 박혀 있는 문화적 가치와 기대에 의해 초래된 결과이다.

주 수준에서의 정책결정 과정

대부분의 주 정책은 주 의회가 만든 법을 토대로 시행된다. 주교육국은 보통 그러한 법에 수반되는 규칙과 규정을 만든다. 주의 정책 변화는 제대로 시행되지 못하고, 잘못 시행된 또는 시행되지 않은 서비스 즉, 왜곡되고 부실하게 또는 전혀 수행되지 않은 서비스에 대한 불만 때문에 생긴다. 대중의 불만은 보통의 정책 쟁점이 정부의 의제로 이어진다. 그러나 그렇게 하기 위해서는 주 의원이 먼저 문제를 인식해야 한다. 놀랍게도 보통 의원들은 위기가 그들의(또는 모든 사람의) 주의를 끌 때까지 문제를 알아차리지 못한다. 그 후 제안된 변화는 권위주의적인 과정을 거쳐 입법화된다. 그 이후의 실행에서는 자원을 재비치하기 위해 주교육국과 다른 공무원들이 필요하다. 이 절에서는 정책결정의 주요 단계를 기술할 것이다. 그러나 먼저 전형적인 주 의원의 인지세계 또는 사고방식을 살펴보는 것이 중요하다.

주의원의 인지세계 주 의원들 사이에 공통된 특정한 신념과 태도는 그들의 행동에 영향을 미친다. 의원들은 사실 모든 정책 제안을 듣지 않으며 또는 듣는다 할지라도 그에 따라 행동하지 않는다. Marshall(1995)은 의원의 태도를 "정책결정자의 가상적 세계"라 불렀으며, 이는 정책 요구를 여과시키는 걸름장치를 형성한다. 물론, 이러한 지각은 명문화된 규칙이 아니라 의원의 말과 행동으로부터 추론될 수 있다.

펜실베이니아 주와 웨스트버지니아 주 의원과의 면담에 기초한 연구에서 Marshall(1985)은 "기대되는 행동, 의례, 실행 가능한 정책 대안 판단"에 관한 몇 가지 잘 확립된 아이디어를 확인하였다(p.90). 예를 들어, Marshall은 의원들은 다른 것보다 특정한 개인과 집단에 훨씬 더 주의를 기울인다는 것을 발견하였다. 펜실베이니아 주에서 현 주교육감은 매우 존경받고 의원들과 어떻게 협력할 것인가를 아는 사람이었다. 그러나 펜실베이니아 주에서 주교육감들이 언제나 존경받는 것은 아니었다. 그의 전임자 중 한 사람은 비효과적이었다. 그 이유는 그가 너무 적극적인 활동가였고, "교육전문가와 연구"를 너무 신뢰했기 때문이었다(p.96). 펜실베이니아 주 의원들은 주교육감에 대해 특정한 기대를 가졌고 그러한 기대에 부합하지 않는 주교육감을 받아들일 수 없었다. 의원들은 또한 주교육국과 주교육부의 적정 역할에 대해서도 분명한 생각을 갖고 있었다. 이 기대에 반하여 행동하는 단체의 임원들은 의원들의 존경을 받지 못하고 따라서 영향력이 거의 없다.

Marshall은 또한 의원들은 합리적으로 생각하면 충분히 이해할 수 있는 정책임에도 불구하고 특정한 정책을 이해하지 않으려 한다는 점을 발견하였다. 예를 들어, 주정부의 강력한 이해관계에 도전하는 정책, 가령 펜실베이니아 주의 필라델피아 시 또는 웨스트버지니아 주에 있는 주요 석탄 광산 소유자 문제는 주 의회에서 금기시되고 있다. 그 결과 이들 주 의회는 특정한 쟁점에 대한 논의를 모두 회피한다. 여기에는 특정 교육과정, 공정성을 제고하려는 학교재정 개혁, 고전문학에 대한 강조 등이 포함된다. 이러한 "한도를 벗어난" 정책을 제안하는 사람은 누구나 무시된다. Marshall이 말했듯이, "다른 가치를 장려하는 정책을 주장하는 사람들은 당치 않은 말을 하는 것처럼 들린다. 그러한 가치들은 경청되지 않는다"(p.102).

마지막으로, 2개 주의 의원들은 교육정책에 영향을 미치고자 하는 사람들이 어떻게 행동해야 하는가에 대해 뚜렷한 생각을 가지고 있다. 요컨대, 의원들은 그들이 자신의 진정한 위치를 이해하고 진정한 권력을 가지고 있는 사람 즉, 의원들과 기꺼이 협력하고 팀으로 활동할 수 있는 사람이어야 한다고 생각한다. 그들은 정책 변화로 영향을 받게 될 모든 사람들과 "다시 만나야" 할 필요가 있음을 충분히 이해하고, 또한 기꺼이 타협할 수 있어야 한다. 이러한 암묵적 규칙을 이해하지 못하거나 이러한 범위 내에서 활동하지 않으려는 사람이 교육정책에 큰 영향을 미치는 것은 불가능하다. 물론, 의원들의 "가상적 세계"는 주마다 그리고 시기에 따라 다소 다양하다. 그러나 이러한 가상적 세계는 어디에나 있으며, 주 의회에서 통과될 가능성이 있는 것이 무엇인가에 대한 한계를 정한다.

쟁점 정의 주의 정책결정 과정의 첫 번째 단계는 쟁점 정의이다. 이는 오랜 시간이 걸린다. 문제가 있다는 것을 단순히 인식하는 데 몇 년이 걸릴 수 있으며, 그래서 많은 사람과 단체들이 쟁점의 중요성을 인정하고 그들의 관점을 표명해야 한다. 더욱이 많은 시민들이 문제가 있다는 것을 알더라도 의원들은 그들의 "가상적 세계" 때문에 이에 동의하는 데 더디다. 물론 가끔 쟁점이 갑자기 제기되기도 한다. 이는 일반적으로 위기나 비상사태로 인해 많은 대중의 주목을 끌게 되고 급속하게 광범위한 지지를 얻음으로써 이루어진다. 예를 들어, 수년간 교육자본 개선에 거의 투자를 하지 않은 주에서 사람들은 학교 건물을 수리하고 개축하기 위해 교육구가 주의 재정지원을 받아야 한다는 점을 안다. 그러나 세금인상에 대한 주의원의 저항 때문에 거의 아무것도 하지 못할 것이다. 그런데 주의 수도에 있는 대규모 고등학교의 지붕이 갑자기 무너져 몇 명의 교사와 학생이 죽게 되면, 쟁점 정의의 과정은 가속화될 것이다. 그러한 비극적 사건은 의심할 바 없이 주에 기반을 둔 재단이나 두뇌집단이 재빨리 시설문제에 관한 연구를 시작하는 계기가 될 것이다. 주요 이해집단 또한 이미 오랫동안 기한을 넘겨온 교육자본투자에 관심을 가질 것을 요구할 것이다. 이러한 맥락에서 쟁점 정의는 아마 통상적인 몇 년보다는 몇 주가 걸릴 것이다.

쟁점 정의가 더디거나 빠르거나 일반적으로 주의 언론은 이 과정에서 중요한 역할을 한다. 대개 아이디어는 주류 언론에서 논쟁과 토론을 야기할 때까지 널리 받아들여지지 않는다. 언론은 이 과정에서 중립적이지 않다. 대개 언론의 소유자나 편집자들은 자신을 주의 엘리트 집단으로 보고 보다 나은 교육을 통해 주를 발전시키고자 한다. 언론은 여러 가지 방식으로 쟁점 정의 과정을 조직할 수 있다. 첫째, 그들은 새로운 문제와 가능한 해결책에 대하여 의원과 일반 대중을 교육시킬 수 있다. 그들은 또한 새로운 아이디어의 지지자와 반대자 양자 모두의 관점을 유포시킬 수 있다. 이에 더하여 그들은 문제점을 설명하거나 다른 주에서 문제를 해결한 성공적인 사례를 보도한다. 마지막으로 언론은 "때가 된 쟁점"을 알아차리는 것을 주저하는 의원들을 부추긴다. 대중매체가 쟁점 정의에서 적극적인 유일한 집단은 아니다. 다양한 교육 이해집단들도 참여할 수 있다. 그러한 집단들은 제안된 정책이 그들에게 영향을 미칠 것인가를 평가하고 그들이 발견한 것들을 발표한다. 그렇게 함으로써 그들은 쟁점 정의를 개선하고 의원들과 언론에 쟁점을 알린다.

민주사회에서 모든 집단은 똑같이 중요하지만 쟁점 정의에 있어 일부 집단은 다른 집단보다 더 중요하다. 거의 언제나 재단, 두뇌집단, 대중매체, 소수의 매우 막강한 이해집단이 쟁점 정의를 독점한다. 가끔 다른 집단이나 개인이 영향력을 행사하기도 하지만 주 수준의 정책과정에서 쟁점 정의는 일반 시민이 영향을 미치기에는 가장 어려운 부분이다(Fowler, 2004).

정책의제 설정 정책의제는 입법자가 처리하고자 하는 구체적인 쟁점을 말한다. 의제로 설정되는 것보다 훨씬 더 많은 쟁점들이 문제로 규정되기 때문에 어떻게 쟁점이 의제가 되는가에 대한 의문이 생긴다. 앞에서 제시하였듯이, 언론은 보통 이 과정에서 중요한 역할을 한다. 언론은 쟁점에 대해 계속해서 반복적으로 보도함으로써 이해관계를 표현할 수 있다. 결국, 쟁점에 관한 떠들썩한 뉴스는 정책결정자에게 학교교육에 대해 일반 대중의 불만이 있다는 신호를 보낸다. 의제 설정을 위한 다른 방법은 이해집단이 입법자에게 문제를 고려해보도록 압력을 가하는 것이다. 흔히 주지사는 특정한 교육쟁점에 특별한 이해관계를 갖고 있고 그것을 의제로 설정하기 위해 노력한다. 또한 때때로 주의회의 교육위원회 위원장이나 주교육감은 쟁점을 정책의제로 제기하려고 한다. 마지막으로, *정책 망(policy networks)*이라고 불리는 전국적인 압력단체가 종종 쟁점을 주정부의 의제로 삼기 위한 추진력을 제공한다. 특정 쟁점이 전국에서 논의되고 있음을 아는 정치가들은 그들의 주가 최근 상황에 대해 잘 아는 현대적인 주가 되려면 그 쟁점을 정책의제로 설정해야 한다고 생각한다(Fowler, 2004; Kirst, Meister, & Rowley, 1984).

공식적 정책 채택 어떤 시점에서 정책은 언어로 표현되고 공적 인사나 정부기관에 의해 채택되어야 한다. 이러한 상황은 여러 가지 방식으로 발생할 수 있다. 주지사는 행정명령을 공표하고, 법원은 의견을 내고, 주교육국은 명령을 발표한다. 그러나 정책이 언어로 표현되고 공식적으로 채택되는 가장 보편적인 방법은 주의회에서 법률로 통과되는 것이다. 그림 13.3은 대부분의 주입법부에서 일어나는 과정을 요약해서 보여준다. 많은 독자들은 아마 이를 고등학교 사회 수업이나 대학의 정치학 강의에서 보았을 것이다. 그러므로 이 과정은 여기에서 상세하게 기술하지 않을 것이다. 그러나 세 가지 내용이 중요하다. 첫째, 주입법부와 의회 모두에서 입법과정은 매우 느리고 번거롭고, 그 결과 제안된 대다수의 법안이 공식법이 되지 않는다는 것이다. 법안의 일반적인 운명은 위원회에서 사장되는 것이다. 마침내 입법이 되거나 다른 지지자들이 폐기할 때까지 유사한 법안이 매년 입법부에 제출된다. 둘째, 그림 13.3에는 "심의위원회(conference committee)"로 불리는 단계가 포함되어 있지 않다. 그러나 심의위원회의 활용은 미국 입법부에서 점점 더 보편화되고 있다. 두 의회인 상원과 하원에서 통과된 법안의 내용이

그림 13.3 대부분의 주의회에서 법안이 통과되는 과정

법안을 양원 중 어느 한 의회에 제출한다
법안을 관련 위원회에 배정한다
청문회를 연다
법안을 수정한다
법안에 대해 위원회에서 투표한다.
법안이 위원회에서 통과되면, 표결을 위해 본회의로 회부된다
법안이 본회의에서 의결되면 양원 중 다른 원(院)으로 회부된다
나른 원에서 이 과정이 반복된다
양 원은 문구에 동의해야 한다
법안을 주지사에게 보낸다
주지사는 법안에 서명을 하거나 거부권을 행사한다
입법부는 "가중다수(super majority)"*의 의결로 거부권을 무효화할 수 있다
법안은 주지사가 서명하거나 의회가 거부권을 무효화하면 법으로 성립된다

* 보통 법안을 통과시키기 위해서는 과반수의 찬성을 필요로 하는데 이를 단순다수(simple majority) 의결이라 하고, 거부권을 무효화하기 위해서 재적의원 2/3 또는 3/4의 더 많은 찬성을 필요로 하는데 이를 가중다수(super major) 의결이라 한다(역주).

조금이라도 다르다면 입법 과정의 거의 마지막 단계에 법안을 심의위원회에 보내게 된다. 심의위원회는 양원의 의원들로 구성된다. 그 목적은 상원과 하원이 법안의 최종 문구에 대해 절충과 합의하는 데 있다. 그러나 가끔 법안이 양원을 통과하였더라도 이 입법과정의 마지막 단계에서 사장된다. 이는 특히 법안의 반대자가 심의위원이 되려고 노력하면 가능하다. 마지막으로 법안의 통과나 폐지에 영향을 미치려는 일반시민은 가능한 한 일찍 이 과정에 참여해야 한다. 법안이 이미 위원회 밖으로 보도되면 법안을 무산시키거나 개정하는 것은 불가능하다. 때때로 학교 지도자들도 입법과정에 영향을 미치기를 원한다. 따라서 학교 지도자들은 법안에 대한 자신의 견해를 의원에게 더 빨리 표현할수록 더 영향력을 미칠 수 있다는 점을 이해할 필요가 있다.

정책 집행 정책 과정의 다음 단계는 정책의 공식적 채택에서 실제로 이를 완수하는 즉, 집행하는 과정이다. 이 단계에서는 정책 목표를 달성하는 데 필요한 자원과 사람을 통제하기 위해 주 수준과 지방 수준의 행정가가 필요하다. 주 수준에서 주교육감과 주교육국은 새로운 정책을 집행하는 데 핵심 역할을 한다. 주교육국의 공무원들은 대개 새로운 법을 명확하게 하기 위해 규칙과 규정을 제정하고 보통 지방 행정가의 의견을 반영한다. 또한 그들은 지방의 지도자들을 위해 행정명령을 제정하고, 워크숍을 개설하거나 그들이 참가할 수 있는 강좌를 연다. 물론 그들은 다양한 방식으로 지방의 집행 상황을 점검한다. 새로운 정책이 교육청 수준에서 정말 집행되고 있는가를 판단하기 위해서는 학교 현장을 방문하고, 교육청 행정가들로 하여금 정책 집행에 대한 서면 보고서를 제출하게 하거나 새로운 교육과정 정책의 경우 학생들이 학습한 것을 평가하기 위해 시험을 치르게 한다. 점점 더 지방 행정가들의 주요 책임은 주에서 부과하는 새로운 정책을 집행하는 데 있다. 이것은 오늘날의 학교 지도자들이 교육정책 변화를 잘 알아야 하고 또 학교를 변화시킬 방법을 이해해야 함을 의미한다. 말할 필요도 없이 정책 집행은 도전적이고 어려운 과제이다(Fowler, 2004).

정책 평가 주의 정책 과정의 마지막 단계는 평가이다. 솔직히 정책이 얼마나 효과적인가를 판단하기 위해 언제나 평가를 하는 것은 아니다. 예를 들어, 학교 선택 프로그램에 대해 철저한 평가를 하기를 주저하는 주들이 많다. 보통 주정부는 이상적인 이유에서 또는 유력한 선거구민을 기쁘게 하기 위해 학교선택 정책을 도입하였다. 그러한 상황하에서 의원들은 학교 선택 정책이 계획대로 효과가 있는지 알고 싶어 하지 않는다. 그들은 선택 정책이 효과적이든 그렇지 않든 그것을 변경할 마음이 없다. 그러나 많은 정책들은 평가를 받는다. 주교육국은 전체 주를 대상으로 평가를 수행할 연구소를 보유하고 있거나 평가를 위해 대학이나 재단과 계약을 맺는다. 이상적으로, 입법자와 주교육국은 정책을 개선하기 위해 또는 정책이 목표 달성을 하지 못했을 경우 정책을 중단하기 위해 평가를 활용한다 (Fowler, 2004).

결론

전반적으로 50개 주의 교육 지배구조 체제와 정책결정 과정은 매우 비슷하다. 유일한 예외는 하와이 주로서 이 주는 단일 학교체제를 가지고 있다. 그러나 주에서 정치가 이루어지는 방식은 주요 정치문화의 차이 때문에 상당히 다양하다. 이는 한 주에서 다른 주로 이동하는 교육 지도자들은 두 개 주의 교육정치의 특징과 분위기가 주요 측면에서 다르다는 것을 알아야 함을 의미한다.

그럼에도 불구하고 전국적으로 교육정책을 형성하고 집행하는 데 있어 주의 역할은 최근 크게 성장하였다. 이러한 성장에는 여러 가지 이유가 있다. 부분적으로 지방 교육청에 대해 더 많은 지원을 원하는 시민들 덕분이다. 또한 부분적으로는 불만이 정당하든 그렇지 않든 간에 공교육 서비스에 대한 불만 탓이다. 주정부의 권력이 커질 때 법적 위임도 늘었다. 불행하게도 주정부가 기여하는 학교재정의 비율은 증가했을 수도 있고 그렇지 않을 수도 있다. 어떤 주에서는 주정부의 재정 비율이 일정하게 유지되고 있는 반면 주정부의 요구는 크게 증가하였다. 이는 두 수준의 교육 지배구조 간에 상당한 긴장을 야기할 수 있다.

정책결정 과정이 주별로 유사하다고 할지라도 정책결정자의 교육에 대한 태도는 상당히 다르다. 인지적 요인은 주정부 간의 교육정책 차이를 설명해준다. 물론 정책을 만들고 집행하는 사람들의 목표와 기대를 형성해 온 정치문화의 차이도 설명할 수 있다. 분명히 그 결과는 시인 Walte Whitman이 한때 일컬었던 이 "국가들의 국가" 내에서 교육이 어떻게 생각되고 지원되는가에 대해 다양한 접근이 있다는 것이다.

참고문헌

Alexander, K., & Alexander, M. D. (2001). *American public school law* (5th ed.). Belmont, CA: Wadsworth/Thomson Learning.

Elazar, D. (1984). *American federalism.* New York: Harper & Row.

Fowler, F. C. (2000). Converging forces: Understanding the growth of state authority over education. In N. Theobald & B. Malen (Eds.), *Balancing local control and state responsibility for K-12 education.* Larchmont, NY: Eye on Education.

Fowler, F. C. (2004). *Policy studies for educational leaders.* Upper Saddle River, NJ: Pearson Education/Merrill/Prentice Hall.

Herrington, C., & Fowler, F. (2003). Rethinking the role of states and educational govemance. In W. L. Boyd & D. Miretzky (Eds.), *American educational governance on trial* (pp. 271-290). Chicago: National Society for the Study of Education.

Kirst, M., Meister, G., & Rowley, S. (1984). Policy issue networks: Their influence on state policymaking. *Policy Studies Journal*, 13, 247-264.

Marshall, C. (1985). Assumptive worlds of education policy makers. *Peabody Journal of Education, 62*, 90-115.

Marshall, C., Mitchell, D., & Wirt, F. (1989). *Culture and education policy in the American states.* New York: Falmer Press.

The National Association of State Boards of Education. (2007). *State education governance models (2007).* Online: www.nasbe.org/index.php/file-repository?func=finishdown&id=213.

Shin, D., & Van Der Slik, R. (1985). *Legislat ye efforts to improve the quality of public education in the American states: A comparative analysis.* Paper presented to the Annual Convention of the American Political Science Association, New Orleans, LA.

Thomas, C. S., & Hrebenar, R. J. (2004). Interest groups in the states. In V. Gray & H. Jacob (Eds.), *Politics in the American states* (8th ed., pp. 113-143). Washington, DC: CQ Press.

제14장

연방정부 수준의 정책결정

앞 장에서는 최근 교육에 대한 주정부 권력이 크게 증가하였음을 기술하였다. 이 장에서는 연방 수준에서 이루어진 유사한 발달 과정을 기술할 것이다. 한때 공교육에 대한 워싱턴의 유일한 기여는 학교교육에 대한 연구보고서나 인근에 군부대가 있는 교육구에 대해 재정을 보충하는 것이었다. 그러나 오늘날 워싱턴은 공교육과 전국 교육구에 광범위한 프로그램과 재정을 제공한다. 이 장에서는 먼저 교육에 대한 연방정부의 권력 이면에 있는 법체계, 연방정부 권위의 범위, 연방정부 수준의 주요 정책 행위자를 기술한다. 그러고 나서 의회와 법원에 의한 연방정부의 교육 개입의 역사를 제시하고, 연방정부의 교육 개입이 교육정치에 미친 영향을 논의한다. 마지막으로, 2002년 아동낙오방지법(NCLB)의 규정과 의미를 탐색한다.

연방정부의 교육 지배구조 개관

법 체계

20세기 중반까지 연방정부는 대체로 교육 무대에 등장하지 않았다. 그 이유는 헌법이었다. 미국 헌법의 8장, 조항 I(Article I, Section 8)에 열거되어 있는 연방정부의 권력에는 교육이 포함되어 있지 않다(Alexander & Alexander, 2001). 교육이 누락된 이유는 헌법이 만들어질 당시 무상 공교육의 개념은 뉴잉글랜드 지방

밖에서는 존재하지 않았기 때문이다. 물론 학교는 있었다. 그러나 학교는 주로 교회나 가정에 의해 운영되고 있었고 거의 모두 사립이었다. 남북전쟁 한참 이후에야 수업개선 보고 등 K-12 교육을 지원하기 위한 연방기구가 만들어졌다.

그러나 제2차 세계대전 이후 국가 지도자들은 "연방정부의 교육 지원"을 요구하기 시작하였다. 그들은 "복지를 위해 과세하고 지출할" 권력을 연방정부에게 부여하고 있는 헌법 조문(8장, 조항 Ⅰ)에 그들 권고의 기반을 두었다. 그들의 권고에 대한 근거가 될 만한 헌법의 또 다른 부문은 연방정부에게 국가를 방위할 권력을 주는 것이었다. 수년간 국가 지도자들은 교육에 대한 연방의 지원을 지지하였지만 의회에서는 크게 진전되지 못했다. 가끔 연방의 지원을 제안하는 법안이 양원 중 한쪽에서 통과되면 다른 원(院)에서 좌절되었다. 연방정부의 교육 지원은 두 가지 이유에서 논란이 되었다. 하나는 많은 주에서, 남부만 그런 것은 아니지만 특히 남부에서 공립학교는 인종적으로 분리되어 있었다. 두 번째는 특히 북부에서, 많은 아동들이 교구 학교에 다녔으며 이들 대부분은 로마 가톨릭 교회에 의해 운영되었다는 사실이었다. 대부분의 북부 주들은 인종적으로 분리되어 있는 학교에 보조금을 주는 것을 원하지 않았으며, 대부분의 기독교인과 유대교인들은 정부가 교구 학교를 지원하는 것을 반대하였다. 이러한 교착 상태를 깨뜨린 것은 이러한 두 쟁점과는 아무런 관련이 없었다. 이는 1950년대 후반 소련은 무인 우주선을 우주 궤도에 올릴 수 있었으나 미국은 아직 하지 못했다는, 미국 대중의 불쾌한 자각과 관련이 있었다. 흔히 그렇듯이, 언론과 정치가들은 미국 우주 프로그램이 러시아보다 덜 발달되었다는 사실에서 공교육을 비난하였다. 러시아의 스푸트닉 우주선은 결국 수학과 과학 교사를 양성하고, 외국어 수업을 개선하기 위해 연방 재정을 제공하는 요란한 프로그램으로 이어졌다. 의미심장하게도 이 연방재정의 지출을 승인하는 법은 국가방위교육법이라 불렸다. 달리 말하면, 정치가들은 교육을 위한 연방정부의 재정지원을 국가를 방위하기 위한 연방정부의 헌법적 의무와 연계시킴으로써 이를 정당화하였다(Spring, 1994).

케네디 행정부와 존슨 행정부 동안(1961~1968) 교육에 대한 연방정부의 재정지원은 훨씬 더 증가하였다. 이 기간 동안 제정된 주요 교육법은 1965년에 통과된 초중등교육법(ESEA)이다. 존슨 행정부의 "가난과의 전쟁"의 토대가 된 이 법은 공립학교와 교구학교 모두 사회적 취약 계층 아동을 위한 보충교육 프로그램을 지원하도록 했다. 이 법을 정당화하는 헌법적 근거는 "일반 복지" 조항이었다.

초등교육법하에 연방재정은 주정부로 전달되었고 주정부는 교부금 프로그램을 통해 이를 교육구에 배분하였다. 그러나 재정의 용도는 엄격한 규정에 의해 통제되었으며, 연방정부는 초등교육법하의 프로그램들이 광범위하게 평가받도록 하였다. 초등교육법은 1965년 이후 때때로 새로운 제목과 중요한 정책변화를 통합하여 5~6년마다 재승인을 받음으로써 교육에 대한 연방정부 개입의 중요한 법적 근거가 되었다. 사실상, 아동낙오방지법은 초등교육법의 2001판 재승인이었으며, 이 책에서와 마찬가지로 다음 재승인은 의회에서 논쟁이 되었다(Fowler, 2004; Spring, 1994).

교육에 대한 연방정부의 개입에 관련된 연방 법체계의 또 다른 중요한 부분은 제2차 세계대전 후에 시작된 미 연방 대법원과 다른 연방 법원이 내리는 결정들이다. 이러한 결정들은 나중에 논의할 것이다. 여기서는 연방법원은 권리장전이 주정부에 적용되는 것으로 수정 헌법 제14조를 해석함으로써 공립학교의 일상적인 운영에 대한 자신들의 권력을 크게 확대할 수 있었다는 점만 언급하겠다.

연방정부 권위의 범위

앞에서 지적하였듯이, 공교육에 대한 연방정부 권위의 법적 근거는 확고하지 않다. 의심할 바 없이 이는 연방정부가 역사적으로 교육법을 통과시키고 법원 결정을 내리는 데 있어 매우 조심스럽게 움직인 이유가 된다(Alexander & Alexander, 2001). 연방의 이러한 조심스러운 접근은 연방의 입법 범위를 제한하고 또한 연방정부의 정책 수단 선택에도 영향을 미쳤다. 대부분의 경우 미 연방의회는 특정한 집단을 대상으로 한 프로그램으로 교육 입법을 제한하였다. 예를 들어, 연방의회는 사회적으로 불리한 계층에 있는 아동을 위해 보충교육을 제공하고 특수교육과 직업교육을 지원하기 위한 법을 통과시켰다. 일반적인 교육구의 운영 비용이나 교사의 보수를 보조하는 입법은 채택한 적이 없었다. 게다가 의회는 주정부나 교육구가 많은 일을 하도록 요구하지 않게 조심하였다. 대개 연방정부 재정은 교부금 프로그램을 통해 배분되었으며, 주정부나 교육구가 이 돈을 받기 위해서는 신청을 해야 했다. 신청하지 않으면 아무것도 할 필요가 없었다. 그러나 연방정부 재정을 교부받게 되면 연방정부가 정한 일정한 지침을 따라야 한다. 따라서 연방정부는 일반적으로 공립학교가 연방정부가 원하는 일을 하도록 장려하기 위한 당근으로 대규모의 재정을 활용한다. 대체로 연방정부는 학교가 워싱턴에서 바람직하다고 여기는 행동 과정을 따르도록 강제하기 위해 채찍을 사용하지는 않는다. NCLB도 강제가 아니다. 주정부와 교육청은 연방정부 재정을 받지 않을 수 있으며 부유한 교육구는 실제 그렇게 했다. 그러나 현실적으로 연방정부의 재정지원을 거부할 수 없기 때문에 대부분의 교육구들은 초등교육법하에 재정지원을 받았다.

마찬가지로 연방법원은 공립학교에 영향을 주는 법원 결정에 있어 상대적으로 제한된 쟁점에 초점을 두었으며, 대부분 인종차별과 시민권을 다루었다. 예를 들어, 법원은 인종차별, 교사 연령차별, 교사와 학생의 자유 발언권과 같은 영역에서 결정을 내렸다. *산 안토니오 독립 교육청 대 로드리게즈 사건(San Antonio Independent School District v. Rodriguez, 1973)*에서 미 연방 대법원은 분명하게 주정부의 학교재정체제의 공정성을 판단할 연방법원의 권위를 거부하고 이후의 모든 사건을 주법원으로 회부하였음을 주목하는 것이 중요하다(Alaxander & Alaxander, 2001). 공교육에 대한 주정부의 *무조건적인* 권력과는 대조적으로 연방정부는 특정 정책 영역에서만 권위를 갖는다.

연방 수준의 주요 정책 행위자

여러 면에서 연방 수준의 지배구조 구조는 앞 장에서 기술한 주의 지배구조 구조와 유사하다. 양자는 행정부, 입법부, 사법부로 구성된다. 연방 수준의 교육정책에서 행정부는 대통령, 미 교육부장관, 미 교육부(USDOE)로 구성된다. 역사적으로 미국 대통령은 상대적으로 교육문제에 관심이 없었으나, 1980년대 초 로날드 레이건을 시작으로 대통령은 점차 여당이 옹호하는 교육정책을 지지하기 위해 "대중에게 쟁점을 널리 알릴 수 있는 권한(bully pulpit)"을 활용하였다. 미국의 전 역사에서 연방정부의 교육 활동이 상대적으로 중요하지 않았음은 연방교육부(USDOE)가 카터 행정부 후반기까지 설치되지 않았다는 사실에서도 알 수 있다. 오늘날 연방교육부는 내각의 지위를 갖는 교육부 장관이 수반으로 있으며 NCLB와 같은 연방 교육법의 집행을 감독할 뿐 아니라 재정지원과 교육연구 지원에서 중요한 역할을 한다. 의회 또한 연방 교육 정책결정에 핵심 역할을 한다. 교육과 관련된 법을 통과시킬 뿐 아니라 교육 문제에 대한 청문회를 개최할 권한을 가지

그림 14.1 연방 수준의 정부 정책 행위자

개인
- 대통령
- 미 교육부장관
- 연방의회의 교육위원회 위원장

집단
- 미 교육부
- 연방의회
- 연방법원

고 있다. 미 연방의회의 양원은 교육위원회를 설치하고 있으며 위원장은 워싱턴에서 상당한 권력을 행사한다. 마지막으로, 연방법원의 판사들을 간과할 수 없다. 미 연방 대법원에서부터 연방 지방법원까지 미국 전역에 배치되어 있는 연방 판사들은 연방 수준에서 가장 중요한 정책결정자들이다. 그림 14.1은 연방 수준의 주요 정부정책 행위자의 명단을 열거한 것이다.

이해집단은 연방 수준에서도 적극적이다. 주 수준에서 정책에 영향을 미치고자 하는 대부분의 교육단체는 자신들의 이익을 전국적으로 확산시키기 위해서 워싱턴에서 일하고 있는 전국 조직의 일원들이다. 이들 중에는 다양한 행정가 집단뿐 아니라 전국 교사 노조도 있다. 전국적으로 기업가 단체는 그들의 이익을 위해서 로비하는 대표부를 워싱턴에 두고 있다. 주에서와 마찬가지로 연방교육정책은 교육단체와 기업가 단체 간에 대개 뿌리 깊은 그리고 계속되는 갈등을 야기한다. 그림 14.2는 워싱턴에서 교육정책을 만들려고 노력하는 가장 중요한 이해

그림 14.2 연방 수준의 교육정책에 영향을 미치려는 주요 이해집단

교육 이해집단
- 미국 학교행정가 협회
- 미국 교사 연맹
- 전국 교육 협회
- 전국 사친회
- 전국 학교위원회 협회

기업 이해집단
- 기업가 원탁회
- 경제개발위원회
- 전국 제조사 협회
- 미국 상공부

그림 14.3 교육에 관심 있는 주요 재단과 두뇌집단

재단
- 애니 캐시(Annie Casey) 재단
- 카네기 법인
- 댄포스 재단
- 포드 재단
- 맥아더 재단
- 록펠러 재단
- 스펜서 재단

두뇌집단
- 미국 기업 협회
- 브루킹스 협회
- 경제정책 협회
- 헤리티지 재단

집단 중 일부의 명단이다. 그러나 특히 전국 수준에서 중요한 재단과 두뇌집단은 대개 부유한 개인과 기업의 재정지원을 받으며, 교육정책 쟁점을 정의하는 데 중요한 역할을 한다. 그들은 교육연구를 후원하고 결과 보고서를 학문적인 저널이나 대중매체로 발표한다. 게다가, 많은 재단들은 재단이나 두뇌집단들이 지지하는 새로운 아이디어를 실행하기 위해서 공립학교와 교육구가 신청하는 교부금 프로그램을 후원한다. 예를 들어, 참된 학업성취, 학교 내 학교, 새로운 수학 교육과정 분야의 시험 프로그램들은 이러한 재단의 재정지원을 받은 것이다(Fowler, 2004). 학교 지도자들은 교직 경력 동안 이러한 집단들이 후원하는 한 가지 이상의 프로그램들을 수행하고 있음을 알게 될 것이다. 그림 14.3은 교육정책 분야에서 중요한 재단과 두뇌집단 목록을 열거한 것이다.

연방정부의 교육 개입 역사

워싱턴의 초기의 준침묵상태

교육은 수정헌법 제10조에 의해 암묵적으로 주정부에 위임되어 있기 때문에 오랫동안 연방정부는 교육정책에 개입하는 데 대해 조심스러웠다. 그럼에도 불구하고 공화국 초기에 연방정부는 이 주제에 대해 때때로 언급하였다. 사실상, 교육에 대한 연방정부의 최초의 언급은 헌법보다 먼저 이루어졌다. 1785년에 연방정부는 1785년 토지 법령(Land Ordinance of 1785)을 통과시켰다. 이는 북서지역 영토(오하이오 주, 인디애나 주, 일리노이 주, 위스콘신 주 및 미시건 주에서 미네소타 주의 일부도 포함된다)를 읍*으로 분할하고 각 읍의 36개 면 중 하나는 교육을 지원하기 위해 사용할 수 있도록 하였다. 이러한 지원은 소위 "학교 토지"에 학교를 짓거나 또는 땅을 팔아 그 수익금을 교육에 사용하는 것을 포함하였다. 1787년 북서 법령(The Northwest Ordinance of 1787) 또한 토지 활용을 지지하고 북서 지역 주민들의 교육을 장려하도록 하였다. 그러나 이러한 교육에 대한 초기 관심 이후 연방정부는 75년 동안 거의 아무것도 하지 않았다. 1862년 남북전쟁 동안 연방정부는 농업과 공학 기술교육을 제공할 대학을 설립하기 위해 각 주에 토지를 교부하였다. 그래서 소위 "토지 공여" 대학들이 태어났다. 다음의 주요 연방교육법은 미국이 다시 전쟁에 참여할 때까지 통과되지 않았다. 1917년의 스미스 휴 법(Smith-Hughes Act of 1917)은 고등학교에서 직업적 농업을 가르치도록 장려하였다. 얼마 안 되는 또 다른 연방의 교육 개입은 1935년에 이루어졌으며, 이 때 의회는 농장 물품을 학교에 기부하는 것을 승인하였다. 대공황으로 농작물을 판매하는 데 어려움을 겪고 있는 농부들과 자녀를 양육하는 데 어려움을 겪고 있는 가정 모두를 지원하기 위해 마련되었지만 이 프로그램에의 참여 여부는 완전히 자발적이었다. 1946년에 의회가 국가학교급식법(National School Lunch Act)을 통과시켰을 때 이 프로그램은 제도화되었다(Gunderson, n.d.). 이 기간 동안 연방의 개입 형태는 명확하였다. 의회는 국가 비상사태 동안 주로 교육에 관한 법을 제정하고 주정부, 지방교육청과 학교가 특정한 교육 프로그램을 수행하도록 강요하지는 않았다(Spring, 1994).

워싱턴이 교육에 더 관심을 갖게 되다

그러나 제2차 세계대전 후에 일부 국가 지도자들은 "연방정부의 교육지원"을 요구하기 시작하였다. 앞에서 기술하였듯이, 의회에서의 수년간의 성과 없는 논쟁

* 미국의 읍(township)은 토지법령에서 토지를 분할하는 방식이다. 즉, 한 면이 6마일(9.656km)인 정방형의 타운십으로 토지를 체계적으로 구분하고, 이러한 타운십을 다시 1평방마일(2.59km^2) 또는 640에이커인 36개의 하위 "면(sections)"으로 분할한다. 이렇게 분할된 토지를 판매, 활용하여 교육재정을 충당한다(역주).

이후, 소련의 무인 인공위성 발사는 미국 전역을 놀라게 했고 연방정부의 교육지원은 수용할 만한 것일 뿐 아니라 심지어 필요한 것처럼 보였다. 스푸트닉 호가 이러한 정치적 변화의 유일한 원인은 아니었다. 케네디 행정부와 존슨 행정부(1961~1968)는 사회복지와 학내 인종차별금지를 진전시키기 위해 연방정부의 영향력을 활용하는 데 관심을 두었다. 이 두 가지 계획은 *공정성* 가치에 의해 주도되었다. 즉, 옹호자들은 미국 사회에서 특히 가난한 사람과 소수 인종 집단을 위해 불공정성을 감소시키고자 하였다. 복지체제를 수립하려는 노력은 매우 성공적이어서 21세기 무렵에 사회 프로그램들은 연방정책의 일부로 잘 받아들여졌다. 대부분의 논쟁은 이 정책 분야에서 상대적으로 적은 변화와 관련된 것이었다. 인종차별금지 정책은 원래 1972년 긴급학교지원법(Emergency School Assistance Act of 1972)에 의해 추진되었으나 수년간의 반대로 중도에 진전을 보지 못하고 실패하고 말았다.

이 시기에 시작된 주요 연방교육정책은 특정한 행동을 하는 대신 지방교육청에 연방정부의 재정을 지원하는 것이었다. 이러한 새로운 정책을 확립한 두 가지 입법은 1964년 시민법(Civil Rights Act of 1964)과 다음해의 초중등교육법이었다. 이 두 법안은 연방정부의 당근과 채찍으로 볼 수 있다. 시민법은 투표 제한을 폐지함으로써 흑인의 권리를 개선한 반면 초중등교육법은 인종차별을 폐지하기만 한다면 공립학교에 풍부한 재정을 지원하였다. 대체로 두 법안은 시민권의 문제가 두드러졌던 남부를 주로 겨냥하였다. 처음에 남부 주들은 이 법안에 반대하고 심지어 소송을 제기하였으나 결국 그들의 시도는 실패하였다. 서서히 남부 지도자들은 흑인의 투표 참여와 흑인 아동의 통합학교 출석이라는 새로운 현실에 적응하게 되었다(Orfield, 1978).

기타 일반 국민들을 위한 초중등교육법의 핵심 목적은 대체로 학교 성적이 좋지 못한 가난한 아동을 위해 보충수업이나 의무교육을 지원하도록 연방정부의 재정을 지원하는 것이었다. 보충교육 프로그램 참여는 의무는 아니었지만, 대부분의 교육구가 읽기지도 교사를 고용하고 도서관 책을 구입하고, 초등학급에 보조교사를 배치하는 데 사용할 추가 재정지원에 반대하기는 어려웠다. 그러나 초중등교육법은 연방정부의 유일한 최초의 주요 교육정책 조치였다. 시간이 지남에 따라, 의회는 다른 교육법들을 통과시켰으며 연방정부의 교육 개입은 꾸준히 증가하였다. 예를 들어, 1972년 수정 교육법 제4장(Title IV)은 연방정부의 재정지원을 받는 모든 교육 프로그램에서 성차별을 폐지하도록 하였다. 이는 공립학교가 특히 체육 프로그램에서 남녀 아동 모두를 위한 동등한 교육을 제공하기 위해 여러 가지 관례를 변경해야 함을 의미하였다. 3년 후, 의회는 장애아동교육법(Education for All Handicapped Children Act)(공법 94-7,142)을 통과시켰으며, 이는 공립학교가 신체적, 정신적 장애를 가진 아동을 위해 무상교육을 제공하도록 하였다(U.S. Office of Special Education Programs, n. d.). 이 시기 동안 내려진 다양한 연방법원 결정뿐 아니라 이러한 법들은 보통 주정부와 지방 교육구가 연방정부의 기준을 준수하도록 하기 위해 연방의 재정지출을 크게 확대할 것을 요구하는 효과가 있었다.

법원, 정치 그리고 정책

대부분의 사람들은 의회를 정책결정에 적극적으로 개입하는 유일한 연방정부로 생각하는 데 너무나 익숙해져 있어서 사법부 즉 법원을 잊어버린다. 사실, 연방법원의 결정은 종종 주 의회와 다른 정부주체가 행동하도록 자극한다. 판사들은 정의의 기본 원칙에 관한 준엄한 선언자이기보다 보통 정책을 형성하고 정치에 영향을 미치는 데 적극적으로 참여한다.

정책결정에서 미국 법원의 개입은 결코 새로운 현상이 아니다. 1840년대 초 미국 전역을 여행한 통찰력 있는 프랑스인 Alexis de Tocqueville(1955)은 다음과 같이 기록하였다. "미국에서는 조만간 사법적인 문제로 해결되지 않는 어떠한 정치적 질문도 거의 제기되지 않을 것이다"(p.290). 갈등을 해결하기 위해 법원으로 가는 이러한 경향은 다른 민주주의 국가에서보다 미국에서 훨씬 더 확연하게 나타나며, 수많은 소송이 이루어진다. 이중의 일부는 이혼, 자동차 사고 등과 같은 개인적인 문제이지만 상당수는 공공정책 문제와 관련되어 있다. 그 결과 교육정책의 상당 부문은 (적어도 부분적으로는) 법원 결정에 뿌리를 두고 있다. 비록 연방대법원을 포함한 연방지방법원이 1950년대 이전에도 교육에 영향을 미치는 몇 가지 결정을 내렸지만, *브라운 대 토페카 교육위원회*(*Brown v. Board of Education of Topeka*, 1954) 사건은 교육 정책결정에 적극적으로 개입하는 판사들의 태도에 중요한 전환점을 기록하였다. 다음 세기 동안 연방법원은 공립학교에서의 기도, 학교신문 검열, 학생들의 소지품 · 사물함 · 지갑 검사 방법, 학교에서 학생과 교사의 자율 발언권과 같은 쟁점에 대해 결정하였다.

1970년대 말에 학교 교육장이 연방법, 연방 프로그램, 연방법원 결정으로 구성된 피켓 울타리에 둘러싸여 있다고 느낀 것은 당연하다. 연방정부는 어떤 지방 공무원도 피켓을 넘어가지 못하도록 프로그램 관리자와 평가자를 고용하였기 때문에 연방정부를 무시할 수 없었다. 비록 교육장과 교육위원회가 공식적으로 이러한 프로그램의 시행을 책임지고 있었지만, 실제 그들의 권위는 연방정부 즉, 흔히 불리듯이 "연방정부 공무원(feds)"에 의해 크게 약화되었다. 게다가 많은 교육구는 남부와 북부 모두 법원의 인종차별금지 명령에 영향을 받았다. 교육장과 교육위원회는 인종차별 금지 계획을 세우고 이를 승인받기 위해 연방판사 자문단에 제출해야 했다. 그들의 활동을 통해 의회와 연방법원 모두 공립학교에 대해 상당한 권위를 갖게 되었다.

정치에 대한 연방정부 개입의 영향

다른 연방정부 프로그램이 로비 집단 네트워크를 만든 것과 마찬가지로 워싱턴의 교육정책 개입이 확대되면서 자신들이 특별히 관심을 갖는 프로그램에 연방정부의 재정지원과 원조를 희망하는 단체가 당연히 증가하였다. 예를 들어, 초중등교육법하에서 수만 명의 교사가 고용되었으며, 수백만 명의 아동들은 특별 교육서비스를 받았다. 교사들과 아동의 부모들이 초중등교육법의 재정지원을 받는 프로그램이 계속되기를 원하는 것은 당연하다. 그래서 그들은 관련 법이 평가를 받거나 재승인을 앞두고 있을 때마다 법이 그대로 유지되고 그들이 바라는 대로 바뀌도록 정치가들에게 로비를 한다. 마찬가지로, 특수교육교사들과 특수교육대상 아동의 부모들은 공법 94-142를 준수하기 위해 개설된 프로그램의 유지와 확대를 지지하기 위해서 조직적으로 활동한다. 점차 연방정부 수준에서 교육정치는 권리의 획득과 보호를 위한 정치가 된다. 이러한 집단의 규모와 연방정부 예산 및 연방정치 양자에 미치는 영향력의 정도는 그림 14.4에 제시하였다. 이는 연방교육부(USDOE)가 2007년도에 개입한 K-12 프로그램 영역을 열거한 것이다(U.S. Department of Education, n.d.). 이는 구체적인 프로그램 내용이 아니라 프로그램 영역이라는 점에 주목하는 것이 중요하다. 구체적인 프로그램의 수는 매우 많다.

그림 14.4 USDOE의 2007년 K-12 프로그램 영역

학업 개선
평가
경력 및 기술교육
시민학
장애 및 재활 연구
사회적 약자
영어 습득
외국어 수업
효과 원조(Impact Aid)
인디언 교육
이민자 교육
전문성 개발
읽기
재활
허리케인 카트리나와 리타 구호 지원
연구
안전과 약물 없는 학교
학교개선
특수교육
교사와 교장 자질
기술 지원
기술
통신

주: USDOE 웹사이트의 프로그램 가이드의 목차에 기초함. 2007년 11월 7일 검색. www.ed.gov/index.jhtml.

정책에 영향을 미치기 위한 연방의 재정 활용

워싱턴에서 주정부와 지방 교육구로의 재정 이동은 연방정부에 여러 가지 영향을 주었다. 이는 암묵적 방법부터 강압적 방법에 이르는 것으로 대부분의 방법은 둘 사이의 어딘가에 위치해 있다. 암묵적 접근은 교육에 영향을 미치려는 워싱턴이 사용해 온 가장 오래된 방법이다. 전형적인 예는 보고서와 국가교육통계센터(National Center for Educational Statistics, NCES)의 통계 분석인 교육에 대한 지식의 생성과 배분이다. 국가교육통계센터는 주로 주와 교육구에 데이터를 제공하지만, 보고하는 정보의 형태는 교육에서 무엇이 중요하게 고려되고 있는가를 암묵적으로 시사한다. 이러한 방식으로 워싱턴은 이루어져야 할 변화를 제안할 수 있다. 연속선상의 다른 극단은 연방정부의 재정 사용에 대한 회계감사나 프로그램 평가 또는 양자 모두를 포함한 강제적 규제를 활용하는 것이다. 이러한 형태의 책무성하에서 학교 관리들은 그들의 활동을 보고해야 한다. 보고서가 연방정부 재정이 부적절하게 사용되었음을 보여준다면, 워싱턴은 불이행을 이유로 향후 재정지원을 중단할 것이다. 이는 본래 초중등교육법 프로그램과 함께 활용된 통제의 한 유형이다. 초중등교육법하에서 주와 교육구는 소위 "목적 교부(categorical grants)"를 받았으며, 이는 연방 교부금의 적정한 용도를 매우 상세하게 명시하고 있다.

로널드 레이건, 조지 부시, 빌 클린턴 대통령하에서 연방정부는 초중등교육법을 통해 보다 덜 규제적인 연방 재정지원 방법인 총액교부(block grants)를 활용하였다. 총액교부는 연방 재정을 교육분야에 사용해야 하지만, 목적 교부와 같이 많은 규칙이나 규정이 수반되지는 않는다. 총액교부는 주정부가 주의 특별한 교육적 요구를 충족시키기 위해 연방정부의 재정지원을 활용함에 있어 주정부에게 상당한 자유재량권을 준다. 총액교부는 두 가지 가정에 근거해 있다. 즉, (1) 지방 문제에 대한 연방정부의 통제는 축소되어야 하며, (2) 주정부와 지방의 공무원들이 연방정부 공무원보다 지방의 요구를 더 잘 이해한다.

지방 정책에 영향을 미치기 위해 연방정부의 재정을 활용하는 또 다른 방법은 특별한 문제가 있는 교육구에 서비스를 제공하기 위해 컨설턴트를 활용하는 것이다. 예를 들어, 초기 인종차별금지 시기에 학교 비상관리법(School Emergency Act)하에서, 연방정부 공무원들은 인종차별금지를 시행하려는 교육구를 지원하였다. 수십 년 후에는 학교에서 컴퓨터 교육과정을 실행하기를 원하는 지방 교육구에 연방정부 자문 서비스를 제공하였다.

교육에 영향을 미치기 위해 "대중에게 쟁점을 널리 알릴 수 있는 권한" 활용

공교육에 대한 연방정부의 영향력을 보여주는 또 다른 형태는 전혀 돈과 관계가 없다. 학교에 관한 여론을 형성하기 위해 대통령의 "대중에게 쟁점을 널리 알릴 수 있는 권한(bully pulpit)"을 활용하는 것이다. 대중에게 쟁점을 널리 알릴 수 있는 권한이라는 용어는 시오도르 루즈벨트 대통령이 만들었다. 그는 교육정책에 영향을 미치기 위해서 이 방법을 활용하지는 않았지만 대통령의 영향력을 잘 아는 사람이었다. 대통령은 전국적으로 청중을 가지고 있고 쉽게 언론의 주의를 끌 수 있기 때문에 특별히 관심 있는 문제를 선택할 수 있고 이를 자주 공개적으로 언급할 수 있다. 이러한 방식으로 대통령은 특정한 아이디어에 의견을 집중시킬 수 있다. 교육정책에 영향을 미치기 위해 이 방법을 활용한 첫 번째 대통령은 1980년대의 로널드 레이건이었다. 레이건 대통령은 미국 학교는 잘못하고 있다고 믿었으며, 그래서 문제점을 연구하기 위해 교육지도자 위원회를 만들었다. 그들의 보고서, *위기에 처한 국가(Nation at Risk)*가 1983년에 발표되었고 공교육을 비판하고 중요한 개혁을 요구하였다. 널리 보급된 이 보고서는 그 당시에 많은 주정부의 교육개혁을 자극하였으며, 학생들이 수강해야 할 강좌 수를 늘리고 교사의 능력을 파악하기 위해 교사를 평가하였다.

연방정부 지원의 정치학

연방 정치에 대한 간략한 기술을 넘어서, 연방정부 프로그램이 정치 활동의 미명 속에 둘러싸여 있다는 것을 이해하는 것이 중요하다. 앞에서 언급한 모든 프로그램과 하위 프로그램들은 이를 지지하는 사람들이 있으며, 이들의 목적은 자신이 지지하는 프로그램을 보호하고 관련 예산을 증가시키는 것이다. 이러한 정치적 활동의 은폐는 두 개의 주요 정당과 수많은 이해집단 모두에 포함된다. 두 정당은 교육에 대한 나름대로의 접근법을 가지고 있다. 초중등교육법을 도입한 것은 양원의 민주당 다수와 민주당 대통령인 린든 존슨이었다. 당시 민주당은 이 법을 지지하였고 그 이후 계속된 개정법도 지지하였음은 당연하다. 연방교육부를 설립한 사람 또한 민주당 대통령인 지미 카터였다. 공화당은 민주당보다 교육에 대해 보다 조심스러운 접근법을 택하였다. 전반적으로 공화당은 교육재정 규모를 줄이려 하였으며, 실패하기는 했지만 심지어 연방교육부를 완전히 폐지하려고까지 하였다. 부분적으로 두 정당 간의 이러한 불일치는 이념적 이유로 인한 것이다. 민주당 지지자들은 자녀를 교육시키기 위해 더 많은 돈이 필요한 저소득 계층 부모인 반면, 공화당원들은 상대적으로 소득이 많고 자녀를 자체적으로 교육시킬 수 있다. 그러므로 그들은 다른 사람의 자녀를 교육시키기 위해 세금을 내는 것을 좋아하지 않는다. 두 정당 간 입장 차이가 나는 또 다른 이유는 교사들이 민주당 선거구민의 주요 다수라는 사실이다. 교사들은 민주당에 투표하고, 교사노조는 공화당 후보보다는 민주당 후보의 선거운동에 더 많이 기부한다.

연방정부 프로그램과 함께 성장한 다양한 이해집단 또한 연방정부의 교육정치에서 중요한 역할을 한다. 수년간 연방정부 프로그램을 지지했던 많은 집단들은 교육위원회의 소위원회뿐 아니라 미연방교육부 내 하위 행정기관과 긴밀한 관계를 형성하였다. 특정한 프로그램을 유지하기 위해 협력하는 로비 집단, 행정기관의 하부기구, 의회 소위원회의 조합은 철의 삼각(iron triangle)이라 불린다(Heclo, 1978). 이러한 철의 삼각은 보통 그들이 중요하게 생각하는 프로그램 예산을 성공적으로 유지한다. 요컨대, 연방 교부 프로그램을 둘러싼 정치학은 연합구축의 과정과 정책 점증주의, 워싱턴의 공공 정책결정을 따르는 모든 사람에게 친숙한 현상을 통해서 관련된 사람들의 이익을 보호한다.

연방법원과 정치

법원이 정치에서 일정한 역할을 하는 데 대해 의심하는 미국인이 있다면, 그러한 의구심은 2000년 대통령 선거 후 조지 부시에게 대통령직을 수여한 미국 연방대법원의 결정을 보면 해소될 것이다. 비록 연방법원이 대통령과 의회처럼 공공연하게 정치적인 성향을 드러내지는 않지만, 연방정치에서 그들의 역할을 간과해서는 안 된다. 모든 법원 결정은 둘 이상의 집단 간 분쟁 해결을 포함한다. 지방법원이 남녀의 이혼을 승인하면 그 결정은 그들과 그들 가족에게만 관련된다. 이혼의 정책적 함의는 판사가 단순히 현행법을 지키는 것으로 제한된다. 이와 대조적으로 미국 연방대법원이 학교 내 인종분리를 불법화하면 그 결정은 단순히 원고인 브라운과 학교에 다니는 그의 딸, 그리고 피고인 교육위원회에만 영향을 미치는 것이 아니다. 그 결과는 전국의 모든 유사 사례에 적용된다. 그러한 결정은 유사한 쟁점에 관한 추가 소송의 길을 열게 된다. 사실, 그 결정은 많은 입법기관이 관련 법을 개정하고 법원의 결정에 부응하기 위해 재빨리 움직이도록 만들었다(Orfield, 1987).

공립학교에서 종교 문제는 현대의 사례를 보여준다. 수년간 학급에서 성경 읽기, 종교적 회합을 위한 학교 건물 사용, 수업 전이나 축구장에서의 학생 기도, 진화론 가르치기 등과 같은 수많은 사례가 연방법원에 제기되었다. 2002년 초 연방 대법원은 클리브랜드의 가난한 부모에게 바우처를 주고 자녀를 대부분 종교학교인 사립학교에 보낼 수 있도록 한 오하이오 주의 정책에 관한 논쟁을 청취하였다. 수정 헌법 제1조가 이러한 주정부의 정책을 금지하고 있다고 믿는 집단들은 오하이오 주의 정책에 반대하는 소송을 연방법원에 제기하였다. 그 법을 지지하는 사람들은 주정부가 학부모에게 학교가 아니라 돈을 주었으므로 부모는 원한다면 자녀를 종교학교에 보낼 수 있다고 주장하였다. 그것은 주의 선택이 아니라 학부모의 선택이며, 그러므로 오하이오 주는 종교학교를 직접적으로 보조하는 것은 아니다. 2002년 6월에 연방 대법원은 클리브랜드의 바우처 계획은 합헌이라고 판결하면서 오하이오 주를 옹호하였다. 이 결정은 의회 정치에 즉각적으로 영향을 미쳤다. 전국의 많은 주에서 바우처 법안이 도입되고 논의되었으며, 바우처 문제에 대한 국민투표가 실시되었다.

사법부는 다른 방식으로 정치적이다. 그 구성원들은 결정을 내릴 때 중립적이지 않다. 정치학자들은 어떤 판사들이 특정한 쟁점에 대해서 같은 입장인지를 추적하고 얼마나 보수적이고 진보적인가를 평가하였다. 그들의 결론은 판사들은 명확한 정치적 관점을 가지고 있고 그들의 결정은 이러한 관점을 반영한다는 것이었다. 법원의 인종차별금지 사건에 대한 판결 방식은 이러한 사실을 분명하게 보여준다. 1954년부터 1980년까지 연방법원은 계속적으로 인종차별금지 정책을 지지하였다. 그러나 1980년대 동안 레이건 대통령이 연방정부 판사를 임명하면서 법원 판사의 이념적 성향 구성이 변하기 시작하였다. 새로 임명된 보다 보수적인 판사들은 인종차별금지의 일부 입장에 심각한 의문을 제기하였다. 1992년에 대법원은 학교내 인종 구분이 인구통계학적 특성에 의해 야기된 것이라면, 특히 역사상의 기록을 볼 때 지방 공무원에게 학교를 인종적으로 분리하려는 의도가 없다면, 교육구는 인종적으로 구분된 학교를 유지할 수 있다고 판결하였다. 판사들의 다수는 58명의 선도 연구자들이 제출한 인종차별금지 계획은 효과가 있으며 적절한 학교 정책이라고 주장하는 법원 변론 취지서를 단순히 무시하였다. 이 판결은 전국적으로 인종차별을 금지한 법원 결정이 폐지되는 결과를 초래하였다(Merelman, 2002). 요컨대, 한 입장을 취하는 판사 다수는 다른 입장을 가진 판사 다수가 내린 이전의 결정을 폐지하였다. 사람들은 어떤 입장의 판사가 옳은가에 대해 논쟁할 수 있으나 이 문제의 진실은 두 입장의 판사 모두 미국 교육정책과

정책결정에 중요한 역할을 해왔다는 점이다.

아동낙오방지법(NCLB)

2001년 의회는 양당의 강력한 지지를 받은 초중등교육법을 재승인하였고, 2002년 1월 조지 부시 대통령은 신시내티 북쪽으로 약 25마일 떨어진 한 공립 고등학교에서 열린 상징적인 행사에서 아동낙오방지법이라는 제목이 붙은 이 법에 서명하였다. 비록 일부는 NCLB가 연방교육정책의 점증적인 변화를 나타낸다고 주장하였지만, 다른 일부는 상당히 중요한 변화로 인식하였다. 예를 들어, 정치학자 Patrick McGuinn(2006)은 이 법은 "초등과 중등 교육정책에서 연방정부의 역할을 급격히 변화시키고 확장하였다"(p.1)고 주장하였다. 그의 견해에 따르면, NCLB는 이전의 초중등교육법과 상당히 다르며, 그 이유는 (1) 연방교육정책의 범위가 확대되었고, (2) 연방교육정책이 투입(금전, 교사, 물질과 같은)에서 결과(학생 시험 성적과 같은)에 대한 강조로 전환되었으며, (3) 이전 법보다 훨씬 더 권위적이기 때문이다. 이 절에서는 NCLB 이면의 역사를 기술하고, 주요 규정들을 제시하고, 일부 문제점뿐 아니라 강점을 논의한다. 그러고 나서 미래에는 무엇을 수용할 것인가를 제안한다.

NCLB 이면의 역사

기본적으로 NCLB는 1983년 *위기에 처한 국가*에 의해 활성화된 교육개혁운동에서 그 기원을 추적할 수 있다. 그 이후, 가장 널리 권고된 두 가지 학교개혁은 표준 중심 교육과 학교 선택이다. 그동안 교육은 국가 교육 의제의 주요 항목이 되었다. 1987년의 갤럽 여론조사에서는 미국 시민의 84%가 "연방정부는 주정부와 지방교육당국이 최소한의 국가 기준을 충족시키도록 해야 한다"고 생각하는 것으로 나타났다(Hess & Petrilli, 2006, p.1). 이러한 강력한 대중의 지지에도 불구하고, 공화당 지도자들은 연방정부의 교육개입 확대 아이디어를 수용하지 않았다. 그러므로 공화당의 조지 H. W. 부시 대통령이 1989년에 소집한 첫 교육정상회의에서는 국가 기준을 제외한 여섯 가지의 국가 목표를 채택하였다. 그러나 의회가 1994년 초중등교육법을 재승인하였을 때, 민주당의 빌 클린턴은 목표

2000(Goals 2000)을 지지하였다. 이는 "주정부는 모든 아동에게 적용할 기준 중심 교육체제를 만들도록 하였다"(Hess & Petrilli, 2006, p.14). 그럼에도 불구하고, 미연방교육부는 *Goals 2000*을 강제할 어떤 권력도 없었다. 목표 2000이 시행된 지 5년이 지났을 때 이를 충실히 지키는 주는 거의 없었다.

2000년은 대통령 선거 운동의 해였으며, 알 고어와 조시 부시 모두 교육 책무성을 위해 기준 중심 접근방법을 지지하는 잠재적인 "교육 대통령"으로 출마하였다. 부시가 제안한 개혁 모델은 그의 고향인 텍사스 주에서 사용된 모델로, 기준 중심 교육과 학교 선택을 포함하고 있었나. 취임 후 곧 부시는 그 계획(아동낙오방지라는 제목을 단)의 개요를 의회로 보냈다. 그의 제안은 많은 중도주의 민주당원과 심지어 일부 자유주의 민주당원의 지지를 받았다. 일 년간의 논쟁과 협상 끝에 의회는 2001년 말에 670페이지에 달하는 법안을 통과시켰다(Abernathy, 2007; Hess & Petrilli, 2006; McGuinn, 2006).

NCLB의 주요 조항

NCLB의 주요 목적은 "학업 성취 격차"를 좁히거나 없애는 것이다. 이 성취 격차는 유럽계 및 아시아계 학생과 흑인 및 남미계 학생 간의 학문적 수행의 차이를 말한다. NCLB는 이러한 격차의 주요 원인이 제대로 기능하지 않는 학교와 교육청에 있으며, 따라서 학교와 교육청은 학생 성취에 대해 책임을 질 필요가 있다는 가정에 기반을 두고 있다. 이러한 이해와 일관되게 NCLB의 핵심 조항들은 초중등교육법에 근거하여 연방정부 재정을 받는 주정부가 기준 중심 시험 프로그램을 만들고, 학생들이 그 시험에서 일정한 수준의 성취를 보이지 못하는 교육청과 학교에 대해서는 분명하게 구체적인 처벌을 가할 것을 요구하였다. 이는 또한 미국 학급 교사의 자질을 개선하고 부적절하게 양성된 사람들이 교과를 가르치도록 허용하는 관행을 방지하기 위해 설계된 "우수 교사(highly qualified teacher)" 조항을 포함하고 있다.

NCLB에서 규정하고 있는 시험 프로그램은 광범위하다. 초중등교육법 재정을 받는 주정부는 3학년부터 8학년까지는 매년 그리고 고등학교 단계에는 적어도 한 번 읽기와 수학과목의 학생 성취를 측정하는 시험을 시행해야 한다. 주정부는 3~5학년에 한 번, 6~9학년에 한 번 그리고 10~12학년에 한 번은 과학시험을 실시해야 한다. 주정부는 또한 이러한 시험에서 상급, 충분, 보통 수준의 성취로 구성되는 점수와 학교와 교육청이 2013년까지 100% 충분 수준의 "적정한 연간 향상도(AYP)"를 보이기 위해 매년 얼마나 개선되어야 하는가를 설정해야 한다. 학부모와 일반 대중이 학교가 얼마나 잘 하고 있는가를 알 수 있도록 학교와 교육청은 시험 결과를 매년 발표한다. 교육청과 개별 학교는 전체 평균을 발표할 뿐 아니라 8개의 특정 학생 집단(백인, 흑인, 남미계, 아시아계, 인디언, 무상 또는 할인 급식 대상, 특수교육, 영어 능력 부족 학생)의 결과도 발표해야 한다. 각 하위 집단도 적정 연간 향상도를 보여야 한다(Abernathy, 2007; Hess & Petrilli, 2006; McGuinn, 2006).

클린턴 행정부의 목표 2000과 달리, NCLB는 책무성 체제를 적극적으로 시행할 수 있는 강력하고 효과적인 수단을 가지고 있다. 이 법은 적정 연간 향상도를 달성하지 못한 학교에 대해 점증적으로 가혹해지는 즉 2년 연속으로 적정 연간 향상도를 달성하지 못한 "개선이 필요한" 학교에서부터 여섯 번째 해에 의무적인 학교 재구조화를 실시해야 하는 범위에 이르기까지 다양한 일련의 벌칙을 상세하게 제시하고 있다. 게다가 심지어 빠르면 두 번째 해에 교육청은 관내의 성공적인 학교에 학생을 전학시킴으로써 "실패하는 학교"에 다니는 아동이 학교를 선택할 수 있도록 허용해야 한다(Abernathy, 2007).

NCLB가 교육청에 미치는 또 다른 주요 영향은 이 법에서 규정하고 있는 "우수 교사" 규정이다. 신규교사와 경력교사의 요건은 다소 다르다. 신규교사와 경력교사 교사 모두 학사학위와 주에서 부여하는 교사자격증을 가지고 있어야 한다. 그러나 신규교사는 교과지식을 입증해야 한다. 초등학교 교사들에게 이것은 저학년에서 가르치는 주요 교과 예를 들어, 읽기와 수학 시험에 통과해야 함을 의미한다. 중등교사에게 이는 담당하는 교과를 대학에서 전공하거나 관련 석사학위를 취득하고 교과시험을 치러야 한다는 것을 의미한다. 경력교사들에게는 교과 능력을 입증할 다양한 방법이 적용된다. 또한 이 법에 의하면 I장(Title I)에 명시된 학교에 근무하는 전문가들은 자신들이 자격을 갖추었음을 입증할 자격증을 가지고 있어야 한다.

NCLB의 강점

비록 많은, 아마도 대부분의 전문 교육자들이 NCLB에 반대할지라도, 이 법은 몇 가지 강점이 있다. 첫째, 학업 성취도 격차에 대해 교육자와 일반 대중 모두 주목하게 되었다. 오랫동안 특권을 더 많이 가진 집단의 아동과 특권을 덜 가진 집단의 아동 사이의 성취도 격차는 미국 교육의 "추잡한 작은 비밀" 중 하나였다. 그러나 NCLB 덕분에 이제 이는 더 이상 비밀이 아니다. 이와 밀접하게 관련된 이 법의 두 번째 강점은 학교와 교육청이 주요 학생 집단의 성취도를 점검하도록 만들었다는 점이다. 과거에는 특히 학교나 교육청의 평균 성취도가 그런대로 괜찮다면, 이러한 집단의 아동들은 너무 쉽게 간과되었다. 이 법의 세 번째 강점은 시간이 지나면서 연구자들이 학생 성취도를 분석할 수 있게 되어 학생 시험 점수에 관한 유용한 자료를 축적할 수 있다는 점이다. NCLB는 또한 교육청과 주정부가 자격이 없거나 최소한의 자격을 갖춘 교사들을 고용하지 못하게 하고 있기 때문에 중요한 의미가 있다. 과거에는 확실한 자격을 갖춘 교사를 찾는 것보다 주정부의 면책을 받는 것이 더 쉬웠다. 마지막으로, 이 법은 일부 교사와 행정가들이 전문적 책임을 게을리하는 것을 더 어렵게 만들 것이다. 공립학교에 다녔던 모든 사람들은 일부 교사들이, 비록 그러한 행동이 NCLB 법 통과 전에 만연되어 있는 것은 아니었지만, 학생들을 부당하게 대우하는 잘못을 저질렀다는 것을 안다. NCLB는 교사들이 자신들의 교수행위를 보다 신중하게 받아들이고 또 행정가들은 교사들이 더 성실하게 근무할 것을 격려하도록 동기를 부여한다.

NCLB의 약점

NCLB의 많은 약점들이 일반 대중과 전문 매체에 의해 확인되었지만 여기서는 가장 심각한 것만 언급할 것이다. 주정부와 교육청 지도자들 사이에 아마 가장 널리 퍼져 있는 불만은 처음 약속한 수준의 재정지원이 이루어지지 않았다는 점일 것이다. 그 결과 많은 사람들이 이를 상부에서 내려온 또 다른 "재정지원 없는 명령"이라고 생각한다. 비평가들은 또한 이 법에 담겨있는 책무성 접근법의 실질적인 문제점을 지적하였다. 예를 들어, NCLB는 평가가 타당하기 위해서는 다면적인 측정치를 활용해야 한다는 모든 평가의 핵심 원칙을 무시하고 학교의 질을 단일한 측정치 즉 선다형의 객관식 시험 점수에 근거하여 판단한다. 이와 관련된 비판은 적정 연간 향상도가 학생의 절대 점수만 반영한다는 점이다. 여기에 가치 부가적인 요소는 없다. 그러나 많은 예에서, 특히 사회적 취약 계층을 고려할 때, 단순히 수치로 나타난 점수가 아니라 아동이 얼마나 많은 발전을 보였는가를 파악하는 것이 중요하다는 점은 충분히 이해된다. NCLB 접근법은 5학년의 읽기 수업이 2년 아래 학년의 읽기 수준을 보인다면 자동적으로 "실패하고 있는" 것으로 규정한다. 그러나 5학년 동안 평균적으로 전체 학생의 읽기 수준이 향상되었다면, 비록 학생들이 여전히 자기 학년보다 훨씬 낮은 읽기 수준을 보일지라도 학생과 교사는 훌륭한 성공을 거두었다고 볼 수 있다. 이러한 측면의 학생 발전은 현재 이 법에서는 인정되지 않는다.

NCLB의 또 다른 심각한 문제는 미국 학교들에게 비현실적인 목표를 설정하게 했다는 점이다. 한 예로 2013년까지 읽기와 수학에서 100% 능숙도(충분)를 실현하겠다는 목표이다. 일부 아동들이 심각한 시험 불안을 겪어서 시험에서 자신의 실력을 보여줄 수 없기 때문이라면 좋겠지만, 실제 학교 현장에서 아동과 있어 본 사람은 누구나 그러한 목표는 결코 성취될 수 없다는 것을 인정한다. 학교가 안정적이고 규칙적인 적정 연간 향상도(AYP)의 증가를 보여야 한다는 요건도 비현실적이다. 특히 시험 점수가 점차 높아질수록 평균으로 회귀하는 경향이 있고 점수는 떨어진다. 또한 비록 같은 선생님이고 같은 교육과정을 활용하지만 일부 학생 집단은 다른 학생 집단보다 더 낮은 성취도를 보인다.

많은 사람들이 이 법은 시험에 대비한 교육을 조장할 것이라고 비판하였다. 시험에 대비한 교육이 전혀 안 가르치는 것보다는 낫다고 주장할 수 있지만, 많은 학교에서 일어나고 있는 일은 이전에 잘 가르친 교사들이 이제 귀중한 수업 시간을 시험 치기 기술과 시험에서 강조되는 내용을 위해 학생들을 훈련시키는 데 사용하도록 압력을 받는다는 점이다. 이를 위해 교사들은 보다 도전적이고 어려운 과제들을 중단해야 한다. 그 결과 학생들이 주정부 시험에서 더 좋은 점수를 받을지라도 실제로 과거보다 과학이나 읽기 수업에서 더 적게 학습하게 된다. 시험에 집중하는 것은 또한 교육과정을 축소시킬 수 있다. 특히 학생 성취도가 낮은 교육구에서 그렇겠지만, 일반적으로 학생들이 잘 하는 교육구에서도 교육위원회와 교육구의 행정가는 NCLB하에서 시험을 치르지 않는 교과를 경시하거나 심지어 폐지할 유혹을 느낀다. 미술, 음악, 체육교육은 특히 취약하며, 사회, 외국어와 같은 학문적 교과와 과학, 수학, 문학 상급반도 영향을 받을 수 있다. 요컨대, NCLB는 아동에게 풍부하고 흥미로운 그리고 지적 자극을 제공하는 교육을 희생시키면서 시험점수를 높인다.

NCLB의 미래

이 책에서 지적한 바와 같이 의회는 NCLB의 재승인을 고려하고 있다. 재승인에 대해 오랫동안 논의되어 왔다는 사실은 이 법에 일부 변화가 있을 것임을 시사한다. 그러나 어느 누구도 책무성 체제가 완전히 폐지될 것이라고 기대할 수는 없다. 일반 대중은 학업 성취도를 향상시키기 위한 국가적인 접근을 지지하고 있고 양당도 이를 지지한다. 그러므로 NCLB의 새로운 형태가 아마도 예측가능한 미래의 미국 교육의 특징이 될 것이다. 이러한 현실하에서 학교 지도자들은 책무성 체제를 개선할 구체적인 방법을 확인하고 정책결정자들이 그러한 변화를 추진하도록 압력을 가할 것이다.

결론

지난 세기 동안 연방정부는 교육 정책결정에서 매우 미미한 역할을 하는 입장에서 교육정책 개발과 집행에서 강력하고 중요한 참여자로 변하였다. 의회와 연방법원 모두 이러한 변화를 유발하는 데 중요한 역할을 하였으며, 2001년의 아동낙오방지법에서 절정에 이르렀다. 학교 지도자들은 어떤 당이 집권하든 한동안 계속해서 연방정부가 미국 교육의 방향을 정할 것이라고 예측한다. 이러한 상황에서 학교 지도자들은 현 정책이 어떻게 개정될 필요가 있는가를 진지하게 심사숙고하고 필요한 변화를 이루기 위해 노력하는 것이 중요하다.

참고문헌

Abernathy, S. F. (2007). *No Child Left Behind and the public schools.* Ann Arbor: The University of Michigan Press.

Alexander, K., & Alexander, M. D. (2001). *American public school law* (5th ed.). Belmont, CA: Wadsworth/Thomson Learning.

de Tocqueville, A. (1955). *Democracy in America.* The Henry Reeve text as revised by F. Bowen now further corrected and edited with a historical essay, editorial notes, and bibliographies by P. Bradley. New York: Vintage Books.

Fowler, F. C. (2004). *Policy studies for educational leaders.* Upper Saddle River, NJ: Pearson Education! Merrill/Prentice Hall.

Gunderson, G. W. (n.d.). *National School Lunch Program.* Online: www.fns.usda.gov/and/lunch/AboutLunchProgramHistory.htm.

Heclo,H. (1978). Issue networks and the executive establishment. mA. King (Ed.), *The new American political system.* Washington, DC: American Enterprise Institute.

Hess, F. M., & Petrilli, M. J. (2006). *No Child Left Behind primer.* New York: Peter Lang.

McGuinn, P. J. (2006). *No Child Left ehind and the transformation of federal education policy, 1965-2005.* Lawrence: University Press of Kansas.

Merelman, R. (2002, February 6). Dis-integrating American public schools: Our new social myths and their consequences. *Education Week,* 52, 36.

Orfield, G. (1978). *Must we bus? Segregated schools and national policy.* Washington, DC: Brookings Institution.

Orfield, G. (1987). *Public school desegregation in the United States, 1968-1980.* Washington, DC: Joint Center for Political Studies.

Spring, J. (1994). *The American school, 1642-1993* (3rd ed). New York: McGraw-Hill.

U.S. Department of Education. (n.d.). *Guide to programs.* Online: www.ed.gov/index.jhtml.

U.S. Office of Special Education Programs. (n.d.). *History: Twenty-five years of progress in educating children with disabilities through IDEA.* Online: www.ed.gov/offices/osers/osep.

제5부

법적 · 재정적 고려

제15장

공교육의 법적 기초

공교육을 지배하는 법적 명령은 연방과 주의 헌법, 법률, 규정 등의 법 조항과 판결로부터 발생한다. 학교법(school law)이라는 용어는 일반적으로 법과 분리된 지식의 총체를 의미하지는 않는다. 예를 들어, 학교 현장에서 계약은 모든 계약에 적용되는 기본 원칙들을 따라야 한다. 마찬가지로, 공립학교나 다른 정부 기관에서도 헌법 원리들은 지켜져야 한다. 그렇다고 해도 학교는 독특한 특성을 가지고 있는데 그것은 법 조항이 어떻게 적용되고, 법원이 어떻게 법적 명령을 해석하는가에 영향을 미칠 수도 있다. 하지만 단순히 그 환경이 학교이기 때문에 법의 원칙이 통하지 않는 것은 아니다.

법의 다양한 출처와 공립학교체제 안에 다양한 참여자들(학교운영위원회, 학교행정가, 교사, 보조 직원, 학부모, 학생)이 존재하지만 그들의 영향력 범위는 불확실하다. 다양한 정부기구와 그 수준에 있는 사람들은 법에 따라 그들의 업무를 수행하려고 하기 때문에, 학교 인사정책에 자주 혼란을 초래한다. 이 장에서는 법적 요구사항의 출처, 행정부의 기관에 대한 권한 위임, 그리고 헌법적, 법적 지시사항의 해석에 있어서의 법원의 역할을 포함하는 공교육의 법적 구조에 대해 개괄하고자 한다.

헌법조항

헌법은 국가와 주를 운영하는 기본적인 법이다. 미국 헌법과 각 주의 헌법은 공립학교에 큰 영향을 미친다. 미국에는 50개의 분리된 주정부 헌법이 존재하지만, 이들은 상당한 유사성을 띤다.

연방헌법

미국 연방헌법은 국가의 최상위 법이다. 연방헌법은 주정부와 연방정부 사이의 관계를 자세히 설명하고, 개인의 권리 보호에 대해 기술하고 있다. "미국은 지난 2백년 동안 헌법이 단지 27번의 수정을 거치며 지속되어 왔다는 점에서 다른 나라들과 비교가 안 된다." 미국은 견제와 균형의 체제를 형성하기 위해 행정부, 사법부, 입법부의 삼권분립 형태를 띠고 있다.

미국 법 제도의 기본 원리는 주정부나 지방정부에서 만들어진 모든 법령, 규정, 그리고 정책들이 연방헌법을 준수해야 한다는 것이다. 사법부는 헌법 조항들의 의미를 해석할 수 있는 권한과 의문시되는 법령, 규정, 정부의 관행이 헌법적 권리를 약화시키는지 여부를 판단할 수 있는 권한을 가지고 있다. 1960년대와 1970년대에 미국 대법원은 이전에 인식하지 못했던 개인의 권리와 보호를 명시한 연방헌법을 확대해서 해석하였다. 이러한 헌법적 권리는 주정부의 법률, 학교운영위원회, 학교 지도자들, 그리고 다른 학교 구성원의 권한을 제한하였다. 보수적인 Roberts 대법원은 개인의 자유와 권리를 부분적으로 제한하면서, 더 많은 재량권을 학교운영위원회와 다른 공립학교의 임용권자에게 주고 있다(*Garcetti v. Ceballos*, 2006; *Morse v. Frederick*, 2007).

공립학교의 정책은 연방헌법의 모든 부분을 따라야 하는데, 특히 일부 조항은 학교 환경에 큰 영향을 미친다. 예를 들어, '일 복지 조항(1조 8부문, 1조항)' 은 의회에게 일반시민의 보호(the common defense)와 국가의 일반 복지를 위해 세금을 걷고, 그 돈을 사용할 수 있는 권한을 부여하고 있다. 대법원은 "백 년 전의 협소하고, 지역적인 수준의 욕구들이 오늘날 국가 복지와 상호 융합될 수 있음"을 인식하면서, 헌법을 만드는 사람들은 국가의 모든 필요를 예상할 수 없으므로 '일반복지 조항' 이 조정 가능하도록 융통성을 부여해야 함을 깨달았다. "중대하면서도 긴급한 것은 시대의 추이에 따른 변화이다" (Helvering v. Davis, 1937, p.641). 일반복지 조항의 영향 아래서 의회 권력의 범위는 논란의 소지가 있으나, 그럼에도 불구하고 이 조항은 의회로 하여금 교육적인 목적들을 위한 재정지원을 가능하게 해 왔다. 예를 들어, 의회는 사회, 경제적으로 혜택을 받지 못하는 학생들, 학교급식 프로그램, 고등학교 졸업생들을 위한 대출과 지원, 교육 연구와 개발, 장애 아동들을 위한 서비스, 직업교육, 그리고 다른 많은 목적형 프로그램들에게 정부 보조금을 제공하는 법률을 시행해 왔다. 의회는 또한 이 조항을 통해 기록물을 보관함에 있어서 학생들의 사생활을 보호하고, 부모들이 그들의 자녀에 대한 기록에 접근하는 것을 허용하도록 하고 있다. 의회는 연구에 참여하는 피실험자를 보호하고, 석면 제거와 그와 관련된 환경 문제들에 관해 학교에 책임을 부여하고, 학교, 학부모, 학생에게 영향을 주는 수많은 다른 이슈를 해결하기 위해 마련된 다른 법들을 시행해 왔다. 학교정책과 실제에 상당한 영향력을 갖고 있는 또 다른 헌법 조항은 '상업' 조항이다(제1조 8항 3조). 이 조항은 연방 의회가 주정부 간, 그리고 외국과의 교역을 규제하도록 권한을 부여한다.

이 조항은 인터넷을 통해 아이들에게 접근 가능한 물건들을 규제하고자 하는 노력 때문에 중요성이 점차로 높아지고 있다(16장 참고). 또한 제1조 10항은 계약의 의무를 약화시키는 정부 행위에 대한 금지 차원에서 학교에 큰 영향을 미치고 있다. 학교에 고용된 모든 사람들은 개인적인 계약, 그리고 대부분의 경우 학교 운영위원회와 단체교섭단위 간에 협상된 고용주와의 계약에 관해 보호를 받는다. 이 장의 후반부에 논의되겠지만, 학교운영위원회 또한 교육과 지원 서비스를 위해 다양한 사업체 및 개인과 계약을 한다.

개인의 자유를 보호하는 다른 헌법조항들도 학교 조직과 행정에 대해 많은 시사점을 던져주고 있다. 비록 개인이 단순히 미국 시민권을 소지했다는 이유로 교육받을 권리를 갖는 것은 아니라고 하더라도(*San Antonio v. Rodriguez*, 1973), '권리 법안' 과 다른 수정헌법은 정부의 간섭으로부터 개인의 권리를 보호해 준다. 이러한 조항을 포함한 법의 발전은 다음 장에서 설명될 것이므로, 개인의 권리를 보장하는 수정헌법에 대해서만 여기서 간단하게 언급하고자 한다.

논란의 소지가 있지만, 가장 중요한 개인의 자유는 제1차 수정헌법이 보장하고 있는 집회의 자유, 정부에 탄원할 수 있는 자유뿐만 아니라, 종교의 자유, 의사표현과 출판의 자유 등이다. 이러한 조항은 학생 복장, 교과서 배분, 인터넷상 의사표현, 학생 중심의 신앙활동, 공립학교 내의 학생과 지역사회의 만남, 종교 학교에 대한 정부의 보조, 교육과정 검열, 학문적 자유, 교원들의 정치적 의사표현, 그리고 일련의 다른 문제들과 관련된 수많은 학교 소송이 제기되도록 만들었다.

비록 제1차 헌법 수정안과 관련된 소송의 양과는 비교할 수 없을지라도, 비합리적인 수색과 체포를 반대하고, 개인의 권리를 보호하려는 제4차 수정헌법은 학생과 교사 대상의 마약 검사 프로그램, 그리고 학교 내에서의 사물함, 차, 개인에 대한 수색과 관련이 있는 수많은 사법적 판결에 중요한 기준이 되었다. 또한 "헌법에서 특정한 권리에 관한 열거는 국민이 소유하고 있는 그 어느 것도 부정하거나, 경시해서는 안 된다"라고 명시되어 있는 제9차 수정헌법은 일부 교육 소송의 근거가 되기도 하였다. 보호되고 있으나 열거되지 않은 권리는 학생과 교사들의 외모에 적용되는 권리와 교실 밖의 사생활에 대한 권리까지 포함된다(Thomas, Cambron-McCabe, & McCarthy, 2009).

제14차 수정헌법의 조항은 직접적으로 주정부의 조치들을 제시하고 있기 때문에 학교 사례에 가장 흔하게 적용된다. 제14차 수정헌법은 정당한 법의 절차 없이 행해지는 주정부의 침해로부터 개인의 삶, 자유, 재산에 대한 권리를 부분적으로 보호하도록 하고 있다. 20세기 중반 이후로, 대법원은 보호되어야 하는 자유와 '권리 장전(Bill of Rights)' 에 실려 있는 개인의 자유를 통합하는 것으로 해석해 왔다(*Cantwell v. Connecticut*, 1940; *Gitlow v. New York*, 1925). 이러한 통합주의는 의회 행동을 제한하던 초기 10개 수정안을 주정부의 행동에 적용함으로써, 주정부 법이 적용되던 학교 논쟁사안에 상당하게 영향을 미치고 있다.

제14차 수정헌법은 '권리 장전' 을 보장하고 이를 주정부 조치에 적용할 수 있도록 하였으며, 더불어 주정부의 침해 행위를 막는 중요한 보호 기능을 하고 있다. 시민에게 법의 평등한 보호를 수용하지 않는 주정부를 막고자 하는 '평등 보호 조항' 은 넓은 범위의 차별 관행을 제거하는 데 이용되어 왔다. 실제로, 대법원이 흑인과 백인 아동을 분리하는 학교는 본질적으로 불평등한 것이라고 '평등 보호 조항' 에 근거하여(*Brown v. Board of Education*, 1954) 판결을 내렸던 것은 학교법을 끊임없이 변화시켜 온 사법 행동주의 경향에서 출발하였다. 이러한 *Brown* 판결은 인종뿐만 아니라, 성, 종교적 배경, 모국어, 장애 그리고 다른 특성들에 근거한 차별에 도전하는 평등권 보호 소송에 영향을 주었다. 17장에서 제시될 학교재정 관련 소송도 평등권 보호 조항에 기초하거나 그에 버금가는 주정부 법 조항에 기초해 왔다. 더구나 *Brown*과 그의 후계자들은 개인의 다른 권리들을 포함하는 사법 행동주의를 지지했다. *Brown* 판결 이전에는 연방 법원이 400개 미만 정도의 학교 사건들을 검토해 왔다(Hogan, 1985). 학생 사고를 포함한 학교 관련 대부분의 사건들은 주정부 법원에서 처리되어 왔다. 그러나 *Brown 정체* 이후, 1970년대 말부터 1980년대 초 사이에는 연방정부와 관계된 소송이 정점에 이를 정도로 상승했다. 1970년 이전의 60년 동안 제기된 연방정부와 관련된 학교소송 건수와 1970년대 10년간 제기된 소송 건수가 거의 비슷하다(Tyack & Benavot, 1985). 비록 학교와 관련된 연방 정부 수준의 소송 건이 더 이상 증가하지 않는다고 하더라고, 수천 개의 학교소송 사례가 매년 계속적으로 발생하고 있다.

제14차 수정헌법의 '정당한 절차 조항'은 주정부가 시민의 생명, 자유, 재산을 정당한 법의 절차 없이 박탈하는 것을 금지하고 있다. 이 조항에는 절차적 · 내용적 요소가 포함된다. 절차적으로 정당한 과정은 개인이 자신의 구속에 대해 공지받을 권리가 있고, 정부가 개인의 생명, 자유, 재산에 관한 권리를 박탈하기에 앞서 공정한 청문회에서 고소 사실을 반박할 기회가 주어지는 것을 의미한다. 사소한 권리의 박탈 사건은 단순히 비공식적인 절차만을 요구하지만(*Goss v. Lopez*, 1975), 중요한 개인 권리 박탈과 관련된 사건(예, 학생 퇴학, 교사 해임)은 고소된 자가 변호인과 함께 법정에 출석하고, 반대편의 증언에 대응할 기회와 같은 공식적인 절차를 필요로 한다.

내용적으로 정당한 절차는 정부의 행동이 합법적 목표에 기초하고, 그 목표를 달성하기 위해 선택한 수단이 합리적일 것을 요구함으로써, 생명, 자유, 재산과 관련된 권리를 위협하는 임의적 정부의 행동으로부터 개인을 보호한다. 헌법적 기준은 수용가능한 행동의 최소 수준을 정의하고, 법률과 규정은 헌법적 최소한도를 초월하는, 보다 확장된 절차적 · 내용적 안전장치를 제공한다.

주정부 헌법

제10차 미국 수정헌법하에서 "헌법에 의해 국가에 위임되지 않거나 주정부에 금지하지 않은 권력은 각 주정부와 주민에게 있다." 교육은 연방헌법에 언급되어 있지 않으므로, 일종의 주정부에게 주어진 권력이다. 모든 주정부 헌법은 주에 거주하고 있는 아이들을 위해 무상공립교육 제도를 마련할 개별 입법 기구를 요구하고 있다.

주정부 헌법은 일관되고, 철저하며, 그리고 효율적이고 적합하거나 충분한 무상 학교교육 제도가 운영되도록 법적으로 의무화하고 있다. 주정부 헌법의 교육관련 조항에서 발견되는 가장 흔한 용어는 '일관성 있는 제도' 이다. 그 가운데 인디애나 주의 헌법 조항이 전형적인 형태를 띠고 있다.

> 자유 정부의 보존에 꼭 필요하고, 일반적으로 지역사회 곳곳에 확산되어 있는 지식과 학습을 습득시키기 위해 주정부 의회는 모든 적합한 수단에 의해 도덕적, 지적, 과학적, 농업적 발전을 조장하고, 법에 의해 모든 학령기 아동에게 평등하게 무상 공립학교에 접근할 수 있는 일반적이고 일관성 있는 제도를 제공할 의무가 있다.(8조 1항)

오하이오 주정부의 교육 관련 법조항에 제시되어 있듯이, 주정부가 입법부에 "완전하고 효율적인" 교육제도를 마련할 책임을 부과하고 있다. "의회는 세금 또는 학교 위탁기금을 통해 재정수요를 충당하고, 주 전역에 완전하고 효율적인 공립학교 제도를 제공해야 한다."(6조, 2항)

학교교육제도를 마련하는 것은 입법 기관의 의무임과 동시에 대부분의 주 헌법은 연방정부의 개인의 자유를 보호하는 '권리 장전' 과 유사한 반차별 조항과 대책을 제시하고 있다. 주 헌법이 연방헌법보다 개인의 권리를 더욱 보호하고 있는지도 모른다. 예를 들면, 주정부는 제4차 수정헌법이 요구하는 것보다 개인의 사생활 보호를 더욱 보장해 주고 있다(*Theodore v. Delaware Valley School District*, 2000). 또한 일부 주 헌법은 종교적인 목적으로 공공 기금을 사용하는 것을 금지하는 점에서 연방헌법보다 더욱 제한적이다(*Locke v. Davey*, 2004). 일부 주 헌법은 교육과정에 관한 구체적인 명령을 포함하고 있으나, 대부분의 입법부는 교육과정에 관한 결정을 포함한 모든 교육서비스 제공에 책임을 지고 있다.

법령조항

민주주의 사회에서 정부의 입법 기관은 시민들이 선호하는 것을 반영하여 법을 제정한다. 그러한 법은 헌법이 보장하는 입법부의 권력 허용과 제한 범위에 관해 일관성을 유지해야 한다. 그러한 제한 내에서, 미국에서 선출된 의원으로 구성된 입법기관은 헌법적 보장을 조작화하고, 일반 복지를 제공함에 있어서 상당한 재량권을 가지고 있다. 법안은 행정부 수장의 결제 후에 법이 된다(연방 정부의 경우 대통령, 주정부 법의 경우 주지사). 연방 법은 미국 정부 법전에서, 주정부 법은 주정부 법전에서 찾아볼 수 있다.

연방정부 법률

의회는 미국 헌법의 목표를 구체화하는 법률을 제정할 권한을 가지고 있다. 연방 헌법과 그 법에 연계되어 있는 주정부 법이 불일치하는 경우 주정부의 법을 대체한다. 그러나 교육에 대해서는 연방 정부의 법적 권한이 없기 때문에(*San Antonio Independent School District v. Rodriguez*, 1973), 교육에 관한 연방의회의 영향력은 간접적이었다. 기본적으로 연방정부 법 중에서 공립학교에 중요한 영향을 주는 것은 재정지원법(Funding Laws)과 시민권리법(Civil Right Laws)이다.

재정지원법(Funding Laws) 일반 복지와 관련된 일부 법률은 연방정부의 지원과 국가의 복지를 향상시키고자 하는 계획과 연결된다. 주정부는 그러한 프로그램에 참여할지 또는 하지 않을지에 대한 재량권을 가지고 있다. 그러나 만약에 주정부가 연방 정부 기금을 받고자 한다면, 그에 상응하는 규정을 만족시켜야 한다.

미국 헌법이 비준되기 전에 주정부 의회가 공립학교의 유지 보수를 위해 주정부에게 무상으로 토지를 제공하였지만, 1960년대에 들어서면서 비로소 주정부 입법부가 학교개혁의 대상이 되는 학교를 고무시키기 위해 재정지원을 시도하였다. 1965년의 초중등교육법(ESEA)은 가장 광범위한 교육재정지원 관련 법이다. 이 법의 핵심 조항은 경제적으로 혜택을 받지 못하는 학생들을 대상으로 보상교육 프로그램 지원을 규정했다는 점이다. 이 법은 연방정부 교육정책의 큰 변화의 신호탄이 되었고, 이 법의 통과와 함께 교육에 관한 연방정부 보조가 두 배로 증가했다. 그 후 15년 동안 연방정부의 교육에 대한 기여는 꾸준하게 증가하여, 1980년에는 총 교육세입예산의 10%를 연방정부가 부담하기에 이르렀다. 17장에 자세히 설명되겠지만, 교육재정 지원에 대한 연방정부의 부담률은 1989~1990년에 6.1%까지 떨어졌으나, 2004~2005년에 다시 9%로 상승했다(National Education Association, 2006).

2002년도에 법제화된 아동낙오방지법(No Child Left Behind, NCLB)은 1965년 이후로 적용되어 왔던 초중등교육법(ESEA)을 개정한 법이다. 이 법은 3학년과

8학년 사이에 읽기 또는 국어, 수학, 과학을 정해진 학년에서 학문 수준에 기초하여 매년 학생들이 치른 시험 결과에 학교가 책임을 지도록 하고 있다. 또한 고등학생은 10학년과 12학년 사이에 최소한 한 번은 핵심 교과를 대상으로 시험을 치러야 한다. 개별 학교는 모든 학생이 12년 내에 우수한 수준에 이르게 하고, 사회경제적으로 혜택받지 못한 학생들과 혜택을 받는 학생들 간의 시험점수 차이가 좁아지도록 하며, 모든 교원들이 높은 교수 능력을 보유하도록 매년 발전 목표를 설정해야 한다.

아동낙오방지법은 주요과목에서 2년 연속 연간 학력 향상 기준치(AYP, Adequate Yearly Progress)를 충족시키지 못하는 학교(Title I schools)에 다니는 학생들에게 교육적 선택을 제공하도록 학교구에 요구하고 있다. 학교가 제재를 피하기 위해서는 아동낙오방지법에 구체적으로 언급된 다음의 모든 집단을 대상으로 연간 학력 향상 기준치 목표를 달성해야 한다(예를 들면, 주요 민족/인종 집단, 경제적으로 혜택을 받지 못하는 집단, 영어 사용능력이 부족한 학생 집단, 그리고 장애를 가진 학생들). 2년 연속 연간 학력 향상 기준치를 달성하지 못한 학교는 "개선이 요구되는" 학교로 지정되고, 기술적 지원이 제공된다. 또한 그 학교 학생들에게는 학군 내에서 다른 학교로 전학을 갈 수 있는 선택권이 주어진다. 만약 연속 3년 동안 연간 학력 향상 기준치를 충족하지 못할 경우, 학교는 "학교개선"의 상태가 되며, 그 학교의 저소득층 학생들은 학군 내에서 다른 학교로 전학을 갈 수 있는 선택권을 가질 뿐만 아니라 무료로 수업을 받을 수 있게 된다. 모든 집단을 대상으로 연간 학력 향상 기준치를 충족시키는 데 실패한 학교는 새 직원들로 재구성되거나 차터스쿨로 전환되며, 사기업에 의해 운영되거나 또는 주정부에게 그 운영 권한이 넘겨진다.

모든 주정부는 현재 장애아동교육법(IDEA, 2008)에 근거하여 장애를 가진 아이에게 적절한 프로그램을 제공하고, 재정적으로 지원하고 있다. 연방의회는 이 법을 연방 법으로 제정하고 장애 아동을 위해 초과비용의 40%까지 제공하고자 하였으나, 여전히 40%에 이르지 못하고 있다. 2004년에 연방정부는 특수교육을 위한 초과비용의 20% 미만을 지원했고, 2007년 연방정부의 지원은 17%였다(Klein, 2007).

장애아동교육법은 장애 아동을 위한 폭넓은 보호를 제공한다. 이러한 보호 행위는 자격을 갖춘 특수 교육가와 장애 아동의 학부모로 구성된 기획팀에 의한 개별화된 교육프로그램 개발, 장애학생의 정치(定置)에 관한 결정과 과목운영에 대한 절차적 보호, 가능한 경우 일반 교실에 있는 장애학생들이 서비스를 지원받을 수 있는 통합교육을 포함한다. 특수교육에 대한 권한 부여와 더불어, 장애학생들은 교육 관련 서비스(예, 수송, 물리치료)도 제공받아야 한다. 장애 아동에게 적절한 프로그램을 제공하는 것과 관련하여 상당한 비용이 드는 것을 생각할 때, 장애인 관련 소송들은 특정한 프로그램과 장애학생 정치(定置)에 관해 재정적 책임 여부를 결정하는 것에 초점이 맞추어져 왔다(Oliver, 2006).

아동낙오방지법과 장애아동교육법이 교육에 영향력을 행사하는 가장 중요한 연방법인 반면에, 개별재정지원법(categorical funding law)은 지원을 받는 조건을 만족시켜야 하는 규정을 통해 학교정책에 영향을 미쳐 왔다. 대부분의 개별재정지원 프로그램(categorical aid program)은 1960, 1970년대 빈곤과의 전쟁(War on Poverty)의 일환으로 시행되었고, 이는 평등이라는 목적과 혜택을 받지 못하는 학생들을 대상으로 교육프로그램(예, 인종차별폐지 학교 지원, 이중언어교육 실시 학교의 지원)의 개선에 초점을 두었다. 하지만 의회는 1980년대에 개별 프로그램에 지원하는 방식에서 점점 거리를 두기 시작했다. 현재 연방정부가 강조하는 지원 계획은 초등학교 저학년에서의 읽기, 학생 수행결과에 대한 학교의 책무, 그리고 다양한 학생집단 간의 성취도 차이 제거에 있다. 주정부 수준에서 이루어지는 성취도 평가에 의해 학생의 학력 향상을 책임지고 있다는 증명이 가능한 한, 주정부와 지방정부 교육기관에게 기준을 만족시키기 위한 전략 마련을 지속적으로 요구하고 있다.

시민권리법(Civil Rights Laws) 의회는 헌법이 보호하고 있는 것들을 실현하고자 법률을 제정할 권한이 있다. 교육기관이 연방정부의 재정지원 프로그램에 참여하는 비율이 감소할 수도 있으나, 시민권리법은 준수해야 한다. 시민권리법은 일반적으로 적용되나, 다른 시민권리법은 오로지 연방정부 수준에서 지원되는 독립체에 적용된다. 16장에서 설명되겠지만, 개인은 일부의 시민권리법에 의해 순응을 강요받을 경우 민사소송을 제기할 수 있다. 다른 시민권리법은 유일한 해결책이 행정적인 것이라고 명확히 기술하고 있고, 그렇지 않으면 손해 때문에 발생한 민사소송을 방해하는 것으로 법적으로 해석된다.

교육에 영향을 주는 법률에 포함되어 있는 가장 흔한 행정적 해결책은 교육부에 순응하지 않는 기관에 연방정부의 지원을 철회하는 것이다. 이러한 제재 위협은 학교가 정책을 변경해야 하는 원인이 되었지만, 실제로 연방정부 자금이 철회되는 일은 거의 없었다.

1960년대의 시민권리운동이 일어난 동안 많은 중요한 법들이 시행되었고, 이러한 조치는 인종, 국적, 성, 나이, 장애, 그리고 종교와 같은 다양한 특징에 기초한 차별로부터 시민을 보호하고 있다. 법원은 이러한 법들을 해석하고, 차별로부터 개인이 법적으로 보호를 받는 범위를 명확히 하도록 요구받아 왔다.

개인은 헌법에서 보장한 권리의 침해와 연방정부 수준에서 보호되는 권리의 약화에 대한 보상금을 받고자 1871년에 시행된 시민권리법을 이용할 수 있다. Section 1983이라고 불리는 이 법은 원래 아프리카계 미국 시민의 권리를 보호하고자 하였으나, 지난 수십 년 동안 연방정부에서 보호하는 개인의 권리 박탈에 대해 개개인들이 보상금을 받는 수단이 되어 버렸다. 그 결과, 만약 학교정책과 관행이 학교에 고용된 사람들과 학생들에게 연방정부가 보호하는 개인권리를 침해했다면, 보상금을 받기 위해 Section 1983이 이용되어 왔다. 그러나 연방 법이 이러한 민사소송이 일어나는 것을 막고 있다고 해석될 경우, Section 1983하에서 소송은 이루어질 수 없다(*Gonzaga University v. Doe*, 2002).

일부 법의 경우 그 의미가 애매모호할 수도 있어서 법원은 입법적 의도를 명확히 해야 한다. 만약 사법부가 법률을 잘못 해석할 경우, 의회는 법률이 연방헌법 조항을 약화시키며 무효화하지 않는다면, 수정을 통해 그 의미를 명확히 할 수 있다. 이러한 수정은 대법원이 입법 의도를 반영하지 않고 법을 해석한 후에 여러 차례 행해져 왔다. 예를 들어, 대법원이 1964년 시민권리법의 Title VII을 고용주가 고용인 장애 일괄대책에 임신관련 장애를 생략하는 것을 허용한다고 해석한 후에(*General Electric v. Gilbert*, 1976), 의회는 임신한 고용인을 차별하는 고용관행을 구체적으로 금지하는 1978년의 임신차별금지법(Pregnancy Discrimination Act)으로 Title VII을 수정하여 대응했다. 또한 장애아동교육법(IDEA)이 좋은 결과를 낸 원고가 변호사 비용을 받지 못하도록 한 대법원의 판결 후에(*Smith v. Robinson*, 1984), 의회는 변호사 비용 지급에 관한 구체적인 조항을 만들며 그 법을 수정하여 대응하였다.

주정부 법률

연방 의회가 단지 간접적으로 교육에 영향을 줄 수 있는 반면에, 주정부 법률은 "학교에서 일이 처리되는 방식을 규정하고 관리하는 것"에 대한 포괄적인 권한을 가지고 있다(*Tinker v. Des Moines*, 1969, p.507). 그러므로 주정부 법률은 직원에 대한 자격부여와 교육 프로그램에 관해 규정하는 것부터 세금을 걷어서 학교재정으로 배분하는 것에 이르기까지 모든 교육사업과 관련하여 상당한 재량권을 갖고 있다. 심지어 주정부 법률은 학교구를 폐지할 수 있는 권한을 가지고 있으나, 실제로 이러한 소치가 발생할 가능성은 낮다.

지역 교육위원회를 없애기 전에 지역 통합을 초래하는 학교구 경계의 변화에 대해 시민에게 투표권을 부여하는 것과 같이 충돌되는 주정부의 법률은 변경되어야 할 것이다(*Libbra v. Madison Country Regional Board*, 2004; *State v. Board of Education*, 1987).

주정부 의회는 법적으로 공립학교의 구체적인 면까지 규정할 수 있으나 대부분 의회가 현실적으로 그렇게 하기에는 어렵다. 또한 주정부 의회는 비록 법을 제정하는 권한을 이양할 수 없을지라도, 규칙과 규정을 제정하는 권한을 주정부의 행정기관이나 각 지역의 교육위원회에게 이양하도록 되어 있다. 공립학교에 재정을 지원함에 있어서 주정부 기여도의 증가와 함께 주정부 법률이 더욱 명료하게 제정되는 경향이 있어 왔다(17장 참조). 캘리포니아와 플로리다 같은 일부 주정부에서는 입법적 지시사항이 학교구 차원에서 거의 융통성을 발휘할 수 없을 만큼 매우 광범위하다. 그러나 지역교육 관리에 보다 큰 기여를 하는 다른 주정부(콜로라도 주, 뉴햄프셔 주)에서는 지방의회가 입법적 지침 내에서 교육 관련 결정을 내릴 수 있는 일반적인 권한을 위임받고 있다.

주정부 법은 공립학교 교사가 교원 자격을 받기 위해 만족시켜야 하는 요구사항을 공립학교 임용조건으로 부과하고 있다. 주정부 법은 또한 정년이 보장된 교사와 그렇지 않은 교사의 해임 절차, 주정부 내의 퇴직 계획에 관한 구체적인 사항, 공무원의 단체 교섭권 범위(그러한 권리가 있을 경우), 그리고 교장과 다른 행정가들에게 교사 지위와는 다른 어떤 형태의 직업적 안정성이 주어져야 하는지의 여부(예, 2년 계약)에 대해 구체적으로 밝히고 있다.

주정부 법은 공립학교와 학생과의 관계도 다양하게 규정하고 있다. 가장 중요한 조항은 구체적인 연령대(보통 6~16세)의 모든 아동들이 공립 또는 사립학교에 입학하거나, 이에 상응하는 교육을 받아야 한다는 것이다. 의무출석법(Compulsory Attendance Laws)은 민주주의 사회에 필요한 교육받은 시민을 확보하고자 제정되었다. 대법원이 학교 인종차별을 법적으로 무효화한 후에(*Brown v. Board of Education*, 1954), 남부에 있는 일부 주정부는 의무교육법을 없애 버렸으나 지금은 모든 주정부가 다시 교육을 의무화하였다. 주정부마다 의무교육을 허용함에 있어서 그 예외가 되는 것(예, 결혼한 학생들, 법적으로 타당하게 근로가 허용된 최소 14세의 학생)은 다양하고, 대법원은 8학년을 마친 암만파(Amish) 청년 신도에 대한 종교적 면제를 인정해 왔다(*Wisconsin v. Yoder*, 1972). 모든 아동들이 교육받아야 한다고 명령하는 것을 넘어서, 주정부는 학습의 과정, 교수 자료, 졸업 요구사항, 평가 관행, 그리고 학교 운영에 필요한 중요한 것들을 규정하는 데 넓은 재량권을 가지고 있다.

1980년대에 교육에 대한 연방정부의 지원이 감소하고, 대법원이 개인의 권리 확대에 전과 비교해 소극적인 자세를 취함과 동시에, 주정부의 입법기관은 많은 교육개혁 대책을 통해 지역 교육위원회의 감독을 강화하고 있었다. 실제로, 미국 교육부가 *위기에 처한 국가*(National Commission on Excellence in Education, 1983)라는 보고서를 발표한 후, 교육은 주정부 정책의제의 현안으로 자리매김 했고, 그 이후 10년간 모든 주정부가 학교개혁 종합대책을 채택하였다. 이러한 개혁은 주정부의 감독권을 강화하고, 지역 학교구와 학교 지도자에게 추가적인 책임을 부여하는 방향으로 추진되었다.

연방정부가 학교 책무성을 강조한 것과 마찬가지로, 주정부 교육법이 가장 강조하는 것은 현재 학생들의 학문적 기준 달성 여부가 학교 책임이라는 것이다. 주정부가 강조하는 학교 책무성은 교육과정과 학생 평가를 엄격한 학문적 기준에 맞춰 정비하고, 학교와 학년별로 시험 결과를 대중에게 공개하는 데 초점을 두고 있다. 이러한 책무성 조항은 종종 학교 순위의 공개, 그리고 성적이 좋지 않은 학교에 대한 지원의 제공과 제재를 포함한다. 게다가 많은 주정부 법은 구체적으로 교원인사에 초점을 두며, 교사와 행정가 자격 소지, 교원과 지도자의 전문성 개발을 제공하는 대학, 종래와는 다른 교사나 행정직 후보자를 위한 대안적 채용과 준비 경로, 교원과 행정가를 위한 멘토링, 신규교원 프로그램, 그리고 소수 민족에 초점을 둔 목적형의 교육자 채용에 관한 기준과 시험을 정하고 있다.

또한 주정부 의회는 공립학교에 대한 지나친 입법적 규제에서 벗어나고, 나아가 공립학교를 운영함에 있어서 더욱 혁신적이고 기업가적인 정신을 키우고자 대안형 학교 운영계획을 인가하고 있다. 여기서 가장 주목해야 할 것은 주정부 사이에서 급속하게 확산되고 있는 차터스쿨 운동이다. 1992년에 단지 2개 주만이 주정부의 규정에 적용받지 않고 운영이 가능한 차터스쿨을 인가하였다. 그러나 2006년 말에는 40개 주와 워싱턴 D.C, 그리고 푸에르토 리코에도 4,100개 이상의 차터스쿨에 백만 명 이상의 학생들이 재학하게 되었다(Center for Education Reform, 2007). 비록 2006년 이후로 차터스쿨 설립 움직임이 다소 둔화되었지만, 여전히 중요한 학교개혁 전략으로 남아 있다. 대부분의 차터스쿨 법은 기존의 공립, 사립학교 또는 새롭게 학교를 운영하고자 하는 단체에게 설립허가서의 수를 제한하고 있다. 차터스쿨이 주정부의 규정을 따르지 않아도 되는 정도는 주마다 다양하다. 예를 들면, 대부분의 차터스쿨 법은 주정부와 지역 학교구의 교육과정과 인사정책의 요구사항을 따르지 않아도 되지만, 그에 대한 수준을 결정하는 규칙과 규정은 차터스쿨을 승인하는 과정에서 협상의 대상이 되기도 한다.

주 입법부는 공립학교의 대안을 규정할 법적 권한을 가지고 있으나, 모든 아동이 공립학교에 입학하도록 강요할 수는 없다. 대법원은 1925년에 부모가 자녀를 위해 사립교육을 선택할 수 있는, 헌법이 보장하는 권리를 갖고 있다고 판결했다(*Pierce v. Society of Sisters*, 1925). 대법원은 "연방 국가에서 자유의 근본 정신은 오로지 공립학교 교사로부터 가르침을 받도록 강요함으로써 아동들을 표준화하려는 주정부의 모든 권력과 의도를 인정할 수 없다"(p.535)고 선언했다. 비록 주정부가 교육받은 시민을 양성하기 위해 교육을 규제하는 권한을 가지고 있다고 할지라도, 주정부의 주요 역할은 가정교육과 사립학교에 대한 규제를 없애고, 학생의 학업성과를 평가하여 그들의 수준을 올리는 방향으로 전환되는 경향을 보이고 있다(Dare, 2001). 만약 주정부에서 주관하는 시험에서 특정학교나 가정교육 프로그램이 계속해서 낮은 결과를 보인다면, 법원은 특정학교나 프로그램이 더 이상 의무출석명령(Compulsory Attendance Mandates)을 충족시킬 수 없다고 판결을 내릴 수 있다.

연방 법에 대한 논란과 유사하게, 만약 주정부 법률의 의미가 명확하지 않다면 법원이 그 법에 대한 해석을 명확히 해야 한다. 사법부가 입법 의도를 잘못 해석할 경우, 주정부 의회는 법원에서 그 법이 주정부나 연방정부 또는 시민권리법을 약화시킨다고 결론을 내리지 않는 한 주어진 법을 수정할 수 있다.

행정규칙과 규정

입법부가 업무를 수행하는 데 필요한 모든 자세한 사항을 법에 담을 수는 없다. 그래서 연방의회나 주정부 의회는 법 집행과 관련이 있는 규칙과 규정을 만들 수 있는 권한을 행정기관에 위임했다. 하지만 정부의 입법기관은 삼권분립의 원칙에 근거하여 입법권을 행정기관에 위임할 수는 없다. 그럼에도 불구하고, 행정규칙이나 규정은 위임받은 행정 권한으로서 법적 구속력을 갖는다. 학교규정은 법 그 자체보다도 학교인사와 교육실천에 훨씬 많은 영향을 미친다.

행정규칙이나 규정에 의해 위임된 권한을 행정기관이 법적으로 제대로 행사하고 있느냐 여부는 합리적이고 구체적인 지침에 관한 법률조항에 근거하여 법원이 판단한다. 그리고 법원의 판단은 입법부의 정책 목적 달성이나 혹은 그러한 목적을 수행하는 행정가에게 중요한 지침이 된다. 법적 지침이 행정가의 지나친 재량권이나 판단에 대해서는 제한적이기 때문에 그러한 위임은 유효하다는 것이 이미 오래전부터 있어 온 통설이다(*A.L.A. Schechter Poultry Coporation vs. United States*, 1935). 행정규정은 위임된 권한 범위가 도전을 받지 않거나 법률 해석과 충돌이 발생되지 않는다면 법적으로 구속력을 갖는다.

연방기관(Federal Agencies)

교육부나 다른 연방기관들은 그들이 공포한 규정을 통해 법률조항을 해석하는 데 중요한 역할을 한다. 1980년 교육부가 연방정부에 설치된 이후, 교육부는 교육부장관을 수장으로 역할을 수행해 왔다. 교육 관련 법안이 제정되면, 교육부는 연방의회에서 청문회를 통해 검토된 규정을 설계한다.

연방정부 규정은 때로 연방의회의 의도 혹은 연방 대법원의 결정을 넘어서는 내용을 담고 있기도 하다. 대법원이 법이나 규정을 잘못 해석한다면, 의회는 법의 의미를 명확히 하기 위해 수정안을 통과시킬 수도 있다. 연방기관이 법을 잘못 해석하면, 의회는 행정규정을 검토하는 과정에서 승인을 보류시키기도 한다. 사법부와 행정부 간의 법 해석에 대한 갈등이 종종 발생되기도 한다. 예를 들어, 대법원이 1972년 교육수정법 Title IX에 근거하여 내린 성희롱에 대한 판단기준이 교육부의 시민권리국(OCR)의 규정과 충돌한 적이 있었다(*Davis v. Monroe County, 1999; Gebser v. Lago Vista*, 1998). 시민권리국에서 발간한 성희롱 지침서(2001)는 지속적으로 개정되었고, 이 내용은 교육기관에 대한 개인의 피해보상에 적용했던 대법원의 기준과 달랐다. 물론 대법원이든 시민권리국이든 의회의 의도를 잘못 해석했다면 의회는 그 의미를 분명히 하기 위해 Title IX를 수정했을 것이다.

주정부 기관(State Agency)

연방의회처럼 주 입법부도 행정기관에게 입법 권한이 아닌 규칙 제정 권한을 줄 수 있다. 주마다 행정 권한 위임이 다양하게 이루어진다. 일부 주들은 주정부와 지방정부 교육기관이 준수해야 하는 상세한 기준을 규정한 반면, 다른 주들은 주 법률에 의해 일반적인 방향을 제시하고 주와 지방 교육위원회에게 학교가 따라야만 하는 구체적인 지침서를 만들 권한을 위임하고 있다.

위스콘신 주를 제외한 모든 주들은 주 교육위원회를 구성하여 교육에 영향을 주는 법을 이행하기 위한 규칙과 규정을 제공하고 있다. 주 교육위원회는 항상 행정 지침서 내에서 운영되어야 하고, 주 법률에 의해 위임받은 권한만을 행사해야 한다. 주 교육위원들은 보통 주지사에 의해 임명되거나 일반시민에 의해 선출된다(Thomas et al., 2009).

주 교육위원회는 일반적으로 학교평가인증(school accreditation)을 점검하는데, 이는 전통적으로 학교들에게 다양한 교육과정, 시설 그리고 인사를 충족하도록 요구한다. 최근 많은 주들은 학교평가인증을 투입 기준에서 성과 기준 평가인증으로 변화시키는 경향을 보이고 있다. 좀 더 새로운 모델하에서, 학교들은 다양한 학생 성과 기준에 근거하여 평가된다. 많은 주들이 교사와 행정가 자격증을 다룰 수 있는 전문가기준위원회(professional standards boards)를 구성하였다 하더라도, 주 교육위원회가 종종 교사자격을 점검한다. 일부 주에서는 전문가기준위원회가 주 교육위원회와 별도로 기능한다.

개별 주는 주정부 교육감으로 불리는 주정부 학교최고책임자(chief state school officer, CSSO)를 두고 있는데, 이들은 행정집행 능력에 의해 의장직을 맡기도 한다. CSSO는 일반적으로 주 전역에 걸쳐 학교개혁을 이끄는 리더십을 발휘하고, 교육정책 이행을 점검하며 주의 교육적 상황 관련 자료들을 수집하기도 한다. 일부 주에서의 CSSO는 교육적 분쟁해결에 주요한 역할을 하고, 학교 내부 운영에 대한 불만으로 개인들이 소송을 하지 않도록 하고 있다(Thomas et al, 2009). 법원은 CSSO의 결정을 존중하고, 그가 임의대로 또는 제시된 증거를 무시하는 행동을 할 경우에만 그들의 결정을 무효화할 것이다(*Bottiv, Southwest Butler, 1987; Eisbruck v. New York*, 1987). 주정부 교육부는 교육실천 향상 관련 연구개발활동에 대해 CSSO에게 보고하고, 지방교육위원회에게 자문을 해준다. 그리고 자료 수집과 학교활동 점검과정에서 CSSO를 돕기도 한다.

주 교육위원회는 학교운영 범위를 통제하는 규칙과 규정을 적용할 수 있다. 광범위한 입법부의 지침서는 행정적 조치로 간주된다(Valente & Valente, 2004). 일부 주에서는 학생들의 능력평가 시험과 장애아동 프로그램과 같은 문제에 관한 규정들이 주 법률보다 주 교육위원회 규정에 구체화되어 있다. 예를 들면, 장애아동 교육에 관한 인디애나 주 법은 매우 광범위하지만, 주 교육위원회는 학교가 장애아동을 동일하게 취급해야 하는 포괄적인 행정규칙을 적용하고 있다(511 Ind.Admin, Code 7-17~7-13, 2007).

법원은 행정부가 위임받은 권한 이상의 행동을 하고 있는지 여부를 판단할 수 있다. 때로는 교육적 기능을 수행할 수 있는 합법적 권한과 위임받지 않은 불법활동 간에는 분명한 차이가 있지만, 법원은 일반적으로 주 교육위원회에서 결정한 사항을 따른다. 예를 들면, 캔사스 주 교육위원회가 1999년에 국가적으로 관심을 받았는데, 당시 교육위원회는 진화론을 강조한 과학 교과목 기준을 거부하고, 대신 지역 교육구가 진화론에 대한 교육을 하지 못하게 하는 대안을 채택하였다(Hemenway, 1999). 이러한 결정이 국가적으로 상당한 관심을 끌었음에도 불구하고, 교육위원회는 교육과정을 결정할 수 있는 주어진 권한을 충분히 발휘하고 있었다. 2007년까지 교육위원회는 기준을 4번 바꿨고, 캔사스 주에서 진화론 수업과 관련된 논쟁은 지금도 계속되고 있다(Sparks, 2007).

때로는 행정부 간의 권한을 침범하는 조치가 취해졌을 때 갈등이 야기되기도 한다. 급변하는 상황이지만 규제가 매우 엄격한 사회에서 재판 권한의 충돌은 일반적으로 발생한다. 법원은 행정부가 더 중요한 책임감을 가지도록 결정함으로써 이런 논쟁들을 해결한다. 예를 들면, 일리노이 주는 위생시설을 만들려는 보건부와 공립학교 카페테리아의 보건 감독 간의 논쟁이 발생하였다. 교육당국은 학교를 감독할 권한은 오로지 지역교육장에게만 있다고 주장했다. 법령을 분석한 항소법원(The appellate count)은 지역교육장은 독자적인 권한을 가지지 못한다고 판결했다. 입법부는 위생과 보건 감독에 관한 일반적 권한은 보건부에 주어져 있기 때문에, 일리노이 주 항소법원은 비록 지역교육장이 학교 건물에 관한 일반적 감독 권한을 가질지라도, 보건부는 학교 카페테리아를 감독할 권한이 있다고 판결하였다(*Macon County v. Board of Education*, 1987). 또한 플로리다 주 법원은 이웃에게 반자동 소총을 발사한 학생을 누가 재판할 것인지 판결했다. 법원은 학교위원회가 이 학생을 퇴출시킬 수 없다고 결론지었다. 학교위원회는 학교 재산이나 학교 행사 중에 총을 발사한 학생을 퇴출시킬 수 있을지라도, 이웃에게 상해를 입힌 학생 문제는 경찰 소관이지 학교위원회의 소관이 아니라고 판결하였다(*M.T. v. School Board*, 1999).

지역 학교위원회(Local School Board)

공립학교는 법적으로 주의 통제를 받을지라도 관리는 지역(local)에서 받는다. 하와이는 공립학교를 관리할 지역 학교위원회를 구성·운영하지 않는 유일한 주다. 지역 학교구에 부여된 많은 행정 권한은 주 전체로 볼 때 학교구의 수만큼 매우 다양하다. 미국 남동지역은 일반적으로 규모가 큰 학교구가 많지만, 뉴잉글랜드나 중서부 지역은 대도시를 제외하고 소규모의 학교구들이 많다. 작은 학교구를 가진 여러 주들은 지역 학교구에 대해 규제적이거나 중간 행정단위를 가진다. 일부 주들은 초등과 중등으로 학교구가 분리되지만, 일반적인 학교구들은 지역 내에 유아원, 유치원부터 12학년(pre-K-12)까지의 학제를 두고 있다. 두 개의 주는 20개 이하의 학교구를 가지고 있는 반면, 몇몇 주들은 700개 이상의 학교구를 가지고 있다. 그리고 학교구의 규모는 소규모 학생부터 수백 수천의 규모에 이르고 있다(Webb et. al., 2006). 2004~2005년에는 전국적으로 15,440개의 지역 학교구가 운영되고 있고(NEA, 2006), 연방정부와 주정부가 운영하는 특별 학교구도 600개에 이르고 있다(NCES, 2007).

많은 사람들은 지역 학교위원회가 공교육을 통제하고 있다고 잘못 생각하고 있지만, 지역 학교위원회는 주 입법부가 그들에게 부여한 권한만을 가진다. 주 입법부는 지역 학교위원회의 자유재량권이 주 법률에 의해 아주 광범위하게 혹은 아주 좁게 규정되어 있는지 여부를 결정한다. 주 행정기관과 같이, 지역 학교위원회에게 부여된 권한은 구체적일 수 있다. 공립학교의 운영은 너무 틀에 박혀서 권한의 적절한 행사에 의문을 가질 수밖에 없다. 하지만 학교구가 새로운 문제에 직면하거나 새로운 정책을 개발하고자 할 때, 제기되는 문제는 입법부가 학교구의 문제에 관여할 수 있느냐 여부이다. 마찬가지로, 학교구가 지역 유권자의 의견에 반하는 행동을 취했을 때, 유권자를 포함한 학교 후원자들은 학교구가 그들의 권한을 넘어섰다고 주장하면서 법적 대응을 고려할 것이다.

교육에 대한 법적 책임이 주정부에 있기 때문에, 주 입법부는 학교책무법(school accountability laws)을 통해 지역 교육위원회의 재량권을 제한할 수도 있다. 그럼에도 불구하고 대부분의 주에서, 학교위원회는 교직원과 학생을 포함한 학교관리 정책을 수립하는 데 상당한 권한을 소유하고 있다. 법원은 학교위원회의 조치가 임의적이거나 또는 법적 권한 밖이 아니면 학교위원회에서 결정한 사항을 번복하고 싶어하지 않는다. 지역 학교위원회에게 부여된 권력은 학교운영에 필요한 장비와 자료를 구입할 권한을 포함한다. 즉 시설물의 개보수, 교직원의 인사, 교육과정과 교육 프로그램 결정 권한 등을 포함한다. 명백한 법률 근거가 없다 하더라도 지역 학교위원회는 학교운영에 관한 재량권을 가진다. 법원은 지역 학교위원회가 학업능력시험, 사회봉사 등 고등학교 졸업 필요조건을 제시할 권한이 있음을 인정한다(*Brookhart v. Illinois State of Education*, 1983; *Herndon v. Chapel Hill-Carrboro City Board of Education*, 1996). 또한 학교위원회는 학교 입학 관리에 관여할 수 있고(*Indiana State Board of Education v. Brownsburg Community School Corporation*, 2007), 고용조건을 제시할 권한도 있으며(*Harrah Independent School District v. Martin*, 1979; *Meyers v. Newport School District*, 1982), 그리고 예산부족의 이유로 교직원의 정원을 줄일 수도 있다(*Stephen v. Arkansas School for the Blind*, 2000).

일부 학교위원회 결정의 경우 그들의 법적 권한 범위를 넘어섰을 때 도전을 받기도 한다. 예를 들면, 노스캐롤라이나 판례는 많은 맞벌이 부부의 아이들을 위해 보육프로그램 확대를 시도한 학교구의 권한에 대한 대응과 관련된 사례였다. 학교구는 보육프로그램의 확대를 시작했는데, 이 프로그램은 방과후 부모가 없는 아이들을 위한 방과후 활동에 비용(fee)을 부과했던 것이다. 학교구에서 부과한 유일한 비용은 건물 사용과 관련된 연료와 전기료였다. 보육시설 운영자 단체는 이런 프로그램을 시작하려는 학교구의 권위에 도전했다. *Kiddie Korner Day School v. Charlotte-Mecklenburg Board of Education(1981)*의 노스캐롤라이나 항소법원은 학교구가 맞벌이 부부의 자녀들을 위한 프로그램을 운영하기 위해 주 법령하에서는 권한을 가질 수 있다고 판결했다. 더욱이 법원은 학교구가 이런 확대된 보육프로그램 학생들에게 혜택을 주기 위해 건물 연료와 전기료를 지불하도록 확정했다. 학교위원회는 맞벌이 부부 자녀들의 교육적 성취를 향상시키려는 공공의 목적으로 진행했던 프로그램의 연료와 전기료 비용을 부담할 권한을 가진다고 결론지으며, 이에 대한 지출은 유권자들에 의해 승인되어야만 한다는 논쟁에 대해 법원은 기각시켰다.

공립학교 행정가들은 학교 고용인인 반면에, 학교위원들은 주정부의 지배권을 일부 소유한 공립학교 공무원으로 간주된다. 일반적으로 학교위원들은 지역 주민들에 의해 선출되지만, 일부 주의 위원들은 시장, 시의회 또는 다른 기관에 의해 임명된다. 위원들의 선출 절차는 자격 있는 유권자의 선거권을 박탈할 수 없다. 대규모 선거에서 소수민 투표가 심대하게 희석된다면 연방투표권리법(federal Voting Rights Act)을 위배한 것이다(*Johnson v. Desoto County*, 2000). 그러나 대법원은 제14조 수정헌법의 평등보호조항을 약화시킴으로써 인종요인을 기초로 추진된 입법부의 학교 재구획 계획을 무효화시켰다(*Bush v. Vera*, 1996; *Shaw v. Hunt*, 1996). 그래서 인종을 기반으로 학교위원을 선출할 수 있는 학교구를 두는 것이 합헌인지 의심스럽게 되었다(*Cannon v. North Carolina State Board*, 1996).

주정부 법에는 지역 학교위원회의 운영 절차뿐만 아니라 학교위원의 임기, 자격, 위원의 퇴출 근거가 구체화되어 있다. 학교위원회의 중요한 운영 원리는 학교위원회의 회의일정과 기록 등 위원회 활동과 결정사항에 관하여 주민들이 완전히 알도록 공개해야 한다는 것이다. 주정부 법에는 학교위원회와 관련하여 예외조항도 구체화되어 있는데, 학교위원회의 비밀회의에서 논의된 인사와 재산문제, 노조협약, 그리고 소송이나 공공안전에 관한 민감한 사항에 대해서는 공개하지 않도록 하고 있다. 비밀회의에서 토의될 수 있는 문제라도 어떤 공식적 조치가 취해지기 위해서는 안건을 공개회의로 가져와야만 한다(Thomas et. al., 2009; Valente & Valente, 2004). 의사결정 과정에서 개별 학교위원들이 위원회를 대신해 행동할 수 없다. 즉 학교위원회는 하나의 협의체로 행동해야만 한다. 또한 학교행정가들은 학교운영위에 추천할 수는 있지만, 위원회의 공식적인 정책을 결정할 권한은 없다.

단위학교 평위원회(School-Based Councils)

지역 학교수준에서의 의사결정기구인 단위학교 평위원회(school-based council)는 학교 의사결정의 민주화와 공립학교에 대한 주인의식 제고를 위한 노력의 일환으로 1980년대 이후 수많은 학교구에서 도입하고 있다. Wohlstette과 Van Kirk(1996)는 참여적이고 분권화된 관리가 학교에 바람직하고, 이러한 관리는 권한, 정보, 지식, 그리고 보상이 분권화되는 한 조직 효과성과 조직 생산성 향상에 기여할 것이라고 주장했다. 실제로, 단위학교는 점진적으로 학교개혁과 책무성에서 주 관심 영역이 되고 있다. 단위학교 평위원회를 구성하는 과정에서 소송이 발생되었고, 평위원회와 지역 학교위원회(local school boards) 간의 법적 관계가 아직도 규명되지 않고 있다.

대법원은 시카고 제7의 순회재판(the Seventh circuit)에서 공립학교에 단위학교 평위원회의 설치를 인정했던 일리노이 주 입법부를 지지했고, 대법원도 이러한 판결을 인정한 바 있다. 대법원은 평위원회가 학교 교직원을 고용하고 예산과 프로그램을 승인할 수 있는 권한을 가지고 있음을 인정하고, 행정적 종신제(administrative tenure)의 해임이 그들의 권위를 침해했다는 교장들의 주장을 기각했다. 또한 대법원은 단위학교 평위원회 구성원의 선출과정에서 평위원회의 두 자리는 비학부형 거주자에게, 나머지 여섯 자리는 학부모 거주자에게 부여되는 것은 투표권을 침해하지 않는다고 판결했다(*Pittman v. Chicago Board*, 1995).

단위학교 평위원회를 설치하려는 켄터키 주의 광범위한 노력은 그들의 재판권에 대한 몇 가지 의문을 야기시켰다. 지역 학교위원회가 평위원회에게 학교향상 계획(school improvement plans)에 대해 지역 학교위원회의 승인을 받으라고 요구한 것에 대해 일부 교사들은 법적 대응을 한 바 있었다. 지역 학교위원회와 단위학교 평위원회 간의 의무와 역할의 중복을 인정한 켄터키 주 대법원은 지역 학교위원회가 학교향상 계획과 관련하여 단위학교 평위원회의 결정을 승인할 권한을 위임받지 않았다고 판결했다(*Board of Education v. Bushee*, 1994).

사법부는 단위학교 평위원회가 권한의 범위를 넘어서거나 보호받는 권리를 침해했을 때만 그들의 활동을 무효로 할 것이다. 연방정부와 주정부의 법적 명령에 의해 단위학교가 2년 연속 연간 학력 향상 기준치(AYP, Adequate Yearly Progress)를 향상시켜야 하고, 그에 따라 학교 성적과 서열이 강조되는 등 단위학교의 의무가 더욱 강조되는 상황에서 단위학교 평위원회의 중요성은 증대될 것이다.

계약조항(Contractual Provisions)

주 입법부는 학교에게 교육재화와 서비스를 계약할 권한을 부여한다. 학교에서의 계약은 모든 법적 계약과 관련된 기본요소를 모두 포함한다(Alexander & Alexander, 2008). 학교위원회(school board)만이 고용계약을 할 수 있고, 교육감은 인사추천을 할 수 있지만 고용계약 권한은 없다. 대부분의 학교 고용인들은 기간이 정해져 있는 기간제 계약(term contracts)이거나 주정부법에 명시되어 있는 이유로 인해 만료가 될 수 있는 계속계약(continuing contracts)에 의해 고용된다.

학교위원회는 개별 고용계약과 더불어 고용집단과 단체협상을 할 수 있는 권한을 가지고 있다. 개별 고용계약은 단체교섭 결과에 근거하여 모든 조건들이 구체적으로 진행된다. 대부분 주들의 경우, 학교위원회와 노동조합 간의 단체교섭과정이 주법률과 행정규정에 근거하여 매우 세심하게 명시화되어 있다. 모든 학교 지도자들은 모든 단체교섭 과정이나 요구조건을 정확히 이해할 필요가 있다.

계약은 법에 근거하여 구체적인 기준에 따라서만 체결될 수 있다. 개인이 명료한 계약 없이 학교에 고용된다면 그 경우 단순히 자원봉사자 정도 대접을 받을 수 있다. 워싱턴 학교구의 사례를 보면, 학교위원회 위원장이 대체교사(substitute teacher)에게 정규계약직으로 고용될 것이라고 말했고, 그 말을 믿은 대체교사는 더 이상 다른 직장을 구하지 않았다. 하지만 그 교사에 대한 부정적인 평가가 내려진 이후에 학교위원회는 그 교사를 더 이상 고용하지 않았다. 이에 대체교사는 구두로 정규계약직 고용을 인정받았다고 주장하였지만, 주법원은 구두 계약은 의무계약이 아니라고 판결한 바 있다(*McCormick v. Lake Washington School District*, 2000).

고용계약이 학교구의 중요한 계약의무라고 하더라도, 학교는 기업이고 교육 재화와 서비스 제공을 위해 소매유통업자와도 계약을 한다. 이와 같이 학교에서의 계약은 급식과 교재에서부터 학교 건물 신축에 이르기까지 다양하게 체결된다. 오래전부터 통학버스 회사와의 계약은 있었지만, 최근에는 학교 보호관리 및 급식서비스와의 계약이 일반화되는 등 공교육에서 다양한 재화와 서비스와의 계약이 체결되고 있다.

여기서 제기되는 문제점은 수업과 학교 전반의 운영과 관련하여 사적 회사와의 계약이 적절한 것이냐 하는 것이다. 최근 Education Alternative, Inc.이나 Edison Project와 같은 기업이 계약을 통해 공립학교를 운영하기 때문에 관심이 집중되고 있다(Garcia & Molnar, 2007). 또한 Sylvan Learning System과 Britannica Learning Centers와 같은 많은 회사들이 다소 제한적이기는 하지만 공립학교와 집중지도 및 수업과 관련하여 계약을 체결한 바 있다. 학교위원회는 그들과의 계약 조건이 충족되었을 때만 돈을 지불하기 때문에 손해 볼 것이 없다고 생각하고 있다. 그러한 계약이 타당한지 여부를 평가하고 판단하기 위해 사법부에 요청하기도 하였지만, 대부분의 경우 수업서비스 제공과 학교운영에 관한 계약체결은 학교위원회와 회사와의 법적 계약으로 간주되고 있다(McCarthy, 2000).

또한 학교에서 상업적 활동은 점차적으로 증가하고 있고, 이와 관련하여 법적 논쟁이 일어난 것도 사실이다. 일반적으로 법원은 학교에서의 상업적 활동을 인정하고 있는 추세이다. 실제로 노스캐롤라이나 주 대법원은 지역 학교위원회가 Whittle Communications 회사와 계약을 통해 학교에서 학생들에게 채널 1을 통해 상업광고와 함께 뉴스 프로그램을 보여주는 것이 적절하지 못하다고 판단한 주 교육위원회의 입장을 기각한 바 있다(*State v. Whittle Communications*, 1991).

사법부의 역할(Judicial Role)

"관습법(Common law)"이란 사법적으로 만들어진 법적 원리를 말한다. 법원은 법률을 제정하지 않지만, 사법적 재심리 권한을 가지고 법을 집행하는 데 중요한 역할을 한다.

법원은 논쟁을 해결하는 과정에서 종종 법적이고 헌법적인 조항에 의미를 부여한다. "평등법" 그리고 "잔인하고 비정상적인 처벌"과 같은 연방정부와 주 헌법의 많은 경구나 "동등한 수업" 또는 "철저함과 효율성"같은 법률 속의 많은 경구들은 자기 설명력이 없고, 법원은 헌법과 법령 조항이 위배되고 있는지 평가하기 위한 다양한 기준을 개발해 왔다. 이런 사법적으로 만들어진 기준이나 테스트들은 헌법이나 법령조항 그 자체로서 중요할 수 있다. 그러므로 학교법에 관한 많은 연구들은 사법적 판결에 초점을 두었다. 학교 지도자들은 국가 사법 체제의 기능과 구조, 그리고 다양한 판례를 이해해야 한다(예시 15.1).

예시 15.1 사건 판례 찾아보기 - Lee v. Weisman, 505 U. S. 577(1991)

사건은 법률개정을 지원하는 데 자주 인용되고, 그 인용은 사건 전체에서 특정 사건이 차지하는 위치를 쉽게 파악하게 해 준다. 사건은 보고서 체계(reporter system)를 통해 수집되고, 사건 각각은 그 자체의 제목과 요약 형태를 지닌다. 보고서 인식번호(신분, 규정) 맨 앞의 숫자는 몇 권인지를 의미한다. 보고서에 붙여진 숫자는 판례를 찾을 수 있는 페이지수이다. 따라서 *Lee v. Weisman* 사건에 대한 대법원 판례(505 U.S. 577, 112. Ct.2649, 1992)는 보고서의 505권 577페이지에서 찾을 수 있다. 판례는 하나 이상의 보고서에 나타날 수도 있다. 대법원의 판례는 그 중요성 때문에 여러 보고서에 게재된다. 대법원의 공식보고서, 즉 미국보고서(*United States Reporter*)는 첫 번째로 인용된다. 대법원 판례의 두 번째 인용은 판결 후 공식보고서보다 빨리 게재되었기 때문에 가능하다. 가장 최근의 의견은 출판의 지연으로 인해 어떤 보고서에도 인용되지 않지만, 결정을 내리기 24시간 전에 온라인상으로 의견을 제시해야 하는 전산화된 두 가지 법적 연구조사인 LEXIS나 Westlaw에서 발견할 수 있다. *Weisman* 판결에 대한 LEXIS 인용은 1992 LEXIS 4364이다. 전산화된 연구는 단순히 출판된 의견(보고서 및 논쟁의 기록)보다 훨씬 더 많은 정보를 제공할 수 있다. 예를 들어, *Weisman* 사건에 대한 대법원 판결 이전에 있었던 논쟁을 인용한 Westlaw는 1991 WL 636285이다. 연방정부 관할 지방법원의 판결은 F.Supp.으로 축약된 연방정부부록(Federal Supplement)에서 이용 가능하고, 항소에 대한 연방순회법원의 판결은 F., F.2d 및 F.3d로 축약된 연방정부 보고서에서 이용 가능하다. *Weisman* 사건에 대한 지방법원의 판결은 728 F.Supp.2d에 실려 있고 그 첫 번째 재판 순회 판결은 908 F.2d 1090에 실려 있다.

주정부 법원의 판결은 가장 낮은 수준의 일반 법원을 위해 수집되지는 않으나, 주정부 항소를 처리하는 법원은 공식적인 주정부 보고서들 또는 지방 보고서들은 이용할 수 있다. West Group Publishing 회사는 주정부 의견들을 출판한다. 예를 들면, A.2d로 축약된 대서양 보고서(Atlantic Reporter) 제2편은 코네티컷, 델라웨어, 메인, 메릴랜드, 뉴햄프셔, 뉴저지, 펜실베이 니아, 로드아일랜드와 버몬트 주의 사건들이다. 7개 지역의 보고서(*Atlantic, Northeastern, Northwestern, Pacific, Southeastern, Southern, and Southwestern*)들은 모든 50개 주의 사건들이다. 또한, West Group사는 이들 주의사건 번호이기 때문에 뉴욕(N.Y.S2d 축약)과 캘리포니아(Cal.Rptr 축약) 보고서에서 분리해서 출판했고, 그것은 주제에 따라 사건들을 수집했다. 이 회사는 1982년 이래로 여러 지역에서 보고된 교육 관련 사건과 교육법 보고서를 수집해 왔다. *Weisman* 사건에 대한 대법원 판결은 교육법 보고서 75Ed. Law Rep. 43(1992)에 실려 있다.

법원은 조언을 하는 기관이 아니다. 법원에서는 심문하기 위해 정책이나 소송 절차에 영향을 받는 측과 법을 집행하는 측과의 진정한 논의가 있어야 하기 때문이다. 또한 재판관은 유사한 실제 상황에 직면했을 때 법의 원리를 적용하는 기존 판례에 의존한다. 대법원이 기존 판례를 뒤집는다 할지라도 확실히 필요할 때만 그렇게 한다. 예를 들면, *Brown v. Board of Education*(1954) 사건을 판결할 때, 법에 기반한 학교 인종분리(de jure school segregation)가 미국 수정헌법 제14조항을 위반했음을 선고하면서, *Plessy v. Ferguson*(1896) 판결에서 결정된 '분리는 하되 공평한(separate and equal)' 의 원리를 뒤집었다.

가장 최근에 공립학교 교직원이 종교학교에서 학생들에게 치료적인 서비스를 제공할 수 있다고 판결했을 때(*Agostini v. Felton*, 1997), 그 판결은 12년 전의 판례를 뒤집은 판례가 되었다(*Aguilar v. Felton*, 1985). 보통 판례를 뒤집는 대신에, 법원은 미해결의 문제에 권리를 제한하거나 확대하기 위해 판례를 재해석한다. 예를 들면, 2006년 직무에 준하는 공무원의 표현이 수정헌법 제1항의 보호를 받지 못하는지 여부(*Garceti v. Ceballos*, 2006)를 판결하는 과정에서, 대법원은 대중적 관심 문제에 대한 공무원의 언급을 보호하는 기존 판례의 적용에만 한정을 두었고, 그 판례를 뒤집지는 않았다(*Connick v. Myers*, 1983; *Pickering v. Board of Education*, 1968).

소송이 법령에 근거하여 판결되면, 대법원은 헌법적 해석을 피할 수 있을 것이다. 예를 들면, *Lau v. Nichols*(1974) 사건에서 대법원은 영어가 부족한 학생들은 1964년에 제정된 시민권리법의 Title VI 하에 특별한 도움을 받을 자격이 있다고 판결하였다. 이 법에서는 연방정부 협조 프로그램의 제공이 인종, 피부색, 출신국에 의해 차별받지 않아야 한다는 것을 규정하고 있기 때문이다. 법원은 영어가 부족한 학생들에게 학교 차원의 별도 지원이 평등법에 위배되었는지 여부를 굳이 설명할 필요는 없다. 왜냐하면 연방법에 의해 이미 그들은 별도의 지원을 받을 수 있는 권리가 있기 때문이다. 헌법적 해석이 필요하다면, 미국 연방 대법원은 연방헌법 조항이 무엇을 의미하는지를 결정할 최종 권한을 가진다. 대법원의 해석을 무효화할 수 있는 유일한 방법은 미국 헌법을 개헌하는 것이다.

일반적인 의미로 표현된 법규(statute)와는 다르게, 사법부의 판결은 특별한 논쟁 상황에서 법률, 계약, 규정 또는 헌법 조항의 해석을 다룬다. 판사는 특별한 사실과 관련하여 사법적 기준을 적용하고, 판사들은 기존 판례를 참고하려고 한다.

법원이 판결 과정에서 결정하기 복잡하고 어려운 판단은 그들의 결정이 사법적 기준과 결과가 다른 상황에서도 어떻게 포괄적으로 적용할 수 있는지를 결정하는 것이다.

연방 체제의 기본 원리는 주와 연방정부에 의해 양분되는 이중 권한체제이다. 판결의 근거가 중요하기 때문에 주와 연방 법원 체제의 구조를 이해하는 것이 중요하다.

3층 구조의 주정부 사법체제 (The Three-Tiered State Judicial System)

대부분의 주들은 일반 재판권 심리법원(court of general jurisdiction), 중간심리법원(court of intermediate review), 주의 최종법원(court of last resort)을 포함하는 3층 구조의 사법체제를 가진다(그림 15.1). 그리고 주마다 불리는 법원의 명칭도 달라서 매우 혼란스럽다. 일반 재판권 심리법원(court of general jurisdiction)은 지방법원 혹은 순회법원이라고 불리기도 하지만 뉴욕 주에서는 대법원(supreme court)라고 불리기도 한다. 사실심(trial court)을 다루는 일반 재판권 심리법원은 카운티(주에서 가장 큰 행정단위) 수준에 조직되어 있고, 여기서 판사 혹은 치안판사의 판결의견은 문서로 기록되지 않고, 특정 사안에 대해 판례적 가치만을 갖는다.

사실심에서 패소한 측은 상소법원에 상소할 수 있다. 각 주에는 주 대법원이 최고 법원으로서 하나씩 가지고 있지만, 일부 주에서는 이를 항소법원(court of appeals)이라고 부르기도 한다. 주정부 수준에서 이러한 최고 법원들은 상소 사건을 선택해서 받아들일 수 있다. 사건 이송 명령으로 알려진 선택적 상소 과정은 사

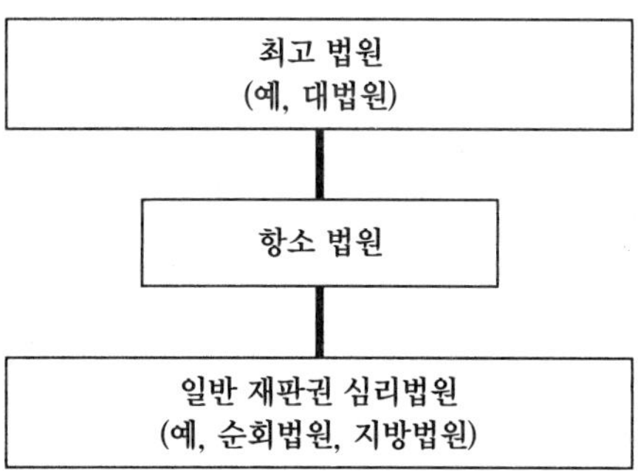

그림 15.1 3층 구조의 주정부 사법체제 구조

소하거나 일상적인 소송 사건으로부터 최고법원을 보호한다. 주 대법원은 각각의 주 헌법 및 법률과 관련된 사건들을 다룬다. 주와 연방 소송 관련 사건은 주와 연방 법원에서 보관할 수 있다. 주 대법원은 주 법률과 주 헌법의 의미를 해석하는 최종 권한을 가지지만, 연방헌법과 법률의 해석은 미국 연방 대법원에 상소할 수 있다. 이러한 3층 구조의 사법체제와 더불어, 대부분의 주는 보통 경미한 사건을 다루는 특별 재판권 심리법원을 두고 있다.

3층 구조의 연방정부 사법체제 (The Three-Tiered Federal Judicial System)

미국 연방 사법체제는 연방 지방법원(district courts), 항소 순회법원(circuit courts of appeals), 연방 대법원(united states supreme court)으로 구성되어 있다. 연방 지방법원(federal district courts)은 주로 다른 주의 주민들 간의 민사소송 관련 사건들을 다룬다. 연방 법원은 연방법, 미국 헌법 그리고 다른 주에 귀속되는 부분과 관련된 사건들을 다룬다. 연방헌법 관련 문제들은 주 법원에서 연방 법원으로 이동이 가능하다. 이러한 체제는 연방주의체제에서 연방 수준의 사법부 자율성을 보장받으려는 의도이다. 주에 있는 연방 지방법원의 수는 인구를 근거로 하고, 모든 주들은 적어도 하나의 연방 지방법원을 두고 있다.

연방 지방법원에서의 상소는 연방 항소 순회법원에서 다루게 된다. 그림 15.2는 12개 연방 항소 순회법원의 경계를 보여주고 있다. 제13 항소 순회법원은 세관, 저작권, 특허와 같은 제한된 권리에 대한 국가 재판권을 가진다. 항소 순회법원의 결정은 소속 판사 전원이 재심하는 것이 아니라 판사 3명으로 구성된 재심단에서 처리하고 전원합의제에 의해 판결된다. 연방 항소 순회법원의 판결에 대해 연방 대법원에 상소할 수 있다. 적어도 9명의 연방 대법원 판사 중 4명이 연방 대법원에서 심리가 이루어지기 전에 소송을 재심하는 데 동의해야만 한다. 연방 판사가 일반적으로 하급법원의 재심을 명하기 위해 사건이송 명령을 보낼 때 적용하는 기준은 법 해석의 정교성을 발전시키고, 다른 순회 항소법원 사이에서 갈등 해결에 초점이 맞춰진다. 대법원은 단지 재심의 5%에서만 의견을 개진한다.

연방헌법에 대한 연방 대법원의 해석은 미국에게 권한을 제공하고, 연방 대법원의 판결은 학교에 영향을 주는 많은 실질적인 법을 형성하게 한다. 예를 들면,

진화론 교육을 공립학교에서 금지하는 것은 미국 수정헌법 제1조 "의회는 특정 종교를 국교로 정하는 법을 만들 수 없다"의 '국교조항(Establishment Clause)'을 위반한다는 판결에 의해 학교현장은 크게 변했다(*School District of Abington Township v. Schempp*, 1963). 또는 *Brown v. Board Education*(1954) 사건에서 시자된 인종차별제도 소송의 결과로 많은 학교에서 학생 신체와 신분의 인종적 구성은 변화하고 있다. 그러나 2명의 자원봉사 학생 평가 계획에서 인종 사용을 무효화했던 대법원의 가장 최근의 판결로 인해 학교분리(school segregation) 정책이 감소하는 결과를 낳았다(*Parents Involved v. Seattle School District*, 2007).

법원은 보호되는 권리 침해와 관련된 상황에서 다양한 형태의 구원제도를 제공하고 있다. 따라서 사법부는 선언적 구원제도, 명령적 구원제도, 복직, 생활기록부와 개인 기록 관련 자료 제거, 부상에 대한 손해액, 형벌손실 그리고 변호사비 등을 명할 수 있다.

사법부와 입법부의 상호작용 (Interaction of Courts and Legislative Bodies)

대법원이 연방헌법을 구체적인 공립학교 활동을 금지하는 것으로 해석한다면, 모든 학교법과 정책들은 국가 기준에 따라야만 한다. 그러나 연방헌법이 공립학교 활동을 허용한다고 해석되면, 주들은 학교 활동을 제한할 수 있는 자유를 가지게 되고, 이는 주마다 다양한 법적 기준을 갖게 되는 원인이 되기도 한다. 실제로, 대법원 판결에 의한 공립학교 활동의 허용은 주마다 입법조치를 촉진시키고, 반면에 그러한 활동을 불허하는 경우는 법원이 공립학교의 특정활동을 허용하지 않는나는 제한적 규정을 두었을 때이다. 앞서 설명한 것처럼, 공립학교에서의 신체 체벌이 연방헌법에서 규제하지 않았다고 대법원이 선언할 때(*Ingraham v. Wright*, 1977), 오직 한 주만이 학생 신체 체벌을 제한했다. 그러나 현재는 과반수의 주들이 법률에 의한 학생 신체 체벌을 제한하거나 금지시키고 있다. 이전에 논의된 것처럼, 입법부는 사법적 해석 조항이 입법자들의 의도와 불일치한다면 법을 수정할 일부 결정권을 가지지만, 연방 대법원은 입법 조항의 미국 연방헌법 준수 여부에 관한 최종 판결권한을 가진다.

연방주의자와 주 활동을 구속하는 연방정부의 권한 제한은 지난 10년 동안 상

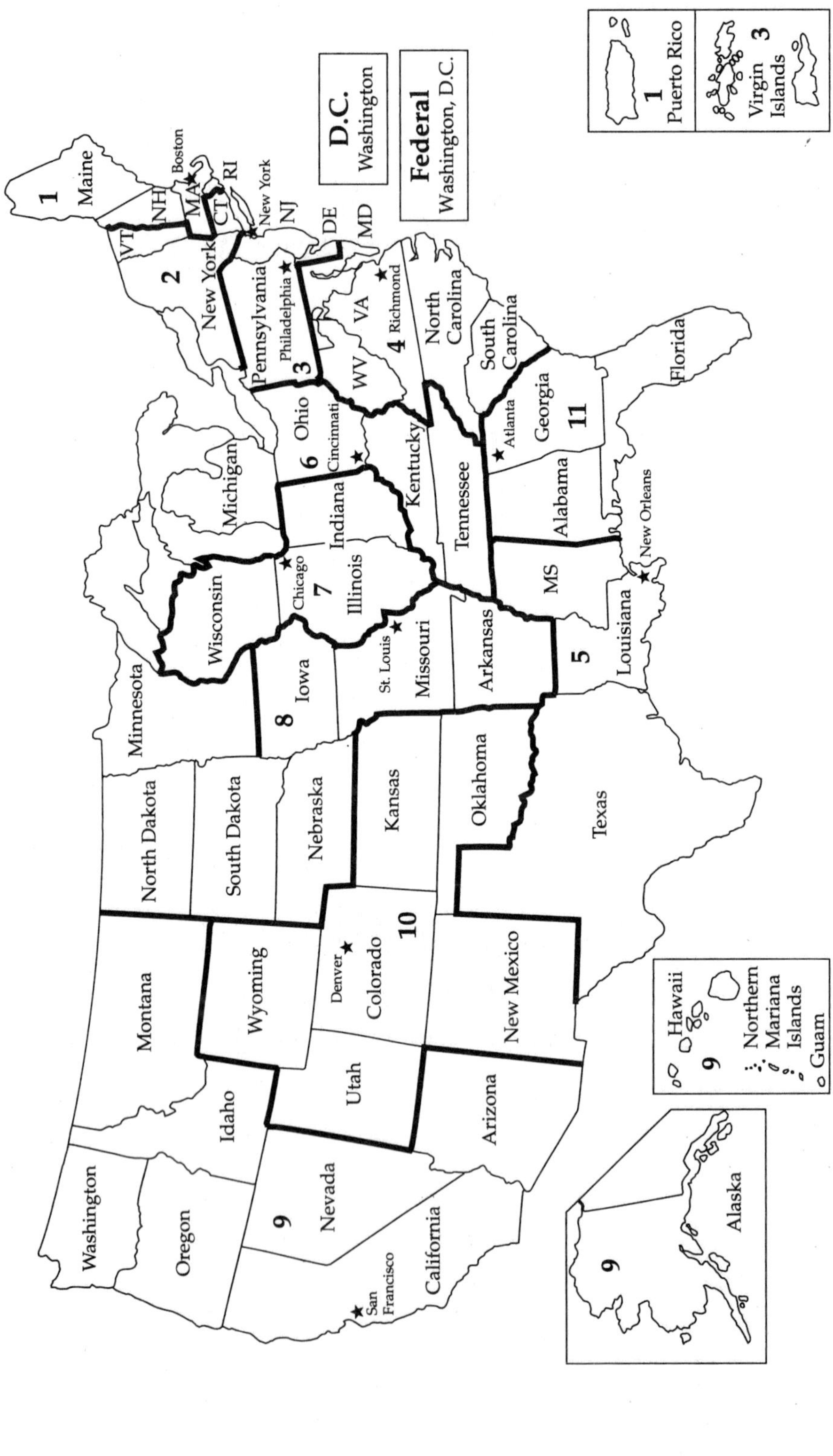

그림 15.2 13개 연방항소순회법원

당한 주목을 받아오고 있다. 여러 판결에서, 연방 대법원은 시민권리법에서 시작된 연방 소송에서 11번째 수정헌법에 이르기까지 소추 면제를 확대시켰다(*Board of Trustees v. Garret*, 2001; *Kimel v. Florida Board of regents*, 2000). 이런 판결은 주의 균형을 흔든다. 연방 대법원은 주에 대한 소송에서 연방법은 헌법적 권리 집행과 관계된 이주 협의의 상황에서도 소추 면제를 폐지하는 것을 분명히 해야 한다는 이유를 들고 있다.

예방법(Preventive Law)

소송은 많은 시간과 비용이 든다. 많은 부분 학교 논쟁 사건은 중재와 행정적인 호소를 통하여 해결될 수 있다. 그러므로 장기간의 사법적인 절차를 피하기 위해, 학교 지도자들은 논쟁을 해결할 수 있는 방법에 대한 지식이 있어야만 하고, 갈등 해결에 대한 대안적 접근과 더불어 직원 교육을 강화하여야 한다. 일부 법은 중재자와 관련된 법 조항도 있다. 예를 들면, 장애를 가진 부모가 자녀가 다니는 학군의 계획안에 불만족했다면, 장애학생법(IDEA)은 부모에게 분쟁해결의 첫 단계로서 중재할 수 있도록 하고 있다. 의도는 중재자가 학부모와 학교 인사가 서로 타협할 수 있는 일체감을 촉진하도록 하는 것이다.

그러나 소송이 확대되지 않도록 하고자 하는 노력에도 불구하고, 학교 지도자들은 소송의 위험성을 항상 가지고 있다. 하지만 중재자는 양자 간의 성공적인 타협을 유도할 수는 있다. 새로운 법률과 사법적 행동은 종종 법률을 변화시키기 때문에, 학교 지도자들은 지속적인 자기 발전을 꾀할 필요가 있다. 그들은 법적 기준에서 학교정책을 정기적으로 검토해야만 하고, 모든 학교현장이 최근 법에 부합되게 운영되고 있는지를 확실히 점검해야 한다(Hawkins, 1986; Thomas et al., 2009). 그러한 정기적 점검은 또한 학교 행정가들이 미래 지향적이 되도록 하고, 나아가 법적인 취약점이 야기될 수 있는 상황을 지속적으로 개선할 수 있도록 하고 있다.

학교 지도자들은 변호사와 상담할 때와 답변해야 할 질문이 무엇인지를 알아야 할 필요가 있다. 가장 중요한 것은, 학교 지도자들은 변호사가 제공하는 정보의 가치를 평가할 수 있는 충분한 법적 배경지식을 가져야 한다는 점이다. 학교 지도자는 사법적 판례의 강점에 대한 질문, 법령의 효과적인 날짜, 그리고 소송과 관련된 변호사의 각종 질문과 조언에 대해 이해할 만큼 지식을 갖추어야 한다. 학교 변호사는 특별한 영역에서만 어느 정도 행정가의 법적 질문에 답할 수 있을 것이다. 법적 기준은 항상 분명하지 않으며 대부분 시간이 지나면서 드러난다. 변호사도 학교 지도자들도 미래의 법적 발전을 예견할 수는 없지만, 그들은 제정된 법을 명확하게 이해해야만 한다(*Wood v. Strickland*, 1975).

결론

헌법 조항, 법령 제정, 행정적 규정과 규제, 계약 조항, 그리고 법적 중재를 해석하는 사법적 판결 등이 서로 중복되고 때로는 충돌되는 부분이 있음에도 불구하고, 모든 학교 교직원들은 더 높은 권한을 가지고 일관되게 행동하는 판단력을 가져야 한다. 법적 지식은 학교 행정가들이 잠재적인 법적 책임감을 규명하도록 도와줄 뿐만 아니라, 합리적이고 공평한 행동을 하도록 할 수 있다. 학교 지도자들은 교직원들, 학교기관 그리고 법적 체제를 이끌어가는 근본적인 가치와 관련하여 학생들과 정기적인 의사소통을 해야 하고 그 지역의 교육철학과 연계시키는 방법을 모색해야 한다.

많은 교육실천가들은 법을 외부요인으로 잘못 인식한다(Bull & McCarthy, 1995). 책임 있는 학교행정가에게 법은 일련의 기준이나 규칙으로 인식되는 것이 일반적이다. 법이 안정적이고 급변하지 않을 때, 학교법은 적절한 행동처방으로 간주된다. 좀 더 학술적으로 표현하면 법 지식을 행정적 조치와 관련한 것으로 간주하는 것이다. 왜냐하면 법 지식은 의사결정과 수행의 질을 향상시킬 수 있는 통찰력을 제공하기 때문이다.

학생 복지, 학습 풍토, 근무환경에 영향을 주는 행정가의 결정은 법적인 측면에서 알려질 수 있다. 일정 수준에서 이러한 법적 측면은 미묘한 법적 권위와 책임의 이해를 도모하기도 한다. 다른 수준에서는 법률이 보호받을 권리, 표현의 자유와 같은 헌법적 원리를 구체화시켜 주는 수많은 열망을 제공해 주기도 한다. 이러한 원리들이 법적 기준으로 전환되는 방법은 다음 장에서 보다 구체적으로 살펴보고자 한다.

법의 중요성에도 불구하고, 법의 기준이 최고의 교육적 실천을 반드시 보장하지는 않는다는 사실을 이해하는 것은 중요하다. 학생을 평가하고, 출석을 부르고, 교사들이 점수를 기록하는 것과 같은 행동은 합법적일 수 있다(*Owass v.Falvo,* 2002). 그러나 그러한 행동은 주어진 상황에서는 교육적으로 건전하지 않을 수도 있다. 단순히 법적 책임을 일으키지 않기 때문에 행동이 취해져야 한다는 것을 의미하지는 않는다. 법관이나 입법자가 아닌 교육자들은 대부분의 학교 상황에서 어떤 활동이 합리적이고 적절한지 결정해야만 한다(Bull & McCarthy, 1995). 법적 지식은 중요하고 매우 유용하지만 교육철학을 대신하지는 못한다.

참고문헌

Agostini v Felton, 521 U.S. 203 (1997).

Aguilar v Felton, 473 U.S. 402 (1985).

ALA. Schechter Poultry Corporation v. United States, 295 U.S. 495 (1935).

Alexander, S. K., & Alexander, M. D. (2008). *American public school law* (7th ed.). Belmont, CA: Thomson Learning/Cengage Learning.

Board of Education v. Bushee, 889 5.W.2d 809 (Ky. 1994).

Board of Trustees v. Garrett, 531 u.s. 356 (2001).

Botti v. Southwest Butler County School District, 529 A.2d 1206 (Pa. Commw. Ct. 1987).

Brookhart v. Illinois State Board of Education, 697 F.2d 179 (7th Cir. 1983).

Brown v. Board of Education of Topeke, 347 U.S. 483 (1954).

Bull, B., & McCarthy, M. (1995). Reflections on the knowledge base in law and ethics for educational leaders. *Educational Admin stration Quarterly*, 31, 612-630.

Bush v. Vera, 517 U.S. 952 (1996).

Cannon v. North Carolina State Board of Education, 917 F. Supp. 387 (E.D.N.C. 1996).

Cantwell v. Connecticut, 310 U.S. 296 (1940).

Center for Education Reform (2007, September). *Charter school highlights and statistics*. Online: http://edreform.com/pubs/chglance.htm.

Civil Rights Act of 1871,42 U.S.C. § 1983 (2008).

Connick v. Myers, 461 U.S. 138 (1983).

Dare, M. J. (2001). *The tensions of the home school movement: A legal/political analysis*. Unpublished Ed.D. dissertation. Bloomington: Indiana University.

Davis v. Monroe County Board of Education, 526 U.S. 629 (1999).

Education Commission of the States. (2007). State notes−Accountability. Denver, CO: Author.

Eisbruck v. New York State Education Department, 520 N.Y.S.2d 138 (Sup. Ct. 1987).

Elementary and Secondary Education Act of 1965, 20 U.S.C. § 6301 *et seq.* (2008).

Garcetti v. Ceballos, 547 U.S. 410 (2006).

Garcia, D., & Molnar, A. (2007). The expanding role of privatization in education: Implications for teacher education and development. *Teacher Education Quarterly, 34*(2), 11-24.

Gebser v. Lago Vista Independent School District, 524 U.S. 274 (1998).

General Electric Company v. Gilbert, 429 U.S. 125 (1976).

Gitlow v. New York, 268 U.S. 652 (1925).

Gonzaga University v. Doe, 536 U.S. 273 (2002).

Goss v. Lopez, 419 U.S. 565 (1975).

Harrah Independent School District v. Martin, 440 U.S. 194 (1979).

Hawkins, H. L. (1986). *Preventive law: Strategies for avoidance of litigation in public schools.* UCEA Monograph Series. Tempe, AZ: University Council for Educational Administration.

Helvering v. Davis, 301 U.S. 619 (1937).

Hemenway, R. (1999, October 29). The evolution of a controversy in Kansas shows why scientists must defend the search for truth. *The Chronicle of Higher Education, 46*(10), B7.

Herndon v. Chapel Hill-Carrboro City Board of Education, 89 F.3d 174(4th Cir. 1996).

Hogan, J. (1985). *The schools, the courts, and the public interest.* Lexington, MA: Lexington Books.

Indiana State Board of Education v. Brownsburg Community School Corporation, 865 N.E.2d 660 (Ind. Ct. App. 2007).

Individuals with Disabilities Education Act, 20 U.S.C. § 1401 *et seq.* (2008).

Ingraham v. Wright, 430 U.S. 651 (1977).

Johnson v. Desoto County Board of Commissioners, 204 F.3d 1335 (11th Cir. 2000).

Kiddie Korner Day Schools v. Charlotte-Mecklenburg Board of Education, 285 S.E.2d 110 (N.C. Ct. App. 1981).

Kimel v. Florida Board of Regents, 528 U.S. 62 (2000).

Klein, A. (2007, February 7). House OKs 2007 budget hike for education. *Education Week*, 19.

Lau v. Nichols, 414 U.S. 563 (1974).

Libbra v. Madison County Regional Board of School Trustees, 806 N.E.2d 265 (Ill. App. Ct. 2004).

Locke v. Davey, 540 U.S. 712 (2004).

Macon County v. Board of Education, 518 N.E.2d 653 (Ill. App. Ct. 1987).

McCarthy, M. (2000). Privatization of education: Marketplace models. In B. Jones (Ed.), *Educational leadership: Policy dimensions in the twenty-first century* (pp. 21-40). Greenwich, CT: Ablex.

McCormick v. Lake Washington School District, 992 P.2d 511 (Wash. Ct. App. 2000).

Meyers v. Newport Consolidated Joint School District, 639 P.2d 853 (Wash. Ct. App. 1982).

Morse v. Frederick, 1275. Ct. 261S (2007).

M.T. v. School Board, 779 So. 2d 328 (Fla. Dist. Ct. App. 1999).

National Center for Education Statistics. (2007). *Number and Types of Public Elementary and Secondary Agencies, 2005-2006*. Washington, DC: U.S. Department of Education. Online: http://nces.ed.gov/pubs2007/pesagencies06/tables/table_6.asp.

National Commission on Excellence in Education. (1983). *A nation at risk: The imperative for educational reform*. Washington, DC: Government Printing Office.

National Education Association. (2006). *Rankings and estimates*. Online: www.nea.org/edstatslimages/06rankings.pdf.

No Child Left Behind Act of 2001, 20 U.S.C. § 6301 *et seq.* (2008).

Office for Civil Rights. (2001). *Sexual harassment guidance: Harassment of students by school employees, other students, and third parties*. Washington, DC: U.S. Department of Education.

Oliver, A. (2006). Should special education have a price tag? A new reasonableness standard for cost. *Denver University Law Review, 83*, 763-790.

Owasso Independent School District v. Falvo, 534 U.S. 426 (2002).

Parents Involved in Community Schools v. Seattle School District No. 1; Merridith v. Jefferson County Public Schools., 127S. Ct. 2738 (2007).

Pickering v. Board of Education, 391 U.S. 563 (1968).

Pierce v. Society of Sisters, 268 U.S. 510 (1925).

Pittman v. Chicago Board of Education, 64 F.3d 1098 (7th Cir. 1995).

Plessy v. Ferguson, 163 U.S. 537 (1896).

Pregnancy Discrimination Act of Title VII of the Civil Rights Act of 1964, 42 U.S.C. § 2000e(k) (2008).

San Antonio Independent School District v. Rodriguez, 411 U.S. 1 (1973).

School District of Abington Township v. Schempp, 374 U.S. 203 (1963).

Shaw v. Hunt, 517 U.S. 899 (1996).

Smith v. Robinson, 468 U.S. 992 (1984).

Sparks, 5. (2007, February 16). Evolution debate hints at deeper science ed problems. *Education Daily*, 1-2.

State v. Board of Education, 741 S.W.2d 747 (Mo. Ct. App. 1987).

State v. Whittle Communications & Thomasville City Board of Education, 402 S.E.2d 556 (N.C. 1991), reh'g denied, 404 S.E.2d 878 (N.C. 1991).

Stephens v. Arkansas School for the Blind, 20 S.W.3d 397 (Ark. 2000).

Theodore v. Delaware Valley School District, 761 A.2d 652 (Pa. Commw. Ct. 2000).

Thomas, S., Cambron-McCabe, N., & McCarthy, M. (2009). *Public school law: Teachers' and students' rights* (6th ed.). Boston: Allyn & Bacon.

Tinker v. Des Moines Independent School District, 393 U.S. 503 (1969).

Title VI of the Civil Rights Act of 1964, 42 U.S.C. § 2000d *et seq.* (2008).

Title VII of the Civil Rights Act of 1964, 42 U.S.C. § 2000e *et seq.* (2008).

Title IX of the Education Amendments of 1972, 20 U.S.C. § 1681 *et seq.* (2008).

Tyack, D., & Benavot, A. (1985). Courts and public schools: Education litigation in historical perspective. *Law and Society Review, 19*, 339-380.

Valente, W., & Valente, C. (2004). *Law in the schools* (6th ed.). Columbus, OH: Merrill/Prentice Hall.

Voting Rights Act, 42 U.S.C. § 1971 *et seq.* (2008).

Webb, L. D., Metha, A., & Jordan, K. F. (2006). *Foundations of American education* (5th ed.). Upper Saddle River, NJ: Prentice Hall.

Wisconsin v. Yoder, 406 U.S. 205 (1972).

Wohlstetter, P., & Van Kirk, A. (1996). Redefining school-based budgeting for high-involvement. In L. 0. Picus (Ed.), *Where does the money go: Resource allocation in elementary and secondary schools* (pp. 212-235). Newbury Park, CA: Corwin Press.

Wood v. Strickland, 420 U.S. 308 (1975).

제16장

공립학교 살리기
법적 고려

법은 학교 운영의 다양한 측면에서 영향력을 행사한다. 학교 지도자들이 법적 원리와 그 지배적 가치에 대해 아는 것은 매우 중요하다. 법의 실질적 측면에 대한 소개가 교육에 영향을 미치는 모든 법적 원리들을 소개하는 것은 아니다. 이 책은 그와 같은 논제 아래에서 저술되었다(예를 들어, Alexander & Alexander, 2008; Thomas, Cambron-McCabe, & McCarthy, 2009; Valente & Valente, 2004 참조). 이번 장은 교육 및 법적 기준, 그리고 교육정책 결정 간의 관계를 결정하는 법들이 영향을 주는 일반적인 과정을 진술하는 데 초점을 두었다. 법적 기준은 뼈대를 제공해 주지만, 정작 중요한 토대는 학교 및 학교구에서 실제적인 정책으로 전환하는 과정에서 교육철학이 존재한다.

이 장의 첫째 절에서는 법의 일반적인 원칙을 소개하고, 다음 절에서는 선택된 주제에 대해서 상세히 기술한다. 연방 수준에서 보호하고 있는 권리 침해에 대한 학교구 · 교직원의 잠재적 책임성에 대한 간략한 설명도 포함된다. 이 장에서 탐색한 결과는 일부 분야에서는 법적 선례가 명확히 확립되어 있지만 법이라는 것은 진화하고 있다는 사실이다. 가장 부담되는 상황은 공립학교 직원으로 하여금 법에 대한 그들의 전문적 준비와 지식을 바탕으로 판단을 내릴 수 있도록 강제하는 특정한 입법 · 사법적 지침이 존재하지 않는다는 것이다(Thomas et al., 2009 참조).

법적 원칙(LEGAL PRINCIPLES)

법에는 일정한 원칙이 있다. 중심 개념이 확실하다면, 법의 적용이 불확실한 영역에서도 교육자의 행위를 이끌 수 있다. 여기서 강조하는 법적 원칙들은 공립학교와 학생, 후원자, 교직원을 위해 특별한 의미를 갖고 있다.

정책과 실제의 합리성 확보
(Ensuring That All Policies and Practices Are Reasonable)

교육에 대한 법적 기초가 되는 것은 법적 문제가 발생할 경우 합리적이지 못한 행동과 정책은 금전적 손실을 포함한 불리한 법적 결과를 가져올 수 있는 반면, 합리적인 행동과 정책은 지지받을 것이라는 사실이다. 공립학교 교원들은 법에 익숙하고 또 법적 요구에 따라 합리적으로 행동할 것이라고 기대된다. 그들은 적절한 연방과 주 헌법, 법률 규정, 기관 규정, 그리고 이러한 위임에 대한 사법적 해석을 잘 이해할 것이라고 생각된다. 연방 수준에서 보호되는 권리침해와 관련하여, 연방 대법원은 교원들은 자신에게 주어진 명확한 권리 침해를 방어하기 위한 근거로 법에 대한 무지를 내세울 수 없음을 강조하고 있다(*Wood v. Strickland*, 1975).

합리적 행동에 대한 기대는 학생들을 지도할 때 교원의 행위에도 유사하게 적용된다. 교원의 비합리적인 행동은 부주의(不注意)로 인한 상해(傷害)에 대한 손해배상이라는 결과를 낳을 수 있다. 손해배상 청구자는 주의 의무의 해태(注意義務의 懈怠)로 인한 손해배상청구소송에서 상해를 유발한 행위자가 해악(害惡)으로부터 타인을 보호할 책임을 지니며, 그러한 상황하에 부적절한 기준으로 주의의 직무를 태만히 했다는 점을 내세움으로써 우세를 점할 수 있다. 물론 여기에는 주장되고 있는 부주의와 그로 인해 도출된 상해 사이에 합리적이며 밀접한 우연적 연관성이 존재해야 한다. 만일 부주의로 인해 소송에 휘말린 행위자가 그와 유사한 상황에서 신중한 사람이 취했을 것 같은 합리적인 행동을 했다는 사실을 증명할 수 있다면 면책(免責)될 수 있다. 그들은 상해 당사자가 그 상해에 기여했거나 혹은 위험 부담이 있는 활동(예, 풋볼 게임)을 하고 있었다는 것 등으로 변론할 수 있다. 이러한 변론은 법률적 제재를 완화시키거나 완벽히 제거시킬 수 있다. 때때로 법률적 제재는 여러 당사자가 연관된 경우, 개인 과오의 정도 에 따라 손해가 조정되어(상대적 부주의) 책임이 분산되기도 한다(예, 교사가 고등학생 세 명의 다툼을 말리지 못한 경우). 20세기 중반까지 대부분의 교육 관련 소송은 주의 의무의 해태(negligence claims)에 초점이 맞춰진 것이었으며, 학교 법 관련 수업도 1960년대까지 불법행위책임이 최우선적으로 다루어졌다. 주의 의무 관련 소송은 다른 화젯거리(예, 장애 아동의 권리)가 더 관심을 끌었다고 하더라도 꾸준히 관심 사건이었다.

교사와 행정가들은 그들의 교수(教授) 역할에서 합리적으로 행동할 것이라고 기대한다. 비록 교수 부주의(혹은 배임행위)와 관련된 그 어떤 소송도 성공적이지 못했으나(*Brantley v. District of Columbia*, 1994; *Hoffman v. Board of Education*, 1979; *Page v. Klein Tools*, 2000), 미래 교원들은 (1) 학생의 욕구 규명, (2) 그들에게 적절한 교수 프로그램 제공, 혹은 (3) 학부모에게 학생 발달 상황 보고 등을 소홀히 해도 그 모든 것이 교원의 책임이라는 것을 생각해야 한다(Thomas et al., 2009). 교원들은 또한 교수 목표와 학생의 수준·성숙도에 적합한 자료 및 접근법을 합리적으로 선택할 것으로 생각한다(*Boring v. Buncombe*, 1996; *Fowler v. Board of Education*, 1987). 학생을 개종(改宗)시키기 위한 장소로서 교실을 사용하는 것은 합리적 판단이라고 여겨지지 않는다(*Palmer v. Board of Education*, 1979; *Roberts v. Madigan*, 1990).

학생과 학부모는 공립학교 교직원이 훈계 시 합법성과 학생 특성을 고려하여 적합한 전략을 선택할 것이라고 생각한다. 비합리적인 훈계나 징계는 교직원에 대한 법적 제재와 학교구로부터 학생에 대한 손해배상이라는 결과를 낳을 수 있다(*Doe v. Renfrow*, 1980; *Hall v. Tawney*, 1980).

학생은 교사와 행정가가 비합리적인 수색은 하지 않을 것이라고 기대한다. 학생의 지갑, 주머니, 혹은 책가방을 수색하기 전, 교직원은 그 학생이 학교교칙에 위배되는 물건을 숨기고 있다는 합리적인 혐의를 갖고 있어야 한다(*New Jersey v. T.L.O.*, 1985). 합리적인 혐의는 학생의 친구, 어른, 혹은 심지어 특정 학생이 불법적이거나 파괴적인 금지 품목을 소지하고 있다는 경찰의 안내를 통해 판단될 것이다(*In re Joseph G.*, 1995). 제7연방순회구고등법원이 마약탐지견의 경고가 학생의 신체 수색을 위한 합리적 혐의로서 작용할 수 있다고 판시한 반면, 대부분의 다른 법원들은 마약탐지견이 사물함이나 자동차 수색을 위해 사용될 수는 있으나 학생들의 담요를 킁킁거리는 것은 신체 수색을 위한 합리적 혐의로 작용할 수 없다고 판시했다(*Horton v. Goose Creek*, 1982 참조). 합리적 혐의의 기준은 일반적으로 신체 수색을 받게 될 정도의 잘못된 행동에 관한 개별적 혐의에 대한 요구로서 해석되어 왔다. 법원은 학교가 사물함의 소유주이기 때문에 학생의 사물함에 대한 무혐의 수색을 지지하는 것 같다. 또한 법원은 모든 학생으로 하여금 금속 탐지기를 지나가게 하는 것에 대해서는 관대한 입장을 보여 왔고, 이후에도 책가방 혹은 호주머니 수색을 위한 합리적 근거를 제공하는 탐지기의 설치는 정당하다고 판시했다(*Thompson v. Carthage*, 1996). 이후에 논의되겠지만, 공립학교 교사와 학생들에게 검뇨(檢尿)를 실시하게 하는 것은 특정 상황에서는 합리적인 것으로 간주된다.

공립학교 교원들은 교실 활동과 훈계에서 합리적인 행동을 하는 것과 더불어, 그들의 사생활에서도 합리적인 의사결정을 내릴 것으로 기대한다. 「미국 젊은이들에게 모범을 보이고 가치를 전파하는 그들의 중요한 역할을 고려할 때, 그들에게는 일반 시민들보다 더 높은 행동 기준이 부여된다.」 그럼에도 불구하고 공립학교 직원은 그들의 사적인 활동의 권리를 유지하고 있다. 법원은 보통 교육자의 사적인 생활이 수업 효과성이나 훈육 행동 등의 학교 경영에 부정적 영향을 미쳤다는 증거를 요구한다(*Melzer v. Board of Education*, 2002; *Weaver v. Nebo School District*, 1998 참조). 교원의 이혼이나 간통 관련 사건이 그 자체로 해고 혹은 기타 불리한 결과를 가져오는 것은 불합리하다고 보고 있다(*Littlejohn v. Rose*, 1985; *Sherburne v. School Board*, 1984).

정부 처분의 공정성 촉진 제고 (Promoting Fairness in Government Actions)

공정성(fairness)과 정의(justice)는 미국 법체계에서 매우 중요한 가치이다. 수정헌법 제5조는 본래 의회에 대해 적법절차의 제한을 두었고, 게다가 시민전쟁 후의 수정헌법 제14조는 주정부 권력을 제한하기 위해 적법절차의 보호를 더욱 확대했다. 앞서 제15장에서도 설명한 바와 같이, 실체적 적법절차는 삶과 자유, 혹은 재산상의 이해관계를 침해하는 정부의 임의적 행동으로부터 개인을 보호하며, 절차적 적법절차는 이와 같은 사안에 대한 정부의 그 어떤 침해적 처분도 본질적으로는 공정한 방식으로 수행되어야 함을 보장해 주고 있다.

학교 관련 법적 논쟁과정에서 어떠한 절차를 사용할 것인지에 대한 결정은 법적으로 정해져 있고, 이에 대해서는 2단계 분석이 요구된다. 즉 자유권이나 재산권에 대한 침해가 존재하였는지, 만약 그렇다면 이를 지키기 위해 어떠한 절차적 보호가 필요한지 결정되어야 하는 것이다. 자유권이나 재산권 침해가 발생하였을 때 개인은 적어도 그 문제에 관해 통지받을 수 있는 권리와 재판 전 진술을 들을 수 있는 권리가 있다. 그 통지에는 침해에 대한 처벌을 포함한 관련 규정이 제대로 명시되어야 한다. 학교장들은 학생과 직원들에게 어떤 행동들이 훈육 행동을 야기할 수 있는지 명확히 알려주는 안내서를 잘 알고 있어야 한다.

재산권의 문제는 한 개인이 정부의 직무나 다른 이익에 대해 명시적 주장을 할 때 존재하게 된다. 예를 들어, 의무교육법은 학생에게 공교육을 받을 수 있는 권리를 부여하며, 이 권리는 절차적 적법절차를 거치지 않고서는 아주 잠시라 해도 결코 부정될 수 없다(*Goss v. Lopez*, 1975). 교직원의 고용 관계에서 재산권의 일차적 근거는 개인적 계약, 주(州) 종신계약법, 그리고 기타 입법부 및 학교위원회 조치에서 출발하는데 이러한 조치들은 오직 특정한 이유를 근거로 할 때만 해고가 가능하고, 그 외에는 지속적 고용에 대한 상호 기대를 하게 만든다. 종신 재직권을 가진 교사는 그 어느 때에도 문제의 합법성을 확인하는 절차적 보호를 거치지 않고서는 해고될 수 없고, 종신 재직권이 없는 교사라 해도 계약 기간 동안 해고될 때에는 그와 유사한 절차적 적법절차를 반드시 거쳐야 한다.

학생이나 직원의 자유권 문제는 정부의 처분이 헌법에서 보장하고 있는 본질적인 권리(예, 언론의 자유, 단체 결사의 자유)를 침해할 때, 개인의 명성에 중대한 손상을 입힐 때, 혹은 교직원으로 하여금 다른 직위를 획득할 수 있는 기회를 박탈할 때 발생한다(Thomas et al., 2009). 개인의 헌법상 보장된 자유권을 침해할 정도로 오명을 씌우는 일은 어려운 일이다. 예를 들어, 법원은 일반 사람들이 종신 재직권의 존재 유무를 자격 미달의 증거로 판단하든 아니든 간에, 종신 재직권이 없는 교사의 계약을 갱신하지 않는 것은 자유권 침해가 아니라고 판시했다. 합리적 체벌을 당하는 학생들은 신체적 상해로부터 자유로울 권리를 주장할 것이나, 학교의 비합리적인 강제력 사용에 대한 구제방법을 주 단위에서 유효하게 확보할 수 있음을 고려할 때(예, 폭행 · 구타 관련 소송), 이 권리는 절차적 적법절차를 필요로 하지 않는다.

자유권이나 재산권에 대한 정부의 침해가 없고, 절차적 보호가 불필요하다면 헌법적 심사(constitutional inquiry)는 종결된다. 반대로, 만약 자유권이나 재산권의 침해가 발견될 경우, 법원은 반드시 다음 단계로 넘어가 위험으로부터 보호하기 위해 필요한 절차적 보호 수준을 사정(assess)해야 한다. 정부는 개인을 징계하거나 해고할 수 있으며, 이는 반드시 공정한 방법에 의해야 한다. 적절한 절차적 보호를 결정하기 위한 그 어떤 기계적 방식도 존재하지 않는다. 관건은 모든 사람들이 결정을 바꾸거나 혹은 적어도 기록을 다시 살펴볼 수 있도록 증거를 제시할 기회를 보장받는다. 절차의 본질은 개인 권리의 침해 여부에 달려 있다. 사소한 침해 사건인 경우 비공식적 심리로도 충분하다. 예를 들어, 어떤 학생이 수업으로부터 잠시 배제되었을 경우, 학생에게 처벌의 당위성을 고지하고 구두 변론의 기회를 제공하는 것은 적법절차 요건을 만족시키는 것으로 본다. 그 문제의 진상과 관련된 질문이 존재하지 않는 한, 처벌은 즉시 수행될 수 있다. 퇴학 등과 같이 침해가 심각해질 경우, 절차적 보호는 보다 정교해져야 한다.

비록 2단계 분석이 헌법적으로 요구되는 최소한의 절차를 이해하는 뼈대를 제공해 준다 해도, 학교장들은 정부 행위의 공정성을 보장하는 연방과 주 법률, 계약적 동의, 그리고 학교위원회의 정책이 요구하는 절차적 보호를 이해해야 한다. 예컨대, 주의 종신재직권법은 해고처분 시 반드시 따라야 할 구체적인 절차를 제시해 준다. 종신 재직권을 가진 교사들은 일반적으로 해고 처분의 서면(書面) 고지, 변호사를 통한 공평한 발언의 기회, 증거를 제시하고 반대 증언을 반박할 수 있는 권리, 그리고 오직 청문회에서 제시된 증거만을 바탕으로 한 판결을 기대할 수 있다.

연방과 주 법률은 둘 다 비슷하게 학생을 위한 절차적 보호를 추가적으로 제공한다. 예를 들어, 대부분의 주에서는 학생을 추방하기 전, 따라야 할 절차를 법률로 정하고 있으며, 이는 헌법에서 보장한 최소한의 범위를 넘어서는 것이다. 또한 연방의 장애인교육법(IDEA)은 장애 아동을 위한 배치 결정 시 수행되어야 할 상세한 절차적 보호를 포함하고 있다. 그러한 아동들은 기획부서에서 배치 변경의 필요 유무를 검토하기 위한 회의가 진행되는 동안, 기존 배치에 머무를 권한을 갖는다(*Honig v. Doe*, 1988). 추가적인 절차적 보호를 조건으로 한다면 교육 기획의 각 수준(예, 교실, 건물, 학교 지구)은 상위 권한에 의해 부과되는 요구사항을 무시할 수 있으나, 그 절차는 상부로부터 부과되는 최소한도 미만이어서는 안

된다.

Frankfurter 대법관은 적법절차의 개념을 공정성(fairness)으로 설명했다. "그것은 시간, 공간, 환경과 무관한 불변의 기술적 개념이 아니다. … 적법절차는 기술적 도구가 아니다. 그것은 어떤 판단의 척도가 아니다. … 그것은 조정의 섬세한 과정이다"(*Joint Anti-Fascist Refugee Committee v. McGrath*, 1951, p.162). 적법절차의 본질을 기본적인 공정성으로 이해한다면, 그것은 학교장들이 학교 상황을 조정하고, 합리적이고 공평한 학교 행위를 보증하기 위해 교직원과 학생들에 대한 위임 수행을 조정하는 데 중요한 관점을 제공해 줄 수 있을 것이다. 많은 학교에서 갈등을 생산적인 방법으로 처리하고 타인과의 공정한 관계 유지에 대한 욕구를 심어 주기 위해 교사와 학생에게 동료 간 조정 및 분쟁 해결 훈련을 제공하고 있다(Robinson, Smith, & Daunic, 2000; Schellenberg, Parks-Savage, & Rehfuss, 2007).

비록 절차적 보호가 번거로운 것으로 보일 수도 있으나, 주와 연방 법원은 헌법적 · 법률적 적법절차를 교직원에게 과도한 부담을 지우는 것으로 보지는 않았다. 사실 1975년 연방 대법원의 판결에 따르면, 사법부는 학교장이 최소한의 기본적인 공정성을 보장할 수 있게끔 공정한 마음을 갖게 하는 것 이상은 강제하지 않아야 한다(*Goss v. Lopez*, 1975). 또한 법적으로 요구되는 것 이상의 절차적 보호를 제공한다 해도 학교의 권한은 결코 문제 되지 않을 것이다.

차별로부터 개인 보호 (Safeguarding Individuals from Discrimination)

헌법적 보장을 강제하도록 설계된 연방헌법 및 다양한 시민권법상의 기본 개념은 태생적 특성이나 믿음에 근거한 정치적 차별로부터 개인을 보호하는 것이다. 따라서 학교 정책과 실행에 있어서 어떤 선택된 개인이나 집단을 차별해선 안 된다. 만약 정부가 인종이나 국적 등과 같이 '의심이 가는 분류(suspect classification)'를 한다면 연방 사법부는 정부 행위를 평가하는 엄격한 사법적 검토를 적용할 것이다. '의심이 가는 분류'는 국가 긴급 사태가 존재하지 않는 이상 충족되기 어려운 정부의 강력한 이해관계를 진행하기 위해 필요할 때에만 정당화될 수 있다(*Korematsu v. United States*, 1944).

Brown v. Board of Education(1954)의 기념비적인 판결에서부터 시작해 보자. 연방 대법원은 지난 반세기 이상 동안 수정헌법 제14조의 '평등보호조항' 에 근거한 학교의 인종차별 소송을 다루어 왔다. *Brown 판결*은 학교의 여러 논란 속에서 사법적 행동주의의 새로운 장을 제공했다. 게다가 원고들은 학교의 인종차별을 넘어, 큰 범위의 인종차별적 관습에 대항하기 위해 수정헌법 제14조를 이용했다. 연방의 시민권법과 주 법률은 인종차별로 인해 고통 받는 개인에게 제공되는 헌법적 보호를 증대시켰다. 이러한 법은 인종, 국적, 성별, 종교, 장애, 나이 등의 특성에 기인한 차별로부터 학생이나 교직원을 보호할 수 있는 강력한 보장을 제공한다. 예를 들어, 장애가 있거나 혹은 부모가 미국에 불법적으로 입국한 학생 등 특정 계층을 공교육으로부터 배제하고자 하는 노력은 평등보호조항하에서 불식되어 왔다(*Mills v. Board of Education*, 1972; *Plyler v. Dow*, 1982). 실질적인 소송은 인종, 피부색, 혹은 국적으로 인한 연방정부의 경제적 지원으로부터의 차별을 금지하고 있는 1964년의 시민권법(Civil Rights Act of 1964) 제6장과 정부 지원을 받는 교육기관에서의 성적 차별을 금지하는 1972년 교육개정안 제9장에 초점이 맞추어져 있다. 또한 1974년 교육기회균등법(Equal Educational Opportunities Act of 1974)은 공립학교의 학생들이 인종, 피부색, 성별이나 국적에 구애받지 않고 교육의 기회를 균등하게 부여받을 권리를 보장받고 있다. 학교장과 교사들은 모든 학교 정책을 공평한 방식으로 적용하고 교육기회를 균등하게 부여받을 학생들의 권리를 보장해 주어야 한다.

교직원 또한 시민권법에 의해 보호받는다. 예를 들어 1964년 시민권법 제7장은 인종, 피부색, 성별, 종교, 국적 등으로 인한 직장에서의 차별에 대항하여 피고용인의 보호를 보장해 주는 법률이다. 제7장은 고용, 승진, 급료에 적용되며, 15명 이상의 피고용인을 고용하고 있는 모든 공적 · 사적 고용주는 제7장의 규정을 반드시 지켜야 한다. 일단 피해를 호소하는 피고용인이 차별당했음을 입증한다면, 고용주는 면책을 위해서는 그 인사 행위에 대한 합법적인 비차별적 이유를 제시해야만 한다. 제7장과 관련된 상당수 고용 소송의 경우에 인종이나 성별에 의한 차별이 증거로 제시되고 있다.

시민권법 제7장 관련 소송의 증가는 직장 내 성희롱으로 인한 손해배상청구와 관련되어 있다. 대법원은 성희롱의 피해자는 동성(同性) 혹은 이성(異性)의 남성이나 여성 둘 다일 수 있다고 판시했다(*Oncale v. Sundowner Offshore Ser-*

vices, 1998). 고용주가 부주의나 과실이 없다고 하더라도 고용주의 이익에 따라 행동할 것을 주장하거나, 고용관계를 통한 희롱에 조력했다면 제7장에 따라 책임을 물을 수 있다(*Burlington Industries v. Ellerth*, 1998; *Faragher v. City of Boca Raton*, 1998). 만약 피해자가 고용 상태상의 유의미한 변화가 없음으로 인해 고통을 받는다면, 고용주는 성희롱을 금시하는 정책이 적용되었다는 사실과 요구자가 분규 처리 수단(grievance procedure)의 사용에 실패했음을 최대한 보임으로써 면책될 수 있다.

장애가 있는 피고용인은 차별에 대해 중요한 보호를 받는다. 1973년 재활법(Rehabilitation Act of 1973) 제504조와 1990년 미국장애인법(Americans with Disabilities Act of 1990)은 장애인 개인에 대한 차별을 금지하고 있다. 이러한 법들은 고용주로 하여금 장애인에게 그 차별을 합리적으로 수용할 수 있도록 하게끔 요구하고 있다. 40세 이상의 노동자를 차별로부터 보호하는 1967년 연령차별금지법(Age Discrimination in Employment Act of 1967)이나 남성과 여성이 동일한 노동에 대해 동일한 임금을 받을 수 있게 규정한 동일임금법(Equal Pay Act of 1963) 등과 같은 다른 시민권법들도 중요한 개인 보호를 보장해 주고 있다.

한 개 혹은 그 이상의 집단에 차별적 영향을 미치는 정부의 중립적 정책에 대해서도 몇몇 논란이 있어 왔다. 예를 들어, 소수집단 학생을 낮은 수준의 반으로 편성하는 결과를 내도록 계획된 능력별 반 편성 제도가 법적으로 문제가 된 적이 있다. 그러나 법원은 인종에 의해 학생을 분리하도록 설계된 것이 아니라, 반 배정이 학생 학습을 향상시키기 위한 합리적인 교육적 준거에 기반을 둔 경우에는 그러한 집단 편성 계획은 합법적이라고 판결하였다(*Georgia State Conference v. Georgia*, 1985). 또한 법원은 인종차별이 폐지된 학교의 학생들이 높은 비율의 소수 학생들이 탈락하는 고등학교 졸업시험에서 좋은 결과가 나올 수 있도록 시험 요구사항에 대한 충분한 고지와 이에 대비할 수 있는 적절한 기회가 주어져야 한다고 판결했다(*Debra P. v. Turlington*, 1984). 이와 유사하게, 비록 부적절한 소수 지원자들에게 교사 면허 발급이 거부된다 할지라도, 법원은 최소한 적정 강의 능력을 규명해 줄 수 있는 교사 면허 시험의 활용을 지지했다(*United States v. South Carolina*, 1978).

차별에 대한 보호는 취약집단에 제한되지 않는다. 다양한 사례에서 취약집단이 아닌 비소수자의 고용을 배제하거나 혹은 불이익을 주는 적극적 조치(affirmative action)에 대해 법적 대응을 한 바 있다(*City of Richmond v. Croson*, 1989; *Wygant v. Jackson Board of Education*, 1986). 또한 후술되겠지만, 공립학교 입학정책에서 인종 균형을 달성하기 위한 인종 분류는 백인 학생에게는 오히려 차별이라는 이유로 공격받았다(*Parents Involved v. Seattle School District*, 2007).

비록 다수라 할지라도 여학생들은 전통적으로 교육 · 체육 기회에서 불이익을 받아 왔다. 1972년 교육개정안 제9장에서는 연방 기금을 받는 교육기관이 성 차별을 할 수 없도록 하고 있다. 제9장은 학교구로 하여금 남녀 공학, 가정 및 체육 수업과 기타 수업지원, 그리고 남학생과 여학생에 대한 공평한 체육 기회를 보장하도록 하고 있다. 1992년 이래로(*Franklin v. Gwinnett County Public Schools*) 학생들은 학교 교직원이나 친구에 의한 성희롱에 대항하기 위해 제9장을 이용해 왔다(*Davis v. Monroe County*, 1999; *Gebser v. Lago Vista Independent School District*, 1998). 비록 그 기준(학교 관리자들은 성희롱에 대한 실제적 지식을 알고 있어야 하고 계획적인 관심이 반영되어야 한다)이 만족하기 어렵다 해도 불가능한 것은 아니다.

비차별(nondiscrimination)은 동일한 결과나 개인에 대한 동일 대우를 요구하는 것이 아니다. 사실 '공정하게 되는 것' 은 각기 다른 욕구를 지닌 학생 집단에 대한 차별적 대우를 필요로 한다. 예를 들어, 이러한 규정의 사법적 해석은 연방과 주 법률이 영어 능력이 부족한 학생에게는 특별한 도움을 주도록 요구하고 있다. 그러한 학생에게 다른 학생들과 동일한 교수나 매체를 제공하는 것은 오히려 그들에 대한 동등한 기회를 제공하지 않는 것이다(*Lau v. Nichols*, 1974).

아울러 장애 아동에 대해서는 그들만이 필요한 것을 제공해 주는 특수교육이나 관련된 교육지원이 제공되어야 한다(*Irving Independent School District v. Tatro*, 1984). 피고용자의 경우에서와 마찬가지로, 1973년 재활법 제504조, 1990년 미국장애인법 혹은 주 규정에 의거한 장애에 대한 차별 소송이 몇몇 학생들에 의해 제기되었다. 그러나 대부분의 학교 소송은 모든 장애아동에 제공되는 적합한 교육적 프로그램의 초과 비용 일부를 연방이 부담하도록 하는 장애인교육법(IDEA)하에서 이루어졌다. IDEA에 의한 연방 기금은 세부 지침을 준수하도록 되어 있다(15장 참조).

개인의 자유 보호(Protecting Individual Liberties)

미국 법체계의 주된 핵심은 개인의 권리가 정부에 의해 반드시 존중되어야 한다는 것이다. 예를 들어, 연방 대법원은 K.K.K(Ku Klux Klan) 단원들에게도 법원 청사의 잔디밭을 가로질러 뭔가를 발표할 수 있는 권리가 있으며(*Capitol Square v. Pinette*, 1995), 시위자들에게는 성조기를 불태울 수 있는 권리가 있다고 판결하였다(*Texas v. Johnson*, 1989). 정부가 미 연방헌법이나 시민권법에 의해 보호되는 그러한 권리의 실제를 제한하기 위해서는 강제적으로 정당한 절차를 거쳐야 한다. 따라서 개인이 보장받는 자유를 해치는 어떠한 공립학교 정책이나 실천이라도 반드시 사전에 교육 목적을 정당화해야 한다.

연방 대법원은 교사와 학생들이 학교에서 그들의 헌법적 권리를 포기하지 않는다는 사실을 인지했다(*Tinker v. Des Moines*, 1969). 학생이나 학교 교직원들이 개인적 자유를 제한하는 상황에 직면하게 되었을 때, 법원은 개인의 권리와 학교의 이해관계에서 발생되는 개인의 권리 제한 간에 균형을 맞추는 역할을 한다. 법원은 학교에 출석한 상황에서 전염성 질병에 대한 강제적인 예방 접종을 지지했다. 왜냐하면 개인에 대한 침해는 중요한 건강 문제에 의해 정당화될 수 있기 때문이다. 또한 사법부는 교육받은 시민 양성이라는 정부 이익을 고려하여 의무교육령을 무시한 부모를 처벌했다(*State v. Egnor*, 1994).

이와 대조적으로, 연방 대법원은 종교적 혹은 철학적 사상에 근거하여 학생들이 미국 국기에 충성 서약을 거부하는 것을 정부가 강제할 수 없다고 판결하였다(*West Virginia State Board v. Barnette*, 1943). 연방 대법원은 8학년 이상의 학생들에게 학교교육을 강제하는 정부의 이익을 넘어, 개인에게는 종교적 신념의 자유로운 수행을 통해 은둔 농경 사회에 대비할 수 있게끔 하는 권리가 아만파(Amish) 아동들에게도 있다고 판결했다(*Wisconsin v. Yoder*, 1972). 게다가 법원은 아동이 공립학교에 다니게 요구하는 주 입법과 충돌할 때, 부모가 아동의 사교육(private education)을 선택할 최우선의 부모 이익을 인정했다(*Pierce v. Society of Sisters*, 1925).

비록 교사와 학생이 헌법적 권리를 누린다 해도, 사법부는 공립학교에게는 개인적 자유 제한을 허용하는 특별한 환경이 존재한다는 사실을 확인했다. 예를 들어, 개인이 불법적 약물을 소지하고 있다는 합리적 혐의에 근거하여 학생과 교사에게 약물 검사를 실시할 수 있다. 학교는 심지어 무작위 마약검사에 응한다는 전제하에 과외 활동에 참여케 할 수 있으며(*Board of Education v. Earls*, 2002; *Vernonia School District v. Acton*, 1995), 교직원들로 하여금 안전을 확보하고 응하도록 요구할 수 있다(*Knox County Education Association v. Knox County Board of Education*, 1998).

학교 환경의 특수성은 근로자의 표현권(employee expression rights)과도 관련된다. 공립학교 교사는 학교 밖에서는 보호될 수 있는 표현이지만 징계를 받을 수도 있다(*Downs v. Los Angeles Unified School District*, 2000; *Mayer v. Monroe Community School Corporation*, 2007). 또한 학교구는 학교에서 접속 가능한 웹사이트에 제한 사항을 규정하고 있으며, 교직원들을 통해 학교 장비와 네트워크를 점검하고 있다(*Urofsky v. Gilmore*, 2000). 2006년의 중요한 판결인 *Garcetti v. Ceballos*에서 연방 대법원은 교원을 포함한 공무원들은 그들의 직무책임에 의거한 표현을 문제 삼아 수정헌법 제1조의 보호에 항의할 수 없다는 분명한 기준(bright-line rule)을 발표했다. 이러한 규칙이 비윤리적이거나 비합법적인 학교 당국에게 경종을 울리고자 원하는 공립학교 교원들에게 사기 저하를 가져올지는 두고볼 일이다.

정부 행위자와 사적 행위자의 구별 (Distinguishing Private Actors from Government Actors)

미국 헌법 체계의 기본 원리는 권리장전과 다른 헌법적 규정들이 정부 권력을 제한한다는 점이다. 이들은 일반적으로 사적 행위에는 제한을 두지 않는다. 주정부의 불법행위(예, 명예 훼손으로 인한 손실) 혹은 개인의 불법행위(예, 법정 강간죄 판결)로 인한 범죄에 대한 처벌 등과 같은 사적인 부정을 보상받기 위해서는 다른 구제 방법이 있다. 사적 행위와 정부 행위의 차이를 설명해 보자. 만약 공립학교 교사가 고등학생의 소지품을 조사한다면, 교사는 정부의 입장에서의 공적 행위이고, 학생에게는 수정헌법 제4조 개인권리보호가 적용된다. 이와 대조적으로, 동급생이 어떤 학생을 억류하고 그의 소유물을 뒤진다면 수정헌법 제4조는 적용되지 않겠지만, 그런 행위에 대해 불법행위 주장이나 범죄 고발은 있을 수 있다.

대부분의 사립학교 및 다른 사적 기관들에는 연방헌법의 준수가 강제되지 않는다. 왜냐하면 그들은 주정부 지원을 받거나 혹은 국가 행위자를 고려해야 할 만큼 정부에 관여되어 있지 않기 때문이다. 따라서 사립학교 교사나 학생들은 해고나 퇴학을 당했을 때에도 수정헌법 제4조의 절차적 보호를 받을 수 없다. 대신 사립학교 정책이나 실천에 대한 그들의 법적 대응은 일반적으로 공·사립 모두에 적용되는 계약 규정 혹은 시민권법에 의존하게 된다.

사적 기관들이 국가 행위자(state actor)가 되는 것은 어렵기는 해도 불가능한 것은 아니다. 예를 들어, 대부분의 주에서 비영리 사적 기관이 사립학교와 공립학교 간의 학교 대항 스포츠활동과 같은 경쟁적 활동에 대한 재판권을 갖는 경우도 있다. 그러한 관계는 주정부의 학교 공무원과 광범위하게 얽혀 있기 때문에 국가 행위자로서 취급된다(*Brentwood Academy v. Tennessee Secondary School Athletic Association*, 2001; *Tennessee Secondary School Athletic Association v. Brentwood Academy*, 2007). 그러한 상황에서 그와 같은 기관은 그들의 행위에 대한 헌법적 제한을 지켜야 하며, 헌법 위반에 대해 책임을 져야 한다.

사적·정부 행위자의 구분은 연방헌법의 제한이 표현 혹은 다른 개인의 행위에 적용되지 않는다는 주장과 연관된 소송에서 나타나고 있다. 예를 들어, 학생 주도의 종교활동이 공립학교에서 허용되어야 한다고 주장하는 것은 사적 행위자의 정당화를 의미하는 것이다. 게다가 학생들은 인터넷상에서 그들의 사적인 표현이 학교를 드러내지 않는 만큼 대부분의 상황에서는 학교 검열이나 징계를 받지 않아야 한다고 주장하고 있다. 이와 유사하게, 교직원들은 종종 학교 외 활동은 사적이며 학교 징계의 근거가 되어서는 안 된다고 주장한다.

사적 행위자에 대한 이론적 근거는 부모의 사적인 선택으로 종교학교를 입학했고, 그 결과 종교학교에 대한 정부의 지원이 이루어지는 것은 정당하다는 주장이 제기되기도 한다. 이는 공공 기금이 종교학교에 배분되어 가는 바우처 계획의 합법성 여부를 설명하는 것과 마찬가지 논리이다. 2002년 연방 대법원은 *Zelman v. Simmons-Harris* 사건에서 경제적으로 취약한 학생들이 공립 혹은 사립학교에 다니도록 정부 장학금을 받을 수 있게 하는 Cleveland 장학 프로그램에 대해 국교조항을 근거로 제기한 소송을 기각했다. 연방 대법원은 비록 바우처 기금의 96%가 종교 학교에 흘러들어간다 해도, 정부가 아닌 학부모가 기금의 사용처를 결정하기 때문에 일종의 "진정한 사적 선택"이라고 판결했다. 종교단체의 원조를 받는 학교의 학생들을 위해 수화(手話) 통역가를 지원하는 공공 기금 사용의 적법성과 유사하게(*Zobrest v. Catalina Foothills School District*, 1993), *Zelman* 판례에서 연방 대법원은 대부분의 기금 수혜자들이 종교 학교를 선택하였기 때문에, 바우처 계획가 같은 중립적 프로그램은 국교조항을 전혀 위반하지 않는다고 판결했다.

그러나 *Lcoke v. Davey*(2004) 판례에서 연방 대법원은 주정부가 수정헌법 제1조보다 더 엄격한 비국교조항(antiestablishment provisions)을 제정할 수 있다고 판결했다. 이 판례는 바우처 플랜의 적법성이 주 법률에 근거해서 결정된다는 사실을 말해 준다. 이미 일부 주의 고등법원은 학교의 단일 체제(uniform system)를 요구하거나 혹은 종교적 목적으로 공공 기금을 사용하는 것을 금지하는 헌법적 조항들에 기초하고 있는 바우처 프로그램의 문제점을 지적했다. 국가적으로 교육 선택권을 강조하는 상황에서, 사적 · 공적 구별은 종교 학교에게 공공 기금을 허용하는 것을 정당하다고 보는 사례에서 알 수 있듯이 점점 중요해질 것이다.

법의 실질적 측면(Substantive Aspects Of The Law)

이 절은 앞서 서술한 법 원칙의 적용과 공립학교와 학생, 교직원을 지배하는 법의 전개과정을 실질적인 주제를 중심으로 선별하여 보여주고자 한다. 여기서 제기되는 학교 인종차별 폐지와 공립학교에서의 종교적 영향 관련 두 가지 주제는 공립학교에 중요한 영향을 주었기 때문에 선택되었고, 세 번째 주제인 학생 표현의 권리(student expression rights)는 최근까지 법리적으로 논쟁되고 발전되고 있기 때문에 선택되었다. 학교 정책과 실천의 합법성을 평가하기 위해 법원에서 어떤 표준이 적용될 것인지는 모르기 때문에, 이러한 적용 사례에 대한 이해는 매우 중요하다.

학교 인종차별 폐지(School Desegregation)

앞서 언급했듯이, 역사적 사건인 미국 연방 대법원 결정, 즉 *Brown v. Board of Education*(1954)은 학교 인종차별 폐지 소송에 반세기 이상 영향을 주었다. *Brown* 판례는 수정헌법 제14조의 평등 보호 조항하에 여성, 무능력자, 취약계층들에게 법적 대응을 할 수 있는 계기를 마련해 주었다. 사실 *Brown* 판례가 교육 정책과 실제에 영향을 미친 가장 중요한 연방 대법원 판결이었다는 것은 이미 알려진 사실이다. 1954년에 설립되고 교원과 법률가로 구성된 교육법학회(Education Law Association)는 이미 *Brown* 판례가 학교법의 전반적인 틀을 지속적으로 변화시킬 것임을 예견한 바 있다.

점진적 출발(A Slow Start) 연방 대법원이 법적으로 인종 차별화된 학교구를 단일 학교체제로 "신중한 속도로" 변화하라고 명령했을 때, 최초의 흑인 연방 대법원 판사인 Thurgood Marshall은 학교 인종차별 폐지가 완성되기까지는 5년이 걸릴 것이라는 의견을 제시했었다(Cohen, 2004). 그를 포함한 다른 모든 이들도 학교 인종차별이 21세기에도 여전히 문제로 남을 것이라는 생각은 거의 하지 않았다. *Brown II* 판례 이후 많은 하급 법원 판사들은 연방 대법원 명령의 연기를 허용하였고, 학교 인종차별 폐지의 장애 제거를 단순히 요구하는 것으로 해석하였지만, 학교를 통합하는 적극적인 조치는 취하지 않았다. 사실 10년 이상 대부분의 흑인 학생들은 흑인 학교로 계속해서 출석하였다(Rosenberg, 1991). 1960년대 후반까지 연방 대법원은 *Brown* 명령의 심각한 위반에 대한 대응과 학교 인종차별 폐지에 관해서는 거의 움직임이 없었다. 남부지역의 많은 학교구들은 공립학교의 인종 통합을 공공연하게 저항했고, 주 입법부는 학교 인종차별 폐지와 연관된 연방 법원의 권한을 줄이기 위한 몇 가지 조치를 제안하기도 하였다.

연방 대법원은 1960년대 말에 이르러 일련의 판결에서 의미 있는 학교 인종차별 폐지에 대한 문제 해결이 이루어지지 않은 것에 대해 관심을 보이기 시작했다(*Green v. County School Board*, 1968; *Monroe v. Board of Commissioners*, 1968). 그 후 1971년 연방 대법원은 *Swann v. Charlotte-Mecklenburg Board of Education* 사례에서 역사적인 판결을 내렸는데, 이는 인종차별을 폐지한 학교에게 강제 버스 통학을 정당하게 할 수 있도록 하는 것이었다. *Brown*에서 *Swann*까지는 학교 인종차별 폐지가 만장일치의 의견을 보였으나, 판결의 표준이 되는 전원 불일치 판정으로 1972년에 바뀌었고 바로 오늘날까지 이어지고 있다. 1970년대 동안 적어도 하나의 중요한 학교 인종차별 폐지소송 사건이 대법원의 각 개정기간 중 일정표에 있었지만 분할된 대법원은 학교 교직원에게 분명한 지침을 제공하지 않았다.

더욱이 사법적 판결은 학교 인종차별 폐지를 위해 충분치 않았다. 일부 남부지역 학교구에서는 행정부와 입법부 부서들의 일정 조치를 요구하기도 하였다. 예를 들어 알칸사스가 *Brown*의 명령에 따를 것을 거절했을 때 아이젠하워 대통령은 흑인 학생들이 Little Rock's Central High School에 입학할 수 있고 그들의 안전을 보장하기 위해 연방군대를 보내기도 하였다. 연방군대의 파견은 *Cooper v. Aaron*(1958) 사건에서 대법원이 내린 반감적 판결보다 하급 법원의 학교 인종차별 폐지 명령에 부응하는 데 더 큰 영향을 미쳤다. 비슷하게도 시민권리 입법은 *Brown* 명령을 존중하는 학교구에서도 매우 중요했다. 1964년 제정한 시민권법의 Title VI은 인종에 따라 여전히 차별하고 있는 공립학교에 대한 연방정부 보조의 종결을 요구했고, 연방정부 보조 철회의 위협은 1970년대 법원명령에 부응하는 남부지역의 학군에게 중요한 자극이 되었다(McCarthy, 2008).

인종차별 폐지 노력의 확장 1990년대까지 학교 인종차별이 위헌이라는 사법적 판단은 일방적인 것처럼 보였다. 연방 사법부는 특별한 지도자나 감독 위원회를 지명하였고, 법원은 헌법 위반이 만족스럽게 해결될 때까지 사법권을 보유하였다. 연방 대법원은 1971년에 "지방 법원의 공평한 권력 범위는 넓어 과거의 잘못을 치유할 수 있고, 그러한 공평한 치유 속에는 깊이와 유연성이 있다"(*Swann v. Charlotte-Mecklenburg Board*, 1971, p.15)라고 명시하였다. 학교 인종차별 폐지 계획은 고안되고 도전을 받아 왔으며, 법원은 학교재정 소송에서도 이와 비슷한 양상으로 좀 더 발전된 새로운 계획을 요구하였다. 시민권리를 지지하는 집단은 학교 인종차별 폐지에 대한 연방 사법부의 관여를 환영하였으나, 반면에 비판자들은 법원이 합법적 역할 이상의 역할을 하고 있고, 학교에 비현실적인 짐을 주고 있다고 주장하였다. 1960년대 후반과 1970년대 초에는 약 500개 학교구들이 학교 인종차별 폐지 소송에 연루되었고, 1990년에는 35건 이상이 여전히 법원명령 하에 있었다.

중요한 학교 인종차별 폐지 이슈 중에는 남부지역 외곽에 있는 학교 인종차별의 위상과 대도시 학교 인종차별 폐지 결정의 합법성 문제를 들 수 있다. 1970년대 초반까지 학교 인종차별 폐지 소송의 대부분은 남부지역의 주에서 발생했었다. 1973년에 연방 대법원은 한 주 안에 한 학교구(Denver)에 1954년 법에 의해서는 인종을 차별하는 공립학교가 없는 것으로 되어 있지만, 결과적으로 의도적인 주의 조치로 인해 위법적인 학교 인종차별이 있다고 인식하였다. 인종을 기초로 이원적 학교체제(dual school systems)를 운영하지 않는 학교구들에서도 국가 행위자의 인종차별 동기가 있다면 법률적 학교 인종차별(de jure segregation)이 존재한다는 것이다. 따라서 인종차별을 할 의도성 여부가 비합법적 학교 인종차별의 존재 여부를 결정하는 데 핵심 관심사가 되었다. 물론 1954년 학교 인종차별 폐지의 법원명령에서도 그러한 인종차별 의도의 증거를 제공했으나, 연방 대법원은 교육정책이 인종차별에 미친 영향에 대한 다른 증거를 받아들였다.

대도시 학교 인종차별 폐지의 구제책은 1970년대 초 백인 학생이 극소수라서 학교통합을 달성하지 못한 도심에 있는 학교구에서 시작되었다. 그러나 디트로이트와 53개 교외의 학교구에 대한 대도시 구제책이 무효화되었을 때 연방 대법원은 1974년에 그러한 계획에 큰 타격을 가했다. 연방 대법원은 여섯 번째 순회 재판을 취소하면서 지역 간 구제책에서 의도적 차별의 증거가 반드시 존재하며, 법원은 단지 디트로이트 지역(*Milliken v. Bradley*, 1974)에서 그 증거물을 발견했다고 설명했다. 법원은 구제책이 헌법적 위반의 처리를 필요 이상의 범위로 확대할 수 없음을 강조했다. 그럼에도 불구하고, 소수의 사례에서 연방 법원(Thomas et al., 2009)이 지역 간 구제책을 명령하였다.

의심의 여지 없이, 학교구는 학교 인종차별 폐지 때문에 우선순위를 정하는 과정에서 유연성을 잃었다, *Missouri v. Jenkins*(1990)의 판례에서 설명했듯이, 대법원이 학교 인종차별 폐지를 위한 자금을 증가시키기 위해 재산세 인상을 부과한 캔사스 시 학교구를 하급법원의 명령으로 허락하도록 판결했다. 비록 직접적으로 세금인상을 명령하는 지역법원은 많지 않지만, 연방 대법원은 하위법원에게 학교구가 그렇게 하도록 권한을 부여했고, 세금인상을 저지하는 주정부 법은 무효라고 판결하였다. 세금에 대한 능력은 입법부의 핵심 기능이다. 따라서 *Jenkins* 판례는 연방 법원에게 입법적 직무까지 허용함으로써 비판을 받았다(O'Leary & Wise, 1991).

인종차별 부활(Resegregation) 학교 인종차별 폐지 사건의 수는 1980년에 감소하기 시작했고 1990년대 초반에 연방 대법원은 법원 명령에 의한 학교 인종차별 폐지 계획으로부터 학교구를 면제하는 기준을 완화하였다(*Board of Education v. Dowell*, 1991; *Freeman v. Pitts*, 1992). 거의 20년 동안, 연방 법원은 학교가 단일체제를 이루었다는 선언을 하려는 경향이 있었고, 그에 따라 많은 학교구에서 학교 인종차별 폐지 명령이 증가되었다. 1990년 이후 학교 인종차별 폐지 소송의 재심은 성과의 변화뿐만 아니라 소송의 양도 감소하였다(Zirkel, 1998).

학교 인종차별이 부활하는 계기는 주택형태와 다른 요소(Orfield & Lee, 2006) 때문에 수많은 지역에서 발생했고, 일부 학교구들은 학생의 다양성을 보장하는 자발적 학교 인종차별폐지 계획(voluntary desegregation)을 실행하였다. 2003년에 고등교육 관련 두 가지 사건에서 학교구에서 학생을 배정하는 데 어느 정도 인종을 고려해야 하는지가 불분명했다. 이 사건 중 하나는 연방 대법원이 미시간 로스쿨 대학의 입학요건 중 인종의 고려를 허가했고, 로스쿨 학생 인종의 다양성을 유지하는 것은 정부권리의 강요에 의한 것임을 인지하였다(*Grutter v. Bolling*, 2003). 하지만 같은 날 법원은 미시간 대학 입학과정에서 취약집단의 학생에게 20점을 자동 부과한 점수기준 입학계획을 무효화시켰다. 왜냐하면 그러한 계획은 입학과정에서 융통성을 제거했고, 인종을 결정적으로 고려했기 때문이다(*Cratz v. Bolling*, 2003).

공립학교에서 인종을 기초로 학생을 배정하는 계획이 합법적인지에 관해서는 하급법원 간 해석이 충돌하였지만, 2000년 이후 대부분의 하급법원은 그런 계획들을 지지하는 경향을 보였다. 그래서 2007년 연방 대법원에 항소된 두 사건이 많은 관심을 받게 되었다. 연방 대법원은 시애틀과 루이스빌(*Parents Involved v. Seattle School District*, 2007)의 공립학교에서 학생들을 배정하는 데 인종을 기초로 하는 자발적 계획을 무효화시켰다. 법원의 네 명의 판사들은 학생들의 배정에 인종에 관한 어떤 사용도 배제하는 듯했다. 그 계획에 반대하는 결정에 투표를 한 판사 케네디는 인종요인은 특정 환경하에서만 고려될 수 있다고 기술했다(McCarthy, 2008). 인종이 공립학교 인종 차별폐지를 위한 자발적 계획에서 합법적으로 사용될 수 있을 때 소송 관련 다양한 논의는 지속될 것이다.

공립학교 내의 종교적 활동과 의식 (Religious Activities and Observances in Public Schools)

제1차 수정헌법은 "국회는 종교의 설립을 존중하거나 자유로운 종교의식을 금지하는 법을 만들지 않는다."는 내용을 포함하고 있다. 그리고 제14차 수정헌법을 통해 의회의 행동에 대한 이러한 제약들은 주정부와 하위기관에도 적용된다. 연방 대법원은 1960년대 초에 공립학교 교직원이 성경 구절 읽기, 주기도문 말하기 등과 같은 종교적 활동을 할 수 없다고 판결했다. 그리고 그러한 활동을 학교가 지원하는 것은 국교조항(Establishment Clause)에도 위배된다고 판결하였다. 학생들이 종교의식으로부터 벗어날 수 있거나 비교적 미성년자의 종교 자유의 사소한 침해는 중요하지 않았다. 그러나 공립학교에서 허용되는 종교 수용의 범위는 여전히 점진적으로 변화하고 있다.

학교 예배 결정을 재심하는 과정에서 Cater(1994)는 "모든 법적인 장례식이 정치적 매장으로 되는 것은 아니다."라고 말하면서 학교 기도 소송사건에 관한 대중적 불만을 제기했다. 연방 대법원의 학교 예배 소송사건은 거의 반세기 동안 많은 사람들에게 알려지지 않았다. 연방 대법원은 비록 최근 판결이 정부의 입장을 수용하는 쪽으로 더욱 기울지라도 국교조항을 해석하는 데에는 여전히 의견이 엇갈리고 있다.

주정부의 2/3가 공립학교 수업이 시작할 때 '침묵의 시간'을 인정하는 법을 제정하였고, 12개 주는 학교구에 침묵의 시간을 수행할 것을 요구하였다(National Conference of State Legislatures, 2007). 이러한 법규들은 침묵의 시간을 예배로 이용할 것인지, 아니면 단지 명상의 시간으로 활용할 것인지를 다양하게 규정하고 있다. *Wallace v. Jaffree*(1985) 판례에서 연방 대법원은 침묵의 시간을 명상이나 자발적 예배를 할 수 있도록 한 알라바마 법규를 무효화시켰다. 왜냐하면 그 주는 이미 침묵의 명상법이 있었고, 그 시간에 아동들에게 기도할 것을 권하려는 목적이 있었음을 알았기 때문이다.

그러나 최근에 연방 항소 법원은 공립학교에 침묵 명상 또는 기도의 시간을 요구하는 버지니아와 조지아의 법을 승인하였고, 연방 지방법원은 비슷한 텍사스법(*Croft v. Perry*, 2008)을 지지하였다. 이 법원들은 학교수업을 시작하면서 침묵의 시간을 학생들을 안정시키기 위한 비종교적 목적으로 인식하였고, 침묵의 시간 동안 학생들이 기도하도록 독려한 증거를 발견하지 못했다. 그러나 연방 법원은 최근에 모든 공립학교에서 진행되는 침묵의 시간을 관찰하기를 요구하는 일리노이 법을 수행하는 것을 반대하는 예비 이행 명령을 재확인했다. 법원은 국교조항을 거부하는 학교구의 행동을 거절했고, 일리노이 학생들과 공립학교 수업 활동을 보장해 주었다(*Sherman v. Township High School District 214*, 2008). 입법의

도에 대한 평가는 그러한 조항의 합헌성을 결정하는 데 있어서 결정적이다.

국교조항의 제한과 사법적 반응을 압박하는 주 법규와 학교위원회의 조치는 대법원의 1992년 판결, *Lee v. Weisman* 이후 증가하였다. *Weisman* 사건에서 연방 대법원은 중 · 고등학교 졸업식에 성직자를 초대하여 기도와 축복을 무종파에게 강요하는 학교구의 정책을 무효화시켰다. 연방 대법원의 대다수의 판사들은 그 정책을 통해 학생들이 졸업식 기도에 참가하라는 압박을 느꼈기 때문에 간접적 강압이 수반되었다고 결론지었다. 어떤 학교구는 외부단체로부터 후원된 졸업식을 부활시킴으로써 *Weisman* 판례에 긍정적으로 반응하였다(*Shumway v. Albany County*, 1993; *Verbena v. Chilton County*, 1991). 다른 학교구들은 졸업식이나 학교행사에서 학생들이 주도하는 종교메시지를 인정해 주었고, 그들은 스스로 종교활동을 수행했기 때문에 학교 후원이 없었다는 점을 강조하였다.

학생 주도의 종교활동(Student-Initiated Devotionals) 수정헌법 제1조에서는 공립학교에서 종교적 표현과 비종교적 표현을 동등하게 대우하라는 요구를 하고 있고, 국교조항에서는 차등적 대우를 하라고 요구하고 있는데 이에 대해 최근 소송이 경쟁적으로 제기되고 있다.

일부 아홉 번째 순회재판 판결은 어떻게 같은 법원에서 비슷하지 않은 사실적 상황 때문에 종교적인 졸업 메시지의 합헌성 여부에 대해 대조적인 결론을 내릴 수 있는지를 보여준다. 한 소송사건에서, 법원은 졸업식에서 학생 표현의 장을 마련했던 아이다호 학교구의 선택을 지지했다. 그 학교구의 정책하에, 학생 졸업 연사는 학업성취 수준에 의해 선발되었고, 기도를 포함한 그 어떤 종류의 메시지를 선택할 수 있었지만, 종교적 내용을 선택하도록 권고받지는 않았다(*Doe v. Madison School District*, 1998). 그 정책은 학교당국이 학생의 졸업연설을 검열하지 못하게 하였고, 법원은 고안된 학생 표현의 장을 졸업축하 의식으로 고려하였다. 그러나 두 개의 다른 소송사건에서는 학교구가 졸업식 행사를 통제하도록 하였고, 교장은 사전에 졸업연설의 내용을 재검토하였다. 이 소송사건에서 항소법원은 졸업식이 대중적이지 않은 장이라고 인식하고, 학교당국이 국교조항을 위반하지 않는 학생 연설을 유도한 조치를 지지했다(*Cole v. Oroville Union High School District*, 2000; *Lassonde v. Pleasanton Unified School Districts*, 2003). 이 소송 사건들 사이의 주된 차이는 졸업식 장면이었다. 전자의 소송사건은 학생 표현을 위해 제공된 공개토론의 장이었고, 후자의 두 개 소송사건은 학교당국의 통제하에서 이루어진 비대중적 공개토론의 장이었다.

어떤 상황에서, 학교구는 학생에 의해 주도되는 무종파의 졸업예배를 가질 것인가를 투표하여 결정하는 방식을 허용했고, 이러한 학교당국의 조치에 대해 하급 법원의 판결이 충돌되는 일이 발생되었다(Thomas et al, 2009). 연방 대법원은 학생이 주도하는 졸업 예배에 대한 사법적 판단을 명확히 하지는 않았지만, 공립학교 미식축구에서 학생이 주도하는 예배에 관련하여서는 판결을 내렸다. *Santa Fe Independent School District v. Doe*(2000) 판례에서 연방 법원은 체육행사에서 기도행사 추진 여부를 선거로 결정하도록 학생들에게 권한을 부여한 학교구의 정책을 무효화했다. 대법원의 대다수 판사들은 학교 당국의 감독아래 학교 건물에서 진행되는 학생주도의 표현(student led expression)을 사적인 연설로 간주할 수 없다고 결론지었다. 권리장전의 목적이 대다수의 법규에서 특정 주제를 제거하는 것이라고 한다면, 대법원의 판결은 학생 선거는 소수의 견해가 묵인되는 것을 보장하라는 것이었다. 그러나 한편으로 대법원이 강조하는 것은 헌법이 공립학교 학생들이 학교에서 자발적으로 기도에 참여하는 것을 금지하지 않아야 한다는 것이다. 단지 학교에서 기도행사에 대해 주정부가 후원하는 것은 국교조항에 위반된다는 사실을 강조하였다.

학내에서 기도하는 것을 옹호하는 사람들은 *Santa Fe* 판결을 퇴보로 간주했을지라도, 연방 상고 판결은 지속적으로 공립학교 내에서 종교적 관점을 자유롭게 표현하는 학생의 표현의 자유를 지지하였다. *Santa Fe* 판결 이후 열한 번째 순회재판은 공립학교 최고 학년에게 졸업 메시지를 전할 동급생을 선출하고, 그 연사에게는 내용을 선택할 권한을 부여한 플로리다 학교구의 선택을 재확인했다(*Adler v. Duval County*, 2001). 법원이 강조한 것은 연사의 메시지 내용이 구체적이지 않는 한 학생선거가 기도자(prayer)를 선출하는 것과는 관계가 없다는 것이다. 알라바마 소송사건에서 같은 법원은 학생주도의 종교적 표현에 대해 국교조항은 적용하지 않았고, 언론자유조항(Free Speech Clause)을 적용하여 지지 선언했다(*Chandler v. Siegelman*, 2000). 학교가 후원한 학생기도와 학생이 사적으로 종교적 표현을 하는 것을 검열하는 것은 모두 위헌적이라고 할 때, 열한 번째 순회재판은 공립학교 내 모든 학생의 종교적 연설은 학교에 의해 후원받았음을 강조했다.

학생의 종교적 표현이 분명히 학생주도적이고 학교를 대표하는 것이 아니라면 사적 표현으로 간주될 수 있고, 그래서 합법적으로 보호되어야 하는 것처럼 보인다. 하지만 *Santa Fe* 판결에 의하면, 학교가 후원하고 학생이 주도적으로 이끈 기도식에 권한을 부여하는 학생선거가 지지될 것인가는 의심스럽다.

수업시간 내에 학생의 종교적 표현은 사적인 것으로 간주되어야 한다는 일부 주장이 있어 왔다. 교실에 대한 학교의 통제를 인정한다는 전제로 대부분의 법원은 교실에서의 학생발표 중 학생들의 전도활동을 줄이려는 학교 교직원의 노력을 지지했다(*DeNooyer v. Merinelli*, 1993; *Settle v. Dickson County School Board*, 1995). 그러나 학생들이 그들 자신의 견해를 표현하는 과제가 부여되었을 경우, 그들의 종교적 의견이 거절되면 교사는 언론자유의 권리를 침해하게 될 수 있다.

종교적 표현과 단체에 대한 동등한 접근과 대우 종교단체에 대한 동등한 접근(equal assess)과 종교적 표현의 동등한 대우(equal treatment)에 대한 최근의 관심은 고등교육 소송사건인 *Widmar v. Vincent*(1981)에서부터 시작된다. 그 소송에서 연방 대법원은 주립 대학이 학생 종교 클럽의 대학 편의시설 이용을 거절할 수 없다고 판결했다. 이러한 동등한 접근에 대한 개념은 수정헌법 제1조에 의거하여 주로 중등학교 수준에서 적용되어 왔다. 이 조항에 근거하여 법원들은 종교적이고 비종교적 학습자료를 학생들에게 배분할 때 반드시 똑같이 대우해야 한다고 결론내렸다(*Hedges v, Wauconda Community Unit School District*, 1993; *Thompson v. Waynesboro*, 1987).

1984년에 연방국회가 동등기회접근 보장법(Equal Access Act, EAA)을 통과시켰을 때 중등학교 학생들이 주도하는 클럽을 위한 동등한 접근 개념을 성문화하였다. 이 법은 연방기금을 받고, 수업외 학생들의 모임활동을 허용하고 있는 중등학교가 종교적, 정치적, 철학적 또는 그 외 다른 내용을 가지고 모이는 학생단체에게 학생들의 접근을 거절할 수 없다는 것을 규정하였다. 동등기회접근 보장법은 공립 고등학교에서 학생 종교단체를 허용하도록 제정되었지만, 다른 학생 표현 또한 보호되어야 한다고 명시하고 있다. 1990년 연방 대법원은 국교조항을 근거로 동등기회접근 보장법에 대해 법적 대응을 한 사건을 기각했다. 왜냐하면 일정 주제에 대한 학생 표현을 보호하기 위해 설계된 중립적인 법내에서 종교를 전도하였다는 증거를 발견할 수 없었기 때문이었다(*Board of Education v. Mergens*, 1990). 연방 대법원은 연방보조를 받고 있는 중등학교가 비교육과정 단체에게 정규교육시간 이외의 시간에 학교시설 이용을 허락한다면, 학생단체는 공개토론회로 진행해야 하고, 반드시 동등기회접근 보장법을 준수해야 한다고 결정했다.

동등기회접근 보장법에 적용되는 결정적인 문구는 "비교육과정(noncurriculum)과 관련된 학생단체"이다. 대부분의 법원은 이 용어를 "학교에서 제공된 교과과정과 관련이 없는"(p.237) 학생단체로 해석하고 있다. 어떤 단체가 학교 교육과정과 직접 관련이 있는지 여부를 결정하는 데 중요한 네 가지 요인이 있다: (1) 교과 주제가 실제 가르쳐지고 있는지 혹은 조만간 정규과목으로 가르쳐질 것인지 여부; (2) 교과 주제가 교육과정 전반과 연관되는지 여부; (3) 단체에 참가할 때 특정 교과과정을 요구하는지 여부; 그리고 (4) 단체의 참가가 결과적으로 학점화되는지 여부이다. 비교육과정 학생단체가 공립학교에의 접근이 허락된다면, 그 학교는 제한적 공개토론을 개최해야 하고, 종교적 또는 평화로운 모임을 위해 학교시설 이용을 원하는 학생들을 차별할 수 없다. 또한 학생 종교단체는 그들 모임의 정신적 내용을 보호하는 기독교인이 되기 위해 특정 관리인을 요구할 수 있다(*Hus v. Roslyn Union Free School District*, 1996).

제9차 순회재판은 동등기회접근 보장법을 보다 폭넓게 해석한 몇 가지 판결문을 선포했다. *Garnett v. Renton School District No. 403*(1993) 소송사건에서 국교조항보다 엄격한 주 헌법 조항은 동등기회접근 보장법에 의해 만들어진 연방정부의 권리를 인정해야 한다고 판결했다. 항소 법원은 그 이후에 국교조항보다 더 엄격할지라도 캘리포니아 헌법에 있는 "종교적 선호 조항 없음"은 동등기회접근 보장법 아래에 학생들의 권리를 제한할 수 없음을 판결했다. 그래서 학생 종교단체는 수업이 없거나 점심시간 동안 모일 수 있게 되었다(*Ceniceros v. Board of Trustees*, 1997). 최근 제9차 순회재판은 다른 학생 단체와 같이 동등한 접근을 학교 시설, 차량 그리고 기금에(*Prince v. Jacoby*, 2002) 제공되기를 학생 종교단체가 요구함으로써 동등기회접근 보장법을 가장 폭넓게 해석하였다. 그 법원은 모임 시간과 학교 학용품 이용에 관하여 다른 학생모임과는 다르게 종교적 단체를 대우한다면 수정헌법 제1조의 언론자유조항하에 차별 관행이 될 것임을 판결했다.

만약 중등학교가 수업시간 이외의 시간 동안 학생들의 비교육과정 활동을 허용한다면, 그들은 반드시 비파괴적인 학생단체의 접근만을 허락해야 한다. 이는 기독교인 운동선수모임과 같은 종교조직뿐만 아니라 동성애와 같은 일반 사회에서 비판적으로 볼 수 있는 주제로 토의하길 원하는 학생 단체에도 적용된다. 실제로 동성애자연합(Gay/Straight Alliance)은 많은 소송사건과 연루되어 있고, 대부분 법원의 결론은 동등기회접근 보장법에 근거하여 공립고등학교에서 다른 비교육과정 단체의 접근을 허용한다면 동성애자연합 모임의 권리도 인정하라는 것이다(*Colin v. Orange Unified School District*, 2000; Thomas et al., 2009).

동등기회접근 보장법이 유일하게 중등학교의 학생 단체를 보호하기 때문에, 공립학교 시설 이용을 원하는 지역사회 단체들은 이 법에 의존할 수 없다. 그들은 수정헌법 제1조를 근거로 요구사항을 주장할 수 있다. 방과후 시간에 지역사회 단체 모임을 허용한 공립학교에서 종교단체들이 기도 모임을 갖는 접근이 거절되면 논쟁이 발생한다. *Lamb's Chapel v. Center Moriches Union Free School District*(1993) 소송사건에서 연방 대법원의 판결은 학교구가 가족관계 관련 영화 시리즈를 보여주려는 신교 정통 교회의 학교 접근을 막을 수 없다는 것이었다. 그 이유는 이 주제에 대한 종교적 관점은 다른 관점과 동일하게 처리되어야 하기 때문이었다. 본질적으로 법원은 학교시설 사용정책을 학교구가 강화하는 것은 특정 지역사회 단체의 관점에 따라 차별대우할 수 없음을 판결했다.

연방 대법원은 2001년에 매우 의미 있는 판결을 하였는데, 이 사건은 일반적으로 다른 지역사회 단체에도 학교 접근이 허용되기 때문에, 성직자 주도의 모임인 Good News Club이 방과후에 초등학교 학생들을 대상으로 뉴욕 공립 초등학교에서 모임을 갖는 것은 자유언론 권리를 인정하라는 사례였다(*Good News Club v. Milford Central School*). 하급 법원의 판결이 파기되었을 때 아동 복음주의 단체와 친분을 맺은 그 모임은 국교조항에 위배되는 종교적 예배에 종사하고 있었지만, 연방 대법원이 그러한 모임 접근을 거절하는 것은 종교적 견해 차별에 의한 자유언론조항에 위반됨이라고 판결했다. 연방 대법원은 Good News Club의 모임과 어른에게 주로 영화를 보여주는 것 사이의 구별을 기각했다. 그 이유는 도덕적 교훈을 생생한 이야기를 통해 가르치거나, 기도 혹은 영화를 통해 가르치는 것이 헌법상 의미가 없기 때문이다.

종교적 표현 관련 논쟁이 있다면, 국교조항 분석에서 자유언론조항 분석으로 이동되었고, 수정헌법 제1조 권리의 서열구조가 국교조항 제한에 유리한 조건인 자유언론보호와 함께 부각되고 있다. 또한 연방 정부는 2001년 NCLB법을 수반한 *Guidance on Constitutionally Protected Prayer in Public Elementary and Secondary Schools*(U.S Department of Education, 2002) 판례에서 반영되었듯이, 공립학교에서 종교적 수용을 옹호하고 있다. 이러한 발전은 학교 지도자가 공교육에서 종교적 실천의 허용을 요구하는 학생, 교직원 그리고 단체들을 어떻게 처리해야 하는지에 관해 많은 시사점을 던져준다.

학생 표현의 자유 권리(Students' Free Expression Rights)

1960년대 말까지 일반적으로 학교당국은 공격적인 표현의 형태로 학생을 훈육할 수 있다고 생각했지만, 이는 더 이상 사실이 아니다. 획기적 판례인 *Tinker v. Des Moines Independent Community School District*(1969) 사례에서 연방 대법원은 학생이 공립학교에서 그들의 정치적, 이념적 견해를 표현할 수 있는 수정헌법 제1조항 권리를 갖는다고 판결했다. *Tinker* 사건에서는 학생들이 팔에 검은 띠를 두르고 등교함으로써 베트남 전쟁에 대한 저항을 계획했다. 교장들은 팔의 검은 띠를 떼길 거부하는 어떤 학생에게든 정학을 시킬 수 있는 정책을 채택했다. 세 명의 학생들이 팔의 검은 띠 제거를 거절하여 정학을 당했고, 그들의 부모는 연방 법원에 고소되었다.

연방 대법원은 "학생이든 교사이든 학교 건물 문에서 언론표현의 자유에 대한 헌법적 권리를 나타내는 것은 논쟁될 수 없다"(p.506)고 판결했다. 그러나 법원은 학교현장에서 물질적, 신체적 혼란을 야기시키거나 다른 사람의 권리와 충돌한다면 표현의 자유를 제한할 수 있다고 주장하면서 학생들에게 완전한 표현의 자유를 허용하지는 않았다. 비록 *Tinker* 판례가 학생 표현에 대해 생각하는 데 중요한 변화를 가져다주었고, 대헌장(Magna Carta)과 같이 간주된다고 하더라도, 학교 지도자가 학생 표현 정책을 기술할 때 고려해야 하는 유리한 소송사건은 아니다.

1980년대 중반 이전, 수정헌법 제1조에 의해 보호되지 않은 표현의 범주는 선동적인, 외설적인, 그리고 명예훼손과 같이 제한적이다. 1986년 중요한 판결에서 연방 대법원은 음란하고 비속한 표현을 비록 다른 곳에서는 수정헌법 제1조에 적용되지 않는다고 하더라도 공립학교 환경에서는 보호되지 않는 범주에 포함시켰다(*Bethel School District v. Fraser*, 1986). *Fraser* 판례에서 법원은 학생회 간부 후보 연설에서 성적 은유를 사용하는 학생에 대해 규율적 행동을 요구했다. 왜냐하면 성적인 암시는 교사와 학생 모두에게 불쾌함을 주기 때문이다. 법원 대다수는 학교가 무방비 상태에서 노출하고 음탕하고 저속한 표현으로부터 학생들을 보호해야 할 법적인 관심을 가져야 한다고 판결했다. 그 이유는 학교위원회가 어떠한 학생들의 표현태도가 기본적인 시민으로 커 나가는 데 적절한지 여부를 결정할 권한을 가지고 있다고 믿었기 때문이다.

2년 후 연방 대법원은 또 다른 중요한 판결을 내리는데, 그것은 학교당국이 학생 표현을 검열할 수 학교환경을 조성하는 것이었다. *Hazelwood School District v. Kuhlmeier*(1988) 사례에서 법원은 학교 신문이 비대중적 공개토론의 장이므로 신문 기사는 교육적 이유로 검열될 수 있다는 결론을 내렸다. 따라서 교장이 중립적 관점과 교육적 관심에 근거하여 신문의 내용을 검열할 수 있다. 학교 신문에 학생들이 식별하기 쉽지 않은 고등학생들의 십대 임신과 이혼 문제를 다루는 두 가지 신문 기사를 교장이 삭제하기로 결정한 사건에 대해 법원은 교장의 결정에 편을 들어주었고, *Tinker* 사건에서와 같이 학교에서 우연히 발생하는 학생 개인의 표현을 허용할 수 없는 침묵과 "학교가 후원하는 간행물, 연극작품, 그리고 학생, 부모, 대중들이 학교의 허가에 적합하다고 이성적으로 인지할 수 있는 다른 표현 활동들에 관한 교육자의 권한"을 구별했다(*Hazelwood v. Kuhlmeier*, 1988, p.217).

반어적으로 *Hazelwood* 판결 이후로 주정부가 학생들에게 학교 신문 기사의 편집권한을 주는 법이 제정되지 않으면, 학교 후원 출판물보다 음성적인 학생 간행물들이 더 보호를 받는다. 이러한 음성적인 간행물들은 비록 학교에서 배포되었을지라도 학생들의 신문 · 언론 관련 정규수업의 일부분 또는 교원의 감독하에 비정규 활동에서 작성된 문서들과는 대조적으로 사적 표현으로 간주되었다. 음성적인 신문은 규정이 주정부의 관심과 연결되었을 때만이 내용을 규제할 수 있다. 그리고 그것은 교육적 이유로 검열할 수 있는 학교 신문보다 더 엄격한 기준이다(Hazelwood, 1988).

또한 음성적인 신문이든 학교 신문이든 학교에 배포되는 시간, 장소, 방식에 대해서는 학교가 합리적 제한을 할 수 있다. 이 규칙들은 학생의 표현자유 권리를 줄이는 전략이라기보다 신문이나 발간물 배포가 학생들을 분열시키는지 여부를 감독하는 수단으로 전통적으로 법원에 의해 판단되었다. 합리적이고, 중립적인 관점에서 어떻게, 어디에, 언제 배포된 자료들인가가 확인되어야 한다.

이와 관련된 분야에서 첫 번째 판결은 *Morse v. Frederick* (2007) 판례로서, 연방 내법원은 공립학교에 주어진 특별한 상황, 즉 학생들이 불법 마약을 사용할 때 학교권한이 합리적으로 통제된 표현을 통해 학생들을 훈육할 수 있다고 판결했다. 이 사건은 프레드릭과 일부 친구들이 올림픽 횃불 릴레이가 지나갔을 때 학교 거리에 흔들었던 "예수님이 마약을 한다(BONG HITS 4JESUS)"라는 문구가 있는 슬로건 기에 초점이 맞추어져 있다. 그것은 학교 전 직원이 참여한 학교당국에 의해 주도된 행사였으므로 학생들이 거리에서 횃불 릴레이를 구경하도록 허락되었을 때 학생들은 이미 학교의 통제하에 있었다고 대법원은 판정했다. 법원의 내 다수는 어린 학생들에게 마약 방지의 중요성이 강조되는 상황에서 프레드릭의 행동은 학교위원회의 불법물질의 사용 표현 금지의 정책를 위배하였다고 결론지었다.

전자매체 표현(Electronic Expression) 인터넷에서 학생의 표현 권리는 현재 상당한 논쟁거리이다. 학생들은 웹상에서 준비하고 배포한 자료에 대한 학교 규제에 이의제기를 해왔다. 이러한 지침의 법적 원칙은 서서히 발전되고 있으므로 학교 지도자들이 이에 대해 유의하는 것은 중요하다.

지금까지, 대부분 법원은 학생들이 집에서 만든 웹페이지에 대해 규제할 수 있는지 평가하는 기준으로 *Tinker* 판례를 적용해 왔다(*Emmett v. Kent School District*, 2000; *Killion v. Franklin Regional School District*, 2001). 예를 들어, 한 학생이 학교 관리자를 비평하는 홈페이지를 만들기 위해 그의 집 컴퓨터를 사용함으로써 그의 정학을 막는 예비 명령을 받았다. 그 웹사이트가 학교에 어떤 부정적 영향을 주는지에 대한 불충분한 증거가 없었다(*Beussink v. Woodland R-IV School District*, 1988). 미시간 연방 지방법원은 한 학생이 "Satan' s Web Page"라는 이름을 붙이고 그가 간절히 소원하며 죽었으면 하는 사람들의 명단을 포함하여 좋아하는 것과 좋아하지 않는 내용이 담긴 웹사이트를 개설하였는데, 이와 학교의 붕괴현상과의 관계를 규명하기에 충분한 증거가 없다고 판결했다(*Mahaffey v. Aldrich*, 2002). 펜실베이니아 연방 지방법원은 학교장의 패러디 프로파일

MySpace를 만든 한 학생에 대한 징계 처벌에 대해 학생의 표현은 고등학교의 일상 운영을 혼란시키지 않았다는 이유로 무혐의 처리하였다(*Layshock v. Hermitage School District*, 2007). 그러나 학교 정책들은 학생들이 정중한 방법으로 그들의 생각을 표현하길 요구하고, 표현의 남용이 확대되지 않도록 억제하고 있다.

만약 학생 표현이 혼란을 야기시키는 증거가 보이면 징계조치가 내려질 것이다. 이를테면, 펜실베이니아 대법원은 학생이 그의 집 컴퓨터 웹사이트("Teacher Sux")에 교사와 학교 관리자들을 험담하는 비판과 수학교사가 휴가를 냈다는 이유로 그 교사의 죽음을 묘사하는 내용을 포함해 만들었기 때문에 그 학생의 제적을 승인했다(*J. S. v. Bethlehem Area School District*, 2002). 유사한 사례지만 다른 결과가 나온 판결은 한 학생이 그의 교사 중 한 명을 비밀리에 촬영하여 품위를 저하시키는 비디오를 YouTube에 올림으로써 그 표현이 학교업무를 분열시켰다는 이유로 정학되었던 학생의 예비 명령을 기각하였다(*Requa v. Kent School District*, 2007). 한편 제2차 순회재판에서는 영어교사에게 "(밴더몰랜씨를 죽여라(Kill Mr, VenderMolen))"의 제목과 함께 사람의 머리에 권총을 발사하는 그림을 친구 아이콘에 보낸 학생이 학교 규칙을 위배하고 학교 운영을 분열시켰다는 이유로 한 학기를 제적한 조치를 확정했다. 학생에 대한 징계조치의 타당성을 결정하는 데 핵심적으로 고려해야 할 사항은 문제의 자료가 학외에서 만들어졌고 인터넷으로 배포되었지만 그것이 학교에 해로운 영향을 주었는지 여부에 있다. 물론, 학교 교직원이 학교 컴퓨터와 네트워크의 사용에 학생을 제한할 수 있고, 대부분 학교구는 위반에 관한 벌칙을 상술하는 사용 정책(use policy)을 채택했다.

학생 복장(Student Attire) 학생의 표현 권리는 종종 그들의 외모 제한에 대한 법적 대응으로 제기되기도 한다. 1960년대와 1970년대에 상당한 논쟁을 일으켰던 학생의 두발 문제는 소송의 주요 주제로서 감소하였으나, 다른 학생의 외모 문제는 논쟁의 여지가 되었다. 학생들은 학교에서 복장을 통해 자신을 표현할 권리를 수정헌법 제1조를 근거로 주장하였다. 그러나 학교 당국은 학생 복장은 교육적 임무를 발전시키기 위해 제한적일 수 있다고 주장하였다. 법원은 계속적으로 학교가 학생 복장의 천박, 음란, 비속, 분열적 또는 단정하지 않음을 방지해야 한다고 인식하고 있었다. 학교는 또한 비합법적 활동을 승인하는 복장을 금지할 수 있고 학교의 목적에 맞지 않는 복장을 금할 수 있다(Thomas et al, 2009).

예를 들어 한 연방 지방 법원은 어떤 학생이 고등학교 관리자들이 술을 마시는 그림이 그려진 티셔츠를 입고 다니는 것은 그 티셔츠가 학교당국의 권위를 훼손하고, 알코올의 위험에 관해 학생들을 교육시키는 학교의 노력을 방해했기 때문에 학생의 티셔츠 착용금지를 판결했다(*Gano v. School District*, 1987). 더 최근에는 텍사스 연방 지방 법원이 대부분 라틴계인 학생들이 이민법에 대한 저항의 표현으로 "우리는 범죄자가 아니다(We Are Not Criminals)"라고 쓰인 티셔츠를 입고 다니는 것을 제재한 학교당국의 조치를 지지했다. 법원은 학교당국이 학생 안전을 위협하는 학교 내의 인종 관련 긴장상태를 확대시키는 것을 억제하기 위해 금지 조치는 타당하다고 인정한 것이다(*Madrid v. Anthony*, 2007).

학생 복장을 제한하는 학교당국을 지지한 판결로서 가장 의미가 확대된 판결은 제6차 순회재판이었고, 그 재판에서는 학생들이 Marilyn Manson* 티셔츠 입는 것을 금지한다고 판결했다. 그 이유는 티셔츠의 내용이 공격적이고 마약사용 방지를 위한 학교의 노력을 방해하고, 인간의 수치심을 유발한다고 인정했기 때문이다(*Boroff v. Van Wert City Board of Education*, 2000). 이 법원은 또한 제한적 학생 복장 규정(색, 재료 그리고 의류의 종류 등 제한)을 지지하였는데, 이 규정은 폭력 집단의 영향과 의류에 대한 학생 간 갈등을 줄이기 위해 켄터키의 단위학교 의회(School-Based Council)에 의해 고안되지만, 학생 표현을 억제한다는 이유로 채택되지 않은 규정이었다(*Long v. Board of Education*, 2001). 최근의 제6차 순회재판 판결에서는 학생들이 동맹기(confederate flag)를 전시하는 것을 학교구가 금지하였고, 이에 대해 학생들은 그러한 조치가 차별적인 관점을 대변한다고 주장하였지만 항소법원은 학교당국의 손을 들어주었다(*D.B. v. Lafon*, 2007). 법원이 비록 금지된 상징을 착용한 학생들로부터 분열을 미연에 방지하려는 학교당국에게 "충분한 이유"가 있다고 판결하였고, 법원은 그러한 분열의 증거를 요구하지도 않았다.

그러나 헤어스타일 규정에서처럼 학교당국은 복장제한에 관한 교육적인 이론적 근거를 가져야 한다. 제3차 순회재판은 티셔츠에 적힌 코미디언 Jeff Foxwor-

---

* Marilyn Manson는 미국 사회에서 반사회적이고 폭력적인 무대로 사회적 물의를 일으킨 헤비메탈밴드임(역주).

thy의 "빨간 목(redneck sayings)*"의 비유를 통한 인종차별적 모욕이나 괴롭힘 등은 직접적인 인종차별과 연관이 없다는 이유로 기각하였다(*Sypniewski v. Warren Hills Regional Board of Education*, 2002). 또한 뉴욕 연방 법원은 폭력 집단과 연관된 의류 착용을 금지하는 학교정책을 근거로 이라크 전쟁에 찬성하는 한 여학생의 목걸이 착용을 학교당국이 금지시켰지만, 법원은 이러한 조치가 부당하다며 표현의 자유 권리를 지지하는 판결을 했다(*Grzywna v. Schenectady Central School District*, 2006). 한 학생은 또한 "전국총기연합회(NRA)"와 NRA에서 주관하는 "총기활성화 캠프(Shooting Sports Camp)"를 지지하는 목적으로 총을 들고 있는 세 명의 그림자가 그려진 티셔츠를 입었다. 제4차 순회재판은 그 셔츠가 분열적이지 않았고 총 사용을 권고하지 않았기 때문에 학생의 표현 자유 권리를 지지한다고 판결했다(*Newson v. Albermarle County School Board*, 2003). 더욱이 복장규정이 특정 견해에 따라 차별적으로 강화되거나 적용되는 것은 법원에서 지지받지 못할 것이다(*Castorina v. Madison County School Board*, 2001).

Tinker 판례**를 근거로 제2차 순회재판은 조지 부시를 "말똥가리 무리의 대장(Chicken Hawk in Chief)***"이라고 부정적으로 묘사하고, 마치 그가 술과 마약을 하며 갈고리 모양의 팔을 가진 협잡꾼처럼 그려진 셔츠를 입은 학생에 대해 표현의 자유 권리를 지지했다(*Guiles v. Marineau*, 2006). 항소법원은 그러한 표현은 단순히 학생들의 저급한 표현이기 때문에, 그러한 표현으로 학생의 자유 언론 권리를 제한하기에는 충분하지 않다고 판단하였다. 이 법원의 결정에 따르면, *Fruser* 사건에서처럼 명백히 공격적인 것으로 인정될 수 있는 학생 표현은 성적

---

* redneck은 빨간 목이라는 뜻으로 햇볕에 그을린 백인, 시골의 못 배운 백인을 가리킨다. 처음에는 미국 남부 일부 지역의 백인을 의미했으나 이후 전 미국에 걸쳐 달갑지 않은 사람 혹은 그들의 태도를 일컫는 단어가 됐다. Redneck은 대개 두 가지 경우 사용된다. 하나는 외부인이 시골 백인 혹은 백인 노동자층의 다소 용감 무식하고 안하무인격인 행동을 언급할 때, 또 하나는 자기네들끼리 서로 그런 행동을 할 때 사용한다(역주).

** 이는 *Tinker v. Des Moines Independent Community School District* 판례로서, 미연방 대법원은 공립학교 학생들이 공적인 관심사에 관한 그들의 생각을 표현하기 위한 수단으로서 교실에서 완장을 착용할 수 있는 권리를 갖는다고 판결했다. 이 권리는 오로지 그러한 표현이 교육에 상당하고 중요한 방해를 야기하거나 다른 사람들의 권리를 해한다고 판단할 만한 타당한 이유가 있을 경우에만 제한될 수 있다는 판결 사례임(역주).

*** 이 표현은 전쟁을 조장하는 정치인을 풍자함(역주).

풍자 또는 신성모독까지 포함할 필요가 있다는 것이다. 하지만 이 사건의 경우 법원은 *Tinker* 판례 기준을 적용할 수 있고, 논쟁적 셔츠를 입은 학생이 교육과정에서의 분열과 연계되지 않았다고 판결했다.

제한적 복장 규정과 학생교복 정책들 사이에는 다소 불분명한 측면이 있다. 지금까지 법원은 학생교복 정책이 학교와 학생의 안전을 개선하고, 폭력집단 관련 복장과 폭력을 줄이며, 사회경제적 긴장감을 감소시키고, 출석률을 증가시키고 중퇴자를 줄인다는 측면에서 정부의 충분한 관심사로서 그 정책의 정당성을 인정하였다(*Canday v. Bossier Parish School Board*, 2001; *Littlefield v. Forney Independent School District*, 2001). 학생교복 정책을 지지하는 사람들은 학생교복이 패션보다 학업에 열중할 수 있는 학교풍토를 개선시켰다고 주장한다. 교복은 특히 도심지역 학교에서 많이 확대되고 있다. 대부분의 경우에 종교적 또는 철학적 이유로 학생들에게 교복착용을 강요할 수 없고, 경제적 여유가 없는 아동들에게는 교복을 제공해 줄 수 있다.

복장규정이나 교복 정책의 내용은 학생지침서에 포함되어야만 하고, 모든 학생들과 그들의 부모에게 내용이 전달되어야 한다. 그런 어떤 정책도 건전하고, 교육적인 이론적 근거에 기초해야 한다. 폭력집단, 폭력과 연계된 복장에 대한 학교당국의 지속적인 관심과 문신, 몸의 피어싱 그리고 다양한 종류의 의복을 통해 그들 자신을 표현하고자 하는 학생의 관심사 사이에 마찰이 계속되는 한 공립학교에서 학생 외모를 다루는 소송은 계속될 것이다.

반희롱정책(Antiharassment Policies) 최근 법리적 분야에서 새롭게 떠오르는 분야는 반희롱정책이다. 지난 몇 년 동안 많은 학교구들은 초·중등학교에서 인종, 종교, 피부색깔, 국적, 성별, 성적 인식, 장애 수준 등 개인적 특성을 토대로 하는 괴롭힘과 희롱의 표현과 행동을 금지하는 정책을 채택했다. 이들 정책들은 양식 있는 시민 행동을 원하는 정부의 합법적 이해관계와 서로 다른 의견을 가진 사람끼리도 기본적인 표현의 권리를 존중받아야 한다는 견해가 서로 합의되지 않아 지금까지도 논쟁되고 있다. 비록 열린 공개토론에서 보호되는 표현이 "공격적 발언"을 포함하고 있다 하더라도(*Dambrot v. Central Michigan University*, 1995; *R.A.V. v. St. Paul*, 1992), 최근까지 공립학교라는 특수한 환경에서 그러한 발언은 일반적으로 용인되어 왔다. 왜냐하면 공립학교의 주요 임무는 시민들의 다양한 견해 존중을 포함한 기본적인 민주적 가치를 투입하는 것이기 때문이다.

예를 들면 제10차 순회재판은 한 중학교 학생이 수학 수업 시간에 동맹기(Confederate flag) 그림을 그렸다는 이유로 학교구의 반희롱 조항(antiharassment provision) 위배에 근거하여 학생을 처벌조치한 사건을 지지했다(*West v. Derby Unified School District*, 2000). 그 법원은 동맹기와 관련된 이전의 인종적 사건들과 같은 사건이 발생된다면 그 학생의 그림이 분열(disruption)과 타인의 권리를 침해하는 원인이 될 수 있다는 학교구의 입장에 동의했다. 또한 그 법원은 학생들이 정중한 습관과 예의를 가르치는 학교의 법적 기능을 방해하는 표현에 대해 징계받을 수 있다고 인식하고 있음을 알고 있었다. 그에 따라 제11차 순회재판에서는 "인종차별주의와 인종 증오의 여러 관점은 대중적 공개토론에서 표현될 수 있다. 그러나 아동 보호 책임이 있는 초등학교에서는 학생들의 자기 존중과 자존심을 상하게 할 수 있는 그런 발언을 제한할 수 있다"고 판결하였다(*Deno v. School Board*, 2000, p.1273).

일반적인 사법적 경향에서 벗어나서 2001년 제3차 순회재판은 펜실베이니아 학교구의 인종, 성적 괴롭힘 등 반희롱정책(*Saxe v. State College Area School District*, 2001)을 기각하였다. 그 정책은 무엇이 희롱이고 괴롭힘인지 구체적인 예를 제공하였고(품위를 떨어뜨리는 말과 의견, 낙서, 그리고 제스처), 이 조항을 위반하면 받게 되는 네 가지 처벌을 정하였다. 제3차 순회재판은 이 정책이 위헌적 소지가 있음을 발견하였고, 이 정책은 연방과 주의 반차별법(Antidiscrimination laws)하에 이미 금지된 표현을 간단하게 축소하였다는 지역법원의 결론에도 동의하지 않았다. 법원은 그 정책이 *Tinker* 판결 기준하에 금지될 수 있는 표현 이상이 되었고, 법원은 그 정책이 질서 있는 학교환경 개선과 다른 사람들의 권리 보호를 위해 반드시 필요하다는 증거를 발견하지 못했다고 판결하였다. 그러나 이어서 같은 법원은 다른 한 학교구의 반희롱정책에 대해서는 지지하였다. 이 판례는 학교구의 인종 갈등 관련 사건에 대해 구체적인 대처 방안을 제시하였음에도 불구하고, "악의 혹은 증오를 발생(creates ill will or hatred)"시키는 정책의 문구를 금지시키는 표현은 제거되어야 한다고 판결했다(*Sypniewski v. Warren Hills*, 2002).

최근 제9차 순회재판에서는 학생이 동성애를 모욕하는 티셔츠를 입은 것은 *Tinker* 판결 기준의 두 번째 조항을 위반하였기 때문에, 다른 학생들의 기본 권리와 충돌하였다고 판결했다(*Harper v. Poway Unified School District*, 2006). 법원은 학교가 적절한 반희롱정책을 채택했든 안 했든 간에 학교의 제제 조치가 학생들의 권리 또는 학교활동에 방해되는 사건들을 방지하기 위해서 그러한 표현들을 제한할 수 있는 권한을 학교당국에 부여하였다. 타인의 권리에 대한 모욕적인 표현들의 경우에는 학교의 제재 조치를 불가능하게 하자는 제안에 대해서 법원은 동의하지 않았다. 이것을 통하여 법원은 모욕적인 표현과 더불어 방해가 되는 사안이 아닌 이상 두 개의 *Tinker* 기준 조항들이 독립적임을 결정했다. 그러나 다른 법원들은 이 판결을 통하여 촉진된 새로운 *Tinker* 표준을 통하여 개인의 종교적 견해를 합리화하여 동성애자를 모욕할 수 있는 권리를 부여하였다(*K.D. v. Fillmore Central School District, Nuxoll v. Indian Prairie School District*, 2008). 연방 대법원은 제9차 순회재판 판결에 대한 재심의를 거부하여, 인종과 성차별에 대한 종교와 반희롱정책의 충돌은 해결되지 않은 채 남겨져 있다.

학생 표현 권리의 범위에 관한 수많은 문제와 그것이 학생과 성인의 표현의 자유와는 어떻게 다른지에 대해서는 여전히 답변하기가 어렵다. 종교적 표현, 전자매체 표현, 그리고 반희롱정책과 관련되어 부각되는 문제는 이 분야의 소송 건이 증가하는 것에서 알 수 있듯이 계속 증가할 것이다.

연방 수준에서 보호된 권리의 손상에 관한 법적 책임 (Legal Liability for Impairment of Federally Protected Rights)

법률적 책임은 일반적으로 법적 책무를 만족시키지 못하여 나타난 부정적 결과를 언급하기도 하지만, 금전적 결과와 같은 좀 더 구체적인 주제에 관심이 있다. 개인이 타인에 가한 피해에 대한 보상에서부터 학교구와 학교책임의 기준 범위는 한 분야의 법적 영역에서부터 다른 영역에 이르기까지 다양하다. 앞서 논의되었듯이, 주정부법에 따라 타인이 가한 부주의한 행동을 개인이 배상할 수도 있다. 학교구와 학교당국 또한 연방정부에서 보호된 권리의 손실에 대해 책임을 져야 한다. 책임에 대한 두려움은 법적 기준을 준수하게 하는 강력한 동기가 되기도 한다. 공립학교 교사들에서부터 관리자들까지 책임에 대한 두려움은 다른 교직원, 심지어 학생들에게까지도 전해지게 된다.

일부 연방법은 사적 손해배상 소송을 배제하는 것으로 해석되어 왔다. 예를 들어, 2002년 연방 대법원은 가족의 교육적 권리와 사생활 보호법(Family Educational Rights and Privacy Act)은 권리 창출 언어(rights-creating language)를 포함하고 있지 않기 때문에 이 법에서는 개인의 손해 배상 소송을 허용하지 않는다고 판결한 바 있다(*Gonzaga University v. Doe*, 2002). 이 법에서 학교가 학생 개인 기록 보존(recordkeeping)의 의무를 위반할 경우 이를 해결하는 방안은 교육부장관이 법을 위반한 학교에게 연방정부 보조를 중단하는 것이다. 만약 연방 대법원이 *Gonzaga* 소송사건에서 사적 손해배상을 인정했었다면 학생 개인 기록 보존에 관한 수많은 소송들이 제기되었을 것이다. 만약 이 소송에서 위법을 가한 학교에게 정부보조 중단이라는 제재 조치가 아니라 학부모들에게 직접적으로 금전적 보상을 해 주었다면 학부모들은 엄청난 법적 대응을 했을 것이다.

수많은 연방법은 개인이 스스로의 권리를 입증하기 위해 손해배상 소송을 청구할 사적 권리를 명백하게 사법적으로 인정해 주고 있다. 앞서 언급하였듯이, 직원들은 주로 1964년 시민권리법(Civil Rights Act)의 제7장에 근거하여 고용차별 정책과 실행에 대한 법적 대응을 해 왔다. 성공적일 경우, 피해를 입은 고용인들은 본인들이 받은 피해에 대하여 복직 또는 보상금을 지급받게 된다. 더 나아가 원고인들은 변호사 선임에 쓰인 비용도 보상받을 수 있다.

구체적인 연방법에 의한 법적 책임과 더불어, 흑인들의 인권을 보호하기 위하여 제정된 1871년 시민권리법은 헌법적으로 보장받은 개인의 권리 손실을 보호하기도 한다(*Maine v. Thiboutot*, 1980). 많은 연방 손해배상 관련 소송들은 이 법의 1983항에 나오는 다음과 같은 내용에 근거하여 소송을 제기하였다: "어떤 주의 법률 아래 미국의 국민이자 미국 헌법이나 법에 의해 개인의 권리나 특혜, 혹은 면제를 보장받아야 할 모든 사람들은 법적 손해, 자본적 소송, 또는 결과에 다른 책임을 물어야 한다."

이 법의 제1983항은 금전적 피해뿐만 아니라 금지적 구제(injunctive relief)에 대한 강한 해결책 때문에 널리 알려진 소송사유(cause of action)로 쓰인다. 금지적 구제는 법원이 특정 집단에게 벌금 납부와는 별개의 조치를 취하도록 하고 있다. 주정부 행위자(state actor)에 대한 법적 책임은 연방 정부 아래 보호받을 권리가 명백히 부적절한 사건에 대한 협의가 성립되었을 경우에만이 부과된다(*Harlow v. Fitzgerald*, 1982; *Wood v. Strickland*, 1975). 연방 대법원은 1983조항을 통하여 "개인"의 범위를 학교구를 포함한 지방 정부에까지 광범위하게 포함시키기로 결정하였다. 그래서 새로운 개념의 "개인"에 대한 정부의 피해 보상이 공식적인 정책을 바탕으로 부과될 수 있다(*Monell v. New York City Dept of Social Services*, 1978). 학교 교직원들은 "선의의 면제(good faith 또는 qualified immunity)"를 사용하여 책임을 회피할 수도 있겠지만, 명백한 법에 대한 무지는 결국 부정적 영향을 가져올 가능성이 높다. 선의의 방어(good faith defense)는 학교구에 유용하지 않고, 그것은 공무원 정책으로 보장받는 헌법적 권리 위반에 대한 책임이 될 수 있다(*Owen v. City of Independence*, 1980). 하지만 학교구는 고용인들의 반항적이고 고립적인 행동에 대해서는 책임이 없다.

배심원들의 손해배상 측정은 실질적으로 얼마나 연방정부의 권리가 박탈되었고, 권리 박탈 전에 혜택을 누렸던 위치에 그 사람을 어떻게 복직시켜야 하는지에 근거하여 결정된다. 즉, 개인은 추상적인 가치만으로는 보상을 받을 수 없음을 뜻한다(*Memphis Community School District v. Stachura*, 1986). 만일 신체적 손상이 관여되어 있지 않을 시에는 법원이 권리를 박탈당함을 인정하는 명목적 의미로 1달러를 보상해 주기도 한다. 그러나 명목적 손해 배상일 경우 배심원들에게 변호사 선임에 대한 비용을 주기도 한다.

가해자를 처벌하기 위해 고안된 처벌적 손해 배상금(punitive damages)은 학교구에 적용할 수 없다(*City of Newport v. Fact concerts*, 1981). 그러나 처벌적 손해 배상금은 1983조항을 통하여 개인의 "악의적 의도" 또는 "무모한 무관심"을 목적으로 타인의 합법적 권리에 해를 입혔을 경우에는 지급될 수 있다(*Smith v. Wade*, 1983).

제15장에서 언급한 바와 같이, 열한 번째 미국 수정헌법 조항은 개인이 주정부에 대한 소송을 주정부의 합의 없이 진행하지 못하게 하였다. 그리고 이는 오지 학교구가 주정부의 통제하에 있다는 가정하에 학교구에만 영향을 준다. 연방 대법원은 1977년에 오하이오 주의 학교구가 지니고 있는 세금 부과 권한과 자율권을 고려해 봤을 때 주보다는 자치주나 시의 규모와 비슷하다는 것을 인식하였다(*Mt. Healthy city School District v. Doyle*). 의회는 수정헌법 제14조항을 강화하기 위해 설계된 법을 통해 주정부 면제력(state immunity)을 폐지할 수 있지만, 최근 연방 대법원은 주들의 수정헌법 제11조항의 면제력을 오히려 강화시켰다. 법원은 주들의 면제력을 없애기 위해서는 좀 더 명백한 언어 사용을 요구하였고, 이는 오직 연방법만이 그렇게 할 수 있다. 예를 들어, 연방 법원은 미국 장애인법

(the Americans with Disabilities Act)이나 연령차별폐지고용법(the Age Discrimination in Employment Act) 모두 주정부의 면제력을 폐지하기에는 부족하다고 판결하였다(*Board of Trustees v. Garrett*, 2001). 그럼에도 불구하고, 아직까지 시민들은 주정부보다는 자치단체의 기능을 수행하는 학교구에게 소송을 할 수 있다.

결론

대부분의 학교 관련 논쟁은 행정적 이의신청(administrative appeal)으로 처리되므로 소송까지 가지는 않는다. 사실 소송으로 다뤄진 논쟁들은 빙산의 일각에 불과하며, 거의 대부분의 논쟁들은 다른 방법으로 다루어지고 있다. 예를 들어, 종교적인 이유로 학생들이 학교 과제나 활동으로부터 면제될 수 있게 해달라는 요청은 대부분 교실이나 학교 선에서 해결된다. 이러한 논쟁들이 법적인 단계로 가게 된다면 법원은 대부분 이 사안을 검토하길 거부한다거나 알맞은 행정적 해법이 나올 때까지 기다린다. 법원은 대개 전문적 지식을 가진 학교 교원과 학교위원들의 판단과 충돌하길 망설인다.

연방 대법원은 교육정책과 관련된 논쟁들이 사법부의 "전문지식과 경험 부족으로 인한 알맞지 않은 결정을 내리는 것"이라고 이미 인식하고 있다(*San Antonio v. Rodriguez*, 1973). 물론 사법부는 학교 정책 입안자들에게 결정권을 위임하겠지만, 보호받아야 할 권리에 대한 해결책이 보이지 않고 미결정 상태에 있을 시에는 사법부가 관여하게 된다. 그리고 더 중요하고 심각한 사실은 우리가 보호받을 권리의 범위가 한 명의 연방 대법원 판사의 투표에 의해 결정된다는 사실이다.

학교 지도자들은 법적 원칙과 법적 체제의 근본적인 가치를 정확하게 파악하고 있어야 한다. 학교 규정들이 학교 교직원들에서부터 학생들, 그리고 학부모들에게까지 다양하게 적용될 수 있어야 하며, 모든 사람들이 그 규칙이 지켜져야 하는 이유와 규칙을 어겼을 경우 어떤 처벌을 받게 되는지에 대한 이해 또한 충분해야 한다. 만약 학교 지도자들이 평소에 합리적이고 정당하고 공정한 태도로 행동하려고 노력한다면, 그들의 결정에 대해 법적 대응을 받을 때 법적으로 유리하게 지지받을 것이다. 마지막으로 더 중요한 것은, 이러한 법적인 측면은 학생들과 교직원들에게 좀 더 알맞은 교육 환경을 제공하기 위한 학교 지도자의 노력에도 도움이 될 수 있다.

참고문헌

Adler v. Duval County School Board, 250 F.3d 1330 (11th Cir. 2001).

Age Discrimination in Employment Act of 1967, 29 U.S.C. § 621 *et seq.* (2002).

Alexander, S. K., & Alexander, D. (2008). *American public school law* (7th ed.). St. Paul, MN: West.

Americans with Disabilities Act of 1990, 42 U.S.C. § 12101 *et seq.* (2008).

Anderson v. Town of Durham, 895 A.2d 944 (Me. 2006), *cert. denied*, 127 S. Ct. 661 (2006).

Barber v. Colorado Independent School District, 901 S.W.2d 447 (Tex. 1995).

Bethel School District Number 403 v. Fraser, 478 U.S. 675 (1986).

Beussink v. Woodland R-IV School District, 30 F. Supp. 2d 1175 (E.D. Mo. 1998).

Board of Education v. Dowell, 498 U.S. 237 (1991).

Board of Education v. Earls, 536 U.S. 822 (2002).

Board of Education v. Mergens, 496 U.S. 226 (1990).

Board of Trustees v. Garrett, 531 U.S. 356 (2001).

Boring v. Buncombe County Board of Education, 136 F.3d 364 (4th Cir. 1996).

Boroffv. Van Wert City Board of Education, 220 F.3d 465 (6th Cir. 2000).

Bown v. Gwinnett County School District, 112 F.3d 1464 (11th Cir. 1997).

Brantley v. District of Columbia, 640 A.2d 181 (D.C. Ct. App. 1994).

Brentwood Academy v. Tennessee Secondary School Athletic Association, 531 U.S. 288 (2001).

Brown v. Board of Education, 347 U.S. 483 (1954).

Brown v. Board of Education, 349 U.S. 294 (1955) (*Brown II*).

Brown v. Gilmore, 258 F.3d 265 (4th Cir. 2001).

Brown v. Stone, 378 So.2d 218 (Miss. 1979).

Burlington Industries v. Ellerth, 524 U.S. 742 (1998).

Bush v. Holmes, 919 So.2d 392 (Fla. 2006).

Canady v. Bossier Parish School Board, 240 F.3d 437 (5th Cir. 2001).

Capitol Square Review and Advisory Board v. Pinette, 515 U.S. 753 (1995).

Carter, 5. (1994, December 5). Let us pray. *The New Yorker*, 60-74.

Castorina v. Madison County School Board, 246 F.3d 536 (6th Cir. 2001).

Ceniceros v. Board of Trustees, 106 F.3d 878 (9th Cir. 1997).

Chandler v. Siegelman, 230 F.3d 1313 (11th Cir. 2000).

City of Newport v. Fact Concerts, 453 U.S. 247(1981).

City of Richmond v. J. A. Croson, 488 U.S. 469 (1989).

Civil Rights Act of 1871,42 U.S.C. § 1983 (2008).

Cohen, A. (2004, January 18). The courts; the supreme struggle. *New York Times*, 4A, 22.

Cole v. Oroville Union High School District, 228 F.3d 1092 (9th Cir. 2000).

Cohn v. Orange Unified School District, 83 F. Supp. 2d 1135 (C.D. Cal. 2000).

Cooper v. Aaron, 358 U.S. 1 (1958).

Croft v. Perry, 530 F. Supp. 2d 825 (N.D. Tex. 2008).

Dambrot v. Central Michigan University, 55 F.3d 1177 (6th Cir. 1995).

Davis v. Monroe County Board of Education, 526 U.S. 629 (1999).

D.B. v. Lafon, 217 Fed. Appx. 518 (6th Cir. 2007).

Debra P. v. Turlington, 730 F.2d 1405 (11th Cir. 1984).

Denno v. School Board of Volusia County, 218 F.3d 1267 (11th Cir. 2000).

DeNooyer v. Merinelli, 12 F.3d 211 (6th Cir. 1993).

Doe v. Madison School District No. 321, 147 F.3d 832 (9th Cir. 1998), *vacated and remanded en banc*, 177 F.3d 789 (9th Cir. 1999).

Doe v. Renfrow, 631 F.2d 91 (7th Cir. 1980).

Downs v. Los Angeles Unified School District, 228 F.3d 1003 (9th Cir. 2000).

Emmett v. Kent School District No. 415, 92 F. Supp. 2d 1088 (W.D. Wash. 2000).

Engle v. Vitale, 370 U.S. 421 (1962).

Equal Access Act, 20 U.S.C. §§ 4071-4074 (2008).

Equal Educational Opportunities Act, 20 U.S.C. § 1701 *et seq.* (2008).

Equal Pay Act, 29 U.S.C. § 206(d) (2008).

Essex, N. L. (2008). *School law and the public schools* (4th ed.). Boston: Allyn & Bacon.

Family Educational Rights and PrivacyAct, 20 U.S.C. § 1232g (2008).

Faragher v. City of Boca Raton, 524 U.S. 775 (1998).

Fowler v. Board of Education, 819 F.2d 657(6th Cir. 1987).

Franklin v. Gwinnett County Public Schools, 503 U.S. 60 (1992).

Freeman v. Pitts, 503 U.S. 467 (1992).

Gano v. School District No. 411, 674 F. Supp. 796 (D. Idaho 1987).

Garcetti v. Ceballos, 547 U.S. 410 (2006).

Garnett v. Renton School District No. 403, 987 F.2d 641 (9th Cir. 1993).

Gebser v. Lago Vista Independent School District, 524 U.S. 274 (1998).

Georgia State Conference of NAACP v. Georgia, 775 F.2d 1403 (11th Cir. 1985).

Gonzaga University v. Doe, 536 U.S. 273 (2002).

Good News Club v. Milford Central School, 533 U.S. 98 (2001).

Goss v. Lopez, 419 U.S. 565 (1975).

Gratz v. Bollinger, 539 U.S. 244 (2003).

Green v. County School Board, 391 U.S. 430 (1968).

Grutter v. Bollinger, 539 U.S. 982 (2003).

Grzywna v. Schenectady Central School District, 489 F. Supp. 2d 139 (N.D.N.Y. 2006).

Guiles v. Marineau, 461 F.3d 320, 322 (2d Cir. 2006), *cert. denied*, 1275. Ct. 3054 (2007).

Hall v. Tawney, 621 F.2d 607 (4th Cir. 1980).

Harlow v. Fitzgerald, 457 U.S. 800 (1982).

Harper v. Poway Unified School District, 445 F.3d 1166 (9th Cir. 2006), *cert. granted, judgment vacated, and case remanded to dismiss as moot*, 127 S. Ct. 1484

(2007).

Hazelwood School District v. Kuhlmeier, 484 U.S. 260 (1988).

Hedges v. Wauconda Community Unit School District No. 118, 9 F.3d 1295 (7th Cir. 1993).

Hines v. Caston School Corporation, 651 N.E.2d 330 (md. Ct. App. 1995).

Hoffman v. Board of Education, 400 N.E.2d 317 (N.Y. 1979).

Honig v. Doe, 484 U.S. 305 (1988).

Horton v. Goose Creek Independent School District, 693 F.2d 524(5th Cir. 1982).

House Select Committee on Kansas City Schools. (1990). *Report to the speaker of the house*. Jefferson City: Missouri House of Representatives.

Hsu v. Roslyn Union Free School District, 85 F.3d 839 (2d Cir. 1996).

Individuals with Disabilities Education Act, 20 U.S.C. § 1401 *et seq.* (2008).

In re Joseph G., 38 Cal. Rptr. 2d 902 (Ct. App. 1995).

Irving Independent School District v. Tatro, 468 U.S. 883 (1984).

Joint Anti-Fascist Refugee Committee v. McGrath, 341 U.S. 123 (1951).

J. S. v. Bethlehem Area School District, 807 A.2d 847 (Pa. 2002).

K. D. v. Fillmore Central School District, No. 05-CV-0336(E), 2005 U.S. Dist. LEXIS 33871 (W.D.N.Y. Sept. 2, 2005).

Keyes v. School District No. 71, Denver, 413 U.S. 189 (1973).

Killion v. Franklin Regional School District, 136 F. Supp. 2d 446 (W.D. Pa. 2001).

Kimel v. Florida Board of Regents, 528 U.S. 62 (2000).

Knox County Education Association v. Knox County Board of Education, 158 F.3d 361 (6th Cir. 1998).

Korematsu v. United States, 323 U.S. 214 (1944).

Lamb's Chapel v. Center Moriches Union Free School District, 508 U.S. 384 (1993).

Lassonde v. Pleasanton Unified School District, 320 F.3d 979 (9th Cir. 2003).

Lau v. Nichols, 414 U.S. 563 (1974).

Layshock v. Hermitage School District, 496 F. Supp. 2d 587 (W.D. Pa. 2007).

Lee v. Weisman, 505 U.S. 577 (1992).

Liebowitz v. Dinkins, 575 N.Y.S.2d 827(1991).

Littlefield v. Forney Independent School District, 268 F.3d 275 (5th Cir. 2001).

Littlejohn v. Rose, 768 F.2d 765 (6th Cir. 1985).

Locke v. Davey, 540 U.S. 712 (2004).

Long v. Board of Education, 121 F. Supp. 2d 621 (W.D. Ky. 2000), *aff'd mem.*, 21 Fed. Appx. 252 (6th Cir. 2001).

Madrid v. Anthony, 510 F. Supp. 2d 425 (S.D. Tex. 2007).

Mahaffey v. Aldrich, 236 F. Supp. 2d 779 (E.D. Mich. 2002).

Maine v. Thiboutot, 448 U.S. 1 (1980).

Mayer v. Monroe Community School Corporation, 474 F.3d 477 (7th Cir. 2007), *cert. denied*, 128 S. Ct. 160 (2007).

McCarthy, M. (2008). Judicial impact on educational politics and policies. In B. Cooper, J. Cibulka, & L. Fusarelli (Eds.), *Handbook of research on the politics of education*. London: Routledge.

Melzer v. Board of Education, 196 F. Supp. 2d 229 (E.D.N.Y. 2002).

Memphis Community School District v. Stachura, 477 U.S. 299 (1986).

Milliken v. Bradley, 418 U.S. 717 (1974).

Mills v. Board of Education, 348 F. Supp. 866 (D.D.C. 1972).

Missouri v. Jenkins, 495 U.S. 33 (1990).

Monell v. New York City Department of Social Services, 436 U.S. 658 (1978).

Monroe v. Board of Commissioners, 391 U.S. 450 (1968).

Morse v. Frederick, 127 S. Ct. 2618 (2007).

Mt. Healthy City School District v. Doyle, 429 U.S. 274 (1977).

National Conference of State Legislatures. (2007). *States with moment of silence or school prayer legislation*. Online: www.ncsl.org/magazine/mom entofsilence.htm.

New Jersey v. T.L.O., 469 U.S. 325 (1985).

Newsom v. Albemarle County School Board, 354 F.3d 249 (4th Cir. 2003).

No Child Left Behind Act of 2001, 20 U.S.C. § 6301 *et seq.* (2008).

Nuxoll v. Indian Prairie School District No. 204, 523 F.3d 668(7th Cir. 2008).

O'Leary, R., & Wise, C. R. (1991). Public managers, judges, and legislators: Redefining the "new partnership." *Public Administration Review, 51*, 316-328.

Oncale v. Sundowner Offshore Services, 523 U.S. 75 (1998).

Orfield, G., & Lee, C. (2006). *Racial transformation and the c nging nature of segregation*. Cambridge, MA: Harvard Civil Rights Project.

Owen v. City of Independence, 445 U.S. 622 (1980).

Page v. Klein Tools, 610 N.W.2d 900 (Mich. 2000).

Palmer v. Board of Education, 603 F.2d 1271 (7th Cir. 1979).

Parents Involved in Community Schools v. Seattle School District, 127 S.Ct. 2738 (2007).

Pierce v. Society of Sisters, 268 U.S. 510 (1925).

Plyler v Doe, 457 U.S. 202 (1982).

Prince v. Jacoby, 303 F.3d 1074(9th Cir. 2002).

Raney v. Board of Education, 391 U.S. 443 (1968).

R.A.V v. City of St. Paul, 505 U.S. 377 (1992).

Rehabilitation Act of 1973, Section 504, 29 U.S.C. § 794 *et seq.* (2008).

Requa v. Kent School District No. 415, 492 F. Supp. 2d 1272 (W.D. Wash. 2007).

Roberts v. Madigan, 921 F.2d 1047(10th Cir. 1990).

Robinson, T. R., Smith, S. W., & Daunic, A. P. (2000). Middle school students' views on the social validity of peer mediation. *Middle School Journal, 31*(5), 23-29.

Rosenberg, G. N. (1991). *The hollow hope: Can courts bring about social change?* Chicago: University of Chicago Press.

San Antonio Independent School District v. Rodriguez, 411 U.S. 1 (1973).

Santa Fe Independent School District v. Doe, 530 U.S. 290 (2000).

Saxe v. State College Area School District, 240 F.3d 200 (3d Cir. 2001).

Schellenberg, R. C., Parks-Savage, A., & Rehfuss, M. (2007). Reducing levels of elementary school violence with peer mediation. *Professional School Counseling, 10*, 475-481.

School District of Abington Township v. Schempp, 374 U.S. 203 (1963).

Settle v. Dickson County School Board, 53 F.3d 152 (6th Cir. 1995).

Sherburne v. School Board of Suwannee County, 455 So. 2d 1057 (Fla. Dist. Ct. App. 1984).

Sherman v. Township High School District 214, 540 F. Supp. 2d 985 (N.D. Ill. 2008).

Shumway v. Albany County School District, 826 F. Supp. 1320 (D. Wyo. 1993).

Smith v. Wade, 461 U.S. 30 (1983).

State v. Egnor, 443 S.E.2d 193 (W. Va. 1994).

Swann v. Charlotte-Mecklenburg Board of Education, 402 U.S. 1 (1971).

Sypniewski v. Warren Hills Regional Board of Education, 307 F.3d 243 (3d Cir. 2002).

Tennessee Secondary School Athletic Association v. Brent-wood Academy, 127 S. Ct. 2489 (2007).

Texas v. Johnson, 491 U.S. 397 (1989).

Thomas, S., Cambron-McCabe, N., & McCarthy, M. (2009). *Public school law: Teachers' and students' rights* (6th ed). Boston: Allyn & Bacon.

Thompson v. Carthage School District, 87 F.3d 979 (8th Cir. 1996).

Thompson v. Waynesboro Area School District, 673 F. Supp. 1379 (M.D. Pa. 1987).

Tinker v. Des Moines Independent Community School District, 393 U.S. 503 (1969).

Title VI of the Civil Rights Act of 1964, 42 U.S.C. § 2000d *et seq.* (2008).

Title VII of the Civil Rights Act of 1964, 42 U.S.C. § 2000e *et seq.* (2008).

Title IX of the Education Amendments of 1972, 20 U.S.C. § 1681 *et seq.* (2008).

U.S. Department of Education. (2003). *Guidance on constitutionally protected prayer in public elementary and secondary schools.* Washington, DC: U.S. Government Printing Office.

United States v. South Carolina, 445 F. Supp. 1094 (D.S.C. 1977), *aff'd*, 434 U.S. 1026 (1978).

Urofsky v. Gilmore, 216 F.3d 401 (4th Cir. 2000).

Valente,W., &Valente, C. (2004). *Law in the schools* (6th ed.). Columbus, OH: Merrill/Prentice Hall.

Verbena United Methodist Church v. Chilton County Board of Education, 765 F. Supp. 704 (M.D. Ala. 1991).

Vernonia School District v. Acton, 515 U.S. 646 (1995).

Wallace v. Jaffree, 472 U.S. 38 (1985).

Weaver v. Nebo School District, 29 F. Supp. 2d 1279 (D. Utah 1998).

West v. Derby Unified School District, 206 F.3d 1358 (10th Cir. 2000).

West Virginia State Board of Education v. Barnette, 319 U.S. 624 (1943).

Widmar v. Vincent, 454 U.S. 263 (1981).

Wisconsin v. Yoder, 406 U.S. 205 (1972).

Wisniewski v. Board of Education, 494 F. 3d 34 (2d Cir. 2007).

Wood v. Strickland, 420 U.S. 308 (1975).

Wygant v. Jackson Board of Education, 478 U.S. 1014 (1986).

Zelman v. Simmons-Harris, 536 U.S. 639 (2002).

Zirkel, P. (1998). National trends in education litigation: Supreme Court decisions concerning students. *Journal of Law and Education, 27*, 235-245.

Zobrest v. Catalina Foothills School District, 509 U.S. 1(1993).

제17장

학교재정

미국에서 학교는 일종의 대기업과 같다. 2005~2006년 공립 초·중등학교에서 근무하는 교원은 약 310만 명이고, 학생은 4,900만 명에 이르고 있다(NCES, 2007b). 실제로 미국 전체 인구의 1/5 정도가 공립학교에 재직하거나 다니고 있다. 미국 공립 초·중등학교의 전체 지출 비용 규모는 2004~2005년 기준으로 약 4,272억 달러로 추정되고 있고, 주마다 상당한 격차를 보이고 있다. 이를테면, 캘리포니아 주의 경우 지출비용이 520억 달러 이상에 이르고 있는 반면 노스다코다 주의 경우 8억 2,400만 달러 수준에 머무르고 있어 주마다 교육 지출비용의 격차가 큰 것으로 나타났다(U.S. Census Bureau, 2007). 미국 전체 평균 학생 1인당 교육비는 2004~2005년 기준으로 약 9,207달러이지만, 이 또한 주마다 차이가 있어 뉴저지 주가 13,740달러로서 가장 많은 반면에, 유타 주는 5,547달러로 가장 적은 것으로 나타났다(NEA, 2006). 이와 같이 지방정부와 주정부로부터의 재정지원은 공립학교 예산의 대부분을 차지한다.

공교육의 적정 비용을 결정하는 것은 정부차원에서의 정책적, 정치적 문제와 연결되어 있다. 적정 교육비 수준을 결정하는 것은 지역마다의 인구통계학적 조건, 세수규모, 경제적·정치적 상황 등의 요인과 불가분의 관계를 맺고 있는 복잡한 선택의 문제이다. 이 장에서는 공교육의 재원과 배분체제를 살펴보고, 주정부의 불평등하고 부적절한 재정지원체제에 대한 소송사건과 배분체제에 대해 살펴볼 것이며, 아울러 학교재정 및 학생성취와 관련하여 정책결정자와 학교 지도자가 당면하고 있는 문제점을 조명하고자 한다.

세입 창출(Revenue Generation)

현재 15,000개 이상의 지역교육청에 소속되어 있는 공립학교들은 주로 지방정부, 주정부, 연방정부로부터 재정을 지원받고 있다(그림 17.1). 공립학교에 대한 주정부의 재정지원 비율은 1970년대 40%에서 47% 수준이었고, 그 이후에도 비교적 비슷한 수준을 유지하고 있다(NCES, 1995; NEA, 2006). NEA(2006)의 보고에 따르면, 2004~2005년에 주정부가 공립학교 재원의 평균 47.6%를 부담하고 있지만, 주마다 차이를 보이고 있다. 이를테면, 버몬트 주는 공립학교 재원의 86.9% 정도를 부담하고 있는 반면에, 네바다 주는 27.1%밖에 부담하고 있지 않다. 한편 지방정부로부터 재정지원은 1950년대 이후 지속적으로 감소되어 왔지만, 여전히 공립학교 재원의 43.4% 정도를 부담하고 있다. 공립학교 재원 중 지방정부 부담이 차지하는 비중은 하와이 주를 제외하고 버몬트 주의 5.6%에서 네바다 주의 65.4%까지 다양하다.

교육에 대한 연방정부 재정지원 부담 비중은 1950년부터 1970년대까지 증가하였지만, 1980년대에는 감소하는 추세를 보이고 있다. 1990년대 초반부터 연방정부의 재정부담 비중이 증가하였지만 1980년에 가장 높았던 9.8%에는 아직 이르지 못하고 있다(Webb et al., 2006). 실제로 2004~2005년 기준으로 교육에 대한 연방정부 재정부담 비중은 전국 평균 9%였고, 가장 높은 비중을 보이고 있는

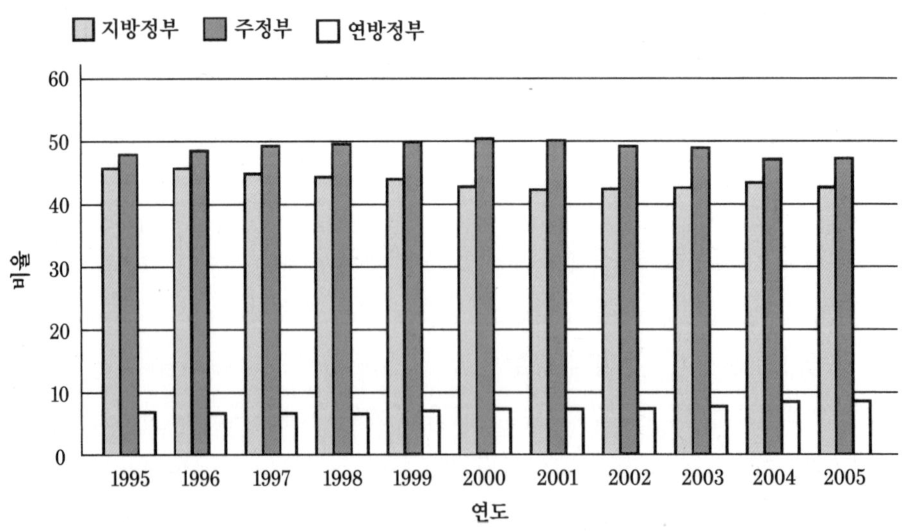

그림 17.1 재원별 학교세입 비율, 1995~2005년

사우스다코다 주의 16.9%에서 가장 낮은 비중을 보이고 있는 뉴저지 주의 3.3%에 이르기까지 다양하다(NEA, 2006). 하지만 연방정부의 재정부담 비중은 2001년 NCLB법이 제정된 이후 증가하여 왔다.

학교재원 중 연방정부, 주정부, 지방정부 간 지원하는 부담 비중의 변화 추세는 학교교육 목적으로 사용되는 세원 변화를 반영한다. 기본적으로 학교재정 관련 지방세는 재산세이고, 주정부세는 주로 소득세와 판매세이며, 연방세는 소득세이다. 이 장에서는 공교육을 지원하는 세금부과 기준, 주요 세제(sources of taxes), 세외기금재원(nontax source of fund)의 전반적인 내용을 살펴본다.

조세부과기준

조세의 장단점은 여러 차원에서 분석될 수 있지만, 가장 중요하게 고려되는 사항은 조세가 정부서비스를 제공하는 자금으로 충분한 자원을 산출하여 조세수입이 차년도 추정지출예산에 의존적이고 예측적이냐 하는 점이다. 의존성(dependability)의 한 지표는 탄력성으로서, 국민총생산(GNP) 혹은 개인총소득의 변화와 관련하여 조세수입 변화에 의해 평가된다. 이를테면, 조세수입이 국가 경제성장률보다 더 높게 성장한다면 조세가 탄력적이라고 할 수 있다. 탄력적인 조세는 경제가 호황일 때 더 높은 조세수입을 창출하지만, 경제가 불황이면 더 빠른 속도로 조세수입이 감소된다. 따라서 경제상황과 관계없이 예측가능한 조세수입을 가져다주는 비탄력적인 조세가 선호된다.

일반적으로 조세가 경제체제에 효율적이고(혹은) 중립적으로 영향을 주는 것이 바람직하다. 효율적인 조세는 비용패턴, 인센티브, 혹은 개인과 기업의 행위를 변화시키지 않는다. 그러나 때로는 비중립적인 조세(예를 들어 주류세)는 구체적으로 사회적으로 바람직한 방식인 소비에 영향을 주기 위해 채택되기도 한다.

조세정책의 기본 원칙은 세금을 내는 모든 사람들에게 공정하고 공평해야 하는 것이다. 공평성은 담세자가 받는 이익에 의해 측정되지만, 그에 대한 조세징수는 세금을 지불할 담세자의 능력에 따른다. 수평적 공평성(horizontal equity)은 모든 사람은 동등하기 때문에 동등한 세금을 내야 한다는 것이다. 본질적으로 경제적으로 비슷한 사람들은 똑같은 세금을 내야 한다. 그러나 이러한 기본전제가 성립되기 어려운 이유는 사람들이 세금을 지불할 능력을 무엇으로 측정하느냐에 따라 달라지기 때문이다. Monk(1992)는 조세 지불능력의 측정 기준을 다음과 같이 세 가지로 규명하였다. 즉, 소득기준측정(income-based measure), 소비기준측정(consumption-based measure), 부기준측정(wealth-based measure)이다.

분명한 것은 세금에 따라 다양한 지불능력 측정기준들이 적용된다는 점이다. 수평적 공평성의 문제점은 사람들이 가지고 있는 자원의 다양성 때문에 나타난다. 예를 들어, 동등한 재산을 가지고 있는 두 명의 담세자가 같은 수준의 세금을 부담하는 것은 공평한 것처럼 보인다. 그럼에도 불구하고, 그들의 소득수준이 다르다면 재산세를 부담할 그들의 능력은 분명히 다를 수 있다. 연방정부, 주정부, 지방정부에 의해 조세수준이 결정되는 것은 조세기준을 어디에 두느냐에 따라 다르기 때문에, 수평적 공평성을 보는 관점이 체계적이지 않다.

수직적 공평성(vertical equity)은 담세자의 지불능력에 따라 세금징수 수준이 다르다는 것을 의미한다. 이를테면, 담세자의 재정상황에 따라 다른 세금징수 수준이 적용되어야 한다는 것이다. 고소득자들이 필수품을 구매할 이상의 자금을 보유하고 있다는 점에서 수직적 공평성은 담세자의 지불능력을 고려하여 조세징수가 공평하게 적용되어야 한다는 기본가정에 근거한다. 수직적 공평성에 대한 쟁점은 "적절히 다르게(appropriately different)" 처리한다는 의미를 어떻게 해석하는가 하는 점이다. 예를 들어, 지불할 능력이 두 배인 사람이 그만큼 세금을 부담해야 하는가? 수직적 공평성은 종종 역진세(regressive tax) 혹은 누진세(progressive tax)로 간주된다. 소득이 증가할수록 조세비율이 증가하면 누진세이고, 소득이 증가할수록 조세비율이 감소하면 역진세이다. 그리고 과세표준에 대하여 일정률의 세율만이 적용되는 조세는 비례세(proportional tax)이다(그림 17.2).

의존성(탄력성), 효율성, 그리고 공평성 기준과 더불어 다른 기준 또한 조세의 장단점을 평가하는 데 사용될 수 있다. 예를 들어, 조세부과방식은 단순성뿐만 아니라 행정편의주의 혹은 법의 허점을 이용한 조세회피의 수단 등에 근거하여 평가된다.

세원(Tax Sources)

앞서 언급하였듯이, 수익을 가져다주는 세 가지 가장 중요한 세금은 소득세, 판

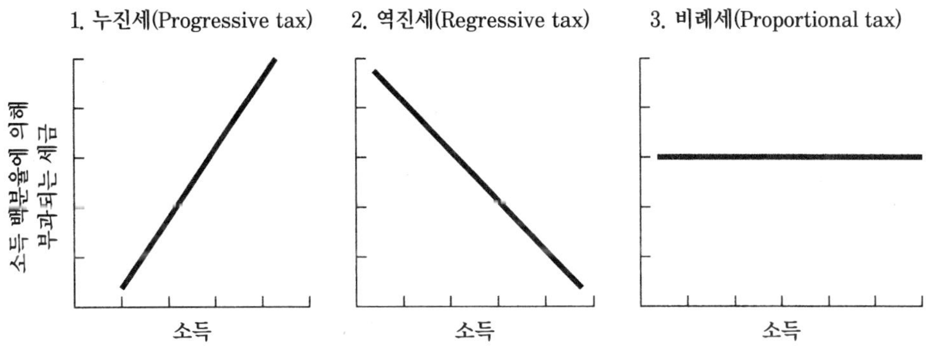

그림 17.2 누진세, 역진세, 비례세에 대한 세율과 소득의 관계

매세, 재산세이다. 각각의 조세가 갖는 장단점이 있지만, 이들 세금들은 초중등 교육의 재원을 확보하는 가장 중요한 재원이다. 더불어 복권세 등 이외 다른 유형의 세금들은 교육을 위해 쓰일 세원이다.

소득세(income tax) 1913년에 비준된 16조 수정헌법에서는 국회가 개인 소득에 대한 세금을 징수할 수 있는 권한을 갖게 하였고, 그 이후 소득세는 연방정부와 주정부의 주요 세원이 되었다. 2006년 회기년도에는 개인(44.4%)과 기업(15.7%)으로부터 징수한 소득세는 연방정부 조세수입의 약 3/5을 차지한다(Everson, Mazur, Petska, McCubbin, & Gangi, 2007). 연방정부 교육재정 지원의 대부분이 소득세에서 발생되었고, 소득세는 자산가치보다는 현재 소득에 세금이 부과되는 원칙에 근거하고 있다. 예금이자소득에 세금이 부과되는 것 역시 그러한 이유이다.

소득세의 개념은 매우 단순하지만, 소득세 납세의무를 결정하는 메커니즘은 조세정책과 사회정책이 동시에 고려되어야 하기 때문에 복잡하다. 이에 대한 자세한 설명은 이 장의 내용 범위에서는 벗어나지만, 중요한 것은 사회정책과 연계하여 세금공제 제도가 있는데, 이는 기업운영비용이나 보육비에 이르기까지 다양한 혜택을 부여한다는 사실이다. 이러한 세금공제는 소득이 발생되는 곳에는 어느 정도의 비용이 소요된다는 일반원칙에 근거한다. 세금공제의 또 다른 혜택은 지방채권 구매와 같은 유형의 비용을 장려하기 위해 제공되는데, 그러한 채권 구매에 대한 이자는 연방소득세에 귀속되지 않기 때문이다.

연방소득세의 세율은 소득이 증가함에 따라 증가한다. 조세증가는 지불할 능력(ability to pay)과 관계가 있기 때문에, 소득세 체제는 누진적이다. 하지만 소득세는 비교적 탄력적이다. 왜냐하면 소득세 수입은 경제상황에 따라 변동 폭이 크기 때문에 예측성이 떨어지기 때문이다.

주정부 세원으로서 소득세는 꾸준히 증가하여 왔고, 그에 따라 최근 주정부는 주로 판매세 수입에 크게 의존해 왔던 전통적인 경향에 변화를 가져오고 있다. 1970년에는 주정부 세입재원으로서 소득세에 비해 판매세가 10% 더 많았지만, 2006년에는 주정부 세입의 32%가 판매세 재원이고, 41%가 소득세 재원이었다(FTA, 2006). 이러한 변화는 소비보다는 소득에 세금을 부과하는 현재의 정책 선호를 반영한다.

대부분의 주정부가 개인과 기업에게 소득세를 부과한다 하더라도 주마다 법인세 세율이 소득세 세율을 초과할 수 있는 정도는 주헌법의 제한규정에 따라 다르다. 또한 주마다 주소득세 세율의 산정 방식도 다르다. 7개의 주는 주소득세가 없고, 2개의 주는 주식배당금과 이자에 대한 세금이 있으며, 35개의 주는 연방소득세와 유사하게 소득에 대한 누진적 과세를 부과하고 있다. 그리고 나머지 6개의 주는 모든 소득에 일률과세(flat rate)를 취하고 있다(Everson et al., 2007; FTA, 2007). 더불어 일부 주는 지방자치단체에게 특별히 소득세 징수 권한을 부여하고 있어 주민들은 동시에 연방소득세, 주소득세, 지방소득세를 지불하고 있다.

판매세(sales tax) 공교육에 대한 중요한 재원은 주정부의 판매세이다. 물품 구매자는 판매세를 지불하고, 판매자는 조세 수입을 정부 세무당국에게 전달할 책임이 있다. 5개의 주를 제외하고 모든 주에는 판매세가 있고, 주정부 세입의 평균 32.1%가 판매세 재원으로부터 충당되고 있다(FTA, 2006). 주정부 총재원 확보에 판매세가 차지하는 비중은 2006 회기년도 기준으로 버몬트 주의 13.5%에서부터 워싱턴 주의 61.2%에 이르기까지 주마다 다양하다(FTA, 2007). 대부분의 주는 약과 음식에 판매세를 부과하지 않고 있으며, 일부 주는 의류와 다른 필수품에 판매세를 부과하지 않고 있다. 그리고 대부분의 주는 주정부의 판매세와 함께 지방정부에게 지방판매세(local sales tax)를 징수할 권한을 부여하고 있다. 예를 들어 뉴욕 시는 뉴욕 주에서 부과하는 판매세율보다 더 높은 판매세율을 부과하고 있다.

소비세(excise tax)도 특정 물품에 직접 세금을 부과하는 일종의 판매세이다. 이러한 세금은 부과된 세금만큼 물품가격을 인상함으로써 소비행위에 영향을 주기위해 부과되고, 특정 목적사업의 세입증대를 위해 사용될 수도 있다. 가장 잘 알려진 소비세는 유류, 담배, 술 등에 부과되는 경우이다. 현재 유류세 재원은 고속도로 건설 · 유지를 위해 사용되고 있고, 교육을 위해서는 사용되지 않고 있다. 재원확보를 위해 소비세 세원 확대에 많은 관심이 있는 것이 사실이고, 실제로 연방정부는 일부 생산물에 소비세를 부과하였고, 많은 주들은 술과 담배에 소비세 세율을 인상하기도 하였다.

역사적으로 법률 및 의료서비스 비용에 대해서는 세금이 부과되지 않았다. 그러나 일부 주들은 의류세탁비용에 대해 판매세를 확대시키고 있고, 많은 주들은 장거리 전화 사용과 같은 소비에 대해 소비세를 부과하고 있다. 이러한 서비스에 대한 세금 부과는 소득이 증가하면 더 많은 서비스를 사용하기 때문에 조세정책의 수직적 공평성(vertical equity)을 달성할 수 있다는 주장도 있다(Howard, 1989).

판매세나 소비세는 지불하기도 쉽고 행정적으로 처리하기도 쉽다. 그러나 이들 세금은 개인들이 세금을 지불할 능력과는 관계없이 소비에 따라 동일하게 세금을 내야 한다는 점에서 소득세보다는 역진세의 성격이 강하다. 판매세로부터의 세입은 급변하는 경제변동 상황을 고려할 때 재산세에 비해 예측성이 떨어지지만, 소득세에 비해서는 예측성이 높다고 할 수 있다.

재산세(property tax) 재산세는 특정 재산 분류에 대한 조세유형이다. 연방정부는 재산세를 징수하지 않고, 재산세로부터 충당되는 주정부 세입은 미미한 수준이다. 그러나 재산세는 지방정부 차원에서는 매우 중요하고 공교육 지원에 실질적인 재원으로 역할을 수행하고 있다. 하지만 1950년대 중반 이후 재산세에 대한 지방정부의 의존도는 점진적으로 감소하여 2005년 지방세 세입의 73%만이 재산세로부터 충당되고 있는 실정이다(Prante, 2006). 그리고 북동지역이 중서부지역이나 서부지역에 비해 교육재원으로서 재산세에 더 많이 의존하고 있다(NCES, 2007a).

법적으로 부동산과 동산은 차이가 있다. 그리고 일부 지방정부에서는 개인재산과 기업재산을 다르게 취급한다. 주마다 재산세 체제에 어떤 재산을 포함할 것인지는 다양하더라도, 지방정부 세입재원의 대부분은 개인 재산세에서 충당된다.

부동산 가치에 세금을 부과하는 원리는 특별히 복잡하지는 않지만, 원리를 실행하는 과정은 좀 더 어렵고, 실제 세금을 부과하는 것은 가장 어려운 문제이다. 모든 부동산에는 과세가격이 부여된다. 부동산 가치를 결정하는 기준은 현재 시장거래가이다. 시장거래가는 자주 거래되는 자산의 유형일수록 결정하기 쉽다. 규모가 큰 공장과 같은 자산은 너무 전문화되어 있기 때문에 시장거래가를 추정하기가 어렵다. 어떤 상황에서는 시장거래가를 추정하기 위한 대체 방법으로서 대체비용을 사용하기도 한다. 이와 같이 부동산의 과세가격은 보통 시장거래가, 대체비용의 일정 비율, 그리고 주마다 적용하는 다양한 비율 수준에 따라 다양하다. 또한 일부 주는 다양한 유형의 부동산을 시장가치에 따라 다양한 비율로 구분하는 것을 허용하기도 한다. 공공기관의 부동산, 상업 및 산업 관련 부동산에는 농업이나 주거 자산보다도 높은 비율의 세금이 부과되기도 한다.

부동산 과세의 일관성은 커다란 관심사항이다. 일관성의 부족은 주로 선거에 의해 선출된 과세 사정인(assessor)에 의해 발생된다. 부동산 과세 인상에 대한 거부 심리 때문에 결과적으로 부동산 과세는 인플레이션과 관련된 실제 시장가격보다 낮게 부과되는 경향이 있다. 만약 주정부가 표준화된 재산세 비율을 요구한다면, 주 전체가 표준화된 과세 절차를 밟아야 한다. 과세 평등에 대한 제안에서 주정부가 모든 자산의 부에 접근할 수 있도록 하고, 재산세는 지방정부에서 거둬들이지만 주정부 세입으로 고려되는 판매세와 유사한 방식으로 부과되는 방안이 제기되기도 하였다. 이러한 방안이 교육구마다 재산가치에 따른 세입 불평등을 감소시킨다 하더라도, 정치적으로 수용되지는 않을 것이다.

1960년대 후반과 1970년대에 급격히 진행된 인플레이션이 재산가치와 재산세가 개인소득보다도 더 급격히 인상된 결과를 초래했다. 그 결과, 일부 주에서는 납세자의 강한 반발이 발생했다. 애리조나 주, 캘리포니아 주, 매사추세츠 주에서는 자산이 거래되지 않는다면 매년 자산가치의 인상분을 최대 수준에서 제한하는 수정법안을 통과시켰다. 캘리포니아 주민발의안 13(Proposition 13)은 개인재산에 대한 재산세율을 1% 선에서 동결시키고, 재산세 부과를 1975년 수준으로 되돌리자는 것이다. 다른 주에서는 소득이 일정한 사람에게 높아진 재산가치로 인해 더 많은 재산세를 지불해야 하는 역진적 효과를 제거하기 위해 제한법안(Circuit Breaker)을 통과시키기도 했다.

미시간 주에서 제기된 재산세에 대한 불만은 1993년 의회로 하여금 공립학교에 재정을 지원하는 지방재산세(local property tax)의 역할을 축소시키기로 하였다. 1994년 주민투표에서 미시간 주 유권자들은 비록 주정부가 주재산세(state property tax)로부터 교육지원을 계속적으로 인상시킨다 하더라도 교육세입 결손분을 판매세에서 충당하도록 선택했다(Drake, 2002; Jones, 2006). 1994년 주민투표는 매년 재산세 수준을 5% 인상하도록 하였고, 학교세입에서 주재산세가 차지하는 비중을 1993~1995년 2년 사이에 59%에서 21%로 인하토록 하였다(NCES, 2007a). 2006년에 추정된 것에 의하면, 주정부에서 부과하는 개인 재산세는 평균 주민투표 이전에 냈던 규모보다 적은 2,000달러 수준이었다(Jones, 2006).

학교재정을 위해 부과되는 재산세율은 주법, 학교위원회 결정, 유권자 주민투표, 혹은 이 세 가지 모든 것에 의해 결정된다. 교육구는 균등한 비율에서 혹은 법에서 허용한 최대 범위보다 적은 비율에서 세금을 부과하도록 되어 있다. 그리고 비율의 범위를 초과할 경우 교육구 유권자로부터 승인을 얻어야 한다. 교육구의 세율(t) 결정은 지방재산세로부터 충당되는 돈의 규모(Mn)를 지방과세기준(B)으로 나눈 값으로 계산된다. 여기서 얻은 값이 법의 최대허용 범위보다 높다면, 교육구는 법의 최대허용 범위내에서 세율을 결정해야 한다. 이러한 세율은 소방, 경찰 등과 같은 다른 서비스를 위한 세율에 가산되고 자산 소유자들에게 부과된다. 세율은 보통 백분율 혹은 달러당 1000분의 1의 과세율(millage)로 표시된다. 한 밀(mill)은 0.1%를 의미하고, 그에 따라 245밀의 세율은 24.5%의 세율과 같은 의미이다.

주정부는 교육에 재정을 지원할 때 조세법규를 준수하도록 주의를 기울여야 한다. 예를 들어, 2005년에 텍사스 대법원은 의회가 의무교육을 위한 주정부의 추가 재정지원 없이 교육표준(educational standard)을 올린 조치가 텍사스 헌법을 위반하였다고 판결한 바 있다. 즉, 텍사스 헌법은 주재산세를 금지하고 지방정부에게 재산세 수준을 지정할 수 있도록 허용하는 내용을 포함하고 있다. 주정부의 요구조건은 늘어나고, 그것을 위한 재정지원을 위해 지방 교육구는 허용할 수 있는 최대 재산세를 부과하도록 강요받았다. 그래서 법원은 그러한 새로운 교육표준이 교육구가 지방재산세를 부과할 수 있는 자율 권한을 박탈하였다고 판결하였다(*Neely v. West Orange-Cove Consolidated Independent School District*, 2005).

많은 비판에도 불구하고, 재산세는 중요한 학교재원으로 간주되고 있는 반면에, 학교재원으로서 주소득세와 주판매세는 재산세를 대체할 만큼 충분하지 않다.

비교적 안정적인 재산세는 경기침체나 세수부족 현상이 발생되었을 때 학교예산을 안정적으로 확보할 수 있도록 완충해 주는 역할을 한다. 물론 부동산 유형에 따라 경제상황에 의해 가치가 감소할 수도 있지만, 재산세는 소득세 혹은 판매세보다 더 많은 자원을 요구한다.

기타 세금(Other Taxes) 주마다 정도의 차이는 있지만 그 외 다른 세금들이 정부의 재원 확보를 위해 사용되고 있다. 예를 들어, 주마다 정부세입을 늘리기 위해 점차적으로 카지노에도 세금을 부과하고 있다. 남북전쟁 이전에는 교회와 정부가 재원 확보를 위해 복권(lotteries)을 사용하였지만, 1800년대 후반에 복권을 통해 재원을 확보하는 것이 부패하고 부도덕하다는 논란이 제기되면서 사라지게 되었다(King, Swanson, & Sweetland, 2003). 1960년대 이후, 복권으로부터 재원 확보가 다시 부활되었고, 2006년까지 대부분의 주가 정부기금을 증액시키기 위해 복권과 게임 등에 세금을 부과하고 있다. 2005년에 복권에 대한 총소비는 500억 달러를 초과하였다(Hansen, 2007). 복권을 운영하는 주 중에서 23개 주가 복권에서 얻은 재원을 교육을 위해 쓰고 있다. 1964년 복권이 처음 시행된 이후 2005년까지 주정부들은 복권으로부터 얻은 세금 중 총 2,220억 달러를 교육에 사용하고 있었다(Hansen, 2007). 복권세는 간접세이고 관리하기가 편리하다는 장점이 있다. 하지만 정부가 재원을 확보하기 위해 게임과 도박을 장려한다는 비판은 여전히 제기되고 있다.

주정부는 증여세(gift tax), 유산세(estate tax), 다양한 자격증에 대한 세금 등을 통해 재원을 창출하고 있지만, 대부분의 주는 교육을 위해서 최소한의 지원을 하고 있다. 또한 일부 주는 석탄, 석유, 가스 등 자연자원에 세금을 부과하고 있지만, 다만 몇 개의 주만이 이로부터 세입을 창출하고 있다(Brimley & Garfield, 2008). 유럽국가에서는 보편화되어 있는 부가가치세가 있다. 이 세금은 판매세와 유사한 것으로 거래 단계별로 상품이나 용역에 새로 부가하는 가치나 이익에 대해 부과하는 세금이고, 이 세금이 도입된다면 납세자의 세금 부담을 경감해 주는 조치가 있어야 할 것이다.

세외 수입재원(Nontax Sources of Revenue)

학교 지도자와 정책결정자들은 항상 새로운 학교세입 재원을 모색한다. 행정가들은 전통적인 교육재정 배분 방식으로 학교에 어느 정도 재정이 할당되는지를 더 이상 기다리지 않고, 이제는 보다 적극적으로 기업과 같이 새로운 재원을 모색하고 있다. 예를 들어, 일부 교육구들은 비거주 학생(nonresident student)에게 수업료 부과, 학교시설 사용료 부과, 기업과 학교의 파트너십 프로그램 참여, 자선단체로부터의 지원금, 낮은 비용으로 서비스를 제공해 주는 벤처기업과의 계약 등을 통해 세입을 늘리거나 비용을 줄이는 노력을 하고 있다.

1998년 이후 많은 교육구들은 거대한 담배회사와의 25년 협정으로 교육재원을 확보해 왔다(Sandham, 2000). 2005년 기준으로 16개 주가 이 협정기금의 6% 미만 정도를 교육에 배분받은 것으로 나타났다(GAO, 2006).

많은 교육구들은 학생들의 다양한 활동과 사용하는 자료에 대해 사용료(fee) 형태로 비용을 부담지우고 있고, 이를 숨겨진 세금(hidden tax)이라고 하기도 한다(Bouman & Brown, 1996). 더불어 어떤 교육구는 비과세 재단을 설립하여 학교혁신이나 교육활동에 기부금을 요청하기도 한다.

공립학교는 점차적으로 재원 확보를 위해 기업의 도움을 기대하고 있고, 기업들은 학교와 계약을 통해 다양한 이윤을 창출하려고 하고 있다. 이를테면, 학생들도 소비자이기 때문에 회사는 공립학교에서 회사 선전을 허용해 줄 것을 기대하고 있다. Christopher Whittle*이 개발한 Channel One은 2분의 상업광고와 더불어 10분 뉴스 프로그램을 매일 대부분 주의 중등학교 학생들에게 방영한다. 학교가 학생들에게 이 프로그램을 보여주기를 동의한다면, 학교에게 TV 세트를 무료

---

* H. Christopher Whittle은 *Knoxville in a Nutshell* 잡지를 시작으로 1979년에는 잡지 *Esquire*를 부활시킨 것으로 유명하지만, 교육과 관련하여서는 1989년에 Channel One 뉴스를 시작하였고, 1994년에 그 회사를 매각하였다. Channel One은 미국내 모든 학교에 TV 세트를 보급한 뒤, 상업광고와 진배없는 뉴스쇼를 매일 방영하여 여러 가지 논란을 일으킨 바 있다. 그리고 그는 1992년에 교육구와 계약을 체결한 후 공립학교를 위탁받아 운영한 Edison School의 설립자이기도 하다. 교육구는 Edison School에게 학교운영비 일체를 지원하고, 이 학교는 이 돈으로 교사 인건비 등을 충당하며, 남은 돈이 있으면 학교의 수익금이 된다. Edison School은 4년 동안 NASDAQ에 주식이 공모되어 2001년 주당 $40까지 치솟았으나, 그 후 주당 14센트로 폭락하여 결국 2003년에 주당 $1.76로 회사를 매각하였다. Edison School로 인해 영리학교에 대한 찬반 논란이 전개되기도 하였다(위키피디아 사전)(역주).

로 보급하는 조건이다. 또 다른 유형으로는 기업이 학교에 컴퓨터와 초고속 인터넷 서비스를 무료로 제공하는 대가로 학생들이 인터넷 사용시 기업광고를 볼 수 있도록 하고 있다. 공립학교의 상업화가 논란이 되고 있지만(Kozol, 1992; Molnar, 2005; Molnar & Boninger, 2007), 재정적으로 빈곤한 교육구의 행정가들은 이러한 기업과의 상업적 거래에 유혹을 느낄 수밖에 없다.

학교세입 배분(Distribution of School Revenues)

공립학교 재정 배분에서 중요시되는 가치는 공평성(equity), 적절성(adequacy), 선택(choice)이다(Webb et al., 2006). 학교재정 배분 계획에서 공평성을 평가하는 한 가지 방법은 재정적 중립성(fiscal neutrality) 기준이다. 이는 교육서비스 배분이 납세자의 교육적 선호도, 학생들의 필요, 납세자의 재정적 능력과 관련이 없는 다른 요인 등에 의해 결정될 수 있다는 것을 의미한다. 재정적으로 중립적이라고 한다면, 교육세입 규모를 결정하는 유일한 요인은 주의 부(wealth) 규모이다. 또한 학교재정 배분과정에서 공평성은 조세체제와 유사하게 수평적(같은 학생과 교육구에게 교육자원을 동일하게 배분) 그리고 수직적(특별한 혜택이 요구되는 학생이나 교육구에게는 더 많은 교육자원을 배분)인 측면이 동시에 고려될 수 있다.

적절성은 정의하기가 좀 더 어렵지만, 적절한 교육의 구성요소를 규명하는 데 필요한 것으로 정의된다. Clune(1995)은 적절성을 "최소한의 교육적 성과를 얻기 위해 요구되는 자원"(p.655)으로 정의한 바 있다. 최근에는 재정배분 계획에서의 적절성은 교육서비스 제공에 필수적인 비용 산출 결과에 의해 결정되고, 또 다른 관점에서 적절성은 모든 학생들이 기초학력평가에 만족스러운 성과를 얻는 데 필요한 자원에 의해 측정된다(Reschovsky & Imazeki, 2000; Verstegen, 2007).

선택의 가치는 필수적으로 학부모나 학교 후원자들이 원하는 바를 고려해야 함을 의미한다. 교육 선택권 부여는 연방정부나 주정부 차원에서 학교개혁 전략을 수립하는 데 중요한 주제이다. 선택권은 학부모들이 공립이든 사립이든 학교에 시불할 정해진 돈을 배분한다는 점에서 바우처(voucher)제도보다 더 높은 관심을 받고 있다. 현재 주정부는 바우처 계획에 의해 교육재정을 배분하지는 않는다. 바우처 계획에 대해서는 다음 장에서 좀 더 논의하기로 한다.

주마다 교육재정을 교육구에 배분하는 방법은 다양하다. 이를테면, 전액 주정부교부제도(full-state funding), 정액 교부금제도(flat grants), 특별범주 보조금(categorical aid), 최소 기본교육비 교부제도(minimum foundation programs), 능력형평공식 교부금제도(power-equalization formulas) 등이 포함된다(Griffith, 2005). 배분 방식의 선택은 충분한 재원의 확보 혹은 공평한 재원 확보에 중요한 영향을 준다. 예를 들어, 정액 교부금제도는 학생수에 따라 정해진 재정지원이 제공되고, 학교급별에 따라서는 가중치 요소가 적용된다. 그러한 정액 교부금제도에서 가중치 요소가 학생들의 필요에 근거하여 재정배분이 이루어질 경우 형평의 효과를 가져다줄 수 있다. 특별범주 보조금은 구체적인 프로그램 범주(특수교육, 직업교육, 여름학교 등)에 따라 배분된다. 그러한 특별범주 보조금은 학교재정 배분을 균등화시키지 않지만, 특정 집단 학생들의 구체적인 필요를 반영하기 때문에 그들에게는 교육기회를 개선시킬 수도 있다. 아울러 그러한 보조금은 교육구가 특별한 수요가 있는 학생들에게 보상해 주는 효과도 있다. 이 장의 나머지에서는 학생의 차이를 반영하여 교육재정을 배분하는 형평모델(equalization models)에 대해 살펴보기로 한다.

형평모델(Equalization Models)

교육구에 교육자원을 균등하게 배분할 수 있는 몇 가지 방법이 있다. 그 중에서 중요한 모델은 전액 주정부교부제도(full-state funding), 최소 기본교육비 교부제도(minimum foundation programs), 능력형평공식 교부금제도(power-equalization formulas)이다. 전액 주정부교부제도를 사용하는 주의 우선적인 책임은 모든 학생들을 위해 교육재정을 지원하는 것이다. 정의에 의하면 이 계획은 교육자원의 공평성(equity)을 보장해 주는 것이다. 교육재정 배분은 학생수에 근거할 수도 있고, 교육구의 필요에 근거할 수도 있으며, 혹은 지방정부의 교육서비스 비용 변인과 같은 요인에 근거할 수도 있다. 이 경우 교육재정 배분이 교육구의 부(wealth)에 근거하지 않는다는 사실이다. 일부 주는 전액 주정부 지원을 하고 있지만, 아직은 약간의 지방정부 지원을 허용하고 있다(뉴멕시코 주, 워싱턴 주). 지방 교육구가 없는 하와이의 경우에는 공립학교를 위해 전액 주정부교부제도를 채택하고 있다.

특정 공식(formula)에 의해 주정부 재원을 배분하는 방식이 교육재정의 형평성을 제고시키는 데 가장 보편화되어 있다. 가난한 교육구에게 더 많은 주정부 재정지원이 제공됨으로써, 특정 공식은 학생들에게 균등한 재정지원을 이루게 하고, 교육구의 빈부에 따라 불평등하게 재정지원이 이루어지는 것을 최소화시킬 수 있는 효과가 있다.

최소 기본교육비 교부제도의 기본 원리는 납세자가 세금을 납부할 의도가 있는 한 최소한의 기본교육비가 학생들에게 제공되는 것이다. 교육구가 지정된 비율까지 세금을 인상하여 확보할 수 있는 교육재정 규모와 가장 최소한의 기본교육비 수준과 차이가 발생되었을 때 주정부가 그 차이를 보전해 주는 것이다. 주정부가 학생당 기본교육비 수준 500달러, 세율 1%로 정하고, 두 교육구 A, B에 각각 1,000명의 학생이 있다고 가정해 보자. 그리고 교육구 A는 2,000만 달러, 교육구 B는 4,000만 달러의 과세기준을 가지고 있고, 두 교육구는 모두 총 50만 달러를 지원받을 것이라고 가정해 보자. 이 경우 교육구 A는 지방정부로부터 20만 달러, 주정부로부터 30만 달러를 지원받을 것이다. 교육구 B는 지방정부로부터 40만 달러, 주정부로부터 10만 달러를 지원받을 것이다.

대부분의 기본교육비 공식 아래 교육구들은 지정된 세율보다 더 높은 세율을 부과함으로써 재원을 추가할 수 있고, 이는 각기 다른 과세기준을 가지고 있는 교육구들에게 다른 영향을 미친다. 앞서 인용된 교육구 A, B가 모두 세율 1.5%를 부과한다고 가정해 보자. 교육구 A는 기본교육비로 50만 달러와 부가 세율 0.5%로부터 10만 달러(2,000만 달러의 0.5%)를 받아 총 60만 달러를 받을 것이고, 반면에 교육구 B는 기본교육비로 50만 달러와 부가 세율 0.5%로부터 20만 달러(4,000만 달러의 0.5%)를 받아 총 70만 달러를 받을 것이다. 이러한 예에서 볼 수 있듯이, 기본교육비 교부제도에서는 교육구의 빈부에 따라 상당한 불평등이 존재할 수 있다. 특히 기본교육비 수준과 세율이 비교적 낮고 지방정부의 과세기준 여력이 클수록 불평등은 존재한다.

1970년대 후반까지 34개 주들이 학교재원을 배분하기 위해 기본교육비 교부제도를 사용하고 있었고, 그 이후 몇 개의 주들이 이 제도를 채택하였다. 현재는 34개 주들과 워싱턴 D.C.가 부분적으로 이 제도를 사용하고 있다(NCES, 2007b). 원래 지방정부들은 최소 기본교육비 수준보다 높은 비율로 과세할 수 있는 상당한 자율 재량이 있었다. 앞서 언급하였듯이, 이는 지방정부들 간의 빈부 차이 때문에 학생 1인당 교육비의 불평등을 야기시키는 결과를 초래하였다. 만약 기본교육비 수준이 합리적으로 높고, 지방정부의 과세에 대한 자율 재량이 크지 않다면, 이 제도는 매우 유용할 수 있다. 하지만 교육재정을 지원하는 데 여전히 지방정부가 주정부보다 더 큰 역할을 하고 있다. 지방정부의 과세에 대한 자율 재량이 재원 규모를 결정한다. 이러한 지방정부의 자율 재량을 균등하게 제한하면, 지방정부가 더 많은 교육자원을 확보하기 위하여 더 높은 세율로 과세하는 것을 정당화하기 어렵다. 왜냐하면 가난한 지방정부는 비슷한 수준의 교육재원 규모를 확보하기 위하여 부자인 지방정부보다 엄청난 노력을 해야 하기 때문이다. 하지만 지방정부의 과세에 대한 자율 재량 인정이 지배적인 가치라고 한다면, 그러한 자율 재량은 더욱 강화될 것이다.

기본교육비 교부제도는 최소한 보장되어야 할 기본교육비 수준이 어떻게 규명되어야 하느냐에 대해 비판을 받은 바 있다. 기본교육비 수준은 실증적 자료에 근거하여 적정하게 결정되기보다는 정치적인 고려나 예산 규모를 고려하여 결정되는 것이 일반적인 정서이다. 오하이오 주의 학교지원 시스템에 대한 소송과정에서 한 전문가는 기본교육비 공식이 학생들을 실제로 교육시킬 비용 규모와는 관계가 없고, 대신 예산 잔여분과 관계가 있음을 증언한 바 있다. 즉 주입법부가 초중등교육에 배분할 총비용을 결정한 후에 주정부 지원 공식에 기본교육비가 결정된다는 것이다(*DeRolph v. State I*, 1997, p.738).

기본교육비 교부제도와는 다르게, 능력형평공식 교부제도(power-equalization formulas)에서는 지역의 빈부와는 관계없이 정해진 세율로 모든 교육구가 균등하게 재원을 배분받는다. 과세표준보장 교부제도(guaranteed tax base system) 아래에서는 세율의 차이에 따라 재정지원 규모의 차이가 발생되지만, 구체적인 세율이 정해지면 지역의 빈부와 관계없이 세입이 같을 것이다. 교육구마다 각기 다른 세율을 선택하는 것은 교육에 대한 관심 수준이 서로 다름을 보여주는 것이기도 하다. 예를 들어, 능력형평공식 교부제도 아래에서 앞서 예시한 교육구 A, B가 모두 교육을 위한 세율 1.5%를 가지고 있다면, 이 세율은 결과적으로 두 교육구에게 같은 수준의 세입재원을 배분하는 것이다. 다만, 주정부가 정해진 세율에 의해 생겨난 세입 차액을 보전하게 된다. 따라서 이 제도에서 세율의 차이는 세입의 차이를 결정할 것이지만, 재산과세기준은 결정하지 않을 것이다.

주정부 수준에서 많은 재정이 투입될 때, 모든 지역이 일반적인 수준을 유지해야 하기 때문에 형평성(equalization)의 가치가 중요하게 부각된다. 추가재원을 얻기 위해 지역마다 지나치게 경쟁하는 것은 지역마다 재정의 차이만 발생시킬 뿐이다. 따라서 최소한 적정 교육을 제공하기 위해 필요한 재정 규모를 규명하는 작업은 매우 중요하다. 특히 예산이 부족하거나 교육재정을 배분하는 과정에서 정치적인 요소가 크게 영향을 미칠 때 적정 교육비 수준을 규명하는 것이 더욱 필요하다. 주정부 정책결정자가 직면하는 가장 기본적인 질문은 교육재원을 배분하는 과정에서 교육의 적절성이나 형평성이나, 혹은 두 개의 가치를 모두 존중해야 하느냐 하는 문제이다.

학생과 교육구의 필요 조정

주마다 학교재정 공식은 매우 다르고 복잡하다. 공식이 복잡한 이유는 학생들의 교육적 필요 수준과 교육구마다의 차이에 근거하여 학교재정을 배분하기 때문이다.

학생 필요(Student Needs) 주정부는 학교재정을 배분하는 과정에서 일반적으로 평균 매일 재적 학생수(daily membership) 혹은 평균 매일 재학생수(daily attendance)의 통계치를 반영하고, 학생들의 특별한 필요에 따라 조정하는 것이 일반적이다. 대부분의 주들은 교육재정 배분 기준으로 가중학생수(weighted pupil) 혹은 교실단위를 사용한다. 일반적으로 초등학교 4~8학년의 정상 학생을 가중치 1.0으로 할 때, 초등학교 1~3학년 학생들은 더 높은 가중치를 부여받고 있다. 고등학교 수업 비용은 좀 더 비싸기 때문에 고등학생들의 가중치는 1.3이다. 특수아, 직업교육, 영어능력 부족 학생 교육 등의 학생들에게는 가중치가 1.3~4.0에 이른다.

학생 혹은 교실단위 가중치에 대해서는 논쟁의 여지가 많다. 가중치를 결정할 때 가장 우수한 수업비용을 기준으로 할 것인지, 혹은 전문 교육자들이 판단하기에 특정 성과표준을 달성하기 위해 필요한 프로그램 비용을 기준으로 할 것인지 하는 문제이다. 다른 기준으로서는 개별 특성을 가지고 있는 학생들을 표준수준으로 이끄는 데 소요되는 실제비용 혹은 종합적인 학교개혁 프로그램과 관련된 비용 등을 들 수 있다(Duncombe & Yinger, 2005; Verstegen, 2007). 일부 주의 경우, 학생 필요보다는 다양한 수업유형에 소요되는 비용을 기준으로 가중치를 산출한다. 가중치 제도(weighting system)는 주정부로부터 더 많은 재원을 확보하기 위하여 학교구가 학생들을 잘못 분류해도 학교구에 인센티브를 제공한다는 점에서 비판을 받고 있다.

주정부는 또한 특수교육이 필요한 학생들에게 적절한 교육 프로그램을 제공하는 데 소요되는 초과비용을 보상차원에서 지방정부에 지원해 줌으로써 배분공식에서 학생 필요를 반영할 수 있다. 모든 학생들은 필수적으로 일정 재원으로부터 일정량의 재정을 받는다. 다만, 특수교육, 직업교육, 그 외 특수 추가 비용이 소요되는 프로그램에 대해서는 주정부에 의해 추가 재정지원을 받는다.

학교구 필요(School District Needs) 교육재정 배분제도는 학생들의 필요와 특성을 고려하여 조정하는 것과 동시에 학교구 특성적 요소를 고려하여 조정해야 한다. 예를 들어, 인구의 밀집 혹은 희소 등과 관련된 특수한 경우에 소요되는 비용을 반영하는 가중요소가 있을 수 있다. 대규모 학교구는 규모의 경제를 고려하여 보다 효율적인 교육을 요구받을 수 있다. 하지만 인구밀도가 매우 높은 지역의 도시 학교나 인구가 희소한 농촌지역의 학교는 추가 비용을 지원받을 수 있다. 농촌지역의 학교는 소규모 학교와 교실로 인해 비경제적일 수도 있다. 도시지역의 학교는 상대적으로 특수한 필요를 요구하는 학생들이 많아 고비용이 요구된다.

대부분의 재정지원 공식은 최소한 학교인사의 특성을 반영하여 조정하게 되어 있다. 왜냐하면 대부분의 학교예산 중에서 인건비가 차지하는 비중이 가장 높기 때문이다. 일부 주는 소비자 물가에 근거한 교원들의 생계비를 고려하여 조정하는 제도를 채택하고 있다. 하지만 교육재정 배분의 결정 과정에서 교사임금에 영향을 주는 교사교육이나 교직경력의 차이 요인들이 일반적으로 고려되는 조정요소이다.

대부분의 접근방법은 교육비와 학생성과를 직접적으로 연계시키지 않기 때문에, 학생과 학교구 필요를 산정하는 대안적 전략이 모색된다. 이 장에서 논의되었듯이, 일부 연구자들은 학생성과를 달성하기 위해 요구되는 비용을 측정할 수 있는 정교한 교육비 산정방식을 개발하고 있다. 그러한 지수는 투입가격 변인(교사임금)과 교육비에 영향을 주는 학생 특성의 차이 변인(특수교육의 필요)을 가지고 회귀분석을 통해 얻어진다. 비용지수의 목적은 학교 요인에 대한 재정적 효과를 측정하는 것이다(Duncombe & Yinger, 2005; Reschovsky & Imazeki, 2000).

시장지향적 교육 전달체제 (Market-Driven Delivery Systems)

보다 많은 교육선택권을 확보하기 위하여 어떻게 교육을 전달하고 교육자원을 배분하느냐를 설명하는 다양한 모델에 많은 관심이 집중되고 있다. 실제로 NCLB의 핵심주제 중 하나는 해마다 목표에 적절히 도달하지 못하는 학교에 다니는 학생들에게 더 많은 교육적 선택권을 부여하는 것이다. 학교교육의 구성을 결정하는 데 이러한 사적인 선택권은 매우 중요한 역할을 한다. 따라서 이 장에서는 적어도 시장요인에 의해 교육이 개방될 수 있는 3개의 전략을 간략히 살펴보고자 한다. 즉 바우처 제도(voucher system), 차터스쿨(charter school), 공립학교의 기업 위탁 경영 합의 등이다.

바우처 제도(voucher systems)

바우처 제도는 수십 년간 교육문헌에서 논의되어 왔고(Coon & Sugarman, 1978), 주정부는 전통적으로 고등학교가 없는 학교구에 지역 고등학생들이 이웃 지역의 공립학교 또는 비종교 사립학교에 다닐 수 있도록 지급금을 제공해 왔다. 뉴잉글랜드에서는 수업료 변상 계획 이외에 1990년대까지도 바우처 실험이 추진된 바가 없다. 실제로 바우처를 주 전반에 걸쳐 실시했던 최초의 주인 플로리다도 1999년에야 시행하였고, 이 프로그램의 대상은 학습결핍 학생들로 분류된 공립학교 학생들이었다. 소수의 다른 공적지원 바우처 프로그램들은 장애우들과 빈곤층에 제한되어 있고, 사립학교 수업료를 지원하기 위한 사적 장학 프로그램들은 전국 단위에서 운영되고 있다.

기본적으로 바우처 제안서에 의하면, 학생 단위로 일정 금액이 주어지고 이는 가족이 선택한 사립 또는 공립학교에서 사용된다. 가족들은 바우처 지급 금액보다 비싼 사립학교에 다니길 원하면 돈을 더 내고 다니면 된다. 사립학교의 경우 부모가 공동비용을 부담하면 그러한 학교는 제한하는 몇 가지 변화된 운영도 가능하다. 또한 최근 가장 대중적인 전략으로서, 바우처가 오직 특정 학생 집단에게만 사용가능하게 하는 것이다. 이미 16장에서 서술했듯이, 대법원은 종교학교를 포함한 바우처 프로그램에 대한 설립 법규 조항(Establishment Clause)의 장벽요인을 제거하였다(*Zelman v. Simmons-Harris*, 2002). 그리고 최근에는 50% 이상의 주정부들이 특정 그룹의 학생들을 위해 교육선택권을 주는 특정 유형의 바우처 프로그램 제공을 고려하고 있다. 하지만 바우처들은 콜로라도, 플로리다, 메인 주의 법 아래에 최근에 제기된 난제들이 잘 조율되고 있지 않다(Thomas, Cambron-McCabe, & McCarthy, 2009).

전체 학교 자금 시스템이 바우처에 의존하는 체제로 전환할 가능성은 희박해 보인다. 바우처 제도를 수용하지 않는 주정부 법원에게 이는 중요한 재정적 의미를 갖는다. 만약 모든 학생들이 바우처에 대한 자격을 얻는다면 현재 부모의 지원으로 사립학교와 홈스쿨을 다니는 학생(전체 학생 중 약 12%)들도 모두 주의 지원을 받게 될 것이다. 이러한 정책은 경제적으로 묶여 있는 주정부나 지방정부에게는 과도한 비용이 될 것이다. 그래서 투표자들이 이러한 바우처 제도가 주 전반으로 적용하는 제안에 거부해 온 것은 놀라운 사실이 아니다. 1990년도 중반 이후로 캘리포니아, 콜로라도, 미시간, 유타, 워싱턴에서 주 투표의 바우처 발의권은 완전히 통과되지 않았다. 2007년 유타 유권자들은 가정의 수입에 따라 모든 유타 학생들에게 사립학교를 선택할 수 있도록 바우처를 제공했었어야 했다는 가장 포괄적인 법률 계획안을 거부했다.

그럼에도 불구하고, 장애, 빈곤층, 실패하고 있는 공립학교에 다니고 있는 학생들을 대상으로 한 바우처 계획안들은 계속적으로 고려되고 있다. 그러한 제한된 바우처 계획안들은 다른 개혁전략(예를 들어 공립학교 학급규모 축소)들보다 비용이 덜 소요되는 것으로 생각된다. 지지자들은 바우처 프로그램이 전통적으로 부유한 이들만이 누리던 교육선택권을 가난한 아이들에게도 줄 수 있다고 주장한다(Chubb & Moe, 1990; Cookson, 1994). 하지만 비평가들은 바우처 프로그램들이 공립학교의 민주적 기능에 부정적인 영향을 미칠 것이고, 경제적 · 인종적 분리를 증가시킬 것이라고 걱정하고 있다(Fowler, 1991; Goodlad, 1997).

차터스쿨(Charter School)

차터스쿨은 공립학교이지만 주정부, 지역 교육청, 대학들과의 협약에 근거하여 각종 주정부 법규에 규제를 받지 않는 학교이다. 대규모 바우처 프로그램의 엄청난 재정적 영향과는 다르게, 정책입안자들은 차터스쿨이 비교적 비용이 덜 드는 학교개혁 전략이라고 생각한다. 대다수의 주정부들은 차터스쿨 법안을 제정하였다. 2006년 기준으로 40개 이상의 주와 워싱턴 D.C.에서는 4,100개 이상의 차터스쿨에 120만 명 이상의 학생들이 재학하고 있다(Center for Education Reform, 2007). 주정부마다 허가할 수 있는 차터스쿨의 수는 다양하고 주마다 주 법규에서 면제되는 범위 또한 각기 다르다.

차터스쿨 중 약 10%는 현재 사기업에 의해 운영되고 있고, 기업의 입장에서는 교육이 시장에 공개된다는 점에서 흥미로운 재정적 전망을 하고 있다. 또한 여러 가상 차터스쿨(virtual charter school)이 설립되었는데, 이는 여러 다른 주에서도 학생들이 참여할 수 있다는 점에서 문제점으로 제기되고 있다. 일부 주들은 차터스쿨을 추진하기 위해 장려기금을 사용하고 있고, 연방정부는 차터스쿨을 위한 초기 자금을 위해 교부금을 제공하는 등의 지원을 해왔다. 2006년 이후로 어느 정도 증가세가 줄어들고 있지만, 차터스쿨 설립 운동은 학교재정, 조직, 관리 등에 대해 여전히 많은 시사점을 던지고 있다.

공립학교의 사적 운영

이미 언급했듯이 일부 차터스쿨들은 사기업에 의해 운영되고 있다. 일부 주들은 기업의 차터스쿨 운영을 제한하고 있음에도 불구하고, 지역 교육청은 교수학습 서비스, 특정 학교의 운영, 또는 전체 지역의 학교를 사기업이 운영할 수 있도록 계약 체결이 가능하다. 사기업들은 그들이 이전에 예상했던 것보다 학교 운영이 어렵다는 것을 발견하였다(Molnar & Garcia, 2007). 1990년대 볼티모어나 하트포드에 있는 Education Alternatives Inc.(EAI)과 같은 대규모 학교의 기업 경영 실험들은 성공적이지 못했고, EAI는 결국 1997년 애리조나에 있는 Tesseract사와 합병하였다(EWA, 2005). 또한 필라델피아에서 낮은 성과를 보이는 학교들을 관리하고자 했던 Edison Project사와의 계약도 초반부터 난관에 부딪혔다(Rimer,

2002). Edison Project 사와 유사한 회사들은 차터스쿨 운영에 집중했다. 왜냐하면 혁신적인 직원의 고용이나 혁신적 지도방법을 자유롭게 선택할 수 있다는 매력 때문이었다. 2006~2007년에 Edison Project 사는 19개 주와 워싱턴 D.C.에서 약 285,000명의 학생들을 대상으로 학교를 운영했다고 보고하였다.

사기업의 교육경영 참여는 학교나 학교구를 운영하는 것에 그치지 않는다. 개인지도나 교육강화 프로그램과 같은 보다 구체적인 대상을 가지고 기업이 교육에 참여하는 것이 일반화되어 있고 논쟁적이지도 않다. 예를 들어 Kaplan Education Center, Sylvan Learning Systems, Berlitz Language Schools 이외 유사 회사들은 교수학습 서비스를 전국의 학생들에게 제공하고 있다. 고부담 시험(high-stake test) 제도가 더욱 확산된다면, 그런 회사들의 활동은 더욱 보편화될 것이다.

학교선택권에 대한 관심과 함께 교육시장화를 위한 다양한 모형들이 입법과정에서 계속적인 관심을 받을 것이다. 특정 모형들의 도입 여부는 정치적 분위기와 더불어 주 헌법상 공공자금 사용 제한 규정을 해석하는 사법부의 태도에 따라 달라질 것이다.

학교재정체제에 대한 합법성 논의 (Constitutional Challenge to State School Finance System)

학교재정 관련 소송건은 세금공제, 지출제한, 주정부 보조 삭감, 재산세 면제, 학교채권, 장애학생을 위한 교육서비스 제공, 종교학교에 대한 재정배분 등 다양하다. 학교재정과 관련된 최근 연방 대법원 판결은 미국 교육부의 입장에 손을 들어주었다.

대부분 중요한 학교재정에 대한 소송건은 주정부 학교재정 지원체제의 합법성 여부와 관련이 있다. 1970년대 초기 이후, 소송에 의해 학교재정 개혁은 많은 영향을 받았다. 45개의 주들은 그들의 학교재정 지원체제에 대한 소송을 경험한 적이 있고, 25개 주 이상은 지금도 소송 중에 있다(Hunter, 2007). 2006년 9월까지 이와 관련된 소송건 중에서 26건은 주정부가 패소하였고, 19건은 승소하였다(Hunter, 2006a).

공평성 소송(Equity Litigation)

주정부 재정지원체제에 대한 법적인 이의 신청은 한 주내에서 교육구 간의 자원 배분 불평등이 수정헌법 제14조를 위반하였다는 소송을 시작으로 몇 차례에 걸쳐 진행되어 왔다(Thro, 1990). 미국 헌법의 평등보호조항(Equal Protection Clause)에 초점을 둔 그러한 이의 신청은 캘리포니아 주 사례인 *San Antonio v. Priest*(1971) 판례를 시작으로 진행되었지만 오래 가지는 못했고, 그 이후 미국 연방 대법원이 판결한 *Independent School District v. Rodriguez*(1973) 사례가 새로운 국면을 맞이하게 되었다. 물론 학교재정 개혁 관련 사법부 역할의 시발점을 *Serrano* 판결에서 찾는 것은 일반적이다. 캘리포니아 공립학교 재정지원체제는 지역의 빈부 격차에 따라 차이가 나기 때문에, 이는 미국 연방헌법 및 주헌법에 명시되어 있는 평등보호조항에 위배된다는 것이다. 지역마다 자산가치의 심각한 불평등 때문에, 부유한 지역의 거주자는 가난한 지역의 거주자에 비해 세금 부담률이 약 1/3 정도였다. 그리고는 부유한 지역의 거주자는 가난한 지역의 거주자에 비해 약 3배 이상 이익을 얻었다. *Serrano* 판결(1971)은 학생 1인당 교육비의 불평등 구조에 초점을 맞추었고, 그것이 교육의 질에 엄청난 영향을 준다는 점을 강조하였다. 그 결과 캘리포니아 주대법원은 학생 1인당 교육비의 불평등 구조가 재산세의 차이에 의한 것이라면 그것은 미국 연방과 주헌법을 위반한 것이라고 판결하였다.

Serrano 판결은 미국 전역에 영향을 주었다. 왜냐하면 하와이를 제외한 모든 주들은 기본적으로 캘리포니아 주와 같이 재산세에 의존하고 있었기 때문이다. 그 이후 학교재정 배분공식에 대한 법적 논쟁과정에서 *Serrano* 판례가 인용되어 왔다. 하지만 이러한 판례가 더 이상 인용되지 않고 곤경에 빠지게 된 계기는 미국 연방 대법원이 텍사스 주의 *San Antonio Independent School District v. Rodriguez* 사건을 수정헌법 제14조의 평등보호조항에 근거하여 재심의하라는 판결 이후부터이다. 대법원은 기존 판례를 뒤집고, 텍사스 학교재정 지원체제에 대한 이의 신청을 기각하였다.

교육구의 빈부 정도가 교육재정의 불평등을 야기시킨다는 지방법원의 판결에 연방 대법원이 동의하지 않은 이유는 해당 지역의 재산 수준과 그 지역에 사는 개인의 재산 수준과는 관계가 없다는 사실 때문이었다. 또한 대법원 대부분의 판사들은 교육을 기본권리로 인정하지 않았다. 왜냐하면 교육은 연방헌법에 명확히 언급되어 있지 않고, 교육이 기본권이라는 근거를 발견하지 못했기 때문이다(미국 교육의 법적 책임은 주정부에 있음). 교육재정의 불평등 원인이 무엇이든, 교육이 기본권이든 아니든 연방 법원은 텍사스 학교재정 계획이 불평등을 정당화시키기 때문에 법률적으로 엄격하게 판단해 줄 것을 요구하는 변호인의 의견을 거절한 바 있다. 평등보호조항에 근거한 주장에도 불구하고, *Rodriguez* 판결을 주도한 판사들은 주정부의 기본교육비 교부제도가 최소한의 교육을 보장해 준다는 믿음을 가지고 있는 것처럼 보인다. 그들은 또한 가난한 교육구가 부유한 교육구와 비슷한 수준의 교육재원을 확보하기 위하여 가난한 교육구는 더 높은 재산세 세율을 부과한다 하더라도, 지방정부가 추가 교육재원 확보에 자율재량을 주는 것은 정당하다고 보는 입장을 견지하고 있다.

Rodriguez 판례는 법원이 학교재정체제 변화에 영향을 주는 중요한 기제라고 보는 사람들에게는 퇴보된 결정이었다. 사실 일부에서는 *Brown v. Board of Education*(1954) 판례가 학교 인종차별금지(school desegregation)에 중요한 역할을 하였듯이, *Rodriguez* 판례가 학교재정 개혁에 중요한 역할을 할 것으로 믿었다. 하지만 *Rodriguez* 판례의 영향은 학교재정에 대한 법률적 국가표준을 설정해 주기보다는 오히려 주법원에서 관련 소송에 시달리게 만드는 계기가 되었다. 초기 판례는 주정부 평등보호조항에 초점을 두고 있었지만, 다른 청구들은 주의회가 공교육 지원을 주도해 가는 주헌법규정에 근거하고 있었다.

연방헌법과는 다르게, 모든 주헌법에는 주의회가 모든 학생들에게 충분하고, 적절하며, 동일한 기본교육을 제공할 책임이 있다고 명시하고 있다. 학교재정체제에 대한 법률적 이의신청이 있다 하더라도 주법원은 주헌법에 근거하여 교육을 기본권으로 선언해야 할 것이다. 하지만 이러한 주헌법 정신은 종종 번복되곤 한다. 일부 주법원은 주헌법을 해석하는 과정에서 *Rodriguez* 판례를 근거로 연방대법원의 입장을 따르고 있다. 그들은 기본교육비 교부제도로도 최소한의 교육수준을 유지할 수 있고, 이는 연방헌법이나 주헌법 정신에도 부합한다는 입장이었다(*McDaniel v. Thomas*, 1981; *Thompson V. Engelking*, 1975). 애리조나 주대법원이 교육을 기본권이라고 선언하였음에도 불구하고, 교육구 간의 자원 불평등은 모든 학생들이 최소한의 교육에 접근할 수 있는 한 주헌법 정신에 위반되지 않는다고 판결한 바 있다(*Shofstall v. Hollins*, 1973). 일리노이 대법원도 주정부 학교재정체제에 대한 평등보호조항의 적용을 거부하면서 "주헌법에 의해 보장받는 모든 권리는 기본이 아니다"라고 결정한 바 있다(*Committee v. Edgar*, 1996, p.1194).

그러나 다른 주법원은 주정부 평등보호조항 혹은 주정부 교육조항에 근거하여 학교재정체제에 대한 이의 신청을 무산시켰다. 웨스트 버지니아 주 대법원은 1979년에 교육이 주헌법에 의해 보장된 기본권이라고 판결한 바 있고, 교육재정체제가 차별적 요인이 있기 때문에 엄격하고 신중한 기준을 제시하라고 판결하였다(*Pauley v. Kelley*). 또한 와이오밍 주 대법원도 *Washakie County School District v. Herschler*(1980) 사건을 통해 교육을 기본권으로 인정하고 교육구 간의 불평등을 완화시키는 학교재정체제로 개편하라는 판결을 내린 바 있다.

Rodriguez 판례(1973) 이후 15년 동안 텍사스 주 대법원은 주정부 헌법에 근거하여 교육재정 불평등을 유지해 왔던 지금까지의 주정부 교육재정체제가 무효임을 판결하였다(*Edgewood v. Kirby*, 1989). 텍사스 주 대법원은 "주의회는 헌법적 의무조건인 교육기회의 평등이 남은 재정의 유무에 근거하여 결정되는 것이 아니기 때문에 투자우선순위를 수립하여야 한다"는 의견을 개진하였다(pp.397-398). 법원의 결정은 교육구 간의 재정적 불평등이 존재한다면 그것은 주정부가 헌법적 의무인 모든 학생들에게 효율적인 교육을 제공하지 않았다는 것이다. 아울러 버몬트 주 대법원도 *Brigham v. State*(1997) 판례를 통해 주정부 학교재정체제가 불평등한 비용 지출구조와 세율구조로 운영되기 때문에 주헌법 정신에 위배된다고 판결한 바 있다.

전액 주정부 교부제도(full-state funding)를 제외하고 환입조항(recapture provision)은 교육구 간의 공평한 자원배분을 위한 가장 효과적인 전략일 것이다. 이 조항에 근거하여 재산세는 지방정부에서 징수하겠지만, 주정부는 지역 간 자산 빈부의 차이를 보상하기 위하여 교육재정을 배분할 것이다. 그러한 환입제안은 논쟁의 여지가 있어 널리 채택되지는 않았다. 위스콘신 주 대법원은 동일한 세금체제라는 주헌법 의무조항에 의거하여 환입조항을 받아들이지 않았다(*Buse v. Smith*, 1976). 주대법원은 "주정부는 한 교육구에는 강제로 세금을 징수시킬 수 없고, 다른 교육구의 직접적인 이득을 위해서도 세금을 부과시킬 수 없다"라고 판결하였다(p.155). 하지만 캔사스 주 대법원은 1994년에 주입법부가 부유한 지역에서 징수한 세입을 가난한 지역의 프로그램을 지원하기 위해 재분배함으로써 현존하는 불평등을 부분적으로나마 해소하려고 했음을 긍정적으로 평가했다. 주 대법원은 환입조항이 정당한 보상 없이 공적인 사용을 위해 개인재산에 세금을 부과하는 것은 주헌법 정신에 위배되지 않는다고 판단하였다(*Unified School District v. State*, 1994). 현재 5개 주에서 지방정부가 의무적으로 지원해야 할 규모 이상으로 세입을 창출할 수 있는 교육구로부터 가난한 교육구에게 교육재정을 재배분하는 것에 대한 법적 재청구가 신청되어 있다.

적절성 소송(Adequacy Litigation)

미묘하지만 중요한 변화의 흐름은 학교재정 소송사건에서 발생해 왔다. 교육목적을 달성하기 위해 교육자원의 적절성에 관한 관심은 증가되고 있고, 교육구 간의 불평등한 교육재원에만 관심이 있는 것은 아니다. 1989년 이후 적절성 판결은 수많은 미결정 사건 사례와 함께 27개 주에서 이루어졌다(Hunter, 2007). 이러한 사건 사례는 주로 평등보호조항보다는 주헌법의 교육조항에 근거하고 있었다. 적절성에 대한 이의신청을 조사할 때, 법원은 학생들이 적절한 교육을 받기 위해 요구되는 최소수준을 충족시킬 정도의 충분한 교육자원 수준은 어느 정도 있는지를 평가하도록 요구한다. 교육불평등은 교육구의 교육비용 수준을 줄임으로써 다소 완화될 수 있지만, 반면에 교육의 적절성 문제는 충분한 재원 확보가 관건일 수 있다.

모든 학생들에게 제공될 적절한 교육의 요인에 관한 쟁점 사항이 논의된 첫 번째 사건 사례 중 하나가 바로 1978년 워싱턴 주 대법원 판결이다. 법원이 재산세에 의존하는 학교재정체제는 기본교육을 위한 충분한 지원제제가 아니라고 판결(*Northshore School District v. Kinnear*, 1978)한 지 4년이 지난 후에, 법원은 다시 학교재정 지원체제에 대해 재검토 요구를 받았다. 1978년 법원은 주정부가 학교세입을 위해 지방정부의 초과과세에 의존함으로써 기본교육을 위한 충분한 재정지원을 해야 하는 주헌법상 의무인 "최고 의무(paramount duty)"를 수행하지 않았다고 판결하였다(*Seattle School District v. State*, 1978). 법원은 주의회가 기본교육 프로그램의 구체적인 요소를 규명할 책임이 있고, 의존할 수 있는 세원(tax source)으로부터 전액지원을 제공할 의무가 있다고 판결하였다.

웨스트 버지니아 주의 소송건에서는 새로운 국면을 맞이하였는데, 그 이유는 주대법원이 현재 학교재정 지원체제는 무효라고 판결한 이후 사실심 법원(trial court)이 교육과정, 교원인사, 교육시설 및 자료, 기자재 등에 의한 고품격 교육표준을 발표했기 때문이다. 웨스트 버지니아 학교재정체제가 부적절하다는 사실이 밝혀짐으로써, 법원은 주헌법에서 요구하는 기본교육의 구성요소를 정의하는 데 일반적인 사법적 판단이 아닌 주의회에서 주도적으로 역할을 하라는 판결을 내렸다. 법원은 교사 대 학생 비율, 교과목 수업시간, 학생당 시설면적 등 요구사항을 구체화시켰다. 가난한 교육구는 고품질의 교육프로그램을 제공할 수 없다는 이유로 판사는 법원이 입법, 사법, 행정기관의 전문가들을 임명하여 법원이 제시하는 표준에 따라 종합발전계획을 수립할 수 있도록 하였다. 법원은 또한 주 세금제도가 헌법정신에 부합하지 않다고 결론내린 바 있다. 왜냐하면 법원은 지역마다 자산가치의 실질적인 편차가 있음을 인정하고, 주세무 담당자에게 과세부족을 메꿀수 있는 계획을 수립하는 데 모든 자산가치를 평가하도록 명령하였기 때문이다. 웨스트 버지니아 주 대법원은 1984년에 종합발전계획을 구체화시키는 과정에서 공립학교의 효율적인 체제를 전달 · 유지시키는 책임은 주정부에 있음을 선언하면서 사실심 법원의 권위를 지지한 바 있다(*Pauley v. Bailey*, 1984).

적절성 소송과 관련하여 켄터키 주 대법원은 1989년에는 *Rose v. Council for Better Education* 소송건을 판결하였고, 이 판결에 통해 지역 간 학교재정체제의 합법성에 관한 본질적 토론이 전개되었다. 캔터키 주 고등법원은 주정부 학교재정체제가 헌법정신에 부합되지 않게 학교지원이 이루어지고 있다고 판결하였다. 실제로 켄터키주에 있는 학교는 재정지원을 덜 받았고, 학교 간 불평등으로 인해 전국에서도 가난한 학교로 평가되었으며, 교육기회 제공도 일정하지 않다는 점이 문제점으로 지적되었다.

켄터키 주 대법원은 "효율적인 체제(efficient system)"가 무엇을 의미하는지 다음과 같이 제시한 바 있다. 첫째, 법원의 의견에 따르면 효율적인 체제는 주에서 요구하는 적절한 교육 기회를 모든 학생들에게 공평하게 주어야 한다는 것이다. 교육을 위한 주정부 재원을 보존하기 위해 설계된 지방세는 적절한 교육 제공에 필요한 재원 이상의 역할을 할 수 있다면 수용될 수 있을 것으로 간주되었다. 그러나 법원은 주의회에게 교육의 적절성을 보장받을 수 있는 새로운 교육체제를 재창조 혹은 재구성하도록 요구하였다. 그래서 법원은 최소한의 교육 적절성 관련 요인을 제시하였고, 결과적으로 새로운 교육체제를 구축하라는 것이다.

학교재정의 적절성 관련 소송 중에서 매력적인 소송은 주정부로 하여금 공립학교를 위한 상당한 양의 새로운 재원을 제공하도록 권고한 것이다. 켄터키 교육개혁법(Kentucky Education Reform Act, 1990)은 *Rose* 판례에 근거하여 1990~1991년에 주정부와 지방정부가 공립학교에 대한 지원을 38% 증가시키는데 기여하였다. 모든 켄터키 학교구들은 이 기간 동안 상당한 재정증가를 경험하였고, 주의회는 1991년에 주정부 재원의 77%에 해당하는 4억 9천만 달러를 새로운 재원으로 투자하였다(Trimble & Forsaith, 1995). *Rose* 판례는 학교재정을 교육의 적절성에 초점을 두고 개념화시킨 전환점이 되었다(Grossman, 1995). 1990년까지 많은 소송건들은 주헌법 중 평등보호조항이나 교육규정에 의해 비교적 공평하게 처리되었다. 1990년 이후 교육규정은 주정부 학교재정체제에 대한 법적 소송의 중요한 근거가 되기도 하였다. *Rose* 판례 이후 대부분의 학교재정 판례들은 주로 재정지원의 적절성에 초점을 두고 있다.

오하이오 주 학교재정체제는 1997년 이후 다음과 같은 4개의 주대법원의 판례를 이끌었다. 1997년에 주정부 학교재정 지원체제는 학생 안전이나 건강한 학습환경을 위해 충분한 재정지원을 하지 않았기 때문에 주헌법 정신에 일치하지 않은 것으로 밝혀졌다(*DeRolph v.* State, 1997). 2000년에 법원은 개편된 학교재정체제를 검토하면서 헌법에 의무화되어 있는 효율적인 학교재정체제가 아직 구축되지 않았다고 판결했다(*DeRolph II*, 2000). 오하이오 주 대법원이 지적한 것은 주정부가 완전히 개발된 표준을 만들어야 하는 책임은 효과적인 교육체제를 제공해야 하기 때문이라는 것이다. 그리고 2001년에 대법원 판사들은 기본교육비 교부제도가 다소 변경이 된다 하더라도 여전히 "완벽하게 편안한(completely comfortable)" 제도로 보지 않는다고 판결했다(*DeRolph III*, 2001). 2002년에는 법원이 오하이오 주 의회가 직면한 어려움을 알고 있지만, 그러한 어려움이 "헌법에서 명시한 내용을 피해갈 수 없다(cannot trump constitution)"고 판결했다(DeRolph IV, 2002, p.530). 학교재정체제가 헌법정신을 구현하지 못하고 있음을 알고 있는 법원은 주의회가 헌법이 요구하는 효율적인 재정제도를 체계적으로 구축하도록 명령했다.

아울러 최근 교육의 적절성 관련 판례를 보면, 사법부가 교육재정의 적절성 여부를 판단할 때 학업 성취도 향상을 위한 학교 책무성에 관심이 높음을 알 수 있다(Adams, 2007; Dayton & Wood, 2007). 이를테면, 뉴햄프셔 주 대법원은 *Claremont v. Governor*(2002) 사건을 처리하면서 책무성(accountability)이 주정부의 가장 필수적인 의무라고 판결하였다. 그리고 주정부는 교육의 적절성을 표준, 합리적인 평가 등을 포함하여 정의하도록 요구하였다. 2006년에는 뉴햄프셔 주 대법원이 요구하는 사항을 주정부가 이행하지 않았다고 판단하였다(*Londoriderry School No. 12 v. State*, 2006). 한편 알래스카 주 대법원은 최근에 주정부가 적절하게 교육재정 지원에 관한 표준과 평가체제를 설정하였지만, 주정부가 아직도 학교에게 충분한 지원과 감독을 하고 있지 않아 학생들이 교육표준에 부합하는 적절한 교육 기회를 확보하지 못하고 있다고 판결하였다(*Moore v. State*, 2007).

노스캐롤라이나 주 대법원은 2004년에 "모든 학생들은 기본교육을 받을 기회를 제공받아야 한다"는 주헌법의 의무사항에 대한 사법적 해석을 주정부가 제대로 충족시키지 못하고 있다고 판단하였다(*Hoke County Board of Education v. State*, 2004, p.390). 그래서 법원은 주정부가 교육적 결손을 수정할 의무가 있음을 지적하였다. 또한 교육의 적절성은 워싱턴 주에도 의제화된 적이 있다. 2007년에 몇 개의 학교가 주정부를 상대로 주대법원이 주정부에게 모든 학생들을 위해 적절한 교육을 규명하고 지원해야 한다고 명령하였음에도 불구하고 지난 30년 동안 그러한 의무를 적절히 수행하지 않았다고 소송을 건 바가 있다(*Brief for Petitioner*, 2007). 학교는 불충분한 재정지원이 비교과 활동이나 교원의 지위를 약화시키는 원인이었다고 지적하면서 고소를 하였다(Hunter, 2006b).

Serrano 사건(1971)을 계기로 교육재정체제를 법적인 차원에서 다루게 한 시발점을 제공하였던 캘리포니아 주가 최근에는 적절한 교육을 위해 필요한 수업, 교원인사, 시설과 관련된 교육자원의 정도에 깊은 관심을 보이고 있다. 주대법원은 2004년에 학교구와 주정부 간의 협정을 승인했다. 이 협정의 주요 내용은 주정부가 교육시설 안전을 위해 시설보수를 해 주고, 성취수준이 낮은 학교에게 수업개선과 우수 교원 제공을 위해 추가 재원을 지원하도록 약속하였다(*Williams v. State*, 2004). 이 협정은 주로 시설개선에 초점을 두고 있기 때문에, 모든 학생들에게 적절한 교육을 제공하는 데에는 한계가 있다는 지적도 있다(Glenn & Picus, 2007).

더불어 교육의 적절성을 강조한다 하더라도 이에 대한 소송들이 모두 성공적이었던 것은 아니다. 일부 주고등법원은 공교육에 대한 주헌법 의무사항이 무엇인지 해석하고 있는 수준에 머물러 있다. 1989년 이후 교육의 적절성에 관한 소송 27건 중 20건이 승소하였지만, 최근 소송건에서는 주정부가 승소하는 양태를 보이고 있다(Hunter, 2007). 예를 들면, 매사추세츠 주고등법원은 *Hancock v. Commissioner of Education*(2005) 소송건에서 주정부가 공교육을 잘 운영하고 있다고 판결하였다. 유사한 사례는 2007년에 켄터키 순회재판소가 *Young v. Williams* 소송건에서 이미 주대법원이 판결한 *Rose* 판결(1989) 이후 주정부 지원의 교육체제가 상당히 발전해 왔음을 지적하고 교육의 적절성에 관한 소송을 무효처리시켰다.

일부 주고등법원은 최근에 학교재정 문제가 사회 의제화되는 것은 정당하지 못하다고 판단하고 교육재정 지원의 부적절성에 관한 소송건을 기각한 바 있다. 이들은 주의회에게 교육재정 지원 수준을 정치적으로 결정하라고 책임을 전가시켰다(*Nebraska Coalition for Educational Equity and Adequacy v. Heineman*, 2007; *Oklahoma Education Association v. State*, 2007). 사우스캐롤라이나 주대법원은 최소한 교육의 적절성을 보장하는 헌법적 의무는 주의회에 달려 있고, 법원의 역할은 아니라고 판결한 바 있다(*Abbeville v. State*, 1999, p.541).

몬타나 주대법원은 2005년에 적절성을 정의로운 가치라고 생각한다 하더라도 주의회가 교육의 적절성을 정의해야 할 책임이 있다고 결정하였다. 법원은 주의회가 적절한 교육지원체제를 갖추고 있지 못하다고 결정하였지만, 학교의 질에 관한 주의회의 명확한 정의가 없는 상태에서 법원이 현재 교육재정 지원체제의 평가 요인들을 제시할 수 없음을 명확히 하였다(*Columbia Falls Elementary School District No. 6 v. State*, 2005).

도시와 시골학교의 특수한 문제

일부 학교재정 소송사례들에서 알 수 있듯이, 교육서비스가 과세기준과 관련하여 다른 정부서비스와 경쟁하여야 하고, 특별히 재정지원이 요구되는 학생들이 도시에 집중되어 있기 때문에 도시 학교구가 재정적 측면에서 불이익을 받고 있다는 입장이다. 하지만 뉴욕 주 소송건에서 주고등법원은 그러한 도시 학교구의 소송을 기각하였다(*Board of Education v. Nyquist*, 1982). 뉴저지 대법원은 1998

년에 주정부 학교재정 지원체제가 부실한 이유 중의 하나가 주정부가 도시 학교구의 특별한 수요(special need)를 적절히 지원하지 못하고 있다고 판결한 바 있다(*Abbott v. Burke*, 1998).

다소 일반적인 사례는 아니지만, 대법원은 코네티컷 주에 있는 Hartford 공립학교의 인종분리 현상을 해결하는 과정에서 주정부가 교육기회 균등을 위해 헌법적 의무를 다하고 있는지를 결정해야 했다. 주대법원은 주헌법에는 소수민족 학생들에게 실질적인 교육기회 균등 조치를 취해야 한다는 연방헌법의 의무사항을 넘어 보다 적극적인 조치를 취해야 할 의무가 주의회에 있다고 판단하였다. Hartford 학교구의 불평등 지원과 인종적 분리 문제가 공평하게 교육받을 기회를 위배하였다는 사실에 대해 법원은 선언적 구제(relief)로 제한하여 판단하였다. 즉, 법원은 주의회가 그 상황을 해결하도록 지도하고, 필요하다면 더 많은 구제기금을 제공하도록 사법권을 유지한다는 선언을 하였다(*Sheff v. O' Neill*, 1996). 그리고 코네티컷 주대법원은 1999년에 주정부가 '백인의 도심에서 교외로의 탈출(white flight)' 현상과 '실질적인 인종분리(de facto segregation)' 현상을 해결하기 위한 충분한 조치를 취해야 한다고 결정한 바 있지만(*Sheff v. O' Neill*, 1999), 법적 논쟁은 계속되고 있다. 2003년 주정부는 4년 동안 두 개의 마그넷 스쿨(magnet school) 설립을 포함한 Hartford 학교구의 통합을 위해 2억 4,500만 달러를 지원하기로 협정에 동의하였다(Von Zielbauer, 2003).

또 뉴욕 소송건도 뉴욕 시에 있는 소수민족 학생들의 교육기회 균등과 관련된 것이었다. 고소인은 인종 간 교육자원 배분의 불공평성과 교육적 부적절성의 결과를 통계적 자료를 통해 제시하였다. 주고등법원도 교육재정 지원체제가 1964년에 제정된 시민권법(Civil Rights Act)의 제6장 규정을 위반하였고, 주헌법에서 요구하는 기본교육을 제공하지 않았다고 결정하였다(*Campaign for Fiscal Equity v. State*, 1995). 법원은 교육비용의 적절성 여부는 주 전체로 볼 때 다양하다는 점을 인정하면서 주정부에게 "현재 학교재정과 운영체제의 개혁은 … 뉴욕 시의 모든 학교는 학생들이 기본교육을 받을 만큼 충분한 자원을 지원받았어야 한다"라고 지도한 바 있다(*Campaign v. State*, 2003, p.348). 그리고 법원은 추가 재원이 어느 정도 필요한지를 입법부에게 결정하도록 위임하였고, 구체적인 범위를 규정하였다(*Campaign v. State*, 2006).

또 다른 사례로서, 캔사스 주대법원은 주정부 교육지원 법안이 충분한 지원을 하는 데 한계가 있고, 특히 소수민족 학생과 특수교육 학생 비율이 높은 중대규모의 학교구에게 충분한 지원 보장이 되어 있지 않음을 발견하였다. 그러나 법원은 주의회에게 법안 수정을 권고하는 수준에 머물렀다(*Montoy v. State*, 2005). 법원이 명령에 따라 주의회는 향후 3년 동안 지속적으로 교육재원을 증가시키는 법안을 채택하였다(*Montoy v. State*, 2005).

도시 학교구의 재정적 필요에 대한 관심이 고조되었을 때, 시골 학교구도 특수한 영역에 재정적 필요가 있다는 소송이 있었다. 알라바마 주대법원은 시골 지역 불평등이 해결되어야 한다는 소송건을 기각하였다(*Ex parte James*, 2002). 반대로 테네시 주대법원의 경우 시골의 작은 학교일수록 교육자원 불평등이 심하다는 주장에 손을 들어주었다(*Tennessee Small School Systems v. McWherter I*, 1993; II, 1995; III, 2002). 법원은 시골과 도시 학교 간 교사임용 비용의 차이를 조정하는 평등화 계획이 폐지되어야 할 합리적 기준을 발견하지 못했기 때문이다.

소송 내용에 차이가 있는가?

주고등법원이 학교재정 지원체제가 적절하지 않고, 주의회가 그 문제를 해결해야 한다는 판결을 내린 이후, 입법부는 또다시 사법적 기준이 불충분하다는 반응을 보였다. 결과적으로 사법부와 입법부는 긴장관계를 형성하게 되었고, 사법부의 판결이 학교재정 운영 방법과 수준에 영향을 준 것에 대한 문제가 제기되었다. 사법부의 관여로 학교재정 투자 확대가 이루어지도록 유도하였음에도 불구하고, 학교재정 관련 소송들이 재정개혁에 긍정적인 영향을 미쳤는지에 대해서는 합의된 의견이 없다(Adams, 2007). 사실 이것을 입증하기란 쉽지 않다. 왜냐하면 사법부의 판결이 문제시되지 않았다면, 주정부 수준의 학교재정이 어느 정도였는지 가늠하기도 어려웠기 때문이다. 또한 일부 주의회는 소송을 사전에 피하기 위해 교육재정 제도를 미리 개편하는 경우도 있었기 때문이다(Guthrie & Rothstein, 1999).

학교재정 소송건이 과연 영향력이 있느냐에 관한 연구가 많지는 않지만 결론은 다양하다. 1992년 Hickrod 등의 연구에 따르면, 교육비용 증가는 주정부 학교지원체제가 법적 효력이 없다는 주대법원의 판결과 관계가 있다는 결론을 내렸다. 하지만 Heise(1995)는 시계열 회귀분석을 통해 와이오밍 주와 코네티컷 주의

without consideration of school performance. In L. O. Picus (Ed.), *Where does the money go: Resource allocation in elementary and secondary schools* (pp. 20-43). Newbury Park, CA: Corwin Press.

Hanushek, E. A. (2003). The failure of input-based schooling policies. *The Economic Journal, 113*, F64-F98.

Heise, M. (1995). State constitutional litigation, educational finance, and legal impact: An empirical analysis. *The University of Cincinnati Law Review, 63*, 1735-1765.

Hess, F. (2002, November). *Making sense of the "public" in public education* (Policy Report). Washington, DC: Progressive Policy Institute.

Hickrod, G. A., Hines, E. R., Anthony, G. P., Dively, J. A., & Pruyne, G. B. (1992). The effect of constitutional litigation on education finance: A preliminary analysis. *Journal of Educational Finance, 18*, 180-210.

Hoke County Board of Education v. State, 599 S.E.2d 365 (N.C. 2004).

Howard, M. A. (1989). State tax and expenditure limitations: There is no story. *Public Budgeting and Finance, 9*, 83-90.

Hunter, M. (2006a, September 18). *Equity and adequacy school funding court decisions.* National Access Network. Online: www.schoolfunding.info.

Hunter, M. (2006b, November 28). *School funding adequacy and equity: Lawsuit filed in Washington state.* National Access Network. Online: www.schoolfunding.info.

Hunter, M. (2007, May). *Litigations challenging constitutionality of K-12 funding in the 50 states.* National Access Network. Online: www.school funding.info.

Jones, R. (2006). Michigan's big property tax cut, and the lesson it has for New Jersey. *The New York Times.* Online: www.nytimes.com/2006/09/10/nyregion/l0taxes.html.

Joondeph, B. W. (1995). The good, the bad, and the ugly: An empirical analysis of litigation-prompted school finance reform. *Santa Clara Law Review, 35*, 763-824.

Kentucky Education Reform Act of 1990, Kentucky Revised Statutes Annotated (KRS ANN.) ch. 476 (2007).

King, R., Swanson, A., & Sweetland, 5. (2003). *School finance* (3rd ed.). Boston: Allyn & Bacon.

Kohn, A. (2002, January 24). Measures fall short. *USA Today*, 12A.

Koski, W. S., & Levin, H. M. (2000). Twenty-five years after *Rodriguez:* What have we learned? *Teachers College Record, 102*, 480-513.

Kozol, J. (1992, September 21). Whittle and the privateers: Corporate raid on education. *The Nation*, 272, 274, 276-278.

Ladd, H. F., & Hansen, J. S. (Eds.) (1999). *Making money matter:FinancingAmerica's schools.* Committee on Education Finance. Washington, DC: National Research Council/National Academy Press.

Londonderry School District No. 12 v. State, 907 A.2d 988 (N.H. 2006).

Manwaring, R., & Sheffrin, S. (1997, May). Litigation, school finance reform and aggregate educational spending. *International Tax and Public Finance, 4*, 107-127.

Matanuska-Susitna Borough School District v. State, 931 P.2d 391 (Alaska 1997).

McDaniel v. Thomas, 285 S.E.2d 156 (Ga. 1981).

Merrow, J. (2001). Undermining standards. *Phi Delta Kappan, 82*, 653-659.

Molnar, A. (2005). *School commercialization: From democratic ideal to market commodity*. New York: Routledge.

Molnar, A., & Boninger, F. (2007). *Adrzft: Schools in a total marketing environment* (The tenth annual report on schoolhouse commercialism trends: 2006-07). Tempe, AZ: Commercialism in Education Research Unit, Arizona State University. Online: http://epsl.asu.edu.ceru/CERU_2007_Annual_Report.htm.

Molnar, A., & Garcia, D. (2007). *The expanding role of privatization in education: Implications for teacher education and development*. Tempe, AZ: Education Policy Studies Laboratory, Arizona State University.

Monk, D. H. (1992). Education productivity research: An update and assessment of its role in education finance reform. *Educational Evaluation and Policy Analysis, 14*, 307-332.

Montoy v. State, 120 P.3d 306 (Kan. 2005).

Montoy v. State, 138 P.3d 755 (Kan. 2006).

Moore v. State, No. 04-9756 (Alaska Super. Ct. June 26, 2007). Online: www.law.state.ak.us/unpub lished/pdf/mooredecision.pdf.

National Center for Education Statistics. (1995). *Mini-digest of education statistics 1995: Finance*. Online: http://nces.ed.gov/pubs/MiniDig95/finance.asp.

National Center for Education Statistics. (2007a). *Contexts of elementary and secondary education, indicator 2007*. Online: The Condition of Education Website: http://nces.ed.gov/programs/coe/2007/section4/indicator37.asp.

National Center for Education Statistics (200Th). *State education reform*. Online: http://nces.ed.gov/programs/statereform/fnan_tab5.asp.

National Education Association. (2006). *Rankings and estimates*. Annapolis, MD. Online: www.nea.org/edstats/images/06rankings.pdf.

Nebraska CoalitionforEducational EquityandAdequacyv. Heineman, 731 N.W.2d 164 (Neb. 2007).

Neely v. West Orange-Cove Consolidated Independent School District, 176 S.W.3d 746 (Tex. 2005)

No Child Left Behind (NCLB) Act, 20 USC § 6301 *et seq.* (2008).

Northshore School District No. 417 v. Kinnear, 530 P.2d 178 (Wash. 1974).

Oklahoma Education Association v. State, 158 P.3d 1058 (Okla. 2007).

Pauley v. Bailey, No. 75-126 (W. Va. Cir. Ct., Kanawha County, 1982), *remanded for monitoring*, 324 S.E.2d 128 (W. Va. 1984).

Pauley v. Kelly, 255 S.E.2d 859 (W. Va. 1979).

Prante, C. (2006, October). *Property tax collection surged with housing boom* (Special Report No. 146). Washington, DC: Tax Foundation.

Rebell, M. (2007a). Poverty "meaningful" educational opportunity and the necessary role of the courts. *North Carolina Law Review, 85*, 1468-1543.

Rebell, M. (200Th, October 26). Adequacy cases are alive and well. National Access Network. Online: www.schoolfunding.info/news/litigation/10-26-07lindseth.php3.

Reschovsky, A., & Imazeki, J. (2000, October). *Achieving educational adequacy through school finance reform* (CPRE Research Report Series RR-045). Philadelphia: Consortium for Policy Research in Education.

Rimer, S. (2002, December 15). Philadelphia school's woes defeat veteran principal. *The New York Times*, YNE 25.

Rose v. Council for Better Education, Inc., 790 S.W.2d 186 (Ky. 1989).

San Antonio Independent School District v. Rodriguez, 411 U.S. 1 (1973).

Sandham, J. (2000, June 21). States devoting tobacco money to education. *Education Week*, 19.

Scott v. Commonwealth, 443 S.E.2d 138 (Va. 1994).

Seattle School District No. 1 v. State, 585 P.2d 71 (Wash. 1978).

Serrano v. Priest, 487 P.2d 1241 (Cal. 1971).

Sheffv. O'Neill, 678 A.2d 1267 (Conn. 1996).

Sheffv. O'Neill, 733 A.2d 925 (Conn. Super. Ct. 1999).

Shofstall v. Hollins, 515 P.2d 590 (Ariz. 1973).

Tennessee Small School Systems v. McWherter 1, 851 S.W.2d 139 (Tenn. 1993).

Tennessee Small School Systems v. McWherter II, 894 S.W.2d 734 (Tenn. 1995).

Tennessee Small School Systems v. McWherter III, 91 S.W.3d 232 (Tenn. 2002).

Thomas, S., Cambron-McCabe, N., & McCarthy, M. (2009). *Public school law: Students' and teachers' rights* (6th ed). Boston: Allyn and Bacon.

Thompson v. Engelking, 537 R2d 635 (Idaho 1975).

Thro, W. E. (1990). The third wave: The implications of the Montana, Kentucky, and Texas decisions for the future of public school finance reform litigation. *Journal of Law and Education, 19*, 219-250.

Title VI of the Civil Rights Act of 1964, 42 U.S.C. § 2000d *et seq.* (2008).

Trimble, C. S., & Forsaith, A. C. (1995, Spring). Achieving equity and excellence in Kentucky education. *University of Michigan Journal of Law Reform, 28*, 599-653.

Unified School District No. 229 v. State, 885 P.2d 1170 (Kan. 1994).

United States Census Bureau (2007, April). *Public education finance 2005*. Washington, DC: Governments Division, U.S. Census Bureau.

Value-Added Research Center. (2008). Next generation of value-added models and indicators. Wisconsin Center for Educational Research, School of Education, University of Wisconsin-Madison. Online: www.wcer.wisc.edu/varc.

Verstegen, D. (2007). Has adequacy been achieved? A study of finances and costs a decade after court-ordered reform. *Journal of Education Finance, 32*, 304-

327.

Von Zielbauer, P. (2003, January 23). Hartford integration plan to add 8 city magnet schools. *The New York Times*, B5.

Warchol, C. (2007, November 7). Vouchers go down in crushing defeat. *The Salt Lake Tribune*. Online: www.districtadministration.com/newssummary.aspx?news=yes&postid=48679.

Washakie County School District No. One v. Herschler, 606 P.2d 310 (Wyo. 1980).

Wayne, A. J., & Youngs, P. (2003). Teacher characteristics and student achievement gains: A review. *Review of Educational Research, 73*, 89-122.

Webb, L. D., Metha, A., & Jordan, K. F. (2006). *Foundations of American education* (5th ed). Upper Saddle River, NJ: Prentice Hall.

Welcome to Edison Schools. (2006). Online: www.edisonschools.com.

Williams v. State (Cal. Super. Ct. 2004). Notice of proposed settlement. Online: www.decentschools.org/settlernent/williams_notice_settlement.pdf.

Wolfe, F. (2007, August 10). State wins on upswing in education adequacy cases. *Education Daily*, 1-3.

Young v. Williams, No. 03-0055/01152 (Ky. Cir. Ct, Div. II, February 13, 2007).

Zelman v. Simmons-Harris, 536 U.S. 639 (2002).

Zuni Public School District No. 89 v. Department of Education, 127S. Ct. 1534 (2007).

찾아보기

[기타]

[역자 소개]

한 유 경

이화여자대학교 교육학과 졸업
이화여자대학교 교육학과 석사
미국 University of Wisconsin-Madison 교육행정학 박사(Ph.D)
한국교육개발원 교육정책개발연구실장, 교육인적자원부 정책자문위원회
교육재정분과위원장, 국가교육과학기술자문회의 수석전문위원 등
현) 이화여자대학교 사범대학 교육학과 교수

나 민 주

서울대학교 교육학과 졸업
서울대학교 대학원 교육학 석사 (교육행정 전공)
서울대학교 교육학박사 (교육행정 전공)
교육과학기술부 시도교육청 평가위원, 대통령 교육정책자문회의 연구원 등
현) 충북대학교 사범대학 교육학과 교수

김 이 경

이화여자대학교 행정학과 졸업
The University of Iowa 교육행정학 박사(Ph.D)
한국교육개발원 연구위원, 충남대학교 교육학과 교수 등
현) 중앙대학교 사범대학 교육학과 교수

박 상 완

이화여자대학교 교육학과 졸업
서울대학교 교육학 석사 (교육행정 전공)
서울대학교 교육학 박사 (교육행정 전공)
한국교육개발원 부연구위원, 대통령자문 교육혁신위원회 상근전문위원 등
현) 부산교육대학교 교육학과 교수

반 상 진

동국대학교 교육학과 졸업
동국대학교 교육학과 석사
미국 University of Wisconsin-Madison 교육행정학 박사(Ph.D)
대통령자문 교육인적자원정책위원회 상근전문위원,
대통령자문 정책기획위원회 전문위원 등
현) 전북대학교 사범대학 교육학과 교수

교육행정 제6판

발 행 일 • 2011년 3월 25일 초판 발행
저 자 • Thomas J. Sergiovanni, Paul Kelleher, Martha M. McCarthy, Frances C. Fowler
역 자 • 한유경, 나민주, 김이경, 박상완, 반상진
발 행 인 • 홍진기
발 행 처 • 아카데미프레스
주 소 • 122-900 서울시 은평구 역촌동 58-9 부호아파트 102동 상가 3호
전 화 • (02)2694-2563
팩 스 • (02)2694-2564
편 집 • 디자인 드림
웹사이트 • www.academypress.co.kr
등 록 일 • 2003. 6. 18, 제313-2003-220호
I S B N • 978-89-91517-39-4 93370

값 28,000원